扬中精神 Yangzhong Jingshen

上善若水 自强不息

城市标志 Chengshi Biaozhi

市树：柳树

市花：桂花

城市特产 Chengshi Techan

河豚

刀鱼

鲥鱼

秧草

城市新荣誉 Chengshi Xin Rongyu

全国文明城市提名城市

全国村庄清洁行动先进县

全国学前教育普及普惠县

全国义务教育优质均衡发展市

全国城乡交通运输一体化示范市

全国“七五”普法中期评估先进市

中国率先全面建成小康社会优秀城市

2020中国县级市全面小康指数第8位

2020年中国创新百强县第17位

2020年中国工业百强县第61位

江苏省文明城市

江苏省金融生态优秀县

江苏省法治政府建设示范市

江苏省生态文明建设示范市

江苏省电子商务进农村示范县

江苏省推进高质量发展先进市

扬中年鉴

2021

YANGZHONG
YEARBOOK

（总第十三卷）

扬中市史志办公室　编

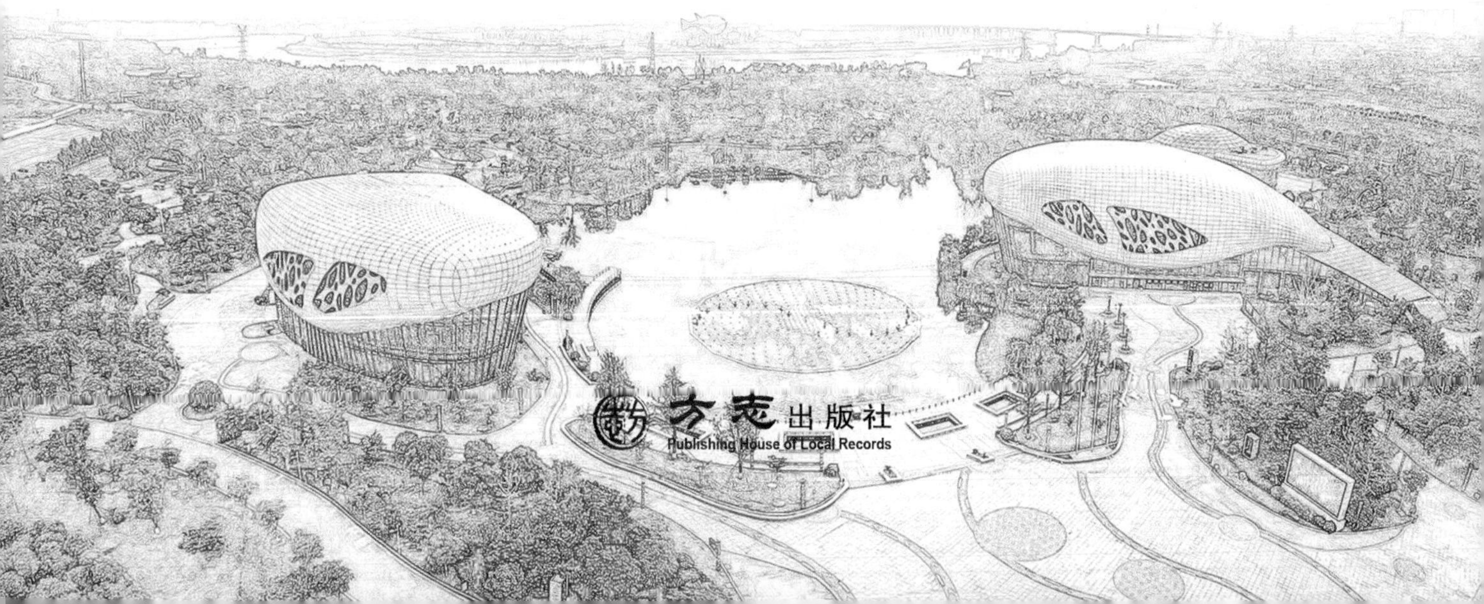

方志出版社
Publishing House of Local Records

图书在版编目(CIP)数据

扬中年鉴. 2021 / 扬中市史志办公室编. -- 北京 : 方志出版社, 2021.9
ISBN 978-7-5144-4905-1

Ⅰ. ①扬… Ⅱ. ①扬… Ⅲ. ①扬中-2021-年鉴 Ⅳ. ①Z525.34

中国版本图书馆 CIP 数据核字(2021)第 235027 号

扬中年鉴(2021)

编　　者:扬中市史志办公室
责任编辑:陈　菁
出 版 者:方志出版社
地址　北京市朝阳区潘家园东里 9 号(国家方志馆 4 层)
邮编　100021
网址　http://www.zgfzcb.cn
发　　行:方志出版社图书经销中心
电话(010)67110500
经　　销:各地新华书店
印　　刷:扬中市人民印刷有限公司
开　　本:889×1194　1/16
印　　张:18.75
字　　数:613 千字
版　　次:2021 年 9 月第 1 版　2021 年 9 月第 1 次印刷
印　　数:0001~1200 册

ISBN 978-7-5144-4905-1　　**定价**: 260.00 元

扬中年鉴编纂委员会

名誉主任　张德军

主　　任　贾　晟

副 主 任　蔡　萍　张永意　常　云　陆国平

委　　员　（按姓氏笔画排序）

马意俊	王　丹	王义波	王东升	王乔林	王晓东
王耀辉	卞为民	方日新	方泽华	方学建	田广权
印　斌	印永洪	司晓玲	匡越石	朱秋敏	朱晓军
仲　斌	刘　平	刘良福	孙　斌	杨立维	杨富森
吴昌连	吴培枫	吴跃峰	张　伟	张小华	张正荣
张孝明	陆纪云	陆学兵	陈　兵	陈　钧	陈　健
陈小锋	陈祝平	金　红	周春林	周春燕	赵　斌
施正裕	祝晓东	姚文笋	姚建华	姚新春	耿晓晴
徐子平	徐海波	殷　晗	殷新华	郭　渝	郭连志
郭建中	唐　健	黄　勇	黄红兰	黄声亮	黄克良
梅稳山	康　珺	童　峰	蔡巧珍	管拥军	薛　兵
戴桂平	瞿惠辉				

扬中年鉴编辑部

主　　编　姚建华　徐子平

副 主 编　姚　星　顾大志　陈　健　陆文龙
　　　　　张初明　冯鸿鸣　朱怀林

编辑部主任　张　虹

编　　辑　丁云娟　李　霞　吴晓洁　姚　艳
　　　　　石馥苓　郭洪智　唐华龙

统　　筹　张　虹

摄　　影　吉战顺　（等）

法律顾问　张晓慧

扬中市地图

扬
州
市
泰
州
长
江
镇
江
新
区
广
陵
区
丹
徒
区
高港区
口岸街道
沿江街道
高港大桥
引江河船闸
泰州港
泰镇高速公路
泰州长江公路大桥
永安洲镇
扬中市
三茅街道
新坝镇
兴隆街道
大路镇
镇江大路通用机场
扬中长江一桥
扬中长江三桥
扬中大桥
泰镇高速公路
连淮扬镇高速铁路
雷公岛乡趣生态园
江之源生态园
长江渔文化生态园
友好传统村落
国土公园
城北公园
城西郊野公园
城南公园
新坝公园
国防园
滨江文化公园
三江湾旅游区
樊阳植物园
滨江生态湿地公园
西沙岛
扬中高新区
扬中经济开发区
营房村
五一村
向阳村
丰乐桥村
新安村
新宁村
双新村
立新村
新治村
红联村
永平村
联盟村
联合村
公信社区
新坝社区
新民社区
明华村
永和村
兴阳村
丰裕社区
兴华村
中华村
友好村
指南村
新胜社区
同心社区
长江花城社区
广宁社区
英雄社区
民主村
文化新村社区
新扬社区
建设社区
扬子新村社区
三桥村
中桥社区
金星社区
大众村
企东村
港联社区
锦程村
滨江村
普济村
永勒村
双跃村
三跃社区
兴城村
恒跃村
兴隆社区
福源村
江都港
大河口闸
五峰山
圌山
横山

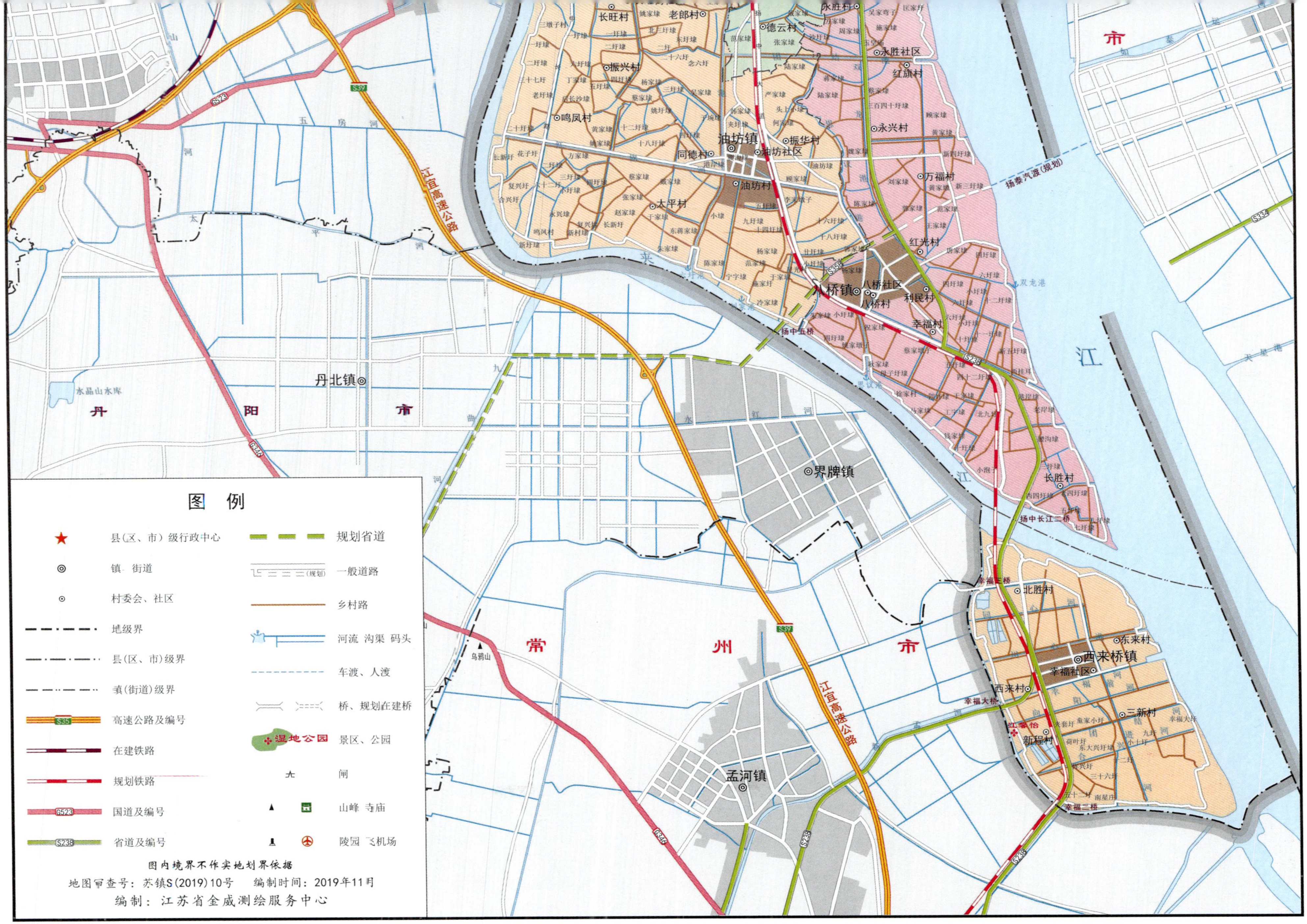

市
江
丹
阳
市
丹北镇
水晶山水库
常
州
市
界牌镇
孟河镇
乌鹞山
江宜高速公路
S39
G346
S238
S35
S338
扬泰汽渡(规划)
双龙港
扬中五桥
扬中长江二桥
幸福三桥
幸福大桥
幸福二桥
油坊镇
油坊村
油坊社区
振华村
同德村
八桥镇
八桥社区
八桥村
利民村
幸福村
红光村
万福村
永兴村
红旗村
永胜社区
永胜村
德云村
老郎村
长旺村
振兴村
鸣凤村
太平村
长胜村
西来桥镇
幸福社区
东来村
北胜村
西来村
三新村
新程村
江豪怡
图例
县(区、市)级行政中心
镇 街道
村委会、社区
地级界
县(区、市)级界
镇(街道)级界
高速公路及编号
在建铁路
规划铁路
国道及编号
省道及编号
规划省道
一般道路
乡村路
河流 沟渠 码头
车渡、人渡
桥、规划在建桥
湿地公园
景区、公园
闸
山峰 寺庙
陵园 飞机场
图内境界不作实地划界依据
地图审查号：苏镇S(2019)10号 编制时间：2019年11月
编制：江苏省金威测绘服务中心

2020年，扬中全面小康指数140.28，居全国县级市第8位，入选中国率先全面建成小康社会优秀城市。图为初醒的城市

佘扬秋摄

2020年，扬中市推动高质量发展开新局、闯新路，在产业强市上跑出“加速度”，在乡村振兴上创造“新亮点”，在全国文明城市创建上拿出“硬担当”，连续三年获评江苏省推进高质量发展先进市。图为城西航拍　　　　融媒体中心供图

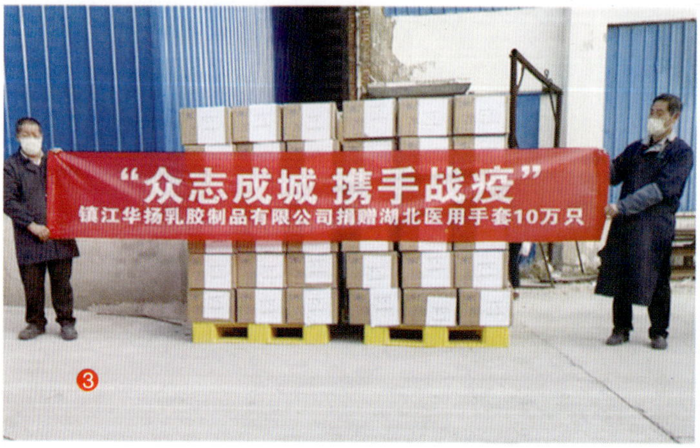

❶ 援鄂最美逆行者合影（从左至右：丁咏霞、朱玮晔、王玉、田英、桑宁、奚柏剑）

❷ 1月24日，江苏浩威新材料有限公司仅用2天半时间生产22台配电箱，支援火神山建设

❸ 1月25日，镇江华扬乳胶制品有限公司生产10万只医用橡胶手套，发往武汉防疫一线

❹ 2月1日，大全集团接到武汉雷神山医院配电设备紧急增援需求，48小时生产30台开关柜

图片提供：融媒体中心

抗疫同心

Fight Epidemic Together

2020年1-2月，扬中市先后派出3批、6名医护人员支援湖北，共同抗击新冠疫情。全市上下以现金捐赠、物资保障等形式支持疫情防控，支援武汉火神山、雷神山医院建设和医护人员安全防护，为全国防疫工作贡献扬中力量。疫情防控工作中，全市领导干部坚持以上率下、连续奋战一线，齐心协力织密“防疫网”，全市无一例疑似病例和确诊病例。社会各界和各行业在做好疫情防控的同时，积极复工复产，经济运行稳步复苏。

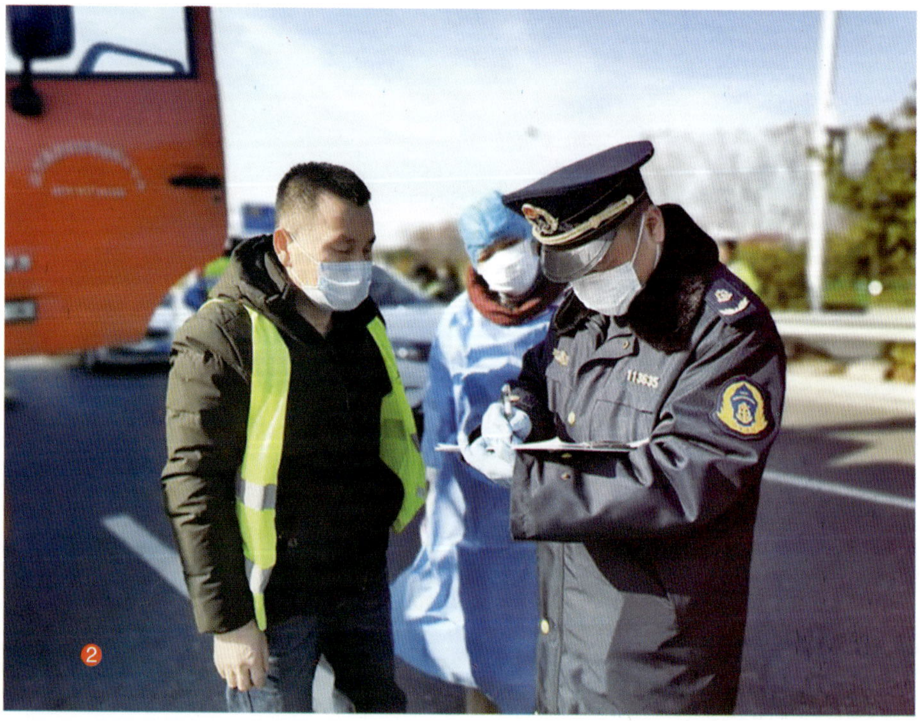

❶ 社区防疫宣传

❷ 卡口值守

❸ 采集咽拭子

❹ 病房护理

❺ 疫情防控治安巡逻

❻ 交通卡口测温

图片提供：融媒体中心

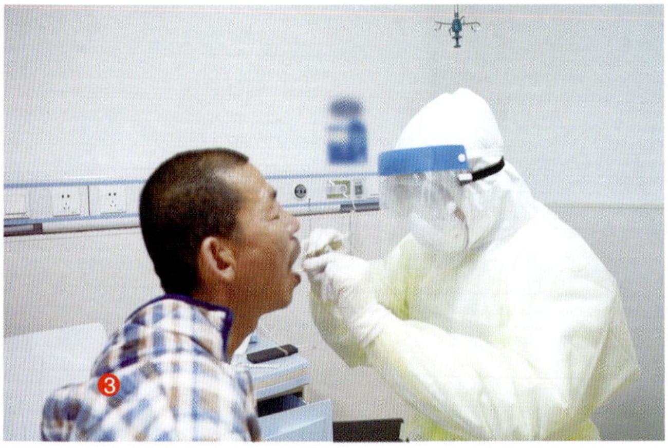
3

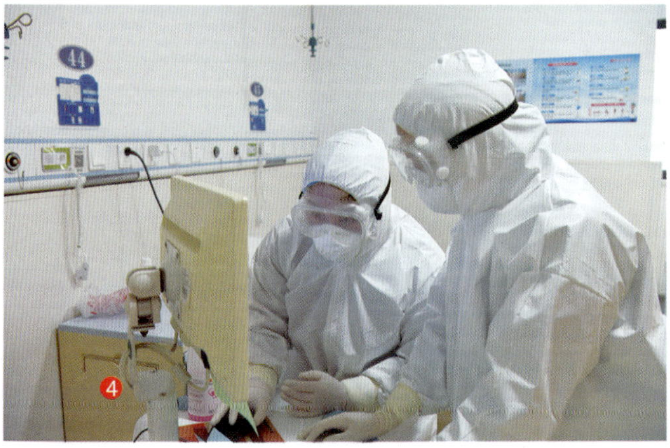
4

5

6

❶ 企业复工“一站式”服务窗口

❷ 市总工会助力复工复产

❸ 小学生复课入校

❹ 便民超市防疫宣传

❺ 服务复工企业大型直播活动

❻ 进口冷冻冷藏食品新冠病毒应急监测

图片提供：融媒体中心

助力2020春风行动
扬中市融媒体中心服务复工企业大型直播活动
职等你来
助力2020春风行动
扬中市融媒体中心服务复工企业大型直播活动
职等你来
5

6

❶ 5月8日，扬中市召开“产业强市 实干兴市”大会

❷ 扬中招商云名片上线

❸ 12月27日，扬中市召开重点产业项目观摩推进会

❹ 5月28日，第十七届“中国·扬中河豚文化节”项目集中签约仪式

图片提供：融媒体中心

2020年，扬中市统筹推进疫情防控和经济社会发展，产业强市实现阶段性进展与突破。5月8日，召开“产业强市、实干兴市”大会，强调“强起来，扬中！”。工程电气、新能源、装备制造三大主导产业规模以上产值379.2亿元，占规模工业总产值的75.55%。大全集团获“中国工业大奖”“江苏精品”称号；蜂巢易创产业园发动机、变速器、电驱动总成等产品下线；船舶制造企业坚守发展定力，大津产业园二期码头建设项目签约，全市现代产业高质量发展。

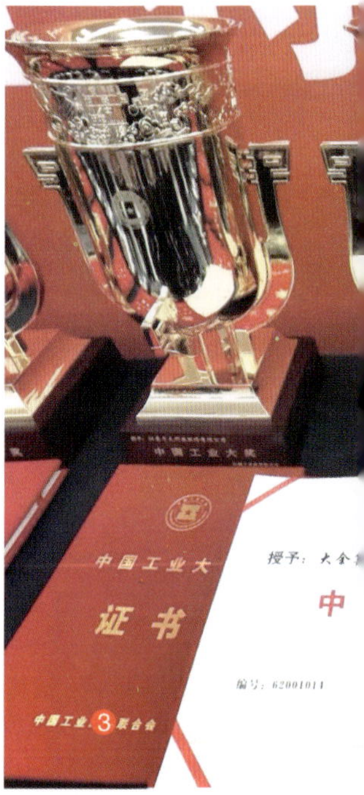

❶ 6月29日，大全集团与SAP智能制造战略合作签约仪式

❷ 大全集团自动化生产线

❸❹ 12月27日，大全集团获中国工业大奖

❺ 12月15日，大全集团与德勤智能制造战略合作签约仪式

图片提供：融媒体中心

中国工业大奖
证书
业大奖
中国工业经济联合会

第六届中国工业大奖发布会
4

Deloitte.
全集团与德勤智能制造战略合作
签约仪式

锋芒所至 巢向未来
动力总成产品发布会
产业园开园仪式

HYCET
蜂巢易创
第10000台
级电驱动系统下线仪式

❶ 11月19日，蜂巢易创扬中产业园开园仪式

❷ 11月3日，第10000台蜂巢电驱A00级电驱动系统下线仪式

❸ ❹ 蜂巢易创扬中产业园装试车间

❺ 6月30日，蜂巢动力系统（江苏）有限公司首台发动机下线仪式

图片提供：融媒体中心

❶ 1月24日，扬中市人民政府与江苏省港口集团有限公司举行战略合作签约仪式

❷ 大津清洁能源装备产业园厂房扩建工程

❸ 大津重工8000吨散装货运船离港

❹ 新韩通船舶重工有限公司

❺ 兴隆码头

图片提供：融媒体中心

新韩通重工
HANTONG SHIP HEAVY INDUSTRY
4

LYDIA V

5

1. 太阳集团生产线
2. 威腾母线生产线
3. 香江科技生产线
4. 10月28日，智能制造暨第二届柔性机械电子产业化国际论坛战略合作签约仪式
5. 10月24日，“我为扬中工程电气代言”主播招募总决赛

图片提供：融媒体中心

大航高华杯
我为扬中工程电气代言主播招募总决赛
指导单位：扬中市委宣传部
扬中市总工会
扬中团市委
扬中市妇联
扬中市工商联
扬中市商务局
新坝镇党委、政府
大航有能 海航电气 士林集团
大浪电气 魔杰的茶
皇后街舞工作室

❶ 8月12日，扬中市召开党建引领乡村振兴推进会

❷ “红色业委会”建设

❸ 鸣凤村党员驿站

图片提供：融媒体中心、文联

2020年，扬中乡村振兴工作成效显著。全市积极开展“万企联万村　共走振兴路”行动，实现行政村、联建类型、国有企业平台“三个全覆盖”。扬中以城乡融合为依托，发挥党建引领作用，推动产业发展、环境生态、生活品质走在前列，打造乡村全面振兴的“扬中样板”。创新开展党建引领农村人居环境整治行动，扎实推进乡村公共空间治理，创成省级特色田园乡村4个、省乡村旅游重点村1个、省级传统村落2个、省美丽宜居村庄31个，获评“江苏省农村人居环境整治成效明显激励县”称号。

红薯粉丝

青春助跑
森羽有米
青春助跑
乡村振兴
岛青农创
青农生上行
萌青来助销

❶ 红旗村灵芝盆景

❷ 兴阳村红薯喜丰收

❸ 萌青带货团

❹ 润福家庭农场葡萄

❺ 五一村知青滩农场白玉枇杷

图片提供：融媒体中心、团市委

4

5

1

2

3

4

❶ 农家书屋

❷ 八桥镇利民村党性锤炼中心

❸ 西来桥镇舞狮队

❹ 乡村旗袍秀

图片提供：融媒体中心、文联

水美乡村
1

3

2

❶ 水美乡村　融媒体中心供图

❷ 乡村一隅　吉战顺摄

❸ 乡间小景　鄂启贵摄

❹ 生态田园　陈文摄

❶ 江苏省道德模范与身边好人现场交流活动

❷ “文明出行 关爱生命 从我做起”宣传

❸ 文明实践加油站

图片提供：融媒体中心

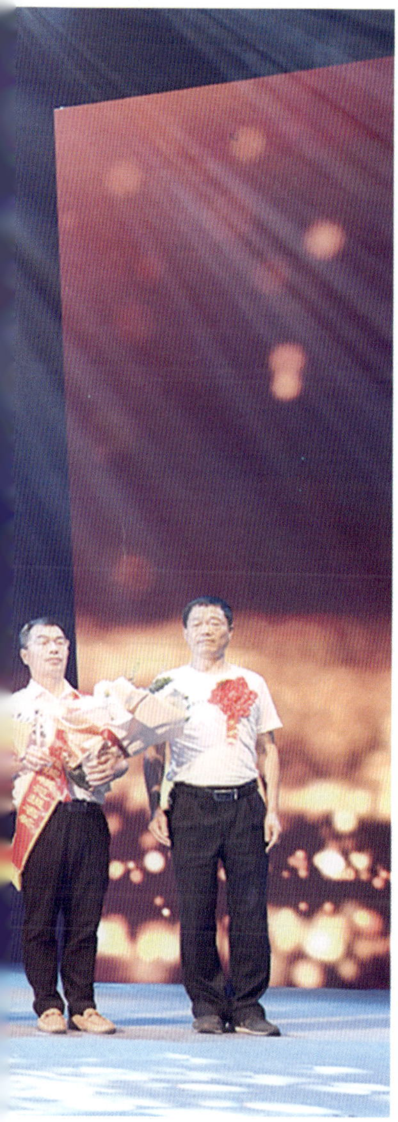

扬中市坚持文明创建、文明实践"双轮驱动"，通过以上率下，开展"市民素质提升行动"，"实践红"成为文明扬中鲜亮底色。文化阵地实现提档升级，运行市博物馆、陈履生博物馆群。持续开展"一镇一特""一村一品"活动，实施文艺播种计划，打造基层文化阵地活动"规范+示范"工程，开展文艺活动、培训、展览1000场。

❶

❷

❶ 6月16日，扬中博物馆正式开馆运行

❷ 扬中博物馆外观

❸ 9月28日，新坝·陈履生博物馆群开馆

❹ 新坝·陈履生博物馆群外观

图片提供：融媒体中心

锦绣三茅
生态旅游岛

❶ 第三届乡村旅游文化节开幕式

❷ 江苏省老年人体育节扬中分会场

❸ 扬中足球冠军联赛

❹ 第二届乡村中秋游园会

❺ “一双球鞋的暴走”活动

❻ 城市游泳邀请赛

图片提供：融媒体中心

编辑说明

一、《扬中年鉴》以马克思列宁主义、毛泽东思想、邓小平理论、“三个代表”重要思想、科学发展观、习近平新时代中国特色社会主义思想为指导，坚持辩证唯物主义、历史唯物主义的立场、观点和方法，编年载录扬中市政治、经济、文化、社会、生态等方面的基本情况，为各级领导决策提供参考，为社会各界认识、研究、发展扬中提供基本资料，也为编纂各类志书积累史料。

二、《扬中年鉴》创刊于2009年，逐年出版，本卷为第十三卷。《扬中年鉴（2021）》记述时间原则上为2020年1月1日至2020年12月31日，部分内容适当上溯或下延，记载2020年度扬中市政治、经济、文化、社会、生态等方面的基本面貌、发展状况和各行各业取得的新进展、新成就、新经验。

三、《扬中年鉴（2021）》采用分类编辑法，全书分类目、分目、条目三个层次，部分分目下设副分目，副分目标题前后加“·”符号，条目为记述实体，标题用黑体字加【 】表示。《扬中年鉴（2021）》继续贯彻江苏省地方志办公室年鉴创新与规范的有关要求，对框架结构进行适当调整，全书设特载、大事记、扬中概览、中国河豚岛、中共扬中市委员会、扬中市人民代表大会、扬中市人民政府、政协扬中市委员会、纪检监察、民主党派·工商联、群众团体、军事、法治、经济管理、农业、水利、工业、商贸服务、金融、交通运输、城乡建设与管理、环境保护、科学技术、教育、文化、卫生、体育、社会生活、镇·街道·区、附录、索引31个类目，共设185个分目、923个条目，随文表格54张，计61.3万字。

四、《扬中年鉴（2021）》卷首设4个图片专题，图片71幅。随文图片110幅。

五、“亩”与“公顷”根据具体条目，予以共用，原始资料中的精确数字尽量予以保留，换算公式：15亩=1公顷。

六、全书配有多种检索方法，卷首设目录，卷末设主题分析索引。全书所有资料可通过目录、索引、条目参见系统以及书眉等查询。

七、《扬中年鉴（2021）》所用稿件由全市各部门、单位、镇（街道、区）专人撰写，并经过各单位领导审阅，实事与数据均经过核实校对。“组织机构及负责人”“领导简历”由扬中市委组织部审核。正文统计数据由于统计来源、口径和时间不同而不尽一致，使用时请以扬中市统计局提供的统计资料为准。

目 录

特 载

大事记

扬中概览

中国河豚岛

中共扬中市委员会

扬中市人民代表大会

扬中市人民政府

政协扬中市委员会

纪检监察

民主党派·工商联

群众团体

军事

法治

经济管理

农　业

水 利

工 业

商贸服务

金 融

交通运输

城乡建设与管理

环境保护

科学技术

教 育

文 化

卫　生

体 育

社会生活

镇·街道·区

附 录

索 引

特 载

“十三五”回顾、“十四五”展望

【“十三五”时期主要工作情况】 “十三五”期间，扬中市经济社会保持转型加快、活力增强、民生改善的良好态势。综合实力迈上新台阶，产业结构不断优化，重大项目相继落户，骨干企业加速转型，载体平台持续提质，绿色能源岛建设成效明显，科技创新能力位居全省前列，获批省级高新区，经开区排名稳步提升，连续两年获全省“推进高质量发展先进市”称号。高质量完成脱贫攻坚任务，城镇、农村居民人均可支配收入分别增加1.75万元、1.04万元，人均储蓄余额保持全省前列，医保报销比例、城乡低保标准稳步提高，民生投入占财政支出比重80%以上，位列全国县级市全面小康指数第8位。滨江新城、西城区拉开框架。推进“五水联治”工程，基本消除建成区黑臭水体和内涝现象。开展污染防治攻坚战，$PM_{2.5}$浓度逐年下降，空气质量持续提高。农村公共服务“八位一体”标准化建设经验全国推广，生态优先、绿色发展成为共识。公共文化服务体系不断完善，新时代文明实践中心、所、站实现全覆盖。新建、改扩建学校(幼儿园)28所，教育现代化监测得分连续3年位居江苏省第一，创成“全国健康促进县”，人均寿命81.3周岁，法治建设满意度列镇江第一。（政府办）

【“十四五”时期主要任务和奋斗目标】 2020年，扬中市委提出“十四五”规划建议，扬中市人民政府编制《扬中市国民经济和社会发展第十四个五年规划和二〇三五年远景目标纲要(草案)》，扬中市第十七届人大五次会议审议通过《关于十四五规划和2035年远景目标纲要的决议》。“十四五”时期，扬中市国民经济和社会发展的主要任务和奋斗目标是：

经济发展质效走在前列。经济总体保持较快增长，工业应税销售规模超1000亿元；一般公共预算收入达到50亿元；人均地区生产总值达到18万元，力争2035年在2020年基础上实现翻一番。主导产业加速转型升级，战略性新兴产业支撑作用明显增强，数字经济加快发展，创新能力显著提升，产业基础高级化、产业链现代化水平明显提高。

人民生活水平走在前列。居民收入增长和经济发展水平同步，力争2035年在2020年基础上实现翻一番以上。就业创业空间持续拓展，就业更加充分更有质量。优质均衡的公共服务体系基本建成，高质量教育体系不断完善，健康扬中建设取得重要进展，养老育幼扶弱服务更加普惠精准、高效便捷，高品质生活需求不断得到满足。

城乡环境品质走在前列。城市能级和竞争力加快提升，城乡基础设施一体化水平进一步提高，人口集聚能力持续增强，水韵芳洲的城市魅力越发彰显。城乡融合带动乡村振兴取得阶段性成果，争创全省城乡融合发展示范区。绿色发展活力不断增强，资源利用更加节约高效，生态安全屏障更加牢固，美丽扬中建设空间布局基本形成。

社会治理水平走在前列。社会主义核心价值观深入人心，“四千四万”精神成为现代化建设的内生动力，全力争创全国文明城市。社会治理体系和治理能力现代化水平明显提升，共建、共治、共享的社会治理格局基本形成。风险监测预警和防范抵御能力大幅增强，安全生产实现常态化管理，人民群众安全感持续提升。

（政府办）

产业强市、实干兴市

【概况】 2020年以来，扬中市统筹推进疫情防控和经济社会发展，产业强市实现阶段性进展与突破。全年工程电气、新能源、装备制造三大主导产业转型升级、扩大产能、提高质效，规模以上产值达379.19亿元，同时有序培育新兴产业，引进蜂巢易创与江苏大学产学研合作等延链补链项目，加快5G应用等新基建项目建设。推进智能化发展、绿色化发展、高端化发展，累计认定星级上云企业51家,国家级绿色设计产品1个,国家级专精特新小巨人企业1家,省市级44家。坚持以产业强市“样板区”高点定位,经开区致力打造“经济强区、特色港区、高效园区、生态景区、幸福社区”,产业发展迈向新阶段、群众生活质量更上新台阶。 (融媒体中心)

【“产业强市、实干兴市”大会】 2020年5月8日,扬中市召开“产业强市、实干兴市”大会。会议强调,力争到“十四五”期末,实现“三个度”:追赶超越拼抢加速度,在总量上拼出新位次,均量上拓展新优势,质量上实现新突破;产业能级迈上新高度,不断增强企业竞争力、产业竞争力和人才竞争力;发展环境提升舒适度,实现生态环境、城乡环境和营商环境的全面提升。必须要把牢强力的抓手,必须要扛起强劲的担当。会前,市委办、政府办、经济发展局、组织部等部门牵头拟定《关于进一步推进现代产业高质量发展的政策意见》《关于激励干部在“产业强市、实干兴市”中担当作为的“九项举措”》《扬中市进一步强化“双招双引”的实施办法》《扬中市关于支持产业应用型人才队伍建设的意见》等相关文件。会上,播放“产业强市、实干兴市”专题片,表彰2019年度各镇(街、区)综合考核一等奖,2019年度市级机关综合考核十佳优质服务科室,政策兑现获奖企业,农村公共服务“八位一体”考核一、二、三等奖等先进集体,发布扬中市产业招商名片。会议解读《关于进一步推进现代产业高质量发展的政策意见》,新坝镇、商务局、香江科技、蜂巢易创4家单位分别作表态发言。 (融媒体中心)

抗击新冠肺炎疫情

【概况】 在2020年疫情防控工作中,扬中市全体领导干部坚持以上率下、连续奋战一线、确保守土有责,市四套班子领导不间断深入挂钩联系的镇(街、区)、村(社区)、企业开展疫情防控督导工作,层层压实责任、级级联动部署、处处传导关心,增强基层党员干部和人民群众战胜疫情的决心与信心,齐心协力织密“防疫网”,全市无一例疑似病例和确诊病例。

1月21日,扬中市召开疫情防控工作推进会议。通过综合预判武汉疫情,扬中决定提前“布网”,开启疫情防控工作。1月25日,发布《新型冠状病毒感染的肺炎疫情重要通知》。1月26日,市新型冠状病毒感染的肺炎疫情防控指挥部紧急会议召开。市委书记殷敏要求,迅速转入“战时状态”,以必胜的信念、万全的准备、过细的工作,坚决打好打赢疫情防控的“人民战争”;市长张德军带队深入一线,督查指导新型冠状病毒感染的肺炎疫情防控工作;市纪委监委、市委组织部出台《关于在新型冠状病毒感染肺炎疫情防控工作中发挥党员干部作用、严守纪律要求的通知》,1200个基层组织响应,实行地毯式管理;84个村(社区)发挥网格化社会治理优势,构建起“村党委+党支部+网格党小组”的立体化防控体系;8000余名农村党员走上防疫一线,做到“宣传、排查、沟通”三到位,将防控范围落实到村、到户更到人。公安局与各镇(街、区)合作,分541个工作小组,进村入户开展健康登记,严格掌握全市常住人口及外来人口情况。党员自发发布招募党员志愿者倡议书,建立由200余名党员组成的12个党员志愿者突击队;市委组织部对全市党员提出“四坚决四带头”倡议,2.3万名党员响应,主动做好群众的宣传和沟通工作,累计发放、张贴宣传材料11万份,引导群众取消婚宴、寿宴等大型集中性活动600余场,涌现出“千人请愿书”“并肩作战伉俪医生”“战地生日”等一批先进典型。非群众生活必需的经营场所、社会办诊所、门诊部暂停营业。公安、交通、卫生等部门工作人员24小时轮班值守卡口。通过基层村(社区)自设“关卡”,乡音喊话、快板、短视频等“花式”防疫宣传,“没事不出门,出门戴口罩”成为扬中人民的共识。

扬中市先后派出3批6名医护人员支援湖北,共同抗击新冠疫情。6名医护人员分别是:市疾病预防控制中心检验科副主任技师丁咏霞、市人民医院重症监护室护师朱玮晔、市人民医院重症监护室护师王玉、市人民医院肾脏风湿科副主任医师田英、市人民医院急诊科护师桑宁、市中医院骨科护士长奚柏剑。

扬中上下以现金捐赠、物资保障等形式支持疫情防控,一周时间提供超过1000万元的援助。克服“工期短、人手少”等困难,以“24小时运转生产线、管理人员上一线、推迟订单保前线、歇人不歇机器”等措施,支援武汉火神山、雷神山医院建设和医护人员安全防护,为全国防疫工作贡献扬中力量。

社会各界和各行业做好疫情防控,积极复工复产,经济运行稳步复苏。2月17日,全市申报复工企业908家,获批复工企业844家,申报企业复工率93%。3月9日,餐饮服务业有序恢复营业。3月30日开始,全市各级各类学校分批次有序开学复课。 (史志办)

【全市新型冠状病毒感染肺炎疫情防控工作会议】 2020年1月23日,扬中召开全市新型冠状病毒感染肺炎疫情防控工作会议。会议强调,非常之时要有非常之识，要树立更强的责任感、紧迫感、使命感，全力以赴地部署开展好相关疫情防控工作；非常时期要用非常之举，要加强重点区域监测防控，完善疫情应急机制，加强疫情防控的舆论引导，举全市之力防止疫情蔓延；非常之时要有非常之责，要全面压实责任，强化统筹协调，加强督导检查，有序开展好疫情防控工作，保障人民群众身体健康和生命安全，确保人民群众度过一个安定祥和的新春佳节。（冯太升）

应急指挥部 24 小时值班　（融媒体中心供图）

【应对疫情支持中小企业共度难关的实施意见】 2020年2月7日，中共扬中市委、扬中市人民政府印发《关于应对新型冠状病毒感染的肺炎疫情支持中小企业共渡难关的政策意见》，从加强金融信贷支持、财政税收支持、生产运营支持，稳定企业职工队伍，优化政府支持服务方面提出20条政策意见，发挥中小企业在疫情防控中的重要作用，帮助企业树立信心、减少损失，支持中小企业共渡难关，切实保持经济健康、平稳运行。（冯太升）

【"暖企大走访"活动】 2020年2月26日，中共扬中市委办公室、市政府办公室联合印发《关于统筹推进新冠肺炎疫情防控和经济社会发展，深化"暖企大走访"活动的通知》，提出聚焦产业转型升级、发展动能转换、经济循环畅通运行等重点，统筹推进、近远结合，围绕"在一线掌握实情、在一线解决问题、在一线补齐短板、在一线转变作风、在一线检验工作、在一线促进发展"的目标，在全市范围内开展为期一个月的"暖企大走访"活动，实现对全市企业和项目的走访全覆盖，促进疫情防控工作与经济社会发展"双胜利"的目标要求。（冯太升）

【奚柏剑家庭获全国抗疫"最美家庭"称号】 2020年5月15日，扬中市中医院援鄂护士奚柏剑家庭获得2020年全国抗疫"最美家庭"称号。疫情发生以后，奚柏剑主动请缨，作为江苏省第五批援鄂医疗队队员前往武汉，在武汉体育中心方舱医院，收治新冠肺炎确诊患者。（融媒体中心）

【2人、1个集体获省抗击新冠肺炎疫情表彰】 2020年11月26日，江苏省抗击新冠肺炎疫情表彰大会召开，大会表彰1000名全省抗击新冠肺炎疫情先进个人（含追授6人）、300个全省抗击新冠肺炎疫情先进集体。扬中市2人、1个集体受到表彰，其中市人民医院医务科副科长、感染科主任、副主任医师孔凡荣，市交通运输局党委委员、副局长孙军获"江苏省抗击新冠肺炎疫情先进个人"称号，市公安局交通警察大队获"江苏省抗击新冠肺炎疫情先进集体"称号。（融媒体中心）

党建引领乡村振兴

【概况】 2020年，扬中市以基层党建"书记项目"为龙头，全面加强农村党小组建设，"党委—党支部—党小组—党员—群众"基层治理体系更加完善，打通党建引领乡村治理"最后一米"。开展"万企联万村共走振兴路"行动，实现行政村、联建类型、国有企业平台"三个全覆盖"。完成三茅街道兴阳村后永乐圩等31个美丽宜居村庄建设。八桥镇利民村六圩埭通过江苏省第三批特色田园乡村试点村庄的验收；三茅街道营房村通过镇江市第二批特色田园乡村试点村庄的验收，创成江苏省特色田园乡村4个（八桥镇利民村六圩埭、新坝镇新治村三江湾、三茅街道兴阳村后永乐圩、三茅街道营房村国字圩）。三茅街道友好村宽新圩、八桥镇利民村蒋家埭被命名为省级传统村落。扬中市排定完成居民点（村民小组）污水治理87个以及2016年前实施的排查整改任务69个，通过多样化治理、常态化督查和专业化技术指导，高标准、严要求、优质量推进项目建设。（冯太升、俞文清）

【农村生活污水治理工程】 2016年，扬中市被确定为全国100个村庄生活污水治理试点县之一（江苏16个），按要求到2020年底要完成400个居民点（村民小组）的生活污水治理工作。2019—2020年，扬中市全面启动村庄生活污水治理工程EPCO（设计施工+运维一体化）模式，全市规划发展村庄和撤并乡镇保留居民点的生活污水实施雨污管网改造，铺设污水管网381.1千米，铺设雨水管道40.5千米，新建污水提升泵站10

座,新建小型污水处理设施38座,新建信息化管控平台,统一运维已建村庄生活污水处理设施,总投资额4.5余亿元。全年完成87个居民点(村民小组)的生活污水治理工作,全市所有行政村生活污水设施全覆盖。统一运维已建污水设施,调查摸排已接手的62座污水处理设施,根据摸排情况制定改造方案(25座A/O工艺设施需提标改造,4座设施因工艺淘汰等问题需废弃重建,5座设施因污水可纳入集镇污水干管停运,3座设施改为提升泵站等)。结合污水设施改造,逐一排查2016年前实施的69个点的管网,雨污合流、混接严重的纳入EPCO计划实施管网改造(其中八桥镇、油坊镇近几年建设的新居民点管网由政府自行改造)。新建信息化管控平台开展远程控制、统一运维和试运行。截至2020年年末,87个居民点和村民小组村庄生活污水治理工程全部完工。 (俞文清)

【乡村旅游】 2020年,扬中市坚持把乡村旅游作为乡村振兴战略、城乡融合发展的重要内容,持续挖掘民俗文化,丰富文旅业态。打造北部滨江旅游休闲带、南部如意湾旅游度假区、三江湾乡村旅游集聚区等多个特色旅游区。开辟生态旅游、文化旅游、红色旅游等多条旅游线路,城乡面貌焕然一新,服务设施日益改善,全力打造宜居、宜业、宜游的新长三角旅游目的地。

(融媒体中心)

友好村宽心圩 (融媒体中心供图)

【村企共建项目】 2020年8月3日,扬中市举行"万企联万村"结对共建签约活动,大行公司与双跃村结成共建对子。按照《共建协议书》,双方按照"资源共享、组织共建、品牌共创、发展共进"原则,实施人才共享,即通过组织选调,由大行党委一名经济和招商工作经验丰富的班子成员派到双跃村兼任党委书记;实施阵地共享,即一方发挥资金优势、另一方提供基地和场所,共同打造"党建文化长廊";实施资源共享,即改变原先"单打独斗"模式,整合优质教育资源,通过集中党课、专家授课和研讨交流等,促进党员群众受教育、企业管理上水平。大行公司发挥其资金渠道多、资源关系优、信息来源广等优势,着力破解双跃村在集体经济发展中缺资金、少资源等问题,在改善农村人居环境、发展村级经济等方面开展有效合作,实现党建引领促发展,村企共建聚合力。 (融媒体中心)

【党建引领乡村振兴推进会】 2020年8月12日,扬中市召开党建引领乡村振兴推进会。会议举行"万企联万村 共走振兴路"行动村企对接活动暨联建项目签约仪式,签约项目12个,项目覆盖所有乡镇及市镇村三级企业。部署全市党建引领乡村治理工作,解读乡村振兴考核指标体系,部署农村人居环境整治等乡村振兴重点工作。提出以城乡融合为依托,发挥党建引领作用,推动产业发展、环境生态、生活品质走在前列,打造乡村全面振兴的"扬中样板"。会议要求,推进乡村振兴,加快融合发展,发展特色产业,促进民富村强,让产业发展走在前列;抓好农村人居环境整治工作巩固提升,打造特色亮点,拓展优美农村环境的功能边界,体现综合效应,让环境生态走在前列;推进全面小康、完善公共服务、优化乡村治理,让生活品质走在前列,让群众有更多的获得感、幸福感。截至8月,全市落实村企联建项目106个,涉及75个行政村(社区),102家企业参与联建,项目包括农产品精深加工、现代农业规模种养、休闲农业乡村旅游等内容,计划总投资11.64亿元,其中超亿元项目5个。扬中与南北挂钩结对的连云港市灌云县落实村企联建项目6个,总投资1.24亿元。 (冯太升)

长江十年禁渔

【概况】 2020年,扬中市实行长江重点水域禁捕,为长江休养生息留出时间和空间,共抓长江大保护。1月1日,长江流域重点水域分类、分阶段实行渔业禁捕,长江扬中段进入禁捕状态。扬中市坚决落实"长江十年禁渔"目标任务,加强沿江生态岸线修复与保护,274名持证渔民全部退捕上岸,退捕渔民实现"应保尽保"。开展"长江禁渔"行动和"三无"船舶专项整治,扬中市以更自觉的行动、更有利的组织、更精准的举措,确保"十年禁渔"各项决策部署落到实处、见到实效,坚决打好打赢长江禁捕攻坚战。

(融媒体中心)

【渔民退捕上岸】 2020年，扬中市274名持证渔民全部退捕上岸。纪委监委全程跟进，确保应禁全禁、应退全退、标本兼治、长效管理，注重协调联动，形成齐抓共管的强大合力。聚焦渔民最关心的补偿安置、转产就业等情况开展督查督导。扬中在基本养老保险等方面予以扶持，为渔民提供转产就业培训，积极引导渔民转岗就业创业，保障渔民基本生计。扬中退捕渔民全部在岸上安家，社会保障、医保覆盖率100%。 （融媒体中心）

张贴长江重点水域禁捕通告 （融媒体中心供图）

【“长江禁渔”行动和“三无”船舶专项整治】 2020年，扬中市开展“长江禁渔”行动和“三无”船舶专项整治。7月1日，扬中市召开长江全面禁捕暨“三无”船舶专项整治工作会议，会议要求以更自觉的行动、更有利的组织、更精准的举措，确保“十年禁渔”各项决策部署落到实处、见到实效，坚决打好打赢长江禁捕攻坚战。扬中市全面禁售长江流域非法捕捞渔获物，发放《关于禁售长江流域非法捕捞渔获物的通告》1800余份，开展政策宣传，引导市场主体守法经营，提升公众长江流域生态环境保护意识，倡导不捕、不卖、不买、不食长江流域非法捕捞渔获物。严查制造、销售禁用渔具的违法行为；严查以“野生长江鱼”“野生江鲜”等作为噱头营销，对商品的来源、质量做虚假或引人误解的商业宣传，欺骗、误导消费者，构成虚假宣传的不正当竞争行为；严查对未经批准、未取得或者未按照规定使用专用标识，出售、购买长江流域珍贵、濒危水生野生动物及其制品等违法行为。根据摸底排查情况，扬中“三无”船舶数量较多，整治难度大，存在非法捕捞、非法载客、水上供应等情况，影响水上安全，扬中市根据整治工作实施方案，开展部门联合执法、合力攻坚，现场督查跟进镇（街、区）整治工作开展情况，切实保障工作成效。 （融媒体中心）

全国文明城市创建

【概况】 2020年是2018—2020年全国文明城市创建决战攻坚之年，扬中市倒排工期、挂图作战、紧抓快干，社会文明程度指数显著提升，群众获得感明显增强。在省文明办组织的2020年度专项测评中，全市社会文明程度指数为89.52，位列全省38位，比上年前进7位。坚持高位推进，市委、市政府主要领导靠前指挥，通过现场办公、轮值督查、逐层逐级签订责任状、下发任务清单、持续推行“一月两榜”测评，压实创建责任。组织实施全国文明城市创建“八大攻坚行动”，规范工地围挡设置、实现提标升级，精品化打造公益宣传、强化培训督查，实施党建引领农村人居环境整治，打造“清新净”的城乡面貌。落实全民参与，启动行人、非机动车违法行为专项整治，文明交通理念深入人心；实施农贸市场、背街小巷、居民小区等重点点位改造提升，组织“创文进小区、民生面对面”“烟头不落地、扬中更美丽”等活动，共建共享格局基本形成。打造“思政新课堂”“习近平新时代中国特色社会主义思想百场行”等品牌，深化爱国卫生运动，强化未成年人思想道德建设，举办第五届扬中市道德模范、各级各类“文明家庭”评选表彰，涵育良好家风、文明乡风、淳朴民风。

（冷倩颖）

【全国文明城市创建“八大攻坚行动”】 2020年5月，扬中市锁定崇德向善、和谐宜居的文明城市创建目标，突出民生导向、问题导向，启动全国文明城市创建“八大攻坚行动”。“行动”由市委、市政府主要领导亲自挂帅调度，9名分管市领导分别牵头攻坚专业组，聚焦居民小区提升、施工工地规范、文明交通达标、市政设施补短、市场秩序整治、未成年人强基、城乡一体延伸、公益广告优化等市民关注的热点、测评聚焦的重点、创建工作的难点，精准施策、集中攻坚。全市组织开展各类专项整治、主题宣传、志愿服务等活动1560余场次，3.8万余名机关干部、执法人员、志愿者、楼道长等参与其中，修复改造路面、人行道8.5万平方米，调整路牙2000米，施划规范停车位1069个。 （马键俊）

【道德模范与身边好人现场交流活动】 2020年8月5日，扬中市举办“爱敬诚善、德润江洲”——江苏省道德模范与身边好人现场交流活动，现场发布“江苏好人”与省“新时代好少年”，表彰第五届扬中市道德模范。活动分为6个篇章，以故事讲述、情景剧等为串联，通过事迹展播、现场访谈等形式,全市12组(名)道德模范及10组(名)道德模范提名奖获得者分享美德故事,20万名网友通过网络直播在线观看。 (周颖)

8月5日,江苏省道德模范与身边好人(镇江·扬中)现场交流活动 (融媒体中心供图)

链接:第五届扬中市道德模范名单

敬业奉献模范:潘炳成、何宇华
见义勇为模范:姚　峰、(黄克华、刘明芳夫妇)
孝老爱亲模范:匡　飞、马连英
助人为乐模范:周美华、陆　云
诚实守信模范:徐　翔、周金龙
同心战疫模范:援鄂"天使"团
　　　　　　"小树苗成长计划"志愿服务队

链接:第五届扬中市道德模范提名奖名单

敬业奉献模范提名奖:朱建国、王卫锋
见义勇为模范提名奖:(孙纪明、薛昌龙)、朱孝华
孝老爱亲模范提名奖:王永才、严国俊
助人为乐模范提名奖:殷浩翔、韦恩广
诚实守信模范提名奖:陈建华

【新时代好少年评选】 2020年,扬中市开展"新时代好少年"评选活动。经过各镇(街、区)、各有关部门、各中小学校推荐和组委会评选、审核公示、综合评定等程序,分别于6月、12月推选出常承文等32名先进典型。姚科宇、孙睿晗2人获"新时代江苏好少年"称号,孙诗涵等10人获镇江市"新时代好少年"称号。通过评选活动的开展和各地、各学校学习宣传活动的深入,发挥新时代好少年示范引领效应,展示新时代好少年积极向上、文明进取的精神风貌。 (周颖)

【全国文明城市创建专场演出和戏曲巡演】 2020年6月25—26日,"周末戏相逢"创文专场演出在中扬社区和长江花城社区举行,活动将群众喜闻乐见的戏曲和创文应知应会有奖问答相结合,并通过现场发放宣传资料等形式,提升市民群众对全国文明城市创建工作的知晓率、参与率、支持率。7月3日,扬中市全国文明城市创建指挥部在唐韵食府广场举办创建全国文明城市专场演出,通过文艺表演、互动竞答等形式将全国文明城市创建举措成效、市民文明礼仪知识等送到居民家门口,丰富社区群众精神文化生活,浓厚共建共享氛围。 (王兴楠)

【文明健康"餐7条"】 2020年3月20日,扬中市文明办与烹饪协会等单位联合推出扬中文明健康"餐7条"。内容包括:倡导餐饮新风,推行公筷公勺;倡导饮食卫生,例行餐前洗手;倡导食品安全,禁用有害原料;倡导节俭用餐,摒弃铺张浪费;倡导绿色生态,拒食野生动物;倡导文明就餐,讲究餐桌礼仪;倡导保护环境,践行垃圾分类等内容。通过推出专题卡通公益广告、向餐饮企业发放餐卡桌牌等多种形式,培养市民文明健康、绿色节俭的用餐习惯,持续推进"文明餐桌"行动,切实助力疫情防控工作。 (王兴楠)

市民践行"餐七条" (融媒体中心供图)

【国家卫生城市复审迎检暨全国文明城市创建动员会】 2020年5月15日,扬中召开国家卫生城市复审迎检暨全国文明城市创建动员会。会议要求,围绕测评体系查缺补漏,紧扣突出问题重点攻坚,依托专项整治巩固提升,在强基础的同时重提升;结合功能提升、民生问题、常态长效抓创建,在抓建管的同时顾长效;强化文明引领和素质提升,在建"文明城"的同时育"文明人";依托新时代文明实践等载体,最大限度调动群众的积极性,知晓创建、支持创建、参与创建。 (冯太升)

【文明交通志愿服务】 2020年6月起，扬中市启动“文明扬中、你我同行”文明交通志愿服务和“路长制”挂钩巡查活动。全市90余家机关部门、文明单位累计超15万人次参与活动。通过日常巡查、协调包干、文明劝导、入户宣传等流程，主要交通路口行人、非机动车机非不分、逆行、闯红灯等不文明交通现象减少，路面破损、“小广告”、车辆乱停放等动态性城市治理顽疾得到遏制。 （王兴楠）

文明交通志愿服务 （宣传部供图）

【“烟头不落地、扬中更美丽”活动】 2020年11月27日，扬中市举行“烟头不落地、扬中更美丽”启动仪式。65家“路长制”单位的志愿者代表、城管队员代表和14个城市社区的主要负责人参加启动仪式，志愿者代表宣读《“烟头不落地 扬中更美丽”活动倡议书》，现场设置“垃圾分类”“文明养犬”“文明餐桌”“文明交通”四大主题宣传区，向市民宣传文明城市创建相关知识。启动仪式当天，“路长制” 单位在各自包干路段开展拾捡烟头比赛，累计捡拾烟头1.3万个。启动仪式后，全市14个城市社区同步开展烟头有奖兑换活动，为期11天的活动累计收集烟头164万个。 （王诗雅）

新时代文明实践

【概况】 2020年，扬中市立足整合资源拓阵地、全民发动壮队伍、制定标准明方向、精准活动惠民生，推进新时代文明实践全国试点建设高质量发展走在前列。建立高位协调机制，将新时代文明实践全国试点建设作为市委深改委年度重点，市委、市政府主要领导亲自挂帅，多次实地调研、推进工作，每月带头服务；实施“双月测评”，推出“镇村文明风尚榜”“部门实践指数榜”“志愿服务风采榜”“三单发布”机制，催生基层实践动力。提高保障力度，在6个镇(街、区)、83个村(社区)新时代文明实践所站全覆盖基础上，开展“十佳示范站”“十佳优秀站”评选，建强阵地，提高使用率；落实200万元年度新时代文明实践专项经费，设立启动资金300万元的新时代文明实践基金；编印《七彩实践 筑梦江洲——新时代文明实践优秀案例集》《实践剪影》，展示文明实践风采、浓厚志愿服务氛围。坚持理论先导，兼顾理论深度与民生温度，建立家常式、体验式、沉浸式、互动式、惠民式宣讲体系，让党的创新理论精准对位、入脑入心。新坝镇“理‘响’新坝百灵鸟”项目参展第五届江苏志愿服务展示交流会。突出以人为本，组织“文明实践大走访、百姓民生面对面”活动，提升文明实践精准度；统筹开展所站长项目“领办行动”等新时代文明实践六大提升行动，实现资源再整合、力量再汇聚、品牌再提升，形成“全域实践、全民参与”格局。截至2020年底，全市6.3万名注册志愿者累计开展文明实践活动3190场，服务对象超28万人次。 （冷倩颖）

【新时代文明实践“三下乡”活动】 2020年1月17日，扬中市新时代文明实践“三下乡”活动暨“我们的中国梦”——文化进万家活动在新坝镇丰乐桥村启动。启动仪式上，市文联、总工会、卫健委、城管局等27家单位“摆摊设点”，开展政策咨询、科普宣传、免费义诊等50余项集中服务，现场发放普法知识、农业技术、垃圾分类等宣传手册2000余份。春节期间，全市各镇(街、区)新时代文明实践所站、“七彩” 服务平台陆续开展103场新时代文明实践活动，其中，“我们的中国梦”——文化进万家活动30场。 （冷倩颖）

【志愿服务交流会】 2020年3月4日，扬中市新时代文明实践中心召开志愿服务交流会。会上学习传达2020年中央、江苏省、镇江市文明办主任会议精神，部署学雷锋志愿服务月期间“夺取‘双胜利’、志愿齐发力”主题活动，各镇(街、区)、各注册公益组织代表分别交流2020年新时代文明实践工作计划和志愿服务创新项目、重点举措。会议指出，2020年，全市新时代文明实践全国试点建设要围绕服务决胜全面小康、决战脱贫攻坚主线，立足创文创卫“两城融创”和“党建引领、乡村振兴”大局，做好年度任务的组织实施、志愿服务切入点的精准对接、发展空间的拓展、内部管理的规范、城乡结对等五篇文章。 （冷倩颖）

【新时代文明实践中心全国试点建设推进会】 2020年6月8日，扬中市召开新时代文明实践中心全国试点建设推进会。会议要求，要有归零心态、责任担当、精品意识，突出高点站位，推动试点工作由“过得去”向

“过得硬”跃升;要“有生气”“聚人气”“接地气”,突出阵地建设,推动试点工作由“建得好”向“用得好”跃升;把部门力量统筹好、党员力量发挥好、社会力量引导好,突出全民动员,推动试点工作由“要我做”向“我要做”跃升;围绕“中心大局、体制机制、实践项目”谋创新,突出守正创新,推动试点工作由“千人一面”向“百花齐放”跃升。会上,为2019年度扬中市新时代文明实践创意项目大赛获奖项目团队颁发培扶资金,新坝镇、机关工委、团市委、教育局作交流发言。 (冷倩颖)

【“文明实践大走访、百姓民生面对面”活动】 2020年6月30日至7月10日,扬中市新时代文明实践中心策划组织“文明实践大走访、百姓民生面对面”活动。四套班子领导、部分“两代表一委员”、三茅街道及新坝镇党员干部、市级机关各部门公职人员、志愿者随机入门到户,面对面向市民宣传全国文明城市创建应知应会知识,询问、记录群众反映的实际问题与意见建议,提升市民对全国文明城市创建的知晓率、参与率和满意率,打通服务群众“最后一米”。经过汇总,市文明办梳理出问题反馈、意见建议800余条,均已交办相关职能部门,完成率80.3%。 (顾薇)

7月7日,市领导率先赴联系点开展大走访活动

(融媒体中心供图)

【公民道德宣传月活动】 2020年9月20日至10月31日,扬中市新时代文明实践中心以“9·20”公民道德宣传日为契机,策划开展“学《纲要》、守道德、践文明”公民道德建设宣传月活动。各地各部门立足实际、守正创新,组织家国情怀领航行动、传统美德涵养行动、道德模范示范行动、文明实践践行行动等“五大行动”。通过策划举办“我与国旗合个影、文明扬中我先行”、“国庆吃面”、道德讲堂、“晒家训、亮家规、扬家风”等系列主题宣传活动,提升市民思想觉悟、道德水准和文明素养,激发全社会关心、支持、参与文明实践的热情,擦亮“小城大爱”城市品牌。 (顾薇)

【新时代文明实践典型培树】 2020年,扬中市开展新时代文明实践典型培树行动,孵化培扶出“农益家园”“小小演说+”“家门口的舞台”等一大批优秀典型。组织“双十佳”新时代文明实践站评选活动,推选示范站、优秀站各10家,组织集中表彰授牌;策划新时代文明实践优秀案例征集评选,从“体制机制”“队伍建设”“阵地打造”“特色活动”“品牌项目”五大板块收集汇总优秀案例54篇,编印《七彩实践 筑梦江洲——新时代文明实践优秀案例集》;开展新时代文明实践十大优秀微信推文评选,相关微信阅读量累计突破6万人次。通过各类典型选树活动的开展,展示扬中市新时代文明实践中心全国试点建设成果,激发各地新时代文明实践的积极性、主动性、创造性。 (冷倩颖)

熔喷布行业规范化整治

【概况】 2020年新冠肺炎疫情爆发后,扬中市行业用非织造布(以下简称熔喷布)制造企业大量涌现。扬中市委、市政府对熔喷布行业的发展高度重视、态度坚决,明确“坚持标准、守住底线,守法经营、依法管理,积极引导、防范风险”,以严格执法、严肃纪律,遏制行业发展的乱象,成立由市政府分管领导任组长,各镇(街、区)、市场监管局、应急管理局、经济发展局、公安局、税务局、生态环境局、消防救援大队等单位为成员的熔喷布行业规范化整治工作领导小组。3月20日,扬中市交办相关熔喷布企业问题,开展全面排查摸底、集中检查。3月30日,在全市范围内开展熔喷布行业规范整治。4月2日,扬中施行行政审批部门预约办理,工商登记限号办理。4月9日,召开熔喷布行业规范整治推进会,向社会发布《关于规范熔喷布企业生产经营秩序的通告》,明确“三个一律”:利用家庭作坊进行生产的,一律取缔;没有合法合规生产经营手续的,一律关停;存在安全隐患、环保不过关的,一律停业整顿,以此更好地规范行业发展,引导有序竞争,提高产品质量,加强企业安全生产管理水平。4月10日,登记检查五大卡口出场车辆,依法查扣“三无”熔喷布产品。4月11日,通报全市熔喷布行业规范化整治情况;4月14日,召开熔喷布行业规范整治推进会,明确力争通过一周的突击整治,推动全市熔喷布行业总体平稳可控。依据《中华人民共和国产品质量法》,对255家涉及“三无产品”问题的企业下达整改通知书;交警部门查扣熔喷布

运输车辆90余辆；现场查处私拉乱接、超容用电等违法行为33起；约谈快递公司10家；立案查处46件，关停或查封37家(户)。4月15日，扬中市熔喷布生产经营企业全面停产整顿。 (融媒体中心)

【熔喷布生产企业停产整顿】 2020年3月20日，扬中市就相关反映熔喷布企业问题进行交办，开展集中检查。4月15日，全市所有熔喷布生产经营企业全面停产整顿。扬中市坚定整治决心，强化履职尽责，确保取得整治成效，为非理性的市场行为"降温"。全市上下把熔喷布行业规范化整治作为当前工作的重中之重，集中精力，集中攻坚，市、镇、村三级联动，多部门联合执法，坚决关停违法违规生产经营企业，恢复正常生产秩序。对涉嫌违法违规的，在查处涉及市场监管、安全、环保等违法案件的基础上，坚持有案必查、一查到底。继续严管所有进出扬中的通道卡口，由市场监管会同公安、交通等部门24小时严查运布车辆，核实产品证照、销售合同、检验报告，对不合格产品依法查扣，不让一寸不合格产品流出扬中。公检法等部门加大案件线索查办力度，对涉嫌犯罪的企业和个人，发现一起、查处一件、震慑一片。针对安全生产、消防、生产环境、产品流通、产品价格等领域存在的问题，将分类施策，严格准入，整改不到位不放过，整改不达标不予复工。

(融媒体中心)

熔喷布行业规范化整治 (融媒体中心供图)

【熔喷布行业规范整治】 2020年4月9日，扬中市召开熔喷布行业规范整治推进会，加大规范整治力度，促进行业有序发展。会议通报熔喷布行业发展现状。检查发现，部分生产企业生产条件简陋，产品标识标注及实物质量不能达到相关标准，生产安全、消防安全存在定隐患。开展整治以来，市场监督管理局、应急管理局、税务局等相关单位立足职能，成立专项整治小组，通过细化规划整治方案、全面排查摸底、专项整治执法、实物质量送检、督促落实主体责任、舆论引导等方式引导有序竞争、规范行业发展。会议指出，各级各部门要开展拉网式排查，集中整治，严肃查处行业乱象。执行三个一律，只要是利用家庭作坊进行生产的，一律取缔；没有合法合规生产经营手续的，一律关停；存在安全隐患、环保不过关的，一律停业整顿。落实安全生产、生态环保、供电消防三个前置，督促企业落实安全生产主体责任，发现安全隐患及时整改；督促企业设置噪音、粉尘、废气治理设施，从源头上杜绝环保不合规企业产生；加强企业安全用电规范管理，严格控制增容扩容。狠抓质量、销售、税收三个环节，重点查处无产品名称、无产品标识、产品用途不清的产品；加大对制假售假、违法经营行为的打击力度，依法打击哄抬物价、囤积居奇的违法人员；加强税收依法征管，打击和查处偷税漏税行为。 (融媒体中心)

链接：

扬中市人民政府关于规范熔喷布企业生产经营秩序的通告

近期，受国内外疫情防控物资市场变化影响，扬中市涌现出一批熔喷布生产企业(含个体户，以下简称企业)，产品质量、安全防范、生产环境、非法用电、偷逃税收等问题随之显现。为规范企业生产经营秩序，促进行业健康有序发展，作以下通告：

一、企业必须依法依规从事生产经营活动。所有企业必须领取营业执照，任何单位或者个人不得违反法律法规规章或规范性文件的规定，从事无证无照经营。为生产经营提供场地、运输、保管、仓储等条件的，应当查看营业执照，不得为无照经营提供相关条件。对于无照经营或为无照经营违法提供经营场所的，市场监督管理部门将根据《无证无照经营查处办法》严格处理。对违法经营和破坏经济秩序的犯罪行为，公安机关将依法打击。

二、生产的产品质量必须符合国家规定。生产者须对其生产的产品质量负责，产品及其使用的原材料，必须符合国家的规定。产品质量应当检验合格，产品或其包装上的标识，必须符合国家的规定。生产者应当公开其执行的强制性标准、推荐性标准，团体标准或者企业标准的编号和名称，生产经营活动应当按照标准组织，生产的产品应当符合企业公开标准的技术要求。不符合产品质量标准或未公开标准的，市场监督管理部门将根据《产品质量法》和《标准化法》严格处理。

三、产品定价应当遵守国家规定。在市场竞争中获取利润必须合法。产品在销售过程中，不得有哄抬物价、价格欺诈等不正当价格行为，违反价格管理要求的，市场监督管理部门将依据价格法律法规严格处理。构成犯罪的，将移交公安机关依法处理。

四、生产场所环境必须符合生态环境保护相关规定。生产场所须卫生整洁，配备必要的环保设备。生产排放的废气要满足《大气污染物综合排放标准》要求，对生产时产生的噪声要严格管控，满足《工业企业厂界环境噪声排放标准》要求，并设立固体废物集中堆放场所。

五、企业必须确保安全生产。企业应当具备法律、法规，以及国家和行业标准规定的安全生产、消防安全和用电安全条件，建立专门的安全管理机构，配备安全生产管理人员。企业要加强对从业人员安全生产教育和培训，未经安全生产教育和培训合格的从业人员，不可上岗作业。要做好一线作业人员的劳动保护，杜绝生产安全事故和职业健康问题发生。特种设备使用必须符合法律法规规定，对违反《特种设备安全法》规定的，市场监督管理部门将依法处理。企业不得将生产经营项目、场所、设备发包或出租给不具备安全生产条件或相应资质的单位或个人。企业应按照国家规范要求配备消防设施器材，加强防火巡查检查，消除各类火灾隐患，确保主体消防安全。企业必须遵守《江苏省电力保护条例》等规定，对其设备的用电安全负责。发现违法接电、违规增容等违反用电安全行为的，供电部门将依法依规处理。

六、企业必须依法纳税。在扬中市从事熔喷布生产经营的企业和个人，必须根据《中华人民共和国税收征收管理法》第二十五条的规定，依法如实进行纳税申报，并缴纳相应税费。企业和个人，可直接将熔喷布销售额计入纳税总额进行纳税申报，或携带业主及办税人员身份证至税务局办税服务厅办理税务登记，并进行纳税申报。违者将依据《中华人民共和国税收征收管理法》相关条款予以处罚，构成犯罪的，将依法移交司法机关追究刑事责任。

【熔喷布行业规范整治推进会】 2020年4月14日，扬中市召开熔喷布行业规范整治推进会，明确力争通过一周的突击整治，推动全市熔喷布行业总体平稳可控。市委、市政府对熔喷布行业的发展高度重视、态度坚决，明确“坚持标准、守住底线，守法经营、依法管理，积极引导、防范风险”，以严格执法、严肃纪律，遏制行业发展的乱象，推动扬中经济社会有力有序发展。会议通报全市熔喷布行业规范整治开展情况，布置下阶段工作；西来桥镇、新坝镇、市场监管局、公安局、纪委监委等部门作交流发言；应急管理局、生态环境局、税务局等部门提交书面交流材料。截至4月10日，全市登记注册的涉及熔喷布生产、销售企业867家(户)。由于大部分生产者匆忙上马，安全、价格、质量、社会等问题随之暴露。在前期集中检查的基础上，3月30日，扬中市在全市范围内开展熔喷布行业规范整治；4月9日，市政府向社会发布《关于规范熔喷布企业生产经营秩序的通告》，明确“三个一律”；多部门联合监管，重点规范安全生产、生态环保、经营销售、职业健康等环节。截至4月14日，依据《中华人民共和国产品质量法》，对255家涉及“三无产品”问题的企业下达整改通知书；交警部门查扣熔喷布运输车辆90余辆；现场查处私拉乱接、超容用电等违法行为33起；10家快递公司接受约谈。全市立案查处46件，关停或查封37户。会议明确，遵循“依法依规、有力有序”，强化行业的规范整治。合法经营是底线，不合法的要严厉打击，坚持“一把尺子量到底”的公平公正，不论什么企业，不论是谁，生产经营一旦违法乱纪，一律严肃查处、严格执法；精准施策，依法合规的企业要支持发展、鼓励发展，对于生产、销售乃至中介环节，不规范的限期整改，问题突出的停产整顿，严重违法的立案查处；合力攻坚，尤其是有执法职能的部门要主动作为，共同研究执法尺度、标准，统一执法思想，开展联合执法，履职不力的，纪委监委部门进行跟踪督查、问效。发挥整治领导小组统筹协调作用，每日调度、每日会办；各镇(街、区)要落实好属地责任，尤其村一级，做实调查摸底和宣传发动工作；纪委、两办组建督查组，严格履行部门监管职责。对于社会关注度较高的公职人员参与熔喷布行业生产经营的，发现一起，查处一起，绝不姑息。加强行业风险提示和典型案例报道强化引导。

(融媒体中心)

熔喷布行业监管整治　(融媒体中心供图)

年度聚焦

【扬中市入选“中国创新百强县”“中国工业百强县”榜单】 2020年11月13日，中国信息通信研究院主办的中国县域工业经济发展论坛发布《中国县域工业竞争力地图》，揭晓2020年“中国创新百强县”“中国工业百强县”榜单，扬中市入选，分别位列全国第17位和第61位。中国工业百强县(市)榜单是在工信部的指导下，由中国信息通信研究院依托“制造强国产业基础大数据平台”，对各县域工业经济发展竞争力进行的实证分析和比较研究，2020年是第6次正式发布，具有很高的专业性、权威性和含金量。 (融媒体中心)

【扬中市2人获授“镇江市人民奖章”】 2020年11月17日，“镇江市人民奖章”颁奖大会举行。国家博物馆研究员、中国汉画学会会长陈履生，大全集团有限公司副董事长、执行总裁葛飞二人获授“镇江市人民奖章”。

陈履生，40余年来潜心研究美术历史及理论，先后多次在国内外举办个人画展，出版有个人画集、文集和影集。2020年，他在新坝镇新治村建设的国内规模最大的乡村博物馆群——陈履生博物馆群正式开馆，通过别开生面的收藏、展陈，以其特有的专业精神，为中国博物馆事业树立独特性的标杆，为扬中和镇江增添一处重要的公共文化服务场馆。

葛飞，寄家国情怀于技术创新，创智能制造标杆工厂，在推进国家电气行业技术进步方面作出突出贡献。负责科技创新工作期间，推动集团建成5家国家级、6家省级企业研发机构，相关成果先后获2016年国家技术发明奖二等奖、2017年国家科技进步奖一等奖、2019年国家科技进步奖特等奖。 (融媒体中心)

【全国精神文明建设表彰】 2020年11月20日，中央文明委召开全国精神文明建设表彰大会，表彰第六届全国文明城市、文明村镇、文明单位，第二届全国文明校园、文明家庭和新一届未成年人思想道德建设先进典型。扬中市八桥镇利民村被授予“全国文明村”称号，国家税务总局扬中市税务局被授予“全国文明单位”称号，兴隆中心小学被授予“全国文明校园”称号。新坝镇经复查确认保留“全国文明镇”荣誉称号；新坝镇立新村、八桥镇红光村经复查确认保留“全国文明村”荣誉称号；大全集团经复查确认保留“全国文明单位”荣誉称号。 (融媒体中心)

【扬中市全面小康指数位列全国第八】 2020年12月4日，《中国城市全面建成小康社会监测报告2020》发布，扬中全面小康指数140.28，居全国县级市第8位，入选中国率先全面建成小康社会优秀城市。中国城市全面建成小康社会监测体系分别从经济发展、人民生活、文化建设、生态环境、城市治理五个领域监测，依次形成“小康经济指数”“小康生活指数”“小康文化指数”“小康生态指数”“小康治理指数” 五个小康分项指数，分别衡量各领域建成水平，五个小康分项指数集成“全面建成小康社会指数”，衡量城市全面建成小康社会整体水平。在小康分项指数中，扬中市小康经济指数、小康生活指数、小康生态指数为A+级，小康文化指数、小康治理指数为A级。 (融媒体中心)

【陈德龙被授予“江苏省见义勇为英雄”称号】 2020年12月11日，江苏省第十二届见义勇为表彰大会在南京召开，扬中市见义勇为先进个人陈德龙被授予“江苏省见义勇为英雄”称号。坍江吹哨，帮助75户、300余名村民安全撤离的江渚义翁陈德龙，2018年1月被江苏文明办授予“江苏好人”称号；同年2月，被扬中市委、市政府授予“第四届道德模范”“118坍江抢险突出贡献奖”称号。2019年，陈德龙获评“第七届全国道德模范提名奖”和“第七届江苏省道德模范——见义勇为模范”。 (融媒体中心)

【张贤春获评“江苏省模范退役军人”】 2020年，中共江苏省委退役军人事务工作领导小组办公室、江苏省人力资源和社会保障厅、江苏省退役军人事务厅、中共江苏省委组织部、江苏省军区政治工作局等单位，联合授予扬中市油坊镇振兴村老退役军人张贤春 “江苏省模范退役军人”称号，镇江市获此荣誉的仅6人。张贤春心系国防，2016年创办全省首家 “心系国防张贤春家庭档案馆”，后创成为“扬中市国防教育基地”“扬中市新时代文明实践示范基地”。 (融媒体中心)

大事记

1月

1月1日，长江流域重点水域分类分阶段实行渔业禁捕,长江扬中段进入禁捕状态。

1月1日,《扬中市机动车停放服务收费管理暂行办法》正式实施。停车服务收费覆盖区域为全市范围,实行政府定价、政府指导价管理。

1月2日，江苏省重大产业项目建设现场推进会议(镇江市分会场)在扬中市举行。总投资6亿元的江苏福麟智能装备制造项目开工建设。

1月3日,扬中市消防救援大队举行挂牌仪式。

1月3日,扬中市"三扶两创"工作推进会暨青年农民创业服务站揭牌仪式在八桥镇举行。

1月3日，江苏省文化和旅游厅公布首届江苏旅游文创商品大赛获奖作品,"豚宝" 河豚文创系列产品(炭雕、纪念币、钥匙扣、玩偶)获铜奖。

1月4—6日,扬中市政协十届四次会议召开。市政协十届四次会议应出席委员175名,实到委员165名。

1月5日，扬中市中医院与中国医学科学院肿瘤医院头颈外科签约,揭牌成立"李德志教授工作站"。

1月5—7日,扬中市第十七届人民代表大会第四次会议召开。市长张德军代表市人民政府向大会作工作报告,报告全面回顾2019年经济社会发展成效。会议通过《选举办法(草案)》和《民生实事项目票决办法(草案)》；印发代表议案和建议办理情况的报告、2019年国民经济和社会发展计划执行情况及2020年各项计划安排意见的报告、2019年财政预算执行情况和2020年财政预算(草案)的报告、2020年民生实事项目报告。

1月13日，扬中市举行2019年度金融系统总结表彰暨政银企合作重点项目签约会。

1月15日，扬中市召开2019年度抓全面从严治党述职会议。

1月15日,扬中市召开"不忘初心、牢记使命"主题教育总结大会。

1月17日，扬中市领导干部警示教育大会召开。与会人员观看镇江市警示教育片《初心使命、铭记在心》,市纪委监委通报2019年全市案件查办情况。

1月17日,扬中市新时代文明实践"三下乡"活动暨"我们的中国梦"——文化进万家活动在新坝镇丰乐桥村启动。

1月18日,新坝镇首家村级商会——立新商会成立,41家中小企业加入立新商会。

1月19日,扬中市纪委监委召开全市纪检监察系统作风建设大会,巩固深化"不忘初心、牢记使命"主题教育成果,启动"作风再锤炼、形象再提升"专项教育,全面打造一支纪律严明、作风过硬的纪检监察队伍。

1月19日,扬中市开展"青春志愿行、温暖回家路"暖冬行动。

1月19日,镇江体育会展中心公交站至扬中文景广场622路通勤公交线路开通。

1月20日,扬中市举行突出贡献企业总结表彰大会,大全集团获"突出贡献奖",大全集团、环太集团、香江科技荣膺2019年度"三十强"工业企业前三甲。

1月21日,扬中市召开疫情防控工作推进会议。

1月23日,扬中召开全市新型冠状病毒感染肺炎疫情防控工作会议。

1月25日,扬中市发布《新型冠状病毒感染的肺炎疫情重要通知》。

1月26日,扬中市召开新型冠状病毒感染的肺炎疫情防控指挥部紧急会议。

1月，江苏省知识产权局考核验收扬中市创建江苏知识产权强省建设区域示范重点项目。

2月

2月1日，大全集团受邀参与雷神山医院项目配电柜的生产及供应物流运输;2月4日，大全集团30台配电柜抵达武汉雷神山医院助力防疫。

2月7日，中共扬中市委、扬中市人民政府印发

《关于应对新型冠状病毒感染的肺炎疫情支持中小企业共渡难关的政策意见》。从加强金融信贷支持、财政税收支持、生产运营支持,稳定企业职工队伍,优化政府支持服务方面提出20条政策意见。

2月11日,扬中市人民法院首次使用互联网审理案件。

2月26日,中共扬中市委办公室、市政府办公室联合印发《关于统筹推进新冠肺炎疫情防控和经济社会发展,深化“暖企大走访”活动的通知》,在全市范围内开展为期一个月的“暖企大走访”活动。

2月27日,扬中市举行2020年度重点产业项目暨江苏云企智造共享项目开工仪式。

2月27日,扬中市政府、市政协联合召开重点工作交流会。

2月,扬中开展文艺战“疫”创作活动。创作出文学、书画、摄影、视频、音乐、戏曲、民间文艺等文艺作品100余件。

3月

3月4日,扬中市新时代文明实践中心召开志愿服务交流会。

3月6日,扬中市妇联举办“携手战‘疫’、巾帼有为”纪念“三八”国际妇女节110周年主题展。

3月9日,扬中市召开群租房整治工作推进会。

3月19日,扬中市融媒体中心开展“助力2020春风行动”服务复工企业大型直播活动。

3月20日,扬中市文明办与烹饪协会等单位联合推出扬中文明健康“餐7条”。在餐饮服务业推进“文明餐桌”行动。

3月20日,扬中市交办相关熔喷布企业问题,开展全面排查摸底、集中检查。

3月20日,扬中市江洲东路(三茅大港—民主路)段雨污水管道铺设工程进场施工。

3月20日至5月20日,扬中市举办第十七届中国·扬中河豚文化节,文化节以“共享现代活力城,畅游中国河豚岛”为主题,结合疫情形势,转场网络,开启“云端”办节。

3月25日,扬中召开全市党建工作会议。

3月25日,扬中市启动幸福大桥升级改造工程。

3月27日,西来桥镇与江苏璟胜自动化科技有限公司举行签约仪式。

3月30日,扬中市在全市范围内开展熔喷布行业规范整治。

3月31日,扬中市政府召开全体(扩大)会议。动员全市各级、各部门勇于担当、真抓实干,全面推进政府各项工作的开展,高质量完成全年各项目标任务,夺取疫情防控和经济发展的双胜利。

3月31日,《扬中市住宅专项维修资金管理办法》审议通过,5月1日起施行,有效期5年。

3月,城投公司投资建设的永兴加油站(扬中238省道复线八桥永兴段)开业运营。

4月

4月1日,扬中市召开“扫黑除恶”专项斗争工作会议。

4月2日,扬中市召开“暖企大走访”企业反馈问题交办会。

4月4日,全国性哀悼活动举行,扬中市各处下半旗志哀,警报网点齐鸣,市民默哀3分钟,表达对抗击新冠肺炎疫情斗争牺牲烈士和逝世同胞的哀悼。

4月7日,扬中市向第一批特困职工发放免费公交IC卡。

4月9日,扬中市召开熔喷布行业规范整治推进会,发布《关于规范熔喷布企业生产经营秩序的通告》。

4月10日,十二届扬中市委召开第八轮巡察工作动员部署会。

4月14日,扬中市召开熔喷布行业规范整治推进会,明确力争通过一周的突击整治,推动全市熔喷布行业总体平稳可控。

4月15日,扬中市熔喷布生产经营企业全面停产整顿。

4月17日,扬中二桥通航孔桥墩新增防撞设施工程开工。

4月19日,丰乐桥坍江治理工程开工。

4月20日,油坊镇政府与江苏江岛建设工程有限公司开展的多规格太阳能边框项目签约。

4月22日,“4·23”世界读书日暨第七届江洲读书节启动。

4月26日,中共扬中市第十二届纪律检查委员会第五次全体会议召开。

4月27日,江苏省2019年度高质量发展总结表彰大会召开,扬中市获评省2019年度推进高质量发展先进县(市、区)。

4月27日,扬中市首次投放摩拜“美团助力车”。

4月29日,扬中市举办纪念五四运动101周年暨“夺取双胜利,青年当先锋”青春战“疫”风采展示会。

4月29日,扬中市召开庆“五一”暨劳动模范命名大会。会议授予黄克锋、洪雅、肖胜等30人“扬中市劳动模范”称号，授予王铁洲、孙国华、江浩等10人第六届“扬中市新市民”称号。

4月30日，扬中市中药资源普查工作在卫健委启动。

5月

5月3日，万福桥闸站老闸动工拆除，万福桥闸站工程启动。

5月6日，中共扬中市委、扬中市人民政府印发《关于进一步推动现代产业高质量发展的政策意见》。

5月8日，扬中市召开“产业强市、实干兴市”大会。发布《关于进一步推进现代产业高质量发展的政策意见》，明确以十五条实效政策助力全市现代产业高质量发展。扬中招商云名片上线。

5月12日，扬中市召开迎接全国扫黑办特派督导动员部署会。

5月12日，扬中市人防教育体验馆开馆。

5月12日，扬中市残疾人综合服务中心揭牌启用。

5月14日，扬中市举行庆祝“5·15”国际家庭日暨扬中市“最美家庭”揭晓仪式。

5月15日，扬中市召开国家卫生城市复审迎检暨全国文明城市创建动员会，部署创卫复审迎检及文明城市创建工作。确定崇德向善、和谐宜居的文明城市创建目标，启动全国文明城市创建“八大攻坚行动”。

5月15日，扬中市中医院援鄂护士奚柏剑家庭获得2020年全国抗疫“最美家庭”称号。

5月15日，“相约河豚岛”扬中市美术书法摄影作品晋省展在江苏省现代美术馆开幕。

5月19日，共青团扬中市委员会开展“萌青助销”推介行动，“萌青带货团”“云上助农”首播。

5月19日，2020年江苏省老年人体育节扬中分会场开幕式暨太极拳大联动活动在油坊镇中心公园举行。

5月20日，扬中市麦田慈善基金会举办第六届“520荧光夜跑”。

5月21日，东南大学——扬中市产学研合作线上对接交流会举行。

5月25日，中共扬中市委、扬中市人民政府印发《关于抓好“三农”领域重点工作，加快推进农业农村高质量发展的实施意见》。

5月26日，扬中市第8例造血干细胞配型成功。

5月28日，扬中市召开全国城乡交通运输一体化示范市创建推进会，全面部署国家首批创建县(市、区)的评估和验收工作。

5月28日，第十七届“中国·扬中河豚文化节”项目集中签约仪式举行。集中签约项目33个，其中，投资额超亿元的项目25个，科技人才项目8个。

6月

6月4日，融媒体中心通过融媒体建设省级试点验收。

6月8日，扬中市召开新时代文明实践中心全国试点建设推进会。

6月12日，扬中市启动2020年度“青年安全生产示范岗”创建活动。

6月15日，八桥镇举行首届广善文化节启动仪式。

6月16日，扬中博物馆开馆运行。

6月24日，三茅街道中扬社区、新联社区揭牌成立。

6月25日，新坝镇第二届端午乡村文旅节活动在三江湾旅游风景区举办。

6月26日，扬中市人民医院“刘健博士工作站”签约揭牌仪式举行。

6月27日，扬中市红16创智能科技有限公司投入运行。

6月28日，镇江市“一专一站两联”建设推进会暨扬中市团代表联络站揭牌仪式在油坊镇举行。

6月28日，康乐年华新坝养护院举行开业典礼暨“时间银行”志愿服务项目发布会。

6月29日，大全集团与SAP智能制造战略合作签约仪式举行。

6月30日，蜂巢动力系统首台发动机下线暨项目签约仪式举行，长城汽车蜂巢易创扬中产业园动力项目正式投产。

6月30日，扬中召开庆祝建党99周年座谈会。

6月30日至7月10日，扬中市新时代文明实践中心开展“文明实践大走访、百姓民生面对面”活动。

6月，扬中市启动“文明扬中、你我同行”文明交通志愿服务和“路长制”挂钩巡查活动。

6月，扬中市教育现代化建设监测综合得分、义务教育优质均衡达标比例、义务教育标准化建设监测指标三项数据在全省所有县(市、区)中位列第一。

6月，扬中市加大对人才住房公积金贷款的政策支持力度，推出最新“人才贷”业务。

6月，“艺路芬芳、文明同行”扬中市“创文”主题文艺作品征集暨公益推广活动启动。

6月，三桥管理服务区投入使用。

7月

7月1日，扬中市召开长江全面禁捕暨“三无”船舶专项整治工作会议。

7月3日，扬中市长江高潮水位超过6米警戒线；7月5日，扬中市启动防洪Ⅳ级响应；7月7日，提升为Ⅲ级；7月13日，提升防洪响应等级为Ⅱ级；7月28日13:00时，防洪应急响应调整为Ⅲ级。

7月3日，扬中市老干部与共青团“牵手助跑”活动启动仪式暨“七一”党课在会议中心江洲厅召开。

7月14日，经开区科创中心获2019年度优秀(A)类科技企业孵化器称号。

7月14日，扬中市召开市委常委会(扩大)会议，要求全市上下落实“万无一失”的工作举措，确保全市安然度汛。

7月22日，融媒体中心获得江苏省首批互联网新闻信息服务许可。

7月23日，江苏旺捷大数据中心及工业云平台项目签约。

7月25日，上海市浦东新区人民医院泌尿外科专家顾斌教授工作站签约、揭牌仪式在市中医院举行。

7月25日，扬中市第十五届社区(农民)文化艺术节开幕式暨“美丽鸣凤村”表彰活动举行。

7月26日，守护童年——“公益100”未成年人暑期安全教育活动在市特教中心举行。

7月27日，中共扬中市委、扬中市人民政府印发《扬中市乡村公共空间“513”专项治理实施意见》。

7月28日，新坝镇(扬中高新区)举行重点项目集中签约仪式。

7月30日，扬中市举行“青商大讲堂”揭牌仪式。

7月，扬中市法治文化艺术馆暨宪法宣传教育中心建成。

8月

8月1日，中共扬中市委、扬中市人民政府印发《关于争创全省城乡融合发展试验区的实施意见》。

8月3日，中共扬中市委十二届八次全会在市政大礼堂举行。

8月3日，扬中市举行“万企联万村”结对共建签约活动。

8月5日，“爱敬诚善、德润江洲”——江苏省道德模范与身边好人现场交流活动在扬中影剧院举行。

8月6日，扬中市推进基层整合审批服务执法力量改革工作会议召开。

8月12日，扬中市召开党建引领乡村振兴推进会，开展村企联建项目签约活动。

8月13日，小泡沙发生坍江险情，扬中市立即制定抢险措施，开展抢险护岸工程。

8月13日，电影《正是河豚欲上时》举行开机仪式。

8月13日，扬中市召开全市第七次全国人口普查动员大会。

8月15日，扬中市第一届青年人才大会暨“青雁归巢、青春腾飞”青年学子家乡行活动启动仪式举行。

8月17日，扬中邮政管理局揭牌成立。

8月18日，扬中市庆祝第三个中国医师节暨颁奖典礼在市政大礼堂举行。

8月19日，十二届扬中市委第九轮巡察工作动员部署会召开。

8月24日，镇江市扬中生态环境综合行政执法局挂牌成立。

8月24日，“量子云存储”项目落户新坝镇。

8月26日，扬中市慈善总会举行2020年助学资金发放仪式。

8月27日，扬中市伟信教育发展基金会2020年首批优秀学生、优秀教育团队奖金发放仪式在江苏省扬中高级中学举行。

8月28日，扬中市召开餐饮经营场所安全生产专项整治推进会。

8月31日，扬中市“双招双引”百日竞赛动员会召开。

8月，大航有能电气有限公司建设的1家院士工作站成为2020年度省级院士工作站。

9月

9月2日，扬中市新坝镇新宁村挂耳圩堤发生崩塌。

9月3日，“绽放战疫青春·坚定制度自信”宣讲暨青年讲师团全市行活动在扬中经济开发区举行。

9月4日，扬中市与中国电信、中国移动、中国联通、中国铁塔镇江分公司4家通信运营公司签订5G网络建设与应用战略合作协议。

9月8日至11月30日，扬中一桥封桥，开始为期近3个月的安全防护维修，12月1日零时，扬中一桥恢复通行。

9月9日，扬中市举行庆祝第三十六个教师节表彰活动。

9月9日至10日，白水县党政代表团到扬中对接苏陕协作。

9月9日，扬中市第一中学教育集团入选第三批国防教育特色学校。

9月11日，扬中市雷公岛右缘中部江滩发生条崩;10月，完成雷公岛右缘崩岸抢险护岸工程。

9月14—16日，扬中市组团赴北京拜访对接重点企业，通过实地参观、深入考察、座谈交流等形式，全力推动招商项目早签约、快落地。

9月15日，新坝镇(高新区)双招双引推介会在上海举办。

9月16日，新坝镇丰乐桥段发生崩岸险情;9月30日，完成丰乐桥段崩岸抢险护岸工程。

9月16日，扬中市自然资源和规划局所属的4个基层中心所和2个服务中心举行揭牌仪式。

9月17日，扬中市召开污染防治攻坚行动暨臭氧污染专项整治推进会。

9月18日，江苏“天禾旅游杯”第三届乡村旅游文化节开幕。

9月19日，博联农商城至滨江公园106路城市公交线路开通。

9月20日，兴阳村第十四届文化艺术节开幕。

9月20日至10月31日，扬中市新时代文明实践中心开展“学《纲要》、守道德、践文明”公民道德建设宣传月活动。

9月21日，大全集团有限公司、江苏和成显示科技有限公司在首次发布的江苏民营企业创新100强榜单中，分别位列第18名、第37名。

9月24日，2020年扬中市退役军人返乡欢迎大会在八桥镇利民村举行。

9月24—26日，扬中市各镇(街)举行职能机构挂牌仪式。

9月25日，扬中市村(社区)“两委”换届工作会议召开。

9月27日，江苏公布第四批次特色田园乡村名单，八桥镇利民村六圩埭、新坝镇新治村三江湾、三茅街道兴阳村永乐圩上榜。

9月27日，“墨韵江南、知行江洲”迎国庆书画展在扬中博物馆开幕。

9月28日，陈履生博物馆群开馆。

9月28日，扬中市2020太平文化旅游周开幕式暨“幸福太平洲”主题展演在经开区太平广场举行。

9月29日，北京青苗国际双语学校镇江校区项目签约仪式举行。

9月29日，在江苏质量大会上，大全集团有限公司、江苏亿能电气有限公司被表彰为“江苏精品”。

9月30日，扬中市在烈士陵园举行公祭活动。

9月，扬中市举行“新时代企业家精神师承计划”启动仪式。

9月，扬中市6个镇(街、区)、85个行政村实现公交全覆盖。

9月，滨江公园—博联农商城106路公共汽车正式运营。

9月，扬中市“江岛田园一日游”名列江苏省文化和旅游厅公布的50条江苏省乡村旅游精品线路。

10月

10月1日，2020年扬中市第二届乡村中秋游园会专场文艺晚会在油坊镇长旺村举行。

10月2日，扬中发展促进会经开区分会、经开区乡贤文化促进会成立。

10月3日，扬中第二届迷你马拉松赛举行。

10月4日，幸福二桥临时治超站点开工建设。

10月6日，扬中市举行“一双球鞋的暴走”公益活动。

10月10日，江苏省教育厅、省慈善总会在扬中八桥中学联合召开全省中小学校园慈善文化建设推进会。

10月15—16日，扬中市—西安交通大学科技人才对接交流会在西安举行。

10月16日，扬中新松道尔顿未来智能学校项目举行签约仪式。

10月20日，新坝镇新城社区举办揭牌仪式。

10月24日，江苏省人民医院病理科范钦和教授工作站在扬中市人民医院揭牌成立。

10月24—25日，“我为扬中工程电气代言” 选拔赛开幕。

10月27日，2020扬中文化旅游推介会在扬州举行。

10月27—28日，大全集团产品参加2020年第4届中国配电技术高峰论坛。

10月28日，电气小镇能源互联网+智能制造分论坛，智能制造暨第二届柔性机械电子分论坛在扬中市举行。

10月29日，江苏省农业农村厅首届“法治文化巡演、以案释法宣讲”乡村行活动在扬中市新坝镇新治村举行。

10月30日，中共扬中市委召开全市领导干部会议，宣布江苏省委关于扬中市委主要负责同志调整的决定;殷敏提名为镇江市副市长人选，不再担任中共扬中市委书记;张德军任中共扬中市委书记。

10月30日，扬中市优化调整202路、206路、212路和216路4条城乡公交线路部分班次的线路走向。

10月，扬中市三茅街道友好村宽新圩入选新一批省级传统村落。

11月

11月1日，扬中市开始第七次全国人口普查工作。

11月4日，扬中市常敦明、孔庆璞二人入选第五批江苏省非物质文化遗产代表性项目代表性传承人名单。

11月6日，扬中市举行庆祝第21个记者节暨“掌上扬中”推广工作大会。

11月10日，八桥镇举行重点产业项目集中签约仪式，“捷屋模块化建筑”等5个项目落户八桥。

11月11日，扬中市总工会举行《扬中市工会志》暨《劳模先进风采录》发放仪式。

11月13日，扬中市入选“中国创新百强县”“中国工业百强县”榜单，分别位列全国第17位、第61位。

11月16日，“全面小康、幸福扬中”书画摄影作品展在扬中市行政中心开幕。

11月17日，扬中市召开电子商务商会成立大会，举办农商专场对接活动。

11月17日，扬中市召开金融行业协会成立大会。

11月17日，国家博物馆研究员、中国汉画学会会长陈履生，大全集团有限公司副董事长、执行总裁葛飞二人获授“镇江市人民奖章”。

11月18日，扬中市举行首届节能汽车动力技术产业化高峰论坛。

11月19日，蜂巢易创“I纪元2.0”动力总成产品发布会暨蜂巢易创扬中产业园开园仪式举行。长城汽车蜂巢易创全球首款横置9(H)DCT及“I纪元2.0”三大动力总成产品发布。

11月20日，八桥镇利民村被授予“全国文明村”称号，国家税务总局扬中市税务局被授予“全国文明单位”称号，兴隆中心小学被授予“全国文明校园”称号。新坝镇保留“全国文明镇”称号；新坝镇立新村、八桥镇红光村保留“全国文明村”称号；大全集团保留“全国文明单位”称号。

11月23日，扬中市召开全国城乡交通运输一体化示范市创建验收工作汇报会。

11月24日，扬中市政府与江苏省港口集团举行战略合作签约仪式。

11月26日，江苏省抗击新冠肺炎疫情表彰大会召开，孔凡荣、孙军获“江苏省抗击新冠肺炎疫情先进个人”称号，公安局交通警察大队获“江苏省抗击新冠肺炎疫情先进集体”称号。

11月27日，扬中市举行“烟头不落地、扬中更美丽”主题活动启动仪式。

11月28日，扬中市2020年“绿森电气”杯城市游泳邀请赛在奥体中心游泳馆举行。

11月，江苏省市场监管局公布2020年度全省节能产品认证优秀获证组织奖励名单，扬中5家企业榜上有名。

11月，扬中市医疗急救站将全市首台AED(体外自动除颤仪)投放于市游泳馆。

11月，2020扬中足球冠军联赛在园博园天禾体育公园开幕。

12月

12月4日，《中国城市全面建成小康社会监测报告2020》正式发布，扬中全面小康指数140.28，居全国县级市第8位，入选中国率先全面建成小康社会优秀城市。

12月7日，扬中市村(社区)“两委”换届工作推进会召开。12月，6个试点村(社区)党员大会选举全部完成。

12月7日，扬中市举行《见义勇为之歌》首发赠书仪式。

12月11日，扬中市见义勇为先进个人陈德龙被授予“江苏省见义勇为英雄”称号。

12月15日，大全集团与德勤签署智能制造战略合作协议。

12月16日，中共扬中市委办公室、市政府办公室联合印发《扬中市安全生产专项整治三年行动工作方案》。

12月16日，金山学院至高铁大港南站Y002路公交班线开通。

12月24日，江苏富康食品有限公司标准化屠宰场举行竣工投产仪式。

12月26日，扬中发展促进会无锡分会成立。

12月27日，大全集团获第六届“中国工业大奖”。

12月27日，扬中市召开重点产业项目观摩推进会。

12月29日，扬中市举行快递行业工会联合会成立暨第一次会员代表大会。

12月30日，中共扬中市委十一届九次全会在市政大礼堂举行。

12月，扬中市文联与中国摄影报合作主办“影像的力量”2020中国摄影报全国摄影拉力赛(扬中站)活动。

扬中概览

基础地情

【地理位置】 扬中市地处北纬32°~32°19′，东经119°42′~119°58′，镇江市圌山东侧的扬子江中。市境呈西北—东南走向，南北长40千米，东西平均宽7千米。东北与泰兴市、扬州市江都区、扬州市邗江区隔大江相望，西南与丹徒区、丹阳市、常州市武进区依夹江为邻。扬中全境总面积327平方千米，陆地面积228平方千米，其中耕地面积87.6平方千米。全市由长江主航道南侧的太平洲、中心沙、雷公岛、西沙4个沙洲组成，主岛太平洲是长江中第二大岛，总面积220平方千米。 (摘自《扬中市志》)

【地质地貌】 扬中市为江中沙洲，属冲积平原，无山丘，地势低平。海拔4~4.5米，相对高度1米左右，全境由西北向东南微倾。扬中市各沙洲的基岩是扬子古陆的组成部分，上层为长江冲积层，表层物质较细；中部为沙洲核，核的周围是由较粗物质组成的鬃岗。它们全是长江沉积物，属新生代，第四纪，全新统现代沉积物(次生黄土)岩性，黄色、褐黄色砂黏土。第四纪开始，新构造运动比较活跃，长江水流等外力对塑造扬中的雏形起到主导作用。 (摘自《扬中市志》)

【沿江岸线】 扬中江岸全长150千米。其中，太平洲东面和北面临长江主航道，岸线长57千米；西面和南面临夹江，岸线长53千米。中心沙岸线长33.5千米，雷公嘴岸线长6.5千米。沿江深水岸线53千米。岸线等级较高，多属贴岸深水岸线。-10米等高线距岸边40米左右，具有良好泊稳和作业水域条件，适合建设不同类型的港口码头，泊位5万吨级至10万吨级。西江流域的长江浅水岸线50千米，水流平缓，岸线顺直，江堤外有大面积的滩涂，面积40平方千米，是渔猎、休闲、旅游及农业相结合的综合场所。

扬中市通航港口有栏杆桥、万福桥、联丰港、何家大港、沙家港、二墩港、三跃港、兴隆港、东新港、长旺港、六圩港、团结港、思议港、川(穿)心港计14条，在通江口均建闸控制。骨干港道有12条，其中通航的有新坝大港、联丰港、三茅大港、三跃港、东新港、长旺港、六圩港、团结港、思议港、川(穿)心港；不通航的有永勤港、双龙港。骨干河道有前进河、丰收河、新联河、全红河、杜家港、营房港、铁皮港、向阳河、扬子河(大寨河)、建中河、三跃河、光明河、红星河、战斗河、红旗河、胜利河16条，均建有机电排水站。港河闸距一般为1~2.5千米，港河密度平均为每平方千米占有港河0.53千米。 (摘自《扬中市志》)

普济村 (融媒体中心供图)

【气候特征】 2020年,扬中市气温显著偏高,降水偏多,日照时数偏少。年平均气温17.0℃,比常年值15.7℃高1.3℃;年降水量1285.1毫米,比常年值1052.9毫米增加232.2毫米;年降水日数138天,比常年值117.4天增加20.6天;年日照时数1853.6小时,比常年值2047.3小时减少193.7小时。终霜期出现在3月14日,比常年值3月28日早14天,初霜期出现在11月30日,比常年值11月9日晚21天,无霜期260天,比常年值226天增加34天;年极端最高气温38.0℃,出现在8月15日,年极端最低气温-8.1℃,出现在12月31日。2020年,扬中市主要灾害性天气有暴雨、大雾、高温、大风、连阴雨、寒潮等。

暴雨、短时强降水 全年暴雨日2天,无大暴雨日。3月26日,受西南暖湿气流影响出现暴雨,日降水量51.5毫米;6月27日,受江淮气旋影响,日降水量68.0毫米,其中出现短时强降水,9—10时降水量43.3毫米。

降雪(暴雪)和积雪 全年出现8个降雪日,12月29—30日,受寒潮影响出现大范围降雪,29日8时至30日8时雨雪量17.3毫米,最大积雪深度4厘米,雨雪天气造成道路结冰,严重影响人民生活和交通运输。

高温 全年出现13天高温天气,其中6月1天、8月12天。6月4日最高气温35.2℃,8月出现持续高温天气,35.0℃以上高温天气12天,其中8月15—16日连续2天最高气温超过37.0℃。

梅雨 2020年入梅偏早、出梅偏晚,梅期明显偏长,梅雨量显著偏多。6月10日,入梅(常年平均6月18日),比常年偏早8天;7月21日出梅(常年平均7月11日),比常年偏晚10天;梅雨期42天,比常年偏长18天。梅雨期降水显著偏多,降水量566.4毫米,比常年平均值(224毫米)偏多342.4毫米,是2004年以来降水量最多的梅雨季。

大风 全年出现4次大风。2月6日,受冷空气南下影响,出现8级东北大风,极大风速17.7米/秒。4月12日,受冷空气影响,出现8级偏北大风,极大风速21.7米/秒。6月12日,出现7级西北大风,极大风速14.5米/秒。12月29日,受强冷空气影响,出现8级偏北大风,极大风速17.8米/秒。

大雾和霾 全年大雾天气出现22天,1月13日,出现能见度最低为31米的特强浓雾。5月16日,出现能见度最低为41米的特强浓雾。12月13日,出现能见度最低为31米的特强浓雾。全年霾天气出现45天。

寒潮 全年出现三次寒潮天气过程。2月14—15日,出现寒潮天气过程,24小时最低气温降温幅度为12.6℃,出现阵风6级偏北大风。3月26—28日,出现寒潮天气过程,48小时最低气温降温幅度为15.7℃,27日出现阵风6级的偏北大风。12月29—30日,出现寒潮天气过程,48小时最低气温降温幅度为16.3℃。

倒春寒 3月28—30日,扬中市平均气温连续3天低于10℃,28日最低气温1.0℃。

连阴雨 3月25日至4月1日、6月12—18日及11月18—27日,出现三段连阴雨天气。

异常天气 1月,日照时数50.1小时,创有气象纪录以来历史同期最少(历史最少为1989年的74.5小时)。3月,平均气温12.1℃,创有气象纪录以来历史同期最高(历史最高为2002年的11.8℃)。4月,最高气温33.7℃(4月30日),创有气象纪录以来历史同期最高(历史最高为1964年4月20日的33.4℃)。5月,平均气温22.7℃,7月,日照时数70.3小时,创有气象纪录以来历史同期最少(历史最少为1987年的116.5小时)。

(缪士荣)

【建置沿革】 清光绪三十年(1904),两江总督端方上奏朝廷,请设太平厅,辖丹徒、丹阳、武进、泰兴、江都、甘泉(邗江)6县在太平洲属地。朝廷准奏,建太平厅,隶属镇江府。清光绪三十二年(1906),太平厅抚民府同知钱锡林设厅治于三茅宫。清光绪三十四年(1908),同知蒋育芬迁厅治于下八桥镇陈家当铺。清宣统三年(1911)10月,太平厅改称太平县,抚民府改称民政长公署。

民国元年(1912),实行市乡制,县划设1市(即城区市)、7乡,市、乡相继成立自治机构议事会和董事会。民国2年(1913),县民政长公署改称县知事公署,县民政长改称县知事。民国2年秋,县知事秦汇生复迁县治于三茅宫。民国3年(1914)1月,改县名为扬中县,隶属金陵道镇江府。民国16年(1927),江苏省政府撤销金陵道,扬中县知事公署改称扬中县政府,县知事改称县长,直属江苏省政府。民国22年(1933),属江苏省第一督察专区。是年12月,改属溧阳区督察专区。民国23年(1934),县长洪康燮主政,废闾邻制,实行保甲制。全县划为53个乡、348个保、3583个甲。民国23(1934)—25年(1936),先后更改或重新确定乡名。民国27年(1938)2月,日军侵犯扬中,县政府解散。汉奸顾仙痴等组成伪政权,称扬中县地方治安维持会。民国28年(1939)3月,江南抗日义勇军挺进纵队进驻扬中;5月,成立国民扬中县政府,县治设在长旺乡龙王庙。翌年1月,日军再次入侵扬中,县治官邸遭焚毁,政府解散。顾仙痴重组汪伪政权,称扬中县地方自治委员会。同年4月,扬中县抗日民主政府成立,属镇(江)、丹(阳)、武(进)、扬(中)四县抗敌委员会。民国30年(1941)1月,改属镇澄区督察专员公署;4月,改属江南第四行政督察专员公署。民国33年(1944)12月,改属苏中第五行政专员公署。民国34年(1945)11月5日,新四军奉命北撤,县抗日民主政府大部分军政干部奉命随军北撤;12月5日,国民扬中县政府复入县境,属江苏省第五行政督察专署。

1949年4月,扬中县人民政府在江都县嘶马鲍马庄成立。4月22日,扬中解放,县人民政府设县治于三茅镇(原三茅宫),隶属苏南行政公署镇江专员公署。10月,中共扬中县委、县政府开展民主改革,恢复抗日民主时期的区乡制,废除保甲制,改称村、组。全县划分4个行政区、58个乡、527个村、3654个组。1950—1952年,县政府调整辖区乡,撤销三茅市,改称三茅镇,直属县政府;撤销中正乡,改称大众乡;将原属三茅镇的一、二两村划归大众乡,并增设民主乡;将原属三茅镇的三、四两村划归钟灵乡,并增设建设乡;将新坝区的南阳、三阳两乡合并,改称联合乡。时有新坝、三茅、兴隆、八桥、福星5个区,辖58个乡。

1956年2月,扬中县政府改属扬州专员公署。同年11月28日,复属镇江专员公署。1958年9月,改属常州专员公署。1960年7月,又复属镇江专员公署。1968年3月14日,成立江苏省扬中县革命委员会。1981年5月8日,改称县人民政府,隶属镇江地区行政公署。1983年3月1日,江苏省实行市管县体制,扬中县隶属镇江市。

1994年5月13日,经国务院批准,扬中撤县设市,更名为扬中市,隶属镇江市管辖。　(摘自《扬中市志》)

【区域人口】 扬中市下辖新坝镇、油坊镇、八桥镇、西来桥镇4个镇,三茅街道、兴隆街道2个街道以及扬中经济开发区。全市总人口281037人,比上年减少1036人,其中,男性137378人,女性143659人,男女性别比95.63。年内出生2102人,省内迁入2206人,省外迁入775人,人口出生率7.48‰,下降0.48个千分点;死亡2533人,迁出省内3001人,迁出省外521人,死亡率9.01‰,上升1.22个千分点。年末常住人口31.6万人。

(马万鹏)

注释:兴隆街道与扬中经济开发区合署办公,管辖区域一致。

【扬中方言】 扬中处于北方方言与吴方言区域的中间地带,先民来自四面八方,尤以周边地区和长江沿岸各省为多,有着五方杂处、六邑分治的历史背景。其方言基调虽属北方方言的江淮方言,但又有着众多江淮方言罕见或未有的语言现象。

移民文化对扬中方言的形成影响较大。方言称呼老老奶奶(祖父母)、公公婆婆(外祖父母)等,生产生活用语摘麦、钉耙、筲箕等与苏北话同。方言往是往(反正如此意)则为吴方言"横竖横"发音。方言一刻丫工夫等同镇江话,起暴、上冻、一古纳塌、萝卜缨子等同南京话,庚朝(今天)、瘦头、吃生活(受罚)等同上海话。带"头"字的方言词里头、苦头、滑头等,带"子"字的方言词茄子、领子、信壳子等,带"鬼"字的方言词酒鬼、小气鬼等均同湖南话。疑问句尾缀用"嘎"与湖北话一致,如"上学嘎""喝粥嘎"等。方言逢人配、隔食病、细来小去等则与四川话无异。

本土方言也有差异。请人家中小坐,上洲说玩玩,中洲说戏戏,下洲则说耍耍。上洲公信桥一带说丹徒大路话,而与之相距一两个埭的丰裕桥一带却有明显的泰兴腔调。

古汉语及古典小说语言是扬中方言形成的重要源头。标志性方言"杲昃",出自《诗·卫风·伯兮》"杲杲出日"和《荀子·哀公》"君平明而听朝,日昃而退",以太阳东升于树木之上(杲),与太阳西斜(昃)代指"东西"。俗语"丢了笊篱舞扫帚""听了风就是雨"等在《红楼梦》中曾出现,"大意失荆州"源自《三国演义》,"前不巴村,后不巴店"等在《水浒传》可见到。至于称有点本事的人为"猴",则与《西游记》神通广大的猴王孙悟空形象关联。生产生活实践直接影响着扬中方言的形成和发展。每逢汛期,扬中堤外江水高过头顶,故有俗语"脚踩一只盆,头顶一江水"形容,意在警示人固堤防险。"何福寿飘鱼花——(大水)冲掉八塘(喻彻底失败)""魏天宝唱麒麟——出口成章"等歇后语均源自扬中真人真事。方言成语"众志成桥"由成语"众志成城"翻新,反映1994年扬中人民集资建造长江大桥之壮举。

此外,西风东渐,新词语大量涌入,被方言和普通话同时采用;普通话推广、人民文化程度提高和对外交流频繁,说普通话的人越来越多,对扬中方言文化产生较大影响。如爹爹妈妈、老老奶奶的传统称呼被普通话爸爸妈妈、爷爷奶奶代替;相互见面招呼"你吃嘎了吗"等,基本上被"你好""早晨(中午、晚上)好"等代替;时髦普通女子受到诸如衣着、发型方面的夸赞,一改表示谦虚的"哪里、哪里"等惯用语,代之以普通话"谢谢"或"谢谢您"。

(摘自《扬中市志》)

【扬中特产】

河豚　古称"赤鲑""鯸鲐",生活于海中,属淡水洄游类鱼。扬中素有产出，俗称“本江豚”，“长江三鲜”之一。扬中民谚称“河豚不过镇江水”。每年3—5月清明节前后，境内长江水域有洄游河豚孵化、繁衍。人们捕而烹食，肉质鲜美，食后百味逊色。虽河豚卵、肝、血液、眼睛有剧毒，中毒或死亡者屡见不鲜，但食者不断。扬中河豚文化丰富。民间有“拼死吃河豚”“河豚不药扬中人”的俗语。1950年前后，扬中年捕捞河豚量3.5万千克。后因江水污染严重，年产量逐年锐减，1980—1990年，年均产量仅500千克。1991—1996年，年均产量不足150千克。2000年后，扬中沿江已很难寻觅河豚踪迹，似有灭绝之势。20世纪90年代中期起，扬中分别在新坝镇、三茅镇、油坊镇开展河豚养殖试验，获得成功。

鲥鱼 扬中“江中三鲜”之一，属淡水洄游鱼类。每年谷雨到夏至间，鲥鱼由太平洋经东海入长江，溯江而上产卵孵化，繁衍后代。鲥鱼入江后膘肥体壮，吞食虫藻后体质更加肥壮，体重一般为2~5千克，最重8千克。沿江民众应时捕食，肉肥鲜美，内含蛋白质、脂肪、铁质、钙、磷、核黄素等，营养价值高。明清时期，本江鲥鱼为官府贡品。明代诗人何景明(1483—1521)《鲥鱼》诗云：“五月鲥鱼已至燕，荔枝卢橘未应先……白日风尘驰驿骑，炎天冰雪护江船”。据传，清康熙皇帝南巡至镇江焦山品尝鲥鱼，觉得“齿颊留香”，故有“鲥鱼食后齿留香”之说。据统计年鉴记载，1966—1980年，扬中商业收购鲥鱼23.25万千克，年均收购1.55万千克，其中80%以上出口到美国、日本等国家和中国香港等地区。1986—1996年，扬中鲥鱼产量逐年锐减，2006年已不见有鲥鱼入餐。鲥鱼近乎灭绝。

刀鱼 “江中三鲜”之一，又称“鲚鱼”，属淡水洄游鱼类，栖息于近海。古《竹枝词》云：“才交正月浦春鲚，赶上灯时价值高。试看纤鳞谁得早，过江先去进商豪。”刀鱼形似刀，体侧扁，尾部长，全身银白色，口大有胡子，端位、腹部有棱鳞，雌大雄小。进入长江早于其他洄游鱼类，每逢阳春三月溯江而上，孵化繁衍。渔民应时纷纷张网捕捞，江上出现一幅“春汛捕捞图”，水面上帆樯点点，江滩上密布罾罟。刀鱼体重较轻，渔民说：“过斤者为‘头刀’，属上品；半斤以上者为‘二刀’，半斤以下者为‘毛刀’”。刀鱼捕捞期一般是惊蛰至端午前后。1950—1964年，县商业收购69.73万千克，年均4618千克。20世纪80年代，长江水体污染日趋严重，刀鱼产量逐年减少。1986—1995年，平均年产3000千克。1996—2000年，年均近2650千克。2001—2006年，年均2000千克，诗人朱彝尊诗中“京口刀鱼尺半肥”的“头刀”不见，“二刀”尚少，多为每条100克以下的“毛刀”。

秧草 学名“黄花苜蓿”，又名“三叶菜”“黄花草”“草头”。为一年生或越年生草本植物，被子植物门，豆科，苜蓿属。其茎平卧或倾斜，三出复叶，叶表面浓绿色，总状花序，腋生，每花序有黄色小花2~6朵，蝶形花冠。荚果螺旋形，有钩状刺，种子肾形，黄褐色。史料载，秧草原产印度和地中海沿岸，为上好的牧草。西汉时期，张骞从西域带到中原种植。南宋时期，抗金名将韩世忠从中原带到扬中(时称小沙)，命部下种植饲马。秧草还是优良的绿肥。扬中成洲以来，农户连年种植。大田种植方法一般有两种：一是辟一方田单种。来年，这秧草田就作为水稻育秧的秧田，其秧草经沤制便成秧田基肥；二是秧草与元麦夹种，元麦收摘后，将枯黄的秧草茎(筋)踩埋在犁沟内，用作水稻田基肥。

在扬中，秧草是绝佳的蔬菜，味道鲜美，营养丰富。与河豚、刀鱼等江鲜一起烹饪，有“只食秧草不食鱼”之说。扬中解放前数百年间以及解放后的计划经济时期，由于粮食匮乏，经常闹春荒。青黄不接之际，民众常以秧草充饥，因此秧草曾一度被扬中人称为“救命草”。改革开放以后，随着农业科技的发展，发现秧草含有多种维生素、氨基酸和微量元素，其中维他命K含量高于其他蔬菜，有较高的医药价值和保健作用。秧草对肿瘤有抑制作用，能降血脂、抗凝血、防出血、清内热。它含有的植物皂素，和人体内的胆固醇结合，可促进排泄，从而降低胆固醇含量，保护动脉壁，对防治冠心病有功效。秧草含糖量低，是糖尿病、心脏病患者的佳蔬。21世纪，扬中充分利用秧草资源，开发特色农产品，并形成种植规模。运用冷藏贮运技术和高科技手段，同时将鲜秧草和咸秧草推向全国乃至世界。

（摘自《扬中市志》）

经济社会建设

【概况】 2020年，扬中市实现地区生产总值489.59亿元，可比增长3.8%。其中，第一产业增加值16.41亿元，比上年增长1.7%；第二产业增加值252.15亿元，增长4.4%；第三产业增加值221.03亿元，增长3.2%。人均地区生产总值15.49万元，增长9.47%，按现行汇率折算为24327美元。三次产业构成由2019年的3.2:53.8:43.0调整为3.4:51.5:45.1。一般公共预算收入占地区生产总值比重的7.15%。

（马万鹏）

【农业】 2020年，扬中市完成农林牧渔业总产值29.86亿元，比上年增长5.07%。其中，种植业产值

15.77亿元，增长6.48%；林业产值1.7亿元，增长4.94%；牧业产值3.84亿元，下降6.8%；渔业产值5.04亿元，增长12.5%。粮食播种面积9.7千公顷，减播9.35%；粮食总产量7.17万吨，减产7.12%，其中，秋粮总产量5.3万吨，增产3.46%。油料种植面积0.64千公顷，减播1.72%，油料总产量1677吨，减产0.06%。蔬菜种植面积3.97千公顷，减少20公顷。在主要农产品中，肉类总产量3700吨，下降34.49%；家禽出栏68.25万只，下降17.39%；禽蛋产量2440吨，下降31.94%；水产品总产量7078吨，下降5.85%。水产放养面积1320公顷，新增池塘生态化改造120公顷，新增稻田综合种养面积56.67公顷，全市特色水产工厂化养殖面积16万平方米，河蟹标准化养殖面积520公顷，刀鱼特色化规模养殖保持稳步增长。现代渔业产业园创成省级现代农业产业示范园。

绿化造林工作有序开展。全年成片造林34.4公顷，其中长江两岸造林面积27.67公顷，新建国家森林乡村5个、省绿美村庄3个，完善提高农田林网500公顷，培育珍贵用材树种6万株，四旁植树9万株，修复湿地面积33.33公顷。农业节能减排效果明显。农用化肥施用量3211吨，下降4.8%；农膜使用量104吨，下降4.6%；农药使用量193吨，下降3.5%；农用柴油使用量348吨，下降3.6%。 （马万鹏）

【工业】 2020年，扬中市定报工业企业实现产值501.89亿元，完成工业增加值109.52亿元，可比增长6.9%。定报工业企业实现销售收入465.04亿元，利税26.39亿元。全社会用电量16.91亿千瓦时，比上年下降9.83%，其中，工业用电量10.19亿千瓦时，下降17.69%。

主导产业支撑有力。工程电器、新能源、装备制造三大支柱产业规模以上产值379.19亿元，占规模工业比重达75.55%。工程电器在创新转型上实现新突破，规模以上产业规模达257.69亿元；装备制造业规模以上产业规模58.84亿元，其龙头企业新韩通船舶重工年销售15.62亿元；光伏行业难中求进，实现产值超60亿元，生产硅片12亿片。销售亿元以上工业企业92家，十亿元以上企业9家。作为工业经济中坚力量的“三十强”工业企业，在稳定发展中持续发力，“压舱石”作用凸显。“三十强”工业企业实现销售260.93亿元，占规模工业的比重为56.11%。香江、蜂巢、金海新源等重点企业增势迅猛，带动作用明显。 （马万鹏）

【固定资产投资】 2020年，扬中市完成固定资产投资89.55亿元，比上年增长9.8%。其中，工业投资56.35亿元，增长22.9%，占全市投资比重的62.93%；服务业投资32.77亿元，增长5.1%，占全市投资比重的36.59%。房地产市场呈上升态势。全市有工作量的房地产企业28家，全年完成房地产开发投资28.46亿元，下降3.7%。完成商品房施工面积230.37万平方米，增长26.89%。商品房竣工面积52.84万平方米，增长439.94%。商品房销售面积43.2万平方米，增长35.96%，其中住宅面积41.2万平方米，增长30.22%。商品房销售额34.88亿元，增长24.33%，其中住宅销售额32.78亿元，增长17.47%。 （马万鹏）

【国内贸易】 2020年，扬中市实现社会消费品零售总额133.3亿元，比上年下降0.9%。其中，限额以上社会消费品零售总额40.46亿元。分地域看，城镇市场实现限额以上消费品零售总额36.93亿元，其中，城区实现限额以上零售总额36.25亿元，农村市场实现限额以上零售总额3.53亿元。分行业看，限额以上批发零售贸易业实现零售总额34.76亿元，其中，限额以上零售业实现零售总额31.59亿元，限额以上住宿餐饮业实现零售总额0.6亿元。 （马万鹏）

【开放型经济】 2020年，扬中市对外贸易降幅收窄。应对疫情冲击，推进银企深度对接，协调进出口银行对重点外贸企业发放低息贷款。拓展国际市场，帮助企业争取广交会和“电力及新能源”线上国际专业展会资格，搭建企业走出去的“云”通道。实到外资0.79亿美元，比上年增长24.7%。受国际疫情和经济环境的影响，全年实现进出口总额31.99亿元，下降10.6%，降幅收窄16.99个百分点。其中，出口总额为29.34亿元，下降5.2%。 （马万鹏）

6月22日，11家企业参加线上广交会 （融媒体中心供图）

【财政】 2020年，扬中市实现财政总收入128.98亿元，比上年下降2.21%，一般公共预算收入35.01亿元，增长 2.94%。在一般公共预算收入中，税收占比 79.99%。全年财政支出 197.80 亿元，增长 36.67%，其中，一般公共预算支出 58.45 亿元，增长 17.92%。

（统计局 马万鹏）

【金融】 2020 年，扬中市金融机构本外币存款余额 731.45 亿元，比年初增加 63.95 亿元，增长 9.58%。其中，居民存款余额 385.94 亿元，比年初增加 46.68 亿元，增长 13.76%。金融机构本外币贷款余额 622.13 亿元，比年初增加 94.09 亿元，增长 17.82%。其中，中长期贷款 331.30 亿元，比年初增加 88.86 亿元，增长 36.65%；短期贷款 269.61 亿元，比年初增加 6 亿元，增长 2.28%。全市拥有保险业企业 33 家，全年保费收入 14.13 亿元，下降 1.33%。其中，财产险收入 2.81 亿元，增长 8.3%；人身险收入 11.32 亿元，下降 3.5%。赔付额 3.92 亿元，增长 7.39%，其中，财产险赔付 1.69 亿元，下降 2.87%；人身险赔付 2.23 亿元，上升 17.37%。

（马万鹏）

【科学技术】 2020 年，扬中市强化创新主体培育，通过评价的国家科技型中小企业 205 家，进入省高新技术企业培育库企业 97 家，被认定为国家高新技术企业 112 家、总数 272 家，获评省创新百强企业 2 家，新创成苏南国家自主创新示范区瞪羚企业 2 家。加强研发机构建设，获批省企业院士工作站 1 家、省工程技术研究中心 9 家，华北电力大学扬中智能电气研究中心通过省科技厅新型研发机构验收，华电研究生培养基地落户，首届近 100 名研究生进入扬中培养。突破关键核心技术，开启"后疫情时期"产学研合作新模式，通过线上线下协同创新，引进高校院所先进科技成果 60 余项，争取镇江市级以上科技资金 5000 万元，推动企业自主创新和产业转型升级。加速科技金融发展，全年帮助 41 家科技型中小企业获得"苏科贷、高企贷"贷款资金 2 亿元，有效缓解科技型企业融资难题，获评 2019 年度"苏科贷"优秀（A 类）合作地区，成为全省首批、镇江首家"高企贷"合作地区。 （马万鹏）

【教育】 2020 年，扬中市新建特教中心、改建童心幼儿园，均投入使用；云腾幼儿园主体封顶；第二幼儿园土建工程竣工交付；三跃中心小学、第一幼儿园完成试桩工程。认定 3 所幼儿园为普惠性民办幼儿园，全市普惠性幼儿园覆盖率 95.2%；加快教育信息化建设，创成江苏省智慧校园合格校 8 所。教育综合改革实现新突破。全面实施教师"县管校聘"管理改革，不断激发队伍活力，促进师资均衡配置；创新实施高品质学校集群发展，成立"七横一纵"八大教育联盟，统筹推进校际优质课程共享，推动城乡教育质量提升。教育考评监测取得新成效。持续落实教育优先发展战略，在省教育现代化建设监测和镇江市教育督政考评中，连续四年蝉联第一；国家义务教育优质均衡创建达标率、省义务教育学校标准化建设监测达成率 100%，位列全省第一。

（马万鹏）

明珠小学 （教育局供图）

【文化】 2020 年，扬中市相继建成开放扬中博物馆、陈履生博物馆群，市文化馆新馆装修工程完工。整合全市公共图书资源，基层 44.8 万册图书纳入全市通借通还系统。完成省文物保护重点项目培根师范旧址修缮工程，建成应急广播体系。举办社区（农民）文化艺术节，开展"周末戏相逢"戏曲惠民演出。举办河豚文化节，开展旅游商品设计成果展、江鲜美食之旅、"寻访中国河豚岛"自驾游、重点客源地旅行社扬中行等旅游活动，不断提升扬中知名度。在省五星工程奖评选中，2 件文艺作品入围，1 件书法作品获评。市"江岛一日游"入选省 50 条乡村旅游精品线路。实施"文艺播种计划"，组织 67 名文艺专业人员赴基层开展文艺辅导培训 543 场。开展"公共文化服务企业行"，送演出进大津重工、大航集团等企业 7 场。启动"戏曲进校园"行动，送戏到学校 10 场。全年，文化馆、图书馆、博物馆以及各镇（街、区）文化站、村（社区）综合文化服务中心、农村文化礼堂举办各类演出、讲座、展览、社教活动 280 场次。 （马万鹏）

【卫生】 2020 年，扬中市坚守疫情防控主阵地。第一时间成立疫情防控领导小组，强化重要卡口、重点人群、重点场所等防控的技术指导和监督。指导 2030 家企业复工，51 所中小学（幼儿园）和 150 个校外培训机构复学。强化核酸实验室能力建设，市疾控中心、市人民医院先后建成增强型 P2 实验室，实现市内核酸自主、快速检测，未发现新冠肺炎确诊病例、疑似病例和无症状感染者。全市每千人执业（助理）医师数 2.48 人，每千人执业护士数 2.52 人，每万人全科医生数 6.05 人。制定专科发展计划，进一步密切与城市三级医院的联系，推进两家二级医院优势科室向临床重点专科(建设单位)转化，柔性引进 9 个高层次专家团队，成立 9 个名医工作站，完善医学会学组建设，带动专科技术能力的整体提升。成立市人民医院康复分院，推进康养服务协同发展。以市中医院门诊病房综合大楼建设为契机，进一步扩大中医药服务供给，提升中医药服务能力。推进基层医疗机构基础设施提档升级，启用八桥中心卫生院临时门诊部、永胜门诊部和丰裕门诊部。

（马万鹏）

【体育】 2020 年，扬中市新增体育公园 13 个、健身路径 30 条、健身步道 6 千米，新增公共体育设施面积 5 万平方米。助力疫情防控，举办“健身云教学”13 期，举办首届网络全民健身运动会。举办城市游泳邀请赛、市男篮联赛、机关四人制男篮联赛，承办省老年人体育艺术节开幕式、“省长杯”校园足球联赛、镇江市少儿击剑比赛。全市在曲棍球、广场舞、健身秧歌等体育领域斩获国家和省市奖项 16 项。（马万鹏）

【城市建设】 2020 年，扬中市编制完成镇村布局、城市停车设施、城市地下空间等专项规划。完成扬中一桥、二桥消险工程，建设幸福二桥临时治超点。启动城北公交次枢纽建设，开通扬中至大港高铁站公交线路，全国城乡交通运输一体化示范市创建通过验收。城市面貌持续改善。滨江新城、西城区棚改项目二期、扬子新村片区改建项目二期有序推进。开展“万企联万村、共走振兴路”行动，实现行政村、联建类型、国有企业平台“三个全覆盖”。扎实推进乡村公共空间治理，创成省级特色田园乡村 4 个、省乡村旅游重点村 1 个、省级传统村落 2 个、省美丽宜居村庄 31 个。优化停车诱导服务及社会停车设施接入，市区部分主干道路临停泊位占用率从原来近 100%下降至 30%左右，主城区停车压力明显缓解，城市道路停车管理智能化水平显著提升。逐步深化垃圾分类处置合作，深化资源利用，垃圾分类集中处理率 90%，生活垃圾无害化处理率 100%。严格落实渣土车密闭化运输要求，借助共享住建部门的“移动千里眼”监控系统，加强对建筑工地车辆未经冲洗带泥行驶行为和擅自处置运输工程渣土行为的 24 小时监控，变“污染车”为“环保车”，从源头上消除扬尘污染、抛洒滴漏、带泥行驶等情况。（马万鹏）

【环境保护】 2020 年，扬中市坚决落实“长江十年禁渔”目标任务，全面完成“两违三乱”整治，持续打好蓝天、碧水、净土三大保卫战。“五水联治”成效明显，基本消除城区主要河道黑臭水体。加强空气质量管控，整治挥发性有机物排放重点企业 7 家，完成化工企业安全环保整治提升 7 家，$PM_{2.5}$ 年均浓度 36 微克每立方米，空气优良天数比例 76%，创成省生态文明建设示范市。

（马万鹏）

【人民生活】 2020 年，扬中市居民人均可支配收入 49143.8 元，比上年增长 4.8%。其中，城镇居民人均可支配收入 60050.1 元，增长 3.8%；农村居民人均可支配收入 32474 元，增长 6.0%。受疫情影响，居民消费水平略有下降，人均生活消费支出 24748.5 元，下降 2.2%，其中，城镇居民 27952.1 元，下降 1.6%；农村居民 19852 元，下降 3.9%。（马万鹏）

【社会保障】 2020 年，扬中市政府购买居家养老服务覆盖面进一步扩大，79 周岁及以上老年人以及分散供养特困老人全部纳入政府购买居家养老上门服务范围，每户每月免费享受 2 小时居家上门服务，享受政府购买服务老年人数占老年人口总数比例的 16%以上。全年新增标准化居家养老服务中心 24 家。针对三类特殊老年人家庭实施居家适老化改造 258 户，每户最高补贴改造费用 3000 元。逐年提升困难群众保障标准，城乡低保标准提高至每人每月 790 元，特困人员供养标准提高至每人每月 1030 元，机构供养孤儿、散居孤儿基本生活费补贴标准分别提高至每人每月 2587 元和 1940 元，逐步提升困难群众的获得感。（马万鹏）

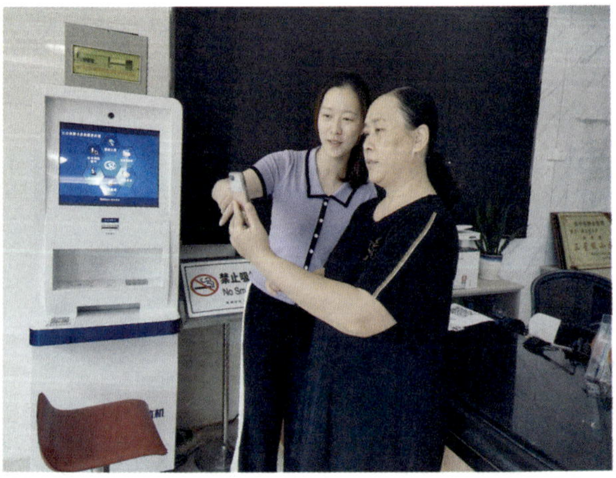

退休人员自助资格认证（融媒体中心供图）

中国河豚岛

综 述

【概况】 2005年11月18日,中国烹饪协会发布中烹协〔2005〕38号文件,授予扬中市"中国江鲜菜之乡"称号。2010年11月15日,中国烹饪协会授予扬中"中国河豚美食之乡""中国河豚烹饪科研基地"牌匾。2012年12月17日,中国民间文艺家协会授予扬中"中国河豚文化之乡"称号。2016年2月16日,扬中河豚食俗入选江苏省第四批非物质文化遗产代表性项目目录。2004—2020年,扬中市连续举办十七届河豚文化节,节庆名称从江鲜美食文化节、江鲜美食旅游文化节、江鲜旅游文化节、江鲜美食节逐步演变为河豚文化节,以文化发展助推经济繁荣,招商洽谈、对外推介、项目集中签约等形式的扬中"河豚经济"初步形成。2011年,28国驻华使节寻访"中国河豚岛",各国驻华大使馆联合授予扬中"最值得驻华大使馆向使节推荐的中国河豚岛"称号,"中国河豚岛"城市品牌首次打响。扬中在宣传河豚文化上举措多样,举办国际河豚烹饪大赛、全国河豚烹饪精英赛以及"长三角"、江苏省河豚烹饪赛事等烹饪大赛,交流积累河豚烹饪经验;开发河豚包子、河豚水饺、河豚圆子、河豚真空包装、河豚香米、河豚化妆品、河豚酒、河豚字画等衍生产品。编辑出版《江鲜飘香》《扬中河豚菜谱》《芳菲河豚岛》《美味"杀手"》《清水扬中河豚情》《扬中二十一味》《扬中河豚记忆》等书籍,举办"放歌河豚岛"文艺晚会、河豚节摄影大赛,河豚文化逐步沉淀;央视《味道》《走遍中国》《地理中国》《消费主张》等栏目先后播出《河豚复活记》《河豚上餐桌》《夺命河豚热销的背后》《中华原产地——扬中河豚》《舌尖上的春天:长江江鲜》等节目,以河豚为主题的城市外宣专题片提升扬中河豚影响力。河豚文化使得"中国河豚岛"成为世界认识扬中、扬中走向世界的一个地域标识、城市品牌。 (史志办)

【河豚岛年度概况】 2020年,河豚文化节转场"云端"。以"展现扬中风貌、弘扬河豚文化"为主题,围绕弘扬美食文化,开展"2020扬中江鲜美食之旅""中国河豚岛、敢为天下鲜"旅游美食网络推介活动,通过线上平台累计实现餐饮销售额4000万元、惠及美食爱好者48万人次;围绕展现民俗风情,举行长江增殖放流、"相约河豚岛"书画摄影作品展、第六届"520荧光夜跑"等活动,市博物馆、陈履生博物馆群建成开放;围绕彰显宜游品质,开展美丽乡村、美丽庭院等系列评比活动,举办"行进河豚岛"户外运动嘉年华、园博园樱花展、郁金香花展,营造"全民参与、融入自然"的浓厚氛围。扬中以节为媒全方位展示扬中宜居与宜游并重、美味与美丽并存的城市新形象,通过在"百度"手机端设置扬中"城市名片",开展"中国河豚岛·扬中河豚的故事"短视频大赛,开展河豚美食文化直播,设置微博热搜"拼死吃河豚大赛"话题,邀请《中国影像方志》到扬中拍摄专题片等,在各级媒体全方位、高密度、立体式地推介扬中的美食文化、河豚文化。注重商品培育,推出豚福香包、毛线球河豚挂件、皮雕河豚挂件等十余件河豚元素文创产品,创新泡椒河豚等河豚系列食品。

(融媒体中心)

河豚·风俗

【河豚捕捞】 扬中渔民在长期捕捞实践中,逐步形成两类河豚捕捞法:卡钩法,钩尖处向内折弯且稍有撇斜,装小虾等饵料,河豚吞食饵料,钩身卡住其口腔;滚钩法(又称排钩法),滚钩不放饵料,贴近水底敷设,拦江设置两三道"回"字形钩帘,多钩共同发挥作用,游经的河豚身体触碰到滚钩,出于习性鼓气时会被多个钩子钩住。卡钩法、滚钩法渔具均由纲线、钩线构成。卡钩法正常在纲线上每隔1米挂1根钩线,滚钩法每隔10厘米挂1根钩线,钩线长度均在15厘米左右。春季河豚贴在水底游动产卵,使用坠子和浮子保证钩子投放至距离江底4~6厘米的位置,纲线两头用石块固定抛入江中。扬中老一代渔民制作纲线、钩线工艺独特,纲线、钩线由黄麻编织,制作时加入栲树皮,栲树皮浸泡捶碎，煮至发红析出胶状物，加入烧熟捏细的猪血，将编好的纲线、线钩线放入栲树皮汁中浸泡，浸透后晒至发挺。此项工艺制作的渔具具有牢实、耐磨、防腐、入水变软变柔、离水变挺变硬的特点。

扬中渔民捕捞有固定习俗和禁忌。捕捞河豚等江鲜讲究时令，落潮时起钩、下钩。渔民出江要看日子、敬香、磕头、放爆竹，祈福多打点鱼，保佑太平无事。渔船由丈夫掌舵，意为一家之主；妻子在后面划桨或摇橹，头上扎一块“手捏子”(方巾)，意为“打鱼不能光头”。女人不能到船头、不能跨渔网，怀孕和来例假的女人不能上船。扬中人捕捞到很小的河豚会直接放生，反映出扬中先民朦胧的生态保护意识。 (文联)

【河豚宰杀】 宰杀河豚工具包括水桶、腰子盆、菜刀、剪刀、砧板、畚箕、草木灰等。水桶用来盛活河豚、装水；腰子盆用来漂洗杀好的河豚鱼体；菜刀和剪刀是剖杀河豚必备的刀具；砧板是杀河豚的案板；畚箕里装的草木灰则是拌污废弃物的主要材料。

开背宰杀法 也称古法。沿河豚脊背，由上而下轻轻切开，分为两半，依次取出河豚的肝脏、胃、肠、腮、气囊，雌性河豚的卵巢，雄性河豚的精囊、心脏，清除干净紧贴在脊骨两边的肾脏(扬中人称为“达子血”)，用剪刀刀尖挖出河豚眼睛，一对对放好，以备清点。河豚的内脏除精囊(扬中人称“肋”)没有毒，其他部位均有毒性。

扒皮剖肚法 宰杀的主要工具是剪刀，将河豚皮整张取下，刮尽皮刺。宰杀方法为挖眼、环切皮肤、切口、撕皮、剖肚、挖腮、取内脏、剔脊血、分拣、漂洗。环切河豚皮肤，经里皮插入腹鳍的窝眼，朝河豚尾柄方向拽，河豚皮被全具扒至尾鳍处或被整皮拉下。

宰杀的弃留 宰杀河豚的弃与留事关河豚食用者的生命安危。河豚的毒素是自然界最毒的神经毒素之一，主要分布在血液、眼睛、腮、肾脏、肝脏、卵巢以及其他内脏。扬中人宰杀河豚，通常将河豚鱼体、肝、肋与河豚眼、腮、肠、籽、脊血等分两处存放。清点河豚眼珠，所有河豚废弃物，特别是河豚籽，用草木灰拌污，投入粪缸作无害化处理，抑制苍蝇和蛆虫繁殖，也可深埋或焚烧。

河豚肝含剧毒，去毒可食用。河豚肝的处理方法：摘去河豚胆，划“十”字刀去除河豚肝的结缔膜，剪去河豚肝的四周边角，排尽毛细血管血，剪断肝脏的主动脉血管，高温烹饪解毒、祛腥。 (文联)

【河豚食用】 2004年8月，扬中市河豚协会起草出台《河豚安全食用操作行业规范》，详细规定加工操作间、加工人员、原料、宰杀清洗、烹饪、卫生、质量检验管理和中毒应急措施等涉及河豚食用的各个环节。扬中食用河豚注意事项包括：河豚皮表面带有小毛刺，食用时应将皮反卷，不用嘴嚼，直接吞服；要防止被河豚鱼骨刺破嘴及食道，河豚的骨刺含有毒素，骨刺坚硬，如不慎被刺，伤口较难愈合；吃剩的河豚鱼如再次食用，避免再次回锅，采取蒸、微波炉加热。

按照扬中的风俗习惯，食用河豚讲究程序。河豚端上桌前，厨师得先尝，以示对客人的尊重；上桌后，主人先吃一口，数分钟后请宾客动筷，这是扬中人招待客人的规矩。品尝河豚时，主人将河豚最鲜美营养的部分夹给客人，即河豚肋(精囊)、皮、嘴唇三部分。食用完河豚后，河豚汤加竹笋或秧草，可拌米饭或煮面条。 (文联)

河豚·味道

【白汁河豚】 白汁河豚由特级河豚烹饪大师蒋开和研制，属江苏菜。白汁河豚中的白，最能反映这道汤菜的实际观感和内在品质。制作方法是炒锅上火烧热入油、葱结、姜片煸香，入河豚、鲜笋片、火腿片、虾子，加入用河蚌、蟹黄油、母鸡、五花肉吊制的膏汤，大火烧开后放酒，煮透熟后加盐上桌。白汁河豚汤汁色泽白美，鲜腴润口，豚香中能品尝出阵阵奶香味，具有消肿、降血压、去胃疾、恢复体力、调节免疫系统等功效。

(摘自《扬中二十一味》)

白汁河豚 (融媒体中心供图)

【河豚焐秧草】 河豚焐秧草也称明宫河豚，是江苏省级“非遗”保护项目“扬中河豚食俗”重要菜品之一，被评为“全国十大江鲜名菜”。据《明宫史》记载，食河豚是明朝宫廷里继上元节之后的一项重要活动，后来民间发现秧草与河豚同煮，风味绝佳，传入宫中，深得明太祖朱元璋喜爱，遂流行于宫廷。“明宫河豚”已有600余年历史。制作方法是洗净河豚肝熬油，放入河豚，烧煮

20分钟放入砂锅，文火烧煮30分钟。起锅，煸炒秧草，放入砂锅。将砂锅里的河豚放入秧草砂锅，待秧草焐烂后，放调料起锅。河豚焐秧草，河豚甘美，肥而不腻，秧草鲜香，软糯可口。（摘自《扬中二十一味》）

【红烧河豚】 红烧河豚是江苏省特色名菜。制作方法是炒锅上火烧热，入油、葱结、姜片煸香，入河豚、五花肉、鲜笋片煸透后烹绍酒，入酱油、绵白糖，加入河蚌、火腿、蟹黄油、母鸡、五花肉吊制的膏汤，入虾籽、精盐，大火煮沸，小火焖透后收稠汤汁装盘。红烧河豚色泽微黄，鲜香肥嫩，具有味鲜甜、汁浓醇的特点。

（摘自《扬中二十一味》）

【河豚鱼丸】 扬中陈耿父子受福建知名小吃鱼丸启发，开发河豚衍生产品，制作河豚鱼丸。陈氏父子赴韩国考察鱼糕产品，学习其模式，打造河豚系列食品。经福建海洋研究所营养分析表明，河豚不仅味鲜，而且鱼肉中含蛋白质、维生素、锌、硒等多种营养元素，蛋白质含量极高，陈氏父子与研究所推荐的专业河豚养殖机构合作，研制便携食用的河豚鱼丸，就河豚产品提出创新，将扬中秧草融入河豚衍生品，制作三叶草馅河豚鱼丸。（融媒体中心）

【幸福美味年年送活动】 扬中市河豚协会开展“幸福美味年年送”活动，17家餐饮企业烹制82份河豚美食，通过扬中彩虹义工服务社的志愿者派送至全市各镇(街、区)敬老院的老人，以及侨眷侨属。“幸福美味年年送”活动作为河豚文化节的一项子活动，由扬中河豚协会牵头，累计开展8年，活动吸引餐饮企业和社会爱心人士广泛参与。（融媒体中心）

河豚·文化

【第十七届中国·扬中河豚文化节】 2020年3月20日至5月20日，扬中市举办第十七届中国·扬中河豚文化节。文化节以“共享现代活力城，畅游中国河豚岛”为主题，结合疫情形势，转场网络，开启“云端”办节；以在线新闻发布的形式，开展河豚文化节开幕式；增加线上服务环节，整合扬中知名餐饮单位信息，搭建线上平台统一推介，实现游客“一键查询”。节庆期间，筹备经贸招商、文娱互动、美食品鉴、乡村旅游、文明公益5个板块、60余场活动。围绕弘扬美食文化，开展“2020扬中江鲜美食之旅”“中国河豚岛、敢为天下鲜”旅游美食网络推介活动，通过线上平台累计实现餐饮销售额4000万元、惠及美食爱好者48万人次。（融媒体中心）

【“豚宝”河豚文创系列产品】 2020年1月3日，江苏省文化和旅游厅公布首届江苏旅游文创商品大赛获奖作品，扬市“豚宝”河豚文创系列产品(炭雕、纪念币、钥匙扣、玩偶)获铜奖。该系列产品由扬中市博园旅游文化发展有限公司设计。河豚炭雕用竹炭制作，具有观赏性和环保性；河豚纪念币正面刻印河豚卡通形象，背面刻印吉祥扣花纹和福字纹，并设置成同心圆环绕三叶草的图案，寓意吉祥幸福、拥抱幸运；河豚纪念币上中英文字指明河豚来处：中国扬中，纪念币采用999纯银制作，且有透明保护壳隔绝空气防止氧化；河豚钥匙采用锌合金制作，以烤漆工艺加工；河豚玩偶内有竹炭包，造型可爱还净化空气。（黄为为）

【“行进河豚岛”户外运动嘉年华·徒步走活动】 2020年5月17日，扬中市举办“梦之蓝”2020“行进河豚岛”户外运动嘉年华·徒步走活动。扬中市文体广电和旅游局、市体育总工会、江苏天禾旅游发展公司在滨江公园联合主办。活动吸引无锡、常州、盐城等8个城市的驴友近500人参加。扬中市坚持立足资源特色，以生态、休闲、度假、康养、研学、文创为重点发展方向，推进旅游品牌创建和旅游公共服务体系建设，扬中旅游得到较快发展，基本形成特色文化探寻、江鲜美食体验、乡村野趣寻觅、江洲环岛采风4条特色旅游线路。活动中，金坛、张家港、靖江、丹阳、句容文体广电和旅游局代表与扬中市文体广电和旅游局签订周边城市“互为旅游目的地”合作备忘录，宣布相应的旅游优惠政策。（融媒体中心）

5月17日，扬中市举办“行进河豚岛”户外运动嘉年华·徒步走活动（融媒体中心供图）

【媒体聚焦河豚文化节】 2020年，河豚文化节吸引中央、省、境外、镇江市约40家媒体聚焦扬中，截至3月底，各类媒体刊发扬中河豚文化节相关报道60余条。河豚文化节开幕前，扬中市结合当前疫情防控要求，明确提出发挥媒体融合传播优势，通过形式新颖、渠道多样的网络传播方式，全方位、高密度、立体式推介扬中美食文化和“中国河豚岛”品牌；河豚文化节开幕以来，市委宣传部、市融媒体中心通过设立第十七届河豚文化节新闻发布媒体群，提供活动资料、图片视频等新闻素材，为媒体记者提供专业、高效、便捷的服务保障，助力媒体记者更好地采访报道。以河豚文化节开幕为宣传主题，开幕式当日，《人民日报》客户端以《云端办节 线上体验 第十七届中国·扬中河豚文化盛事今日启幕》为题，报道扬中第十七届河豚文化节情况。文章称：“扬中紧密结合当前形势，坚持安全第一原则，注重创新转型发展，将连续举办16年的河豚节转场‘云端’，以在线新闻发布的形式，开展河豚文化节开幕式。”新华社客户端、新华网当日推出的报道介绍称，疫情防控之下，为让食客更安全地品尝美食，扬中河豚文化节增加线上服务环节，将通过整合扬中知名餐饮单位信息，搭建线上平台统一推介，方便外地游客“一键查询”。此外，央广网、中央广电总台国际在线、《经济日报》、《新华日报》等各级媒体，也通过文字、图片、视频、音频等形式，立体式、全方位关注扬中河豚文化节动态。扬中市与“学习强国”江苏学习平台合作，聚焦扬中文化、旅游、产业、经济等特色，通过图文和视频推荐河豚文化和地方发展的最新动态，河豚文化节开幕以来，推出《江苏扬中：云端办节、线上体验，河豚文化节转场网络》《高质量发展—江苏扬中：节水+护水水韵芳洲活力显》《江苏扬中：315家规模以上企业全面复工 重大项目建设“踏春”提速》等多篇稿件，利用平台“特色农产品”代言功能，推销扬中市河豚、刀鱼以及其他特色农产品，助农增收。 (融媒体中心)

【河豚节对外宣传】 2020年3月20日，第十七届中国·扬中河豚文化节举行线上新闻发布会，6.8万人参与网络直播。河豚美食、河豚文化、经贸旅游、大江风貌等扬中地域特色，亮相各大媒体平台，新华社、《人民日报》、中央广播电台、人民网、澎湃新闻、《新华日报》、《香港商报》等50多家中央、省级主流媒体到扬中采访，刊发各类稿件200余篇，全方位、高密度、立体式地推介扬中美食文化、河豚文化，“敢为天下鲜”“中国河豚岛”的城市品牌蜚声海外。4月28日，江苏城市频道到扬中开展美食探店直播，用镜头带领全国各地食客“云品尝”江之源生态园、白玉兰酒店、西沙湾星空酒店、春满源大酒店、豚之香5家江鲜美食馆的特色江鲜菜，观看量38万人次；围绕扬中河豚文化、生态旅游等话题，以开展“中国河豚岛扬中河豚的故事”短视频大赛、在省现代美术馆举办美术书法摄影作品晋省展等方式，多角度展现岛城风貌。与此同时，利用抖音对外展示扬中特色，《悦无界豚有味 跟着汉服小姐姐品河豚美食，看岛城美景》抖音浏览量近300万次，近2万人点赞；扬中最新城市形象宣传片《江岛恋歌》在今日头条、百家号上等平台发布，今日头条推荐量近8000次，不断提升“中国河豚岛”城市品牌。河豚文化节期间，围绕河豚产业化、产业强市等，《新华日报》于5月20日整版刊发题为《镇江扬中：强起来，再创产业发展新辉煌》的稿件；《京江晚报》和《交汇点》分别刊发稿件《扬中出台人才新政重奖招才引智》《“强起来，扬中！”扬中市出台“十五条政策”助力现代产业高质量发展》；与“学习强国”江苏学习平台合作，聚焦产业强市，推出多篇稿件。 (融媒体中心)

河豚节对外宣传 (融媒体中心供图)

河豚·产业

【长江渔文化生态园】 长江渔文化生态园位于扬中三茅街道兴阳村。项目占地面积133.33万平方米，是一个集长江渔文化名贵鱼类繁育、养殖、销售、科普展示，长江渔文化研究，以及农业观光体验、旅游休闲、生态餐饮酒店等于一体的综合性新型农业项目，依托扬中“中国河豚美食之乡”“万里长江第一岛”的文化优势和资源优势，以河豚为主题创建长江渔文化科技园。园区分为河豚文化主题广场、长江渔文化生态餐厅、渔文化垂钓体验区、湖畔烧烤景观区、果蔬观赏采摘园五大区域，内设生态酒店、木别墅、智能大棚、苗圃基地等设施。 (倪娜)

【江之源生态园】 江之源生态园占地面积200万平方米，投资3.5亿元，专业从事生态农业，集高新农业研发与实验、名贵水产品养殖与销售、温泉度假休闲服务等于一体。生态园通过农业科研带动农场生产，通过社区销售推动市场发展，通过休闲服务拉动产业循环。有长江刀鱼、暗纹东方豚、美洲鲥等20余种长江名贵鱼养殖品种，是江苏省最大的长江河豚、刀鱼养殖基地。生态园实现工厂化、设施化、智能化养殖以及生态养殖方面的技术集成，建成年产100万尾长江生态河豚、50万尾长江生态刀鲚以及2000吨长吻鮠、鲈鱼等其他长江名贵鱼的示范基地。园区依托独特的江滩湿地自然景观和江鲜资源优势，借助“中国河豚岛”的招牌，深度开发2250米深的温泉地热资源，加快发展生态度假游、休闲渔业游，建设温泉度假村，是江苏省四星级乡村旅游点。 （倪娜）

【河豚文化节项目集中签约仪式】 2020年5月28日，第十七届“中国·扬中河豚文化节”项目集中签约仪式举行，采取“线上+线下”“场内+场外”的签约模式，集中签约项目33个，其中，投资额超亿元的项目25个，科技人才项目8个。签约仪式通报河豚文化节活动成果。以“共享现代活力城，畅游中国河豚岛”为主题，历时两个多月的文化节期间，扬中市以美食、旅游、文化为媒，举办一系列推介活动，扬中城市魅力进一步彰显，“中国河豚岛”“中国河豚文化之乡”品牌知名度和影响力进一步提升。2020年，扬中市把经贸活动作为河豚文化节的“重头戏”，明确招引项目、壮大产业的鲜明导向，推出“招商云名片”，对扬中优质资源进行形象化、视觉化推介。在节庆期间举办“长三角投资促进周”“云洽谈”“云签约”等招商活动，开展优质项目线上对接，累计开展集中推介20余场次、招商50余批次，拜访及接待重点客商800余人次。敏锐捕捉产业政策动向，精准把握新兴产业发展“脉搏”，积极推动成熟项目在扬中“开花结果”，签约仪式上，签订亿元以上项目25个，其中，10亿元人民币以上先进制造业项目1个，总投资额60亿元，涉及5G通信、智能制造、数据信息技术、生物科技、文化旅游等多个领域。签约仪式上，江苏大学、蜂巢动力系统（江苏）有限公司、江苏锋芒复合材料科技集团有限公司3家客商代表发言。

（融媒体中心）

5月28日，第十七届“中国·扬中河豚文化节”项目集中签约仪式 （融媒体中心供图）

【《正是河豚欲上时》开机】 2020年8月13日，电影《正是河豚欲上时》举行开机仪式。9月3号，经过22天的紧张拍摄，影片正式杀青。电影由磐石携担任编剧兼导演，演员卢云、姜灏洋参演。影片以“河豚元素”为线索，讲述青年男女因美食结缘，从此展开的一系列爱情故事，围绕四个“美”——展示河豚美食、介绍扬中美景、塑造美好人生、保护美丽长江，体现影片的艺术水准和美学价值。影片选址扬中为拍摄地，拍摄120余场戏，在扬中园博园、西来桥、新坝镇、博物馆等地取景，融入扬中方言等众多本土元素，推动扬中生态环境及旅游建设。 （融媒体中心）

8月13日，电影《正是河豚欲上时》开机仪式

（融媒体中心供图）

中共扬中市委员会

综 述

【概况】 2020年,扬中聚焦产业强市、实干兴市,扎实做好"六稳"(稳就业、稳金融、稳外贸、稳外资、稳投资、稳预期)、"六保"(保居民就业、保基本民生、保市场主体、保粮食能源安全、保产业链供应链稳定、保基层运转)工作,奋力夺取疫情防控和经济社会发展"双胜利"。完成地区生产总值489.59亿元,可比增长3.8%;公共财政预算收入35亿元,比上年增长2.9%;固定资产投资89.55亿元,增长9.8%,"十三五"规划主要目标任务如期实现。

产业强市扎实有效推进。项目招引建设加速发力。与四大运营商签订5G网络建设与应用战略合作协议,与省港口集团签订战略合作框架协议,云企智造、青苗国际学校等新兴项目先后落户。签约亿元以上项目59个,增长68.6%;总投资188.45亿元,增长55.7%。镇江市级重点产业项目23个,完成投资52.1亿元;扬中市级重点产业项目80个,完成投资85.7亿元。蜂巢易创产业园发动机、变速器、电驱动总成等产品下线,完成投资30亿元,新增销售10亿元。经济运行稳中有进、稳中向好。完成工业申报销售745亿元,增长10%。支持中小企业共度难关,新增税费减免5.53亿元,小微企业贷款余额202.61亿元,签约项目累计授信17.99亿元,发放还贷周转金38亿元。创新转型有力推进。完成国家级小微企业质量认证管理试点工作。高新区、经开区获批省知识产权示范园区。高新区国家级孵化器获评国家级、省级"双A"类。星级上云企业51家,居镇江市首位。大全集团获"中国工业大奖"。威腾股份获省级工业互联网标杆工厂认定。大全集团、和成显示入围江苏省民营企业创新100强榜单。省高企培育入库企业97家。华电研究生培养基地开班运营。

城乡融合迈出坚实步伐。城市面貌持续改善。滨江新城、西城区棚改项目二期、扬子新村片区改建项目二期有序推进。"五水联治"成效明显,基本消除城区主要河道黑臭水体。城市网格管理服务不断优化,城市更加整洁有序。乡村振兴成效显著。开展"万企联万村、共走振兴路"行动,实现行政村、联建类型、国有企业平台"三个全覆盖"。现代渔业产业园创成省级现代农业产业示范园。开展党建引领农村人居环境整治行动,扎实推进乡村公共空间治理,创成省级特色田园乡村4个、省级乡村旅游重点村1个、省级传统村落2个、省级美丽宜居村庄31个。生态底色更加鲜明。坚决落实"长江十年禁渔"目标任务。全面完成"两违三乱"整治。持续打好蓝天、碧水、净土三大保卫战,全面排查梳理解决2018年以后中央、省环保督察交办的信访件,$PM_{2.5}$平均浓度绝对值、地表水环境质量均位列镇江市第一。

民生福祉实现提档升级。高质量完成建档立卡户1672户、3141人脱贫和106户危房改造任务。城乡低保标准提高至每人每月790元。城镇登记失业率控制在1.56%以内。城乡居民人均可支配收入分别增长3.8%和5.5%。基本建成市镇村三级"互联网+政务服务"体系,实现为民(便民)服务中心全覆盖。教师"县管校聘"管理改革稳步推进,高考成绩再创新高,教育现代化建设监测得分全省第一。完善重大疫情防控体制机制,建成2所加强型P2实验室,实现核酸自主检测。标准化居家养老服务中心加快建设,市残疾人综合服务中心、康乐年华新坝养护院投入运营。医保经办体验暗访得分居全省第一。市博物馆、陈履生博物馆群开馆运行。开展"扫黑除恶"专项斗争,中央挂牌"5·13"专案宣判,刑事发案率下降21.63%。创成全省首批法治政府建设示范县(市、区),获评全国"七五"普法中期评估先进县(市、区)。推进网格化社会治理,信访工作绩效位列全省前列,反邪教防控形势总体平稳,社会大局持续稳定。

各类风险总体平稳可控。疫情防控精准有力。严格落实"四早""四集中"(早发现、早报告、早诊断、早隔离;集中患者、集中专家、集中资源、集中救治)要求,强化"大数据+网格化+铁脚板"等硬核管控措施,全市未出现一例疑似病例、确诊病例和无症状感染者。防汛抗洪扎实周密。全市长江岸线无重大坍江险情,江堤未发生大的管涵、滑坡险情,城区未出现长时间内涝。金融风险防范有效。组建平台公司联合党委,加快债券置换、资产变现和平台公司市场化转型进程,基本完成年度化债目标。连续获评"苏科贷"优秀(A类)合作地区称号,获得"2017—2019年度金融生态优秀县"称号。安全生产稳妥有序。实施熔喷布行业规范化整治。开展安全生产专项整治、"百团进百万企业"安全生产宣讲,在镇江率先完成国务院督导组发现问题隐患整改。 (冯太升)

【市委办公室工作】 2020年,中共扬中市委办公室高质量完成市委全会、"产业强市、实干兴市"大会等文稿600余篇,编发《决策参考》32期、《扬中信息》52期,其中,《统筹推进"两手抓",奋力夺取"双胜利"》《高质量打造城乡融合发展的"扬中样板"》《奋力跑出"三高一争"的新速度》分别在《新华日报》《群众》等省级媒体上刊登;《江湖退捕后传统"渔文化"需要保护传承》《各地"链长制"做法值得我市借鉴》被省市领导批示关注,信息工作考核在全省、镇江保持前列。筹备组织各类重要会议和活动30余场次,严格规范文件的签收、登记、传阅、归档等环节,精准对接、反馈书记交办文件,各类公文处理实现"零差错";印发市委文件制定规程、党内规范性文件备案规程,以及制定、备案、清理3个"流程图",落实市委法律顾问工作机制,党内法规工作逐步上轨道、上水平;打造6个规范督查工作"观察点",2020年文件和会议数量分别比2018年下降37.3%与32.7%,督查检查考核事项比上年下降21.1%。深化改革走深走实。制发全面深化改革年度工作要点,细化分解30项年度改革任务,其中,"党建引领农村人居环境整治""构建社会治理共同体""抓好巡察整改"等重点改革工作,在《新华日报》等国内多家主流媒体报道。完成省国安第六督查组督导,统筹规划推进"安可替代工程"(安全可靠国家国产系统替代工程),机要保密安全工作不断迈上新台阶。推动档案工作信息化、精细化,不断夯实档案数据基础,《行政村档案资源建设与共享利用》项目获国家档案局2020年度科技项目立项,基层档案室整体水平全面提升。 (冯太升)

重要决策

【推动现代产业高质量发展的政策意见】 2020年5月6日,中共扬中市委、扬中市人民政府印发《关于进一步推动现代产业高质量发展的政策意见》,从支持产业项目建设、企业质效提升、增强科技创新能力三个方面提出激励产业项目引进落户,鼓励企业加大有效投入、做优做强、升档进位、转型升级,壮大高新技术企业集群,支持重大创新平台及企业研发机构建设,鼓励人才(团队)到扬中创新创业,鼓励各类主体开展人才招引,推行"江洲英才一卡通"的政策意见,集成政策资源、创新支持方式、提升政策实效,推动实体经济高质量发展。

(冯太升)

【加快推进农业农村高质量发展的实施意见】 2020年5月25日,中共扬中市委、扬中市人民政府印发《关于抓好"三农"领域重点工作,加快推进农业农村高质量发展的实施意见》,提出到2020年底高质量巩固提升脱贫攻坚成效、农村人居环境显著改善、农业综合生产能力稳步提升、乡村治理体系更加完善的目标任务。通过巩固提升脱贫成效、深化农村人居环境整治、加快补齐民生短板、培育壮大乡村产业、夯实乡村治理根基,打牢农业农村现代化基础,加快推进农业农村高质量发展。

(冯太升)

【乡村公共空间"513"专项治理实施意见】 2020年7月27日,中共扬中市委、扬中市人民政府印发《扬中市乡村公共空间"513"专项治理实施意见》,提出摸清资产资源底数、明确管理权责,实施乡村公共空间"五治理一优化三提升"(集体资产资源公共空间治理、道路两侧公共空间治理、水体两侧公共空间治理、集镇区及村庄公共空间治理、乡镇工业集中区公共空间治理,优化乡村土地资源配置,提升农村基层治理能力、提升公共资源综合效益、提升基层干群精神面貌)专项治理,形成"基层党组织领导、基层群众参与、共建共治共享"的乡村公共空间治理体系的总体目标,通过全面治理乡村公共空间,推动公私产权更加明晰、违法用地得到清理、闲置土地充分利用、公共资源保值增值、乡风民风持续净化、基层治理坚强有力,助推乡村振兴,增强农民群众获得感、幸福感。 (冯太升)

【争创全省城乡融合发展试验区的实施意见】 2020年8月1日,中共扬中市委、扬中市人民政府印发《关于争创全省城乡融合发展试验区的实施意见(试行)》,提出到2025年,高端化、现代化、智能化的现代产业体系基本形成,优质均衡的公共服务体系更加健全,社会治理体系和治理能力不断提升,农民持续增收体制机制更加完善,城乡生产要素双向自由流动的制度性通道基本打通,城乡发展差距和居民生活水平差距明显缩小的总体目标,明确通过实施乡村产业振兴、城乡治理创新、公共服务普惠、富民增收提升、城乡要素融合"五大工程",争

创全省城乡融合发展试验区，推动城乡融合发展走在前、当示范。（冯太升）

【安全生产专项整治三年行动】 2020年12月16日，中共扬中市委办公室、市政府办公室联合印发《扬中市安全生产专项整治三年行动工作方案》，提出从学习宣传贯彻习近平总书记关于安全生产重要论述、落实企业安全生产主体责任2个专题和危险化学品安全、消防安全、道路运输安全、交通运输(邮政和水上交通)安全、城市建设安全、经开区安全、高新技术产业开发区安全、危险废物安全8个专项推动实施安全生产专项整治，全面提升安全水平，加快推进安全生产治理体系和治理能力现代化。（冯太升）

重要会议

【"不忘初心、牢记使命"主题教育总结大会】 2020年1月15日，扬中市召开"不忘初心、牢记使命"主题教育总结大会，全面回顾总结主题教育经验成效，部署巩固、深化主题教育成果。会议要求，全市各级党政组织要坚持问题导向，把不忘初心、牢记使命作为终身课题，建章立制、巩固提升，重整行装再出发，善始善终、善作善成，以主题教育的巩固深化，推动全面从严治党真正落到实处。（冯太升）

1月15日，扬中市召开"不忘初心、牢记使命"主题教育总结大会（融媒体中心供图）

【全市党建工作会议】 2020年3月25日，扬中市召开党建工作会议。会议要求全市各级要牢记初心、勇担使命，更大力度推进党的建设，为高质量发展走在前列提供坚强政治保障；强化"走在前列"的鲜明导向，紧扣"走在前列"的高标准，打破"惯性思维"、把握工作规律，做到既谋划得法、又推进有力；通过抓牢各级"书记项目"，更大力度抓基层、强基础，补短板、强特色，释放"书记项目"的引领功能，打造更多带领群众决胜高水平全面小康的战斗堡垒。（冯太升）

【全面深化改革委员会会议】 2020年4月10日，扬中市委全面深化改革委员会召开会议，传达学习中央深改委、省委深改委和镇江市委深改委相关会议精神，审议并原则同意《市委深改委2020年工作要点》、市委深改委组成人员调整名单等相关改革文件。会议指出，聚焦"产业强市、实干兴市"工作主线，坚决破除制约扬中高质量发展的突出问题、共性问题、难点问题；紧扣治理体系和治理能力现代化主轴，突出制度建设主线，逐步将改革成果转化为制度优势，将制度优势更好地转化为治理效能；站稳人民立场，重点围绕群众最关心、最直接、最现实的医疗、教育、养老等方面，认真分析归纳热点难点问题，善用多予少取、放活普惠的办法推进改革。（冯太升）

【庆祝建党99周年座谈会】 2020年6月30日，扬中市召开庆祝建党99周年座谈会。会议要求，党组织和广大党员要"强"在思想境界上、责任落实上、本领担当上和作风效能上，引领带动项目突破的速度、产业提升的高度、惠民利民的力度，把各级党组织建成为"扬中强起来"的最强支撑，练就一副干事创业的"铁肩膀"，使风气正、落实快、效率高成为各级党组织和党员干部的鲜明特征。（冯太升）

【中国共产党扬中市第十二届委员会第八次全体会议】 2020年8月3日，中国共产党扬中市第十二届委员会第八次全体会议在市政大礼堂举行，全会以习近平新时代中国特色社会主义思想为指导，深入贯彻落实中共十九大，十九届二中、三中、四中全会和省委十三届八次全会，镇江市委七届十一次全会精神，动员全市上下提速产业强市，探路城乡融合，圆满完成"十三五"规划收官工作，高水平全面建成小康社会，开启现代化建设新征程，奋力书写扬中"强起来"的崭新篇章。全会听取、讨论批准殷敏代表市委常委会工作报告。全会要求，坚定不移强投入、促转型，积蓄争先赶超"新动能"；坚定不移稳增长、防风险，夯实实体经济"基本盘"；坚定不移优生态、提品质，塑造城市形象"高颜值"；坚定不移增福祉、惠民生，提升民生幸福"含金量"。全会确定，把推动城乡融合发展作为一项事关全局的重大战略任务，整体谋划、系统推进，奋力争创全省城乡融合发展试验区。全会强调，持续推进全面从严治党，奋力激发争先进位的"强动能"，筑牢先锋引领的"强堡垒"，打造攻坚必胜的"强矩阵"，汇聚干事创业的"强合力"，不断跑出争先奋进的加速度，干出走在前列的新业绩。（冯太升）

【中共十九届五中全会精神首场宣讲报告会】 2020年11月23日，扬中学习贯彻中共十九届五中全会精神首场宣讲报告会在行政中心江洲厅举行。宣讲报告从深刻认识中国进入新发展阶段的重大意义、有利条件和重要特征，准确把握2035年远景目标和“十四五”时期指导方针、主要目标、重点任务，牢牢把握构建新发展格局的战略构想和重要着力点，坚持党的全面领导、动员各方面力量为实现“十四五”规划和2035年远景目标而团结奋斗四个方面解读，为找准、走稳新时期扬中“强起来”的发展路径提供科学指引。会议要求各级各部门要系统宣讲，引领学习“再升温”；要学以致用，科学谋划“十四五”规划的开展；以贯彻五中全会精神为动力，聚焦“双胜利”目标，围绕考核抓指标，围绕项目抓投资，围绕发展抓稳定，确保位列全省高质量发展考核排名前30位，力争前20位，为推进“三高一争”(高质量发展、高品质生活、高效能治理，争得城市荣光)作出更大的扬中贡献。 (冯太升)

【中国共产党扬中市第十二届委员会第九次全体会议】 2020年12月30日，中国共产党扬中市第十二届委员会第九次全体会议在市政大礼堂举行。全会回顾总结2020年及“十三五”时期工作，谋划2021年及“十四五”时期发展，动员全市上下勇立潮头、勇闯新路，奋力开启现代化建设新征程。全会听取和讨论张德军代表市委常委会所作的工作报告，审议通过《中共扬中市委关于制定扬中市国民经济和社会发展第十四个五年规划和二〇三五年远景目标的建议(草案)》。全会指出，全市上下紧紧围绕“强富美高”的共同愿景，笃定前行、开拓奋进，推动综合实力、改革开放、城市品质、人民生活迈上新台阶，“强”的潜力充分激发，“富”的成色愈发饱满，“美”的风采更加怡人，“高”的境界持续提升。全会提出2021年全市工作的总体要求：高举习近平新时代中国特色社会主义思想伟大旗帜，深入贯彻中央、省委、镇江市委各项决策部署，紧扣“强富美高”总目标，着眼“两争一前列”总要求，坚持稳中求进工作总基调，坚持以推动高质量发展为主题、以深化供给侧结构性改革为主线、以改革创新为根本动力、以满足人民日益增长的美好生活需要为根本目的，传承弘扬“四千四万”精神，深入实施“产业强市”战略，扎实做好“六稳”“六保”工作，统筹好发展与安全，勇立潮头、勇闯新路，确保“十四五”规划开好局、全面建设社会主义现代化起好步，以走在前列的优异成绩庆祝建党100周年。全会强调，各级党组织和广大党员干部要永葆初心、勇担使命，昂扬勇立潮头的争雄之志，磨砺勇闯新路的实干之才，筑牢勇于担当的奋斗之基，浓厚清廉干事的奋进之风，以党建引擎“燃起来”，引领扬中“跑起来”“强起来”。 (冯太升)

组织工作

【概况】 2020年，扬中市委组织部坚决落实上级和市委决策部署，在服务中心大局中扛起“组工担当”，在应对风险考验中展现“组工作为”，为扬中夺取疫情防控和经济社会发展“双胜利”提供有力组织保证。在大战大考中践行初心使命，构筑起守护“江中明珠”的“红色防线”；在强基固本中转化组织优势，高标准建设农村党小组813个，切实打通党建引领乡村治理的“最后一米”；在产业强市中锻造执政骨干，出台激励干部担当“九项举措”。在招才引智中汇聚发展动能，构建人才“1+X”政策体系。在严管厚爱中激发担当作为，连续三年获得江苏省高质量发展先进县(市、区)称号。 (祝晋)

表1 2020年扬中市中共党员基本情况一览表

项目		党员数	
		总数(人)	在岗职工(人)
总计		24017	13273
预备党员		384	302
女性		6501	4355
少数民族		20	20
年龄	35岁及以下	4380	3735
	36~45岁	4860	4220
	46~55岁	5445	3987
	56~60岁	2468	1331
	60岁及以上	6864	0

续表1

项目		党员数	
		总数(人)	在岗职工(人)
入党时间	1937年7月7日至1945年9月2日	3	0
	1945年9月3日至1949年9月	8	0
	1949年10月至1966年4月	1104	0
	1966年5月至1976年10月	1962	0
	1976年11月至2002年10月	9661	4879
	2002年11月及以后	11279	8394
学历	研究生	368	365
	大学本科	6353	5949
	大学专科	5342	3990
	中专	2534	943
	高中、中技	4317	1456
	初中及以下	5103	570

(田晏如)

【村书记专职化管理】 2020年,中共扬中市委组织部聚焦进入有专项制度、岗位有专业能力、评价有专门标准、待遇有专属保障,制定出台《村党组织书记专职化管理实施办法》及相关配套细则,推动全市符合条件村党组织书记100%纳入专职体系,打造一支政治意识强、担当作为强、发展本领强、治理能力强、作风纪律强的"五强"型村书记队伍。(祝晋)

【农村党小组建设】 2020年,中共扬中市委组织部以市委基层党建"书记项目"为龙头,创新开展农村党小组建设,以5~15名党员人数规模,建设813个农村党小组,建成521个个性化党小组活动阵地,形成"村党委+党支部+党小组+党员中心户"的联系服务群众网络,提升党群干群关系的"亲密度",打通党建引领乡村治理"最后一米"。开展"干部联组、党员联户、党群连心"三联行动,将党小组建设与精准扶贫和帮困解难结合起来。(祝晋)

【村(社区)"两委"换届】 2020年,中共扬中市委组织部高标准、高质量推进村(社区)"两委"换届各项工作,试选取三茅街道友好村等6个村(社区)作为换届试点,为面上工作推开积累经验。发挥农村党小组长和村民组长"两长"队伍的骨干作用,举办全市农村党小组组长示范培训班,形成组织意图正向传递、选举推荐人人关心、换届工作个个支持的局面。把好人选"入口关",严格落实"县级联审"机制,联合纪委监委等10家单位,对全市1149名提名人选开展资格审查。全市84个村(社区)换届成功。(祝晋)

【"九项举措"激励干部担当】 2020年,中共扬中市委组织部制定出台《关于激励干部在"产业强市、实干兴市"中担当作为的"九项举措"》,落细落实"三项机制"(鼓励激励机制、容错纠错机制、能上能下机制),激发党员干部干事创业热情。文件明确重点关注7类干部,即在项目招引中作出贡献的、产业建设中破解难题的、在重大任务中敢于担当的、在风险防范中善于作为的、在服务企业中实绩突出的、在乡村振兴中扎实工作的、在艰苦岗位中表现优秀的干部,以鲜明的用人导向催生干事动力,让有为者有位、让无为者让位,推动干部履职尽责、撸袖实干。(施超)

【人才政策】 2020年,中共扬中市委组织部出台《"江雁计划"改革实施办法》《关于支持产业应用型人才队伍建设》《进一步强化"双招双引"的实施办法》《支持农业人才队伍建设六项举措》4大政策、13项实施细则,构建起"1+X"政策体系。联合科技镇长团、科技局、商务局、各镇街区组织开展28场对接活动、2场专题培训,匹配对接高层次人才68位,签约项目46个,其中,对接国家级人才6位。新建王锡凡院士工作站、扬中高创园科技孵化器、蜂巢易创—镇江技师学院"校外实训基地",在西南交通大学、湘潭大学、西安交通大学建立人才科技联络站。(孟海潮)

【综合考核体制机制】 2020年，中共扬中市委组织部印发《2020年度镇(街、区)综合考核实施办法》《2020年度市级机关综合考核实施办法》，成立由市委办、政府办、组织部(市考核办)、编办、经发局、统计局、商务局、科技局8个部门的分管领导及职能科室负责人组成的考核工作专办，实行集中办公，强化考核工作保障。建立市级层面数据采集、审核、报送制度，工作联席会议制度等，强化考核过程管理和结果控制。(王秀德)

宣传工作

【概况】 2020年，扬中市委宣传部围绕服务助推“强市兴市”中心大局，策划开展“坚持‘两手抓’、夺取‘双胜利’”“产业强市、实干兴市”“决胜小康、奋斗有我”等全媒体宣传战役，用正面宣传鼓士气、聚合力。开展意识形态工作专项巡查，推进网络安全、扫黄打非等各项工作，累计引导协调各类舆情10余起。承办“网眼看镇江、见‘镇’跑起来”网络传播行动，策划开展“长三角媒体看扬中” 大型采访、“中国河豚岛·扬中河豚的故事”短视频大赛等活动，省级以上主流媒体用稿200余篇，讲好扬中故事，擦亮扬中城市标识。巩固深化“不忘初心、牢记使命”主题教育、增强“四力”(脚力、眼力、脑力、笔力)教育实践成果，以管党治党新成效，推动民生理念落地落实。围绕中共十九届五中全会精神主题，开展集中宣讲近50场，探索打造基层理论建设示范点。基层党员冬训工作获评全省示范县(市、区)。承办省道德模范与身边好人现场交流活动，策划组织“烟头不落地、扬中更美丽”“文明扬中、你我同行”等主题活动千余场，新创成1家全国文明单位、1个全国文明村、1所全国文明校园。策划开展江洲读书节、传统文化进校园、周末“戏”相逢等品牌文化活动，推进“乡村文艺播种计划”，建成开放扬中博物馆、陈履生博物馆群，扶持创作《疫情防控》《幸福河豚岛》《半天书记》《正是河豚欲上时》等文艺精品，抓好行业内安全生产和疫情防控工作，满足群众精神文化需求。 (李敏)

【党委(党组)理论中心组学习】 2020年，扬中市委宣传部印发《2020年全市党委(党组)理论学习中心组专题学习计划》，以市委理论学习中心组为龙头，开展党委(党组)理论学习中心组巡学旁听，推进全市各级党委(党组)理论学习中心组学习制度化、规范化，提高学习质量、提升学习效果。 (宣传部 朱玮)

【基层党员冬训】 2020年冬训期间，扬中市委宣传部结合疫情防控工作要求，统筹“线上+线下”教学资源，打造全时段、全覆盖的理论课堂；让党员干部在落实联防联控中锤炼党性、践行初心、历练本领，共筑疫情防控的坚固防线；找准理论与实践的“结合点”，推进冬训更好“接地气”“顺民意”，切实问群众之所需、急群众之所急、解群众之所困。扬中市获2019年度全省基层党员冬训工作示范县(市、区)称号，《乡贤大讲堂显“土味”提“鲜味” 激发乡村振兴内生动力》获2019年度全省基层党员冬训工作创新项目称号，新坝镇获2019年度江苏省基层党员冬训工作示范乡(镇、街道)称号。

(朱玮)

【理论宣讲工作】 2020年，扬中市委宣传部通过“五式宣讲”(家常式宣讲、体验式宣讲、互动式宣讲、沉浸式宣讲、落地式宣讲)打造具有“烟火味”的理论课堂。建立覆盖镇(街、区)、村(社区)的党小组，通过家常式宣讲，打通服务群众的最后一米。打造思政新课堂，通过体验式宣讲，构建立德育人的实践基地。在新坝镇新时代文明实践所理论宣讲红色平台建设“学习强国线下体验馆”，通过互动式宣讲，实现线上线下的无缝对接。推动“理论+文艺”“理论+网络”，举办“点赞中国之治 凝聚奋进伟力”主题宣讲活动，组织优秀作品展播，通过沉浸式宣讲，达到润物无声的传播效果。将理论宣讲与疫情防控、人居环境整治等日常工作相融合，从标语、口号、学习材料，变成政策宣传、走访帮扶、志愿服务等行动，通过落地式宣讲，践行暖心惠民的初心使命。 (朱玮)

【主题宣传】 2020年，扬中市委宣传部围绕市委、市政府中心工作，开展“疫情防控与经济社会发展双胜利”“产业强市、实干兴市”“决胜小康、奋斗有我”“优化营商环境”“党建引领、乡村治理”“共建文明卫生城、共享和谐新扬中”等主题宣传，推动相关工作顺利开展。加大对熔喷布市场专项整治、混凝土行业专项整治、征地拆迁、安全生产等热点问题的宣传引导，疏导公众情绪，回应群众关切，营造积极向上的舆论氛围。 (罗欲凯)

【城市外宣】 2020年，扬中市宣传部紧扣全面小康、乡村振兴、产业强市、新时代文明实践、创建全国文明城市等中心工作，坚持内外宣联手、全媒体联动，精心策划选题，打磨精品稿件，营造跨越发展的良好氛围。“学习强国”江苏平台累计用稿310篇；《人民日报》、新华网、央视新闻联播、中央广播电台用稿40余篇；《新

华日报》头版头条(头题)5 条。（罗欲凯）

【新闻管理】 2020 年,扬中市委宣传部落实中央全面深化改革部署、推动宣传思想文化领域改革创新,融媒体中心推进移动优先战略，着力完善传播平台载体建设,着力深化媒体内部体制机制改革,推动传统媒体和新兴媒体尽快从相“加”迈向相“融”。在 6 月 4 日的省级融媒体中心验收汇报会上，得到专家组成员的充分肯定，同意扬中市融媒体中心省级验收合格。7 月 22 日，成为全省首批互联网新闻信息服务许可的县级融媒体单位;8 月 30 日，获批省广电局信息网络传播视听节目服务备案。（罗欲凯）

【基层理论工作平台示范点】 2020 年,扬中市委宣传部依托新坝镇新时代文明实践所建设基层理论工作平台示范点,突出“举旗帜、聚民心”的使命任务,打通整合市内市外、线上线下理论学教资源,发挥“活动阵地+成果展示”效用,开辟学习强国线下体验馆,打造战疫成果、党小组建设、中心组学习、基层党员冬训工作展示区,建设理论学习云平台、设立“理论讲师工作室”“理论文艺创作室”,融合理论学习、理论宣讲、理论研究、理论指导、理论引领五大功能,集理论的“学、宣、悟、践”于一体,满足干部群众“多层次”需求,形成“全聚合”的内容模式,推动习近平新时代中国特色社会主义思想落地生根、入脑入心。（朱玮）

【“两中心一平台”试点建设】 2020 年,扬中市委宣传部开展“两中心一平台”(新时代文明实践中心、融媒体中心,学习强国平台)试点建设。在新时代文明实践中心试点建设方面,健全出台实施意见,创新推出“一月一主题”“重点活动轮值”机制,累计开展活动 2000 余场,服务基层最后“一米”。在融媒体中心建设方面,构建全媒体传播矩阵,“掌上扬中”客户端用户数量突破 4 万人,通过省级验收。在“学习强国”平台建设方面,常态化开展学情通报工作，策划推出高质量稿件,适龄党员活跃度稳定在 98%左右，江苏平台累计用稿 310 篇。（李敏）

【网络宣传】 2020 年,扬中市委宣传部围绕“疫情防控”“产业强市”“河豚文化节”“文明创建”等主题,强化网上正面宣传,持续传播正能量。开展“网络名人看江苏”扬中站、“网眼看镇江、见‘镇’跑起来”走进扬中等网络宣传活动,举办“中国河豚岛·扬中河豚的故事”短视频大赛,通过网络平台推介扬中在乡村振兴、产业强市等特色亮点。（陈飞）

【网络安全】 2020 年,扬中市以习近平总书记网络强国战略思想以及国家网络安全“四个坚持”重要指示精神为指导，深入贯彻落实上级网信部门关于网络安全的相关会议和文件精神，夯实工作基础、压实工作责任、强化统筹协调、提升防护能力,为全市高质量发展提供坚实的网络安全保障。实施“网安 2020”专项行动,制定《网络安全“飞行检查”管理办法(试行)》,全面检查全市 20 家重点单位的关键信息基础设施、政务网络和系统,排查整改网络安全隐患 142 个。（陈飞）

统战工作

【概况】 2020 年,扬中统一战线贯彻落实中央、省委和市委关于统战工作的决策部署,坚持问题导向,聚焦重点突破,将放大展示馆示范效应作为重要着力点,全面深化统战工作各类载体平台建设和运行，各项工作保持良好发展态势。（倪旭杰）

【“统战日”活动】 2020 年 4 月 27 日,扬中市委统战部制定印发《关于在全市统一战线中开展“统战日”活动的实施意见》。“统战日”活动实施后,扬中统一战线开展新的社会阶层人士网络沙龙、检企座谈会、民主党派集中调研、侨法知识竞赛、党外人士座谈会、新时代企业家精神师承计划、港澳台侨代表人士中秋联谊会等多场活动,邀请社会各界参与,取得良好效果。（倪旭杰）

【“三提升两确保”主题实践活动】 2020 年 8 月 31 日,扬中市委统战部召开 “三提升两确保”(综合能力再提升、工作质效再提升、队伍形象再提升,确保圆满完成全年目标任务、确保扬中统战工作走在镇江前列)动员部署会,在全市统战系统启动“三提升两确保”主题实践活动，把全市统战系统干部和统一战线成员的思想统一到市委十二届八次全会精神上来，发挥统一战线思想引领、团结联合、凝心聚力的光荣传统和围绕中心、服务大局的优势作用,高质量完成统战工作各项考核指标。（倪旭杰）

【侨法知识竞赛】 2020 年 7 月 2 日,扬中市委统战部联合扬中市侨联举行庆“七一”贺“侨法”实施三十周年知识竞赛,庆祝中国共产党建党 99 周年、《中华人民共和国归侨侨眷权益保护法》颁布实施 30 周年。30 余名侨胞侨眷和基层统战工作者参加竞赛。知识竞赛分为知识抢答、指向性问答、协作答题等环节，竞赛内容涉及党建知识、《中华人民共和国归侨侨眷权益保护法》等，促进党员干部对党的理论知识学习，宣传侨务法律法规。 （倪旭杰）

【党外中青年干部培训班】 2020年10月20—22日，扬中市委统战部联合市委组织部、市委党校举办扬中市党外中青年干部培训班，党外中青年科级干部、民主党派部分成员代表、部分党外后备干部50余人参加。培训主要内容包括新时代统一战线工作、扬中市委十二届八次全会精神解读、中国特色社会主义政党制度、国际格局演变趋势与中国战略应对等。采用“请进来”的办法，聘请高层次专家教授授课。创新学习形式，运用互动式、案例式、研讨式、音视频等现代教学手段和方法，提高课堂教学效果。 （倪旭杰）

【民营经济统战工作协调机制第一次会议】 2020年11月13日，扬中市召开全市民营经济统战工作协调机制第一次会议暨民营企业服务月活动动员会，民营经济统战工作协调机制正式启动，全市“连心暖企三结对、政策惠企三到位、纾困助企三联动”民营企业服务月活动开幕。会议学习传达全省民营经济统战工作会议和镇江市民营经济统战工作协调机制第一次会议暨民营企业服务月活动动员会精神；宣读《关于建立扬中市民营经济统战工作协调机制的通知》《扬中市民营经济统战工作协调机制实施办法》；部署全市民营企业服务月活动。 （倪旭杰）

【各民主党派集中调研活动】 2020年7月15日，扬中市委统战部组织开展各民主党派集中调研城区水环境治理工作，举行座谈会。集中调研活动先后到城北经二路、城西张家桥港，实地走访察看扬中市城区水环境综合整治EPC工程进度，以及治理工程的污水处理能力。座谈会围绕“五水联治”的工作背景，从推进机制、初步成效、工程质量、项目进度、治水效果等方面汇报城区水环境治理情况。会上，各民主党派与会人员就城区水环境治理工作提出建议。 （倪旭杰）

【网络人士沙龙活动】 2020年5月26日，扬中市委统战部以网聚正能力，共绘“同心圆”为主题，开展新的阶层人士联谊会网络人士沙龙。沙龙活动旨在为扬中市新的社会阶层人士（网络人士）搭建一个沟通思想、交流感情、表达诉求的平台，增强网络团结鼓劲的正能量，共同改善和净化网络环境。活动中，扬中4名网络人士代表从网络问政的经历和看法、网络从业经验、网络舆论引导、网络公益活动的开展等方面作交流分享。现场就网络问政、网络诽谤，以及网络公益对社会发展进步的作用等互动问答，网络人士就如何发挥网络人士作用，正面发声、支持建言献策等方面提出意见建议。 （倪旭杰）

台湾事务

【概况】 2020年，扬中市台湾工作办公室宣传贯彻党和国家对台工作方针政策，提升台办服务台企和基层的能力，推动海峡两岸融合发展。全年邀请接待各类团组3批、58人次，拜会台湾行业协会、企业3家，开展产业对接交流6场。开展港澳台侨代表人士“迎中秋、庆国庆”联谊活动、“镇青春·少年行”夏令营活动，妥善处理台湾青年李某某天津寻亲等涉台求助事件。重大节日期间，组织扬中台商、台胞、台属开展餐叙交流、社会公益等联谊活动。疫情期间，摸排梳理台资企业，做好返回扬中的台湾同胞沟通协调等服务。走访台资企业3家，每日上报企业复工复产情况，提醒企业严格按疫情防控措施管理。通过赠送防疫物资、帮助解决困难、听取意见建议等方式，做好相关人员思想引导工作。对疫情防控隔离的台湾同胞开展人文关怀，向隔离人员每人赠送一封慰问信、一份保健品、一份食品。及时掌握疫情形势和社会动态等信息，扎实推进疫情防控的各项工作。由江苏省台办牵头，为台湾地区经上海空港口岸入境返回扬中的台企团队开辟绿色通道，由台办统一上报返回扬中的台胞、台商信息，享受组团返程便利。 （印震震）

【“镇青春·少年行”夏令营活动】 2020年8月4日，“镇青春·少年行”夏令营活动在扬中市举行。40余名镇江籍和台湾籍学生参观陈履生博物馆群，在新治村与扬中书画爱好者切磋书法技艺，宝晋诗社向其赠送诗编册《宝晋诗词》。夏令营一行参观滨江小学，“中国十大民间艺术家”耿月新现场演绎竹编技艺，民间艺人倪学才展示“柳文化”的民俗魅力。 （印震震）

【台湾两岸经贸文化发展交流协会团组交流考察】 2020年9月8日，台湾两岸经贸文化发展交流协会会长黄了榕一行到扬中市参观访问，考察扬中产业情况，增进双方联络联谊。参观新坝镇新治村宿予民宿，讨论民宿发展经营模式和设计风格；参观江之源生态园，详细沟通和探讨河豚、刀鱼的养殖环境、技术等相关问题;参观扬中博物馆、园博园和台企美嘉科技(镇江)有限公司。寻求景区民宿、商业餐饮、文创产业、生态农业等方面的合作资源与契机,推动扬中、台湾两地经贸合作交流。（印震震）

【“迎中秋、庆国庆”联谊活动】 2020年9月29日,扬中市开展港澳台代表人士“迎中秋、庆国庆”联谊活动,50余名代表参加。活动组织参观陈履生博物馆群、扬中博物馆,了解扬中历史、民俗、文化,通过联谊交流坚定其爱祖国、爱家乡的信心。（印震震）

机构编制工作

【概况】 2020年,扬中市委编办贯彻执行《中国共产党机构编制工作条例》,牢记习近平总书记“机构编制资源是重要政治资源、执政资源”讲话精神,以党的建设为引领,坚持党管机构编制、优化协同高效、机构编制刚性约束、机构编制瘦身与健身相结合的原则,推进基层整合审批服务执法力量改革,持续深化综合行政执法体制改革,稳步推进事业单位改革,完善机构编制制度化建设,开展市级机关服务高质量发展考核、开展机关事业单位机构编制评估,加强机构编制管理和规范编外用工管理,做好事业单位登记管理,全市机构职能体系建设和执政资源配置得到优化,各类机构组织贯彻落实党的决策部署的效率、机构编制资源使用效益得以提升,市域范围内治理体系和治理能力向现代化转型。（范靖）

【机构编制管理】 2020年,扬中市委编办提升机构编制规范化管理水平,制定出台《编委会工作规则》《编办工作细则》,厘清编委与编办之间的工作职责。制定出台《规范全市机关事业单位编制使用的通知》,加大对全市编制使用管理的统筹力度,规范机构编制、社会化用工、国企用工管理。印发《机构编制事项办事指南》,细化编委审批事项、编办审批事项、事业单位登记管理局审批事项的办理流程。印发《扬中市机关事业单位机构编制评估办法》,明确机构编制评估的内容、方法、程序、等级和运用,确定五年实现全覆盖的工作任务。加强全市编外用工规范管理,通过摸底调查全面掌握机关事业单位编外用工情况。（范靖）

【基层整合审批服务执法力量改革工作】 2020年,扬中市根据省、镇江市关于推进基层整合审批服务执法力量的工作部署,推进镇(街)整合审批服务执法力量改革工作。以党建引领改革方向、推动改革进程,为机构改革提供坚强政治保障。优化调整镇(街)职能机构设置,强化镇(街)党建、为民服务、综合执法、集成指挥调度等领域,综合设置8~9个职能机构,将镇(街)所属事业单位整合设置为镇(街)综合服务中心。按照“编随事走、人随编走”的原则,下沉28名市级部门人员编制至基层一线,整合镇(街)编外用工、协管员等各类辅助人员资源,充实基层网格员队伍。立足精准服务、精细管理、利企便民,将相关市级部门的审批服务执法类行政权力,赋予镇(街)直接行使。制定《推进镇(街)综合行政执法工作实施意见》《“属地管理”责任清单》和《权力事项责任清单》《审批服务标准化建设指导意见》等制度文件,加强赋权事项运行、职能机构运转、人员履职尽责、便民利企服务等方面的检查评估和跟踪问效,推动各项改革任务落地、落细、落实,提升基层治理效能。9月24—26日,全市各镇(街)举行职能机构挂牌仪式,推进基层整合审批服务执法改革工作取得阶段性成效。改革推进过程中,扬中市立足构建简约高效的基层管理体制,稳步推进各项改革工作。按照“成熟一批、赋予一批”的原则,明确市级部门一百余项经济社会管理权限赋予镇(街)直接行使。出台《扬中市市级部门向镇(街道)交办事项准入制度(试行)》,严格职责准入和规范属地管理,基层减负增效制度化,确保相关赋权“放得下、接得住、管得好”。加速构建“一个窗口”审批、“一站到底”服务、“一支队伍”执法的镇域治理新模式。及时配套出台相关实施意见、细则等操作文件,细化基层审批服务执法的载体建设、运行管理等各项要求,为基层办事提供详细参考。坚持机构编制资源向发展最吃劲的部位流动、向基层最繁忙的一线倾斜,明确市级编制人员下沉镇(街)审批服务执法一线。同步整合网格员等各类资源;制定镇(街)派驻机构人员管理办法,加强镇(街)对派驻机构的指挥协调。落实公务员职务职级并行等制度,扩大镇(街)绩效考核奖励分配自主权,树立向实绩倾斜、向成效倾斜的导向。针对审批服务、综合执法、网格治理、平台建设等加强培训配置,切实提升基层干部“会担当、善担当”的能力。（范靖）

【综合行政执法体制改革】 2020年,扬中市委编办根据《关于深化市场监管综合行政执法改革的指导意见》精神,相对集中市场监管、商务、粮食和物资储备等领域行政处罚权,整合相关执法队伍及人员编制,组建市场监管综合执法大队。推行行政权力事项“三级四同”

（省、市、县三级；编码、名称、设定依据、权力类型相同），对行政机构改革涉及行政处罚权变更与下放事项，开展动态调整与承接，调整林业、知识产权、物价等处罚权事项114项。结合基层“三整合”（整合审批、服务、执法力量）改革，完成镇级集成管理指挥中心建设，为镇域综合行政执法指挥调度打牢基础。深化综合网格治理，以全市315个综合网格、33个专属网格为基础，构建横向到边、纵向到底、覆盖全市的网格化管理体系。梳理综合执法、环境保护、城市管理、便民服务、社会治安等9类、81项内容，将与基层群众直接相关、可巡查发现的日常执法管理事项纳入网格管理。

（范靖）

【事业单位改革】 2020年，扬中市委编办结合基层“三整合”改革工作和“小散弱”事业单位改革，将职能弱化与职能类似的事业单位列为公益类事业单位改革对象，重点完成交通领域、卫健系统、镇（街）事业单位机构职能的优化整合工作。强化事业单位名称规范管理，排查全市事业单位，将名称中含有“委、办、局”或“公司”等称谓的单位列出，根据实际职能和单位需求规范更名。根据《扬中市中小学（幼儿园）教师“县管校聘”管理改革的实施意见》精神，推行中小学（幼儿园）“县管校聘”管理改革工作。（范靖）

【事业单位登记管理】 2020年，扬中市委编办根据《事业单位登记管理暂行条例》《事业单位登记管理暂行条例实施细则》《事业单位登记管理服务标准化规范（试行）》《机关群团统一社会信用代码赋码工作有关问题办理意见》《中央编办综合局关于国家综合性消防救援队伍所属行政机构统一社会信用代码赋码工作有关事宜的通知》等文件精神，受理审查事业单位年度报告291家；日常登记管理工作中，完成事业单位设立登记4家、变更登记88家、证书补（换）领1家、注销登记13家，完成4家事业单位统一社会信用代码存量重错码纠错规范。完成全市统一社会信用代码证书初领1家，信息变更15家。根据《镇江市事业单位法人公示信息随机抽查工作方案》《扬中市事业单位法人公示信息“双随机一公开”抽查工作细则》，在全市事业单位中开展抽查工作，对按规定抽取的8家事业单位完成检查工作，网上公示检查结果。根据《镇江市事业单位信用等级评价办法（试行）》，印发《关于开展年度事业单位信用等级评价工作的通知》，召开事业单位信用等级评价工作会议，优化完善事业单位信用等级评价指标，完成2019年度事业单位信用等级评价工作。（范靖）

机关党建

【概况】 2020年，扬中市委市级机关工委坚持党建统领、务实创新，提高机关党建工作质量。新冠肺炎疫情防控工作中，机关工委组织起一支由384名党员组成的机关党员突击队，深入基层社区一线，完成信息登记、体温检测等疫情防控任务，形成共战疫情强大合力。配合做好扬中市文明城市创建和卫生城市复审两项中心工作，履行窗口组组长单位职责，发挥“协调枢纽”作用，动员机关各党组织开展“助力双创攻坚战、机关党员在行动”主题活动，发动机关党员投身文明交通志愿服务和路段长执勤，做到一个党员一面旗帜。扬中市委市级机关工委有基层党组织60个，其中，机关党委2个，机关总支部13个，机关党支部109个；党员1958人，其中，年内发展新党员37人、预备党员35人。（董军林）

9月9日，扬中市召开志愿服务推进会 （宣传部供图）

【党员素质提升】 2020年，扬中市委市级机关工委运用党建龙头工程，落实理论中心组、党支部（党小组）学习及党课辅导等制度，把学习贯彻习近平新时代中国特色社会主义思想作为机关党的建设首要政治任务，开展中共十九届五中全会精神集中宣讲，特别是抓好新发展理念的学习贯彻，着力解决“理解不深入、行动跟不上、落实缺乏创造性”的问题。推行党员“先锋亮绩、积分管理”制度，拓宽党员信息管理平台，引导广大党员履行党员基本义务，参加党内组织生活，发挥先锋模范作用。组织入党积极分子培训班、发展对象培训班、党务干部培训班3个集中培训班次，切实提高党员干部教育培训工作质量。（董军林）

【支部建设】 2020年,扬中市委市级机关工委聚焦机关基层组织党建重点环节,着力解决党建领域存在的突出问题,加强"标准+示范"化建设。贯彻落实《中国共产党和国家机关基层组织工作条例》,落实"三会一课"、民主生活会和组织生活会、谈心谈话、民主评议党员等党内基本制度,建好、用好党支部书记工作室和党员教育实境课堂。推进党支部质量提升工程,组织申报新一轮四星级党支部,集中整治软弱涣散党组织,推动机关星级党组织提质升级。推进基层党建"书记项目",将其纳入机关党建考核范畴。依托机关现有的1名专职加16名兼职组织员队伍,采取"1+N"分片挂钩联系方式,组织员深入基层旁听组织生活,参与指导党建工作。结合机关党组织换届,做好机关基层党组织负责人的考察审批,选优配强党务干部。 (董军林)

【联盟、片区党建】 2020年,扬中市委市级机关工委深化小支部大联盟和片区联动互学互评制度两大党建项目,优化调整各分联盟和片区成员单位,明确规定由各牵头单位分管党务书记为召集人,发挥牵头组织、统筹协调作用。10月,工委牵头举办第四届小支部大联盟暨片区党务干部趣味运动会。12月,推进"民营企业服务月"活动,由工委和工商联牵头,12家机关党组织分别与6个镇(街、区)12家民营企业党组织开展党建结对共建活动。 (董军林)

【效能提升】 2020年,扬中市委市级机关工委以转变作风、优化服务为切入点,引导机关党员干部提振精气神,拧成一股绳。利用"12345"政府服务热线、行风热线等平台资源,跟踪了解重要工单交办落实情况。坚持"效能问企",深化"百员联百企"主题活动,联合多部门开展走访调研,帮助企业解决实际困难。持续开展"效能零距离"座谈活动,面对面交流作风效能建设工作情况,推介作风效能建设特色做法和典型事例。开展"十佳优质服务科室"评比,组织优质科室现场观摩,立标杆、树典型,利用传统媒体和新兴媒体,多形式、多角度宣传报道作风效能建设工作开展情况。全年印发《督查通报》4期,问题反馈函89个。 (董军林)

老干部工作

【概况】 2020年,扬中市老干部工作围绕老干部工作实际,落实老干部政治和生活待遇,开展"银发"正能量活动,落实老干部活动场所"安全365"工作法,推动机关各项安全管理工作落地落实。强化干部队伍建设,完成全年各项目标任务。加强离退休干部党建工作,完成"六有一提升"工程(有党的组织、有领导班子、有组织活动、有作用发挥、有工作制度、有工作保障,提升组织力),以此提升离退休干部党组织的组织达标创建。8月底,在全省范围内率先完成"六有一提升"达标创建全覆盖,累计创建72家离退休干部(职工)党支部,创成省级示范党支部1家,镇江市级示范党支部13家,在非建制性的涉老社团党组织中,创成老年协会、老科协、老年体协3家达标支部,27家社区(村)党支部。推出油坊镇"银发红站"、八桥镇"银发追星"、财政局"一三五"(紧扣"一个基础"、立足"三大平台"、力促"五种示范")工作法等党建创新案例。油坊镇"银发红站"做法被"学习强国"、《中国老年报》、澎湃新闻等主流媒体报道。交通运输局党支部、油坊镇第一党支部获2019年镇江市三十佳"统一主题党日"优秀案例。发挥"银发"正能量。依托市老科协,成立"银发人才"工作站,开展"银发生辉"志愿服务活动,实施以送文艺节目下乡、送文化指导下乡,弘扬新思想、弘扬优秀文化"两下乡两弘扬"主题活动,市老干部合唱团全年送文艺下乡40余场次,观众上万人次。动员离退休干部助力疫情防控、"双创"和防汛工作。防疫期间,300余名老同志参加志愿服务,1100余名老党员交纳特殊党费20余万元,捐赠防疫物资价值超过5万元。广大老干部创作抗疫文学、书画作品近400件。防汛期间,村(社区)老同志主动请缨,筑起防洪抗险银色风景线。倡导老干部记好"初心故事"日记。完成全市30余家离退休干部党支部初心故事采编工作。以老干部党校为教育培训主阵地,制定11个宣讲课题,市老干部党校举办7次集中培训。"新时代老干部报告团"宣讲16场,受众上千人次。"七一"之际,围绕庆祝中国共产党建党99周年,报告团送党课进社团、进支部、进家庭。组织市四套班子老领导市内外学习考察4场次,举办书记论坛4期。推进离休干部"三有一落实"(有一条畅通的离休干部就医绿色通道、有一套管用的离休干部家庭医生签约服务机制、有一个完善的离休干部医疗特困帮扶机制、落实离休干部提高享受医疗待遇政策)工作。40名离休干部签订《家庭医生签约服务协议书》,签约率100%。家庭医生为离休干部体检55人次,上门服务277人次。居家服务2.88万小时,协调、处理服务需求事件70余起,财政支付费用18.72万元。创新开展"双送双建"活动,走访慰问离退休干部230余人次、离休干部遗属90人次,电话联系500余人次,探视生病住

院的老干部40余人次。 （韦庆燕）

【离退休干部基本信息普查】 2020年，扬中市委老干部局与市委组织部联合开展老干部信息普查。扬中市成立老干部局离退休干部信息调查工作小组，调查摸底全市84家单位离退休人员信息。完成《全市离退休干部基本信息调查摸底概要》，汇总分析相关数据情况。截至年末，扬中市离退休老干部党支部以及离退休老干部、遗属等信息全部录入省信息化平台系统。全市实有离休干部41人（女性4人），其中，由财政统发的行政事业单位21人，军转干部1人（安置在民政局），企业13人，垂直部门5人，易地到扬中安置的1人。是年，去世5人。 （韦庆燕）

【"双送双建"活动】 2020年4月，扬中市委老干部局为居住在扬中的38名离休干部开展送医疗服务上门、送政治学习上门，建立家庭医生服务档案、建立政治学习档案的活动（简称"双送双建"活动），进一步满足离休干部在医疗服务和政治学习方面的需求。活动召开专题部署会，要求每名工作人员做好服务记录，分管领导每月督查一次。明确每月10号为老干部局离休干部"服务开放日"，全局工作人员和离休干部或离休干部子女参加。集中发放离休干部居家养老费用，了解居家养老家政和生活方面服务内容；交流离休干部身体健康状况、家庭医生签约服务情况、政治学习情况、正能量发挥情况等；了解离休干部接受服务过程中的诉求和建议，及时做好咨询答复、宣传解释与困难帮扶工作。 （韦庆燕）

【老干部体检】 2020年5月25—26日，扬中市委老干部局组织全市130余名老干部赴人民医院体检。人员覆盖离休干部、副县（处）级以上退休干部、离退休干部党支部书记，体检内容包括内科听诊、血常规、肝肾功能等项目。老干部局成立体检工作小组，与市人民医院会商体检方案，指定专人负责电话通知、车辆接送、站牌制作等工作，各项工作环环相扣，确保老干部体检过程中的人身安全，高效组织老同志体检工作。（韦庆燕）

【离退休干部讲座】 2020年5月28日，扬中市委老干部局举办"发挥老干部制度优势、做好新时代老干部工作"讲座，邀请资深老干部工作者朱义豪授课，离休干部代表、各离退休干部党支部书记、市涉老组织党总支书记等80余人参加。朱义豪以"深刻认识老干部工作制度优势、按照制度要求做好新时代老干部工作"为题，从老干部退休制度的形成与发展讲起，剖析老干部工作制度具有的特色优势，点出新时代老干部工作的使命与担当。 （韦庆燕）

【庆祝全国第八个老年节暨全市老干部情况通报会】 2020年10月23日，扬中市召开庆祝全国第八个老年节暨全市老干部情况通报会。会议向老干部通报2020年全市经济社会发展情况。会议授予王勇、陈醉云、叶海龙、张德良、段国华、王峰6名离休干部"扬中市最美离休干部"荣誉称号。市老年大学、老干部党校校长郑云被授予"江苏省离退休干部先进个人"荣誉称号。仇庆余等10名退休干部获"银发生辉"志愿服务先进个人荣誉称号。会上表彰"长寿村""先进基层老年协会""十佳为老服务先进个人""十佳老年志愿者"。

（韦庆燕）

党校工作

【概况】 2020年，扬中市委党校以"作风效能提升年"活动为载体，勇于担当作为，全面建设一流"红色党校"。全年举办各类主体培训班19期，培训学员3443人次；举办部门合作办班6期，培训学员845人次。确立调研课题17项，开展"市情调研镇区行"活动，深入镇（街、区）、村（社区）调研80余场次。发挥新时代文明实践中心理论宣讲"红色"平台作用，组织宣讲活动500余场次，受众10万人次。 （蔡亚奇）

【培训工作】 2020年，扬中市委党校实施"培训提升"工程，坚持把习近平新时代中国特色社会主义思想作为干部培训的必修课。集中力量办好10期全市科级领导干部"学习贯彻中共十九届四中全会精神"专题轮训班等主体班次，提升党员干部基层社会治理能力。推进教学改革，在全市公务员初任培训班上，创新开设"桌面推演"课程，邀请扬中市应急管理局专家点评。互动式、案例式、访谈式、翻转课堂等现代教学方式的积极运用，增强教学培训的效果，学员测评满意率96%。打造"好课程""精品课"，制定《市委党校"好课程""精品课"建设实施意见》，开展"好课程""精品课"评选，通过多轮试讲，集体点评，专家评审，选出2门"精品课"备选课程；持续推进"岗位练兵，技能比武"活动，6位青年教员展示个人风采；2名教师参加镇江市党校系统"青年教师赛课"活动，分获一、三等奖。优化"三库"（师资库、专题库、基地库）建设，合理规划党校现场教学基地库,增设市博物馆、三茅街道友好村、八桥镇利民村3个现场教学基地;建强党校师资库,聘用22名学者型领导、专家、学者、岗位能手和“乡贤五老”任兼职教师;完善党校教学专题库,打造各类专题近50个。

(蔡亚奇)

【科研调研工作】 2020年,扬中市委党校紧扣“教研咨一体化”布局,推行“全生命周期”管理。精准课题立项,围绕“产业强市,实干兴市”“防止返贫”等市委、市政府中心工作和社会关注的热点、难点问题,确立调研课题17项,其中,省委党校课题2项,省社科联专项课题1项,镇江党校课题6项,扬中市科技局软课题1项,市委办交办课题2项。扎实推进调研,开展“市情调研镇区行”活动,各课题组长会同参与人员走进基层,深入镇街区、村(社区)调研80余场次。邀请相关专家参与市委重点课题的研究开发,完成调研课题4篇。成果转化多样,《筑牢防止返贫堤坝 建立健全防止返贫机制》《扬中市非公企业党建研究》《提升主题党日质量的调研与思考》《构建共建共治共享社会治理的“扬中样本”》《扬中社会组织参与社会治理的实践探索》获市领导批示。《扬中推进“产业强市”的理论思考、现实路径与政策建议》获镇江党校系统一等奖,5项课题分获二、三等奖,1项课题被省委党校评审为“优秀”。21名专业技术人员和专兼职教师撰写科研论文37篇,其中,省级以上21篇、地市级16篇,7篇理论文章分获镇江市党校系统科研协作会一、二、三等奖。(蔡亚奇)

【理论宣讲】 2020年,扬中市委党校发挥新时代文明实践中心理论宣讲“红色”平台牵头单位的作用,统筹协调全市13家责任单位,累计组织宣讲活动500余场次,受众10万人次。开展“红色讲堂·‘百千万’”行动(培训百名志愿者、赠送千份学习资料、武装万名党员群众),将之确定为2020年书记项目。选派教员组建精干理论宣讲队伍,深入全市机关部门、镇街区、村(社区)、企业和学校开展理论宣讲112场次,发放学习材料3600余份,培训宣讲志愿者100余人。在新坝新时代文明实践中心成立理论工作室,5人入选全市十九届五中全会精神宣讲团,3名年轻教员入选全市青年讲师团。

(蔡亚奇)

【《学习参考》《市情研究》编发】 2020年,扬中市委党校针对基层党员干部时政学习需要,编辑《收官之年稳字当头 高质量发展稳步推进》《以一体化发展打造中国强劲活跃增长极》等12期《学习参考》,为基层党组织提供第一手党课材料。编发《以非公企业党建助推“扬中,强起来”实践》《高举产业强市大旗 奏响发展最强音》等6期《市情研究》,供市委、市政府及相关部门决策参考。

(蔡亚奇)

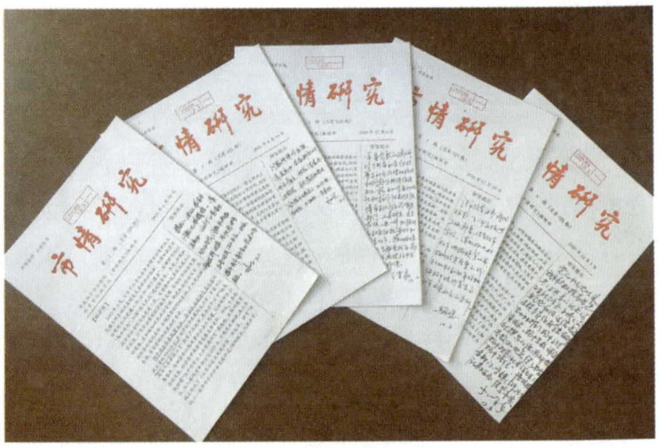

《市情研究》 (党校供图)

【信息宣传工作】 2020年,扬中市委党校聚焦宣传扬中、宣传党校目标定位,在《解放军报》“学习强国”《江苏党校报》《江苏党校通讯》《镇江日报》《扬中日报》等国家、省市县级媒体发表信息宣传稿件75篇;在《镇江信息专报》《扬中通讯》《决策参考》《扬中信息》等镇江市委、扬中市委内参上发表稿件12篇,年度信息考核总分210分。承担“智荟扬中”微信公众号的审稿、运行和管护工作,编辑“智荟扬中”微信公众号31期。录制的《岛城巨变——寻访穿越时空的历史记忆》和《岛城力量:抗疫路上的最美风景》微视频获全市“点赞中国之治 凝聚奋进伟力”主题宣讲活动优秀宣讲作品奖。

(蔡亚奇)

【“作风效能提升年”活动】 2020年,扬中市委党校开展“作风效能提升年”活动。3月,专题召开作风效能建设会议,制定实施《市委党校“作风效能提升年”活动方案》,对照活动要求,各个科室制定《争创“十佳单位”具体举措》;9月,按照市级机关工委统一布置,组织开展“作风效能建设提升月”活动,推进活动方案各项举措落实。严肃开展督查问效,执行《市委党校作风效能督查办法(试行)》,专项督查科研调研工作,新专题开发,“好课程”“精品课”建设,轮训期间疫情防控准备工作等,发布3期督查通报。激发科室创新活力,围绕争创“十佳单位”目标,办公室制定44项具体争创任务举措;教务科制定41项具体争创任务举措;市情研究室制定27项具体争创任务举措;信息科制定18项具体争创任务举措;总务科制定25项具体争创任务举措。各科室根据具体争创目标任务,通过周度推进、月度督查,推动各科室高质量发展。 (蔡亚奇)

扬中市人民代表大会

综 述

【概况】 2020年,扬中市人民代表大会召开常委会会议6次,主任会议16次,听取和审议"一府两院"工作报告16项,作出决议、决定21项,开展执法检查2项、考察活动18次,依法任免国家机关工作人员48人次。扬中市十七届人民代表大会第五次会议有代表182人,其中,女性代表39人。市人大常委会把保障经济发展、促进民生改善、发挥代表作用、提高专业能力作为工作重点,紧扣高质量发展大局,围绕助力疫情防控、推动产业强市战略实施、推进医养融合发展、促进城市精细化管理、代表议案建议督办等方面,依法行使职权,较好地完成市十七届人大四次会议确定的各项任务。 (张慧)

【法律监督】 2020年,扬中市人大常委会维护党领导法治建设的主导地位,履行法律监督职责。审议市法院执行工作,推动执行权运行体系规范化建设,着力寻求破解"执行难"的方法和措施。紧扣"六稳"(稳就业、稳金融、稳外贸、稳外资、稳投资、稳预期)、"六保"(保居民就业、保基本民生、保市场主体、保粮食能源安全、保产业链供应链稳定、保基层运转)要求,开展就业促进执法检查,调研疫情防控常态化形势下稳就业工作,推动就业群体自主就业、主动创业。开展《中华人民共和国安全生产法》和《江苏省安全生产条例》执法检查,查找相关领域安全生产的薄弱环节,推进安全生产专项整治,全市安全生产形势持续向好。 (张慧)

【国有资产监督】 2020年,扬中市人大常委会落实国有资产报告制度,专题审议国有企业资产管理情况,列出人大审议国有资产管理情况的问题清单,推动解决历史遗留问题,提升国有资产管理效益。市政府两次召开联席会议研究办理意见,完善国有资产管理制度和规定,强化债务化解与经营业绩考核,做实降本增效,牢牢守住债务风险防控底线。依法开展对国民经济和社会发展计划、财政预算决算的审查监督,推动同级审计发现问题的整改,调研"十三五"规划纲要执行情况、"十四五"规划编制以及2035年远景目标纲要,批准2020年市本级预算调整。 (张慧)

【民生项目督办】 2020年,扬中市改革民生实事项目的确定流程,首次组织人大代表票决政府年度民生实事项目。1月7日,在扬中市十七届人大四次会议第三次全体会议上,2020年10件政府民生实事项目票决确定,该次改革实现市、镇两级民生实事项目票决全覆盖,推动政府决策与群众需求精准对接、高度融合。市人大制定代表小组挂钩联系民生实事制度,由常委会相关工委牵头,每季度开展一次小组考察,年中通报项目进展情况,年末组织专题考察,促进民生实事及城建重点工程有序实施。 (张慧)

【代表作用发挥】 2020年,扬中市人大常委会畅通代表知情知政、建言献策渠道,邀请代表参加常委会会议、工作评议、议题调研、执法检查等活动650人次,代表履职主体意识进一步增强。组织统一接待选民日活动,385名四级人大代表在选区和基层接待选民1721人次,现场解答问题2598个,收集选民意见722条。持续完善代表联系群众、履职公示等制度,组织68名代表开展述职评议,推动市人大代表述职工作全覆盖。推进"三联三助"(联系选民,助推民生改善;联系选区,助推社会治理;联系企业,助推经济发展)主题活动,助力精准脱贫、社会治理和经济发展,帮扶贫困人员180人,扶持金额35万余元,为基层治理和企业发展提出合理化建议285条。动员代表开展"我为'十四五'规划献 策"活动,为编制"十四五"规划建言献策79条。 (张慧)

重要会议

【十七届人民代表大会第四次会议】 2020年1月5—7日,扬中市十七届人民代表大会第四次会议召开。预备会议(人代会前举行预备会议,选举大会主席团和秘书长,表决会议议程草案等)前,表彰优秀市人大代表、先进代表活动小组、优秀议案和建议、建议办理先进工作单位和个人。会议听取和审议市人民政府工作报告、市人大常委会工作报告、市人民法院工作报告、市人民检察院工作报告,审查和批准市2019年国民经济社会发展计划执行情况和2020年国民经济社会发展计划的报告(书面)、市2019年财政预算执行情况和2020年财政预算(草案)的报告(书面),审议市政府关于市十七届人大三次会议代表议案和建议办理情况的报告,票决2020年市政府民生实事项目。 (张慧)

1月5—7日,扬中市第十七届人民代表大会第四次会议召开 (融媒体中心供图)

【十七届人大常委会第二十一次会议】 2020年2月28日,扬中市十七届人大常委会召开第二十一次会议。会议作出关于接受吴彤辞去镇江市第八届人民代表大会代表职务的决定,审议通过市人大常委会2020年工作要点,听取市政府关于疫情防控工作的报告,举行中共十九届四中全会精神专题讲座。 (张慧)

【十七届人大常委会第二十二次会议】 2020年4月29日,扬中市十七届人大常委会召开第二十二次会议。会议作出关于接受王海庆辞去镇江市第八届人民代表大会代表职务,接受包熙鹏等人辞去扬中市第十七届人民代表大会代表职务请求的决定,审议市政府2019年度全市国有资产管理情况的综合报告,听取和审议2019年度全市企业国有资产管理情况的专项报告以及市政府2019年度环境状况和环境保护年度目标完成情况的报告。会议通过其他相关人事任免事项。 (张慧)

【十七届人大常委会第二十三次会议】 2020年6月30日,扬中市十七届人大常委会召开第二十三次会议。会议作出关于接受王叶清辞去扬中市第十七届人民代表大会代表职务请求的决定,听取和审议市政府关于“把238省道打造成平安快速通道”重要建议办理情况的报告、关于“提高精细化监管水平,推动城市管理高质量发展” 重要建议办理情况的报告以及市法院关于执行工作情况的报告。会议听取市人大常委会执法检查组关于检查《中华共和国就业促进法》实施情况的报告、关于补选扬中市第十七届人民代表大会代表的代表资格审查报告,通过其他相关人事任免事项。 (张慧)

【十七届人大常委会第二十四次会议】 2020年8月26日,扬中市十七届人大常委会召开第二十四次会议。会议听取和审议市政府关于2019年财政决算(草案)的报告、关于2019年财政预算执行和其他财政收支审计工作的报告、关于“加大养老供给,推进医养结合”重要建议办理情况的报告,作出关于将市人大常委会内务司法工作委员会更名为市人大常委会监察和司法工作委员会的决定,批准扬中市2019年财政决算的决定。会议对人大任命的市财政局局长季广华、水利局局长黄声亮、司法局局长张庆平、法院副院长陆丽华开展述职评议,通过相关人事任免事项,开展宪法宣誓。 (张慧)

【十七届人大常委会第二十五次会议】 2020年10月26日,扬中市十七届人大常委会召开第二十五次会议。会议听取和审议市政府关于代表建议办理情况的报告、关于“加大项目招引建设力度,深入实施产业强市战略”重要建议办理情况的报告,听取市人大常委会执法检查组关于检查《中华人民共和国安全生产法》和《江苏省安全生产条例》实施情况的报告,通过相关人事任免事项,开展宪法宣誓。 (张慧)

【十七届人大常委会第二十六次会议】 2020年12月31日,扬中市第十七届人大常委会召开第二十六次会议。会议听取和审议市政府关于2020年财政预算调整(草案)的报告、关于脱贫攻坚工作情况的报告以及市人大常委会工作报告，批准扬中市2020年市财政预算调整的决定(草案)，听取市政府关于“十三五”规划纲要执行及“十四五”规划纲要编制情况的报告。会议讨论决定市十七届人大五次会议有关事项，通过相关人事任免事项，开展宪法宣誓。（张慧）

重要工作

【政情通报会】 2020年7月30日，扬中市人大常委会组织召开市政府工作情况通报会。会议通报扬中市上半年政府工作情况及下半年工作安排。部分市人大代表分别围绕项目招引、水利设施管护、安全生产、村庄规划、市容环境卫生、杆线整治等议题作专题发言。（张慧）

【统一接待选民日活动】 2020年11月13日，扬中市人大常委会开展“各级人大代表统一接待选民日”活动。全市385名四级人大代表聚焦“不忘初心、牢记使命——听取民意、反映民情、解决民忧”主题，在65个选民接待点，接待选民1721人次，现场解答问题2598条，收集意见、建议和诉求722件，经归纳整理形成338件代表建议，其中，属于镇江及扬中市层面的128件，其余均由镇(街、区)人大转办、交办和督办。（张慧）

统一接待选民 （人大办供图）

【“就业促进法”执法检查】 2020年5月，扬中市人大常委会启动《中华人民共和国就业促进法》执法检查，检查组召开专题座谈会，赴镇(街、区)和村企实地考察，听取基层意见建议，形成执法检查报告，就加强宣传引导、务实就业培训、整合完善政策、优化服务体系等方面提出审议意见。（张慧）

【《中华人民共和国安全生产法》《江苏省安全生产条例》执法检查】 2020年7—10月，扬中市人大常委会开展《中华人民共和国安全生产法》《江苏省安全生产条例》专题学习和执法检查。组织部分市人大代表和相关部门实地检查天舜金属、华泰仪表、永旗电器、红光群租房和新韩通重工等代表性企业，形成执法检查报告，就加强宣传教育、完善责任体系、加大监管力度、强化措施保障等方面提出审议意见。（张慧）

【专项工作评议】 2020年7月，扬中市人大常委会聚焦“助推产业强市”主题，对商务、科技、金融监管、经济发展、农业农村、文体广电和旅游、自然资源和规划7个部门开展专项工作评议。4个专项评议组走基层、访企业、听民声，重点评议执行相关法律法规、落实市委重大决策部署、服务项目招引与建设等方面的情况，形成工作评议报告。10月22日，市人大常委会召开专项工作评议会，7个部门分别结合各自履职情况进行专题汇报，市人大各专项评议组分别作评议发言。市人大常委会组成人员、部分市人大代表及相关领导89人，现场票决7个部门助推产业强市工作情况。（张慧）

【人大工作会议】 2020年11月12日，扬中市委专题召开人大工作会议，对做好新时代全市人大工作作出部署，制定出台《关于加强新时代人大工作和建设的意见》。市人大常委会及时组织机关委室、各镇(街、区)人大开展学习，对照意见明确的4个方面20条具体措施，列出任务清单，做好责任分解，全力抓好会议精神的贯彻落实。（张慧）

11月12日，扬中市委专题召开人大工作会议（人大办供图）

议案建议办理

【概况】 2020年，扬中市十七届人大四次会议期间，收到代表提出的议案和建议190件。上年度滚动办理的建议3件,办理建议193件。其中,代表10人以上联名提出的议案41件，被确定为大会重要建议4件,即“加大项目招引建设力度,深入实施产业强市战略”“加大养老供给，推进医养结合”“把238省道打造成平安快速通道”“提高精细化监管水平，推动城市管理高质量发展”4件重要建议。从答复情况看,在规定期限内均已书面答复代表。从反馈意见看,代表对建议书面答复情况表示满意的192件,表示基本满意的1件。从办理结果看,代表建议中所提问题已经解决、基本解决的51件;所提建议已列入计划,正在实施或近期将实施的136件;所提建议受客观条件制约暂时难以办到,有待创造条件解决的6件。（张慧）

【重要建议办理情况】 对于“加大项目招引建设力度,深入实施产业强市战略”重要建议的办理。市政府主要领导、分管领导多次通过看现场观摩、专题汇报、集中督查等形式推进重要建议办理工作。市政府聚焦资源保障、招商引资、机制建设等重点环节,推进项目招引,推进“产业强市”落地落实。加强政策引导,出台《关于进一步推动现代产业高质量发展的政策意见》等文件,激励产业项目引进落户,鼓励企业加大投入。重新调整全市招商体制,建立市领导挂钩、联席会议等制度,组建招商引资人才资源库,打造“专业化+社会化”的队伍体系。建立项目信息月度会商和预评审机制,加大对项目签约、项目落地以及项目开工建设等重要指标的考核力度,动态化落实项目考核,激发各方抓项目的主动性。引导本土企业转型升级,开展“双招双引”百日竞赛活动,推进“不见面”招商,召开全省重大项目建设现场推进会、重点产业项目建设推进会、全市项目现场观摩会,完善项目推进机制,深化行政审批制度改革,持续推进项目落地和建设。1—12月,全市签约亿元以上产业项目59个,总投资188.45亿元。

对于“加大养老供给,推进医养结合”重要建议的办理,市政府立足职能,加大政策、资金保障,切实加大养老供给,推进医养融合发展。优化整合各类扶持奖励政策和资金,出台《关于推进“互联网+医养结合病床”服务工作的实施意见》,康乐年华颐养院、幸福三茅护理中心、新扬居家养老护理服务中心、广宁颐养康复护理中心先后建成并投入使用,新增床位近800张。落实医疗领域“放管服”改革,全市28家养老机构中,有养老护理院3家,养老机构内设医务室(或护理站)2家,镇(街区)卫生院举办养老机构1家,所有养老机构均与辖区内医疗机构签署医养服务协议。

对于“把238省道打造成平安快速通道”重要建议的办理,市主要领导亲自过问,多次专题听取相关事项的汇报，市政府分管领导统筹协调，反复论证治理措施,部署推进相关工作。相关部门各司其职,按照职能,加强源头管控、强化秩序整治、消除安全隐患、保持道路通畅。与正大物资公司等13家单位签订《重点货运源头单位治理超载超限目标责任状》,压实货运物流企业主体责任。依托扬中二桥超限检测站,严厉打击恶意超限超载行为。按照省市要求从严清除绿化遮挡视线隐患,设计改造沿线道路机非隔离、标识标线、减速带、警示桩等配套设施,制定中分带开口归并封堵方案,切实消除安全隐患。制定《重点节假日交通管理预案》,在扬中泰州大桥高速入口处设置移动隔离护栏和临时交通引导标志,引导本地车辆分流通行、过境车辆绕行,缓解节假日期间道路通行压力。

对于“提高精细化监管水平,推动城市管理高质量发展”重要建议的办理,市政府成立由市长任组长、分管副市长任副组长,各镇(街区)、城管局、住建局、公安局、市场监管局等相关部门主要负责人为成员的城市管理委员会,召开全市城乡建设工作会议、扬中市生态环境综合治理攻坚行动动员大会和国家卫生城市复审迎检暨全国文明城市创建动员会,通过定期督查、现场调度等形式,协调解决存在的矛盾和问题。市政府和相关职能部门立足职能,强化配套功能,推进市政设施建设,结合创卫复审迎检与全国文明城市创建,协同推进“八大攻坚行动”,城市秩序、环境卫生、市容市貌得到明显改善。（张慧）

【主任会议督办建议办理情况】 2020年11月20日,扬中市人大常委会首次通过主任会议的方式听取市政府关于“加大对各类私拉乱接空中管线整治力度”重点建议办理情况的专题汇报，督促相关部门制定年度整治计划,用2~3年时间完成整治任务。该建议为第十七届内滚动办理件,连续办理效果不够理想,市人大召开主任会议专题督办,推进问题解决,3位市人大代表围绕主题分别发言。（张慧）

扬中市人民政府

综 述

【概况】 2020年,扬中市地区生产总值489.59亿元,可比增长3.8%,完成一般公共预算收入35亿元,比上年增长2.94%,城乡居民人均可支配收入分别为6万元、3.23万元,增长3.8%、5.4%。

经济发展稳中有进。落实稳增长措施,着力帮扶企业克服疫情影响,在全省率先实现全面复工复产。完成工业应税销售745亿元,增长10%,规上工业总产值突破500亿元,增长6%。新增“四上”企业115家。全年完成固定资产投资89亿元,增长14.9%,其中,制造业投资58亿元,增长31%。23个镇江市级、80个扬中市级重点产业项目分别完成投资52.1亿元、85.7亿元。推进“双招双引”百日竞赛活动,推出招商“云名片”,实行“全天候”“不掉线”招商服务,开展乡贤招商、供销员招商,招引亿元以上项目59个,实际到位外资7500万美元。全年引进高层次人才(团队)52个、省级有突出贡献的中青年专家2人。新增国家高新技术企业112家、国家科技型中小企业205家、省级以上研发机构10家、省级院士工作站1家,万人发明专利拥有量达46.8件。

城乡环境持续改善。编制完成镇村布局、城市停车设施、城市地下空间等专项规划。完成扬中一桥、二桥消险工程,建设幸福二桥临时治超点。启动城北公交次枢纽建设,开通扬中至大港高铁站公交线路,全国城乡交通运输一体化示范市创建通过验收。完善小区配套设施,新增智能充电桩(棚)251个。推进“万企联万村、共走振兴路”行动,实施联建项目132个,培育壮大村级集体经济。发展现代农业,新建高标准农田333.33公顷,新增县级以上示范合作社和家庭农场11家,现代渔业产业园区创成省级现代农业产业示范园。建成省特色田园乡村4个。新建城乡雨污水管网152.7千米,控源截污雨污分流面积253公顷,智能化改造运营河道排口截污设施65个。全面推进长江扬中段禁捕退捕工作,清理河道“两违”118处,整治“三无”船舶329艘,完成长江入江入河排口监测溯源。

民生福祉不断增进。高质量完成建档立卡户1672户、3141人脱贫,实际新增城镇就业11900人,城镇登记失业率控制在1.56%以内。新增标准化居家养老服务中心24家、机构养老床位358张,城乡低保、特困人员供养标准分别提高至每人每月790元、1030元。深化医养融合,建立家庭病床273张。稳步实施教师“县管校聘”改革,交付使用特教中心、童心幼儿园,建成云腾幼儿园、第二幼儿园。完善重大疫情防控体制机制,建成加强型P2实验室2所,实现核酸自主检测。开放使用市人民医院康复分院、永胜门诊部、丰裕门诊部,新增名医工作站9家。运行市博物馆、陈履生博物馆群、人防科普体验馆,完成市文化馆异地改建,新增体育公园13个、健身路径30条、健身步道6千米。 (耿慧)

扬中市人民政府 (融媒体中心供图)

2020 年扬中市十件实事进展情况一览表

表 2

项　目	进展情况	主办单位	协办单位
农村生活污水综合治理工程,完成 87 个居民点和村民小组村庄生活污水治理	已完成	住建局	各镇(街、区)
加强水下地形监测，实施新坝镇丰乐桥等段坍江治理工程	已完成	水利局	各镇(街、区)
新建标准化居家养老服务中心 3 家，推进分散供养特困老年人家庭适老化改造，全市享受政府购买居家养老上门服务的老年人占老年人口总数的比例 10%以上	新建成标准化居家养老服务中心 24 家,完成分散供养特困老年人家庭适老化改造，全市享受政府购买居家养老上门服务的老年人占老年人口总数的比例 20.75%	民政局	各镇(街、区)
清淤疏浚城乡河道 167 条、220 千米	已完成	水利局	各镇(街、区)
城东、城北、城南水环境综合整治工程	城东片区累计完成总工程量的 70%，新建雨污水主干管 19.1 千米,雨污分流改造面积 135 公顷；城北、城南片区累计完成总工程量的 45%,新建雨污水主干管道 12.9 千米,雨污分流改造面积 118 公顷	水务集团	住建局、水利局、市政园林工程处
完善城区教育布局,建设第一幼儿园、第二幼儿园、云腾幼儿园	第一幼儿园:完成桩基保养检测,基础工程开挖、垫层浇筑;第二幼儿园:内部装饰工程及室外附属配套工程扫尾;云腾幼儿园:完成地下管网施工,室内装饰进场施工	教育局、城投公司、绿洲新城	—
完成扬中一桥、二桥消险工程,建设幸福二桥临时治超站点	扬中一桥、二桥消险工程竣工;幸福二桥治超站点:完成场站建设	公路管理处	—
建设城北公交次枢纽,新辟、优化 4 条公交线路,购买 10 辆新能源公交车	城北公交次枢纽:取得用地规划许可证、建设工程许可证、图审合格证,正在进行工程招投标;新辟 106、Y002、622 三条线路,优化 212、216、202 三条线路;购买 10 辆新能源公交车	城投公司、交通运输局	中扬公交公司江天集团
建成新万福桥闸站工程	已建成投入使用	水利局	新坝镇
基层全民健身设施建设，完善城乡公共体育设施网络，新增体育公园（广场)6 个、健身路径 25 条、健身步道 5 千米	新增体育公园 13 个、健身路径 30 条、健身步道 6 千米	文体广电和旅游局	各镇(街、区)

（耿慧）

重要会议

【市政府全体(扩大)会议】 2020 年 3 月 31 日,扬中市人民政府召开全体(扩大)会议,动员全市各级、各部门勇于担当、真抓实干，全面推进政府各项工作的开展,高质量完成全年各项目标任务,夺取疫情防控和经济发展的双胜利。会上,各分管副市长分别递交 2020 年度安全生产责任书;各镇(街、区)负责人领取《2020 年度高质量发展目标任务书》;新坝镇、市经济发展局、市应急管理局、城投公司分别作表态发言。会议印发“2019 年全市主要经济指标完成情况一览表”“扬中市 2020 年度重点项目册”“扬中市人民政府 2020 年度十件实事百项重点工作目标责任分解表”。围绕会议主题“矢志不移推进产业强市，凝神聚力践行实干兴市,奋力书写新时代高质量发展新答卷”,会议强调要重点做好 7 个方面的工作:要客观分析形势,解决当前矛盾困难，最大限度地减少疫情对经济的影响，把握产业强市、实干兴市的大势；要优化产业体系，巩固产业强市、实干兴市的基础，具体而言，工程电气产业要提升现代化水平、资源整合度、产业链协同度和行业开放度，新能源产业要加强市场开拓、技术创新和示范应用，高端装备制造业要推动产品革新、产能转型以及管理升级，其他新兴产业也要助力新增长；要突出项目至上，增强产业强市、实干兴市的动力，做好招商引资、项目建设、科技人才、精准服务四个方面的工作；要提升城乡品质，全面优化城乡人居环境，推进水环境治理、整治河道“两违”以及农村环境整治，加快涉农改革创新，优化产业强市、实干兴市的环境；要防范化解风险，切实抓好安全生产，坚决维护社会稳定，强化产业强市、实干兴市的保障；要补齐民生短板，共享产业强市、实干兴市的红利，做到更大力度稳就业、着力完善社会保障、深入推进脱贫攻坚，在办好人民满意教育、医疗卫生改革发展、文化惠民上有新突破，在疫情防控上严防输入风险，同时做好复学准备、全面推进复市；要提升作风效能，营造风清气正、干事创业的良好氛围，浓厚产业强市、实干兴市的氛围，努力创造产业强市、实干兴市的优异成绩。 （耿慧）

【市政府常务会议】 2020年，扬中市人民政府召开常务会议7次。

3月5日，市政府召开第一次常务会议。会议内容包括专题学法(学习重大行政决策程序规定；学习当前疫情防控工作涉及的法律法规及规定；学习土地管理法修改后对行政机关职能及老百姓建房的影响)；听取安全生产工作情况汇报；听取扬中市居家和社会养老服务创新示范地区创建工作实施方案；讨论《关于切实加强城市排水设施运行巡查养护管理工作的意见》；讨论《扬中市住宅专项维修资金管理办法》；听取关于调整扬中市住房保障标准的情况汇报；讨论《关于加强土地收储成本控制和市本级土地出让净收益统筹办法》；听取关于终止交通运输业“营改增”财政扶持政策的汇报；听取关于调整被征地农民社会保障养老金及明确人社协理员等公益性岗位经费渠道相关事项汇报；听取经济责任审计和自然资源离任(任中)审计整改情况汇报；听取2020年十件民生实事情况汇报；听取2020年“两会”建议提案办理计划情况汇报。

4月30日，市政府召开第二次常务会议。会议内容包括专题学法（学习《中华人民共和国行政复议法》）；讨论《2020年度扬中市人民政府重大行政决策事项目录》《2020年市政府规范性文件工作计划》；听取信访工作情况汇报；听取2019年征收拆迁工作机制情况汇报；听取饮用水源地三墩港水环境整治工作方案汇报；听取“千吨万人”饮用水源地整治工作情况汇报；听取现代渔业园区涉河建设整改项目应急处理工程相关工作汇报；讨论《扬中市城市停车设施专项规划》；听取关于扬中市城区环卫保洁市场化运作试点工作情况汇报；听取关于2020年市管企业负责人经营目标责任制情况汇报；听取部分退休人员一次性补贴情况汇报；听取扬中市级安全生产督导工作情况汇报；听取全市熔喷布行业规范化整治情况汇报。

6月24日，市政府召开第三次常务会议。会议内容包括通报扬中市“六保”工作情况；学习《中华人民共和国行政诉讼法》；研究房地一体农村不动产登记颁证工作；听取上半年消防安全形势分析评估报告，研究加强镇级政府专职消防队建设工作；研究扬中市应急广播体系建设方案；审议《扬中市市区犬类管理暂行办法》；审议《扬中市市长质量奖管理办法》；审议《扬中市优化提升营商环境工作方案》；审议《扬中市工程建设审批制度改革实施方案》；研究教育资源配置及布局调整方案；研究关于在市场监管领域开展相对集中行政处罚权相关事项；研究关于将市政府驻沪办相关资产注入金控集团有关事项；研究关于调整高新区、经开区代管区范围有关事项；研究金州水务扬中有限公司深度处理项目方案；研究“七五”普法终期验收考核工作。

7月28日，市政府召开第四次常务会议。会议内容包括传达习近平总书记关于统计工作的重要批示，学习《中华人民共和国统计法》及相关文件；审议《关于进一步完善我市居家和社区养老服务补贴制度的通知》；审议《扬中市长江禁捕退捕工作实施方案》；研究推进基层整合审批服务执法力量改革赋权工作；审议《扬中市人民政府关于公布规范性文件清理结果的决定》；研究世纪金源项目供电方案；研究金州水务历史遗留问题；研究《调整城乡居民基本养老保险基础养老金方案》。

9月1日，市政府召开第五次常务会议。会议内容包括学习省委书记娄勤俭在江苏省十三届八次全会第一次全体会议上的讲话；审议《扬中市人民政府工作规则》《扬中市人民政府议事决策规则》；审议《关于扬中市2019年财政决算(草案)的报告》；研究卫健系统危房改造与国债建设项目相关事项；研究长江入河排口监测溯源相关工作；研究镇江江之源渔业科技有限公司退圩经济补偿事宜；研究扬中市现代渔业产业园区相关设施资产核销事项；审议《扬中市城市地下空间专项规划》；审议《扬中市自然资源统一确权登记工作方案》；研究兴建人防疏散基地相关工作；研究兴隆污水处理厂污水处理费相关事项。

9月27日,市政府召开第六次常务会议。会议内容包括专题学法;建设工程领域常见热点法律问题;审议基层“三整合”改革相关配套文件(《扬中市推进镇(街道)综合行政执法工作实施意见》《扬中市市级部门向镇(街道)交办事项准入制度(试行)》《扬中市“属地管理”主体责任和配合责任清单(第一批)》);审议《扬中市安全生产专项整治三年行动方案》;研究省食品安全示范城市创建工作;研究小微企业质量提升行动相关工作;审议《扬中市恢复生猪定点屠宰服务收费方案》;研究增加《关于加快创建高比例新能源示范城市的实施意见》2019年度政策兑现财政预算事项;研究迁建公安局交警大队停车场及交通安全教育基地相关事项;研究雪亮技防工程相关工作;研究与青苗国际学校合作相关事项。

11月11日,市政府召开第七次常务会议。会议内容包括专题学法;《优化营商环境条例》解读;研究2020年长江崩岸抢险工程经费相关事项;研究市防汛仓库维修经费相关事项;研究批而未供土地处置相关事项;研究闲置土地处置相关事项;研究2020年退役士兵安置工作;研究医保非税收入使用相关事项;研究援疆干部专项经费相关事项;审议省级现代农业产业示范园三年建设实施方案。 (耿慧)

行政审批工作

【概况】 2020年,政务服务中心各窗口(含人社、医保分中心)受理各类行政审批(服务)事项26.7万件,其中,即办件22.08万件,承诺件4.62万件,现场办结率82.17%。公共资源交易中心完成各类招投标项目134个,其中,建设工程项目49个,控制价4.86亿元,中标价3.85亿元,节约资金1.01亿元,节支率20.78%。政府采购项目14个,控制价1233万元,中标价1157.37万元,节约金额75.63万元,节支率6.13%。国有产权交易项目36个,起始价1.02亿元,成交价1.12亿元,溢价994.96万元,溢价率9.72%。农村产权项目7个,起始价603.54万元,成交价604.38万元,溢价0.84万元,溢价率0.14%。国有建设用地使用权交易项目36个,起始价44.5亿元,成交价44.88亿元,溢价3803万元,溢价率0.85%,实现财政资金使用效益提升和国有资产保值增值。“12345”热线受理话务业务6.67万件,直接办结3.66万件,三方通话1314件,派送工单3.01万件,及时办结率99.4%,满意率99.74%。 (唐安)

【“全链通”平台推广】 2020年,政务服务中心全面推广使用企业开办“全链通”平台,线上依托江苏省企业开办“全链通”平台,实现行政审批、公安、税务、人社等部门间企业开办各环节信息实时共享、数据准确传输、协同并行办理,实现企业开户2小时、预约刻章2小时、网上办税2小时的全流程网上同步办理。线下设立企业开办“全链通”服务专窗,安排专人提供“全链通”网上平台代办、指导、咨询服务,负责申报材料初审、内网系统录入、预约银行开户等,为开办企业提供“一站式”服务。 (陈晨)

【企业注销便利化改革】 2020年,政务服务中心推行企业注销便利化改革。适时引导各类“僵尸企业”“空挂户”等通过简易注销登记退出市场,使简易注销登记成为释放营商资源、维护主体信息真实性的有效手段,在保障市场交易秩序和交易安全的基础上,提高行政服务效率,强化市场主体退出主体责任,增强准入与退出的透明度和可预期性,提升主体办事体验。 (陈晨)

【工程建设项目审批制度改革】 2020年,政务服务中心牵头实施全市工程建设项目审批制度改革,配合印发《扬中市工程建设项目审批制度改革实施方案》,牵头组织工改工作业务培训,实施工改推进情况每周数据汇总制,推进项目应进必进;设立工程建设项目审批“一窗受理”窗口,实现“前台综合受理、后台分类审批、窗口统一出件”,为企业投资项目审批提速增效。 (翟飞)

【政务服务能力建设】 2020年,政务服务中心配合推进镇江市一体化在线政务服务平台建设,在镇江各辖市区率先投入试运行。推动政务服务事项标准化建设,指导全市各相关部门分批次完成标准化事项认领和办事指南完善工作,梳理“一件事一次办”事项清单53项,编制完善《服务指南》。规划实施“企业开办”“不动产登记”“办理建筑许可”分类综合窗口,部署政务服务“好差评”评价二维码。落实“互联网+监管”体系改革任务,动态调整监管事项,编制认领目录清单822项和实施清单765项。 (仲健)

【基层政务服务改革】 2020年,政务服务中心推进“审批服务一窗口”改革落地,配合市委编办梳理明确全市首批赋予乡镇(街道)经济社会管理权限32项,村(社区)便民服务中心业务事项13项。牵头组织下放事项培训工作，建立工作联络群，推进业务工作“全流程”无缝对接，确保下放事项“放得下、接得住、管得好”。制定《扬中市为民（便民）服务中心规范化建设运行标准》，推进镇（街、区）、村（社区）实体服务大厅规范化、标准化运行。（仲健）

【公共资源交易平台整合】 2020年，政务服务中心深化国有建设用地交易职能整合，完成系统上线，基本实现各类交易项目“应进必进”。强化分散采购管理，逐步规范代理机构进场交易行为。发挥公共资源交易领导小组办公室职能，修订完善《关于扬中市公共资源交易监督管理职责分工的意见》，牵头召开领导小组联席会议，提升综合监管能力。（钟音子）

【公共资源交易领域营商环境优化】 2020年，政务服务中心落实上级部门关于疫情期间加大政府采购，支持中小微企业发展的文件精神，新增CA（证书签发机构）数字证书业务扬中受理点，为企业降本减负。走访调研各镇（街、区）及国有企业，加强与重点项目建设单位的沟通联络，及时提供招投标政策咨询、程序引导和业务指导等服务。加强供应商诚信管理，强化公共资源交易相关业务学习，规范操作流程，打造法治规范服务平台。（钟音子）

【热线平台管理】 2020年，政务服务中心修订完善《扬中市12345在线平台绩效评估办法》，组织赴周边县市交流学习，强化话务员业务知识培训，提升热线管理能力和服务水平。推进政风行风热线和“12345”热线融合，升级“12345”热线微信公众号平台，基本实现通过热线微信平台观看节目功能。完善热线大数据分析系统，开发、上线专报系统和画像系统子系统，提高热线运行管理能力。（卢建军）

政府公共服务热线 （政务服务中心供图）

应急管理

【概况】 2020年，扬中市修订完善《市委常委会成员、市政府领导班子成员2020年安全生产重点工作清单》《市安委会全体成员单位安全生产工作职责任务清单》《企业落实安全生产主体责任重点事项清单》及《扬中市市级部门及驻扬单位安全生产职责清单》，明晰领导、监管、主体“三个责任”。推进安委办实体化运行，实行安办、专治办、创建办“三办”集中办公，统筹推进面上协调、督办、整治等各项工作任务。在19个部门设立“安全生产监督管理科”，确保机构单设；结合综合治理要求，完善村级安全网格，加强网格员队伍建设，打通安全生产监管“最后一公里”。

年初，扬中市召开全市安全生产工作会议，市政府与6个镇（街、区）和46个部门签订安全生产目标管理任务书，制定《2020年安全生产工作要点》。修订《2020年安全生产工作考核实施细则》，提升事故控制和专项整治考核权重（占比均30%），压实属地事故管控与专项整治责任。按照“一岗双责”、重点工作清单要求，开展重点时间截点安全生产大检查，聘请行业专家参与，深入部门、企业检查159家次。围绕阶段性工作落实情况，组织开展安全生产目标管理“双随机”巡查督查考核，适时通报巡查情况；组织6个市级督导组开展安全生产派驻督导工作，完成对6个镇（街、区）、20个重点行业监管部门的集中督导，巡查发现问题隐患158条，及时督促隐患问题清单整改落实。结合疫情复工复产检查，建立1586家工业企业“一企一档”数据库，推进安全标准化创建（复审）企业158家，建立“双控”体系企业598家。制定《2020年度安全生产监督检查计划》，全年执法监督检查企业369家，占比116.8%。截至12月，事前执法立案查处160起，其中，化工企业29起，一般工贸企业131起（其中，交办隐患类7起，危险作业3起），事前立案数与检查企业数占比43.6%，事前处罚235万余元，其中，5万元以上案件9起。全年发生各类生产安全事故16起、死亡8人，事故起数和死亡人数比上年分别下降61%、57.9%。其中，工商贸行业发生生产安全事故5起，死亡4人，分别下降54.5%、55.5%；发生道路运输事故11起，死亡4人，分别下降63.3%、60%，实现事故起数、死亡人数“双下降”目标。全年未发生重大火灾事故，未发生较大以上及有影响的生产安全事故，实现连续18年无较大事故的防控目标。（许菊琳）

【安全生产执法监管】 2020年,扬中市印发《关于切实加强安全生产监管执法工作的通知》,定期督查调度全市17个安全生产重点部门的监管执法情况。全年17个重点监管执法部门检查企业4901家次,立案867件,行政处罚733.05万元。事前立案161起,事前处罚235余万元,其中,5万元以上案件9起,打击惩治安全生产非法违法行为,推动监管责任落地生根。围绕“增强活跃度、提高办结率、扩大覆盖面”三项指标,市安委办通过业务培训、现场演示、交流讨论、在线答疑、定期通报、推进督查等方式,推进全市6个镇(街、区)和18个安委会成员单位安全生产问题处置监管平台的正常运行,提高各地、各部门平台数据录入水平。自平台开通以来,监管平台累计录入隐患2046条,办结1900条,办结率92.86%;录入问题35条,全部办结完毕。

(许菊琳)

【应急管理宣传教育】 2020年,扬中市组织开展“春风行动”宣讲43场,1070余人参加;“百团进百万企业”宣讲122场,组织督促“学重要论述、促安全发展”网络宣讲平台线上注册学习。组织开展“三项”岗位人员培训,举办20期培训班,培训3132人次。组织全市镇(街、区)和重点部门(单位)分管领导、安办主任(安监科长)56人赴上海交通大学开展安全生产和应急管理知识学习。(许菊琳)

【四级督导巡查整改】 2020年,扬中市狠抓四级督导,推进隐患闭环整改。国务院督导组于2019年12月和2020年7月两次到扬中开展督导工作,分别指出扬中市隐患85条(其中,重大隐患14条,一般隐患71条)、问题隐患8条(问题4条,一般隐患4条)。扬中市高度重视抓好隐患整改落实。特别是在疫情防控期间,为按时完成隐患整改,坚持疫情防控、隐患整改、安全防范“三手抓、三手硬”。主动与设备生产商对接,并与其所在地政府函商,促进设备生产商快速复工,保证整改设备及时到位。指导企业及时调整施工方案,将外地施工人员更换为本地人员。克服疫情对验收的影响,组织外聘专家远程视频验收与本地专家现场查验相结合的方式,验收7家企业。扬中市于3月20日和8月14日,在镇江市率先全面完成国务院督导组反馈隐患整改任务。3月10日,江苏省安全生产第十一督导组专项督导扬中4个部门及21家企业安全生产,指出问题隐患51条,其中,涉及2个部门各1条问题,17家企业49条隐患,市安委办立即对省督导组反馈的问题隐患进行交办,专题召开会议推进整改工作;6月10日,省督导组交办的51条问题隐患全部整改到位。3月,镇江市督导组先后组织开展冶金企业、一般工贸行业使用危险化学品专项检查,抽查扬中市5家企业,指出隐患55条(其中,重大隐患7条,一般隐患48条),市安委办下发交办通知,实施挂牌督办7条重大隐患,完成所有隐患整改工作。扬中市成立6个派驻督导组,深入6个镇(街、区)、20个部门集中开展本级安全生产督导巡查,巡查发现问题隐患158条,按期整改到位。

(许菊琳)

【“一年小灶”安全生产专项整治】 2020年,扬中市开展“一年小灶”安全生产专项整治。紧盯“1+20+1+9”(1个总方案,20个行业领域子方案,1个危化综合治理,5个新增行业领域的9个方案)专项整治,成立安全生产专项整治行动领导小组,召开10次会议专题部署推动专项整治行动,制定《扬中市安全生产专项整治行动工作方案》,明确整治责任,将安全生产考核纳入全市高质量考核体系,制定安全生产警示、约谈、督办等综合监管五项制度,建立专项整治行动协作机制。动员引导各方力量参与安全生产工作,构建“党政统一领导、部门依法监管、企业主体负责、群众广泛参与、社会全面支持”的安全生产工作大格局。年内,全市组织2972个检查组,检查排查企业6626家次,发现隐患8710条,整改闭环8452条,隐患整改率97%。“小化工”百日专项整治行动两轮排查企业(小作坊、小窝点)4941家,彻底摸清家底。投入4400余万元用于道路桥梁安全整治,道路交通运输安全秩序明显优化。完成59台变型拖拉机“清零”和233艘“三无”船舶清理工作,现代农业、渔业安全监管明显加强。餐饮经营场所燃气报警装置和新坝、油坊2个镇级政府专职消防队建设任务基本完成,公用设施运行风险防控措施明显强化。以大全集团有限公司和江苏龙创新材科技有限公司为代表的企业安全管理水平实现质的提升。(许菊琳)

【省级安全发展示范城市创建】 2020年,扬中市创建省级安全发展示范城市。成立以市委书记、市长为双组长的创建领导小组,抽调3人组建创建办,协调创建工作,完善市、镇(街)、村(社区)的应急管理、安全生产、防灾减灾救灾工作一体化运作机制。印发《创建实施方案》《创建具体任务分工方案》,召开全市创建动员部署会,市政府主要领导、分管领导就创建作出具体部署,提出明确要求,邀请中国安全生产研究院主任杨文涛到扬中专题培训创建重点工作及难点疑惑。市领导带队开展督导,市安委办、创建办先后召开4次协调会,履行牵头抓总，督查推进职责，协调解决创建中的突出问题。强化城市规划等源头环节的安全风险防控，严控高风险项目建设，推动高危企业实施技术改造。加大城市安全配套设施建设力度，完善消防站等安全基础设施。健全各行业领域重大风险联防联控机制，开展全市总体安全风险辨识和评估，针对各人员密集场所实施风险评估和隐患排查治理，加强建筑施工等重点环节的风险管控。年内，全市累计完善城市安全领域管理制度、办法 10 余项，完成隐患排查专项治理数百人/次，建设社区消防站 10 个，专职消防中队 1 个，降低城市安全风险。全市实现安全监管机构规范化，监管人员配备网格化、全覆盖。实施执法机构标准化建设，信息化执法率、执法处罚率大幅上升。开展社区安全文化创建，推进安全宣传进企业、进社区、进学校、进机关、进公共场所，切实提高市民的防灾避险意识和能力。对公交车驾驶员实行心理健康监测和疏导，培养其成为“安全宣导员”。依托“钉钉”App 平台推进从业人员安全培训，全市 1400 余人参与学习并通过考核；通过各类电子显示屏，悬挂张贴横幅、标语等形式浓厚创建氛围，实现安全宣传培训教育线上线下一体化。初步实现全市高危行业企业监控系统覆盖 100%，建设完善应急、消防、公安、交通、水利等 9 个行业领域的综合应用信息平台；倡导安全科技创新及应用，各部门在 10 个行业推广应用 15 类安全科技创新，涵盖信息监测、智能管理和技术应用等多方面。 （许菊琳）

【应急预案修编】 2020 年，扬中市应急管理局梳理归集市级专项预案 34 个，要求全市 15 家具备应急管理和防灾减灾职责的部门单位，严格按照预案修订程序，更新和修订 27 个生产安全类和自然灾害类应急预案。8 月，市安委办下发《关于报送“一案两库”建设情况的通知》。截至 12 月，有 8 个市级预案发布并抄送至扬中市应急管理局，6 个预案修编待发文，5 个预案在使用中，2 个预案征求意见，预案修订 17 个。各镇（街、区）有预案 64 个，新编预案 11 个。7 个部门和单位报送各自领域的专家队伍，11 个部门和单位上报物资储备情况。 （许菊琳）

【重点行业风险隐患化解】 2020 年，扬中市应急管理局对照国务院督导组交办的静电喷涂行业隐患清单，按照“点上问题对照改，面上问题普遍改”原则，全面完成国务院督导组交办 6 家存在重大隐患企业整改任务，系统排查全市 75 家喷涂企业、94 条喷涂线，建立台账，逐企制定整改方案，对少数整改不力或未整改到位的喷涂企业严格执法检查，采取上限处罚。75 家喷涂企业全部整改到位。扬中市喷涂行业整治工作的特色做法在《国务院安全生产专项整治督导工作简报》刊登。 （许菊琳）

【安全生产宣传月活动】 2020 年 6 月，扬中市围绕“消除事故隐患、筑牢安全防线”主题，与安全文化、隐患整治、能力提升、应急演练结合，开展安全生产宣传活动。全市悬挂宣传横幅 620 条，张贴标语 3000 条，电子显示屏宣传 160 处，开设“安全生产大家谈”云课堂。组织开展广场宣传咨询活动，通过安全展板、现场咨询、发放宣传手册和宣传资料等形式向广大市民普及安全生产知识。召开事故单位隐患整改座谈会，强化落实企业安全生产隐患排查整治主体责任。行业部门结合专项整治开展“安全生产啄木鸟”“企业风险扫描仪”“隐患排查显微镜”等活动，排查治理隐患 771 条。聘请省、镇江市专家专题培训全市 92 名灾害信息员，组织开展由 162 名安全员参加的安全生产业务技能大比武活动，举办“坚持安全发展、助力产业强市”青年演讲比赛活动和青年示范岗活动。组织危化品泄露大型演练活动，各地、各部门开展有针对性的演练活动，全市组织各类应急演练活动 156 次，营造“关注安全、关爱生命”的浓厚氛围，增强全民安全意识。 （许菊琳）

灾害信息员培训活动 （应急管理局供图）

【应急广播体系建设项目】 2020 年，扬中市启动应急广播体系建设。项目由市文体广电和旅游局牵头，融媒体中心和广电网络有限责任公司按照职责分工具体实施，工程于 2020 年 8 月开工，10 月底完工，11 月进入试运行阶段。投入资金 528.8 万元，建设户外数字音柱 2547 个，覆盖 6 个镇（街、区）、74 个村（社区）。日常广播以 IP 为主，应急广播兼容调频广播，终端集成 IP、FM-RDS、TS、DTMB 四模。三级应急广播体系形成市、镇、村三级的日常广播、应急预警、分级控制、智能管理等需求，提升地方党委政府政策宣传力度，在应对突发事件和重大灾害预警方面发挥作用。（融媒体中心）

【危险化学品事故应急救援演习】 2020年7月24日，扬中市开展危化品事故应急救援演练，建立健全危险化学品事故应急处置机制，提高应急救援处置能力，加强企业安全生产意识。该次危险化学品事故应急救援演习分为二甲苯泄漏事故处置、二甲苯中毒事故处置、二甲苯火灾防控和二甲苯泄露环境事件处置4个演练课目。演练中，应急管理局、经发局、生态环境局等相关部门单位按照演习方案，分别组成综合协调保障组、安全警戒疏散组、火灾防控救援组、医疗救护组等开展救援演练。（许菊琳）

危险化学事故应急演练 （应急管理局供图）

【大面积停电事件应急演练】 2020年7月31日，扬中市举行大面积停电事件应急演练。演练采用市级整建制指挥部与现场指挥部协调联动的方式，在形式内容上突出实战，在任务设置上突出电力系统内部单一任务向社会面综合任务的转变。演练总指挥部设在扬中市应急指挥中心，设供电公司110千伏扬中实战处置现场，预设市人民医院、中央商场、金州水务有限公司、江苏和纯化学工作有限公司的模拟处置现场。演练场景模拟扬中地区受超强台风袭击，全市大部出现大风和强降雨天气，受极端天气影响，部分区域受灾严重，电网设施受损，造成大面积停电，对当前生产生活造成严重影响，全市电网减供负荷达到80%，达到《扬中市大面积停电事件应急预案》一般大面积停电事件等级，市政府根据灾情需要启动大面积停电Ⅲ级响应，并迅速开展应急处置和灾情恢复的过程。演练结束后，专家评估组现场点评演练，提出针对性意见。（融媒体中心）

【事故防控】 2020年，扬中市应急管理局分析近三年发生的亡人生产安全责任事故，探寻事故发生的内在规律，形成《扬中市近三年生产安全事故调研报告》，针对调研报告反映的高处坠落事故多发、频发实际，3月开始，开展以防范高处坠落事故为主危险作业专项整治，发放《危险作业安全告知书》1244份。组织各生产经营单位集中观看扬中市编纂的事故警示教育片，提升主动抓安全生产的意识和能力。11月27日，安全生产委员会办公室召开全市事故防控工作布置会，会议通报4起事故情况，分析事故原因，要求各地、各行业主管部门进一步抓严抓实安全生产工作。（许菊琳）

【安全生产约谈】 2020年11月，扬中市安全生产委员会办公室召开扬中市船舶(修造)企业约谈会。会上通报近三年船舶行业的典型事故案例及处理结果，江苏新韩通船舶重工有限公司、扬中市沪扬船舶有限公司、江苏大津重工有限公司、江苏苏洋船舶工程有限公司4家船厂的主要负责人分别就如何加强企业安全管理、强化落实危险作业、外包作业安全管理措施进行表态发言。应急管理局直接约谈企业负责人8人次，通过提出工作要求，形成会议纪要，下发给各镇(街区)接受基层监督的方式，督促企业落实安全生产主体责任。（许菊琳）

【地震防御】 2020年，扬中市做好强震动台和地震预警烈度速报系统的日常管理，确保仪器设备正常运转，相关信息正常传输。加强2个宏观观测点管理，观测记录及时、准确、真实，异常现象上报及时、科学、有效。地震微观观测方面，省属深井观测台站仪器设备运转正常，信号传输及时准确。强化科普知识宣传，“科普宣传周”“5·12”世界防震减灾日、“6·1”世界环境日展示展牌40块，发放资料4000份，书籍200本，接收咨询300人次，开展地震科普知识讲座3次，受众300余人，外国语小学和人防体验馆地震体验区接受公众参观体验1000人。（俞文清）

【重大火灾事故应急演练】 2020年11月27日，扬中市在德利纺织有限公司分公司开展全市2020年重大火灾事故应急演练。火灾事故应急演练分为生产车间发生火灾、员工被困火场、公安局组织安全警戒疏散、消防救援大队实施火灾防控救援、卫健委抢救伤员、生态环境局监测周围大气环境等环节。在应急演练中，现场总指挥要求在日常工作中做好风险防范化解，提高政治站位，坚决守好应急救援最后一道防线；强化系统思维，推进应急管理体系和能力现代化，提高各职能部门的快速反应能力，增强全民安全意识；推动关口前移，开展安全生产三年专项整治行动。（许菊琳）

【消防宣传月活动】 2020年，扬中市消防宣传月主题是“关注消防、生命至上”，倡导全社会共同关注消防安全、学习消防知识、掌握消防技能。在消防宣传月启动仪式上，集中表彰2019年消防工作先进集体、先进个人，扬中市公益组织彩虹义工服务社与消防大队联合成立“江小蓝”消防志愿者服务队，举行授旗仪式，现场通过播放警示教育片、发放宣传资料、参观消防设备设施等形式，为市民讲解消防安全常识，防范于未然，警惕身边的消防安全隐患，学会使用消防工具、识别消防标志以及遇险时如何逃生与自救。消防救援大队推进消防安全宣传教育“七进”工作，先后推出2个消防科普教育基地，提档升级江洲广场消防文化主题公园，联合市教育局组织开展儿童消防绘画比赛、消防进军训等校园消防宣传系列活动，打造“江小蓝”消防志愿宣传队品牌。（许菊琳）

消防安全教育 （融媒体中心供图）

2020年扬中市火灾综合情况表

表3

项目		火灾综合情况				消防队出动情况			抢救成果	
		起数	死亡人数	受伤人数	直接损失（万元）	出动起数	出动人次	出车辆次	抢救人员（人）	抢救财产价值（万元）
合计		38	0	0	99.54	183	1401	286	22	583
一季度	小计	7	0	0	6.3	64	460	90	5	28
	一月	2	0	0	1.3	17	133	30	2	5
	二月	1	0	0	0.5	23	159	30	1	10
	三月	4	0	0	4.5	24	168	30	2	13
二季度	小计	11	0	0	20.44	47	374	74	9	25
	四月	4	0	0	8.14	16	137	28	4	8
	五月	3	0	0	6.1	16	117	24	0	6
	六月	4	0	0	6.2	15	120	22	5	11
三季度	小计	12	0	0	32.9	44	322	67	7	38
	七月	4	0	0	3.2	16	113	24	3	4
	八月	5	0	0	9.3	18	131	27	3	9
	九月	3	0	0	20.4	9	70	14	1	25
四季度	小计	8	0	0	39.9	28	245	55	1	492
	十月	3	0	0	20.4	13	113	25	0	401
	十一月	3	0	0	13.5	5	44	11	1	45
	十二月	2	0	0	6	10	88	19	0	46

（许菊琳）

机关事务工作

【概况】 2020年,扬中市机关事务管理中心发挥党政机关公务用车、办公用房监管和公共机构节能管理等职能,夯实安全保卫、餐饮服务、会务服务和物业管理等服务保障措施,提升机关事务高质量发展效能。深化节约型机关建设,推进垃圾分类工作,开展机关垃圾减量和餐厨垃圾源头减量专项行动,全面禁用一次性纸杯、一次性筷子、一次性餐盒等,倡导绿色无纸化办公和"光盘"行动。推进机关节能工作,太阳能屋顶光伏发电运行正常,年发电量140万千瓦时,节能环保;探索实施行政中心合同能源管理新模式,年均能耗下降10%以上。推进集中采购制度,将大额物品、工程、服务等纳入集中采购范围,提高财政资金使用效益。(于维)

垃圾分类宣传(城管局供图)

【公务用车管理】 2020年,扬中市机关事务管理中心健全管理制度,印发《关于进一步加强公车日常管理的意见》。联合市纪委、财政局、地方金融监管局开展公车专项督查,抽查单位16家,下发整改通知书14份,并督促整改到位。开展"一车一油卡"执行情况专项检查,规范加油卡使用管理。 (于维)

【公共机构节能】 2020年,扬中市机关事务管理中心强化节能宣传,印发《公共机构节能条例》620本。开展节能宣传周活动,联合经发局、水利局等部门开展节能知识巡展。启动行政中心综合能源托管服务项目,预计3年内能耗目标每年总体下降10%以上。强化节能创建,组织指导全市28家单位创建节约型机关,西来桥镇新程村开展农村公共机构节能试点工作。 (于维)

【办公用房管理】 2020年,扬中市机关事务管理中心会同国资委等部门,开展机构改革后办公用房清理腾退工作。召开清房领导小组会议,摸底检查全市面上行业协会占用办公用房情况,制定清退措施;收集整理办公用房相关基础数据信息,推进党政机关办公用房管理信息系统建设。加强资产管理,坚持做好每月资产登记、固定资产折旧和无债务申报等日常工作。 (于维)

【安全保卫】 2020年,扬中市机关事务管理中心强化责任传递落实,年初与驻园区28家单位及本中心下属单位签订安全责任状。通过安保技改加强智慧园区建设,园区人员进出采用一卡通,汽车进出采用自动化启停系统。开展"春风行动""安全生产月"和安全生产专项整治工作。 (于维)

【餐饮服务】 2020年,扬中市机关事务管理中心开展服务人员公示和每月"服务之星"评比,强化"微笑服务"。引进超市售卖系统,丰富机关超市外卖品种。拓宽服务内容,引进洗衣服务。贯彻落实"坚决制止餐饮浪费行为"的重要指示,推进智能订餐系统,精准供餐,园区厨余垃圾比上年下降50%。 (于维)

【会务服务】 2020年,扬中市机关事务管理中心细致做好会前、会中、会后服务。升级改造硬件设施,强化文明用语及各项细节服务。规范服务标准,把个性化服务放在首位,提高服务质量。完成260余场次会议服务,完成扬中市第十二届委员会第八次全体会议、疫情防控工作会议、"产业强市、实干兴市"大会、全国文明城市创建动员会等重大会议会务服务。 (于维)

【物业管理】 2020年,扬中市机关事务管理中心完成新一轮物管招投标工作,加大对物管、消防、绿化、设备维护等外包服务的监管力度。实现园区停车场错时对外开放,满足周边群众停车需求。完成园区道路黑化、会议中心玻璃顶更换、公务餐厅维修改造等工程项目。集中办公区卫生间内安装手机置物架184个,挂钩39个,完成室内电器维修3000余次,保障机关日常运转。 (于维)

政协扬中市委员会

综 述

【概况】 2020年，扬中市政协就“推动传统产业转型升级”“‘十四五’规划编制”组织专题调研和常委会协商议政。围绕土壤污染防治、安全生产、查违拆违、“扫黑除恶”、高品质学校集群发展、医保惠民以及重点提案办理7个议题，组织调研考察、民主监督和协商议政活动。发挥专委会“专”的优势和履职基础性作用，就高新技术企业培育、特色农业项目建设、沿江闸站达标和规范化建设、污水处理“厂、站、网”一体化运维、公共卫生应急体系建设、公共文化服务体系示范区创建、法院执行规范化、城乡社区治理、信访9项工作，组织委员与相关部门开展对口协商，提出合理化建议。组织委员听取市政府关于全市上半年经济社会发展情况、市政协十届四次会议以来委员提案办理情况的通报，听取全市纪检监察工作情况通报。做好提案和反映社情民意信息工作。2020年，扬中市政协委员174人，其中，中共界29人，民主党派界8人，无党派界16人，经济界26人，工商联界23人，工会界6人，团委5人，妇联5人，科协4人，文化艺术界5人，科技界5人，教育界10人，新闻出版界3人，医疗卫生界8人，农业和农村7人，社会福利保障3人，侨台界6人，民族宗教界4人，特邀1人。 （胡婕）

2020年各地政协考察扬中情况一览表

表4

时间	考察单位	交流内容
5月11日	江苏省南通市如皋市政协	考察学习学前教育工作
5月23日	山东省菏泽市成武县政协	考察学习产业项目建设工作
6月2日	江苏省镇江市政协	调研重视引进海外青年人才工作
8月4日	江苏省苏州市吴江区政协	考察学习基层公共卫生服务能力体系建设工作
8月7日	江苏省镇江市政协	调研推进基层社会治理现代化工作
8月20日	江苏省镇江市政协	调研推进乡村公共空间综合治理与做大农村集体经济工作
8月22日	江苏省镇江市政协	调研传承发展乡贤文化工作
9月1日	甘肃省兰州市政协	考察基层协商民主建设工作
11月4日	江苏省无锡市江阴市政协	考察学习全面小康建设工作
11月13日	全国政协副主席刘新成率团	考察新农村建设工作

（胡婕）

【市政协十届四次会议】 2020年1月4—6日，扬中市政协十届四次会议召开。会议听取和讨论市委书记殷敏所作《汇聚决胜全面小康的澎湃动力》的讲话；赞同市长张德军所作的政府工作报告；赞同市人民法院工作报告、市人民检察院工作报告以及其他报告；赞同市政协主席施健华所作的常务委员会工作报告和副主席黄成刚所作的提案工作报告；表彰市政协十届三次会议以来的优秀提案，提案承办先进单位、先进个人，优秀社情民意信息员，先进委员活动小组；审议通过提案和委员联络委员会关于十届四次会议提案初步审查情况的报告；选举市政协十届委员会秘书长、常委；通过大会决议。 (胡婕)

【市政协常委会议】 2020年，扬中市政协十届常务委员会举行常委会议5次。

1月4日，举行十届十八次常委会议。报告十届四次会议准备情况；通过会议日程安排；通过大会秘书长、副秘书长及秘书处主要工作人员建议名单；通过主席、常委轮值建议名单；通过委员分组名单及各讨论组召集人建议名单。

4月15日，举行十届十九次常委会议。协商决定辞去、增补委员及有关人事事项；动员部署在委员中开展"献策'十四五'，双岗建新功"主题活动。

7月29日，举行十届二十次常委会议。听取市政府关于上半年全市经济社会发展情况的通报；审议通过《多措并举，推动我市传统产业转型升级的建议案》。

10月23日，举行十届二十一次常委会议。围绕编制"十四五"规划协商议政；听取市政府关于市政协十届四次会议以来委员提案办理情况的通报。

12月29日，举行十届二十二次常委会议。听取2020年度全市纪检监察工作的情况通报；协商决定有关委员和人事事项；协商决定2019—2020年度优秀政协委员，十届四次会议以来的优秀提案，提案承办先进单位、先进个人，优秀社情民意信息员，先进委员活动小组；讨论修改十届政协常委会工作报告和提案工作报告；报告市政协十届五次会议准备情况；协商决定市政协十届五次会议召开的时间、地点、参加对象和议程等。 (胡婕)

【市政协主席会议】 2020年，扬中市政协召开12次主席会议。

2月20日，召开十届三十八次主席会议。传达学习习近平总书记在中央政治局常委会会议上关于疫情防控工作的重要讲话精神；审议通过《扬中市政协2020年工作要点》；研究确定2月主要工作安排；协商确定重点提案。

4月1日，召开十届三十九次主席会议。协商决定十届十九次常委会议召开的时间、地点、对象及议程；协商讨论委员主题活动方案；研究确定4月主要工作安排。

4月10日，召开十届四十次主席会议。协商讨论有关委员和人事任免事项。

4月30日，召开十届四十一次主席会议。研究确定5月主要工作安排。

6月29日，召开十届四十二次主席会议。协商决定十届二十次常委会议召开的时间、地点、对象及议程；协商讨论《多措并举，推动我市传统产业转型升级的建议》，研究确定7月主要工作安排。

7月23日，召开十届四十三次主席会议。协商督办《关于加强沿江江滩管理的建议》《关于义务教育阶段学生放学后安置问题的建议》2件重点提案。实地察看江滩拆除现场和长江两岸绿化造林指南村节点，听取市水利局、市自然资源和规划局、市教育局关于提案办理工作的情况通报。

8月17日，召开十届四十四次主席会议。民主监督全市安全生产工作。实地察看镇江晶晶化工有限公司、江苏龙创新材料科技有限公司、江苏新韩通船舶重工有限公司3家企业开展安全生产整治的情况，听取市应急管理局、市经济发展局关于全市安全生产工作，特别是化工行业安全生产专项整治工作的情况通报，并积极建言。

10月20日，召开十届四十五次主席会议。协商决定十届二十一次常委会议召开的时间、地点、对象及议程；讨论修改《关于编制全市"十四五"规划的建议》及其他建言材料。

11月12日，召开十届四十六次主席会议。围绕土壤污染防治工作开展专题协商议政。

11月30日，召开十届四十七次主席会议。研究确定12月主要工作安排。

12月10日，召开十届四十八次主席会议。协商讨论委员增补事项；协商决定十届二十二次常委会议召开的时间、地点、对象及议程；讨论市政协十届五次全会召开的时间、地点、参加对象和议程；协商讨论有关委员和人事任免事项；讨论研究2019—2020年度优秀政协委员，十届四次会议以来的优秀提案，提案承办先进单位、先进个人，优秀社情民意信息员，先进委员活动小组建议名单；讨论修改市政协常委会工作报告和提案工作报告；协商讨论《"有事好商量"协商议事工作规则(试行)》。

12月21日,召开十届四十九次主席会议。协商讨论委员增补及人事任免事项。

3月1日,市政协召开驻会主席办公会,研究确定3月主要工作安排。6月1日,市政协召开驻会主席办公会,研究确定6月主要工作安排。7月31日,市政协召开驻会主席办公会,听取关于各委员活动小组主题活动开展情况及协商议事活动开展情况的汇报;听取市政协考核工作与创新案例申报工作的情况汇报;研究确定8月主要工作安排。8月31日,市政协召开驻会主席办公会,研究确定9月主要工作安排。9月29日,市政协召开驻会主席办公会,研究确定10月主要工作安排。11月2日,市政协召开驻会主席办公会,研究确定11月主要工作安排。12月31日,市政协召开驻会主席办公会,研究确定2021年1月主要工作安排。 (胡婕)

【市政府、市政协重点工作交流会】 2020年2月27日,扬中市政府、市政协联合召开重点工作交流会。市政协通报2020年市政协主要工作安排,其中,包括“推动传统产业转型升级”“‘十四五’规划编制”2次常委会专题协商;就土壤污染防治、安全生产、查违拆违、“扫黑除恶”、高品质学校集群发展、医保惠民等议题,组织协商、监督、考察等活动。依托专委会,组织开展高新技术企业培育、特色农业项目建设、沿江闸站达标和规范化建设、污水处理“厂、站、网”一体化运维、公共卫生应急体系建设、公共文化服务体系示范区创建、法院执行规范化、城乡社区治理、信访工作等委员履职活动;听取市政府关于全市上半年经济社会发展情况的通报、关于市政协十届四次会议以来委员提案办理情况的通报、全市纪检监察工作情况通报;民主评议市市场监督管理局提案办理工作,主席会议督办重点提案,做好提案和反映社情民意信息工作;在全体委员中开展“献策‘十四五’,双岗建新功”主题活动等。市委副书记、市长张德军通报市政府年度重点工作。 (胡婕)

参政议政和提案工作

【概况】 2020年,扬中市政协提案和委员联络委员会征集到委员提案216件,经审查立案188件,其中,集体提案5件,委员联名提案24件。所立提案中,属于经济建设方面的18件,城乡建设管理方面的73件,教卫文旅方面的30件,农村工作、政法民政和社会保障方面的48件,其他方面的19件。交由39家承办单位办理,所立提案在规定时间内全部办复,从委员反馈情况看,落实满意率99.5%。2020年,市政协建立施行市领导领衔督办重点提案制度,民主评议市场监督管理局提案办理工作,主席会议督办重点提案。扬中市政协收到委员反映的社情民意信息95条,编发简报27期,被市委、市政府领导批示15期。向省、镇江市政协报送信息3条。姚毅、杨阳、常三五、徐彩凤、戴罡、吴跃峰被评为2020年度优秀社情民意信息员。 (胡婕)

【关于多措并举,推动传统产业转型升级的建议案】 2020年4—7月,扬中市政协就多措并举,推动传统产业转型升级开展专题调研。在总结扬中传统产业发展现状的基础上,指出传统产业发展存在思想认识不足、核心竞争力不强、人才支撑乏力等问题提出建议。建议提振发展信心,调优结构体系。在分析研判基础上,科学制定产业转型升级发展规划。通过培育典型、政策扶持、资金激励、科学考核等方式鼓励企业做大做强。发挥行业协会作用,推动企业信息共享、公平竞争、互利共赢。弘扬企业家精神,扶持青年企业家成长,实现企业新老交接、有序传承。建议坚持创新驱动,聚力高端发展。推进企业品牌、行业品牌、区域品牌创建工作。丰富企业营销模式,加强业态融合,丰富提升产品覆盖,升级延伸产业链条。建议专注“苦练内功”,实现量质并举。改进工艺、升级产品,做好延链、补链、强链工作,减少同质化竞争,提高企业、产品核心竞争力。深化“产学研”合作,推行一线员工“订单式”培训,在医疗、住房、子女就学等方面给予各类人才优惠政策。 (胡婕)

【关于推进全市土壤污染防治工作的建议案】 2020年7—10月,扬中市政协就推进全市土壤污染防治工作开展专题调研。在总结全市土壤污染防治工作基本情况的基础上,针对存在的对土壤污染防治重视程度不够、基础数据不足、责任主体不明、风险管控和安全利用工作有待加强等问题提出建议。建议从政府层面、企业层面、社会层面提高对扬中土壤污染防治工作的重视程度;摸清家底,全面掌握扬中建设用地和农业用地的土壤污染现状;贯彻预防为主、保护优先、风险管控的治理原则,因地制宜,落实以防治污染扩散为目的的土壤污染风险管控措施;明确土壤污染治理修复的主体和资金渠道,坚持理性、务实、高效的原则,兼顾经济、社会、生态效益,做好污染地块治理修复工作。

(胡婕)

【市政协考察信访工作】 2020年3月26日，扬中市政协考察信访工作。实地察看新坝镇新宁村公共法治服务中心和新坝镇人民群众来访接待中心，听取市信访局工作情况通报。提出加强法治宣传，依法依规信访，依法处理反复闹访、缠访等行为；建立健全激励机制，强化队伍管理，重视信访干部培养；创新基层社会治理方式，最大限度化解信访问题，从源头上预防和减少信访问题发生等建议。 （胡婕）

【市政协民主监督沿江闸站达标和规范化建设工作】 2020年4月23日，扬中市政协民主监督沿江闸站达标和规范化建设工作。现场察看万福桥闸站施工现场、何家大港闸站和沙家港闸站，听取市水利局工作情况通报。提出按照轻重缓急，排定闸站除险改造计划表，列入"十四五"规划；对现有建成闸站精细化管理，稳定现有队伍，弹性灵活用工，压实安全责任；加强队伍日常管理，营造廉政文化，确保工程安全、资金安全和干部安全等建议。 （胡婕）

【市政协民主监督"扫黑除恶"工作】 2020年6月11日，扬中市政协民主监督"扫黑除恶"工作。参观静思园法治教育基地，观看"扫黑除恶"专题片，听取市公安局、市法院、市地方金融监管局、市检察院结合各自工作关于"扫黑除恶"工作开展情况的通报。提出提高打击的精准度，针对扬中较为常见的套路贷、高利贷等非法金融活动，加大打击力度；增强宣传的有效性，注重用典型案例和政策、法律相结合的方式开展宣传教育，提高群众对法律和相关违法行为的认知和理解程度；加大综合治理力度，坚持"打防结合"，构筑"扫黑除恶"长效机制。 （胡婕）

【市政协考察公共卫生应急体系建设工作】 2020年6月18日，扬中市政协考察公共卫生应急体系建设工作。实地察看市人民医院、市疾控中心和市卫生应急指挥中心，听取市卫健委关于扬中公共卫生应急体系建设现状及措施的情况通报。提出充分认识做好公共卫生应急体系建设工作的极端重要性和紧迫性，坚持疫情防控与长远发展相结合，加快建设高质量的公共卫生应急体系；增加财政投入，不断改善基层医疗机构条件，升级硬件基础设施；加强基层医卫人才队伍建设，多措并举招引医卫人才，加大现有医护人员培训力度，提升卫生应急队伍和基层医务人员业务技能；推进城乡及部门协调联动，开展常态、多形式联合卫生应急演练，形成群防群控的工作合力。 （胡婕）

【市政协考察高新技术企业培育工作】 2020年6月23日，扬中市政协考察高新技术企业培育工作。参观蜂巢易创、华银仪表两家企业，了解企业生产经营及科技创新情况，听取市科技局关于全市高新技术企业培育发展的情况介绍。提出科技部门要加强服务，通过加大宣传引导、详解申报流程，引导企业能报尽报；注重申报过程中的服务全覆盖，把关申报材料质量，提高申报成功率；加大对中介机构的监管力度，建立不良机构黑名单制度，引导中介机构提高服务水平。 （胡婕）

【市政协民主监督城区水环境整治工作】 2020年7月28日，扬中市政协民主监督城区水环境整治工作。实地察看张家桥港联通工程、广宁河片区治理工程、人民新村雨污分流工程、明珠湾及沙家港污水处理厂，实地了解相关治水工程进展情况，听取市水务集团关于治水工作的情况介绍。提出健全完善一体化运维体系，强化工程移交后续管理；加强医疗废水处理管控；加强与管线单位的沟通，更好配合治水工作；管网改造要尽快向农村延伸等建议。 （胡婕）

【市政协考察公共文化服务体系示范区建设工作】 2020年8月14日，扬中市政协考察公共文化服务体系示范区建设工作。实地察看园博园天禾体育公园、市新文化馆、新坝镇文体中心及新治村民俗馆，听取市文体广电和旅游局关于国家公共文化服务体系示范区创建工作的情况通报。提出加大公共文化产品开发力度，推动文化产业发展；通过完善财政投入机制、向上争取政策资金、引导社会力量参与建设等方式筹措资金；重视人才队伍建设，结合"十四五"规划编制，多渠道多层次制定政策，培养引进高层次人才。 （胡婕）

【市政协考察特色农业项目建设工作】 2020年9月21日，扬中市政协考察特色农业项目建设工作。实地察看利民现代农业园、永胜农业基地、木羽家庭农场、镇江江之源渔业科技有限公司的相关特色农业项目，听取市农业农村局关于扬中特色农业项目建设工作的情况通报。提出结合全市各地域资源特点，高起点、高标准做好特色农业规划；坚持融合发展，特别是要结合全域旅游，探索"农业+旅游"的特色模式化；强化保障，在加大补助扶持资金力度、引进培养农业专业人才等方面做好文章等建议。 （胡婕）

【市政协专题协商污水处理"厂、站、网"一体化运维工作】 2020年9月23日，扬中市政协专题协商污水处理"厂、站、网"一体化运维工作。实地察看兴隆污水处理厂，实地了解该厂的污水处理情况，听取市住建局、市水务集团、市城投公司关于“厂、站、网”一体化运维的情况介绍。提出围绕尽快全面实施“厂、站、网”目标，推进相关管网、厂站运维的全面移交；要保卫前期强投入的各项成果，已经整治到位的泵站、河道要落实排水许可管理制度，从制度层面杜绝新增、乱接管网及乱排污水现象；多渠道筹措运维经费，财政要履行兜底职能，对该乡镇、企业、住户承担的污水处理费用，要做到应收尽收等建议。会后，市政协整理相关建议以《参政议政专报》报送市委、市政府及相关部门参考。（胡婕）

【市政协考察高品质学校集群发展工作】 2020年9月29日，扬中市政协考察高品质学校集群发展工作。实地察看外国语中学、长旺中心小学，详细了解总校分校协同发展、师资调配、办学特色等方面情况，听取市教育局关于全市高品质学校集群发展的情况介绍。提出加强顶层设计，完善联盟化办学的配套政策与措施；丰富教育内涵，推动形成各具特色、各有所长的高品质教育集群；优化队伍结构，加强联盟师资队伍整体管理等建议。（胡婕）

【市政协考察法院执行规范化建设工作】 2020年11月9日，扬中市政协考察法院执行规范化建设工作。现场观摩“854”（法院执行指挥中心集中办理网络查控等8类事务性工作，提供视频会商等5类技术服务和承担终本案件管理等4项管理职责）模式指挥中心实体化运行，听取市法院关于执行工作的情况介绍。提出经常深入基层，对接社区，了解被执行人的真实情况和执行难点，发挥基层网格化管理员人脉广、情况熟的优势，借力推进执行工作；以改革的思维破解执行难题，与公安机关对接，借助高清摄像头、探头人脸识别、手机信号捕捉定位等手段，破解“人难找”难题；加大对逃避执行、拒不执行的行为打击力度，破除被执行人侥幸心理，形成震慑作用，从源头压降溯源等建议。（胡婕）

【市政协考察医保局“综合柜员制、移动支付、微信公众号”三大项目推进工作】 2020年11月18日，扬中市政协考察医保局“综合柜员制、移动支付、微信公众号”三大项目推进工作。实地察看新坝医疗保障服务中心、扬子药店及市医保服务大厅，听取市医疗保障局关于全市开展三大项目建设推进工作的情况通报。提出强化责任担当，立足新形势，呼应群众需求，加强工作研究，实现精准“保障”；聚焦优化服务，实现信息化，针对老弱病残等医保重点人群更要注重人性化，突出个性化，实现医保服务的多样化；注重提高质效，通过加大医保政策宣传，深化业务下沉、创新监管体系等，推动医保工作向更高水平迈进。（胡婕）

【市政协考察违法建设防控查处工作】 2020年11月19日，扬中市政协考察违法建设防控查处工作。实地察看英雄社区一户私宅违建整治现场、南园新村乱搭乱建整治现场以及双跃村某厂区违建自拆现场，听取市城管局相关工作开展情况通报。提出高度重视总体规划，统筹城区和农村协调整体发展；围绕新增违建“零增长”的工作目标履职尽责，持之以恒从严查处违法建设，努力提升查处工作质效；结合正、反面典型案例以及相关政策深入宣传，凝聚共识，形成合力，共同提升城市管理水平等建议。（胡婕）

【市政协专题协商加强城乡社会治理工作】 2020年11月25日，扬中市政协专题协商加强城乡社会治理工作。实地参观八桥镇永兴村自治园和三茅街道江洲路社区怡港新村，听取市民政局关于加强社区治理工作的情况介绍。提出选优配强基层干部队伍，发挥好基层党组织的战斗堡垒作用，保障基层社会治理成效；坚持依法治理，处理社区事务要做到依法依规，规范化、按程序开展；加强对群众的宣传教育，提升群众认知水平和自治能力。（胡婕）

【“有事好商量”协商议事室建设】 2020年，按照省、镇江市政协要求，扬中市政协推进“有事好商量”协商议事室建设。4月30日，召开推进部署会，印发《关于推进全市“有事好商量”协商议事室建设工作的实施意见》，成立推进领导小组，市委常委会两次听取政协党组工作汇报。截至7月，依托“委员之家”、党群服务中心等阵地，全市6个镇（街、区）、2个行政村示范点、2家委员企业以及2个界别建成“有事好商量”协商议事室，其他村（社区）均实现挂牌。市政协领导和各委办全程指导并参与协商议事活动，开展协商议事活动23场次。（胡婕）

纪检监察

综述

【概况】 2020年，扬中市纪委监委深入贯彻落实习近平新时代中国特色社会主义思想和中共十九届五中全会精神，增强“四个意识”，坚定“四个自信”，做到“两个维护”，全力聚焦主责主业，一体推进不敢腐、不能腐、不想腐，应对大战大考，为全市统筹推进疫情防控和经济社会发展提供坚强保障，全面从严治党群众满意度96.64分，保持镇江各市、区第一，在镇江市(区)纪检监察工作高质量发展考核中获得第一等次。

(陈彩云)

【审查调查】 2020年，扬中市纪检监察组织立案221件，比上年增长10.5%，自办案件占比70.59%。其中，党纪处分150人，政务处分27人，组织处理41人，采取留置措施并移送司法机关10人，挽回经济损失2700余万元。精准运用“四种形态”处理564人次，前两种形态占比91.1%，切实管住“大多数”。严肃查处市城投公司原党委副书记、中扬集团原总经理凌某巨额受贿案，释放震慑效应。深入开展“打伞破网”，查处“涉黑涉恶”腐败和为“黑恶势力”充当“保护伞”等问题26个，立案9人，留置6人，移送司法机关6人。根据上级纪委监委指定，查处管某某“涉黑”组织案件“保护伞”郭某某、姜某某等一批有影响的案件。坚持以案促改，做实查办案件“后半篇文章”。用好用活纪检监察建议，下发建议21份，跟踪督查整改26次，推动完善相关制度18项。以凌某案件为鉴，剖析工程建设领域深层次问题，推动市城投公司制定《工程管理“六个一律”制度》，强化源头治理。协助市委组织召开领导干部警示教育大会，制作警示教育片《迷失的初心》，强化以案示警。创新载体，制作廉洁动漫《江洲清风廉连看》，提升教育效果。加大宣传力度，传播扬中“廉音”，《中国纪检监察报》用稿3篇，《新华日报》、《党的生活》、学习强国、清风扬帆网等省级媒体用稿19篇，《镇江日报》、清廉镇江网、清廉镇江公众号等镇江媒体用稿158篇。

(陈彩云)

重要会议

【中共扬中市第十二届纪律检查委员会第五次全体会议】 2020年4月26日，中共扬中市第十二届纪律检查委员会第五次全体会议在市行政中心会议中心江洲厅举行。全会传达学习习近平总书记在十九届中央纪委四次全会上的重要讲话和中央纪委、省市纪委全会精神，审议通过市纪委常委会《监督保障执行，促进完善发展，为建设“强富美高”新扬中提供坚强保障》工作报告。会议表决通过市纪委十二届五次全会《工作报告》和《决议》。

(陈彩云)

4月26日，中共扬中市第十二届纪律检查委员会第五次全体会议召开　(纪委监委供图)

【全市领导干部警示教育大会】 2020年1月17日，扬中市领导干部警示教育大会在市影剧院召开。与会人员观看镇江市警示教育片《初心使命、铭记在心》，市纪委监委通报2019年全市案件查办情况。会议要求，各级党员干部要强化初心使命、绷紧纪律之弦、永葆清廉本色，为全市高质量发展走在前列营造风清气正的政治生态。就如何高质量回答好不忘初心这一终身课题，强调答好终身课题，时刻不忘初心，对党忠诚不动摇；答好终身课题，时刻不忘使命，担当用权不妄为；答好终身课题，时刻不忘纪律，修身正心不懈怠；答好终身课题，要求与会人员时刻不忘制度，拒腐防变不褪色。 （陈彩云）

1月17日，全市领导干部警示教育大会召开

（纪委监委供图）

【全市纪检监察系统作风建设大会】 2020年1月19日，扬中市纪委监委召开全市纪检监察系统作风建设大会，巩固深化“不忘初心、牢记使命”主题教育成果，启动“作风再锤炼、形象再提升”专项教育，全面打造一支纪律严明、作风过硬的纪检监察队伍。会议强调，纪检监察干部作风建设没有“局外人”，必须统一思想、深化认识，切实把自己摆进去，强化自我约束，牢固树立“作风建设无小事”的理念。查摆问题不能“走过场”，必须触及灵魂、深入检视，切实把问题晒出来，深入开展作风建设大讨论，推动作风建设在整改中深化、在深化中提升。严抓严管不是“一阵风”，必须立足长效、形成常态，切实把责任扛起来，打造管思想、管工作、管作风、管纪律的从严管理体系，推动管理监督如影随形、伴随干部成长。纪律部队没有“差不多”，必须严格对表、精准落实，切实把标杆树起来，始终保持低调、务实、不张扬的作风，切实做到忠诚干净担当。

（陈彩云）

【反腐败协调小组会议】 2020年8月28日，扬中市委召开反腐败协调小组会议。会上，纪委监委、政法委、公安局、检察院、法院等相关成员单位围绕会议主题交流发言。会议结合当前反腐败斗争面临的新形势以及工作中存在的重点、难点问题，提出提高政治站位，深化对党风廉政建设和反腐败工作重要性的认识；紧扣重点环节，全面落实党风廉政建设和反腐败工作各项任务；强化统筹协调，凝聚党风廉政建设和反腐败工作的强大合力。 （陈彩云）

【全市纪检监察工作务虚会】 2020年12月28日，扬中市纪委监委召开全市纪检监察工作务虚会。会上，各镇（街、区）纪（工）委，委机关各室，市委巡察办，派驻纪检监察组和企事业单位纪委（纪检组）交流2020年工作开展情况与2021年工作思路。会议强调，做好2021年工作，要以强化政治监督为根本，压实全面从严治党责任；以服务中心大局为要务，聚力全市高质量跨越发展；以正风肃纪反腐为支撑，推动党风政风持续向好；以强化自我监督为重点，打造干净担当的忠诚卫士。 （陈彩云）

党风廉政建设

【政治监督】 2020年，扬中重点围绕疫情防控、“六稳”、“六保”、长江禁捕退捕、安全生产、农村乱占耕地建房、村（社区）“两委”换届等工作实施专项监督，全年开展监督检查2600余次。面对新冠肺炎疫情，全市纪检监察组织闻令而动、跟进监督，为打赢疫情防控阻击战作出重要贡献。着眼护航产业强市战略，出台营商环境专项监督意见，建立市纪委监委班子成员挂钩联系服务企业制度，梳理政商交往“正面清单”，开展不动产登记、项目审批等专项治理，协调解决突出问题16个，推动完善制度17项，营商环境便利度评价全省排名前移，民营企业营商环境满意度位居镇江各市、区第一。用好履责记实平台，落实廉情抄报机制，抄送廉情26件次，严肃查处主体责任缺失、监督责任缺位等问题75起，对82名党员干部和1个党组织实施问责。提请党委主要负责人谈话253人次，占比71.5%，促进“两个责任”深度融合。落实容错纠错机制，备案容错免责事项9个，对受处分干部开展常态化回访教育，将激励、关爱融入日常。把好选人用人关，实施党风廉政意见回复3723人次，对17人提出不宜或暂缓使用建议。牵头抓好政治生态监测评估反馈问题整改，针对四大类11个问题，逐条跟进、督促落实。 （陈彩云）

【专责监督】 2020年，扬中市纪委监委聚焦重点、难点问题，分层分类开展厉行节约反对浪费专项督查，深化“公车私用”“私车公养”专项整治，坚决反对形式主义、官僚主义。全年查处违反中央八项规定精神问题39件、46人,通报14批次、21起,约谈党组织、纪检监察组织负责人27人次。围绕统筹协调、查处问责、通报曝光、整改评价等方面,形成纠治“四风”工作闭环,在坚持中见常态、向制度建设要长效,全年推动职能部门建立健全规章制度45项。发挥派驻监督“探头”作用,围绕临时救助资金发放、校园安全整改等方面开展专项监督,立案25件,比上年增长47.1%。派出监察员办公室针对土地复垦、居民建房等方面开展专项检查,立案52件,监察触角直抵“神经末梢”。依托信息化手段,打造“扬清风”智慧监督系统,围绕公车监管、民生资金发放、工程项目监管等重点领域,科学建模,精准监督。开展公车监管、违规申请公租房以及居家养老等专项整治,排查重点线索25个,立案处理17人。 (陈彩云)

【执纪为民】 2020年,扬中市纪委监委持续推进“三治理一挂牌”专项行动,围绕阳光扶贫、惠农资金、养老补贴等方面,开展小切口专项治理。查处群众身边腐败问题116起、140人,推动解决民生问题70余个。对农村集体资产租赁交易、村级招待费专项整治等情况开展“回头看”,推动回笼陈欠资产租金3000余万元。创新“三三三”(完善实名举报规范化办理制度、集体会商会审制度、闭环管理三项制度;开展多年多层多头信访件专项整治、疑难重复信访举报集中化解、优化营商环境三项治理;抓好检举控告交办督办、深化信访分析研判、落实基层平台部署三项重点工作)工作法,提升信访举报办理质效。筛选交办典型问题45个,及时回应群众关切。受理各类信访举报246件次,比上年下降48.2%,人民群众的获得感、幸福感更加充盈,市纪委监委获评江苏省纪检监察信访举报工作先进单位。 (陈彩云)

【政治巡察】 2020年,扬中市纪委监委完成2轮巡察,涉及20个市级机关单位和30个村(社区)党组织,基本实现市级机关单位和村(社区)巡察两个“全覆盖”。巡察发现各类突出问题330个,移交问题线索40条,推动立案查处党员干部12人,问责3人,向市委报送专题报告4份。运用个别访谈、查阅资料、实地走访等方式,提升问题发现精度。加强与审计、政法、信访等部门的沟通协作,构建信息共享、成果共用的联动网络,提升问题发现深度。巡察联动的经验做法得到省委巡视办的肯定。完善整改方案“四方会审”(纪委监委监督检查室、派驻纪检监察组、市委巡察办、市委巡察组共同审核)机制,对不符合整改要求的,严格“退单”、责成“回炉”。下发整改政治责任提醒函,健全“一参考两通报三反馈”(将每轮巡察报告、专项报告报市委、市政府作参考,向组织部门、对口联系纪检监察机构通报,向分管市领导、被巡察单位党组织、党组织主要负责人反馈)机制,强化压力传导,巩固巡察成果,六轮被巡察单位整改率99.3%。 (陈彩云)

【队伍建设】 2020年,扬中市纪检监察制定“打铁必须自身硬专项行动52条”,出台创建模范机关“工作指引”,开展“学恩来精神、守初心使命”专题教育活动。强化党建引领,打造“挺纪护航、廉动江洲”服务品牌,成立“廉心”志愿服务队,开展义务献血、助学扶困等志愿服务活动,彰显服务群众、奉献社会的优良形象。开展“业务大学习、素质能力再提升”专项行动,创新江洲清风“云讲堂”等载体,组织专题培训40余场次。健全轮岗交流、挂职锻炼、跟案跟训等机制,选派31人次参加上级巡察和专案办理,提升实战化水平。加大优秀干部引进力度,面向全市公开遴选年轻干部6人。严格把关村(社区)纪委书记候选人资格,确保队伍纯洁。强化内部监督管理,开展“守纪律、讲规矩、正风气”专项行动,有序推动“六个一”(召开一次作风建设大会;集中观看一次警示教育片;签订一份《作风建设承诺书》;开展一次作风建设大讨论;组织一轮走访慰问活动;落实一次重大事项报告)、“三访三查三促”(干部家访、机关走访、专题访谈,查工作纪律、查群众纪律、查廉洁纪律,促进自我要求更严、促进管理标准更高、促进队伍风气更优)工作落细落实,拓宽社会各界参与监督的渠道。加大对办案、看护人员的监管力度,出台针对性措施15条,探索组织和家庭联合监督新路径,严防“灯下黑”。 (陈彩云)

民主党派·工商联

民主党派

【概况】 2020年，扬中市各民主党派履行民主协商、民主监督职能，参政议政，开展结对共建、社会公益活动。截至年末，4个民主党派有成员88人，其中，民主同盟会盟员46人，民主建国会会员13人，农工民主党党员17人，九三学社社员12人。有镇江市人大代表2人，镇江市政协委员3人，扬中市人大代表1人，扬中市政协委员14人。 （倪旭杰）

【民建扬中支部与市住建局开展对口联系】 2020年10月12日，扬中市住建局与民主建国会扬中支部召开对口联系工作会议，加强沟通交流，倾听民建声音，务实党派共建举措，共同推动住建工作更上新台阶。会上，扬中住建局介绍2020年以来的住建局工作开展情况，民建扬中支部对住建局高度重视和大力支持双方开展对口联系工作表示感谢。双方就全市房地产、建筑业、物业管理等热点问题交流研讨。 （倪旭杰）

【农工党扬中支部与市卫计委开展对口联系】 2020年12月7日，扬中市卫健委与农工民主党扬中支部联合举办“互学互鉴话共建 同心同德谋发展”结对共建座谈会。农工党扬中支部8名党员代表与扬中市卫健委领导参观调研扬中市疾控中心核酸检测实验室，观看扬中市卫健系统抗疫专题片《致敬》，聆听2名扬中市援鄂医务人员先进事迹宣讲，听取扬中市三家基层医疗单位介绍各自医院建设国债项目规划和设计情况及其发展中的困境与愿景。与会农工党员与扬中市卫健委领导交流，建言献策。 （倪旭杰）

工商联

【概况】 2020年，扬中市工商业联合会有基层商（协）会32家，其中，镇（街、区）商会6家，行业商（协）会总数15家，会员总数2820个。扬中市青企会获全国“四好”商会称号，扬中市安徽商会、扬中市永胜村商会获江苏省“四好”商会称号。指导成立扬中市青企会党支部、扬中市装潢业商会党支部。递交《关于建设“扬中河豚文化一条街”》的课题调研报告，为新型智库建设工作贡献力量。弘扬“四千四万”精神，实施“创二代”培育工程，推动“新时代企业家精神师承计划”活动。以“民营企业服务月”主题活动为载体，开展企业走访，开办“扬中市民营企业家理想信念和政策法规”培训班和机关单位与企业党组织结对共建等活动。 （温剑）

【新坝立新商会成立】 2020年1月18日，新坝镇首家村级商会——立新商会成立，41家中小企业加入立新商会。新坝立新商会是立新村工商企业界人士共同发起并组建的村级商会，初创会员吸收41家企业，包括在外发展的立新籍工商企业界人士和在立新村村域范围内从事经营活动的工商企业界人士，涉及工程电器、纤焊材料、表面处理、工程建设、电加热等多个行业。 （王志斌）

【新时代企业家精神师承计划】 2020年9月，扬中市举行“新时代企业家精神师承计划”启动仪式。“新时代企业家精神师承计划”通过政府搭台，为青年企业家创造良好的学习环境、创业环境、发展环境，打造一批青年企业家领航的标杆性企业。 （融媒体中心）

【油坊同德商会成立】 2020年10月5日，油坊镇举行同德商会成立大会。会上，同德村作商会筹备工作报告，工商联宣读《关于成立扬中市油坊镇同德商会的批复》，通过表决选举产生同德商会第一届理事、会长、常务副会长、副会长、秘书长、副秘书长。近年来，同德村经济持续发展壮大，截至2019年年底，注册登记的企业近200家，工业产值13.48亿元。经过前期筹备，油坊镇秉承“同心同德、共兴共荣”的宗旨，成立并打造“同德商会”品牌，放大“亲情油坊”效应，加强企业间沟通交流，实现合作共赢。 （融媒体中心）

群众团体

扬中市总工会

【概况】 2020年，扬中市有基层工会组织736家，其中，独立建会企业596家，村(社区)联合工会82家，行业工会5家，6个镇(街、区)全部建立总工会，局(公司)工会工作委员会21家，直属基层工会26家。推荐江苏省“五一劳动奖章”“五一劳动荣誉奖章”“工人先锋号”“五一巾帼标兵”各1人(个)，推荐镇江市劳动模范18人，镇江市“五一巾帼标兵岗”2个、标兵2人，评选命名30名扬中市劳动模范。推进工人文化宫建设，实施“613”(对6个镇职工之家建设阵地面积在1000平方米以上且投入规模较大的新建、改造项目，按每年不超过10万元安排，视建设和投资规模连续补助不超过3年)工程，新坝镇劳动风采展示馆建成并投入使用。加大组建工会和发展会员工作，全年完成11家企事业单位建会，新发展会员1000余名。探索“八大员”(货车司机、快递员、护工护理员、家政服务员、商场信息员、网约送餐员、房产中介员、保安员)入会建会，成立快递行业工会联合会。召开市总工会十四届九次全委(扩大)会议、庆“五一”暨劳动模范命名大会、新时代产业工人队伍建设改革试点工作部署会。开展“线上+线下”同步招聘，开辟微信公众号招聘信息专栏，举办“庆五一·促就业”专场招聘会，现场达成初步意向40余人。联合市人社局举办“敏欣杯”家庭服务业职业技能竞赛，促进女职工就业。申报镇江市级职工创业示范基地3家和创业个人2名。开展困难职工关爱行动，困难职工脱困44户，为困难职工、环卫工、公交司机、堤管员等发放慰问金及大礼包10万余元。关爱女职工生活，为全市100名环卫女职工和16名特困女职工提供免费健康体检。开展互助互济保障工作，为141名职工送去慰问金83万元。助力企业复工复产，减轻企业负担。印发《扬中市工会组织助力复工复产十条措施》，设立新冠肺炎疫情防控专项资金30万元。全额返还小微企业工会经费，加大对基层工会补助力度，向一线企业赠送口罩、消毒水等防疫物资。开展“携手防疫 共克时艰”五一劳动法治宣传服务月、“尊法守法、携手筑梦”送法服务农民工等普法活动6场次，发放各类法治宣传材料500余份，赠送《中华人民共和国劳动法》《中华人民共和国安全生产法》等法律维权读本1200余册。举办《中华人民共和国民法典》专题学习讲座，组织线上普法知识竞答368人次。在人社局设立工会法律援助工作站，延伸法律服务触角。（蔡颖）

【庆“五一”暨劳动模范命名大会】 2020年4月29日，扬中市召开庆“五一”暨劳动模范命名大会。会议授予黄克锋、洪雅、肖胜等30人“扬中市劳动模范”称号，授予王轶洲、孙国华、江浩等10人第六届“扬中市十佳新市民”称号。会议要求各级党组织要进一步加强对工会工作的领导，及时研究解决工会工作中的重大问题，热情关心、严格要求、重视培养工会干部。各级工会组织要推进工会改革，创新组织体制、运行机制和活动方式，切实维护好职工群众在劳动就业、收入分配、社会保障、安全卫生等方面的合法权益。社会各方面要深化“三百六十行、行行出状元”的共识，崇尚劳动、辛勤劳动、诚实劳动，用劳动创造无限精彩。会上，劳动模范代表和十佳新市民代表作交流发言。（蔡颖）

4月29日，扬中市召开庆“五一”暨劳动模范命名大会

（融媒体中心供图）

【特困职工免费公交IC卡】 2020年4月7日，扬中市向第一批特困职工发放免费公交IC卡，第一批发放17张，持卡人凭卡可在镇江区域内免费乘坐公交。免费公交卡正面印有“扬中市公交IC卡爱心卡”字样，背面印有持卡人姓名、身份证号以及照片，实行专人专用，一年一审，使用次数不限。 （融媒体中心）

【《扬中市工会志》暨《劳模先进风采录》发放仪式】 2020年11月11日，扬中市总工会举行《扬中市工会志》暨《劳模先进风采录》发放仪式。《扬中市工会志》包含工会组织、工会工作、工会自身建设、工运人物与工会荣誉4个篇章，记载1994年至2017年的工会事业和工会工作，全书57.5万字。《劳模先进风采录》收录2020年度命名的30名扬中市劳动模范及部分镇江市劳模、镇江市文明职工、第六届扬中市“十佳新市民”的典型事迹，展示新时代劳模风采。 （蔡颖）

【快递行业工会联合会成立】 2020年12月29日，扬中市举行快递行业工会联合会成立暨第一次会员代表大会。全市9家邮政快递企业的55名会员代表参加会议，会议选举产生扬中市快递行业工会联合会第一届工会委员会、经费审查委员会，产生工会主席、副主席和经审会主任。 （蔡颖）

【小微企业工会经费返还】 2020年，扬中市总工会落实上级工会关于对小微企业工会经费返还政策，印发《扬中市小微企业工会经费全额返还暂行办法》《关于做好工会经费返还补助，助力“六保”的通知》，稳步推进小微企业工会经费全额返还政策贯彻落实，加强与税务、统计部门沟通协调，全市3079家小微企业返还工会经费450万元。 （蔡颖）

共青团扬中市委员会

【概况】 2020年，扬中市有基层团委（团工委）44个，团总支27个，团支部940个，其中，非公企业团支部407个，新增非公企业团支部257个。有青年3.39万人，团员1.1万余人，其中，新发展团员526个。举办扬中市纪念五四运动101周年暨“夺取双胜利·青年当先锋”青春战“疫”风采展示会、“领航·开学第一课”、“红领巾心向党·做星星火炬下好少年”、“庆祝卢刚老师从事少先队事业60周年”等主题活动。开展“我们身边的好青年”“最美中学生”等典型选树活动。组建青年讲师团，开展“绽放战役青春·坚定制度自信”主题宣讲活动，常态化开展理论宣讲活动。推动青年学习社连点成线，扬中市“电气工匠精神”青年学习社线路获评省级青年学习社线路。以“扬中青年”新媒体平台、“苏青U+”、“青年大学习”网上主题团课为媒介，“青年大学习”网上主题团课参学率90%。开展“携手护网行·共治E空间”网络文明宣传，加强青年网络意识形态教育。制作《青春“战”歌》《“小青萌”的战“疫”假期》等视频，开发“萌”系列文创产品。探索“推优入党”制度，联合市委组织部印发《进一步规范做好共青团推优入党工作的意见（试行）》的通知。完善团教协作机制，成立共青团扬中市教育工作委员会，召开扬中市少工委四届二次全体（扩大）会议，实行“双积双评”（两次积分、两次民主评议）积分入团制度，建立党、团、队衔接的政治吸纳机制。举办基层团干部培训班，培训团干部130余人。开展老干部与共青团“牵手助跑”活动。成立团代表联络站，构建“三站四联五机制”（市级、线上、一线联络站，在机制上联通、在感情上联心、在服务上联动、在组织上联建，团代表“俯下身”“引风向”“优服务”“凝心力”“展风采”制度）工作格局，成立联青服务站，开展集中服务日活动4次。加强“青年之家”建设，云平台新增“青年之家”3家，活动覆盖5000余人次。村（社区）成立“青年议事室”“青春合作社”，举办圆桌会议、同心圆兴趣小组。规模以上企业基本全部建立团组织，成立青商会、青企会团支部。举办扬中市首届青年人才大会。联合东南大学、扬州大学、江苏大学等6所宁镇扬高校成立校地共建联盟，在北京、上海、南京、镇江四地建设驻外团工委。开展“青雁归巢·青春腾飞”青年学子家乡行活动。制作青年人才政策汇编，设立“小青萌”帮办服务专员。联合49家规模企业、金融机构、事业单位设立286个实习见习岗位，建设青年就业创业见习基地6家。举办青年人才专场招聘会，发布岗位3200余个。开展“青年文明号”创建活动，创成镇江市级青年文明号3家。开展“童享阳光”一对一关爱行动、“走非公企业·听青年心声”集中服务日活动。开展“希望工程”系列助学活动，募集捐款20余万元，资助学生100余人次，实现微心愿178个，向陕西白水、西藏达孜优秀学生发放助学资金7万元。实施“青春自护”“青春护航”工程，组织自护情景剧进校园展演。组织青年志愿者1088人、青年突击队116支参与疫情防控，动员青商会、青年社会组织捐赠防疫物资50余万元。220余名青年加入防汛志愿者队伍。开展安全生产大练兵。探索“互联网+助农”新模式,开展“网聚青力量·助农促消费”直播带货活动4场,开展“青春四进·建功乡村”主题活动。

(吴云)

11月27日,扬中市青年联合会第四届委员会第一次全体会议召开 (团市委供图)

【“青春志愿行 温暖回家路”暖冬行动】 2020年1月19日,扬中市开展“青春志愿行 温暖回家路”暖冬行动。活动由交通运输局团委联合网友义工团共同组织。青年志愿者在长途汽车客运站开展志愿服务,为旅客提供热茶、饮用水,协助旅客购票取票,提供出行咨询、搬运行李、送福字等服务。 (吴云)

【纪念五四运动101周年暨青春战“疫”风采展示会】 2020年4月29日,扬中市举办纪念五四运动101周年暨“夺取双胜利,青年当先锋”青春战“疫”风采展示会。展示会上,“最美逆行者”“最美防‘疫’坚守者”“最美服务保障者”“最美青春志愿者”获赠青春战“疫”定制纪念册,团市委为“最美青年突击队”授旗。

(吴云)

【“萌青助销”推介行动】 2020年,共青团扬中市委员会探索“互联网+助农”新模式,开展“萌青助销”推介行动,该行动是2020年团市委“青春助跑乡村振兴·岛青农创”系列活动之一,依托“扬中青年”新媒体平台和扬中本土自媒体,通过展示展销、直播带货等形式推介农产品。全年开展“网聚青力量·助农促消费”直播带货活动4场,线上展销本土农产品10余款,直播观看量13万人次,助力扬中本土农创产品营销。5月19日,“萌青带货团”“云上助农”首播。 (吴云)

【青年安全生产倡议】 2020年,共青团扬中市委员会联合应急管理局发出青年安全生产倡议,组织青年安全生产示范岗创建、青年安全生产演讲比赛、安全生产现场教学、青年安全生产技能大比武等活动,增强青年安全生产意识,提升青年安全生产技能。6月12日,扬中市启动2020年度“青年安全生产示范岗”创建活动,6月17日起,“扬中青年”微信公众号连续推出“岛城青年说”专栏,引导创建青年安全生产示范岗。6月29日,开展“坚持安全发展 助力产业强市”青年演讲比赛初赛。7月7日,举办“坚持安全发展 助力产业强市”青年演讲比赛暨青年安全生产技能大比武颁奖仪式。12月18日,开展“青安宣讲团”暨“携手护网行 共治E空间”网络文明宣传集中服务日活动,发挥青年安全生产示范岗的示范作用,扩大共青团助力安全生产。

(吴云)

【扬中市团代表联络站建立】 2020年6月28日,镇江市“一专一站两联”建设推进会暨扬中市团代表联络站揭牌仪式在油坊镇举行。会议介绍团代表联络站建设方案,按照“方便联系、共建共享”原则,创新“165”工作机制,通过“1个市级团代表联络站+6个镇(街、区)团代表联络点+5项联系服务机制”,建设团代表的“履职平台”和普通团员青年的“联系平台”。构建“三站四联五机制”工作格局,推动各级团委委员、团代表入驻联络站,常态化联系青年1200余名,开展履职活动20余场。成立联青服务站,开展集中服务日活动4次,引导各级团干部走到一线,同青年交朋友、心连心、做服务,使团组织、团干部植根于青年当中。

(吴云)

【“牵手助跑”活动】 2020年7—12月,共青团扬中市委员会、扬中市委老干部局、扬中市委离退休干部工委开展老干部与共青团“牵手助跑”活动。7月3日,全市老干部与共青团“牵手助跑”活动启动仪式暨“七一”党课在会议中心江洲厅召开。7月24日,扬中团市委和市委老干部局联合召开全市老干部与共青团“牵手助跑”活动推进部署会。活动成立老干部指导组,负责老干部指导的组织领导工作,指导组下设6个小组,与全市6个镇(街、区)团(工)委结对。结对双方签订《牵手互动意愿书》;商定结对活动计划;开展老青牵手活动,帮助解决问题。各镇(街、区)老干部党支部、老年协会团体、100余名老干部代表、300余名团员青年参与活动。老干部与青年建立“1+1”帮带机制,推行“手把手”工作法,通过共青团“五大行动”(政治强团青春助推行动,产业强市青春助力行动,乡村振兴青春助跑行动,精准扶贫青春助攻行动,文明实践青春助益行动)、老干部“五大指导”(政治上引导,工作上指导,创业上支持,感情上联络,生活上关心),助力团干部成长。

（吴云、韦庆燕）

【"青商大讲堂"揭牌】 2020年7月30日,扬中市召开"青商大讲堂"揭牌仪式。"青商大讲堂"平台由团市委和市青年商会打造,旨在更好地服务青年企业家队伍建设,促进青年企业家能力提升。通过每季度开展活动,为青年企业家创造交流互动、学习进步的机会。仪式上,青年商会党支部、团支部成立并揭牌;首期"青商大讲堂"以《中华人民共和国民法典》为主题开展讲座。

（吴云）

【第一届青年人才大会】 2020年8月15日,扬中市第一届青年人才大会暨"青雁归巢、青春腾飞"青年学子家乡行活动启动仪式举行,1.32万人次在线同步观看活动直播。活动由扬中市委、市政府主办,人才办、团市委、青年联合会共同承办,近150名扬中籍优秀青年人才代表、高校学生及部分高校团委负责人应邀参会。活动发布青年人才政策。聘请24名在外优秀青年、青年企业家、在校大学生担任"青年人才大使",成为扬中市以才聚才引才的"代言人"。会上,"好未来"董事长兼首席执行官张邦鑫,教育部体育卫生与艺术教育司体育卫生处处长许弘,"江苏青年五四奖章"获得者、江苏省广播电视总台评论部主任王波等6名青年人才代表通过贺信、视频、现场发言等形式,分享个人经历;现场为12名贫困学子发放2020年度"希望工程"圆梦助学爱心资助;大全集团、香江科技等6家青年就业创业见习基地接受授牌;为扬中籍大学生驻外团工委授牌;启动成立共青团校地共建联盟。8月15—18日,开展"青雁归巢、青春腾飞"青年学子家乡行活动,组织青年学子参观产业强市新成就、乡村振兴新风貌、传统文化新风尚3条路线,树立在家乡就业、创业的信心。（吴云）

扬中市第一届青年人才大会召开　（团市委供图）

链接:"青雁归巢"大礼包

2020年,针对人才创新创业项目,扬中市分顶尖人才、高层次人才、应用型人才、专业人才四类予以奖补。其中,为处于国家科技前沿和顶尖水平的人才,量身定制特殊支持,资助力度提高到600万元,叠加江苏省、镇江市顶尖人才计划,总计可获得2000万元左右的专项资助;围绕全市主导产业、新兴产业,每年引进和支持10~15名(个)产业领军人才(团队),给予最高100万元资助资金。省级以上人才投资创办实体企业,除项目资助外,最高给予100万元创业启动资金,以及3年、最高200万元的贷款贴息。实施"柔性引才"奖补计划,凡到扬中工作的高级经营管理等人才,按年薪超过15万元部分的30%给予奖补,最高可达20万元。出台《应用型人才队伍建设意见》,明确对高校毕业生和应用型人才提供包括见习补贴、成长奖励、创业扶持在内的3项优惠政策。具体为:普通高校毕业生在扬中就业见习基地见习,可连续6个月按当地最低工资标准的60%获得见习补贴;技能人才新获高级工以上职业资格证书,可享受最高3000元培训补贴。专业技术人员新取得硕士以上学位,可享受最高2万元奖励;设立总规模2亿元的人才科技创业投资基金,对于毕业2年内初始创业的高校毕业生,给予6000元一次性创业补贴,和最长3年、最高50万元的创业担保贷款。10家省级以上创业载体,为初创期高校毕业生免费提供30平方米的办公场地,并定期开展创业辅导,降低创业成本。在专业人才方面,"江雁计划"每年支持15~20名(个)教育、卫健等领域的优秀人才(团队)开展创新性研发工作,分别给予5万元资金资助。对教育拔尖人才每月发放最高5000元奖励津贴,对引进的优秀教育人才发放最高60万元的安家补贴。对卫健系统引进的成熟性专家、本科以上毕业生,给予最高80万元的生活补助;对在科技创新上有重大突破的卫生专业人才,给予最高100万元奖励。对于农业人才,出台《支持农业人才队伍建设六项举措》,建立轮训机制,整合部门叠加支持。推出"五个一"服务,让青年人才"上岛无忧"。即:一张人才卡片,"江洲英才一卡通"提供交通出行、域内旅游、健身休闲、健康体检、政务代办等免费服务,因人制宜地为人才提供家属就业、子女就学等便利服务;一份住房补贴,普通高校本科以上毕业生,毕业3年内可享受每年最高8000元的租房补贴。"双一流"高校本科、普通高校硕士以上毕业生在市内购买首套自住房,可享受契税全额补贴和公积金贷款额度上浮50%的优惠。"双一流"高校本科以上毕业生,普通高校硕士、博士生,可享受最长3年、最高3万元的生活津贴;一套金融支持,整合创投、银行、证券等金融机构资源,给予人才"苏科贷""人才贷""高企贷"等金融支持;对获得市以上人才计划支持的企业,联合江苏银行,推出免抵押信用贷款,扬中市级、镇江市级、江苏省级最高可贷款200万元、300万元、1500万元,全力扶持人才创新创业;一个服务中心,优化设置市级领军人才服务中心,以"最多跑一次"的服务理念为人才提供高效便捷的政务办理体验;一群帮办专员,在全市重点人才企业设立人才工作服务站,明确服务专员,提供"只要我有、有求必应"的人才服务。(融媒体中心)

【青年讲师团全市行活动】 2020年9月3日,"绽放战疫青春·坚定制度自信"宣讲暨青年讲师团全市行活动在扬中经济开发区举行。团市委联合宣传部组建青年讲师团,从团干部、青联委员、青年典型中选拔成员,扬中团市委为"青年讲师团"授旗,向"青年讲师团"20名成员颁发聘书。讲师团赴农村、企业、学校、机关,开展"绽放战役青春·坚定制度自信"主题宣讲活动19场,宣讲覆盖青年1万余人次。聚焦学生、机关青年、青年企业家等群体,打造"益"堂团课、"岛城青年说"、"青商大讲堂"等宣讲品牌,常态化开展理论宣讲活动,打通理论武装青年的"最后一公里"。(吴云)

扬中市妇女联合会

【概况】 2020年,扬中市有直属妇联组织28个,其中,镇(街、区)妇联6个,市级机关妇工委1个,其他机关部门妇联组织21个(15个改建妇联,6个妇委会)。村(社区)妇联85个。举办"携手战疫、巾帼有为"主题图片巡回展,开展暖企走访,举办企业定向招聘活动、"5·15"国际家庭日主题活动、"社会妈妈"爱心助学活动、困境儿童"圆梦微心愿"活动,换届改选市女企业家协会。(季颖)

【"家的味道"家庭教育专题讲座】 2020年1月10日,扬中市妇联举办"家的味道"家庭教育专题讲座,邀请国家二级心理咨询师陶雪梅授课。围绕"智慧沟通"主题,通过情景互动、案例分析、教育孩子的经历,引导父母理解"爱的五种语言",学会智慧沟通,把握"教育的几个关键期",接受孩子之间的个体差异,共同"营造有温度的家"。(季颖)

【纪念"三八"国际妇女节110周年主题展】 2020年3月6日,扬中市妇联举办"携手战疫、巾帼有为"纪念"三八"国际妇女节110周年主题展。展出图文作品300余幅,从"最美逆行者、最美奉献者、最美守护者"3个角度,展现扬中女性战"疫"事迹。(季颖)

【国际家庭日活动】 2020年5月14日,扬中市妇联举行庆祝"5·15"国际家庭日暨扬中市"最美家庭"揭晓仪式。活动以"家庭美助力家乡美"为主题,评出"翰墨书香""家教有方"最美家庭6户,"同心抗疫""热心公益"最美家庭6户,"绿色宜居"最美家庭3户。发布"伴阅成长"2.0家庭教育公益项目、"社会妈妈"品牌提升项目;为15户最美家庭发放美丽庭院"大礼包";启动"爱岛爱家"家庭文明建设促进计划。(季颖)

【阅读微心愿活动】 2020年5月29日,扬中市妇联开展"缤纷童年、微爱传递"——圆梦微心愿"六一"快乐嘉年华活动。通达商厦第一时间认领,捐款全部用于实现阅读微心愿。6月1日,妇联在市实验小学报告厅开展"我最想要的十本书"的微心愿发放活动。(季颖)

【"社会妈妈"品牌提升项目】 2020年5月30日,"社会妈妈"品牌提升项目之"结伴一起走"初见时光亲子沙龙在三街道港联社区举行,活动由扬中市妇联主办,鑫雨亲子服务中心承办。30位社会妈妈与结对帮扶儿童参与活动。通过破冰小游戏和手工制作,加深对彼此的了解与信任。(季颖)

【"公益100"未成年人暑期安全教育活动】 2020年7月26日,守护童年——"公益100"未成年人暑期安全教育活动在市特教中心举行。活动由扬中市妇联、民政局主办,扬中鑫雨亲子服务中心承办。各镇(街、区)的40余名儿童在"社会妈妈"和爱心志愿者的带领下学知识、做游戏、学绘画。活动现场,主讲老师通过互动问答、观看情景剧等方式,引导儿童"现场"过马路、认识信号灯,向其讲解怎样避免驾驶员的视线盲区、没有过街设施时如何横过马路、如何安全乘车等。在防溺水安全教育环节,运用情景模拟,有针对性地讲解安全防护和溺水应急方法。(季颖)

【妇联企业定向招聘】 2020年9月8日,扬中市妇联组织各镇(街、区)开展首场现场招聘,活动在宜禾股份有限公司开展,60余名求职妇女参加。活动现场,求职妇女与招聘企业零距离沟通，参观企业内部的中国职业装博览馆，体验企业文化。开展企业高层与求职者面对面座谈交流会，企业负责人解答问题，30余名求职人员达成就业意向。（季颖）

【反家暴宣传网络直播】 2020年11月19日，扬中市妇联联合市司法局，在镇江豚宝网络科技有限公司，通过线上直播的方式开展反家暴主题宣传活动。近千名网友在线观看，累计线上点赞数5000余次。活动邀请江苏正新律师事务所律师、扬中市妇联妇儿维权代言人张秀娟参与直播间，围绕妇女权益保障、预防和制止家庭暴力等法律问题，结合具体案例作详细讲解。（季颖）

【“实干筑梦、巾帼出彩”创新创业论坛】 2020年11月29日，扬中市女企业家协会第三次会员大会暨“实干筑梦、巾帼出彩”创新创业论坛在菲尔斯金陵大酒店举行。活动由扬中市妇女联合会主办，市各镇(街、区)领导、相关部门负责人，女企业家协会会员、女性创客联盟会员、规模企业女性高级管理人员，各级妇联干部代表等近200人应邀参会。活动分为“慧聚·她能量”“领跑·她速度”“共享·她时代”3个篇章，现场举行妇女儿童慈善救助基金集中发放仪式；“扬中市巾帼电商基地”授牌，向巾帼电商主播赠送话筒；向“暖企顾问团”成员颁发聘书；市女企协新一届领导机构宣誓；江苏省、扬中市女企协举行合作备忘录签订仪式；公布2020年度“99公益日”爱心募捐活动结果，向爱心企业颁发奖杯；举办“巾帼领秀”项目启动仪式；宜禾股份有限公司向江苏省女企协捐赠御寒物资。（季颖）

11月29日，扬中市女企业家协会第三次会员大会召开（妇联供图）

扬中市科学技术协会

【概况】 2020年，扬中市科学技术协会(以下简称科协)拓宽科普宣传渠道，搭建科技创新平台，创新科技人才服务手段，强化科协基层组织建设，提升自身创新发展能力。出台《关于推动企业科协集成创新能力建设的意见》，全面提档升级31家企业科协运行质量，培育新建企业科协工作站8家、海外工作站2家和院士工作站1家，借助大航有能院士专家工作站的成立，组织实施大航院士专家协同创新中心建设。（郭明霞）

【全民科学素质提升】 2020年，扬中市科协加大科普示范基地、科普教育基地培育力度，扬中市同德中学院士风采馆创成江苏省科普教育基地，华北电力大学扬中智能电气研究中心、扬中市油坊中心小学、三茅街道友好村新时代文明实践站创成镇江市全民科学素质教育基地，建立八桥镇长胜村科普惠农服务站、新坝镇江花家庭农场科普惠农服务站、长城镇江市科普惠农服务站。疫情期间，在中、小学校开展“校园卫生防疫科普知识竞赛”线上答题活动，3.61万人答题，11.23万人次参与。免费为村(社区)、企业发放“科学防护，战‘疫’必胜”“新型冠状病毒肺炎复工防控知识问答”等防疫科普漫画手册和宣传画报。6月，组织科技服务蓝色平台科普志愿者寻访“种瓜大王”孙六生。与爱仁眼科、新华书店等社会机构合力建设5个科技志愿服务驿站，实现科技工作者从“用”到“养”的转变。与市委宣传部、文明办、教育局策划“诗词里的科学”系列活动，与扬中市博物馆共建“第二课堂”，开展“博物馆里的科学”科普研学活动，在实验小学、外国语小学、崇德小学(原南师附小)、第二幼儿园、八桥中心小学和长旺中心小学开展“我动手、我快乐”科学实验分享会，在西来桥学校、江洲小学、明珠小学和滨江小学开展以野生动物保护为专题的阅读分享会。全国科普日期间，动员市民参与全民科学素质网络知识竞赛，累计答题27.55万人次，竞赛页面访问量逾43.62万次。联合市委宣传部、市应急管理局举办“扬中市‘慧安’科普讲解大赛”，村(社区)基层科普员为广大群众开展安全科普。（郭明霞）

【科技创新培育】 2020年，扬中市科协与镇江市科协、江苏大学共同举办智能制造暨第二届柔性机械电子产业化国际论坛。镇江华扬乳胶制品有限公司通过海外工作站富银(香港)有限公司，参加在镇江举办的“善用香港平台，镇港合作共赢”经贸技术交流会和“2020海外华侨华人高层次人才江苏行暨华侨华人创新创业镇江洽谈会”，并签订意向协议。组织银佳、金海新源等8家企业的20余名技术人员，参加中国电工技术学会组织的“输配电领域技术培训”视频会议。组织5家企业参加镇江市科协举办的创新方法培训班，10

名企业人员参加企业创新力培训班。推进企业专利信息资源库的安装和应用，新增专利信息资源库账号3家，有106家企业申办专利信息资源库账号并得到应用。上报镇江市科协建言献策课题4篇，其中，1篇入选，上报扬中市委办调研文章1篇。“全国科技工作者日”期间开展“科技为民、奋斗有我”科技工作者座谈会，邀请10余名农业、医疗、水利、建筑等行业的优秀科技工作者代表，围绕“产业强市、实干兴市”和扬中高质量发展建言献策。 (郭明霞)

【优秀学会培育】 2020年，科协培育优秀学会典型，宣传机械工程学会、医学会等先进学会的典型经验，推动面上学会管理提质增效。扬中市机械工程学会获“2020年度镇江市特色学会”称号。10月，扬中市教育学会进行换届选举，分学科设立26个专委会。推动学会承接政府职能转移工作，扬中市医学会承接医师培训职能和医患矛盾调解职能，组织在职医务人员继续医学教育，协助做好医师资格考试、定期考核工作。全方位培养一线优秀科技专业人才，向上举荐基层优秀科技工作者参加2020年度省、市各项评选活动。钱玉峰等3人获“江苏省企业创新达人”“镇江市企业科技标兵”称号，戴罡等3人获得“镇江市青年科技人才托举工程”资助，黄克锋等3人获“镇江市杰出创新工程师”称号，刘全和等4人获“镇江市优秀工程师”称号。组织开展第九届优秀科技论文评审活动，评出获奖优秀科技论文59篇，其中，一等奖10篇，二等奖20篇，三等奖29篇。 (郭明霞)

扬中市归国华侨联合会

【概况】 2020年，扬中市归国华侨联合会夯实“五必访”(归侨侨眷家中有事必访，归侨侨眷患病住院必访，归侨侨眷遇到困难必访，海外亲友回扬必访，困难归侨侨眷逢节必访)工作制度，凝聚侨心侨力，抗疫期间主动发挥侨联作用，慰问归侨侨眷，助力海内外抗疫工作。在春节、中秋节、重阳节等节点慰问侨胞，加强内部管理。召开侨联六届十次全委会(扩大)会议，以《中华人民共和国民法典》为主题开展第三期侨联讲堂。组织防疫物资支援海外华人，寄出口罩6000余只，帮助海外华人共同抗击疫情，共克时艰。实施侨眷关爱工程，通过走访慰问的形式，听侨声、察侨情、解侨忧，切实解决归侨侨眷的实际困难，做侨眷的贴心人、知心人。1月，开展侨界迎新春送温暖活动，走访慰问侨界重点人士和侨眷、侨联“5+1”帮扶对象。7月，侨联组织市、镇两级侨联工作人员走访慰问全市75周岁以上的高龄侨眷和部分重点高龄侨眷。 (陈薇)

【“微侨家”建设】 2020年，扬中市侨联规范化运行“微侨家”，建立侨联班子成员联系制、定期互动交流制，定期举办活动，提高宣传力度，让归侨侨眷参与进来，活跃起来，扩大侨联的知名度和影响力。发挥社会优势，暖侨心、解侨困、护侨益，将“微侨家”打造成归侨侨眷、海外侨胞及留学生可依赖的温暖之家、团结之家、奋斗之家。 (陈薇)

【重阳节暖侨活动】 2020年10月23日，扬中市侨联组织侨界代表人士赴兴化开展重阳节暖侨活动。侨联一行人参观省华侨华人文化交流基地——兴化市博物馆，观赏郑板桥、施耐庵、罗贯中等历史名人的书画，了解兴化的文人轶事、文化历史。参观兴化李中水上森林公园，在水上森林公园，呼吸森林氧吧。 (陈薇)

【“用高科技方法实现低碳环保生活的实践”活动】 2020年12月22日，“微侨家”秋水轩岛城书会举办《用高科技方法实现低碳环保生活的实践》活动，侨眷代表20余人参加活动。活动倡导从日常生活中的衣、食、住、行、用实现低碳生活。活动中，镇江市侨联向秋水轩岛城书会捐赠镇江市委统战部编印的书籍《侨海情深》。 (陈薇)

【侨界人士“看家乡、助发展”活动】 2020年12月25日，扬中市侨联组织侨界人士举行“看家乡、助发展”活动。活动由镇江市侨联主办，镇江市留学人员亲属协会承办，在镇江市创业和工作的留学归国人员、在海外上学回镇江的学生、部分侨眷、留学人员亲属、市侨务专兼职侨务干部参加活动。侨界人士参观陈履生博物馆、新坝五一村、扬中长城汽车蜂巢易创科技有限公司和镇江五峰山长江大桥。 (陈薇)

扬中市文学艺术界联合会

【概况】 2020年，扬中市文学艺术界联合会(以下简称文联)有作家协会、书画家协会、音乐舞蹈家协会、戏剧曲艺家协会、摄影家协会、民间文艺家协会、电影电视家协会7个专业协会，会员总数400余人，其中，国家级会员27人，省级会员90余人，镇江市级会员170

余人。全年新增国家级会员8人，郭春海、金永祥加入中国书法家协会，孙永青、常阳、杨荣芳、倪玉蓉、王桂林、丁红梅加入中国民间文艺家协会；新增省级会员3人，叶贵加入江苏省作家协会，郭春海、朱敏加入江苏省美术家协会。有公安文联和西来桥镇文联团体会员2家。各协会开展文艺采风培训、文学讲座、书画笔会、文艺汇演、民间文艺展示等文艺活动，丰富全市群众的精神文化生活。2月，开展文艺战“疫”创作活动；4月，召开文联八届五次全委会；5月，面向全省举办“相约河豚岛”扬中市美术书法摄影作品晋省展；6月，举办“艺路芬芳、文明同行”扬中市“创文”主题文艺作品征集暨公益推广活动，启动“艺起传薪”传统文化进校园活动，在滨江小学成立文联书画艺术推广示范点；11月，举办“全面小康 幸福扬中”书画摄影作品巡展；12月，与中国摄影报社合作主办“影像的力量”2020中国摄影报全国摄影拉力赛(扬中站)活动。承接镇江市文联“文艺轻骑兵”文艺惠民活动，持续推进文艺“四进”。（陈茜）

【文艺战“疫”创作活动】 2020年2月，扬中文艺工作者围绕“抗击新冠肺炎疫情”开展主题创作。创作出文学、书画、摄影、视频、音乐、戏曲、民间文艺等各门类反映抗击疫情主题的文艺作品100余件，叶贵参与创作歌曲《逆行的身影》在“学习强国”平台、“风雨同歌”中国抗疫主题MV征集典藏活动平台展播。戴少华、王中明、蔡风、郭春海书画作品入选“致敬江苏援鄂白衣勇士”书画作品赠送活动。蔡风书法作品入展“同心战疫”主题作品展。（陈茜）

【“相约河豚岛” 扬中市美术书法摄影作品晋省展】 2020年5月15日，“相约河豚岛” 扬中市美术书法摄影作品晋省展在江苏省现代美术馆开幕。活动得到江苏省文联指导，由扬中市人民政府、镇江市文联主办，江苏省现代美术馆、扬中市委宣传部、扬中市文联、扬中市融媒体中心承办。先后在江苏省现代美术馆和扬中博物馆展出，展出以展现扬中风貌、弘扬河豚文化为主题的美术书法摄影作品120件，提升“中国河豚岛”的知名度和美誉度。（陈茜）

【“创文”主题文艺作品征集】 2020年6月，扬中市文联主办的“艺路芬芳、文明同行”扬中市“创文”主题文艺作品征集暨公益推广活动启动。活动征集到弘扬社会主义核心价值观、展现扬中地域文化特色、倡导优良家风、关心关爱未成年人、反映扬中“创文”工作等主题的文艺作品100余件，通过媒体发布，为扬中创建全国文明城市营造氛围。（陈茜）

【“全面小康 幸福扬中”书画摄影作品展】 2020年11月16日，“吾悦广场杯”“全面小康 幸福扬中”书画摄影作品展在扬中市行政中心开幕。活动由扬中市委宣传部、扬中市文联、扬中市融媒体中心、扬中吾悦广场主办，扬中市书画家协会、扬中市摄影家协会、扬中市老年书画协会、扬中市篆刻艺术推广协会协办。展览在行政中心首展一周后，在吾悦广场和新坝镇举办巡展，展出反映扬中市经济建设、社会和谐、文化繁荣、人民幸福、生态文明等各方面发展成就的书画摄影作品100件，记录扬中推进“产业强市、实干兴市”的奋斗历程，展示小岛决胜全面小康、促进高质量发展的实践。（陈茜）

【《中国摄影报》全国摄影拉力赛(扬中站)】 2020年12月，扬中市文联与中国摄影报合作主办“影像的力量”2020《中国摄影报》全国摄影拉力赛(扬中站)活动。比赛收到500余幅投稿作品，20幅摄影作品入围，在《中国摄影报》整版刊登。（陈茜）

12月13日，2020《中国摄影报》全国摄影拉力赛(扬中站)授旗仪式 （文联供图）

【文艺名家讲坛】 2020年，扬中市文联面向全市举办4场“文艺名家讲坛”，邀请国内文艺名家到扬中开展公益讲座，讲座内容涉及文学、美术、摄影等艺术门类，500余名文艺爱好者参加活动。南京邮电大学传媒与艺术学院院长、江苏省美术家协会省直分会副会长王平，江苏省作家协会副主席鲁敏，江苏省摄影家协会主席许益民，中国摄影家协会八届主席团副主席、著名摄影理论家索久林应邀到扬中，围绕“中国画学习与创作的方法与路径”“从灵感到文本”“参加重要摄影展(赛)攻略”“走出困惑营造辉煌的路径——摄影艺术通感解析”等主题开展讲学，与扬中文艺爱好者面对面交流。（陈茜）

【文艺志愿服务】 2020年,扬中市承接、参与镇江市文联开展的"文艺轻骑兵"文艺惠民活动,结合新时代文明实践工作要求,组织带领各文艺家协会开展好第十五届扬中市社区(农民)文化艺术节相关活动,持续推进文艺"四进"。举办第七届"灵秀镇江"——"全面小康"美术书法作品展扬中巡展、第八届"百花争艳"2020宁镇扬女书画家作品展扬中巡展、"大家风采"2020镇江老艺术家学术提名展扬中巡展等活动。作家协会联合扬中见义勇为基金会,以见义勇为先进典型为对象,开展《见义勇为之歌》文学采风创作活动。书画家协会组织书画家在中央商场和新坝镇丰乐桥村开展"义务写春联"活动,赴重点项目企业——蜂巢易创扬中产业园举办采风笔会,在武警中队开展"书画进军营"活动,举办中小学生素描公益课。摄影家协会组织骨干会员深入乡村、企业一线开展"全面小康 幸福扬中"主题采风创作活动。音乐舞蹈家协会参与策划、组织江苏省道德模范现场会、"和美江洲月 盛世家国情"扬中市第二届乡村中秋游园会专场文艺晚会、扬中市首届太平文旅节等惠民文艺演出30余场次。戏剧曲艺家协会开展"周末戏相逢""公共文化企业行"等送戏下乡活动10余场。民间文艺家协会组织举办"河豚文化与扬中河豚食俗""非遗"讲座,开展竹编、剪纸等"非遗"宣传展示体验活动。影视家协会组织拍摄制作二十四节气短视频,传播民俗知识,弘扬中华传统文化。西来桥镇文联组织举办舞龙、糊塑推广展示活动,挖掘传承地域特色文化。 (陈茜)

扬中市残疾人联合会

【概况】 2020年扬中市残联紧扣"全面小康社会,残疾人一个也不能少"目标,巩固残疾人扶贫脱贫成果,优化残疾人基本公共服务资源,提高服务残疾人能力和水平,深化残联组织改革。确保残疾人"全面小康"目标实现。开展"三进三查"(走进重度残疾人家庭、走进建档立卡低收入残疾人家庭、走进残疾学生家庭,核查"两项补贴"、"单人保"、基本医疗基本养老等政策落实、残疾学生受教育以及政策落实、基本住房等情况)活动,摸清贫困残疾人底数。实施光伏扶贫项目,为36户贫困及边缘残疾人家庭免费安装光伏发电设备,为16名建档立卡贫困家庭残疾人子女和15名贫困残疾人家庭子女入学提供教育补贴11.1万元。实施"1家扶贫基地至少签约1户残疾人建档立卡户"的"精准扶贫"举措,落实20户、22名建档立卡残疾人稳定就业,确保人均年收入不低于1万元。出台《巩固提升农村低收入群体生活保障水平的意见》,提高精神残疾人免费服用基本药物和残疾儿童抢救性康复救助标准。完善残疾人服务平台。建成残疾人综合服务中心,其融合发展的理念被省残联评为"2020年度创新创优项目"。18家"残疾人之家"建、管、营为30个村(社区)、3300人提供服务,安置辅助性就业160人,人均增加收入350元/月,为270名残疾人提供日间照料。出台《扬中市残疾人托养机构建设管理办法》,把为残疾人提供托养服务的质量水平、服务的数量效果、服务对象的反馈评价等作为考评管理的重点。组织"十年到期"换证工作,维护残疾评定的严肃性和公平性。做好信访维权工作,处理"12345"工单15件,接待残疾人信访3件,受理举报3件,提供法律援助、法律救助3例。9月,新坝镇新宁村通过国家级无障碍环境村达标验收。 (韩传会)

【残疾人综合服务中心启用】 2020年5月12日,扬中市残疾人综合服务中心揭牌启用。6月1日,扬中残联机关及所属事业单位在中心办公运行。9月22日,人民医院康复院区搬迁运行,接待康复病人入住。残疾人综合服务中心总占地面积2.43万平方米,建筑面积2.75万平方米,项目总投资2.4亿元。项目自2017年2月开工建设,先后完成征地拆迁、土建施工、内部装饰、设备采购配置和外围场地等建设工程。包括残联机关、残疾人康复中心、托养中心和特殊教育中心等机构,是集残疾人康复医疗、特殊教育、短期托养、就业培训等于一体的残疾人综合服务阵地,整合扬中康复医疗资源和特殊教育等资源。截至年末,在综合服务中心开展康复训练的心血管、脑中风及术后康复病人20名,开展抢救性康复训练儿童36名,各项功能设备运行正常。 (韩传会)

【残联改革方案】 2020年,扬中市按照省、市统一部署,综合借鉴省残联、镇江残联的改革经验,吸收无锡市等省内残疾人事业高质量发展走在前列地区的创新做法,起草规划扬中残联改革方案。扬中残联改革方案突出切实加强党对残疾人工作的领导,力求在发挥残联纽带作用上有提升;优化领导机制,在干部配备专、兼、挂上有创新;夯实人才队伍基础,在强化残联组织辐射作用上有拓展;完善综合服务中心功能,在维护残疾人合法权益上有保障;改进工作方式,在提升服务残疾人能力上有改进四大特点。9月28日,扬中残联改革方案向扬中市委常委会作专题报告,经全体常委审议,一致同意通过;11月12日,方案正式印发。

(韩传会)

【残疾人脱贫攻坚"三进三查"活动】 2020年3月，扬中市开展残疾人脱贫攻坚成果"三进三查"活动。经调查，"十三五"期间纳入建档立卡管理的残疾人804人，已脱贫解困755人，脱贫未解困7人，失访42人(其中，死亡40人、失联2人)。6月，市、镇、村三级联动，组织工作小组走村入户，对照问题清单、深刻分析原因、对照惠残政策，逐户落实工作方案。7月，全面推动问题整改工作，属残联职责范围事项，能立即整改的事项立即整改，需要长效措施的，制定可操作、可落实的长效工作机制；压实残工委成员单位责任，激发整改动力，形成整改合力；建立反馈和跟踪机制，督促整改工作落实到位，确保如期高质量打赢脱贫攻坚战。

(韩传会)

【残疾人换证工作】 2020年，扬中市开展残疾人换证工作。扬中市2009—2010年换发和领取第二代残疾人证的残疾人近5000名，证件有效期为10年，有效期将满。各镇(街、区)做好换证准备工作，做细做实换证工作的前期宣传、换证期间的信访预案及换证后期的相关解释咨询工作。8月，市政府召开工作部署会。9月底，第一轮复评工作全部结束，复评到期残疾人证4486人，实际完成复评数4321人。其中，由重度降为轻度残疾等级94人，由三级降为四级245人，由智力残疾转变为精神残疾25人，不符合残疾评定标准110人。10月，集中复评漏评人员，做到应换证人员全部参加换证复评。11月，公示拟取消人员，启动新证制发工作。新残疾人证信息录入全国公安系统网络化管理，核查清理"假错空"残疾人证。截至年末，新证全部发放到残疾人手中，维护残疾评定的严肃性和公平性。 (韩传会)

扬中市红十字会

【概况】 2020年，扬中市红十字会有基层组织22个，团体会员单位5家，成人会员2000人，青少年会员3000人，注册志愿者100人，志愿服务组织6个，总服务时长1000小时，应急救护培训基地1个，冠名红十字医院1所，应急救护培训师资24人。根据《扬中市红十字会改革实施方案》，改进治理结构，理事会推选1名挂职副会长驻会工作，增设监事会，建立完善议事决策制度。"博爱送万家""博爱万人捐""爱心一元捐""爱相髓——白血病关爱项目"为红十字传统品牌救助项目，常年开展募捐筹资、人道救助、公益性应急救护培训、造血干细胞捐献、遗体器官捐献等工作。全年在《扬中日报》刊发新闻稿21篇，播出电视新闻15次；在省、市级红十字网站及扬中各类媒体刊播新闻宣传稿件74篇；发放各类宣传册8000份，展出宣传展板130余块，与扬中农业银行合作，推出红十字会"爱心一元捐"二维码捐款活动，受理捐款1.2万余元。 (刘彩霞)

【人道救助工作】 2020年，扬中市开展新冠疫情防控募捐工作，收到抗疫捐款20.17万元，定向用于湖北武汉疫情防控的捐款8.26万元，用于扬中市疫情防控的捐款11.91万元，资金使用率100%；接受捐赠物资3批次、5.08万元，已全部分发给相关单位。开展"博爱万人捐""爱心一元捐"募捐活动，募集善款66.6余万元。实施博爱助医、助困、助学、助残项目以及白血病关爱项目，救助困难群众500余人次，发放救助款61余万元。对口支援陕西白水县红十字会，拨付扶贫款14万元。 (刘彩霞)

【救护培训工作】 2020年，扬中市红十字会开展救护培训进学校、进企业、进机关、进社区、进家庭"五进"活动，完成初级救护员培训729人次、普及性培训8523人次。结合企业复工复产，组织师资到通灵股份、威腾集团、大全集团、中交上海航道局有限公司、旺虎集团等相关企业开展培训，提高企业员工的急救意识和急救技能。 (刘彩霞)

【造血干细胞捐献工作】 2020年，扬中市红十字会完成血样采集50份，再动员8人次，实现成功捐献1人；参与无偿献血2950人次，采血95.87万毫升。陆云是扬中第8例、镇江市第90例造血干细胞捐献者。宣传捐髓"无损健康、救人生命"理念，举办培训12场次，发放宣传资料1000份，制作宣传展板9块，媒体宣传稿件8篇，宣传人次1.6万人，开展成功捐髓志愿者联谊活动。 (刘彩霞)

【遗体器官捐献工作】 2020年，扬中市红十字会做好遗体器官捐献的宣传咨询、接待和登记工作，组织遗体捐献亲属参与"博爱传承、生命永恒"缅怀公祭活动，接待遗体器官捐献咨询20余人次，市民张美英、顾大昌完成遗体捐献。 (刘彩霞)

【养老照护工作】 2020年，扬中市红十字会新增1家社区"博爱家园"，累计建成新联社区、江洲路社区2家"博爱家园"。依托"博爱家园"建设，开展养老照护知识培训，培训519人次，入户志愿服务50次，受益居家养老家庭50户。 (刘彩霞)

扬中发展促进会

【发促会各分会助力扬中疫情防控】 2020年，面对突发新冠疫情，扬中发展促进会第一时间向国内外各分会发出倡议,为家乡提供防护物资支持。1月30日,北京分会、苏州分会第一批物资抵达扬中;2月2日,北美分会第一批物资抵达扬中;2月18日,澳新分会第一批物资抵达扬中。北美分会分8批寄回急需物资,包括5200只口罩(1700只N95口罩和3500只一次性医用口罩)和336套防护服。北京、南京、上海、北美、澳洲等分会积极响应,缓解扬中疫情防控物资紧缺状况。 (朱圣福)

【李德志教授工作站揭牌】 2020年1月5日,扬中市中医院与中国医学科学院肿瘤医院头颈外科签约,揭牌成立“李德志教授工作站”。李德志教授及其专家团队成员倪松博士、朱一鸣博士、王健博士参加揭牌仪式。李德志是扬中籍医学专家,就职于中国医学科学院肿瘤医院头颈外科,在头颈部肿瘤的诊断及综合治疗方面临床经验丰富,擅长复杂头颈部肿瘤的综合治疗。工作站成立后,专家团队成员每月到扬中市中医院坐诊,开展教学查房、疑难病例讨论、头颈外科微创技术指导。团队开展紧急会诊或远程会诊、双向转诊等业务。 (朱圣福)

2020年扬中发展促进会各分会捐赠情况一览表

表5

序号	时间	姓　名	捐赠物品	捐赠数量	接收单位
北美分会	2月2日	黄严忠、曹贤华、朱红军、张为家、朱新生、张欣、孙娴、金一鸣、冯太明、蔡绍平、袁红梅、郭纪成、居银秋、左福林、李悦、张余勇、奚华中、王莉、王琦、奚华国、张庆宇、刘风海、丁春梅、杨波、黄家强、严俊、李茜、张为国、刘骞、马钰佳、赵航、何维国、施大新、朱新生	N95口罩	1591只	卫生健康委员会
	2月11日		3M 1860S N95口罩	140只	人民医院
			3M 8511 N95口罩	10只	
	2月16日		医用外科口罩	3500只	卫生健康委员会
			N95口罩	106只	
			防护服	40件	
	2月20日		防护服	96件	卫生健康委员会
	2月25日		一次性防护服	200件	卫生健康委员会
澳洲分会	2月18日	于军、朱虎	防护服	475套	卫生健康委员会
	2月18日	朱　虎	自吸过滤式防颗粒物口罩随弃型	200只	人民医院
北京分会	1月30日	黄建伟	一次性口罩	5000只	人民医院
南京分会	1月30日	郭明科	医用口罩	1000只	新坝镇
			N95口罩	32只	
	2月4日	黄　俊	现金	6000元	八桥镇
	2月9日	唐桂生	一次性医用口罩	1650只	经济发展局
上海分会	2月6日	姚　萍	一次性医用口罩	300只	中医院
	1月27日	刘　平	一次性防护口罩	1500只	八桥镇
苏州分会	1月30日	陆昌国	活性炭口罩	2000只	人民医院
教科文分会	2月5日	温德育	民用口罩	300只	西来桥镇卫生院
八桥分会	2月1日	蒋晓俊	口罩	2000只	利民村
西来桥分会	2月15日	张　超	5升酒精	20桶	西来桥镇
			20升消毒液	6桶	

(发促会 朱圣福)

【刘健博士工作站揭牌】 2020年6月26日，扬中市人民医院“刘健博士工作站”签约揭牌仪式举行。刘健博士是扬中籍医学专家，就职于上海东方肝胆医院，擅长肝胆外科疾病的诊断与治疗；肝脏肿瘤、胆道肿瘤、胰腺肿瘤的早期诊断和外科治疗，尤其是胆道及胰腺疾病的外科诊疗，包括复杂胆道疾病、高位胆管损伤及梗阻。 （朱圣福）

6月26日，刘健博士工作站揭牌 （发促会供图）

【顾斌教授工作站揭牌】 2020年7月25日，上海市浦东新区人民医院泌尿外科专家顾斌教授工作站签约、揭牌仪式在市中医院举行。顾斌教授是扬中籍医学专家，擅长前列腺癌、肾癌、肾错构瘤、肾上腺肿瘤的微创腹腔镜手术，输尿管结石、肾结石的微创手术（输尿管镜及软镜钬激光碎石、经皮肾镜碎石）。顾斌教授工作站是市中医院继施瑞华教授工作站、邵将教授工作站、王毅教授工作站、李德志教授工作站、沈杨教授工作站之后成立的第6个名医工作站，是扬中市成立的第22个名医工作站。该工作站成立后，顾斌教授每月到市中医院坐诊，开展教学查房、疑难病例讨论、泌尿外科微创技术的指导，开展急会诊或远程会诊等业务。 （朱圣福）

【伟信教育发展基金发放仪式】 2020年8月27日，扬中市伟信教育发展基金会2020年首批优秀学生、优秀教育团队奖金发放仪式在江苏省扬中高级中学举行。2020年首批优秀学生和教育团队受到表彰并获得相应奖金，其中，高考优秀学生27名，中考优秀学生6名，中考优秀班级团队3个。9月12日，伟信教育发展基金会在江苏省扬中高级中学举行2020年优秀贫困学生助学金和市教育系统优秀教育工作者奖励发放仪式。发放优秀贫困学生发放助学金、奖励扬中市教育系统优秀教育工作者。全年发放教育基金84.3万元。 （朱圣福）

【范钦和教授工作站揭牌】 2020年10月24日，江苏省人民医院病理科范钦和教授工作站在扬中市人民医院揭牌成立。范钦和是扬中籍医学专家，主要从事临床病理的诊断和研究，研究重点为肿瘤病理，尤其在软组织肿瘤的病理诊断与研究方面具有国际影响。工作室成立后，范钦和教授及其团队人员会通过定期或不定期的到扬中坐诊、线上交流指导等方式，为扬中人民提供优质诊疗服务。 （朱圣福）

【第二波新冠疫情和疫苗开发应用虚拟论坛】 2020年11月29日，扬中发展促进会北美分会举办关于“第二波新冠疫情和疫苗开发应用”的虚拟论坛。论坛由北美分会秘书长张为家主持。论坛上，江苏省人民医院感染管理处副处长陈文森，美国Seaton Hall大学国际政治学教授、北美分会会长黄严忠，新英格兰大学眼科医学博士朱新生分别从“新冠病毒疫情防护”“第二波疫情的国际影响”“疫苗的开发和应用”作专题讲座。 （朱圣福）

【扬中发展促进会无锡分会成立】 2020年12月26日，扬中发展促进会无锡分会成立，200余名在无锡工作生活的乡贤共谋扬中加快融入“长三角”，实现区域一体化。无锡市原市委副书记王家骏、扬中发展促进会会长陆朝银为“扬中发展促进会无锡分会”揭牌。大会推选产生扬中发展促进会无锡分会名誉会长、会长、常务副会长、副会长、秘书长等。一汽解放汽车有限公司总经理助理、发动机事业部党委书记、总经理钱恒荣当选会长。发促会无锡分会旨在发挥好桥梁和纽带作用，推动无锡、扬中同步发展，推动在无锡的乡贤沟通交流，促进两地高质量发展。 （朱圣福）

扬中发展促进会无锡分会成立 （发促会供图）

军 事

人民武装

【概况】 2020年,扬中市人武部党委在军分区党委和扬中市委、市政府的坚强领导下,坚决贯彻习近平新时代中国特色社会主义思想和习近平强军思想,围绕国防动员主责主业,突出听党指挥、练兵备战、改进作风、安全稳定等重点工作,狠抓军事斗争国防动员准备各项工作落实,国防建设呈现新气象新风貌。 (朱伟华)

【思想政治工作】 2020年,扬中市人武部坚持把学习习近平新时代中国特色社会主义思想和习近平强军思想作为首要政治任务,党委中心组、周四"夜校"跟进学习习近平总书记最新讲话精神,研读《习近平谈治国理政(第三卷)》,推动理论武装往深里抓、往实里走、往心里落。各镇(街、区)党(工)委常态坚持把习近平强军思想纳入领导干部学习推介课程,列入领导干部培训轮训内容,党管武装工作迈上新台阶。注重发挥扬中红色资源优势,开展参观见学、仪式教育和党史军史学习,组织民兵到扬中市渡江文化园、"锦绣三茅"国防教育基地等地参观见学,组织民兵到扬中市烈士陵园、渡江战役七烈士墓等烈士墓园祭扫缅怀,形成传承红色基因、坚定维护核心的良好氛围。 (朱伟华)

【练兵备战工作】 2020年,扬中市人武部坚决贯彻习近平总书记的重要指示,严格落实党委议战议训,牵引各项建设进一步向备战打仗聚焦用力。常态抓好日常战备工作,修订完善方案预案6类、13项,定期组织战备拉动和指挥所转进演练,始终保持紧抓快干的备战姿态。按纲开展分层分类训练,落实时间训足、内容训实、人员训全的目标要求,组织现役干部、文职人员、专武干部、民兵干部和民兵应急分队等10个批次训练任务,训练质效明显提升。坚持常态用兵,参与疫情防控、复工复产和抢险救灾任务,取得良好政治效应与社会效应。在防汛抗洪任务中,经开区成建制组织民兵参加现场处置、疏散群众、构筑堤坝等工作,反应迅速、处置得当,受到人民群众和军分区首长赞扬。 (朱伟华)

【国防动员工作】 2020年,扬中市人武部抓实潜力数据调查采集,通过省、市两级数据会审。深化民兵调整改革,优化民兵体系结构,重塑应急连建设,拓展编建无人机侦察、气象水文保障、法理斗争等新质力量分队,完成基干民兵整组任务。落实上级《加强和改进征兵工作的意见》,创新推出多渠道式宣传、封闭式体检、联动式政考、多样式监督、开放式定兵、跟踪式回访的工作机制,完成新兵征集任务。 (朱伟华)

武装警察

【概况】 2020年,武警扬中中队严格落实上级党委指示精神,在各级指导帮带下,围绕争创"四铁"(铁一般信仰、铁一般信念、铁一般纪律、铁一般担当)先进中队目标,坚持稳中求进总基调,着眼提升工作精细化标准,锤炼"能打仗、打胜仗"过硬本领。全体官兵坚持学习感悟提升素质,团结互助催生动力,夯实作风锤炼队伍,在大兴"研究、务实、勤勉、自省"四风中,持续强化综合能力。中队被武警镇江支队党委表彰为基层建设"四铁"先进中队。 (史益斐)

【思想政治引领】 2020年,武警扬中中队坚持以习近平新时代中国特色社会主义思想和习近平强军思想为统领,以培育新"四有"(有灵魂、有本事、有血性、有品德)革命军人为目标,强化政治引领,培塑军人浩然正气。着眼举旗铸魂抓教育,将政治教育作为净化思想、提升认知、端正品行的重要手段,开展看红色电影、讲红色故事、唱红色歌曲、追红色足迹活动,持续传承红色基因,引导官兵铭记历史,强化职责使命感。

(史益斐)

人民防空

【概况】 2020年,扬中市人防办围绕“战时防空、平时服务、应急支援”使命任务,推动人防建设。提升新建人防工程建设质量,规范检查程序,严格现场验收,确保人防工程建设质量达到标准。推进老旧人防工程标注标识,编制完成“2020—2030年人防工程建设规划”。完成人防地面指挥所系统升级改造工作,加强人防专业队建设,科学按纲、按战、按岗开展中型指挥车的训练。聚焦信息化战争条件下的军事斗争准备,推进人防智能化,提升遂行战时防空和平时防灾救灾信息保障任务的能力。推进人防审批改革,完善标准化实施清单办事指南,在部门服务事项的办理时限上,服务时限在原有基础上压缩80%以上;在所有部门服务事项中,实现立即办理的80%以上;所有服务事项实现全程不见面办理,提升审批效能。开展人防宣传教育进企业、进社区、进机关、进学校、进网络、进乡镇“六进”工作,在全市乡镇(街、区)、8所学校、18个社区开展宣传教育工作,增强国防观念和防空意识。发挥人防教育体验馆宣教作用,通过观看操作、信息查询、实景体验等方式,宣传防空防灾知识,提升群众自救互救能力。 (刘芳)

【防空警报齐鸣】 2020年4月4日,全国性哀悼活动举行,扬中市各处下半旗志哀,10时0分至10时3分,警报网点齐鸣,市民默哀3分钟,表达对抗击新冠肺炎疫情斗争牺牲烈士和逝世同胞的哀悼。9月18日,根据《中华人民共和国人民防空法》,扬中市所有防空警报点防空警报响起,以此铭记“9·18”历史,告诫广大市民勿忘国耻、居安思危。 (朱江)

【人防宣传教育“进企业”】 2020年8月,扬中市第32届科普宣传周期间,人防办在新坝镇宏强集团开展人防宣传教育“进企业”活动。活动中,人防办通过摆放宣传展牌,现场咨询讲解,发放人防知识读本、人防宣传品等形式,宣传《中华人民共和国人民防空法》及防空防灾知识,增强人防观念和国防意识。活动发放人防知识读本500余本,宣传纸杯5000余只及部分应急包。 (刘芳)

【人防教育体验馆开馆】 2020年5月12日,扬中市人防教育体验馆开馆。人防应急疏散基地暨人防教育体验馆是扬中市“十件实事百项工作”之一,2019年12月竣工。人防教育体验馆集教育、展示、实训于一体,设有“防空壁垒”“人防百科”“扬中人防”“地震”等展区和人防应急疏散实训体验区。 (刘芳)

5月12日,扬中市人防教育体验馆开馆(融媒体中心供图)

【国家公祭日人防宣教活动】 2020年国家公祭日,扬中市人防办在外国语小学五年级9班开展“国家公祭日”人防宣教活动,缅怀南京大屠杀遇难同胞,加强爱国主义教育。活动现场,宣教人员讲解人防图标、什么是人民防空、防空警报和防护知识等内容,普及人民防空“战时防空、平时服务、应急支援”的时代使命,视频介绍扬中人防教育体验馆。课堂设置“听、看、做”3个环节体验防灾减灾技能及应急包的使用方法。活动现场发放人防知识读本500余份及部分应急包。(朱江)

国家公祭日人防宣教进学校 (人防办供图)

【“9·18”专题人防宣传】 2020年9月,扬中市人防办在中央商场举行广场宣传咨询活动。设立咨询台,摆放宣传展牌,宣传活动发放人防知识宣传读本近500册、宣传纸杯6000余只及部分应急包。“9·18”前夕,人防办与各社区人防工作站开展联动宣传工作。各村、社区落实宣传任务,辟专栏、挂横幅、播标语、答咨询、发资料,出新宣传橱窗26个板面,在村、社区主干道悬挂横幅标语10余条,利用社区电子显示屏滚动播放人防宣传知识30余次,发放人防知识读本3000余册。在外国语中学举行人防知识进校园宣传活动。外国语中学七年级4班开展“勿忘国耻、警钟长鸣”主题班会活动,班会课上普及“九一八”事变、人民防空的任务、防空警报的识别、人防疏散、应急救护等知识,向学生发放人防知识读本、人防应急包,鼓励学生学习人防知识,提升国防意识。 (朱江)

双拥共建

【概况】 2020年,扬中市开展“思想政治工作年”“基层基础基本年”活动,建立健全组织管理体系、工作运行体系、政策制度体系。促进就业创业力度加大。定期组织退役军人专场招聘会,鼓励社会团体接收安置退役军人,同等条件优先录用退役军人;组建扬中市退役军人创业指导团队,推动退役军人创业孵化基地建设;引导退役军人自主创业,举办退役军人创业大赛等活动。移交安置更趋合理。增强安置政策刚性执行,压实机关、事业单位、国有企业接收安置退役军人主体责任,开发更多适宜退役军人的岗位,提高安置质量。完成军转干部、符合政府安排工作条件退役士兵安置任务。优待抚恤政策严格落实。落实好各类优待抚恤补助标准,做好伤残军人、参战参试等人员核查认定工作,建立完善退役金、抚恤金、优待金等标准自然调整机制,做好军休干部、伤病残退役军人移交接收工作,提升军休服务质量。拥军褒扬氛围持续浓厚。配合市委、市政府慰问驻镇、驻扬中各部队,组织志愿者到军营共建联欢,完成部队办实事项目,解决部队难题。组织接待“烈士陵园祭扫”活动,主动上门为退役军人及烈军属家庭悬挂光荣牌,执行“敲锣打鼓送喜报”制度,开展第三届“最美退役军人”“最美拥军人物”评选活动。合法权益维护富有成效。发挥“市、镇(街、区)、村(社区)、优抚联络员”四位一体的网格化管理模式优势,优抚对象联络员定期上门服务,了解、解决退役军人提出的问题及要求。 (陶慧萍)

【抚恤补助金调整、发放】 2020年,扬中市退役军人事务局根据国家和省市文件规定,结合扬中市2019年度城镇居民人均可支配收入,调整义务兵家庭优待金、大学生奖励金、现役军人立功奖励金、退役士兵一次性经济补助金标准。拨付在职残疾军人、参战人员、老兵、老烈子、老复员军人遗属、补差人员生活补助金1462.11万元,拨付优抚对象节日补助金141万元,拨付优抚对象临时物价补贴162.33万元,向义务兵家庭发放优待金510.07万元、慰问金18.4万元,发放大学生义务兵奖励金175.93万元,发放立功军人立功奖励金、优秀士兵奖励金11.6万元。开展重点优抚对象参保意外伤害保险续保工作。为重点优抚对象续保医疗保险金293.8万元。义务兵家庭优待金于9月底发放完毕,秋季退役的义务兵(士官)一次性经济补助金于12月发放完毕,冬季退役士官一次性经济补助金于2021年春节前发放完毕。 (陶慧萍)

2020年退役军人返乡欢迎大会 (退役军人事务局供图)

【优先优待工作】 2020年,扬中市落实优抚褒扬政策。向各类优抚对象发放荣誉性慰问品,发放慰问信。向荣立二等功、三等功的现役军人家庭送喜报,发放立功奖励金。组织全市享受抚恤补助的优抚对象分片分批次、专车接送体检,为高龄、行动不便的重点优抚对象上门巡诊。组织重点优抚对象短期疗养。做好去世吊唁、生病探望、生日送蛋糕等精神抚慰工作。通过社会保障、临时救助、住房医疗政策等,对家庭陷入困境的退役军人和其他优抚对象,采取兜底措施,实行“一对一”帮扶,建立困难退役军人台账。 (陶慧萍)

【法治惠兵荣军行】 2020年,扬中市退役军人事务局创新推行“法治惠兵荣军行”,维护退役军人的合法权益。在市、镇(街、区)退役军人服务站成立老兵调解工作室,选聘一批优秀退役军人担任专职人民调解员或兼职人民调解员。开展“法治拥军在行动”活动,退役军人事务局、司法局联合各镇(街、区)司法所深入83个村(社区)走访调研,为复退军人、军人家庭提供法律援助。开展法治宣传活动，通过“微双拥”“微扬中”等微信平台，推送涉军法治知识，提高群众的国防意识和拥军意识。编印退役军人政策法规宣传册，加强退役军人政策法规宣传。定期开展法律专家免费咨询服务，聘请律师定期在退役军人服务中心为全市退役军人提供免费政策法规咨询。（陶慧萍）

【“云祭扫”主题活动】 2020年清明节期间，扬中市退役军人事务局依托各镇(街、区)退役军人服务站，开展“云祭扫”主题活动，以网上祭祀的方式祭奠、缅怀亲人，登录“中华英烈网”，通过网上献花、留言祭奠等方式，缅怀革命先烈。各镇(街、区)退役军人服务站结合实际，向居民群众发放“清明节文明祭祀倡议书”，号召市民清明以网上祭祀的方式祭奠、缅怀亲人。（融媒体中心）

【退役军人专场招聘会】 2020年5月，扬中市人力资源和社会保障局、退役军人事务局在市人力资源市场招聘大厅联合举办2020年退役军人专场招聘会，拓宽退役军人就业渠道，满足就业需求。100余名退役军人参加招聘会，19家企业提供涉及交通、安保、营销、技术研发、管理等各类招聘岗位473个，47名退役军人与招聘单位达成就业意向。（融媒体中心）

5月，2020年退役军人专场招聘会（融媒体中心供图）

【“军营粽香飘、小岛双拥情”活动】 2020年6月21日，扬中市开展“军营粽香飘、小岛双拥情”活动，双拥志愿者队伍与武警扬中中队共渡端午节。活动由扬中市退役军人事务局、江苏省扬中市三茅街道党工委主办。活动中，志愿者和部队官兵一起包粽子、包饺子、煮鸡蛋，体验端午民俗。（陶慧萍）

【退役军人返乡欢迎大会】 2020年9月24日，扬中市2020年退役军人返乡欢迎大会在八桥镇利民村举行。大会现场，退役军人庄严宣誓，表彰扬中市第三届“最美退役军人”“最美拥军人物”，集中观看八桥镇双拥宣传片，举行“拥军邮路”授旗仪式。开展退役军人安置政策互动，市双拥领导小组成员单位就退役军人提出的有关培训、就业、创业等问题现场解答。2万余人次在线同步观看活动直播。召开退役军人秋季专场招聘会，全市40余家企事业单位向退役军人提供机械、电子、制造、食品、新材料、物流、服务等行业的岗位300余个，近百名退役军人现场达成就业意向。（陶慧萍）

【烈士公祭活动】 2020年9月30日是第七个全国烈士纪念日，扬中市在烈士陵园举行公祭活动，缅怀英雄功绩。公祭仪式上，奏唱中华人民共和国国歌；少先队员代表献唱《我们是共产主义接班人》；武警官兵向革命烈士敬献花篮；全体人员向烈士纪念碑行三鞠躬礼。其他副处级领导，各镇街区、市级机关各部门主要负责人，老干部、老战士、烈士家属代表，机关干部、驻扬中部队、青年团员、党员义工、社会团体和学生代表700人参加活动。（陶慧萍）

9月30日，扬中市在烈士陵园举行公祭活动（融媒体中心供图）

法 治

政法委及综述

【概况】 2020年，扬中市政法系统推进“平安扬中”“法治扬中”和政法队伍建设，各项工作取得新成效。社会政治大局安全稳定，开展“排风险、建清单、除隐患、保稳定”专项行动，完成全国“两会”、中共十九届五中全会、第三届上海进博会及新冠疫情防控、全国扫黑办特派督导等重要敏感时期的安保维稳任务，特别是全国扫黑办挂牌的“5·13”专案顺利宣判，得到特派督导组认可，持续保持重大安保期间重点人员“零登记”，信访工作绩效连续多年位居镇江第一，积案化解成效突出获省级表彰，群众安全感持续位居镇江前列，为建设“强富美高”新扬中营造安全稳定的社会环境和公平正义的法治环境。 (朱国培)

【综治平安建设】 2020年，扬中市建立多部门参与的平安建设工作协调机制，推动形成问题联治、工作联动、平安联创的局面。推进网格化社会治理工作，全面完成网格的规范划分，全市划分综合网格315个，专属网格31个，实现“全要素”入格。开展全市网格员业务培训，提高网格员技能水平和实战能力。发挥“网格+”优势，开展“三官一律”(指法官、检察官、警官、律师)进网格集中月活动，490名“三官一律”下沉网格，排查化解矛盾纠纷300余起，有效夯实基层网格治理基础。推进新一代“雪亮技防工程”，升级版技防城建设方案通过省级验收。 (朱国培)

【法治建设】 2020年，扬中市落实市委《关于充分发挥政法机关职能作用依法保障和服务民营企业健康发展的意见》，持续优化法治化营商环境，提升政法贡献度。开展“套路贷”虚假诉讼专项治理，完善防范识别机制，全年新收民间借贷案件比上年下降55.84%，高利贷和投机化倾向得到依法遏制。开展法治体检“四进四送”(法治体检进商会协会、进产业园区、进重大项目、进顾问单位，送法律指引、送专场讲座、送专门体检、送专业调解)专项法律服务活动，为企业提供定制化、精准化、人性化公共法律服务。深化法治文化建设，开展“法治太平洲”主题宣传教育等活动，“谁执法谁普法”工作成效显著，新增省级民主法治示范村7个、国家级民主法治示范村1个，静思园法治教育基地获评“全省法治文化示范点”，高标准通过“七五”普法终期评估验收。 (朱国培)

【政法队伍建设】 2020年，扬中市深入学习贯彻习近平总书记对政法工作的重要指示精神和《中国共产党政法工作条例》，组织开展中共十九届五中全会精神宣讲活动，市委政法委与市委组织部联合举办社会治理创新专题研修班，提升政法干部社会治理能力水平。严格执行重大事项请示报告、市委政法委派员列席政法单位民主生活会和重要会议等制度，开展公安局、法院政治督察，推动党管政法原则落到实处。突出问题导向，坚决刀刃向内，严肃处理违纪违法政法干警，推动政法系统政治生态持续向善向好。组织开展政法干警光荣退休、重温入警誓词等仪式，激发政法干警干事创业热情。 (朱国培)

【社会治理创新专题研修班】 2020年9月14—18日，扬中市委组织部、政法委、党校联合苏州大学举办社会治理创新专题研修班。学习贯彻习近平总书记提出的“加快推进社会治理现代化，努力建设更高水平的平安中国”重大时代命题，提升党员干部社会治理综合能力。全市50名领导干部和业务骨干参加培训。 (朱国培)

【网格化社会治理培训会】 2020年9月22日，扬中市举办网格化社会治理培训会。集中培训全市300余名网格员和镇(街、区)政法委员、综治中心干部、市公安局相关工作负责人员，旨在提高全市网格员队伍的整体素质，夯实社区管理基础，提升基层网格化社会治理水平。市委政法委以网格员培训为抓手,加强专兼职网格员队伍建设,确保网格员收集社情民意更加及时,走访服务更加规范,信息处置流程更加流畅,促进网格化工作的常态化、规范化、制度化建设,提升网格工作实效。 (朱国培)

【十佳最美(优秀)网格员】 2020年,扬中市委组织部、市委政法委、市民政局评选表彰“十佳最美网格员”“十佳优秀网格员”。经逐级推荐、组织评选、会议研究,曹佩钰等10人获评“十佳最美网格员”,田伟等10人获评“十佳优秀网格员”。评选旨在展示扬中网格化社会治理工作成效,宣传网格员执着坚守、敬业爱民、甘于奉献的事迹。 (朱国培)

法治政府建设

【概况】 2020年,扬中市严格执行《国务院关于加强市县政府依法行政的决定》和《江苏省法治政府建设纲要(2015—2020)实施方案》要求,健全依法决策机制,规范行政执法行为,被授予江苏省首批法治政府建设示范市称号。扬中市司法局在新冠疫情防控新形势下重点关注推进领导干部学法制度,加强重大行政决策合法性审核、规范性文件制发管理,提升依法行政质量和水平。提升依法治市水平,开展法治政府建设“补短板、强弱项”专项活动。发挥政府公职律师作用,提升合同协议审查、复杂疑难案件审查工作水平。推动法治政府建设,提升创建层次和档次。 (胡张林)

【江苏省法治政府建设示范市创建】 2020年,扬中市创成江苏省首批法治政府建设示范市。扬中市贯彻落实中央全面依法治国的重大战略部署,围绕创建省级法治政府建设示范县(市、区)目标,完善决策机制、规范执法行为、强化行政监督、化解矛盾纠纷,全面推进法治政府建设。在全国首创说理式行政处罚文书、全省首推行政执法责任制、镇江市首建行政服务中心,率先推行“标准化”行政执法工作,连续5次获批“省级依法行政示范点”。首建村民监督委员会,首开“点题听证”“专题听证”,受到中纪委调研组的肯定。 (胡张林)

【领导干部学法制度】 2020年,扬中市司法局履行推进法治建设第一责任,推行责任清单制,市委常委会专题研究法治建设工作,把全市法治建设纳入扬中高质量发展考核。专题组织学习《中华人民共和国民法典》,并要求全市各级加强法律学习,夯实更加稳固的法治根基。严格落实党委中心组学法、任职前学法考法、领导干部述法等制度。市政府严格履行政府常务会议会前学习制度,开展7次专题学法。依托市委党校“法律大讲堂”,把宪法法律课程列为党政领导干部培训必修课。定期举办全市领导干部、公务员、村(居)委会主任等学法培训班,组建“普法快车”,精挑骨干教员组成法律宣讲组,送法进机关、赴各镇(街、区)。 (胡张林)

【援企稳岗法律服务】 2020年,扬中市紧扣新冠疫情防控等时期企业法律服务需求,坚持解决问题导向,做好援企稳岗各项法律服务工作,成立扬中市安徽商会法律服务中心、扬中市装潢商会法律服务中心。明确工作内容、运转机制,律师定期坐班,免费提供法律咨询,坚持服务园区,组织律师深入经济开发区企业,了解企业困难,梳理问题症结并对企业主的法律诉求进行现场解答,走访企业30家次,现场解决法律咨询百余条。为企业举办劳动法、合同法等方面的讲座10场,摸排企业矛盾纠纷25起。向全市120余家企业发放《疫情防控期间企业防范化解纠纷操作手册》。对顾问单位存在的法律风险提供93条法律意见,举办法治讲座15场,解读“苏政50条”,引导企业在“政务服务网”一键查询复工复产政策。 (胡张林)

【行政复议应诉工作】 2020年,扬中市收到行政复议申请28件,受理22件,2019年结转1件,办结21件,其中,维持2件,撤销2件,终止16件,驳回申请1件,直接纠错率9.5%,综合纠错率85.7%,制发行政复议建议书9份。新发生以市政府为被告的行政诉讼案件8件,开庭审理的案件中,行政机关负责人出庭应诉率100%,无败诉案件。提升行政复议质效,注重全面审查原则,把好审查“事实关、依据关、程序关”;注重协调沟通,坚持调解先行,避免矛盾扩大化,提高行政复议效率,实现案结事了,达到法律效果与社会效果的统一。 (胡张林)

【政府法律顾问】 2020年,扬中市落实“三重一大”(重大决策事项、重要人事任免事项、重大项目安排,大额度资金安排)决策机制,按照《中共扬中市委常委会决议决策规则》规范和要求,推进民主决策、科学决策。严格依据《中共扬中市委法律顾问工作规则(试行)》《中共扬中市委法律顾问工作制度(试行)》《扬中市人民政府工作规则》等制度,落实党委政府法律顾问制度,加强对党委文件、重大决策的合法性审查。市委法律顾问参与审阅文件24件,列席参加市委常委会会议7次。政府1项重大行政决策项目,严格经合法性审查。未经合法性审查和经合法性审查不合法的决不提交决策机关讨论；注重重大行政决策终身责任追究制度、责任倒查机制健全和落实。 (胡张林)

【规范性文件制发和管理】 2020年，扬中市严格落实《扬中市人民政府文件合法性审核办法》《扬中市人民政府办公室关于公布规范性文件制定主体的通知》要求，在规范性文件的审核范围、制定主体等方面认真执行标准，严格规范性文件的制发和管理工作。完成规范性文件法制审核2件、备案2件。加强规范性文件全面清理工作，清理规范性文件148件，其中，继续有效120件、废止和失效17件、待修订11件；《中华人民共和国民法典》出台后及时全面梳理现行规范性文件，清理行政规范性文件151件，未发现需修订或废止的文件。 (胡张林)

【执法行为规范化】 2020年，扬中市集中培训全市一线执法人员和新领执法证人员558人，集中学习《行政执法中的法律风险与防控》《新形势下对规范行政执法行为的思考》等内容。强化行政执法“三项制度”(行政执法公示制度、行政执法全过程记录制度、重大行政执法决定法制审核制度)落实，促进执法行为规范化。全年配备执法记录仪等音像设备1126台、各类执法办案系统8套，调整法制审核人员76人。开展现场执法检查、新坝镇综合执法规范专项检查等，促进行政执法制度有效落实。加强重点领域的行政执法监督专项检查、行政执法案卷评查工作和“两法衔接”(行政执法和刑事司法衔接)检查等，组织行政执法部门开展行政执法自查自纠活动，自我分析、限期整改，促进行政执法“三项制度”贯彻落实。 (胡张林)

公 安

【概况】 2020年，扬中市立刑事案件1669起，破刑事案件737起，破案率44.16%；查获刑事作案成员649人，公诉525人，抓获网上在逃人员275人，查处治安行政案件2416起、治安行政处罚645人。开展整治非法集资和传销违法犯罪活动“清风行动”，打击整治经济犯罪，受理经济案件56起，抓获犯罪嫌疑人50人。开展矛盾纠纷滚动排查调处工作，配合相关部门有效化解劳资、安全事故、环境污染等各类矛盾纠纷1700余起。 (朱昌盛)

2020年扬中市暂住人口情况统计表

表6 单位：人

	合计	性别		暂住时间				来自地区				居住处所						
		男	女	半年以下	半年至一年	一年至五年	五年以上	省内		省外		租赁房屋	单位内部	工地现场	旅店	居民家中	自购房屋	其他
								乡村	城镇	乡村	城镇							
合 计	48838	30606	18232	30645	2686	11111	4396	14549	2764	25792	5733	2483	7994	3091	86	30345	1696	3143
务 工	37809	24554	13255	24889	2057	8080	2783	11458	2119	20276	3956	1564	7584	3030	72	22433	1053	2073
录(聘)用	9	4	5	8	0	1	0	7	0	2	0	0	6	0	0	2	1	0
投资经商	1970	1176	794	1035	92	516	327	518	93	981	378	368	48	8	1	1142	170	233
务 农	3422	1983	1439	1433	239	892	858	1019	173	1681	549	89	134	21	3	2763	67	355
服 务	1829	903	926	1291	106	374	58	423	145	871	390	291	45	6	0	1236	115	126
就 读	1866	1053	813	970	88	696	112	508	106	1073	179	110	66	10	10	1357	137	186
随迁学龄前子女	62	32	30	16	14	31	1	12	1	43	6	0	1	0	0	40	3	18
治病疗养	8	3	5	7	0	1	0	5	0	3	0	0	1	0	0	6	0	1
投靠亲属	285	131	154	183	30	67	5	102	24	130	29	8	8	2	0	181	55	31
探亲访友	350	98	252	219	5	89	37	128	11	172	39	11	8	0	0	295	14	22
其 他	1228	669	559	594	55	364	215	369	92	560	207	52	93	14	0	890	81	98

(朱昌盛)

【道路交通事故】 2020年,扬中市接报道路交通事故类警情14041起,其中,受理3699起,死亡25人,伤928人,直接经济损失114.97万元,事故起数比上年下降3%,死亡人数下降39.02%,伤人数增长10.21%,直接经济损失下降22.27%。事故特点:从人的角度分析,肇事者以青中年为主,受害人以中老年为主。交通肇事者中,21~30岁、41~50岁为交通肇事人员年龄集中段,致18人死亡,占到总死亡人数的72%。交通事故受害者中,51~60岁年龄段交通事故死亡人员7人,占总死亡人数的28%;61岁以上年龄段交通事故死亡人员12人,占总死亡人数的48%。从车辆角度分析,汽车、非机动车肇事情况较为突出。驾驶汽车肇事发生交通事故21起,致23人死亡;驾驶非机动车肇事发生交通事故2起,致2人死亡。从道路角度分析,238省道、县道是引发交通死亡事故的重点路段。238省道发生的道路交通死亡事故11起,致12人死亡,分别占总数的47.83%、48%;县道发生的道路交通死亡事故8起,致9人死亡,分别占总数的34.78%、36%。从交通违法行为角度分析,机动车肇事违法行为中,不按规定让行、观察疏忽、醉酒(饮酒)驾驶、肇事逃逸驾驶等重点违法行为是致人死亡的主要原因。非机动车肇事违法行为中,闯红灯、路口不按规定让行、横过机动车道未下车推行等重点违法行为是致人死亡的主要原因。 (朱昌盛)

【车管业务】 2020年,扬中市公安局车管所办理注册登记汽车2763辆、"三小车"(电动车、燃油助力车、摩托车)239辆,检验汽车8144辆、"三小车"934辆。新办"三小车"驾驶证190本,汽车驾驶人补、换证10055本,审验驾驶人1769名。截至2020年年底,全市机动车保有量7.6万辆,登记机动车驾驶人15.72万人。

(朱昌盛)

【疫情防控阻击战】 2020年,扬中市落实一级响应机制,对各卡口实施24小时严格查控,对3546个交通路段、小区等出入口实施封闭管理;应用"大数据+网格化+铁脚板"工作模式,对全市32万余名实有人口实现兜底排摸筛查,核查涉疫相关数据2万余条,查破各类涉疫案件19起,确保全市疫情"零确诊"。 (朱昌盛)

【长江"禁捕"执法整治】 2020年,扬中市抓实抓细长江禁捕执法整治宣传、打击、防控等措施。查获非法捕捞违法行为31起、违法人员43人,其中,立刑事案件26起;抓获涉案犯罪嫌疑人35人,转交渔政执法部门行政处罚5起、8人;查扣渔获物1140千克。(朱昌盛)

【公共安全专项整治】 2020年,扬中市组织开展道路交通、群租房、危险物品、寄递物流、公共水域、重点目标安全"六个专项整治仗",全年未发生重大安全事故。排查整改各类交通安全隐患156处,现场查处各类交通违法行为9.9万起。排查群租房450余户,发现整改安全隐患598处。检查涉危单位176家次,发现整改隐患31处。检查寄递业网点100余家,发现整改治安隐患102处,取缔3家。检查重点目标单位460余次,发现整改安全隐患26处。严格校园安全监管,发现整改安全隐患18处,在51所学校设立护学岗。 (朱昌盛)

【执法规范化建设】 2020年,扬中市规范执法管理委员会运行,狠抓精细执法措施和执法办案积分制落实,推进执法权力运行机制改革。组织第三届执法技能大赛,全国法律职业资格考试、高级执法资格考试通过率镇江领先。建成数据实时汇集、案件集中办理、警种合成作战、同步审核监督的"一站式"执法办案管理中心。连续7年被省公安厅评为"执法办案示范县级公安机关"。 (朱昌盛)

【《见义勇为之歌》赠书仪式】 2020年12月7日,扬中市举行《见义勇为之歌》首发赠书仪式。《见义勇为之歌》由市公安局和市见义勇为基金会联合编撰出版,市文联、市作家协会10余位作家参与编写,记录39位见义勇为人员的先进事迹,全书9万余字,时任扬中市委书记殷敏为该书题词,扬中市副市长、公安局局长周勇为该书作序。会上,见义勇为先进个人代表、作家代表、基层工作站代表分别作交流发言。(见义勇为基金会)

检 察

【概况】 2020年,扬中市检察院受理公安机关提请批准逮捕案件98件、130人,经审查批准逮捕81件、98人;受理移送起诉案件379件、527人,经审查提起公诉361件、522人。4件案件入选全国、全省典型案例或被公开发布,3项工作受到最高人民检察院肯定。

(张晋毓)

【服务非公经济发展】 2020年,扬中市检察院依法起诉职务侵占、挪用资金、盗窃企业财物等犯罪28件、44人,为企业挽回经济损失200余万元。结合大走访、"三官一律”进网格等活动，深入企业开展调研、座谈、讲座等活动36次，发放调查问卷400余份，结合办案编印《企业常见法律风险防控手册》，向企业发放500余册。与市工商联、青年企业家联合会召开座谈会，开展法律咨询等服务，全面掌握企业司法困境及法治需求，精准服务民营企业发展。针对疫情期间小作坊式熔喷布生产企业井喷，且部分企业存在安全生产隐患、资质不规范等问题，及时向有关部门发出工作提醒函，多次集中会商，提出行业整顿意见5项，均被采纳。（张晋毓）

【聚焦生态环境保护】 2020年，扬中市检察院贯彻落实“长江十年禁渔计划”，起诉非法捕捞等破坏环境资源犯罪案件13件、16人，督促6名被告人主动缴纳生态修复金2.4万元。注重长江流域“伤痕修复”，对9起非法采砂案件提起刑事附带民事公益诉讼，诉请法院判令相关责任主体承担生态环境修复等费用240余万元。加大耕地资源保护力度，针对2家企业擅自改变集体耕地用途、破坏耕地资源的情况，向有关部门制发《工作提醒函》，督促复垦集体耕地6045平方米。强化野生动物保护，办理的“督促整治野生动物非法交易行政公益诉讼案”被最高人民检察院列为“全国检察机关野生动物保护公益诉讼典型案例”，并公开发布，在央视《法治在线》栏目播出。（张晋毓）

【公益诉讼】 2020年，扬中市检察院围绕食药品安全、道路交通安全、社保金发放等领域开展专项监督，针对违规行为向相关主管单位发出书面检察建议29件。推动相关主管部门对9家违规经营的婴幼儿用品商户立案查处，依法扣押违法违规销售商品133件，整治不规范经营餐饮店60余家、不合格停车位164个，修复安装消防设施1000余个，推动部分公共服务场所无障碍设施排查整改，人居环境安全性、舒适性得到提升。针对非法采砂、违法停泊行为提起的3件行政公益诉讼案获法院判决支持，被江苏省人民检察院评为全省检察机关保护长江生态环境典型案例，并公开发布。（张晋毓）

【未成年人司法保护】 2020年，扬中市检察院坚持以“零容忍”的态度严厉打击性侵未成年人犯罪，提前介入、从快起诉该类案件10件、10人。与公安机关会签《关于建立未成年人入住旅馆监督保护机制的意见》，督促查处旅馆违法违规经营案件39件。走访慰问困境儿童10余名，帮助2名未成年被害人申请司法救助金7.4万元。监督立案的一起强制猥亵未成年人案入选江苏省人民检察院公告案例。选聘22名检察人员担任全市52所中小学及幼儿园的法治副校长，围绕“防范性侵害”“预防网络违法犯罪”等主题，开展“菜单式”普法活动10余场次，受教育人数3万余人；开展防范校园欺凌和暴力综合治理专项行动，发放调查问卷1800余份；依托静思园法治教育基地，开展普法宣传活动50余次，该基地被评为“省级法治文化示范点”。（张晋毓）

普法进校园　（检察院供图）

【抵制非法集资活动】 2020年，扬中市检察院贯彻落实最高人民检察院“三号检察建议”，融入金融领域综合治理，针对近年来办理非法吸收公众存款案中发现的问题，运用检察建议推动地方金融监管部门修订完善相关考核办法，全市35家保险机构签订远离非法集资活动承诺书，推动案件办理结果向金融风险防范体系健全完善成果转化，共同构筑起抵制非法集资活动的“防火墙”。（张晋毓）

【社会矛盾纠纷化解】 2020年，扬中市检察院贯彻“宽严相济”的刑事政策，因犯罪情节轻微且无逮捕必要，不批准逮捕7件、12人，对当事人达成刑事和解的轻微刑事案件不起诉11件、13人。推动认罪认罚从宽政策“应用尽用”，审查起诉案件认罪认罚适用率94.57%，有效节约司法资源。减少社会对立面，严格落实“群众信访7日内件件有回复”要求，接收各类信访123件，依法受理率、规范办理率100%。针对一起当事人不服法院生效民事判决申诉案，举行公开听证，现场释法说理，促成当事人当场表示息诉罢访。将司法救助工作纳入民生工程，向20名特困当事人发放救助金16.5万元，彰显司法温度。（张晋毓）

法 院

【概况】 2020年,扬中市人民法院牢牢把握司法为民、公正司法工作主线,统筹推进疫情防控和执法办案,着力打造高水平司法,提速助跑高质量发展。全年受理各类案件8265件,比上年下降26.53%;办结7685件,结案率92.98%,比上年增加3.1个百分点。审执案件呈现增量明显下降、存量大幅消减、质效有效提升的良好态势。审结商事案件1249件,办结破产案件23件,化解债务18.19亿元,妥善安置职工927人,清偿职工工资4411.42万元,盘活土地房产43万平方米。妥善审结涉及群众"衣食住行、业教保医"的民事案件842件。全年受理执行案件4213件,执结4021件,执行到位标的额7.99亿元,有财产可供执行案件法定期限结案率99.63%。 (何雪峰)

【互联网审理案件】 2020年2月11日,扬中市人民法院首次使用互联网审理案件。扬中法院第六法庭开庭审理一起不动产登记纠纷。庭审现场主审法官、书记员到场,合议庭成员、诉讼代理人通过互联网庭审系统参与庭审。 (何雪峰)

【多渠道沟通平台建立】 2020年2月27日,扬中市人民法院探索建立多渠道沟通平台,在镇江法院系统首次邀请代表委员列席审判委员会。会上,宣读审委会议事规则,通报《扬中市人民法院2020年工作要点》以及十项重点工作任务分解情况,就《关于进一步加强和改进人大代表、政协委员联络工作的实施意见(征求意见稿)》《关于改进和完善审判管理工作的实施意见(征求意见稿)》等规范性制度起草情况作详细说明,并征求代表委员意见建议。 (何雪峰)

【妨害疫情执法案审理】 2020年2月13日,扬中市人民法院公开开庭审理并当庭宣判镇江市范围内首例妨害疫情防控违法犯罪案件。以妨害公务罪判处被告人朱某某有期徒刑9个月。由于处于疫情防控期间,法院与公安局、检察院协商,决定适用刑事速裁程序对该案实行独任审判,依托中国移动5G技术,实行"无接触"开庭审理,公诉人、被告人通过视频系统参与庭审。镇江电视台民生频道全程直播,网易、交汇点、今日镇江等平台同步直播,80余万名网友在线观看。4月8日,央视综合频道《今日说法》"疫情之下"报道该起涉疫妨害公务案。 (何雪峰)

2月13日,镇江首起妨害疫情防控案件审理 (法院供图)

【职务犯罪案件公开审理】 2020年9月3日,扬中市人民法院依法公开审理一起职务犯罪案件。被告人凌某犯受贿罪,被判处有期徒刑11年,罚金人民币150万元。扬中市纪委监委干部、人大代表、政协委员以及相关单位工作人员等70余人旁听案件庭审。4000余人在线观看庭审网络直播。 (何雪峰)

【全国扫黑办督办挂牌案件审理】 2020年10月24日,扬中市人民法院一审公开开庭审理被告人管某某等27人分别涉嫌组织、领导、参加黑社会性质组织、强迫交易、敲诈勒索等罪一案。10月30日,扬中市人民法院依法公开宣判,管某某被判处有期徒刑24年,处没收个人全部财产,剥夺政治权利4年;其余26名被告人分别被判处19年以下不等的有期徒刑,处没收个人全部财产或者罚金。 (何雪峰)

【综合治理执行难工作】 2020年12月9日,扬中市综合治理执行难工作联席会议第一次全体会议在法院召开。会议专题研究部署综合治理执行难工作,推动各成员单位统一思想、提高认识、明确职责、形成合力,推进执行难问题系统治理、依法治理、综合治理、源头治理。全市综合治理执行难工作联席会议各成员单位负责人参加会议。 (何雪峰)

【海纳机电集团破产重整】 2020年12月25日,扬中市人民法院召开海纳机电集团重整案第二次债权人大会,表决集团重整方案,优先债权组、税收债权组、职工债权组以及出资人组名单全票通过,普通债权组名单高票通过,该企业破产重整成功。该案的审结是近年来扬中市50余起破产案件中第一件破产重整成

功的案件。　(何雪峰)

司　法

【概况】 2020年,扬中市司法局围绕"创唯一、争第一"的目标,全面开展各项工作。三茅街道调委会、经开区法律服务所获评省级先进,综合绩效考核连续第6年在全省98个县(市、区)司法局中名列前茅,被评为全省司法行政系统高质量发展先进司法局,高质量通过"七五"普法终期考核验收。抓好市委理论学习中心组学法及政府常务会议专题学法,钝化行政争议,以市政府为被告的行政诉讼无一例败诉。开展规范性文件清理,强化"三项制度"(行政执法公示制度、行政执法全过程记录制度、重大行政执法决定法制审核制度)落实,组织全市行政执法人员开展专题培训,提升执法行为规范化。服务区域高质量发展,围绕疫情防控和企业复工复产提供法律服务,开展法律服务"四进四送"(法治体检进商会协会、法治体检进产业园区、法治体检进重大项目、法治体检进顾问单位;送法律指引、送专场讲座、送专门体检、送专业调解)、公共法律服务进园区活动,参与熔喷布行业整治。成立非诉讼服务中心,建立驻检察院调解工作室,进一步健全调解网络体系。规范社区矫正执法行为。探索"互联网+法律援助""互联网+公证"服务。放大特色亮点效应,创新普法依法治理质态,探索试行"四立五治"(以立规矩、立契约、立基金、立制度"四立"为纲,以政治、法治、德治、自治、智治"五治"为目,采用民主签约、依法履约的方式操办村务,全面提升基层治理水平,打造法治乡村新模式)法治化契约式社会治理模式。通过组织签订诚信执业承诺加强律师行业监管,发挥律师在"扫黑除恶"中的作用。开展"法律素养提升工程",增强干警队伍法律业务综合能力。　(胡张林)

【行业性商会法律服务中心成立】 2020年5月、12月,扬中市律师协会联合安徽商会、装潢业商会分别成立法律服务中心。行业性商会法律服务中心为商会会员提供法律代理诉讼服务,根据业务范围专门量身打造法律风险管理,为商会会员提供公证、调解、行政复议等其他服务。法律服务中心采取"线上+线下"的方式同步开展,"线上"在线为会员提供法律咨询等服务,"线下"选派优秀律师定期"坐堂问诊"。市律师协会不定期组织律师和商会会员会商,畅通法律服务绿色通道。　(胡张林)

【法律援助"负面清单"试点】 2020年6月,扬中市司法局推进法律援助"负面清单"试点,编制符合扬中实际的"负面清单",细化明确三大类、46项不予法律援助的事项范围。将"负面清单"试点工作纳入考核重点指标,面向全市执业律师、法律工作者开展法律援助志愿者招募,壮大法律援助力量。组织法律援助中心全体人员以及值班律师学习"负面清单",厘清不予法律援助事项范围,优化立案、审批、指派等管理机制,完善案件质量检查、同行评估、有差别的补贴发放机制,通过指派专人庭审旁听、邀请全市效能监督员逐一回访当事人等方式,调动办案人员积极性,推进"负面清单"落地实施并保证质量。法律援助"负面清单"试点经验被司法部推广。　(胡张林)

【基层法律服务工作者协会换届选举】 2020年6月,扬中市基层法律工作者协会换届选举,加强基层法律工作者队伍自我管理、自我服务、自我监督,促进基层法律服务新发展。按照相关社会组织换届选举程序,坚持公开、公平、公正原则,会议通过第二届理事会工作报告,审议通过第二届理事会财务工作报告以及修改后的章程,选举产生第三届理事会及领导班子。　(高欢)

【法治文化艺术馆建成】 2020年7月,扬中市法治文化艺术馆暨宪法宣传教育中心建成。该馆坐落于滨江湿地公园内,占地面积500平方米,场馆构建法治风味、法治风尚、法治风景、法治风采、法治风情、法治风韵六大体系,展陈书法、摄影、剪纸等各类艺术作品280余件,全景式展示扬中"七五"普法工作成果。该馆已进入试开放阶段,下一步将面向全市市民免费开放。　(胡张林)

安徽商会法律服务中心成立　(司法局供图)

【公共法律服务进园区】 2020年8月、9月，扬中市司法局在经开区、高新区召开“公共法律服务进园区”推进会。该项工作聚焦园区重点项目和重点工程，主动介入开展法律服务。设计并向驻区企业发放法律需求问卷调查，通过法治体检、法治沙龙等进行集中和有针对性的“把脉开方”。准确把握企业主关注的热点，新研发企业股权代持、企业用工风险防范、民法典进企业宣传等法律服务产品。下沉公证援助、行政复议等资源，印制并发放“公共法律服务进园区”联系卡，搭建长效公共法律服务平台，为园区及企业发展提供法治保障。

（胡张林）

【行政执法“三项制度”专项核查】 2020年11月，扬中市司法局在全市开展行政执法“三项制度”专项检查，全市行政执法水平和能力明显提升。对全市行政执法人员开展严格的培训考试，1368名行政执法人员全部持证上岗。科学设定法制审核人员招录和选配标准，配齐配强法制审核人员71人。各行政执法单位制定相关制度和法制审核目录清单，全年审结行政复议案16件，其中，维持原结论2件，撤销2件，终止11件，驳回1件。以市政府作被告的行政诉讼案件3件，无一例败诉。

（胡张林）

【“七五”普法终期考核】 2020年11月，江苏省考核组到扬中开展“七五”普法终期考核验收。“七五”普法以来，扬中市建成富有乡土风情、行业特色的法治文化阵地、场馆50个，创成省级以上法治文化建设示范点12家，法治文化阵地建设实现全覆盖，征集到法治文艺作品1500余件、法治书画作品900余件，3项作品获得江苏省五星工程奖。组织开展“德法涵养文明·共建和谐环境”等评选活动，涌现出“睦邻文化”“家的味道——法圆空巢”等品牌。政府常务会议会前学法形成常态，“法治校园书飘香”辐射全市中小学生及家庭，580家企业规范法律顾问工作。探索基层社会治理新模式，基层探索“1155”区域法治社会建设实践模式（通过一个平台、一个抓手，引导社会组织资源参与法治宣传教育、依法治理、公共法律服务、化解矛盾、修复失衡心理五项措施，达到社会民众法治信仰树立、社会组织形成力量、社会共享法治成果、社会稳定安宁、社会心理健康五大目标）获首届长三角基层依法治理十大优秀案例称号，“四立五治”法治化契约式社会治理模式（以立规矩、立契约、立基金、立制度“四立”为纲，以政治、法治、德治、自治、智治“五治”为目，采用民主签约、依法履约的方式操办村务，全面提升基层治理水平，打造法治乡村新模式）获得2018—2019年度江苏基层社会治理创新成果奖。

（胡张林）

11月10日，扬中市“七五”普法省级评估验收汇报会

（司法局供图）

【农村不动产继承公证办理】 2020年，扬中市公证处面向农民提供农村不动产继承公证免费办理服务，服务农民群众，配合市政府做好农村宅基地确权登记工作。因申请人大多涉及老年人及行动不便人士，公证处推行上门服务、预约服务、弹性服务、周六值班等惠民便民服务举措。畅通绿色通道，简化手续，做到一次性成功受理并在15个工作日内出具公证书。全年办理农村房产的继承公证60余件。

（高欢）

【律师进网格】 2020年，扬中市司法局策应“三官一律”（警官、检察官、法官、律师）进网格活动要求，组织和发动律师深入全市网格。全面排查掌握网格内需要关注的重点人群底数，摸清潜在隐患和不稳定因素，落实源头防范措施。掌握网格内孤寡老人、残疾人、退役军人等关爱对象底数，主动上门了解情况，解决生活困难。对接村（社区）人民调解员，召开民情恳谈会，了解网格内矛盾纠纷调处开展情况和存量纠纷，及时化解矛盾纠纷。在社区举行法治宣讲，提升群众运用法治维护自身权益、化解矛盾纠纷、促进社会和谐稳定的能力和水平。

（高欢）

【家事社区调解工作室成立】 2020年9月，扬中市司法局联合妇联分别在英雄社区、港联社区、新联社区建立家事社区调解工作室。试点选择城区人口和家事纠纷数量较多的城东、城西、城中社区建立家事调解工作室，配备1~2名专职调解员，建立以调解员、民警、村（社区）法律顾问、妇女主任、婚姻家庭咨询师、网格员为主的家事调解团队，开展组团式联调服务。依托

"12348"法律服务热线、法润民生微信群等,提供婚姻家庭纠纷实时法律咨询。（胡张林）

【"援法议事"工作站建立】 2020年,扬中市打造基层群众自治平台,在村(社区)建立"援法议事"工作站10个。通过组织法律顾问、法律明白人建立常态化法治队伍,利用好村(社区)集体大会、党员活动等加强法律培训,夯实群众自治法治力量。将援法议事程序通过制度形式进行规定,运用法治思维方式协商、决定、办理、管理、监督基层群众自治事项,做到履职依法有据,治理依法有序。强化多形式法治宣传教育,调动群众参与法治建设积极性,浓厚办事依法、遇事找法、解决问题用法的氛围。（胡张林）

【扬中市特殊人群关爱协会成立】 2020年11月26日,扬中市特殊人群关爱协会成立,该公益性社会组织集社区矫正、安置帮教和后续照管三类对象帮扶教育工作于一体。特殊人群关爱协会整合原有社区矫正协会和安置帮教协会功能、资源,新增后续照管相关功能,招募其他志愿单位与个人参加。协会制定章程,选举产生会长、副会长等。协会采取多种形式帮扶,向困难特殊人群或子女提供物质帮扶,向有劳动能力的提供金属加工、数控等多方位的技术指导和就业岗位,向有法律需要的提供免费法律咨询与援助等。（胡张林）

信访

【概况】 2020年,扬中市信访局以争创省"三无"市(按照问题属地全年无越级进京上访,或者越级进京上访人数不超过辖区人口数的十万分之一且无进京集体上访;无到县级以上超过50人的集体上访;无上访人自杀、自残等极端恶性事件,无因信访问题引发的负面舆情炒作)为目标,以"我就是最后一道防线"的担当,躬身入局、主动担当,推动全市信访工作高质量发展走在镇江前列。全市信访形势明显好转,全国"两会"、中共十九届五中全会期间,实现零失控、零进京;赴省进京群访非访零发生,接访中心多日出现零登记。接访中心累计接待群众来访278批、1384人,比上年下降47%。初信初访量下降35%。未发生赴省进京集访事件,无个人极端事件。受理各类信访事件391件,其中,接待群众258批次、1036人,国家信访局督办交办件4件,省政府信访局督办交办件48件,办理人民来信133件,网上诉求建议215件。群众信访诉求主要涉及农村建房、物业管理、人社劳资等问题。市委书记接待群众39批次,市长接待群众22批次,市级领导干部公开接待群众来访占同期上访量的31%,按期办结率100%。（于洁）

【"一战两整治"工作】 2020年,扬中市开展"一战两整治"工作(信访积案化解攻坚战,进京访专项治理、城乡建设领域信访问题专项整治)。打响化解攻坚战,挂图作战、督查帮化,3件国家攻坚标识案件全部办结,11件镇江市交办重点信访问题全部化解。加大城乡建设领域专项整治,48件省交办城乡建设领域信访事项化解46件,化解率96%,超过江苏省80%考核要求,扬中工作经验在省信息简报专刊报道。推进重复信访专项治理,对国家、省交办的重复信访事项(要求三年之内基本化解),实行动态标识、入库管理,按照"属地管理"和"谁主管谁负责"原则,逐案分析、精准交办,实行"清单式"管理,落实包案措施,明确解决时限。（于洁）

【躬身入局办难事】 2020年,扬中市信访局在交办督办、建议问责基础上,实行"三挂一攀"(挂图作战、挂牌督办、挂证接访,结对攀亲)工作机制。信访干部与重点信访人员"结对攀亲",躬身入局牵头会商会办疑难复杂信访事项,群众满意率99.4%。聚焦"三失"(生活失意、心态失衡、行为失常)人群,根据信访干部的兴趣特长、人际关系等,与信访群众结成14个对子,每季度至少走访一次,中秋等传统节日必走访,发现新情况、新动态及时走访。通过经常"家访",及时疏导情绪,对确有困难的,帮助协调公益岗位就业、上学就医等困难,实现结对对象无一人赴京上访。对群众的来信来访坚持有理推定,特别是涉及多个部门的疑难复杂信访事项,信访局一手托两家,抓好与信访群众的对接联系,跟踪督促事项化解进展,牵头会商会办,做到问题不查清不放过,措施不落地不放过,矛盾不解决不放过,有效化解多起信访隐患。（于洁）

经济管理

财 政

【概况】 2020年，扬中市财政总收入128.98亿元，比上年下降2.21%，其中，一般公共预算收入35.01亿元，增长2.94%；政府性基金收入53.36亿元，下降2.51%；社会保险基金收入15.14亿元，下降23.68%；国有资本经营收入5.67亿元，增长163.9%。财政支出197.80亿元，增长36.67%，其中，一般公共预算支出58.45亿元，增长17.92%；政府性基金支出为117.14亿元，增长59.09%；社会保险基金支出21.55亿元，增长0.77%；国有资本经营支出3666万元，增长161.86%。一般公共预算支出中，民生支出48.19亿元，占一般公共预算支出比重的82.45%。

投入3019万元，支持定点医院病房改造、专用车辆购置、防疫卡口设立、防疫物资购置等事项。通过“绿色通道”完成应急物资采购1300万元。投入资金9352万元，加强沿江堤坝除险加固和崩岸应急治理。突出就业优先地位，向2098家企业发放稳岗返还资金1038万元。综合运用社保费率减免下调、公积金缓缴降比、租金免征等方式，降低企业经营成本3.58亿元。发放农业综合补贴2495万元，安排收储轮换资金395万元，保障粮食生产供给安全。投入资金3894万元，强化基层稳定运转能力。争取特别国债资金2.16亿元，完善中医院和2个乡镇卫生院的基础设施。严格执行各类减税降费措施，新增减税降费规模5.53亿元。根据产业发展和纾困政策，兑现各类奖补资金1.02亿元。投入资金300万元，发放6万张抵用券，带动消费987万元。“苏微贷”资金池扩大至1.5亿元，发放政策性贷款37.07亿元。

建立财税收入月通报机制，提升收入完成情况考核权重。强化涉税信息共享和欠收税费清缴，规范征管秩序。服务重大项目落地，释放政策“红利”涵养税源，夯实税基。加强非税收入组织和流动税源争取，完成年度一般公共预算收入和税占比预期目标。巩固“三保”支出首要位次，在预算安排的24.59亿元足额到位的基础上，设立备用资金池，确保群众生活和行政运转所需。加强动态执行情况监控，压降行政运行成本，全年一般性支出和“三公”经费支出分别下降14%、24.77%。向上争取一般性转移支付和一般债券转贷收入6.97亿元。发挥政府性基金和国有资本经营预算对一般公共预算的补充作用，提高调入比例，调度收入14.20亿元。调度预算稳定调节基金1.5亿元，盘活闲置和沉淀资金8891万元，实现一般公共预算收支平衡。

践行“为民服务”初心使命，实现民生支出47.70亿元。社保领域投入7.13亿元，城乡低保和重残生活补贴年标准增加600元/人，基础养老金年标准增加至170元/人。医疗领域投入3.92亿元，向全市人民免费提供14类、55项基本卫生服务。教育领域投入9.41亿元，幼儿园生均公用经费年标准增加265元/人，向3671名学生发放助学金414万元。文化领域投入7050万元，博物馆、文化馆完成搬迁运行。政法领域投入2.81亿元，“扫黑除恶三年行动计划”取得实际成效。兑现市委一号文件奖补政策1911万元。安排251万元，实施30个村级“一事一议”公益性项目。安排2975万元，新建333.33公顷高标准农田。安排284万元，推进农村综合改革。安排5739万元，提升农村水利设施保障能力。安排845万元，完成农村道路提档升级22千米。筹集8693万元，落实“十年禁渔”政策，强化渔民上岸生活保障。筹集3000万元，保证“八位一体”维护机制运行和农村人居环境整治全面实施。筹集1403万元，推动大气层臭氧防控和长江排污口溯源监测工作。筹集5500万元，保障“五水联治”工程接续建设。筹集4620万元，加强河道“两违”整治。

强调预算法定效力，明确10万元以上非年初预算安排项目需经市级会议讨论，临时专项和追加申请下降13.64%。系统重塑预算项目库，清理整合项目139个。实施财政监督检查88次，问题整改率90%以上。提请市委、市政府出台《扬中市全面实施预算绩效管理实施方案》。将绩效目标编制作为年度预算安排的前置条件,完成财政投资项目评审职能承接。公开采购定点服务机构8家,严格考核监管,完成重点绩效评价项目9个,涉及资金2.49亿元,增长99.92%。全年开展各类资产清查15次,印发《国有资产管理政策汇编》。建立国资管理联席会议制度,探索解决历史遗留问题现实路径。注重资产集中集约使用,全年处置各类行政事业单位资产6950万元。强化政府采购代理机构监管,暂停1家机构代理资格。优化政府采购营商环境,取消投标保证金,提高预付款比例至30%以上。小微企业报价扣除10%后参与竞标,小微企业承担项目比重72%。助力"消费扶贫",定点采购贫困地区商品251万元,完成比例位居全省县市第1位。 (王家伟)

【住房公积金管理】 2020年,扬中市住房公积金全年新开户人数3542人,归集资金5.44亿元,提取资金3.5亿元。向1054户职工发放个人贷款3.21亿元,个贷比率93.36%,个贷逾期率0.13‰。截至2020年年底,累计缴存总额40.6亿元,缴存余额16.56亿元,贷款总额30.2亿元,贷款余额15.46亿元,公积金覆盖率70%。 (童晓燕)

【住房公积金业务改革】 2020年,扬中市加强住房公积金业务改革,网厅业务实现服务零距离。通过在网络媒体、广播、电视、报纸等媒体宣传,在楼盘、企业、社区、银行现场宣传,多种形式推广网厅业务,推动账户签约率及办理率。全市有601家企业开通单位网厅业务,汇缴资金2.3亿元,通过个人网厅申请个人业务3046件,成功办理1733件,提取资金2880万元,深化不见面审批服务改革。完善公积金按揭贷款担保方式,解冻原房地产企业按揭贷款保证金60余万元,土地担保方式由抵押楼盘改为保函,土地未抵押的楼盘改为预抵押登记。截至2020年年底,签约楼盘13家,发放按揭贷款499笔、1.5亿元。 (童晓燕)

【住房公积金"人才贷"业务】 2020年,扬中市加大对人才住房公积金贷款的政策支持力度,推出最新"人才贷"业务。扬中针对全职高技能人才购买首套自住房,单方最高可贷款45万元,若共同借款人缴存住房公积金,最高可贷款75万元。根据《扬中市产业应用型人才公积金贷款优惠政策实施细则(试行)》,该笔贷款的申请适用对象包括:企业全职引进的"双一流"高校全日制本科、普通高校全日制硕士以上毕业生,以及企业自主培育的高级技师、列入引才计划的职业经理人,四类对象在市内购买首套自住房,相较之前公积金贷款额度上浮50%。满足一定条件的对象可享受缴纳契税补贴、一定金额的租房补贴以及优先申请公共租赁住房等优惠政策。 (融媒体中心)

税　务

【概况】 2020年,扬中市税费收入量稳质优,减税降费落实到位,征管质效不断提升,支持企业复工复产复销和经济运行加快恢复,服务"六稳""六保"大局高标准对接全国文明单位测评指标,创成第六届"全国文明单位"。组织完成税费总收入65.70亿元,比上年增长0.04%,其中,税收收入50.52亿元,增长2.25%;一般公共财政预算收入28.01亿元,增长1.06%;社保费收入13.59亿元;教育费附加、工会经费等非税收入1.59亿元。全年印发宣传资料4000余份,发送政策彩信2.4万条,举办纳税人学堂6次,累计辅导培训纳税人1500人次;在新闻媒体开设"抗疫暖企"专栏,宣传、解读各级支持疫情防控和经济社会发展的税费优惠政策。累计新增减税降费5.53亿元,办理出口退税3.80亿元,为15家困难企业办理延期缴纳税款1592.87万元,缓解企业资金压力。累计完成风险应对296户,总成效1.92亿元,其中,入库税费6071万元。通过各种有效途径采集加工、分析筛选出疑点信息325条,核增税费6095万元,入库2271万元。做好破产企业税收债权申报及欠缴税费追偿工作,追回税款及滞纳金1394.5万元。有序清理欠税,新欠发生率0.6%,往年陈欠清理率27.3%。推进熔喷布规范化整治,完成入户调查788户,累计征收税款1024.29万元。强化环保税征收管理,清理施工扬尘漏征漏管户43户次,补征税款390余万元整。全年入库环保税税款1108万元,增长79.44%。全年企业所得税汇缴入库税款1.45亿元,准期汇缴面96.3%,全年个人所得税综合汇缴入库税款2181万元。 (施雯雯)

税收服务团队助农复产复销　(税务局供图)

【全国文明单位创建】 2020年，扬中市税务局高标准对接全国文明单位测评指标，建立由党委统一领导、中层干部为枢纽、业务能手为骨干、党员带头全员参与的创建组织机制，形成“条块结合、上下联动、人人参与”的立体化创建工作格局。由党委委员带头、副科级以上干部参与，深入村镇、社区开展“新思想、新服务、新风尚”主题宣讲。推行办公场所管理、办公服务言行、垃圾分类管理、食堂管理等10项管理规范，将社会主义核心价值观要求融入单位规章制度。美化办公场所，设置文化长廊，浓厚创建氛围。开展青年道德讲堂、社区志愿服务等一系列活动，丰富创建举措。组织业务骨干参加“岗位大练兵、业务大比武”竞赛活动。抓牢疫情防控，成立疫情防控领导小组，党员干部冲锋在前，参与联防联控巡查440人次，下沉社区完成居民信息采集1956户。11月，创成“全国文明单位”。 （施雯雯）

审 计

【概况】 2020年，扬中市审计局完成审计项目35个，核减工程造价4208.69万元。提出审计建议27条，被采纳18条，提交审计结果报告25篇，被市领导批示15篇。撰写审计信息、论文172篇，被各级采用75篇次，2篇问题建议类信息被选入《决策参考》，上报《审计要情》6篇，被批示3篇。获得各类荣誉11项，包括全省审计系统疫情防控先进集体、2019年度“五星”先进党支部、2019年度市级机关综合考核十佳单位、先进基层党组织等称号，连续16年获得市级机关绩效考核优秀单位和十佳单位称号，经济责任审计科创成“十佳优质服务科室”。 （陈颖）

【财政预算执行审计】 2020年，扬中市审计局克服疫情影响，将线上与线下审计相结合，精准把握审计重点，制定“同级审”工作方案、实施方案。重点关注环保资金及水资源费和污水处理费，延伸环保局及金州水务公司和各镇街区水厂及污水处理厂。在审计过程中，注重即审即改，如针对财政资金存放管理上存在的问题，促进市财政局国库科和住建局在审计过程中出台相关规定，并立即遵照规定执行。自然资源和规划局由于机构改革存在应消未消的银行账户，审计组随即审查账户的财务核算情况，并在审计期间，督促该单位对现有的银行账户消户处理。同级审工作报告获人大全票通过。 （陈颖）

【政府投资审计】 2020年，扬中市审计局结合市委市政府民生工程，紧抓政府投资审计工作。完成计划项目6个。组织学前教育和义务教育阶段教育资源专项审计调查项目，对学校区位及在校学生、学校设施配备及管理、学校师资配备、教育经费保障及使用、部分教育政策落实五大类审计事项开展调查。审计报告反映6大类、20个问题，完成审计目标和方案要求。 （陈颖）

【经济责任审计】 2020年，扬中市审计局完成经济责任审计项目11个，牵头组织市委组织部、市纪委及各被审计单位现任和原任领导、财务负责人，召开2020年经济责任审计项目集中告知会，集中公告审计对象、审计范围、审计内容。召开经济责任审计联席会议，根据《扬中市领导干部（人员）经济责任审计评价和等级评定办法》规定，对2019年度实施的10名领导干部经济责任审计开展等级评定，被评为优秀等次3人，良好等次7人。推动市委、市政府出台《关于规范化开展经济责任审计工作的意见》。 （陈颖）

【国有企业审计】 2020年，扬中市审计局开展3个企业审计项目。对大航集团董事长薛军开展任期经济责任审计，针对该企业体量庞大，参股、控股公司较多的特点，采取跨科室联合的方式实现“兵团作战”，抽调3个科室的人员组成审计小组，确保审计工作高质高效。通过建立框架表格，开展审计抽查，提高效率；运用“企查查”“天眼查”App，迅速摸清组织架构和人员关系，注重发挥审计“审帮促”作用，促进被审计单位边审边改，帮助某企业追回专项资金12万元。 （陈颖）

【内部审计】 2020年，扬中市审计局围绕工程审计、内审法律法规等主题，采取“走下去”与“请上来”的方式，开展内部审计人员业务培训，全市16家公司的内部审计人员参与培训，提升内审人员业务能力。2018—2020年，完成各类乡镇内审计项目2327个，其中，财政财务收支审计项目31个，经济责任审计项目43个，扶贫审计项目258个，基本建设投资审计项目1988个，查出违纪违规和管理不规范金额4.93亿元，移送纪检监察机关处理10人，党纪政纪处理15人，依法追究刑事责任人员2人，建立各项规章制度11项。 （陈颖）

【村（社区）的财务收支审计】 2020年，扬中市审计局统一编制行政村（社区）财务收支审计工作方案，完成2个村（社区）的财务收支审计和2名村干部经济责任审计,重点关注资产负债及债务情况、财务收支情况等12项内容,查出管理不规范金额1798.42万元,促进整改金额898万元,提出审计建议12条,均被审计单位采纳。 (陈颖)

统计

【概况】 2020年,扬中市统计局将统计执法列入全市依法行政年度计划,实现镇(街、区)全覆盖。密切与经济发展局、税务局、财政局、商务局等部门的沟通联系,强化部门间数据流通。按月汇总国民经济和社会发展各项主要指标,收集指标排名情况。加强对统计专报的审核和把关,进一步优化专报质量,全年完成统计专报13期,其中,有4篇获市领导批示。做好高质量发展考核及监测评价共性指标的收集、汇总。配合考核办、编办分解落实各项指标的责任部门,做好2020年全市高质量发展省级监测评价指标的完成情况分析,收集、汇总、整理全市指标完成情况。推进市级、镇(街、区)、部门、联网直报单位和村(社区)"五位一体"统计规范化建设。以"走进七人普"为主题举办市民招待会。 (范雪晴)

【统计管理体制改革】 2020年,扬中市统计局向市政府提交《市统计局关于及时做好巡察发现问题整改落实工作的报告》《关于调整扬中市人民政府2020年度工作目标责任单位的报告》,统计部门已不作为反映总量、增幅、位次等指标的考核责任部门,而作为考核数据的资料来源部门。推进市级、镇(街、区)、部门、联网直报单位和村(社区)"五位一体"统计规范化建设,督促基层从统计人员配备、统计服务、统计法制建设等方面全面提升,推动统计"双基础"建设向村(社区)延伸。与市财政、人社部门联合印发《关于加强扬中市村(社区)统计协管员队伍建设的通知》。要求2021年底前,镇(街、区)根据上级规定标准配齐配强一定数量专兼职统计人员,每个村(社区)至少要选聘1名兼职统计协管员,协助开展统计工作。 (范雪晴)

【统计开放】 2020年,扬中市统计局建立和完善市民招待会制度。以"走进七人普"为主题举办市民招待会,就人口普查数据采集、普查宣传、普查员入户和数据安全性等问题,回答社会关切,推动统计数据逐步公开透明,接受社会监督。通过答记者问的形式,解读落实《扬中市贯彻落实国家统计督察江苏反馈意见整改实施方案》的意义和举措。 (范雪晴)

【统计执法监督】 2020年,扬中市统计局将统计执法列入全市依法行政年度计划,实现镇(街、区)全覆盖。根据"双随机一公开"制度要求和统计执法计划,开展部门统计执法检查、部门联合双随机执法检查,通过系统随机抽选多家企业客观、公正开展执法工作,并对存在问题的企业下发责令整改通知书和行政处罚决定书。 (范雪晴)

【第七次全国人口普查工作】 2020年11月1日零时,扬中市正式开始第七次全国人口普查工作。8月13日,扬中市召开全市第七次全国人口普查动员大会,部署相关工作。该次人口普查旨在摸清扬中市人力资源、结构分布、住房需求等情况,发挥人口因素在投资项目、生产布局、城乡一体、公共服务等重大决策中的基础作用。前期各项准备工作进展顺利,全市6个镇(街/区)全部完成人口普查机构组建工作,相关部门成立工作机构。市级试点工作已完成,根据普查方案要求,前期选取三茅街道建设社区开展试点工作,严格按照国家方案要求,完成综合试点各项任务。普查区划分和建筑物标会工作全面完成,全市标会建筑物66326个,住房单元125571个,划分普查小区1229个。第七次全国人口普查期间全市近1450名"两员"参加普查登记,镇村两级均建立"两员"管理办法。(融媒体中心)

11月5日,市委书记张德军(右一)带头接受第七次全国人口普查现场登记 (融媒体中心供图)

国有资产监督管理

【概况】 2020年,扬中市制定《扬中市国有资产管理工作联席会议制度》,明确联席会议的职能定位、机构性质、主要职责、组织形式和程序，全年召开4次联席会议，一批国资管理历史遗留问题解决机制被理顺。为对冲疫情影响，减免或减收承租国有资产类经营性用房的中小企业和个体工商户相关房租。4月，向市人大常委会作《关于2019年度全市国有资产管理情况的综合报告》，报告扬中市2019年国有资产总体情况、国有资产管理工作情况、取得的成绩及面临的困难与问题、2020年国有资产管理工作举措等内容。启动国有企业全面公司制改革工作。金控集团实现经营收入4.5亿元，其中，经营性收入4.03亿元，投资性收入4710万元，利润总额1415.7万元，担保余额4.28亿元，还贷周转金额38.26亿元，小额贷款累计放款2.14亿元，集团资产规模17.28亿元。 （黄良明、朱静）

【产业基金】 2020年，金控集团在证监会成功备案镇江市第一家全国资基金管理公司，发起并设立全市首支人才科技创业投资基金及鑫城产业投资基金等5个专项基金，管理及参与的基金总规模超过20亿元。人才科技基金累计完成投资832.5万元，投资项目2个，带动投资人民币2000万元、美元300万元，促成压电新材料（成立江苏蓝鲸新材料有限公司）、超高分子聚乙烯纤维（江苏领誉纤维科技有限公司）、高智能共享制造工厂（江苏云企智造有限公司）等项目落地。贯彻落实市委、市政府《关于应对新型冠状病毒感染的肺炎疫情支持中小企业共渡难关的政策意见》精神，担保费率从1.5%降至1%，确保惠企政策落地见效。针对企业“不敢贷、不愿贷、不能贷”问题，降低企业转贷成本，为418家中小企业节约成本2000万元；降低小额贷款利率，为小微企业减负480余万元，获扬中市“支持实体经济贡献奖”称号；创新融资租赁模式，以售后回租的方式成功办理首笔500万元设备租赁业务，向新坝污水厂提供1000万元租赁融资。与各镇（街、区）开展多维度融和、全方位服务，对接智能充电桩项目、氢能空压机项目、高可靠等级芯片产业化项目，联合江苏环太集团大渡云科技、北京艾瑞维克共同投资15.8亿元建设江苏旺捷大数据中心项目。 （朱静）

【省级政府性融资担保机构】 2020年，扬中市金控集团控股子公司众盛小贷公司与江苏金创信用再担保股份有限公司签订现金池业务总协议，最高授信额度5000万元，增加资金来源，提高众盛小贷公司资金投放能力。融资担保公司与扬中农村商业银行、恒丰村镇银行签署新版《担保合作协议》，协议规定由融资担保公司承担80%、银行承担20%的比例共同承担风险和代偿责任，与市农行、财政局设立风险分担资金池，健全金融风险预防制度体系，增强金融服务实体经济的能力，为全市中小企业搭建稳定、安全、方便、快捷的融资担保平台。11月，获评省级首批政府性融资担保机构。 （朱静）

自然资源管理

【概况】 2020年，扬中市自然资源和规划局践行“守红线、强保障、优服务、惠民生”等方面的工作。推进“多审合一”“多证合一”改革，合并规划选址和用地预审，统一核发建设项目用地预审与选址意见书，合并规划许可和用地批准，统一核发新的建设用地规划许可证。建立健全“多测合一”管理体系，整合资源、优化配置，实现“一次委托、统一测绘、成果共享”。实现二手房买卖转移登记和抵押登记合并办理、不动产和税务“一窗受理 集成服务”、交地即发证、交房即发证。“房地一体”农村不动产登记成为全省示范点，不动产登记流程更优更简。办理不动产登记2.83万件，比上年增长51%。 （孙柳燕）

自然资源和规划局送图下乡 （自然资源和规划局供图）

【节约集约用地】 2020年，扬中市自然资源和规划局推进集约节约用地，做好用地报批工作，组卷上报4个村镇批次、3个单独选址项目，面积70.72公顷。挂牌出让工业用地38.17公顷，经营性用地69.96公顷，出让金总收入52.33亿元。盘活低效、闲置土地203.6公顷，完成2020年土地储备专项计划编制，完成2宗存量建设用地收储4.67公顷。 （孙柳燕）

【生态建设与修复】 2020年，扬中市自然资源和规划局推进土地整治，全市占补平衡项目2个，面积4公顷，增减挂钩项目50个，面积30.67公顷。完成绿化造林任务工作,成片造林34.4公顷,其中,长江两岸造林面积27.67公顷,完善提高农田林网500公顷,培育珍贵用材树种6万株,四旁植树9万株,修复湿地面积30.33公顷。开展违法用地综合整治三年行动,与各镇(街、区)搭建共同责任机制,坚决消除存量,杜绝增量,完成三年整改任务的79.61%。 (孙柳燕)

【执法监察管理】 2020年,扬中市自然资源和规划局运用卫片执法、慧眼守土、实时监管等手段,坚持网格化的巡查制度,巡查录入497次。加强与法院的联动,申请法院强制执行20件。借力镇(街、区)、城管等部门力量,通过非立案方式消除违法状态,向相关镇(区、街道)发送函12份,联合镇强制执行案件6起,彻底遏制新增违法用地。严格按照"三查三治"的标准,逐一排查核实250宗群租房,移送存在违反城乡规划建设行为的案件155宗。开展农村乱占耕地问题专项整治行动,完成部、省级图斑的排查摸底,纳入专项行动摸查范围图斑1370个,面积225.71公顷。受理各类信访366件,其中,"12345"热线237件,全部按时办结,公开回复信息35件,完成各类发函54件、回函29件。

(孙柳燕)

市场监督管理

【概况】 2020年,扬中市市场监管局以"当好新时代经济卫士、服务扬中高质量发展"为己任,砥砺奋进、务实作为。开展熔喷布专项整治,在前期排查基础上,配合国家和省局整治行动,完成熔喷布专项整治工作。加强质量强市建设,完成国家级小微企业质量认证管理试点工作,召开全省现场推进会,打造"扬中模式"。持续推进"双进双服务"活动(进重大项目,服务开业前事项;进重点企业,服务高质量发展),帮助企业解决逾百条问题和困难。推进事中事后监管,高效服务企业发展,企业年报公示率93.7%,新增个体类市场主体考核指标位列镇江第一方阵。实施知识产权强县工程,切实增强工作绩效,高质量发展专利考核指标位列镇江第一方阵。坚守食品、药品、特种设备三大安全底线,持续提升监管效能。深化各类专项整治,确保市场秩序稳定,办理全省长江禁渔工作行政处罚第一案。畅通消费维权通道,受理各类投诉举报3221件,办结3197件,办结率99.25%,为消费者挽回损失520万元。在镇江市率先推行"先行赔付和线下七天无理由退货"制度。规范执法行为,立案查处各类案件180余件,罚没入库金额515万元。 (王海燕)

【"双进双服务"活动】 2020年,扬中市市场监管局开展"双进双服务"活动(进重大项目,服务开业前事项;进重点企业,服务高质量发展)。向首批138家优质企业、重点项目发放包含18项内容的"双进双服务"工作清单,收集、摸排企业服务需求,开展实地调研、座谈,现场协调解决相关问题。走访市30强企业和部分重点产业项目,梳理出各类问题150条,现场及后期跟踪帮助企业解决问题逾百条。相关工作先后在《镇江日报》头版和"学习强国"江苏学习平台刊发。 (王海燕)

【质量强市建设】 2020年,扬中市完成国家级小微企业质量认证管理试点工作,召开全省现场推进会,打造"扬中模式"。选定首批5家企业作为试点单位,企业负责人质量意识、企业员工质量观念、企业台账资料规范化水平、企业绩效4个方面得到明显提升。选定50家企业作为试点经验推广复制对象,逐项助力企业质量提升。申报江苏省首批"江苏精品"认证,大全集团有限公司、江苏亿能电气有限公司获评"江苏精品"(全省50家,镇江市4家)。参与起草镇江市地方标准《口罩用熔喷布生产技术规程》(DB 3211/T1015–2020)。

(王海燕)

【药品安全监管】 2020年,扬中市开展药械不良反应监测工作和药品监督抽检工作,合格率100%。落实零售药店执业药师配备要求,确保全市所有零售药店主要管理者具备执业药师资格、营业时有执业药师指导合理用药。开展"清理家庭小药箱"、《中华人民共和国疫苗管理法》宣传贯彻教育等活动,发放宣传资料1000份。采取"制定统一模板,集中检查,集体许可"的方式为零售药店办理各类许可业务开辟快速审批通道。 (王海燕)

【食品安全监管】 2020年,扬中市食品安全监督抽检批次从常住人口4批次/千人增加到6批次/千人。推进"11610"(1家市食品快检中心,配备1辆食品快检车,6家基层分局食品快检室,14个农贸市场和11所学校均设置食品快检点)食品快检体系升级,市级快检超过9000批次。开展食品、食用农产品监督抽检2110个批次,总体合格率99%。加强学校食品安全监管现代化治理工作,推进学校食堂"五常先进管理法"(常清理、常整顿、常清洁、常保持、常自律),覆盖率60%。针对重点时段、重点区域、重点对象和重点品种,开展"三小行业”(食品小作坊、小食杂店、小餐饮店)、河豚文化节、学校及校园周边、食用农产品、肉制品、特殊食品、固体饮料等各类专项治理行动18次,专项检查2500户次,全市未发生食品安全事故。 (王海燕)

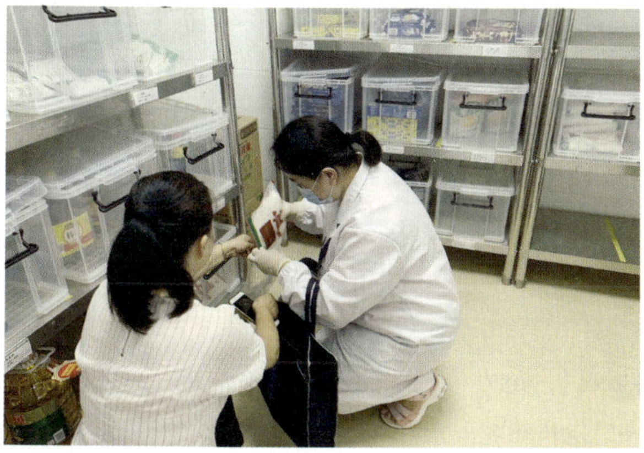

食品安全监督抽检 (市场监督管理局供图)

【特种设备安全监管】 2020年,扬中市市场监督局增设安全生产科。印发《扬中市特种设备安全生产专项整治行动工作方案》,专题部署特种设备安全生产工作,加强国务院督导组反馈问题的同类隐患排查,就涉危化品企业特种设备、工贸行业使用危险化学品企业特种设备、小化工等“低散乱”企业特种设备、城市燃气、气瓶充装单位安全管理等多个整治重点开展全面排查整治。组织开展“安全生产月”“百团进百万企业”安全生产学习宣讲等系列活动,培训各类特种设备作业人员839人次。 (王海燕)

【知识产权强县工程】 2020年,扬中市万人发明专利拥有量47.79件,高维持发明专利拥有量241件,高质量发展专利考核指标位列镇江第一方阵。通过“双进双服务”、“点对点服务”、银企对接会等多种形式推进实施专利质押融资工作,帮助企业获得专利质押贷款2270万元。万奇、亿阀、锋芒3家企业获批江苏省战略推进项目创建;环太、吉星2家企业通过2017年江苏省知识产权战略推进计划项目(一般)项目的验收;威腾、向荣等4家企业通过2017年度镇江市专利密集型企业培育计划项目验收,扬中高新区通过2017年镇江市专利导航发展试验区项目;油坊镇创建光伏新能源知识产权特色小镇。组织开展“雷霆”“护航”“蓝天”等知识产权保护专项行动,“金山翠芽”地理标志专项整治,查处专利标注标识不规范案件72件、假冒专利案件1件。 (王海燕)

【市场主体经营行为规范】 2020年,扬中市将创文创卫部门联席会议制度化,每周召开一次。强化宣传发动,提升市场内经营户参与创建的主动性和积极性,营造全面动员、人人参与、齐抓共创的浓厚氛围。制定《博联农商城综合整治工作方案》《市场监管局创文创卫中博联农商城难点问题及解决对策汇总》,明确相关部门(街道)及市场主办方职责分工。赴句容、泰州等地多次考察,结合扬中实际,拟定《关于进一步加强扬中市主城区农贸市场高质量管理的实施意见(征求意见稿)》。在改善融资环境上发挥职能优势,全年办理动产抵押登记29件,帮助融资7.42亿元。组织开展守重企业复审,要求各分局对辖区内的镇江市级、扬中市级守重企业复审率100%。受理各类投诉举报3221件,办结3197件,办结率99.25%,为消费者挽回损失520余万元。申报省级放心消费创建示范单位2家,镇江市级放心消费示范单位14家。在镇江市率先推行“先行赔付和线下七天无理由退货”制度,参与无理由退货的商户300家,为消费者办理无理由退货1300余件。 (王海燕)

【市场专项整治】 2020年,扬中市开展防疫物资专项检查,确保疫情防控期间防疫用品、基本民生商品市场价格的稳定,受理口罩、熔喷布、基本民生商品等投诉213件,及时处理率100%。开展熔喷布专项整治,在前期排查基础上,配合国家和省局整治行动,完成熔喷布专项整治工作。开展全面禁售长江流域非法捕捞渔获物专项行动,发放《关于禁售长江流域非法捕捞渔获物的通告》1800余份,整改41家,立案9件。办理全省长江禁渔工作行政处罚第一案。开展非标电动三、四轮车专项整治。开展“扫黑除恶”专项斗争和非法金融活动信息监测工作,以打击“行霸市霸”、开展非法金融专项治理为重点,排查全市集贸、批发市场19个,走访各类经营商户2219家,梳理投诉举报信息2582条,清理“僵尸”市场主体861个,向市扫黑办移交“涉黑涉恶”线索5条。 (王海燕)

【餐饮经营场所安全生产整治】 2020年8月28日,扬中市召开餐饮经营场所安全生产专项整治推进会。市商务局解读餐饮经营场所燃气安全专项整治方案,重点查处餐饮经营场所燃气来源安全、气瓶存放安全、用气场所安全、燃气设备设施安全、用气操作安全5个环节的违法违规行为,确保全市餐饮行业安全生产形势稳定向好。会上,各镇(街、区)、各相关部门提交目标任务书。 (融媒体中心)

农 业

综 述

【概况】 2020年，扬中市实现农林牧渔业总产值29.86亿元，比上年增长5.07%。全市小麦总产1.8万吨，单产362.53千克，水稻4.71万吨，单产633.3千克。全年新建高标准农田面积333.33公顷，高标准农田累计6006.6公顷，实施轮作休耕面积1866.67公顷。特种水产养殖规模持续壮大，河豚工厂化养殖面积16万平方米，江蟹标准化养殖面积520公顷，刀鱼特色化规模养殖保持稳步增长，总体规模50万尾。加快生猪恢复生产，推进规模养殖场补栏增养计划，生猪存栏1.8万头、出栏3.45万头。依托现代渔业产业园区，编制《扬中省级渔业产业示范园发展规划》，创成省级现代农业产业示范园。围绕农业农村发展领域，实施重大项目8个，完成投资6.3亿元。开展“万企联万村、共走振兴路”行动，74个行政村与102家企业计划联建项目106个，计划总投资11.6亿元；扎实推进南北挂钩联建，与灌云县开展联建项目10个，计划总投资1.45亿元。

（徐冰）

【脱贫攻坚】 2020年，扬中市加快推进农村一二三产融合发展，鼓励发展特色生态高效休闲农业，扶持新型农业经营主体，新增省级示范合作社2家，家庭农场8家，新型经营主体比重49.3%。发展壮大村集体经济，全市村集体经营性收入1.35亿元，比上年增长3.13%。推进落实“两不愁三保障”(稳定实现农村贫困人口不愁吃、不愁穿，保障其义务教育、基本医疗和住房安全)，修订精准扶贫政策指南、《关于加强帮扶防止返贫的实施办法》、《扬中市关于巩固提升农村低收入群体生活保障水平的意见》，健全完善防返贫机制，对全市1672户、3141人建档立卡户开展动态监测和“回头看”，保证全面小康路上一个不少。（徐冰）

种植业

【概况】 2020年，扬中市实施粮食绿色高质高效创建部级万亩基地1个，省级千亩示范片5个、集中育秧比例100%，完成机插秧面积3885公顷，占全市水稻面积的79%。水稻产量达到粮食高质高效创建要求。稻麦粮食总产量6.52万吨，其中，水稻总产4.72万吨，单产633.3千克；三麦总产1.8万吨，单产363千克。主推武运粳31，南粳3908，南粳5055，扬麦20、23、25号等优良品种，扩大良种覆盖面，全市良种覆盖率95%以上。重点技术推广小麦一体机播种、机插秧技术、秸秆全量还田技术，精确定量栽培技术。推广优质食味品种、集成应用绿色高效技术、示范稻田综合种养模式、探索粮食产业开发和融合发展等关键环节。全市园艺种植面积稳定在1853.33公顷，其中，蔬菜5.85万亩次，果树、花卉720公顷。新增蔬菜面积20公顷，果树10公顷。

（高月华、王华）

【蔬菜种植业】 2020年，扬中市引进推广扬中秧草、凯瑞特大椒、三叉大叶空心菜、晓富宝豇豆等多个蔬菜新品种，示范推广秧草水旱轮作技术、玉米秸秆还田技术、地膜减量替代技术、穴盘、营养钵育苗技术等多项蔬菜种植新技术，累计推广面积213.33公顷。（王华）

【果树产业】 2020年，扬中市继续引进推广果树新品种新技术。推广新品种4个(白玉枇杷、红美人柑橘、由良柑橘、苏翠1号梨)，新技术3项(枇杷设施防寒栽培技术、梨开心形整形修剪技术、果园生草栽培以及土壤配方施肥技术)。累计推广面积100公顷。云标果园的“田云标”牌霸红枇杷、知青滩家庭农场的白玉枇杷获得2020年第三届江苏省精品枇杷评比金奖。（王华）

【地膜残膜回收利用】 2020年，扬中市推进废旧农膜回收利用工作，结合实际情况成立废旧农膜回收点2家，开展农膜集中治理。回收废旧棚膜89.49吨，废旧地膜13.17吨，农膜回收率85.12%。完成地膜减量替代技术试验示范及地膜土壤残留原位监测。农业农村局与市场监督管理局开展农膜联合执法监督5次。

（王华）

【病虫害专业化防治】 2020年，扬中市化学农药使用量192吨，比2015年(246吨)下降21.95%。植物保护专业化统防统治覆盖率70.1%。推广病虫害绿色防控技术，全市主要农作物绿色防控产品使用面积占比85.33%。新建省级水稻病虫绿色防控示范区1个，核心面积66.67公顷，辐射面积666.67公顷；省级蔬菜病虫绿色防控示范区1个，核心面积6.67公顷，辐射面积66.67公顷；省级果树病虫绿色防控示范区1个，核心面积6.67公顷，辐射面积66.67公顷。示范区内绿色防控产品使用面积占比100%，病虫危害损失控制在5%以内。

（常琳）

【测土配方施肥技术推广】 2020年，扬中市主要农作物测土配方施肥技术覆盖率95%，农用化肥用量比2015年下降5%以上。完成取土化验80个，更新土壤有机质、氮磷钾中微量元素和酸碱性等土壤基础数据，结合主推品种开展稻麦缓释施肥、肥料利用率等试验6个，优化作物氮磷钾中微量元素营养配方比例和田间运筹。为扩大测土配方施肥技术的应用效果和示范带动作用，建立“测土配方、化肥双减”示范区6个，在示范区内选择种植大户、家庭农场等新型农业经营主体承担示范任务，优选配方肥、缓控释肥料、有机类商品肥等物化产品，实行试验、示范、对比“三田”配套，并树牌标识。探索形成机械化施肥、测深施肥、减量施肥等技术，控肥、增效、提质效果明显。

（吴文军）

【轮作休耕】 2020年，扬中市实施部级耕地轮作试点项目，轮作面积333.33公顷，轮作区域耕地质量明显提升，耕地土壤有机质含量比2017年增长1%，耕地地力平均提高0.5个等级。

（张选怀）

养殖业

【概况】 2020年，扬中市生猪价格呈现高位运行态势。随着生猪保供工作的开展，生猪生产大幅增长，年末存栏1.79万头，比上年增长270.19%，出栏3.16万头，增长34.58%；蛋鸡行情稳中有降，蛋鸡产业营利水平一般，年底家禽存栏38.92万羽，下降0.45%，家禽出栏68.25万羽，下降17.39%；山羊生产滑坡严重，存栏0.52万只，下降10.34%，年出栏1.31万只，下降39.88%。全市肉产量3700吨，下降34.49%，其中，生猪2470吨，家禽1120吨，山羊110吨；蛋产量2440吨，下降31.94%，其中，鸡蛋产量2340吨，鸭蛋产量98.3吨，鹅蛋产量1.7吨。生猪规模养殖比重94.33%，其中，生猪大中型规模养殖比重74.07%，蛋鸡规模养殖比重87.94%，肉禽规模养殖比重85.75%。水产养殖面积1320公顷，其中，特种水产养殖面积1165公顷；新增高效设施渔业面积13公顷；水产品总产量7078吨，其中，养殖产量6820吨，捕捞产量258吨；渔业总产值5.04亿元。

（沈明华、高峰）

【长江增殖放流活动】 2020年5月27日，扬中市开展鱼类增殖放流活动，向长江放流河豚等各类苗种30余万尾。9月18日，在长江扬中段暗纹东方鲀刀鲚国家级种质资源保护区开展渔业增殖放流活动，放流河豚夏花9.5万尾，河豚亲本5000尾，投入资金51.8万元。

（高峰、顾明荣）

5月27日，渔业资源增殖放流活动　（融媒体中心供图）

【生猪恢复生产】 2019年年末，受非洲猪瘟疫情等因素影响，扬中市生猪存栏大幅下降。按照统一要求，扬中市开展恢复生猪生产工作，全年累计投入财政资金600万元用于恢复生猪生产，新建一个出栏1.2万头猪场，预计2021年3月全面投产；改扩建1000头猪场，已全面形成产能，停产猪场全面恢复饲养。2020年年

末,年存栏 1.79 万头,年出栏 3.16 万头,完成生猪生产全年目标任务。 (沈明华)

【养殖污染治理】 2020 年,扬中市通过检查认定规模养殖场 14 个,小规模养殖场 65 个。规模养殖场治理率 100%,小养殖场治理率 98.5%;新建化粪池 903.7 立方米,干粪堆积场 358.5 平方米,雨污分离设施 185 米。畜禽粪污产生总量 5.19 万吨,资源化利用量 5.10 万吨,畜禽粪污综合利用率 98.32%。规模养殖场粪污处理设施装备配套率 100%,小规模养殖场粪污处理设施装备配套率 100%。 (沈明华)

【重大动物疫病防控】 2020 年,扬中市规范开展动物防疫工作,免疫生猪口蹄疫 5.43 万头,高致病性猪蓝耳病 2.21 万头,猪瘟 5.43 万头,禽流感 54.86 万羽,鸡新城疫 47.22 万羽,羊口蹄疫 0.71 万只,羊小反刍兽疫 0.65 万只,应免密度 100%。开展非洲猪瘟防控,全面落实封闭式管理、消毒、检测等各项防控措施,防控效果显著。全年未发生重大动物疫情。 (沈明华)

农业机械

【概况】 2020 年,扬中市农业机械化水平 87%,稻麦粮食作物耕种收水平 96%,特色农机化率 53%。植物保护机械化水平和粮食烘干能力进一步提升。农机装备水平和农机服务能力明显增强。 (朱维忠)

【农机购置补贴政策】 2020 年, 扬中市新增 85 马力以上拖拉机 17 台,插秧机 16 台,联合收割机 16 台(报废更新 19 台),高效自走式植保机 25 台,植保无人机 5 台,新建粮食烘干中心 2 座,其他各类农机具 482 台(套)。享受中央省级补贴资金 359.51 万元、地方财政补贴资金 22.1 万元。 (朱维忠)

【秸秆机械化还田】 2020 年,扬中市采取“行政检查、社会监督和第三方核查相结合”的监督机制,切实提高机械化秸秆还田的质量和效果,确保财政补助惠农政策落实到位。全年完成稻麦秸秆机械化还田面积 10.71 万亩次,秸秆机械化还田率 90%。 (朱维忠)

【农机具综合保险】 2020 年,扬中市落实惠农惠民政策,疫情防控期间(2 月 14 日至 5 月 13 日)参加农业保险的,财政补贴比例 100%(扬中市 60%、省级 40%);非疫情防控期间的, 财政补贴比例为 80%(扬中市 60%、省级 20%)。全年参加农机综合保险的各类农业机械 768 台。 (朱维忠)

【农机教育培训】 2020 年,扬中市组织农机基层人员参加省、市、县组织的农机业务知识培训,150 余人次参加培训,41 名农民参加大中型拖拉机驾驶人员的培训,取得大中型拖拉机驾驶操作资格。通过岗位业务知识和技能培训, 农机管理队伍的工作能力和业务水平得到提升,全市农机专业技术人才队伍逐步增加,为推进农机化高质量发展提供保障。 (朱维忠)

【农机安全生产】 2020 年,扬中市按照省、市工作部署,开展农机安全生产专项整治,以农机合作社、家庭农场、农机大户等为重点,严格农机安全生产主体责任的落实。贯彻落实省、市关于变型拖拉机整治有关工作要求,10 月底, 完成全市变型拖拉机报废清零。开展“安全生产月”、农机安全生产大检查、“三查一禁”(查治拖拉机联合收割机无牌作业、无证驾驶、逾期未检及禁止变型拖拉机违法使用)、“两打一清”(打击拖拉机和联合收割机涉牌涉证违法行为、打击违反农机安全操作规程行为、清理存量管理变拖)等系列活动。全市检验合格上道路拖拉机 216 辆(其中,变型拖拉机 57 辆次, 手扶拖拉机运输机组 159 辆), 核发驾驶证 49 本,期满换证 71 本;检验农田作业拖拉机 152 辆,联合收割机 92 辆,登记注册拖拉机 20 辆,联合收割机 16 辆,核发跨区作业证 91 张。开展各项农机执法检查 92 次,出动 196 人次,检查机具 561 辆,纠正违法行为 102 起。 (朱维忠)

农业经济体制与经营管理

【概况】 2020 年,扬中市深化农村综合改革,激发“三农”发展活力。深入实施农村土地“三权分置”改革,按照“落实集体所有权、稳定农户承包权、放活土地经营权”的要求,规范土地流转行为,进一步细化和落实农户承包地“三权分置”办法,持续推进土地股份合作,提升农业适度规模经营水平。用好农村集体产权制度改革成果,探索赋予农民对集体资产股份更多权能,强化集体经济组织服务功能,完善内部治理结构,规范农村各类产权交易进场入市,推动农村集体资产保值增值,让群众共享更多改革红利。稳慎推进农村宅基地管理与改革,严格落实新修订的《扬中市农村村民住房建设

管理办法》，健全宅基地管理制度，强化指导和监督，促进宅基地管理制度化、规范化。（陈劲旭）

【农村集体产权制度改革】 2020年，扬中市开展集体资产股份证书发放扫尾工作。组织镇（街、区）开展村级集体资产股份证书发放工作"回头看"，逐村逐组检查证书发放情况，跟踪督查少数未完全发放到户的村（社区），统计汇总错打、漏打等现象，及时更正，确保证书发放到户、信息准确，股份证书发放率98.8%。开展集体经济组织信息数据录入工作。全面推进村级集体经济组织、成员和股份等信息录入省农村集体经济组织管理系统，通过集中培训、现场辅导、信息核对、导入模板，全面完成村级集体经济组织、成员和股份信息录入工作，提升集体产权制度改革信息化管理水平。完成农村集体产权制度改革工作评估验收。按照省政府办公厅《关于全面完成农村集体产权制度做好评估总结的通知》精神，对照评估总结重点内容和具体要求，开展集体产权制度改革工作自查自评，查漏补缺、建章立制、整改完善，通过省市两级检查评估验收。（陈劲旭）

【家庭农场培育】 2020年，扬中开展市级示范家庭农场评定。印发《关于开展2020年扬中市级示范家庭农场认定工作的通知》，明确扬中市级示范家庭农场基本条件、申报程序及申报材料，经自主申报、镇级调查、市级核实，16家家庭农场被认定为扬中市级示范家庭农场。做好镇江市和省级示范家庭农场申报推荐工作，新增镇江市示范家庭农场6家、省级示范家庭农场3家，发挥示范带动作用。加强家庭农场名录管理。按照家庭农场名录管理制度要求，及时把符合条件的种养大户、专业大户纳入家庭农场名录系统，做好家庭农场名录系统信息填报和动态更新工作。全市累计培育家庭农场302家。（陈劲旭）

【政策性农业保险推进】 2020年，扬中市强化宣传，优化服务，持续推进农业保险工作。农业保险保费总额（含涉农保险）912万元，其中，政策性农业保险保费总额776万元，农险商业险30万元，涉农保险106万元，农业保险深度0.59%，农业保险密度496元/人，农业保险覆盖率82.5%。加强政策性农业保险工作考评，结合实际，制定印发《扬中市政策性农业保险经办机构考核评价暂行办法》，从服务体系、承保理赔、服务效益、宣传推动、数据报送、监督检查等方面考核政策性农业保险经办机构，3家保险公司全部通过考核，进一步加强和规范农业保险经办机构的经营行为，提升服务质量和水平。（陈劲旭）

【农村宅基地管理和改革】 2020年，扬中市根据相关法律法规和政策规定，牵头做好《扬中市农村宅基地建房管理办法》修订工作。明确农村宅基地用地建房管理部门职责，农户建房审批管理模式、审批机构、申请审批条件和程序等，加强和规范农村宅基地建房审批管理。经征求意见，司法部门审查，《扬中市农村宅基地建房管理办法（修订草案）》基本形成，提交扬中市委、市政府审核。（陈劲旭）

【农村承包地"三权分置"改革】 2020年，扬中市开展《中华人民共和国农村土地承包法》等政策法规宣传。强化土地经营权流入主体资格审查和项目审核，完善流转合同定价机制，签订统一规范流转合同文本，推进土地流转进场交易，引导承包农户和村组集体规范有序流转土地经营权，发展多种形式农业适度规模经营，全市农业适度规模经营水平实现79.92%。结合实际，继续扩大土地股份合作试点范围，探索承包地"三权分置"有效实现形式，完成新坝镇新安村土地股份合作社组建工作，农户承包地入股面积40公顷。（陈劲旭）

【农村集体"三资"管理】 2020年，扬中市农业农村局联合纪委开展农村集体经营性资产租赁发包的专项清查整改行动。通过走访、座谈等多种形式开展问题整改情况"回头看"专项行动，追缴欠缴租金3872.69万元，有效防止集体资产的流失。继续强化农村集体"三资"信息化监管平台建设，建立完善、规范的资产实物台账、价值台账和信息化管理体系，构建市、镇、村三级联动的资产信息管理平台。印发《扬中市组级财务管理制度》，加强组级资金、资产、资源和财务收支的规范化管理。（郭江云）

【农村产权交易市场建设】 扬中市按照《关于全面推广农村产权线上交易的通知》要求，组织建设农村产权线上交易市场，建立"互联网+产权交易+移动支付"服务平台。农村产权交易工作有序开展，全年完成交易2562笔，成交金额2亿元。（郭江云）

【精准扶贫】 2020年，扬中市筑牢防返贫机制，巩固脱贫攻坚成果，坚持不放松、不懈怠，围绕"六个精准"（扶贫对象精准、措施到户精准、项目安排精准、资金使用精准、因村派人精准、脱贫成效精准）要求，坚持“四个不摘”（摘帽不摘责任、摘帽不摘政策、摘帽不摘帮扶、摘帽不摘监管），全面解决“两不愁三保障”突出问题，紧盯“扶贫领域专项治理”，聚焦巡视督查问题整改，强化动态监测管理，不断巩固提升脱贫质量。完成建档立卡户1672户、3141人脱贫。 （薛飞）

农业产业化发展

【概况】 2020年，扬中市农业产业化经营组织、规模逐步扩大，辐射带动作用明显增强。全市有各类农业产业化经营主体745家，比上年增加325家。按组织类型划分，龙头企业27家，其中，省级农业龙头企业3家，镇江市级农业龙头企业13家，扬中市级农业龙头企业11家；农民专业合作社416家，其中，国家级专业合作社6家，江苏省级专业合作社9家，镇江市级专业合作社22家，扬中市级专业合作社15家，普通合作社364家；家庭农场302家，其中，江苏省级示范家庭农场20家，镇江市级示范家庭农场46家，扬中市级示范家庭农场8家，普通家庭农场228家。 （司徒功明）

【农业招商】 2020年，扬中市依托现代农业园区，围绕特种水产、特色蔬果、粮油加工、休闲观光等农业产业，开展农业招商和宣传推介。通过农业项目推介会、以商引商、网上发布、拜访客商等形式，引进和签订农业投资项目3个，总投资1.67亿元；组织7家农业企业、2家农民专业合作社参加农业国际合作洽谈会1场、农产品交易会2场、名特优农产品展销会2场，推介展销咸秧草、河豚加工品、红薯粉丝、优质蔬果、生态大米等特色农产品。 （蔡剑）

【高标准农田建设】 2020年，扬中市投入高标准农田建设项目资金875万元，建设高标准农田333.33公顷；完成2019年度油坊镇、新坝镇、三茅街道高标准农田建设任务，完成2020年经开区、新坝镇高标准农田建设项目的招投标及实施工作。 （薛飞）

【农产品质量安全监管】 2020年，扬中市创成省级农产品质量安全县。扬中全面落实地方政府属地管理责任和生产主体首要责任，建立健全农产品质量安全长效监管体制机制，严把“产”“管”两道关，农产品质量安全水平稳步提升，第三方机构调查群众满意度86.38分。严把生猪产地屠宰、检疫两道关口，产地检疫生猪2.09万头，屠宰检疫生猪4.56万头；养殖环节抽检家畜规模养殖场13个，检测“瘦肉精”样品568份，屠宰环节年抽检尿样4560份，未发现“瘦肉精”阳性；开展畜禽产品中抗菌药物残留和兽药残留专项监测抽样工作，抽检畜禽产品136份；生猪规模场无害化处理生猪21头，无害化处理率100%；屠宰环节检出病害猪及产品折合128头，100%按要求无害化处理中心集中处理。加大农产品农药残留检测力度，开展本级例行监测567批次，合格率99.47%；开展监督抽检69批次，合格率98.55%；省级例行监测抽检195批次，合格率99.49%；乡镇开展蔬菜农残速测2.92万批次，合格率100%。对涉及农产品质量安全违法违规行为始终保持高压态势，坚持检查、检测、检举与执法查处打击相结合，遏制农产品质量安全突出问题。开展禁限用高毒农药、“瘦肉精”、畜禽屠宰、兽用抗生素和农资打假等专项整治行动，出动执法人员852人次，检查生产企业经营企业346家次，立案查处农业投入品案件5起，保障农产品安全生产，全市未发生一起重大农产品质量安全事件。 （于永忠）

【农业科技培训】 2020年，扬中市举办农业职业技能培训班14期，培训合格人数1469人，组织现场观摩，效果显著，反响良好。开展以稻麦高产栽培技术为主要内容的农艺工培训10期，培训农民1203人，重点推广水稻高产栽培技术规程、机插高产栽培技术、稻麦测土配方施肥技术等实用技术。开展水产养殖专业培训班1期，培训农民84人，推广长江特色水产品种，传授高效渔业养殖技术。开展畜禽养殖专业技能培训班1期，培训农民58人，传授生猪、山羊养殖的关键技术，非洲猪瘟防控，畜禽疫病防控及防治技术等。开展园艺专业技能培训班1期，培训农民44人，学习园艺栽培技术。配合新型职业农民培育等项目的实施，采取请进来、送出去的办法，与农业院校合作，培训农业专家、青年农场主、新型职业农民、专业大户160人，提高劳动力持证水平；各镇（街、区）组织冬春大培训，结合农业生产季节，传播农业生产实用技术，参训人员1337人次。 （任凯）

【农产品电子商务培训】 2020年，扬中市规划制定《扬中市2020年农产品电子商务培训工作实施方案》；

组织开展社会调查，了解有意向参与和开展电子商务的农业龙头企业、专业合作社、大学生“村官”的信息，做好基础准备。组织开展农产品电子商务专题培训，培训聘请院校电子商务专家做好培训的组织工作，就农产品电商发展趋势、农产品电商设计、产品信息采集与上传发布、农产品网店营销与推广、仓储物流管理等方面开展全方位技能传授，培训80人，完成任务数的100%。农产品网上销售1467万元。 （任凯）

【基层农技推广体系改革与建设】 2020年，扬中市继续完善实施2019年度省级农业科技入户及全国基层农技推广体系改革与建设补助项目，省农业农村厅下达全国基层农技推广服务体系改革与建设补助项目1个，培育农业科技示范户930户，建立农业科技示范基地2家，培训基层农技人员96人次。根据方案要求，扬中市筛选出550户粮食种植户、100户园艺种植户、180户畜禽养殖户和100户水产养殖户作为示范户，在市、镇两级农技推广人员中遴选出93名技术人员作为指导员，全程指导示范户生产。示范户物化补贴的发放与对技术指导员的工作督导情况，参照科技入户工作同步安排，协同推进，确保工作质量。在示范基地建设上，建设粮食种植和水产养殖示范基地各1个，在基地建设中注重基地建设标准，增强示范效果。推广“农技耘”手机App，注册用户2999户，在镇江市占比21.5%，以努力提高技术指导员使用率为抓手，着眼于提高广大农技人员和农业从业人员的参与度，提升服务质量与水平，确保扬中市“农技耘”使用活跃度处于全省领先水平。 （任凯）

农村人居环境整治

【概况】 扬中市以“四清一治一改”(清理垃圾、清理河塘、清理农业废弃物、清理无保护价值的残垣断壁，加快改变农民不良生活习惯，加大乡村公共空间治理)为抓手，持续加强农村人居环境整治和管护，全市村容村貌得到大幅提升，2020年，扬中市获评江苏省农村人居环境整治成效明显激励县。 （郭培武）

【农村人居环境整治行动】 2020年，扬中市开展党建引领农村人居环境整治行动。扬中市发挥党小组“堡垒前哨点”、党员示范作用，团结带动群众自发干、一起干、主动干，定期组织现场观摩、比学赶超，完成全市自然村整治任务1737个，农村人居环境整治工作受省政府督查激励表彰，累计建成乡村振兴示范村6个，农村人居环境整治优胜村16个。推进“四项治理”(农业废弃物治理、村庄生活污水治理、农村生活垃圾整治、农村“厕所革命”)，农村无害化卫生户厕普及率99%，农村生活垃圾集中收运率100%，农村生活污水处理设施行政村覆盖率100%，畜禽粪污综合利用率98.25%。科学实施化肥、农药减量增效工程，化肥施用总量比2015年下降8.7%，农药使用量下降23.1%，回收农药包装废弃物约15吨。推广生态养殖模式，全市规模养殖场治理率100%，小规模养殖场治理率98.48%。加快推进绿色优质农产品基地建设，绿色优质农产品比重76.9%。组织开展长江渔业资源增殖放流活动，放养各类鱼苗约70万尾，全面完成渔民退捕工作，退捕渔民养老保险参保率、就业率均为100%。 （徐冰）

农业示范园区

【概况】 扬中现代渔业产业园区按照“产业特色鲜明、规划设计科学、科技含量较高、物质装备先进、综合效益显著”的农业产业园区建设总体思路，围绕把渔业园区建成“长江名贵鱼类产业集聚区、现代渔业高新技术先导区、现代渔业科普推广展示区”目标，整合资源、优化布局，渔业园区发展态势良好，为扬中现代农业集约化、产业化、高效化发展提供有力支撑。 （郭培武）

【江苏省扬中现代渔业园区】 扬中市现代渔业产业园位于扬中本岛北侧临江圩滩，园区由扬中本岛洲堤及外围堤包围组成，形似鸟头，中间有4条通江港河穿圩而过，自西往东分别为杜家港、营房港、中堡港和铁皮港，圩区顺流长度2.36千米，最大宽度1.53千米，总面积3.1平方千米。2020年，园区科学编制《扬中省级渔业产业示范园发展规划》，创成省级现代农业产业示范园，特色水产工厂化养殖面积16万平方米，刀鱼特色化养殖规模稳步增长。 （郭培武）

水利

综述

【概况】 2020年，扬中市水利工程总投入1.27亿元，完成总土方117.53万立方米，石方3.07万立方米，混凝土2.44万立方米。万福桥闸站工程基本完成，何家大港闸站工程开工，实施2020年省级水利工程维修项目、2013—2015年小农水重点县结余资金项目、2020年度农村河道疏浚整治项目，开展2020年农村基层防汛预报预警体系建设以及农业水价综合改革等项目。完成河道“两违、三乱、清四乱”专项整治(两违：违法圈圩、违法建设，三乱：乱建、乱占、乱排，清四乱：乱占、乱采、乱堆、乱建)，完成县级河道、乡级河道、村庄河塘疏浚工作，实施生态河道建设改造、行政村的小微水体整治。加强水利工程管理，提升小型水利工程、河道管护、闸站管理、堤防管护水平能力。做好防汛防旱工作，加强安全度汛风险防控和隐患治理。2020年汛期，扬中市长江高潮水位持续超警戒水位76天，启动防洪应急响应，市防汛防旱指挥部统筹抓好度汛隐患排查，及早落实防大汛、抢大险、救大灾的各项措施。汛期堤防巡查人数累计6.2万人次。开展险情处置，排除隐患32处，实施丰乐桥冲刷坑护底工程和丰乐桥崩岸抢险护岸工程、小泡沙崩岸抢险护岸工程、雷公岛右缘崩岸抢险护岸工程、八桥镇团结河下游段滩坎防护工程，完成水下地形监测148.4千米，成功抗击长江流域发生的超标准洪水，全市安全平稳度汛。 (陈婷)

【水文情况】 2020年5—9月，总降雨量803毫米，比上年518毫米增加285毫米。6月，出现汛期最大月降雨量339毫米，占汛期总降雨量的42.2%；6月28日，汛期最大日降雨量78毫米。汛期(5—9月)超过警戒水位有76天，增加50天。汛期沙家港(夏家港)水文测点测得长江最高潮水位7.51米(7月24日农历六月初四07:43)，最低潮水位2.49米(5月12日农历四月二十04:49)。汛期平均高潮水位5.66米，比上年的5.26米高0.40米；平均低潮4.42米，比上年的3.90米高0.52米；高低潮平均值5.04米，比上年的4.58米高0.46米。8月4日，第4号台风“黑格比”过境扬中，出现陆上7~9级台风，江河湖面8~10级台风，日降雨量16毫米，根据省市防指要求，及时做好防范工作，未造成人员伤亡和财产损失。 (张骅)

水利工程建设

【概况】 2020年，扬中市实施万福桥闸站工程、何家大港闸站工程、2013—2015年小农水重点县结余资金

枕河人家 (融媒体中心供图)

项目、2020年度农村河道疏浚整治项目等；开展2020年农村基层防汛预报预警体系建设以及2020年长江水下地形监测、农业水价综合改革等项目。建成一批闸站、泵站等水利设施，新建各类灌溉、排涝泵站44座，新建机耕桥25座，新建固定沟2.7千米。 （冯逸群）

【万福桥闸站工程】 万福桥闸站工程是扬中市单体体量最大的水利工程，原万福桥闸站老闸于2020年5月3日动工拆除。工程主要建设内容为拆除原万福桥闸，移址新建万福桥闸站。新建闸站分侧布置，其中，节制闸闸孔净宽6米，设计自排流量65立方米/秒；泵站设计排涝流量18立方米/秒，安装双向、单向机组各2台，单机流量达到4.5立方米/秒，总装机容量1120千瓦。新建厂房及管理用房1356.4平方米。6月24日，万福桥闸站工程通过通水验收；12月，工程全面完工。

（冯逸群）

万福桥闸站工程 （融媒体中心供图）

【何家大港闸站工程】 2020年，扬中市开工实施何家大港闸站工程。工程主要建设内容为拆除原何家大港闸，移址新建何家大港闸站。闸站分侧布置，其中，节制闸闸孔净宽6米，设计排涝流量69立方米/秒，设计引水流量71立方米/秒；泵站安装4台机组(2台双向、2台单向)，设计排涝流量18立方米/秒，总排涝流量18立方米/秒、总引水流量9立方米/秒，总装机容量1120千瓦。工程于2020年11月20日开工，年末完成进度20%。 （冯逸群）

【2013—2015年小农水重点县结余资金项目】 2020年，扬中市实施2013—2015年小农水重点县结余资金项目。项目涉及6个镇(街、区)，主要建设内容为：维修改造灌溉泵站71座，续建1座，维修改造排涝泵站47座，续建3座；维修改造固定沟20条，续建4条、0.56千米；维修改造涵洞23座，续建1座。项目于2019年11月开工，2020年5月完工。 （冯逸群）

【扬中市农业水价综合改革】 2020年4月，扬中市出台《扬中市农业水价综合改革工作验收办法》。5月，各镇(街、区)完成农业水价综合改革镇级验收。6月，水利局、经济发展局、财政局、农业农村局组织农业水价综合改革县级自验。9月17日，通过镇江市水利局、发改委、财政局、农业农村局组织的镇江市级验收。12月，通过江苏省农业水价综合改革验收小组组织的省级验收。扬中市建立健全水价改革制度机制，提升工程管护水平，促进农业节水，改革达到预期效果。 （朱爱城）

【省级水利工程维修项目】 2020年6月，江苏省财政厅、省水利厅下达扬中2020年度第一批省级水利发展资金暨省级水利工程维修项目335万元，包括6个工程：长江堤防利民段挡浪墙维修工程83万元、长江堤防新宁段堤身修复加固工程80万元、长江堤防团结段堤顶道路维修工程85万元、二墩港闸站2号4号主机泵大修工程21万元、夏家港泵站护坡整治及防护设施工程35万元、二墩港闸站护坡整治工程31万元。12月，省财政厅、省水利厅下达扬中2020年度第二批省级水利发展资金暨省级水利工程维修项目39万元，补足第一批省级水利工程维修资金中不足部分。截至年底，6个工程全部完工。 （徐子国）

【堤防维修养护及除险加固工程】 2020年，扬中市环岛江堤公路管理所组织实施堤防维修加固工程。实施新坝镇新宁段渗水应急处理工程800米；实施长江堤防八桥合兴段道路维修工程1.3千米；实施长江堤防八桥利民段挡浪墙修复工程1.7千米；实施长江堤防三茅街道南江片区段环境综合整治工程3千米；实施沙家港闸站通江港堤东侧堤顶道路及坡面加固0.2千米；实施长江堤防白蚁普查与防治工程15千米。

（全剑）

水利工程管护

【概况】 2020年，扬中市加强水利工程管理，小型水利工程、河道管护、闸站管理、堤防管护水平能力得到提升，在江苏省水利厅和财政厅公布的2019年度75个涉农县(市、区)农田水利管护工作、农村河道管护工作的考核中，扬中市农田水利管护工作获“优秀”等次、农村河道管护工作获第一等次。 （陈婷）

【小型水利工程管护】 2020年8月，江苏省水利厅、财政厅对75个涉农县2019年度小型农田水利工程管理绩效评价，扬中市被评定为“优秀”等次。12月11日，省财政厅、水利厅下发《关于下达2020年度第二批省级水利发展资金的通知》，下达扬中市农田水利工程管护奖补资金108万元。7月，水利局、财政局下发《关于扬中市2020年度上半年小型水利工程管护考核情况通报和下达第一批补助经费的通知》，下达补助经费150万元。12月，水利局、市财政局下发《关于扬中市2020年度小型水利工程管护考核情况通报和下达第二批经费的通知》，下达补助经费180万元。三茅街道、油坊镇考核为优秀等次，奖励经费60元/公顷；新坝镇、八桥镇、经开区和西来桥镇考核为良好等次，奖励经费30元/公顷。 （徐子国）

【农村河道管护】 江苏省水利厅、财政厅2019年度农村河道长效管护绩效评价，扬中被评定为第一等次。2020年，扬中市完成县级河道疏浚2条（红星河、双龙港），乡级河道10条，村庄河塘285条，完成疏浚土方83.91万立方米。工程自2019年11月开始进入工程实施阶段，2020年6月，工程完工，总投资1024.97万元。按照《扬中市河道管护实施办法》和村级公共服务“八位一体”运行机制建设的要求，河道管理所开展河道管护工作的指导、监督和考核工作。 （陈卉）

【河长制】 2020年，扬中市全面完成河道“两违、三乱、清四乱”专项整治，实施生态河道建设改造，开展小微水体整治。新排查“两违、三乱”项目16处，均完成整治并通过镇江市级验收销号，申报水利部“清四乱”督查系统项目15处，均通过省级验收销号。按照生态河道建设规划的要求，完成年丰河、东福一级河、五一中心河、老郎一排河、锦程中心河5条生态河道建设任务。投资500余万元，实施新坝镇联盟村、新坝镇红联村、三茅街道友好村、油坊镇鸣凤村、八桥镇利民村、西来桥镇北胜村6个行政村小微水体整治。 （陈卉）

【堤防管理】 2020年，扬中市环岛江堤管理所负责全市120千米江、港堤防的日常管理、防汛巡查及堤顶道路的养护工作。每2千米配备1名堤防管护员，对全市100千米堤顶道路、50余千米混凝土迎水坡、100千米巡查道实施保洁。长江堤防检查工作每周不少于2次，定期开展堤防考核工作。加大长江饮用水源地的保护，全年累计清理水源地长江滩涂垃圾漂浮物150余车、约300吨。组织实施护堤草修剪5次，累计修剪面积666.67公顷。 （全剑）

【水利工程管理范围划界工作】 2020年，扬中市河道和水利工程管理与保护范围划定首轮工程通过省水利厅的竣工验收，完成对施工和监理单位的剩余工程款项拨付。8月，第二轮河湖和水利工程管理范围划定项目三跃港、永勤港、长旺港工程开工，中国建筑材料工业地质勘查中心河北总队承担施工任务。10月，工程完工验收及审计。 （徐子国）

【闸站管理】 2020年，扬中市水利工程管理处负责全市14座通江节制水闸（含4座闸站）及夏家港泵站、40座城区排涝泵站的运行管理，总过闸引水流量1187.75立方米/秒，总排涝流量158.16立方米/秒，电机总功率10201.5千瓦。推进精细化管理，全年完成栏杆桥闸、联丰港闸、兴隆港闸钢闸门更换，完成长旺港闸岸翼墙加固工程，推进沙家港闸站综合环境整治。完成8座四类水闸重大事故隐患销号，完成东新港闸站安全鉴定。城区泵站更换6台启闭机，更换明珠泵站、沙港泵站、江洲桥泵站水泵3台，完成城区泵站设备故障处理55次。 （郭爱萍）

【打击长江非法采砂】 2020年，扬中市加强打击非法采砂力度，开展专项执法巡查行动，调片打击、多部门联动巡查。组织开展长江禁采巡查活动172次，参加人员688人次。其中，水上巡查106航次，陆域巡查66车次。查获各类采砂船11条，立案调查13件。通过上下联动、部门联合行动，长江禁采工作取得实质性的成效。 （潘奕池）

防汛排涝

【概况】 2020年，扬中市做好防汛防旱工作，加强安全度汛风险防控和隐患治理，统筹抓好度汛隐患排查，及早落实防大汛、抢大险、救大灾的各项措施，全力抢险，成功抗击长江流域发生的超标准洪水，维护全市人民生命财产安全和社会稳定。汛期总降雨量803毫米，汛期沙家港（夏家港）水文测点测得长江最高潮水位7.51米，平均高潮水位5.66米，低潮4.42米。组建防汛抢险队伍97支，设置15处物资前移点。组织实施全市175座穿堤涵洞入洞检查工作、丰乐桥冲刷坑护底工程和丰乐桥崩岸抢险护岸工程、小泡沙崩岸抢险护岸工程、雷公岛右缘崩岸抢险护岸工程、八桥镇团结河下游段滩坎防护工程，完成水下地形监测148.4千米。汛

期，扬中超警戒水位 76 天，堤防巡查人数累计 6.2 万人次，排除隐患 32 处。（张骅）

【水下地形监测项目】 2020 年，扬中市水下地形监测项目计划使用经费 180 万元，监测长度 137.2 千米，实际监测江岸线 148.4 千米，其中，汛前监测 54.2 千米，汛中 28.8 千米，汛后 54.2 千米，加测 11.2 千米。经监测发现 1 级崩岸预警段 7 段长 5.8 千米，2 级崩岸预警段 20 段长 48.7 千米，3 级崩岸预警段 4 段长 2.4 千米。根据 2020 年定级为险工段的情况，向上争取治理资金，要求相关单位做好崩岸预警地段巡查、预警标志设置等工作。（张骅）

【"三防"预案及实施方案】 2020 年，扬中市根据省防指、水利厅要求编制超标洪水防御预案，6 月 18 日，通过镇江市水利局组织的专家审查；6 月 30 日，成稿报省水利厅。5 月，根据全市防汛防旱工作会议精神以及机构调整后的工作职能重新修订"三防预案"（《扬中市防洪应急预案》《扬中市防御台风应急预案》《扬中市城市突发性强降雨应急预案》），要求各镇（街、区）防指及市防指成员单位落实到位。（张骅）

【物资储备及抢险队伍】 2020 年，扬中市实际储备草包 1.6 万只、编织袋 35.87 万只、木材 56.4 立方米、树棍 1395 枝、铁丝和元钉 8836 千克、块石 17300 吨、土工布 3.564 万平方米、竹笠子 1900 张、钢管 34 吨、彩条布 3.772 万平方米、备用排涝设备 51 台（套）、签订协议抢险机械 52 台（套），部分单位储备装配式围井、吸水膨胀袋、装配式子堤、带管式子堤、三维复合滤垫等。防汛物资分别储存在市级及各镇（街、区）防汛物资仓库，其中，沙家港防汛物资仓库是市级存储防汛、抗旱、排涝等物资器材的主阵地。除常用物资外，另储备应急发电照明设备 2 套、闸门方 30.43 立方米及防汛抗旱抢险应急车辆 1 辆、整体式移动排涝泵车 3 辆等。累计布置物资前移点 15 处。组建防汛抢险队伍 97 支，总人数 2196 人。其中，市人武部抗洪抢险突击队 1 支、100 人，各镇（街、区）抢险突击队每队 50 人，城管、公安分别组建 50 人的应急预备队；市水利局筹建防汛抗旱排涝专业服务队、闸站抢险队，其中，抗旱排涝专业服务队落实队员 20 人，配备移动泵车 1 辆、皮卡车 2 辆（各配机泵）、移动照明设备 2 套以及一批应急排涝水泵，闸站抢险队落实队员 15 人。组织防汛抢险知识培训 1 次，参加镇江市组织军地联合防汛科目演练 1 次，组织全市防汛抢险演练 1 次，组织应急排涝演练 1 次，闸站抢险演练 1 次。通过培训、演练，应急抢险专业队伍人员防汛知识增强，应急响应能力提高。（张骅）

中国安能救援队协助防洪　（融媒体中心供图）

【灾情险情应急处置】 2020 年 7 月 3 日，扬中市长江高潮水位超过 6 米警戒线；7 月 5 日，启动防洪Ⅳ级响应；7 月 7 日，提升为Ⅲ级；7 月 13 日 15 时，提升防洪响应等级为Ⅱ级；7 月 28 日 13 时，防洪应急响应调整为Ⅲ级。汛期，扬中市全面压实防汛责任，第一时间召开市委常委会扩大会议，传达学习习近平总书记对做好防汛救灾工作的重要指示精神和省委常委会关于防汛工作的相关要求，对防汛保安工作作出思想认识务必重视、巡堤查险务必仔细、应急准备务必周全、工作督查务必认真要求。加大堤防巡查力度，堤防、泵站、涵闸、险工段等均做到定人、定段、定时、定责任开展 24 小时巡查；市领导带头下沉一线开展防汛巡查，各镇（街、区）、村（社区）、水管单位重点对易坍地段、病险涵闸、堤身单薄段加密巡查，保证险情早发现、早处置。截至 8 月，累计巡查人数 6.2 万人次。做好洲滩人员撤离，7 月 7 日，启动防洪Ⅲ级应急响应后，雷公岛、西沙岛撤离人员 42 人，沿江挂耳圩撤离人员 790 人，开展西来桥镇人员登记调查工作。开展险情处置，汛期全市发生险情 32 处，其中，堤防渗水 24 处、844 米，跌塘 2 处，塌陷 1 处，管涌 1 处，崩岸 4 处，险情均处理到可控范围内。科学调度水利工程，所有通江水闸和涵洞以及港堤涵洞均严格按照防洪调度原则，处于关闭挡洪状态，内河骨干河港控制水位。7 月 14—18 日，沿江 85 座泵站、4 座闸站开机强排 90 小时以上，排水 3200 万立方米。强化抢险力量前置，人武部、公安、城管、水利、应急、水务、交通、住建、市政工程处等多支专业抢险队 2000 余人临阵以待，联系好社会抢险力量，组织机械随时待命；省应急管理厅组织 100 名安能集团的抢险救援力量前置于扬中，随时做好抢险救援准备；全市储备主要抢险物资编制袋 40 万只、土工布 3 万平方米、木材70立方米、块石1.7万吨、太平土6700立方米，分别布置在全市9个主要防汛物资储备仓库和15个物资前移点。全面从严开展督查，市纪委、市委办督查室、政府办督查室、市水利局联合成立6个专项督查组，分6个片区，形成全方位、全时段、全覆盖的督查态势。（张骅）

【新坝镇丰乐桥新宁段渗水应急处理工程】 2020年，扬中市实施长江堤防新坝新宁段渗水应急处理工程。实施内容包括：新坝新宁段长江堤防渗水应急处置0.8千米，堤防内侧堤顶拓宽2米，于堤防内侧贴坡，坡比按1:2.5标准断面回填夯实。拆除狭窄、损坏的现状道路，新建7米宽沥青混凝土道路。工程批复概算460万元，于12月底完成土方施工，预计2021年12月完成堤顶道路建设。（张骅）

【小泡沙险情】 2020年8月13日，小泡沙右汊末端左岸断面XPSR-CS1+650~XPSR-CS1+800段发生坍江险情，坍失圩堤长约60米，新坍窝塘口门宽约100米，坍进尺度约80米，坍江段陡坎高约11米，最陡处坡比1:0.5，形势危急。小泡沙发生崩岸险情后，省、市领导高度重视，立即制定抢险措施，省防指调拨省级防汛块石1万吨，工程护岸面积1.09万平方米，抛石量7667.1立方米，核定工程概算99.65万元，工程于8月16日开工，8月30日完工，工期合计15天。（张骅）

【新宁段挂耳圩险情】 2020年9月2日，扬中市新坝镇新宁村十三组挂耳圩堤发生崩塌，崩塌堤防口门宽70米，挂耳圩内6.67公顷鱼塘受淹，未造成人员伤亡。新宁段挂耳圩堤发生决口后，市、镇防指相关人员立即前往现场处置，封锁现场，撤离挂耳圩内人员，安排人员24小时巡查，加强该段近岸水下地形监测。（张骅）

【雷公岛右缘中部险情】 2020年9月11日，扬中市雷公岛右缘中部江滩发生条崩，长250米、最大进深30米。9月14日、9月21日，长江委水文下游局和镇江长江测绘院连续加密监测表明，崩岸区域陡坎高约10米，最陡处坡比1:1.0，崩岸区上游300米范围内江岸陡坎距离雷公岛洲堤脚最近距离16米，有二次崩坍的风险。雷公岛右缘崩岸抢险护岸工程，抛石面积7304平方米，总抛石量6848立方米，核定工程概算199.17万元。工程于10月15日开工，10月30日完工，工期合计15天。（张骅）

雷公岛抛石工程 （水利局供图）

【新坝镇丰乐桥段险情】 2020年9月16日，新坝镇丰乐桥段（桩号TPZL-CS3+820~CS4+020）岸坡发生崩岸险情，形成两处连续窝塘，崩岸段范围内长江南京以下12.5米深水航道二期工程已建护岸全部损毁，-10米以上岸坡普遍较陡，坡比最陡约1:1.0，窝塘坎边距离主江堤脚最近距离约45米。若不及时采取防护措施，险情可能危及后方主江堤安全。丰乐桥段崩岸抢险护岸工程，工程护岸面积1.32万平方米，抛石量1.32万立方米，核定工程概算385.19万元，工程于9月21日开工，9月30日完工，工期合计10天。（张骅）

丰乐桥坍江治理工程 （融媒体中心供图）

工 业

综 述

【概况】 2020年,扬中市工业经济稳中有进,定报工业企业实现产值501.89亿元,完成工业增加值109.52亿元,比上年增长6.9%,定报工业企业实现销售收入465.04亿元,实现利税26.39亿元。全年全社会用电量16.91亿千瓦时,下降9.83%,其中,工业用电量10.19亿千瓦时,下降17.69%。主导产业支撑有力。工程电气、新能源、装备制造三大主导产业规模以上产值379.2亿元,占规模工业总产值的75.55%。工程电气在创新转型上实现新突破,规模以上产业规模257.7亿元;光伏行业困境发展,实现产值62亿元;装备制造业规模以上产业规模58.8亿元,其中,龙头企业新韩通船舶重工年销售18亿元。重点企业发展稳健。年末销售亿元以上工业企业92家,10亿元以上企业9家。"三十强"工业企业实现销售260.93亿元,占规模工业比重的56.11%。 (付超)

【重点产业项目】 2020年,扬中市落实"产业强市"要求,整合资源抓招商,集中精力引项目,各镇(街、区)主要领导高频次、高密度开展小分队招商300余次,其中,"双招双引"百日竞赛期间带队外出139次;获取各类优质项目信息85条,对接高层次人才项目信息15条,引进国家级高层次人才6人。签约产业项目59个,完成亿元以上40个项目任务数的147.5%,新签约项目落地率63%;全年完成项目投资85.77亿元,完成年计划的101.3%。固定资产投资持续平稳增长,一批重点产业项目开工建设,开展市领导挂钩、现场观摩、问题交办、督查通报、项目推介与政策对接等系列举措,一切围绕项目干,一切围绕项目转。全年80个重点项目开工建设79个,开工率98.8%,其中,新建项目开工建设55个,24个续建项目全部复工。工业投资项目72个,开工建设71个,开工率98.6%;服务业项目8个,全部开工建设,开工率100%。全年42个项目竣工,其中,工业投资项目36个,服务业项目6个。全年完成投资85.77亿元,完成年计划的101.3%。23个镇江市重点产业项目中,12个续建项目有序推进,11个新建项目全部开工。年计划投资41.98亿元,全年完成投资50.54亿元,完成年计划120.4%。蜂巢动力系统(江苏)有限公司年产40万台EB/EN发动机项目顺利竣工投产,精诚工科汽车零部件(扬中)有限公司发动机壳体和机加工项目、江苏福麟智能装备制造有限公司智能装备制造项目顺利开工建设。 (蒋文杰)

2020年扬中市重点工业项目表

表7 单位:万元

项目地点	项目名称	项目实施单位	建设内容及规模	开工时间	竣工时间	计划总投资	2020年计划目标	
							完成投资	形象进度
一、新建项目								
新坝镇	工业4.0智能智造共享工厂	江苏云企智造有限公司	总占地4公顷,分二期开发建设,一期占地2.67公顷,计划建设1万平方米标准化厂房,购置智能化设备36台(套)	2020.3	2021.12	25000	12000	一期竣工投产

续表7

项目地点	项目名称	项目实施单位	建设内容及规模	开工时间	竣工时间	计划总投资	2020年计划目标	
							完成投资	形象进度
新坝镇	智能断路器及智能家居电器	江苏正泰苏正智能电气有限公司	与温州索创合作，征地0.8公顷，建设2栋6层厂房和1栋10层综合研发生产大楼，生产智能断路器及智能家居电器	2020.2	2021.12	10000	6000	厂房竣工，购置部分设备
新坝镇	C型铜排	扬中凯悦铜材有限公司	新建厂房1万平方米，新上流水生产线2条，购置全自动铜牌设备，用于C型铜排的研发与制造	2020.1	2020.12	10000	10000	竣工投产
新坝镇	激光测距仪项目	开美数字技术（天津）有限公司	一期租用多层标准化厂房2000平方米,新上设备15台(套),用于生产手持激光测距仪、云服务激光测距仪、望远镜式激光测距仪等产品。二期拟购置中南高科2400平方米多层厂房，扩能并研发测距仪	2020.2	2021.12	6000	3000	一期竣工投产
新坝镇	复合纱布生产线清洁化改造	江苏锋芒复合材料科技集团有限公司	新上1台智能燃生物质供热设备(42蒸吨),升级改造5条砂布生产线和研究中心，用于节约能源提高生产效率	2020.4	2020.12	4000	4000	竣工投产
新坝镇	船舶压载水	向荣集团有限公司	与浙江鹰鹏船舶设备制造有限公司合作，租用1万平方米标准化厂房，购置数字智能化设备16台(套)	2020.1	2020.12	3000	3000	竣工投产
新坝镇	配电柜生产流水线系统改造	现代重工(中国)电气有限公司	改造升级现有5条生产线,购置专业设备5台(套),用于提高配电柜流水生产线生产效率	2020.3	2020.12	3000	3000	竣工投产
新坝镇	压电单晶	江苏蓝鲸新材料有限公司	与西安交通大学合作，租用大航集团3000平方米标准化厂房进行改建,购买10台单晶炉生产压电单晶新材料	2020.1	2020.12	3000	3000	竣工投产
新坝镇	柔性钣金生产线改造	浩翔电气集团有限公司	租用新坝镇永平村1.2万平方米厂房，购置自动钣金生产设备，新上一条自动化流水生产线,生产、销售新一代桥架	2020.4	2020.12	2000	2000	竣工投产
新坝镇	精密机械设备项目	扬中市精鑫达电气有限公司	一期租用中南重工6000平方米厂房,新上电缆桥架成型机、冷弯成型机、冲孔机、盖板机、梯边机、梯撑设备、小规格桥架成型设备等15台(套),桥架设备的自动化流水线生产	2020.3	2021.4	8000	4000	一期竣工投产

续表 7

项目地点	项目名称	项目实施单位	建设内容及规模	开工时间	竣工时间	计划总投资	2020 年计划目标	
							完成投资	形象进度
新坝镇	智能输配电专用设备	邦电电气(江苏)有限公司	租赁江苏帅天电气有限公司厂房 1 幢,建筑面积 3120 平方米,购置绕线机、固化炉、空压机等生产设备 38 台，建设智能输配电专用设备项目。项目建成后预计年销售 1 亿元,利税 1500 万元	2020.5	2021.3	6600	3000	部分设备进场,正在调试
新坝镇	气体回收设备制造	利华（江苏）环境科技有限公司	租赁创大电气 3000 平方方米厂房,购置 25 台锯床、剪板机、折弯机等设备。用于生产气体回收设备。投产后预计年销售额 5000 万元,利税 1000 万元	2020.6	2021.4	5000	2000	部分设备进场,正在调试
新坝镇	矿物质防水耐火母线槽及开关柜加工制造	江苏新坝电气集团有限公司	新建厂房 1 栋，车间 2 栋,研发车间 1 栋,总建筑面积 6000 平方米，购买设备 53 台(套),新上矿物质防水耐火母线线槽及开关柜加工制造项目。项目投产后,预计年产值 2 亿元,利税 2000 万元	2020.5	2021.4	8500	5000	厂房已封顶
油坊镇	环保材料脱硫钙粉	苏州华港建材	用地 6.67 公顷,新建厂房 4 万平方米,建设年产 200 万吨的钙粉生产线和脱硫技术验室	2020.5	2021.6	30000	20000	完成用地手续,厂房建设完毕,设备开始安装
油坊镇	新型高效组件二期	英利能源(镇江)有限公司	用地 3.2 公顷，新建厂房 1.3 万平方米，办公及研发中心 5000 平方米，购置智能化组件生产线,生产 9 栅半片新型组件,新增组件产能 1 吉瓦	2020.2	2020.12	15000	15000	竣工投产
油坊镇	真空设备扩产	镇江德利克真空设备科技有限公司	新征用地 0.73 公顷,新建厂房 6000 平方米，购置进口自动化生产设备，生产 5G 配套装置	2020.5	2020.12	4000	4000	竣工投产
油坊镇	太阳能用铝合金边框扩产	镇江华工仪表电器有限公司	用地 1.33 公顷,新建厂房 1 万平方米,购置 3 条自动化生产线	2020.5	2020.12	5000	5000	竣工投产
油坊镇	纯水设备	江苏科海生物工程设备有限公司	新建厂房 1500 平方米,购置数字化生产设备 18 台(套),为生物发酵罐配套生产纯水设备	2020.1	2020.6	2000	2000	竣工投产
油坊镇	银铝浆扩产改造	江苏太阳集团有限公司	与华东理工大学开展技术合作,改善银铝浆生产工艺流程，购置部分生产设备,扩大生产规模	2020.2	2020.8	2000	2000	竣工投产

续表7

项目地点	项目名称	项目实施单位	建设内容及规模	开工时间	竣工时间	计划总投资	2020年计划目标	
							完成投资	形象进度
油坊镇	仪表管件阀门	江苏林诚电仪设备有限公司	用地2公顷,新建厂房及办公楼1.5万平方米,购置数控加工设备,生产仪表管件阀门	2020.5	2020.12	5000	5000	竣工投产
油坊镇	高纯石英砂及相应石英制品项目	镇江润驰新材料科技有限公司	总投资1.8亿元,分两期实施,一期租赁厂房1栋,建筑面积5000平方米,新上高温加热装置、冷却装置、平面磨床、检查设备等150台(套),实施年产1万吨纯度99.99%高纯石英砂;二期租赁厂房1栋,建筑面积2.1万平方米,实施相应石英制品项目	2020.6	2020.12	18000	10000	一期竣工
油坊镇	口罩一体化生产	江苏国净环保科技有限公司	租赁厂房建筑面积5000平方米,新上成人平板口罩生产线4条、N95口罩生产线2条,预计新增日产能50万~70万只口罩;新上熔喷布生产设备5台(套),预计新增日产能5吨	2020.4	2020.12	7000	7000	竣工投产
油坊镇	产业用纺织制成品	江苏天旺新能源科技有限公司	租赁厂房1栋,建筑面积约3600平方米,新上产业用纺织制成品生产线3条,预计新增日产能5.4吨	2020.4	2020.12	8000	8000	竣工投产
八桥镇	智能装备制造	江苏福麟智能装备制造有限公司	用地14.07公顷,建设6栋计17万平方米标准化厂房、2栋计7400平方米库房,添置各类设备1000台(套)	2020.3	2021.12	60000	15000	厂房竣工
八桥镇	船舶脱硫脱硝系统设备	华通船舶工程有限公司	用地4公顷,其中,一期投资,用地2公顷,建设1.2万平方米生产车间和5层3500平方米研发楼,购置自动化生产线设备60台(套)	2020.3	2021.12	30000	8000	一期厂房竣工,部分设备订购
八桥镇	切割车间扩建	江苏新韩通船舶重工有限公司	用地3.33公顷,建设1栋标准化厂房1.82万平方米,新上智能切割生产线4条	2020.2	2021.12	20000	15000	厂房建成,设备订购
八桥镇	工程机械核心零部件	江苏河豚岛铝业科技有限公司	计划总投资3亿元,其中,一期投资1亿元,建设约1万平方米标准化厂房,新上3条智能化生产线,生产工程机械油缸缸筒、活塞、导向套和新能源汽车行李架、边框条及型材等	2020.3	2020.10	30000	10000	竣工投产

续表 7

项目地点	项目名称	项目实施单位	建设内容及规模	开工时间	竣工时间	计划总投资	2020 年计划目标	
							完成投资	形象进度
八桥镇	特种超高分子系列	江苏吉庆新材料科技有限公司	用地 2.03 公顷，建设 2 栋面积 1.3 万平方米标准化厂房、一栋面积 6600 平方米研发大楼，添置国内先进的大型挤出生产线 3 条，注塑生产线 10 条，数控车床、热熔焊机等设备 12 台（套）；生产聚丙烯板材、大口径排污管道、层析柱及聚乙烯涉水管材	2020.9	2021.10	15000	6000	主体厂房封顶
西来桥	港口机械制造	上海港联机械技术有限公司	租用佳美厂房，以设计和制造大型港机为主，预计年产值 8000 万元，税收 500 万元	2020.01	2020.10	3000	3000	竣工投产
西来桥	30 万吨/年硫酸铵大颗粒造粒	镇江中远海运物流有限公司、大津清洁能源装备产业园有限公司	大津清洁能源装备产业园新建 2 万平方米厂房，新建 3 条生产线，新购置机械设备及配套电器	2020.05	2021.06	8000	6000	竣工投产
西来桥	智能航吊设备生产制造	英瓦曼德起重设备（上海）有限公司	租用佳美厂房场地，主要从事智能航吊设备生产制造	2020.05	2021.05	5000	4000	竣工投产
西来桥镇	机器人研发生产	江苏璟胜自动化科技有限公司	一期投资 5500 万元，用地 1.33 公顷，新建厂房、研发中心以及相应的生产设备	2020.5	2021.6	10000	4800	完成基建
西来桥镇	博特气弹簧项目	江苏博特气弹簧有限公司	由常州博特气弹簧有限公司投资，计划用地 1.33 公顷，主要生产各种类型的气弹簧及配件（目前租用标优美厂房）	2020.09	2021.10	5000	2580	第二条生产线正常生产
西来桥镇	JITRI—亿阀联合创新中心	江苏省产业技术研究院、江苏亿阀股份有限公司	购买立式和卧式加工中心、数控立式车床、全自动三坐标仪、全自动负 196 摄氏度低温冲击试验机、阀门试压泵、阀门流量测试系统等国内外先进设备。预计项目投产后可新增销售超 1 亿元，税收 600 万元	2020.06	2021.05	6200	4000	试生产

续表 7

项目地点	项目名称	项目实施单位	建设内容及规模	开工时间	竣工时间	计划总投资	2020 年计划目标	
							完成投资	形象进度
西来桥镇	疫苗细胞发酵罐项目	赛多医药镇江有限公司	上海国强与汇森生物合作,在原企业厂房新投资疫苗细胞发酵罐项目。预计销售6000 万元,税收 400 万元	2020.9	2021.6	5100	4000	试生产
三茅街道	数据中心云计算配套智慧能源与机房环境系统	江苏量子电子科技有限公司	总规划用地面积 3.67 公顷,总建筑面积 3.38 万平方米,新建厂房 4 栋。建成后将年产电池能量交换系统 2500 套、数据中心刀片式 UPS 储能系统 1500 套、模块化分布式储能数据机柜 1500 套、数据中心高压直流储能供电系统 1000 套、能源管理系统软件 500 套、数据中心高效热管制冷系统 1300 套的生产能力	2020.5	2022.5	30600	20000	4 栋标准化厂房完成工程量的 80%
三茅街道	支吊架自动化生产线	雷朋电气集团有限公司	盘活原皇冠煜华土地 2 公顷,新建 8000 平方米厂房,改扩建 3000 平方米厂房。购置自动化钣金设备 32 台	2020.1	2020.12	10000	10000	竣工投产
三茅街道	生猪定点屠宰场改造提升	江苏富康食品有限公司	预计屠宰生猪 20 万头,牛 3000 头,羊 4 万只及家畜。用地面积 1.69 万平方米,建筑面积 1.52 万平方米,其中,厂房 1.05 万平方米。配套购置 4 条生产流水线,制冷设备 1000 吨 1 套,真空包装设备 3 套,动物尸体焚烧炉 1 台,化验检验设备 1 套。新增病害牲畜高温化制无公害处理设备 1 套	2020.1	2020.12	15000	15000	竣工投产
三茅街道	智能电气产品研发、产品升级	江苏圣涛智能电气有限公司	总占地 1.58 公顷,新建标准化厂房 3 栋,建筑面积 1.2 万平方米;新建办公楼 1 栋,建筑面积 800 平方米;用于智能电气产品研发,环保型中压气体绝缘开关柜、防爆开关柜、智能环网柜,智能母线槽的制造、设计、产品升级。购置数控剪板机、折边机等设备 12 台	2020.4	2021.4	10000	4000	完成标准化厂房、办公楼工程建设
三茅街道	光伏电站用互联连接系统	镇江通利新能源有限公司	总占地 0.33 公顷,新建标准化厂房 2 栋,建筑面积 3000 平方米,购置电脑切线剥皮机、电焊机、超静音端子机等设备 63 台,用于光伏电站系统互联连接	2020.1	2020.12	5000	4000	竣工投产

续表 7

项目地点	项目名称	项目实施单位	建设内容及规模	开工时间	竣工时间	计划总投资	2020 年计划目标	
							完成投资	形象进度
三茅街道	智能电气制造、软件开发(产品升级)	永固新科电气（江苏）有限公司	总占地 1.87 公顷，新建标准化厂房 3 栋，建筑面积为 1.2 万平方米，新建办公楼 1 栋，建筑面积 4000 平方米；购置数控剪板机、折边机等设备 12 台(套)用于智能电气产品升级及软件开发	2020.4	2021.4	10000	5000	完成标准化厂房工程建设
三茅街道	含铜、退锡废液回收及综合利用项目	江苏欣新环保科技有限公	添置环保废液处理相关设备 20 台(套)，用于生产线改造升级	2020.5	2020.12	5000	5000	竣工投产
三茅街道	产业用纺织制成品制造项目	江苏济荣环保科技有限公司	新建 2 条无纺布生产线	2020.5	2020.10	5000	5000	竣工投产
三茅街道	智能锁具生产线改造项目	江苏圣龙智能科技有限公司	新租用2000 平方米标准化厂房，购置自动化断线铆接机、气液压装配专机、智能组装检测专机、智能锁具校验仪器等设备 16 台（套），添置 2 条智能锁具装配生产线用于生产摩托车多类型锁具及相关配套装配	2020.8	2021.6	5000	2000	厂房改造完成，确定设备购置清单
经开区	年产 1500 节云轨高地铁内饰零部件项目	江苏荣胜长江塑业有限公司	拟在经开区中小企业园产业园内征地 4.36 公顷，新建厂房 5.34 万平方米，建成后形成年产 1500 节云轨高地铁零部件的生产能力	2020.5	2021.8	30000	5000	完成厂房钢结构建设
经开区	年产40 万套发动机壳体、28 万套变速箱壳体	精诚工科汽车零部件(扬中)有限公司	新征用地 8 公顷，新建厂房建筑面积 9.32 万平方米。购买生产及检测设备 160 台(套)	2020.1	2021.12	92000	18864	部分车间完成框架结构建设
经开区	年产能 270 万件机加工	精诚工科汽车零部件(扬中)有限公司	新征用地 5.33 公顷，新建厂房建筑面积 3.25 万平方米。购买加工中心及检测设备 292 台(套)	2020.3	2022.6	58000	12051	部分车间完成框架结构建设
经开区	智能型配网三相不平衡治理装置制造项目	江苏亿能电气有限公司	征地 3.73 公顷，新建厂房 4.6 万平方米，购置各类生产、检测设备 40 台(套)	2020.6	2021.12	20000	3000	厂房框架结构建设完成
经开区	金刚石线锯制造项目	江苏中畅精密科技有限公司	用地 2.47 公顷，建设标准化厂房 1.4 万平方米，购置各类生产及检测设备 70 台(套)，开展金刚石线锯生产	2020.4	2021.8	13000	7000	厂房建设完成

续表 7

项目地点	项目名称	项目实施单位	建设内容及规模	开工时间	竣工时间	计划总投资	2020 年计划目标	
							完成投资	形象进度
经开区	绿色超细线大尺寸单晶硅片项目	江苏高照新能源发展有限公司	江苏高照新能源发展有限公司与浙江大学硅材料国家重点实验室合作，共同研发 158.75 直角单晶硅片、超细线切割、金刚线切割浆液及硅粉的绿色回收和循环利用技术、提高金刚线切割薄硅片效率的方法的关键工艺和技术，引进相关生产设备	2020.1	2020.12	5000	5000	竣工投产
经开区	智能电气制造项目	镇江市江洲电气有限公司	征地 1.33 公顷，新建标准化厂房 1.8 万平方米，购置数控铣床、剪板机、冲床等设备近 120 台(套)，形成年生产智能开关柜近 1000 台、电线铁担 1 万只的生产能力	2020.3	2021.12	7000	2500	完成 4500 平方厂房建设
经开区	智能接线盒扩能项目	江苏通灵电器有限公司	新建厂房 6000 平方米，购置相关生产及辅助设备 100 台(套)，项目投产后预计新增智能接线盒 600 万套/年，新增销售 1.68 亿元，税收 1000 万元	2020.4	2021.3	5000	4000	厂房竣工
经开区	塑料挡圈及酚醛树脂导向环项目	江苏江拓新材料科技有限公司	总投资 5000 万元，租赁厂房 3000 平方米，投入生产及辅助设备 50 台（套)，模具约 2000 支。项目达产后预计年产塑料挡圈及酚醛树脂导向环 800 万件，新增销售 6000 万元	2020.4	2021.3	5000	4000	厂房竣工，设备正在安装调试
二、续建项目								
八桥镇	超高分子聚乙烯纤维	江苏领誉纤维科技有限公司	占地 3 公顷，新建厂房 3.25 万平方米，一期建成 6 条生产线，主要生产防弹纤维，二期新上 18 条生产线，生产钓线、凉爽布、医用缝合线等市场紧缺产品。年新增产能 5000 吨	2018.3	2021.6	30000	10000	二期厂房建设、部分设备订购。
八桥镇	柴油机动力总成核心部件	江苏永航轨道交通科技有限公司	占地 4 公顷，新建厂房 6 万平方米，引进国外先进设备 60 台(套)。年产柴油机动力总成核心部件 37.5 万套	2019.1	2020.12	18000	8000	竣工投产
八桥镇	防尘口罩	扬中市鸿运医药包装有限公司	占地 3.6 公顷，新建厂房 7 万平方米，新上生产设备、检化验设备、配套系统、净化工程等	2019.3	2020.6	20000	10000	竣工投产

续表 7

项目地点	项目名称	项目实施单位	建设内容及规模	开工时间	竣工时间	计划总投资	2020年计划目标	
							完成投资	形象进度
八桥镇	聚酰亚胺薄膜	江苏龙成绝缘材料有限公司	新征土地1.33公顷,新建标准化厂房1.6万平方米,新上聚酰亚胺薄膜自动化生产线6条	2019.12	2020.12	10000	9000	竣工投产
西来桥	大容量发酵罐	汇森生物设备镇江有限公司	征地0.8公顷，建筑面积5500平方米，新增设备25台(套),主要从事高效智能肠道反应器设备制造	2019.03	2020.04	3200	2200	竣工投产
西来桥	消防水泵生产线	扬中市通发实业有限公司	新建消防水泵生产线1条,占地1500平方米，新增设备25台(套)	2019.05	2020.02	2000	500	竣工投产
三茅街道	数字扬中	香江科技股份有限公司	新建5万平方米17层研发大楼和0.5万平方米数据中心,购置机柜550台	2018.8	2020.12	96000	30000	竣工投产
三茅街道	环保设备	江苏大重机电设备有限公司	用地1.87公顷,新建办公室及厂房面积2.4万平方米,购置智能机器人设备15台(套)	2019.5	2020.6	10000	4000	竣工投产
三茅街道	智能电气	镇江正丰电子有限公司	总占地面积0.81公顷,建筑面积1.1万平方米，新建三幢标准化厂房	2019.10	2020.12	3900	2900	竣工投产
经开区	年产40万台EB/EN发动机	蜂巢动力系统（江苏）有限公司	用地12.03公顷，厂房建筑面积8.77万平方米，其中,新建厂房建筑面积4.13万平方米,改造厂房建筑面积4.63万平方米，计容面积14.44万平方米。购买生产及检测设备261台(套)	2019.3	2020.6	161206	47585	竣工投产
经开区	年产50万套新能源汽车驱动电机及控制器建设	蜂巢电驱动系统(江苏)有限公司	用地11.25公顷，新建厂房建筑面积7.65万平方米,计容面积14.02万平方米。购买生产及检测设备520台(套)	2019.3	2020.12	207620	40818	厂房框架结构建设完成
经开区	年产20万台8(H)DCT变速器	蜂巢传动系统（江苏）有限公司	用地20.31公顷，厂房总建筑面积14.45万平方米,其中,新建厂房建筑面积11.83万平方米，改扩建厂房建筑面积2.62万平方米,计容面积25.58万平方米。购买生产及检测设备340台(套)	2019.3	2020.12	324914	133700	厂房框架结构建设完成
经开区	年产100万台EPS	蜂巢智能转向系统(江苏)有限公司	用地4.9公顷，新建厂房建筑面积3.78万平方米,计容面积6.67万平方米。购买生产及检测设备110台(套)	2019.3	2021.12	112430	7075	部分车间完成框架结构建设

续表 7

项目地点	项目名称	项目实施单位	建设内容及规模	开工时间	竣工时间	计划总投资	2020 年计划目标	
							完成投资	形象进度
经开区	ACM 复合材料电力塔杆生产	蕴能江苏有限公司	征地 2.67 公顷，建设标准化厂房及研发大楼 2.1 万平方米，购置各类生产设备 23 台(套)	2019.12	2021.6	15000	12000	厂房框架结构建设完成
经开区	高端仪表、流体、控制系统	以色列哈姆雷特公司	建 1 栋1.5 万平方米无尘车间，购置数字化设备、测试仪表等设备 23 台（套)，生产电子仪表等	2019.12	2021.6	7000	4000	完成厂房建设
经开区	古典家具制造项目	楠德堂文化科技(镇江)有限公司	征地2 公顷，建设标准厂房2 万平方米，建设古典家具制造项目	2018.11	2021.6	6000	2000	厂房框架结构建设完成

(潘大伟)

【江苏省重大产业项目建设现场推进会议(镇江市分会场)】 2020 年 1 月 2 日，江苏省重大产业项目建设现场推进会议(镇江市分会场)在扬中举行，总投资 6 亿元的江苏福麟智能装备制造项目开工建设。与会人员通过视频连线的形式参加江苏省主会场会议。扬中市有 5 个项目，计划总投资 22.2 亿元，年度计划投资 8.1 亿元，包括江苏福麟智能装备制造、量子科技数据中心云计算配套智慧能源与机房环境系统、精诚工科年产 40 万套发动机壳体及 28 万套变速箱壳体、精诚工科年产能 270 万件机加工、新韩通船舶重工有限公司切割车间扩建。 (融媒体中心)

1 月 2 日，2020 年全省重大产业项目建设现场推进会议(镇江市分会场)在扬中市举行 (融媒体中心供图)

【江苏福麟智能装备制造项目】 2020 年 1 月 2 日，江苏福麟智能装备制造项目开工，总投资 6 亿元，位于八桥镇新韩通船舶重工内，占地面积 13.33 万平方米，分 2 期新建智能车间、研发大楼等，总面积 18 万平方米，投入智能制造生产线 4 条，添置各类设备近千台(套)。项目建成后主要生产海上风电设备、海洋工程装备、大型钢结构等，预计年产风电和海工智能装备 8.2 万吨，可新增纳税销售 10 亿元以上。 (融媒体中心)

【重点产业项目观摩推进会】 2020 年 12 月 27 日，扬中市召开重点产业项目观摩推进会。与会人员集中观摩西来桥镇聚四氟乙烯织带生产项目、璟胜智能机器人研发生产项目，八桥镇吉庆超高分子量聚丙烯系列项目、龙城绝缘材料有限公司聚酰亚胺薄膜项目，经开区精诚工科汽车零部件项目，三茅街道香江大数据中心项目。推进会上，市商务局通报全市项目招引和签约项目进展情况；经开区、新坝镇、油坊镇、八桥镇、西来桥镇、三茅街道分别汇报项目招引建设情况和 2021 年工作安排。会议提出，各地各部门务必以只争朝夕的干事劲头，补短板、优环境，促招商、上项目，全力推动项目建设各项工作落细落实。会议要求，精准谋划“产业链”招商，打通产业链堵点、连接产业链断点；科学谋划新兴产业，重点围绕信息技术、新材料、智能制造、节能环保、新能源汽车等领域，着力招引一批重大项目、龙头企业；突出规划引领，结合“十四五”规划编制，优化调整扬中的产业规划和功能区布局，打造产业链更长、企业生产成本更轻、政府服务更准、人才集聚更快、招商更精准的现代化园区。 (冯太升)

工程电气产业

【概况】 2020年，扬中市有电气生产、经营企业500余家,其中,规模企业157家,规模以上企业产值257.7亿元，占规模工业比重51.34%；产品涵电力系统800千伏及以下电压等级输、变、配电设备及相关电器配套产品和材料,七大系列上千个品种。扬中工程电气企业更加注重创新转型,大全集团作为电气行业领军企业,将智能制造贯穿生产全流程,与德国思爱普(SAP)签订战略合作协议,借助SAP高度集成的端到端智能制造整体解决方案,实现“数字化制造”的全面升级,实现销售62.77亿元,获第六届“中国工业大奖”。威腾电气专注于母线制造领域的智能化，入选省级互联网标杆工厂,实现销售10亿元。香江、大航、亿能等重点企业增势迅猛，推进扬中市电气产业实现转型升级和高质量发展。 (付超)

【江苏云企智造共享项目开工】 2020年2月27日，扬中市举行2020年度重点产业项目暨江苏云企智造共享项目开工仪式。2020年,扬中市排定重点产业项目74个,总投资256.05亿元,年内计划投资73.07亿元。重点工业项目66个,其中,实施工业项目55个,总投资215.95亿元,包括总投资63.16亿元的35个新建项目，总投资125.03亿元的20个续建项目，总投资27.76亿元的11个前期项目;重点服务业项目8个,总投资40.1亿元。江苏云企智造共享项目——江苏云企智造有限公司依托“智能设备+柔性技术+云端服务”,实现电气机柜产品从软件设计、钣金加工到自动校验、机器人装配的工业4.0智能智造，打造全球领先的数字化电气机柜共享工厂。项目总投资5000万美元,达产后,年产20万台套各类型机柜,可形成10亿元以上销售规模。 (融媒体中心)

【大全集团与SAP智能制造战略合作】 2020年6月29日,大全集团与SAP智能制造战略合作签约仪式举行,大全集团借助SAP高度集成的端到端智能制造整体解决方案,加速企业标准化建设,全面推进产品智能化、生产自动、管理信息化、服务网络化,实现数字化制造到智能制造企业的全面转型升级。该次双方再续战略合作,SAP将利用其全球领先的智能制造解决方案,加速大全集团数字化、智能化升级,助力大全把握新基建的机遇,引领行业变革与发展,协助大全共建电气行业数字化制造标杆，在2023年实现数字化制造,2025年实现智能制造。具体合作中，大全集团将采用SAP产品生命周期管理解决方案（PLM)、制造执行系统(MES)、主数据管理(MDG)解决方案,并与已经应用的SAP的ERP系统形成整体，全面实现数字化研发、数字化设计与数字化制造，全面建立高效的数字化研发体系,提升研发效率和精准性;建立统一的数字化设计体系,利用标准化方案形成快速精准设计能力;建立和实施数字化管理体系，保障集团战略和可持续的竞争优势；建立先进的基于数字化设计驱动的数字化制造体系,提升产品质量稳定性;搭建标准化体系,推进集团级端到端的数字化管理，打造从设计到运维的完整数字化供应链。 (融媒体中心)

【江苏旺捷大数据中心及工业云平台项目签约】 2020年7月23日,江苏旺捷大数据中心及工业云平台项目签约,总投资15.8亿元。项目由江苏环太集团大渡云科技、北京艾瑞维克、扬中金控三方投资建设,依托研发和应用平台，与国内大型互联网云及其生态企业深度合作,开发应用于工业互联网的旺捷云，孵化吸引一批互联网服务企业入驻工业云平台，带动就业和培育IT精英团队超300人,推动扬中工业互联网应用,服务“长三角”地区企业智能化、数字化升级,助力“万企上云”。该项目规划用地12公顷,设计规模1万台机柜,分3期建设，第一期预计2021年3月竣工投产,2023年前完成所有投资。活动现场,江苏大渡云、北京艾瑞维克、扬中金控三方签订合作协议;市行政审批局颁发江苏旺捷大数据有限公司营业执照；江苏旺捷与中国银行、农业银行等6家银行及江苏金润融资租赁有限公司签订融资战略协议。腾讯云、紫光云、雪浪云、畅远科技等互联网企业,中化汇力、中信建设、兴业证券、毕马威会计所等机构代表出席签约活动。(融媒体中心)

7月23日,江苏旺捷大数据中心及工业云平台项目签约

(融媒体中心供图)

【爱电气主播选拔赛】 2020年10月24—25日,“我为扬中工程电气代言”选拔赛开幕。大赛由江苏大航电子商务有限公司、扬中市融媒体中心、北京桦语影业主办,招募在镇江范围内居住、工作、学习的年轻群体,通过评选,推出扬中工程电气形象代言人,着力打造“扬中工程电气岛”的城市名片。海选现场,选手们通过30秒的介绍和4分钟的才艺表演展示自己。每场海选现场由评委评选出5位选手直接晋级,比赛结束后48小时内网络投票前五位选手直接晋级。通过海选、初赛和决赛,选拔出3名爱电气形象代言人,开展为期2年的培养计划。

(融媒体中心)

【智能制造暨第二届柔性机械电子产业化国际论坛】 2020年10月28日,智能制造暨第二届柔性机械电子产业化国际论坛在扬中市举办。近200名国内外业内知名专家学者、省市智能制造相关企业负责人应邀以视频连线、集中到会的方式参加论坛。会上,举行中国电机工程学会——扬中高新区智能电气科技服务团启动仪式;高端制造装备协同创新中心与扬中市政府签订战略合作协议,江苏省电机工程学会与扬中高新区签订战略合作协议;为江苏省智能电气青年创新创业大赛获奖团队颁奖。围绕论坛主题,南京航空航天大学校长、中国工程院院士单忠德,湖南大学教授、中国工程院院士罗安等作主旨演讲。论坛为期3天,由中国机械工程学会、中国电机工程学会、江苏省科协、江苏大学等4家单位主办,镇江市人才办、扬中市人民政府、镇江市科协等单位承办,包括主旨报告会、分论坛、头脑风暴闭门会、青年创新创业大赛、企业行等系列活动。现场签订两个战略合作协议,包括智能电气产业战略合作协议和创新驱动战略合作协议。其中,西安交通大学高端制造装备协同创新中心与扬中市政府签订扬中智能电气产业战略合作协议,江苏省电机工程学会与扬中高新区签订服务创新驱动战略合作协议。

(融媒体中心)

智能制造暨第二届柔性机械电子产业化国际论坛

(融媒体中心供图)

【大全集团与德勤智能制造开展战略合作】 2020年12月15日,大全集团与德勤智能制造战略合作签约仪式举行,双方在战略规划、智慧营销、智能物流、智能设计、智能制造等领域进一步深化合作与交流,实现互利共赢。活动全程开设线上直播,参会人员与线上观众同步见证双方签署战略合作协议。签约仪式,标志着大全集团朝“数字化制造到智能制造”的目标迈出坚实的一步。签约仪式前,召开媒体见面会,《新华日报》、《中国工业报》、交汇点、中国江苏网、江苏电视台、《镇江日报》、扬中市融媒体中心等媒体,采取现场参与和远程连线的方式,针对“双方合作目标”“大全集团利用数字化、智能化能力抵抗疫情冲击的经验”“SAP如何帮助大全集团构建基于数字化工厂的智能制造体系” 等问题采访。

(融媒体中心)

【大全集团获“中国工业大奖”】 2020年12月27日,第六届“中国工业大奖”榜单揭晓,大全集团获得“中国工业大奖”称号。“中国工业大奖”是国务院批准设立的工业领域最高奖项,颁发中国工业大奖、中国工业大奖表彰奖和中国工业大奖提名奖3个奖项。“中国工业大奖”授予代表工业发展最高水平,在自主创新、转型升级、两化深度融合、战略性新兴产业、高技术产业、填补国内空白和替代进口等方面,以及彰显爱国主义为核心的民族精神和改革创新为核心的时代精神,发展民族品牌,增强综合国力,推动国民经济发展和生态文明建设做出重大贡献的工业企业和项目。大全集团是扬中市专业从事智能电气设备、轨道交通电气设备以及光伏新材料研发和制造的规模骨干企业,先后获得国家科技进步特等奖、国家知识产权示范企业、全国文明单位、全国五一劳动奖状等国家级荣誉。(融媒体中心)

新能源产业

【概况】 扬中新能源产业主要是太阳能光伏,2020年,扬中市光伏企业在困境中发展,新能源产业实现产值62.7亿元,比上年下降37.9%。扬中拥有全省首家“新能源产业园”、镇江首家新能源院士专家工作站,有光伏企业40余家,其中,规模以上企业23家,6家光伏企业(大全、环太硅、荣德、美科、丰源、绿能)进入国家工信部《光伏制造行业规范条件》名单。光伏产业涵盖单多晶铸锭、切片、电池片、组件、逆变器、焊带、碳化硅、坩埚、密封胶、石墨器件、接线盒等20个子项,形成硅料提纯—铸锭切片—组件封装—集成应用等较为完整的产业链。

2020年,扬中光伏企业顺应高效单晶光伏产品快速发展的行业趋势,加快在单晶产品领域的布局,大全新能源位于新疆石河子的4A硅料新建项目建成投产,预计硅料年化产能提升至7万吨。环太集团聚焦光伏硅片专业化生产和制造,实施"双产品(单晶、多晶)双市场(国内、海外)"战略,在包头设立包头美科硅能源有限公司,建设6吉瓦单晶拉棒、3吉瓦多晶铸锭项目。太阳集团投资建设高效双玻组件项目,利用"双面发电+跟踪支架"方式降低度电成本。英利能源(镇江)有限公司在新建光伏太阳能组件生产线上运用全新的MES(制造企业生产过程执行管理系统)生产管理系统,生产管理智能化水平国内领先。 (何锦璇)

【"绿色能源岛"建设】 2020年,扬中市"绿色能源岛"建设取得突破,重点推进企业、公共机构、居民三大领域屋顶分布式光伏发电应用。2020年底,建设300余个工商业屋顶光伏项目,装机容量150兆瓦;居民屋顶安装9000余户,装机容量40兆瓦;2个渔光一体项目并网,装机容量30兆瓦。建成供电公司微电网项目、大航多能互补项目,新坝、经开区、油坊28兆瓦电网侧储能项目、威腾电气0.5兆瓦用户侧储能项目相继建成运行;建成"面向新型城镇的能源互联网关键技术及应用"示范区;建成滨江湿地零碳公园;建成配售电公司并取得省内首张电力业务许可证,完成2020年市场化交易电量17.8亿千瓦时,为客户节约电费成本5402万元。 (何锦璇)

【节能汽车动力技术产业化高峰论坛】 2020年11月18日,扬中市举行首届节能汽车动力技术产业化高峰论坛,新能源汽车动力技术领域的专家、学者参加论坛。中国汽车技术研究中心主任赵航,中国工程院院士、中国汽车工程学会理事长李骏,扬中市市委书记、市长张德军发表致辞。论坛为期一天,以演讲、圆桌会议等形式,研究探讨DHT混动化技术前景、解读"路线图2.0"政策导向及技术趋势、产业链上下游协同创新等问题。 (融媒体中心)

船舶和重大装备制造业

【概况】 2020年,在全球船舶市场需求不断萎缩,船舶制造行业普遍低迷的形势下,扬中市船舶制造企业坚守发展定力,通过产品研发、质量保障、守信经营,保持平稳发展态势。新韩通船舶重工有限公司完工交付船舶12艘,累计交付100万载重吨,实现工业申报销售18.04亿元;福麟装备制造项目一期当年建成投产,海上风电业务在手订单排至2021年底。大津重工主攻特种船舶和海工装备,以母公司天海防务下属子公司上海佳豪船海工程研究设计有限公司雄厚的船舶设计技术实力作强力支撑,大津重工响应国家"一带一路"发展战略,主动转型升级,开辟出船舶"新蓝海",全年完工交付13艘船舶,实现工业申报销售3.44亿元。 (蒋文杰)

【扬中市政府与省港口集团签订战略合作协议】 2020年11月24日,扬中市政府与江苏省港口集团举行战略合作签约仪式,双方在岸线资源利用、港口项目建设等多方面开展深度合作。双方着力挖掘扬中江海河联运区位优势,加速推进西来桥装配式产业园、大津产业园二期专业化码头等重点项目及配套基础设施建设,招引一批先进制造业项目,在岸线治理、码头开发、科技金融等领域开展全方位的合作。 (冯凯乐)

【蜂巢易创扬中产业园投产】 2020年,蜂巢易创完成投资30亿元,新增销售10亿元。6月30日,扬中市举办蜂巢动力系统首台发动机下线暨项目签约仪式,蜂巢易创产业园区动力项目投产。11月3日,第10000台蜂巢电驱A00级电驱动系统下线。11月18日,长城汽车自主研发的新一代动力总成在蜂巢易创扬中产业园下线,GW4N20发动机入选"中国心"2020年度十佳发动机名单,9DCT变速器成为全球首款横置9速湿式双离合变速器,二者混动总成节油70%。11月19日,蜂巢易创举行"i纪元"2.0动力总成产品发布会暨扬中产业园开园仪式。 (融媒体中心)

商贸服务

综 述

【概况】 2020年，扬中市实现社会消费品零售总额133.3亿元，比上年下降0.9%。其中，限额以上社会消费品零售总额40.46亿元。分地域看，城镇市场实现限额以上消费品零售总额36.93亿元，其中，城区实现限额以上零售总额36.25亿元；农村市场实现限额以上零售总额3.53亿元。分行业看，限额以上批发零售贸易业实现零售总额34.76亿元，其中，零售总额31.59亿元，住宿餐饮业实现零售总额0.6亿元。

商务局加快市场体系建设，在促进电子商务发展上倾力作为。启动市场运行“日监测”机制，摸清生活必需品储备底数，保障全市人民生活物资供应。结合疫情向好发展的趋势，推动商贸流通行业及餐饮企业有序复工。贯彻落实暖企政策，帮助100余家商贸流通企业获得稳岗补贴267万元。营造电子商务发展良好环境，通过龙头企业的试点示范，推进电子商务进农村、进企业，创成省级电子商务示范县。扎实推进商贸领域安全生产工作，完成全市餐饮企业安装报警和切断装置的安装。开展油品专项治理，会同公安、应急等部门查封3辆非法流动销售加油车，关闭3个非法加油点。推进市场改造升级，指导督促3家农贸市场完成升级改造工作，促进全市消费流通和民生改善。 （奚松裕）

2020年扬中市重点服务业项目表

表8 单位:万元

项目地点	项目名称	项目实施单位	建设内容及规模	开工时间	竣工时间	计划总投资	2020年计划目标	
							完成投资	形象进度
一、新建项目								
新坝镇	吾悦广场	扬中市新城悦盛房地产开发集团	项目位于迎宾大道南侧、新民路西侧、南江路北侧、金港大道东侧投资商业地块，总建筑面积67.1万平方米，计容面积51.69万平方米	2020.1	2021.5	100000	3000	部分竣工
西来桥	大津产业园二期码头	大津清洁能源装备产业园	建造3个3万吨级的泊位，其中，2个重型码头，1个通用码头	2020.1	2021.12	45000	10000	启动基建
经开区	临港物流提升改造项目	镇江兴隆港务有限公司	在兴隆码头作业区新购置40吨门机1台、装载机、挖掘机15台，更新全封闭式皮带输送机作业流程，新建沉淀池、粉尘在线检测系统、岸电，并对物流园区道路、围挡等基础设施进行维修	2020.1	2021.12	7000	2000	竣工

续表 8

项目地点	项目名称	项目实施单位	建设内容及规模	开工时间	竣工时间	计划总投资	2020 年计划目标	
							完成投资	形象进度
二、续建项目								
三茅街道	创客教育基地	北京学而思集团	建成 0.6 万平方米的好未来江苏扬中创客教育基地	2018.5	2020.12	4000	2000	竣工
三茅街道	丽笙大酒店	荣马集团	建筑面积 4 万平方米，建酒店、商务办公及附属商业设施	2017.1	2020.12	30000	5000	竣工开业
三茅街道	恒大养生谷	扬中市恒瑞置业有限公司	项目总用地面积 7.1 万平方米，总建筑面积 12.85 万平方米，地上建筑面积 9.92 万平方米，总床位数 642 床，按三甲医院标准设计。打造以健康养生为核心的护理中心，面向“长三角”乃至全国的综合性健康养生区域	2018.3	2021.12	100000	40000	医院附属楼完成主体建设
三茅街道	复旦科技园	复旦科技园扬中有限公司	建筑面积约 20 万平方米，建科技研发大楼及商务配套设施等	2015.6	2020.12	70000	50000	完成研发大楼及主体配套设施的建设
三茅街道	纺织品批发市场	江苏东煌工艺品有限公司	建筑面积 10 万平方米，建设集家用纺织品研发、销售、结算于一体的专业市场及配套设施	2017.5	2020.12	45000	3375	完成 1、2、5、7、9 号楼建设

（潘大伟）

商贸服务业

【概况】 2020 年，扬中市商务局推动社会零售企稳回暖。强化防疫指导，印发“苏政 50 条”、《关于推动餐饮单位有序恢复营业的工作指引》、《商场、超市疫情防控技术指南》等文件，设立服务热线，为餐饮、家政、商品交易市场等经营单位常态化疫情防控提供科学指导。推动节庆消费。指导重点商超围绕节庆、店庆、双 11、双 12 等开展让利促销活动。发放餐饮消费券 300 万元，拉动餐饮销售 2000 余万元。（奚松裕）

【供销合作】 2020 年，扬中市供销合作总社坚持务农、为农、姓农工作原则，构建覆盖城乡的农资服务网络。加快推进禾丰农资仓储配送中心项目建设，年末完成主体工程建设。管理下属 14 个“农资惠”服务网点，提档升级网点 7 个。在新坝镇开展“农综社”试点，依托“农资惠”网点、超市、专业合作社为农民提供农资配供、飞防植保、日用消费品等生产、生活综合性服务。6 月，召开扬中市供销合作总社第七次代表大会，通过工作报告、《扬中市供销合作总社章程》，选举产生理事会、监事会，建立起以社员代表大会、理事会、监事会为核心的“三会”制度。根据江苏省总社监事会要求，在八桥供销社开展基层社“三会”制度建设试点，年内 4 家基层供销社全面完成基层社“三会”制度建设，在镇江市率先实现全覆盖。立足基层社实际，完成兴隆供销社“薄弱社”改造、新坝供销社省级“三体两强”（基层供销社要有经济实体，以农民为主体，合作经济联合体；经济实力强，为农服务能力强）示范基层社创建。延伸工作触角，与油坊镇太平村沟通对接，整合原有太平农村综合服务中心、太平农资经营服务部（“农资惠”网点），建成扬中市首家村级供销社。完成农药零差率配供试点，与新坝镇、油坊镇签订“放心农资先行镇建设”合作协议，在两镇范围内试行水稻全部用药零差率配供。完成新坝镇惠农信息管理系统的构建、农户基础信息登记和 2843 张“惠农卡”的发放工作，农户持卡就近购买零差率农药、享受惠农政策。开展2批次水稻全品种农药零差率统一配供试点，累计覆盖超20万亩次，节省用药成本120万元。开展农药包装废弃物回收，累计回收归集各类废弃农药瓶(袋)130余万件，回收率超过85%。以禾丰公司为龙头，农机专业合作社为依托，扎实做好统防统治、飞防植保等农业社会化服务工作。推动商城转型、月星家居运营管理。 (钱梦瑶)

【粮食收储】 2020年，扬中市粮食收储中心在疫情防控和粮食经济发展上实现"两手抓"，农民售粮应收尽收。全年收购夏粮1.9万吨、秋粮1.1万吨，完成粮食储备任务。三茅粮食储备库在原有烘干设施基础上扩建1条日处理120吨的低温循环式粮食烘干线，在夏粮收购中投入使用，全市日烘干量400余吨。6月，应急救灾物资储备工作由经济发展局转到粮食收储中心，中心明确管理规范，保证市级救灾物资存储安全、调运效率，推进物资储备仓库升级改造项目建设，在联合粮食储备库新(改)建1000平方米的物资储备库，提升应急物资储备保障能力。扬中市兴隆米业有限公司入选江苏大米核心企业，"河豚"香米南粳5055获得"江苏好粮油"称号，完成大米销售量2200余吨，成为江苏大学、全市中小学校优质供应商。 (韩雨濛)

【石油贸易】 2020年，扬中市轻油基本持平，非油品业绩显著提升，销售轻油8.33万吨，比上年下降1%，其中，零售7.43万吨，增加59吨，基本持平；直分销9000吨，下降8%。非油品营业额2837万元，增长12.3%。3月，由市城投公司投资建设的永兴加油站(扬中238省道复线八桥永兴段)开业运营，项目为省道型二级加油站，占地面积3000平方米。 (李美凤)

【烟草专卖】 2020年，扬中市烟草专卖局(分公司)面对新冠肺炎疫情，有序恢复卷烟经营，牵住卷烟销售"牛鼻子"，全年销售卷烟165万箱，比上年增长2.11%；含税销售金额7.02亿元，增长9.14%；单箱销售额4.26万元，增长6.89%。稳步推进营销网络建设、文明吸烟环境建设和诚信互助小组建设，推动消化卷烟市场库存，优化销售结构，有力提升客户盈利水平。围绕"落实责任、突出重点、创新监管、注重实效"专卖工作要求，在"善于研判、精确打击、智慧监管"上主动作为，狠抓打假破网，查获涉烟违法案件312起，其中，5万元以上案件18起；查获各类违法卷烟458.22万支，案值541.2万元。组织开展物流寄递专项整治行动，查获物流寄递环节案件17起，违法卷烟6.86万支，案值8.32万元。 (周伟)

【商业集团】 2020年，扬中市商业(集团)总公司统筹推进疫情防控和商业发展各项工作，做好有序复工复产、复商复市，主要经济指标先降后升，商业运行延续复苏态势，国有资产保值增值率102.81%，资产负债率72.61%，净资产收益率2.62%。扬中市通达商业总公司完成通达商厦与中远楼对接工程，6月16日，"通达E购"上线运行，8月13日，通达东楼商场全面营业，全年实现销售额2.1亿元，获得"扬中市十强服务业企业"等称号。金湖家和国际家居有限公司完成股份制改革重组，扬中市通达商业总公司占股40%，绿洲新城集团有限公司占股26%，扬中市新联汽车销售有限公司占股26%，扬中商业总公司占股8%，国有资产增值3000万元。扬中市通达商业总公司、扬中市中建物贸有限公司等共同投资合作的舟山采石项目，开采总量520万吨，累计实现销售额约4亿元，商业系统投资本金及分红全部收回。江苏富康食品有限公司完成全市标准化屠宰场建设，12月24日竣工投产，年屠宰生猪能力20万头、牛3000头、羊4万只、鸡鸭鹅80万羽，中标教育系统中小学(幼儿园)猪肉供应，新增大航集团等65家集伙单位，富康肉庄实现销售410万元。11月1日起，恢复生猪定点屠宰服务收费35元/头。扬中市信达农村小额贷款有限公司全年累计发放贷款4179万元，回收贷款4026.7万元，收取利息205.8万元。五交化总公司、糖烟酒总公司分别实现租金收入86.6万元和125万元，疫情期间房租减免69.68万元。 (李鹏超)

【工业集团】 2020年，扬中市工业(集团)总公司加强资产管理，整合优化部室职能，明确职责，提升资产管理绩效。按照"全口径、全覆盖"的要求，全面开展国有资产排查摸底，健全各类资产管理台账，落实建立企业国有资产信息化监管系统。全覆盖强化资产管理，结合各自特点分类推进各类资产：对于企业股权资产，按照《中华人民共和国公司法》和公司章程，参与公司管理，履行股东职责，利用部门优势为企业提供"保姆式"服务，确保国有股权权益，收取东升集团股权管理费15万元；对于债权资产，落实专人对接，依法申报债权；对于租赁资产，研究市场行情，公开规范出租，按政策减免部分租金，盘活存量，实现新增出租房屋2间/套，确保租赁收益颗粒归仓，适当提高老办公楼租金标准，每间从5000元/年提高至6000元/年，最大限度降低疫情影响。定准目标，创新思路，集中力量催收原镇江市砖瓦机械厂 10 户拆迁安置户拖欠的房屋租金，收取租金 7.53 万元，清收新区管委会拖欠款 178 万元；配合原众盛小贷公司清收不良贷款，做到应收尽收，年内，工业投资发展有限公司按股权比例到账 130.9 万元；对各类投资项目，特别是平台投资项目，实施项目化管理，加强沟通对接，动态掌握经营状况，按期收取收益。总公司实现各类资产总收入 624.7 万元，比上年增长 6.5%，费用支出 440.1 万元，实现利润总额 184.6 万元，国有资产保值增值率 108.5%，资产负债率 81%，净资产收益率 7.25%。（黄凯）

旅游业

【概况】 2020 年，扬中市全域旅游工作有序开展，受新型冠状病毒肺炎疫情影响，旅游人数 207.7 万人次，为上年的 53%，旅游收入 53.8 亿元，为上年的 36.2%。发展乡村旅游，调研联盟村、福源村、利民村、红旗村等，重点服务指导三江湾乡村旅游集聚区、利民村浪漫田园集聚区、福源村养生度假集聚区，做好规划设计，统筹推进项目建设。园博园完成露营地烧烤区提升改造、夜间亮化提升，完成体育公园建设工作，园博园 AAAA 提升积极立项。完善配套服务体系，新(改)建旅游厕所 7 座，其中，乡村旅游厕所 1 座。加强旅游景区复核和日常管理，取消江馨怡省二星级景区及 8 家省星级乡村旅游区称号；做好乡村旅游民宿安全隐患排查工作，建立一户一档案；做好乡村旅游区常态化疫情防控和市场复苏工作；编制扬中市旅游区洪灾救援预案；开展 2016—2020 年扬中红色旅游发展情况评估。举办“第十七届中国·扬中河豚文化节”，期间举办“2020 扬中江鲜美食之旅”携程首发团启动仪式、“5·19”中国旅游日扬中乡村旅游特色线路推介仪式、2020“行进河豚岛”户外运动嘉年华徒步篇、骑行篇、迷马篇；编印《畅游河豚岛》宣传画册。举办新坝镇第二届端午乡村文旅节、三茅街道第三届乡村旅游文化节、经开区太平文旅周、油坊镇第二届中秋游园会、八桥永胜村第三届红菱文化节。参加镇江市文化旅游招商(上海)推介会，兴隆街道福源村委会与江苏榴源农业科技有限公司签约玫瑰小镇项目。参加镇江市文化旅游招商(湖州、杭州、北京)推介会。举办扬州、安吉、成都旅游推介会。参加线上线下旅游展会 6 场(首届江苏省旅游文创商品大赛“云领奖”、无锡大运河博览会、镇江十大“必购”旅游商品、2020 镇江市第六届金山文化创意设计大赛、第一届“镇江市十大农家菜”、澳门展览会)。扬中作为首批、镇江地区唯一一家试点单位完成文旅资源普查工作。（黄为为）

扬中乡村旅游特色推介仪式　（文广体旅供图）

【“江岛田园一日游”线路】 2020 年 9 月 27 日，江苏省文化和旅游厅公布 50 条江苏省乡村旅游精品线路，扬中市“江岛田园一日游”路线名列其中。线路为“三江湾乡村旅游集聚区—徐府乡村休闲园—友好村—利民村”4 个景点，展示扬中市的江岛风貌和乡村韵味。（黄为为）

【扬中菜肴入选镇江市十大农家菜】 2020 年 9 月 28 日，第一届“镇江市十大农家菜”决赛在镇江市高等职业学校(南山校区)举行。40 余道菜品参加终评，扬中市 5 道菜品入围。分别是南湖农场的河蚌秧草（二等奖）、徐府乡村休闲园的河豚煨羊肉(三等奖)、油坊镇一品鹅庄的会龙老鹅(最好吃的农家菜)、新坝镇仙居烤鸭馆的瓜香园腊肉(最好吃的农家菜)、南湖农场的吴氏寿肠(最好吃的农家菜)。（黄为为）

【“秧草烧河蚌”入选“江苏省百道乡土地标菜”】 2020 年 7—10 月，江苏省开展“江苏省百道乡土地标菜”推介活动，经网络投票、专家评审、综合评定，推介 100 道菜品为江苏省百道乡土地标菜，扬中市秧草烧河蚌榜上有名。秧草烧河蚌，主材是新鲜的秧草和河蚌，佐料为豆油、猪油、生姜片和料酒。（融媒体中心）

信息服务业

【电信服务】 2020 年，中国电信股份有限公司扬中分公司(以下简称“扬中分公司”)促进信息化成果惠及社会各行业和市民，服务领域涵盖基础通信拓展、系统集成、网络安全、视频会议、智能制造、企业上云等方面，承担国民经济、社会信息化、企业信息化基础设施、运营保障、信息服务及应用开发等信息化建设重任。完善渠道体系,加强渠道间协同联动,提升基础服务能力,截至年末,建成电信三级营业厅1个,乡镇营业厅10个,合作厅54个,核心商圈门店13个,大连锁卖场4家,拓展电信业务的办理渠道。提升网络安全和运营保障能力。扬中市光纤覆盖率100%,各乡镇均具备千兆带宽服务能力;开通5G站点70个,部分场所和企业实现5G应用。光宽网络持续提速升级,新增10GPON(无源光纤网络)与5台OLT(光线路终端,用于连接光纤干线的终端设备),扩容288个PON口。配合市政府开展"五水联治"重点项目、城区老旧小区及农村线路改造下地、道路杆线迁移和管线配套建设工作,为地方经济发展建设提供支撑。与三茅街道合作,为33个社区开通云会系统,提供视频会议服务,最大限度地避免人员接触,实现同一平台多方沟通需求,为打赢疫情防控阻击战,确保通信畅通提供安全保障。 (顾耀民)

【移动服务】 2020年,中国移动通信集团江苏有限公司扬中分公司推进5G网络、数据中心等新型基础设施建设,实现扬中城区及新坝等重点乡镇区域的5G网络连续覆盖,建成IDC数据中心(互联网数据中心)为B类机房标准,通过三级等保认证,入驻政府信息化平台10余个。推进"城市光网"建设,宽带网络具备全光纤网络接入能力,推出"千兆"网络服务,宽带网速较大提升。扬中移动推进业务产品的线上化、数智化、云化,推动信息技术与社会各领域的融合。移动客户可通过"任我选会员"业务享受30余项会员权益,实现主流App会员每月随意切换;享受个性化家庭WiFi网络设计优化方案定制服务,结合智能门锁、"移动看家"、可视门铃等移动特色物联网产品,实现全屋联网,体验"智慧生活"。扬中移动在农业、交通、教育、工业、党政、医疗卫生等多个行业、领域完成"5G+"行业应用布局,建成"智能公交"、远程抄表、安全系统检控、云桌面等多个应用特色项目,推动扬中市"智慧城市"建设,提升社会治理智能化水平。 (王晨颖)

【联通服务】 2020年,中国联通扬中分公司以5G+工业互联网为抓手,强化创新业务转型。根据《国务院关于深化"互联网+先进制造业"发展工业互联网的指导意见》,扬中联通助力大全集团、旺捷集团等重点制造企业建设工业互联网标识解析二级节点,打破信息孤岛,推动产业升级,促进工业互联网数据互通,使数据和信息在各要素间、各系统间无缝传递,实现"跨企业—跨行业—跨地区—跨国家"标识数据管理和共享,衔接国家顶级节点与企业节点,产业链各环节标识数据高效、高质、高量流通。全年联通新建5个标准化小区,增加覆盖资源3730户,整体覆盖用户数比上年增长10%。开展"联通小燕"进社区活动,通过现场设点和扫楼方式,提供免费上门测速服务以及现场产品互动演示,提升用户感知,结合社区化营销扩大触点,实现增存一体化营销。 (朱静)

【电信5G基站建设】 2020年,电信5G建设以核心商圈、交通枢纽、学校等区域作为重点,电信公司规划建设67个3.5G频段5G基站,覆盖区域集中在三茅城区及新坝等地,建设并开通57个站点。11月底,完成10个站点的开通;室内分布开通45个PRU(5G测速软件),主要覆盖市政府、电信热点营业厅和扬中部分5G应用的创新企业单位。规划2021年使用2.1G频段5G基站,持续扩大覆盖范围。深入开展政企单位合作,把5G基站建设到真正需要使用的地方,为扬中的5G创新应用打好基础。 (融媒体中心)

【5G网络建设与应用战略合作】 2020年9月4日,扬中市与中国电信、中国移动、中国联通、中国铁塔镇江分公司4家通信运营公司签订5G网络建设与应用战略合作协议。该次合作签约,四家通信运营商助力扬中抢抓5G应用机遇,加快推动合作协议落地,带动全市新一代信息技术、工业互联网、智慧城市等领域的应用提档升级,为扬中推进产业强市增添新动能。活动现场,四大通信运营商相关代表分别发言,与扬中市政府签订5G网络建设与应用战略合作协议;扬中移动、扬中电信、扬中联通与企事业单位大全集团、香江科技、环太集团(江苏旺捷)、亿能集团、云企智造、人民医院签订战略合作协议。 (融媒体中心)

9月4日,扬中5G网络建设与应用战略合作协议签约仪式 (融媒体中心供图)

【邮政服务】 2020年,扬中邮政实现业务总收入8288.49万元,比上年增长5.88%。其中,寄递业务实现收入2254.77万元,增长23.18%;非寄递业务实现收入6033.72万元,增张0.68%。金融业务累计收入3902万元。12 月 31 日,储蓄余额规模 23 亿元。年均余额净增 2.17 亿元,完成省定目标的 112.97%。强化资产配置理念,实现长期期交保费 4534 万元,点均 378 万元,高于全区近 100 万元;非货币基金销量达 7077.5 万元。收单业务有效扩量,新开发收单商 2092 户,沉淀资金 2545 万元,累计 3774 户,优质商户占比和金牌商户占比位于全区前列;净增手机银行 9038 户,快捷支付绑卡 1.18 万户。集邮业务通过线上线下专题营销,聚焦疫情防控时点,向“集藏+文化消费”转型,实现收入 232.31 万元。函件业务紧抓互联网媒体转型,实现收入 362.48 万元。创新报刊发行业务发展模式,实现收入 493.68 万元。分销业务拓展农产品销售模式,与金融、寄递专业协同,开展重点项目、重点节日营销活动,实现批销额 954.31 万元;邮乐购加盟店站点 196 个,月均批销覆盖率 53.6%。工艺改造提高分拣效率,新增一条环形大件分拣转运皮带线,整体布局由原来的 1 进 3 出改为 2 进 4 出。大件分拣处理能力 0.4 万件/小时,轻小件人工集包效率 0.3 万件/小时,整体实现 0.7 万件/小时的处理能力。通过整合优化 2 个城区直投段道,设立快包专段 3 个,揽投段 6 个,大客户段 1 个,普邮段 16 个,分拨中心直投 2 个,形成揽投服务圈。开通防疫捐赠物资寄递绿色通道,寄递抗疫物资 3590 件,总重量 26 吨;通过“邮乐食堂”帮助本地农户销售滞销农产品 1.06 万元;开展“普惠金融”宣传,销售惠农保险 45.77 万元。联合扬中生态环境局开展“美丽扬中、我是行动者”公益活动;推广使用绿色环保包装材料;揽投用车新能源汽车使用率 100%。（蒋雯雯）

【《万众一心 抗击疫情》邮票】 2020 年,扬中市邮政分公司为援鄂勇士和一线医护人员设计制作《万众一心抗击疫情》个性化邮票 41 版,作为扬中市“5·12”国际护士节表彰大会的“特殊”奖品。该套邮票为 2 版,均以“爱”为主图,表达爱与守护、大爱无疆的深厚情感。一版印有 6 名抗疫勇士的集体合影,一版印有各自抗疫形象照,弘扬抗疫医务工作者逆行而上、奋勇拼搏的宝贵精神。（蒋雯雯）

【“尊戎邮路”授旗仪式】 2020 年 9 月 24 日,扬中市“尊戎邮路”授旗仪式在八桥镇举行。仪式上,播放扬中市邮政分公司启动建设的 43 条“尊戎邮路”宣传片、为首批结对帮扶的退役军人投送“拥军礼包”的视频集锦,现场就邮政退役军人服务卡的优惠政策讲解宣传。邮政公司围绕“尊戎邮路”“拥军宣传”“拥军金融”“拥军创业”“拥军扶贫”“拥军共建”等领域,打通服务保障退役军人的“最后一公里”,服务拥军事业,为优抚对象提供优先、优质、优惠的服务。（蒋雯雯）

【《玫瑰》特种邮票首发仪式】 2020 年 5 月 20 日,扬中市邮政分公司与麦田慈善基金会联合举办《玫瑰》特种邮票首发仪式,发行“520 荧光夜跑”纪念封。《玫瑰》特种邮票一套 4 枚。邮票图案名称分别为:玫瑰、单瓣粉玫瑰、重瓣白玫瑰、重瓣紫玫瑰,全套邮票面值 5.40 元。现场举行扬中邮政集藏品鉴会,展出抗疫主题集邮册、笔记本,庚子吉祥、丝路书香等主题集邮册。（蒋雯雯）

5 月 20 日,《玫瑰》特种邮票首发仪式 （融媒体中心供图）

【陈履生博物馆群主题邮局揭幕】 2020 年 9 月 25 日,陈履生博物馆群主题邮局揭幕仪式在扬中市新坝镇新治村举行。主题邮局位于博物馆入口处,可收寄明信片、信件,提供寄递服务。提供个性化内容,绘制古汉字 DIY 个人明信片,加盖陈履生美术馆邮戳,满足纪念需求。邮局内设立集邮品专柜,展示以博物馆文化为主题的邮政系列产品,包括个性化邮票、纪念封等,多方位宣传博物馆文化底蕴,成为博物馆对外传播历史文化的新窗品。（蒋雯雯）

现代物流业

【概况】 2020 年,扬中市货运量 537 万吨,比上年增长 4.1%,货运周转量 6.15 亿吨,增长 7.2%。重点物流项目扎实推进,西来桥镇江苏润华物流有限公司码头 3 期工程仓储物流项目 12 月竣工,通用码头内港池粮食发放功能提升项目 12 月开工。（丁丽君）

【江苏润华物流通用码头内港池粮食发放功能提升项目】 2020 年,江苏润华物流有限公司江苏润华物流通用码头内港池粮食发放功能提升项目总投资 5246

万元，新增3个1000吨级内港池泊位，卸粮罩棚1.07万平方米，基础工程、装卸运输设备、供电系统及相关配套设备设施。项目列入国家粮食安全保障调控和应急设施项目计划2020年中央预算内投资分解计划。

（丁丽君）

【扬中邮政管理局成立】 2020年8月17日，扬中邮政管理局揭牌成立。扬中邮政管理局成立后由镇江市邮政管理局管理，与市交通运输局合署办公。根据授权，该局将贯彻执行国家邮政法律法规、方针政策和邮政服务标准；监督管理辖区内邮政市场以及邮政普遍服务和机要通信等特殊服务的实施；负责辖区内行业安全生产监管、统计等工作；保障辖区内邮政通信与信息安全；承办上级邮政管理部门和地方人民政府交办的其他事项。扬中市邮政系统现有局(所)13处，城乡邮路43条；邮政快递企业10家，2019年快递服务企业业务量546万件；快递业务投递量1357万件。邮政基础设施不断完善，城乡货运物流体系逐步优化，创成省农村电商示范县，全国首批城乡交通运输一体化示范市创建即将迎来验收。成立县级邮政管理局是深化邮政体制改革、健全完善综合交通运输体系的重要举措。

（融媒体中心）

【快递服务】 2020年，扬中市规模以上快递服务企业业务量累计完成499.66万件，比上年下降8.50%；业务收入累计完成0.45亿元，下降13.61%。规模以上快递服务企业快递业务投递量累计1634.04万件，增长20.39%，日均投递量4.48万件。同城快递业务量收累计完成32.14万件，下降9.51%，同城业务收入0.02亿元，下降25.96%；异地快递业务量收累计完成467.26万件，下降8.33%，异地业务收入0.30亿元，下降18.89%；国际及港澳台快递业务量累计完成0.26万件，下降67.51%，国际及港澳台快递业务收入累计完成0.01亿元，下降26.25%。全市依法取得快递业务经营许可证的企业5家、13家分支机构、76个末端网点。经营体制有国有、民营2种，分属14个品牌。（宋健）

表9

2020年扬中市快递业情况一览表

企业名称	企业法人	注册地址	企业品牌	企业性质	许可证号
扬中市申通快递有限公司	傅 什	江苏省镇江市三茅镇中桥村	申通快递	民营控股	苏邮20201607B
扬中鸿顺速递有限公司	唐焕照	江苏省镇江市三茅街道丰华路24号	圆通速递	民营控股	苏邮20201621B
扬中市瑞达快运有限公司	吴加根	江苏省镇江市三茅街道中兴路91号	天天快递	民营控股	苏邮20201568B
扬中市中通快递服务有限公司	肖 敏	江苏省镇江市扬中市扬子西路联盟桥东侧	中通速递	民营控股	苏邮20100450B
扬中市润通物流有限公司	郭明弘	江苏省镇江市扬中市三茅街道环城南路36号	百世快递	民营控股	苏邮20191453B

（宋健）

开放型经济

【概况】 2020年，扬中市实现外贸出口3.8亿美元，完成服务外包执行额3.58亿美元。实到外资7853万美元，其中，制造业外资占比93%，位居镇江第一。招引亿元以上项目59个，当年落地率62.7%。着力发展电子商务，成立扬中市电子商务商会，拥有顾问单位16家，会员单位65家，引领电子商务企业规范化、规模化发展。培育消费新业态，打造豚宝科技——直播带货实践基地，建立一批电商与快递融合发展示范店、示范柜，推进农产品上行，工业品下乡。打造电商发展生态圈，创成省级电子商务进农村示范县。

（奚松裕）

【外资外贸外包服务】 2020年，扬中市商务局精准搭建招引平台。规范化运转外商投资企业商会，邀请省政府海外代表处代表到扬中考察，前往上海拜访日本驻沪机构，畅通海外项目信息获取渠道。丰富外资利用形式，引导福麟智能装备、星河阀门等重点外资企业通过利润转再投、债转股等方式扩大发展规模。对接中信保公司，对锋芒集团等4家缴纳展位费未参展企业，补助展会费33.17万元；组织指导20家小微外贸企业，免费投保国内贸易信用险和出口前保险。对接镇江商务局，帮助新韩通、长江电器设备厂等4家企业申办10份不可抗力事实性证明，涉案合同金额1.32亿美元。组织企业参加“线上”广交会，“一带一路”沿线国家市场占比份额提高7个百分点。推进品牌化战略。大全、威腾、通灵、锋芒4家企业创成省级重点国际知名品牌，实现扬中市省级外贸品牌零的突破。组织外贸形势宣讲、跨境电商业务培训，引导企业应对新挑战，稳住市场份额。 （奚松裕）

【招商推介】 2020年，扬中市商务局项目招引取得新突破。优化顶层设计，加大招商人才培训。对专职招商人员实行梯次培养，将“双招双引”专题培训纳入市委组织部培训主体班次。实行项目预评估制度。对全市所有在手在谈项目信息的投资方实力、人才承载力、投资强度、工艺装备水平、产出效益、环保安全等方面开展预评估，从源头提高信息质量。校准招引方向，聚焦重点地区。抢抓长三角区域一体化、长江经济带等重大发展机遇，优化调整驻外招商局，主攻上海、苏州、昆山，辐射周边，承接上海“产业溢出”和南京“创新溢出”。突出重点行业，密切关注国家重大产业政策变化，推动四大主导产业，特别是汽车零部件产业的内涵式提升。创新招引方式，积极应对常态化疫情防控的新形势，推出招商“云名片”，搭建可视化、智能化的综合投资服务平台，实现“云端会客”，采取“线上”+“线下”模式，精心组织第十七届河豚文化节项目集中签约仪式，签约项目33个，总投资60.4亿元。加大招引攻势，开展双招双引百日竞赛，60天内主要领导带队招商5次，获取项目信息63个。加大与大院大所、产业资本、基金公司、咨询公司、设计院、第三方机构的联系，实施委托招商和市场化招商。 （奚松裕）

【扬中“云名片”开启】 2020年5月8日，扬中招商云名片上线，扬中不受场地和时间限制的全天候招商全面开启。云端招商系统划分为云招商、云扬中、云名片三大板块，重点推介扬中主导产业、重点企业、乡镇相园区的产业分布、岸线资源等信息，罗列包括区位交通、人文旅游、科技教育等在内的社会发展内容。招商云名片最大的亮点是可视化，点开小程序，云上查资料，查产业、查板块、查资源、查政策；云上游扬中，游景点、品美食、感人文、知配套。点击进入云招商的“主导产业”板块，扬中智能电气、新能源、装备制造、汽车零部件产业设有详细的下拉菜单，以图文形式详细介绍基本概况、重点企业、主要产品；“招商资源”板块中，岸线、厂房、地块、楼宇资源分类介绍，扬中港区三大作业区、17座标准化闲置厂房、30块可用地块、11处未使用楼宇逐一“图解”；云扬中“扬中简介”板块，节庆活动、人才资源等相关内容图文并茂。开设“聊一聊”互动功能，为客商提供“一对一”在线答疑解惑，采用AI和大数据分析技术，形成客户画像与统计报表，帮助招商人员寻找目标企业，及时互动、精准对接。扬中招商云名片于4月底设计研发，逐步完善，后期实现支持园区地名、意向产业、投资要求等模糊检索、地图同步搜索导航。 （融媒体中心）

【线上广交会参展】 2020年6月15—24日，第127届广交会在网上举办，扬中市11家企业报名参加，用“直播带货”的形式为全球客商展示各类产品。线上广交会在建立线上展示对接平台，设立跨境电商专区，提供直播营销服务，为参展企业单独设立1024小时全天候网络直播间。企业可与客商线上洽谈，通过网络直播向全球客商宣传推广。 （融媒体中心）

锋芒集团参加“云端”广交会 （融媒体中心供图）

【电子商务商会成立】 2020年11月17日，扬中市召开电子商务商会成立大会，举办农商专场对接活动，各大商场超市、农产品合作社负责人推介特色农产品，专业合作社与相关商场超市达成初步合作意向。商会发挥桥梁纽带作用，以服务电子商务企业为中心，丰富服务形式，完善制度、健全机制，为电子商务行业争取良好的舆论环境、政策环境和法律环境。 （融媒体中心）

金 融

综 述

【概况】 2020年,扬中市地方金融监督管理局坚持“促发展、保稳定、强监管、重规范”的工作思路,增强金融精准服务能力,防控化解地方金融风险,打造良好金融生态环境,全力助推产业强市。印发四类地方金融从业机构的监管工作要点,发布地方金融从业机构名录,组织参加省级评级和年审。修订完善驻扬中银行业、保险业金融机构目标管理考核办法,对17家银行、35家保险机构进行考核,首次将驻扬中17家银行、6家保险机构纳入全市高质量发展考核,推动金融机构属地融合发展的新篇章。落实《关于应对新型冠状病毒感染的肺炎疫情支持中小企业共渡难关的政策意见》文件精神,开展暖企大走访,协调驻扬银行机构对78家信贷诉求企业开展一对一走访,走访率、满意率均为100%。协调开展政银企对接,签订相关企业的联合公约、银行债权人委员会合作协议、融资会诊帮扶委员会合作协议,出具11期会议纪要以及相关协商函等,有效防控地方金融风险。2020年,地方金融监管局获扬中市“金融服务特别贡献奖”,扬中市金融生态稳步向好,获评“江苏省2017—2019年度金融生态优秀县”。 (徐子国)

【银行业概况】 2020年,扬中市有银行业金融机构17家,其中,政策性银行1家(农业发展银行),国有商业银行4家(工商银行、农业银行、中国银行、建设银行),股份制商业银行6家(交通银行、浦发银行、民生银行、中信银行、兴业银行、华夏银行),邮政储蓄银行1家,城市商业银行2家(江苏银行、南京银行),法人农村商业银行1家,异地农村商业银行分支机1家(太仓农商行),村镇银行1家(恒丰村镇银行)。 (陈菊英)

【存款】 2020年,扬中市金融机构本外币各项存款先增后稳。各项存款余额731.45亿元,比年初增加63.95亿元,增长9.58%,比上年多增26.70亿元。其中,企业存款余额253.16亿元,比年初增加43.15亿元,增长20.55%,比上年多增12.11亿元;住户存款余额385.94亿元,比年初增加46.68亿元,增长13.76%,比上年多增12.82亿元;机关团体存款余额89.55亿元,比年初减少24.39亿元,下降21.41%,比上年减少1.38亿元。从存款结构来看,以住户存款为主,占各项存款的52.76%。 (陈菊英)

表10 **2020年扬中市金融数据一览表**

项目	余额(亿元)	比年初增减(%)	年初数(亿元)
金融机构存款余额	731.45	9.58	667.50
居民储蓄存款	385.94	13.76	339.26
金融机构贷款余额	622.13	17.82	528.04
中长期贷款	331.30	36.65	242.44
短期贷款	269.61	2.28	263.61
其中:单位贷款及透支	496.79	19.19	416.81
个人贷款及透支	125.32	12.69	111.21
票据融资	21.09	-3.79	21.92

(徐子国)

【社会融资规模】 2020 年，扬中市社会融资规模 1032.93 亿元，新增 108.78 亿元。其中，本外币各项贷款余额 622.13 亿元，比年初增加 94.09 亿元，增长 17.82%，比上年多增 56.04 亿元；各项贷款中中长期贷款余额 331.30 亿元，比年初增加 88.86 亿元，增长 36.65%。银行汇票、保函、信用证等表外融资余额 101.47 亿元，比年初增加 24.54 亿元，增长 31.90%。扬中市金融机构紧紧围绕经济转型升级要求，优化货币信贷投入结构，金融支持实体经济的力度增强。全力支持主导产业转型升级。金融支农支小力度不断增强，信用体系建设不断完善。年末，全市涉农贷款余额 488.39 亿元，比年初增加 72.20 亿元，增长 17.35%；小微企业贷款余额 200.46 亿元，比年初增加 20.16 亿元，增长 11.18%。

（陈菊英）

2020 年扬中市贷款分行业统计表

表 11　　　　单位：亿元

行业	贷款余额(亿元)	比上年增减(亿元)	与上年相比(%)
A.农、林、牧、渔业	601.04	94.92	18.75
B.采矿业	6.73	–0.38	0.00
C.制造业	0.00	0.00	0.00
D.电力、热力、燃气及水生产和供应业	178.29	18.84	11.82
E.建筑业	2.60	1.21	87.29
F.批发和零售业	28.27	2.38	9.20
G.交通运输、仓储和邮政业	46.07	12.39	36.78
H.住宿和餐饮业	1.74	0.09	5.23
I.信息传输、软件和信息技术服务业	0.57	–0.23	–28.99
J.金融业	2.62	0.28	12.01
K.房地产业	0.00	0.00	0.00
L.租赁和商务服务业	11.15	–5.78	–34.15
M.学研究和技术服务业	66.28	17.37	0.00
N.水利、环境和公共设施管理业	1.54	0.05	3.09
O.居民服务、修理和其他服务业	128.09	34.67	37.11
P.教育	0.46	–0.26	0.00
Q.卫生和社会工作	0.53	–0.08	–13.89
R.文化、体育和娱乐业	0.47	0.22	0.00
S.公共管理、社会保障和社会组织	0.31	0.06	22.19
T.国际组织	0.01	0.01	0.00
对境外贷款	0.00	0.00	0.00
个人贷款及透支	0.02	0.00	–12.27
贷款总计	125.32	14.12	12.69

说明：不含票据融资　　（陈菊英）

【货币政策贯彻执行】 2020年,人民银行扬中市支行加强货币政策工具传导,召开经济金融季度分析例会、银行行长联席会议等会议传导货币政策意图,确保货币政策落地生效。合理调控法人机构信贷规划,引导地方法人机构加大对小微企业、个体工商户等普惠金融领域的信贷资金支持,为2家法人机构累计发放支农、支小再贷款额度19.29亿元,再贴现3.01亿元。定向降准和普遍降准相结合,累计释放信贷资金2.23亿元,切实缓解民营和小微企业的资金周转压力。引导市场整体利率和贷款利率下行,年末,1年期贷款基础利率降至3.85%,累计下降30个基点。落实稳企业保就业政策,人民银行扬中市支行贯彻落实中央支持疫情防控和复工复产货币信贷政策,召开金融支持稳企业保就业工作推进会,印发《扬中市金融支持稳企业保就业工作实施方案》,布置金融支持稳企业保就业七大专项行动,建立稳企业保就业监测制度,确保金融机构把稳企业保就业工作落实到实处。用好贷款延期还本付息和信用贷款两项政策工具,缓解企业尤其是中小微企业年内还本付息资金压力。截至2020年,扬中辖内金融机构向2016户小微企业提供延期还本金额40.00亿元,延期率76.88%,提供信用贷款15.53亿元,占新增贷款55.54%。督促金融机构加大制造业中长期贷款支持力度,助力制造业提质增效。制造业贷款余额178.29亿元,比年初增加18.84亿元,比上年增长11.82%。结合辖内经济金融实际,完善制度、加强检查、依法管理,提高专业履职水平。人民银行扬中市支行组织综合评价辖内17家金融机构2019年度执行人民银行政策情况,确定"A类"机构4家,"B类"机构13家。开展2019年目标管理考核,考核全市金融机构的信贷投放、涉农、利率执行等12项指标。搭建平台推动政银企合作,人民银行扬中市支行牵头组织扬中市金融系统年度表彰暨政银企合作重点项目签约会,搭建政银企沟通桥梁,深化政银企合作,帮助企业缓解融资难题,向银行推介政府和企业合作项目,促进经济金融健康协调发展。举办政银企重点项目签约仪式,政银企合作项目签约金额22.12亿元。 (陈菊英)

【金融稳定工作】 2020年,人民银行扬中市支行做好存款保险保费缴纳、化解企业融资风险、加强金融风险监测、做好存款保险标识启用等工作。按上级行部署,推进存款保险实施各项工作,完成2家法人机构的保费核定、保费缴纳和评级工作;建立健全化解金融风险工作机制,强化金融风险防控处置,依靠市金融稳定工作协调小组各成员单位力量,保持全市金融风险防控局面基本稳定。全市金融机构通过核销、打包等方式处置各类不良贷款7.41亿元。年末,不良余额5.11亿元,比年初减少4.09亿元,不良率0.82%,比年初下降0.92个百分点,不良贷款余额和不良率实现"双降"。加强非现场金融风险监测,开展全市60强企业对外担保信息情况、对企业互保联保情况季度监测,及时掌握企业担保圈风险情况,按月对全市金融机构的保证贷款进行进行监测,按季监测政府融资平台融资余额变化情况,根据涉险企业摸排情况表,按季统计涉险企业明细,监测涉险企业所在乡镇、行业、贷款余额、五级分类等具体信息。部署开展存款保险标识启用工作,11月28日,辖内金融机构开展存款保险标识启用工作。督促辖内各金融机构按月报送"涉黑涉恶"线索表,推进"扫黑除恶"工作向纵深发展,净化金融市场环境。 (陈菊英)

【金融产品创新】 2020年,金融机构创新信贷产品,有针对性加大对受到疫情影响的行业和企业,以及社会和民生的信贷产品支持力度。通过创新信贷产品支持企业参与疫情防控和复工复产,累计发放信贷资金13亿元。协同市财政局、人社局"几家抬"合力,通过扬中农商银行向扬中中祺电气、赫敦电气、扬电电气3家小微企业审批授信富民创业担保贷款额度600万元。扬中农商银行向中祺电气、赫敦电气分别发放250万元、150万元的富民创业担保贷款,实现向小微企业发放富民创业担保贷款全镇江市零的突破。协调推进两权抵押贷款试点工作,政银企多方联动,推进农村金融创新,确定先在农村土地承包经营权确权颁证的12户农户中开展试点,发放首笔农村土地承包经营权抵押贷款。 (陈菊英)

【外汇收支】 2020年,扬中市实现外汇收入4.71亿美元,比上年下降1.29%。其中,货物贸易收入4.37亿美元,增长8.69%。非货物贸易收入0.06亿美元,增长130.7%。资本项目收入0.28亿美元,下降61.37%。外汇支出0.93亿美元,下降53.67%。其中,货物贸易支出0.44亿美元,下降53.19%,非货物贸易支出0.23亿美元,下降13.02%。资本项目支出0.26亿美元,下降67.48%。实现外汇收支顺差3.79亿美元,增长36.61%。 (陈菊英)

【外汇服务与管理】 2020年,外汇管理局扬中市支局加强外部监管和内部管控,恪守"宏观审慎、微观合规"导向原则,坚持简政放权和依法行政工作理念,贯彻落实疫情防控和“六稳、六保”总要求，促进贸易投融资便利化，各项外汇制度改革和举措得到有效落实。规范国际收支统计申报工作，开展国际收支统计间接申报非现场核查，全年完成国际收支非现场核查9818笔，金额5.67亿美元。开展“外汇服务银企行”“暖企大走访”活动，走访银行46次，走访企业（含培训）132家。强化对跨境收支和结售汇专项统计监测与分析工作，定期开展贸易信贷抽样调查，加大对大额、异常跨境资金流动监测和管理工作，建立监测约谈工作机制，确保跨境大额流出入资金始终在监控范围内。（陈菊英）

【金融服务创新】 2020年，人民银行扬中市支行开辟疫情防控国库资金拨付绿色通道，保持疫情防控资金快速拨付。推行电子退库审核系统提高退税效率，缓解中小微企业资金紧张状况。组织各金融机构做好疫情期间银行结算账户开立、变更、撤销等工作，通过政银易企通系统创新银行结算账户开户服务，引导企业和个人通过电子渠道，采取不见面方式办理业务。

（陈菊英）

【金融服务与管理】 2020年，人民银行扬中市支行加强国债服务与管理。组织辖内国债承销银行制作因疫情原因国债暂停发行告示，通过微信公众号推送信息，电子显示屏宣传等方式，向国债投资者做好宣传解释告知工作。组织国债兑付银行开展储蓄国债到期提醒工作，向社会公告储蓄国债兑付手续、流程和咨询电话，排查储蓄国债未兑付或未提取原因，切实维护国债投资者权益。全年扬中辖内成功催兑18笔，金额110.84万元，占应兑未兑总笔数75%，占应兑未兑总金额96.63%。加强支付结算服务与监督，人民银行扬中市支行协同扬中市金融办、地方金融监管局和行政审批局组织召开企业银行账户限时开户部署会，明确0.5个工作日办结开户流程。持续推进移动支付便民服务示范工程，大力推广银联二维码收款、微信收款、支付宝收款和QQ钱包收款等移动支付产品。推进扬中市农村普惠金融服务点建设，年末，扬中市有支付服务点51个，综合服务点5个，智能服务点4个。加强对电信网络金融违法犯罪的监控力度，加强对异常账户的监测和可疑交易的分析，审核新设网点申请加入大小额支付系统、人民币银行结算账户管理系统、公民身份联网核查系统，开展涉赌涉诈专项核查。加强国库监督与服务，抓好国库柜面监督，有效防范国库资金风险。加强业务指导，保证新中标银行规范开展国库集中支付业务。对太仓农商银行申请加入国库综合业务信息系统开展初审。加强征信服务与管理，人民银行扬中市支行举办扬中市金融系统征信知识竞赛，金融机构17支代表队51名选手参加比赛。督促辖内金融机构建立相关征信信息安全管理制度，对辖内金融机构开展征信合规与信息安全考核评级，确保征信合规运行。做好征信宣传、查询服务，疫情防控期间，组织金融机构开展微信、网上银行线上征信知识宣传，鼓励、引导企业和个人通过互联网渠道查询自身信用报告。加强农村信用体系建设，制定农村信用体系建设工作计划，选定西来桥镇作为试点乡镇开展农户信用数据采集和信用农户、信用村镇评定工作。加强人民币流通管理，推进金融消费者权益保护。扬中市金融系统继续推进人民币满意工程，持续开展反假知识宣传活动。利用线上数字传播媒介，多举措开展金融消费者权益宣传活动，宣传金融知识，提升金融消费者风险防范意识，组织普惠金融体系调查，处置多起金融消费者维权纠纷。

（陈菊英）

【保险业概况】 2020年，扬中市保险事业保持稳定。年末，拥有保险业金融机构35家，保费收入14.15亿元，比上年下降1.46%。其中，财产险收入2.83亿元，增长7.2%；人身险收入11.32亿元，下降3.4%。赔付额3.9亿元，增长8.3%，其中，财产险赔付1.67亿元，下降2.9%；人身险赔付2.23亿元，增长16.1%。（徐子国）

【国资监管】 2020年，扬中市印发《2020年度国资管理工作要点》，签订2020年度经营目标责任状，开发上线国资监管信息系统，动态监管企业内部国资管理情况及数据。推动成立扬中市国有投资集团联合党委，统筹推进市场化转型。推进从事生产经营活动事业单位改革，完成城投公司、江城公司事改企；完成国有企业退休人员社会化管理等工作。（徐子国）

【企业上市】 2020年，威腾电气完成在上交所科创板申报和受理问询工作，通灵股份完成深交所创业板申报和受理问询工作；10月，16家企业在江苏股权交易中心挂牌，至此，扬中市企业在江苏股权交易中心挂牌87家，名列镇江市首位；累计上市企业107家。

（徐子国）

【金融行业协会成立】 2020年6月，扬中市农行、农商行、金控集团、人保财险、华泰证券等5家单位发起成立金融行业协会。10月30日,在民政部门完成组织登记工作,首批吸收69名会员。11月17日,扬中市举行金融行业协会成立大会,会议审议和表决通过《扬中市金融行业协会章程》。会议选举产生协会理事、监事、会长、副会长、秘书长、副秘书长。市金融行业协会以防范金融风险,维护和优化金融生态环境为目标,首批吸收66家会员单位,其中,银行17家、保险机构35家、证券公司5家、国有金融公司1家、地方金融机构8家,体现金融及地方金融机构全员参与的特色。协会成立后,主要承担协调服务银保证及地方金融机构之间的金融纠纷、行业自律等相关问题;主动调处同业之间的竞争规则,协助政银企做好联保风险的善后和处置;配合开展非法金融活动治理和反洗钱活动工作;组织会员开展培训活动等。（徐子国）

银行选介

【中国农业发展银行扬中市支行】 2020年,中国农业发展银行扬中市支行累计发放各类贷款8.69亿元,比上年增加6.29亿元,增长262%,平均利率4.45%;年末贷款余额为28.7亿元,比年初增长2.82亿元。日均存款5.48亿元,实现账面利润6019万元。（张书源）

【中国农业银行股份有限公司扬中市支行】 2020年,中国农业银行股份有限公司扬中市支行年末各项存款总量149.8亿元,其中,个人、对公存款分别增加10.97亿元、5.78亿元;各项贷款余额92.38亿元,增加16.27亿元。参与市重点项目和民生项目建设,加大资源倾斜力度,新获批项目5个,贷款金额6.9亿元,投放1亿元。发展普惠金融,强推“一项目一方案一授权”新模式,完善小微业务企业金融服务体系,为186家小微企业提供资金6.73亿元。创新服务模式,助力乡村振兴,以党建共建为媒介,向新型农业经营主体推送“惠农e贷”“微捷贷”等低利率信贷产品,投放农户贷款4.39亿元。践行社会责任,通过减费降息服务实体经济,平均利率下降23个基点;通过开放延期还本付息,为全市100余家小微企业办理延期还本付息贷款2.6亿元;精准落实金融扶贫,着力解决贫困地区农产品滞销问题,实现消费扶贫金额逾110万元。（刘金）

【中国建设银行股份有限公司扬中支行】 2020年,中国建设银行股份有限公司扬中支行存款余额68.22亿元;贷款余额38.74亿元,其中,公司类贷款余额29.41亿元,个人类贷款余额9.33亿元;对公普惠金融贷款余额8.18亿元,新增1.73亿元。累计办理11.9亿元隐债置换项目,年末全口径不良贷款率0.07%。中间业务收入增长122%。完成国际收支1.08亿美元、结售汇6321万美元、跨境人民币业务9965万元。净增信用卡客户1589户,完成信用卡分期1.58亿元。归集住房公积金1.54亿元;代理发放公积金住房贷款4558万元,余额4.41亿元,新增1797万元。新增公积金扩面412人,累计汇缴单位412家、职工1.6万人。推进“小微企业贷款阶段性延期还本付息、普惠小微企业信用贷款”两项新货币政策工具落地见效,利用“个体工商经营快贷”“商户云贷”“收单云贷”等信用贷款品种服务小微企业。成立云工作室,加大线上个人金融服务。（吴文君）

【中国工商银行股份有限公司扬中支行】 2020年,中国工商银行股份有限公司扬中支行实现拨备前利润2.05亿元,人均利润168万元;全年实现中间业务收入8420万元;各项存款52.85亿元,比年初增加7.25亿元,其中,对公存款20.51亿元,比年初增加3.56亿元,储蓄存款32.34亿元,比年初增加3.69亿元;各项贷款余额58.33亿元,比年初增加6.99亿元,其中,项目贷款比年初增加8.88亿元,普惠金融贷款增加0.7亿元。通过“经营快贷”“E抵快贷”“小微创业贷”等一系列服务小微企业的创新产品,解决小微企业担保能力弱、融资成本贵的痛点难点,新增普惠客户120余户,新增人行普惠贷款逾7000万元。该行推广云网点工作,客户通过微信“工行服务”小程序访问平台,实现网点信息查询、网点预约排队,查询网点个性化推送的营销产品、查看网点。（左春燕）

【交通银行镇江扬中支行】 2020年,交通银行镇江扬中支行年末各项存款余额8.19亿元,存款日均8.39亿元。其中,储蓄存款2.38亿元,日均存款余额2.78亿元;对公存款数5.82亿元,日均余额5.61亿元。普惠“两增”口径新增贷款11124万元。支行将资产质量管控作为经营管理工作的重中之重,坚决守住风险底线,平稳完成5户重组,重组额5873万元,未新发生逾期欠息等临期管理问题。全面完成分行普惠条线计划,新增客户均为扬中“三十强”企业,在复杂的金融环境中,难中求稳,全面稳住规模和质量不滑坡。狠抓资产业务投放,强化支行服务实体能力,稳中求进,多项指标表现亮眼,扩大同业业务规模,较好完成分行下

达的各项指标。 （杨海军）

保险公司选介

【中国人寿保险股份有限公司扬中支公司】 2020年，中国人寿保险股份有限公司扬中支公司有营业网点7个，从业人员近800人。全年实现保费收入6.86亿元，比上年增长7.6%，累计承保人次82.68万人。累计释放保单借款3.66亿元，给付案件3.41万件，给付金额1.31亿元。10万元以上重大保险给付63件，给付金额1578.52万元，增强百姓抵御风险的能力。 （杨玉）

【中国人民财产保险股份有限公司扬中支公司】 2020年，中国人民财产保险股份有限公司扬中支公司保费收入10038.19万元，比上年增长14.37%。其中，传统非车险保费895万元，增长14.07%；新兴非车险保费2897万元，增长61.25%；车险保费5703万元，增长2.17%；农险保费543.19万元，下降11.42%。处理赔付案件22.07万件，支付各险赔付款4253.73万元，赔付率64.25%，下降7.38%。 （赵莲娣）

【中国太平洋财产保险股份有限公司扬中支公司】 2020年，中国太平洋财产保险股份有限公司扬中支公司累计实现保费收入4306万元，比上年增长4.5%，其中，车险保费收入3251万，非车险保费收入883万，农险保费收入172万。全年累计发生赔付案件2432件，赔款支出2634万，赔付额比上年增加296万。全方位、多渠道在承保、理赔、险种开拓、保险服务等方面为民众和企业提供方便、快捷、高效的服务，发挥保险的社会稳定器和经济助推器的作用。简化承保手续和流程、开辟理赔绿色通道、主动下调部分生产性企业的保险费率，全年累计减少企业保费支出30余万元。（徐谋）

2020年扬中市保险业统计表

表12

类别	序号	名称	保费收入（万元）	赔付金额（万元）	缴纳税金（万元）	从业人数（人）
产险类	1	人保财险	10038	6234	832.82	58
	2	太平洋产险	4306	2634	476.48	29
	3	平安产险	3727	2292	415.88	180
	4	紫金保险	1776	673	168.15	32
	5	中华联合	443	492	55.27	1
	6	中国人寿产险	2260	1504	298.97	13
	7	大地财产	706	223	73.45	7
	8	永安财产	477	222	53.05	8
	9	阳光财产	1265	816	164.56	11
	10	华泰财产	76	45	0.00	1
	11	天安财产	999	334	95.35	7
	12	泰山财产	138	207	15.76	6
	13	太平财产	768	401	71.82	24
	14	华安财产	382	172	19.40	1
	15	富德财产	336	90	17.60	6
	16	安诚财产	286	182	34.69	1
	17	浙江浙商保险	156	22	0.58	1
	18	大家财产	183	212	0.00	2
	合计		28322	16755	2793.85	388

续表 12

类别	序号	名称	保费收入（万元）	赔付金额（万元）	缴纳税金（万元）	从业人数（人）
寿险类	1	中国人寿	67476	12279	514.10	1222
	2	太平洋人寿	7604	1895	15.69	154
	3	平安人寿	7073	980	25.09	155
	4	人民人寿	1593	202	0.84	98
	5	长城人寿	1244	109	0.00	89
	6	英大人寿	2033	5	0.00	78
	7	阳光人寿	3150	368	1.55	179
	8	新华寿险	701	367	0.00	13
	9	泰康人寿	2877	262	1.09	240
	10	太平人寿	1565	239	1.19	21
	11	民生人寿	341	42	0.20	1
	12	利安人寿	2781	405	8.47	63
	13	华夏保险	4152	1040	0.00	279
	14	泰康人寿	1454	46	0.49	50
	15	国联人寿	163	28	0.00	1
	16	富德人寿	8571	3995	0.01	192
	17	东吴人寿	455	94	0.00	66
	合计		113233	22356	568.71	2901

（徐子国）

证　券

【华泰证券有限公司扬中翠竹南路证券营业部】 2020年，华泰证券扬中翠竹南路证券营业部有员工10人，总客户数2.85万户，全年新增客户4276户，比上年增长13.57%，股基交易量438.1亿元，主营业务收入826.83万元，私募产品总规模4148.5万元。（王文欣）

【南京证券股份有限公司扬中江洲南路证券营业部】 南京证券扬中江洲南路证券营业部成立于2000年，坐落在扬中市江洲南路8号(美人鱼雕像南侧)。2009年6月经中国证监会批准由服务部升级为营业部。营业面积500余平方米，中大户室设施齐全。针对客户不同的投资需求提供个性化服务，以电话回访、短信、理财QQ群等形式加强与客户沟通，了解客户投资需求。2020年，举办各类投资者教育讲座2期，累计4讲，受教育的投资者100余人次。营业部围绕服务当地经济，为投资者和企业提供全方位的服务。（顾纪兵）

【国元证券扬中春柳北路营业部】 2020年，国元证券扬中营业部加强与江苏省股交中心沟通，将“新四板”作为主攻方向，3家企业挂牌，6家企业处于商谈中。全年新增客户资产在上年的基础上实现翻倍，全员秉承“诚信为本、客户至上”的经营理念，提高员工业务技能，帮助客户做好资产配置，力争成为具有专业水平的证券公司。（黄吉）

交通运输

综 述

【概况】 2020年,扬中市公路事业发展中心列管养境内公路总里程692.22千米(不含35省道高速公路8.97千米),路网密度平均每百平方千米占有公路316.13千米。按行政等级划分:国道523里程19.86千米,238省道36.72千米,全市农村公路县乡村道合计635.64千米(县道189.54千米,乡道236.32千米,村道209.78千米)。有国道桥梁11座,4878.2延米,省道干线公路桥梁9座、3845延米,其中,扬中一桥、二桥、三桥特大型公路桥梁,计5157.1延米。农村公路桥梁47座,其中,县道21座、838.86延米,乡道14座、457.00延米,村道12座、316.50延米。全市公路按技术等级划分:高速公路8.98千米,一级公路109.37千米,二级公路76.88千米,三级公路95.36千米,四级公路550.56千米。

2020年,扬中市有港口(作业区)4个,泊位44个(万吨级11个),其中,非装卸泊位8个(万吨级3个),在建泊位3个(4万吨级2个、1万吨级1个),使用岸线总长7860米,年货物吞吐量3434万吨。(钱佳晖)

【全国城乡交通运输一体化示范市建设】 2020年5月28日,扬中市召开全国城乡交通运输一体化示范市创建推进会,全面部署国家首批创建县(市、区)的评估和验收工作。会议要求,全市上下统一思想、强化认识,坚定创建决心,各地、各部门要把创建工作提高到产业强市的高度,整合城乡交通运输资源,统筹规划城乡交通设施、客运、货运物流、邮政快递等,让人民群众共享社会发展成果;细化举措、综合施策,提升创建水平,各责任单位要补齐工程短板,加快推进工程建设,加强农村公路日常管护和交通“严管路”建设力度,相关部门要扎实推进各级安全督导反馈问题整改,重点推进城乡客运、“互联网+”、货运物流的融合发展;强化担当、各司其职,凝聚创建合力,市交通运输局作为行业主管部门,继续增强主动服务意识,市财政要统筹做好创建工作的资金保障,市交通运输局要联合市政府督查室,定期对创建相关工作开展督查问效,各地、各部门切实履行职责,齐心协力做好创建的各项工作,确保“创则必成”,高效率、高标准推进各项创建措施和准备工作。11月23日,扬中市召开全国城乡交通运输一体化示范市创建验收工作汇报会。按照国家交通运输部的统一安排,城乡交通运输一体化示范市创建验收组在扬中开启为期三天的创建验收工作。

11月23日,扬中市召开全国城乡交通运输一体化示范市验收汇报会 (融媒体中心供图)

2017年6月,扬中被确定为全国城乡交通运输一体化示范市创建单位,扬中市坚持“城乡统筹、资源共享、路运并举、客货兼顾、运邮结合”的原则,因地制宜、统筹规划,有序推进创建工作。经过多年的发展建设,形成“一环两纵、一岛五桥”的大交通格局。创建工作开展以来,扬中建成普通国省干线公路15千米,实现一级公路全线贯通、各镇(街、区)15分钟内通达高速公路、桥梁内联外通率实现100%,累计完成农村公路提档升级工程160千米、安全生命防护工程320千米、危桥改造12座,行政村双车道四级公路覆盖率、乡镇和建制村通硬化路率、农村公路安全隐患整治率实现100%。坚持便民惠民,构建独具特色的全域公交新格局,开通城乡公交线路33条,投入运营公交车辆146辆。中心城市公交站点500米覆盖率、行政村500米半径城乡公交通达率实现100%。坚持“公路+”理念,打造“太平路·扬中行”农村公路品牌。在全国率先开通镇村公交,建立农村公路与镇村公交开通联动机制,达到通公交线路农村公路双车道四级及以上公路建设标准。创建期间,扬中整合交通、邮政、电商、商贸等资源,构建起“多站合一、共同配送、客货同网、合作共赢”的农村物流模式,实现乡镇农村物流节点、建制村物流服务全覆盖。在村级建成集快递、电商、超市等功能为一体的菜鸟驿站42个、公共快递自提点58个、快递智能柜43个。探索“邮政+电商”“电商+物流”服务模式,建成1个县级电商运营中心、162家“邮乐购”加盟店,构建“县级电商运营中心—邮政—邮乐购加盟店”的三级电商运营体系。 (融媒体中心)

运输管理

【概况】 2020年,扬中市开通公交线路33条,建设公交站台250个,投入运营公交车146辆。新增公交线路3条,优化调整城乡公交线路4条。全市有出租汽车221辆,出租驾驶员381人。2家汽车出租公司与“叫了个车”出租汽车专属服务平台合作,210辆出租汽车加入该平台,推进传统巡游出租汽车+移动互联网融合发展。客运车辆76辆;货运车辆1891辆,其中,黄牌1377辆,蓝牌514辆。专业危险品运输公司2家,危险品运输车辆12辆。完成“两客一危”(从事旅游的包车、三类以上班线客车和运输危险化学品、烟花爆竹、民用爆炸物品的道路专用车辆)挂靠车辆清理工作,有效预防道路运输事故。一、二类机动车维修企业35家。全市有机动车驾驶培训业户5家,教练车249辆,驾培教练员268人。 (交通局 钱佳晖)

5月12日,“叫了个车”巡游出租汽车网络服务管理平台开通 (融媒体中心供图)

【出租车管理】 2020年,扬中市强化出租汽车行业管理。春运期间,交通运输局联合文明办、公安局、物价局和电信扬中支公司开展“天翼杯”“文明交通、安全春运”竞赛活动。完善收费标贴、服务承诺等车内标志标识,加强出租车从业人员职业道德培训,提高队伍的服务质量和整体素质,督促出租汽车公司落实“创文”主体责任,建立“创文”长效机制。 (钱佳晖)

【客运管理】 2020年,交通运输局全面完成重大节假日期间运输组织工作,实现无重大交通安全责任事故、无重大服务质量投诉和无旅客滞留车站等情况的发生。受新冠疫情影响,1月26日(农历正月初二)和1月29日,市内公交和县际以上道路客运班线先后停止运营;2月20日和3月1日,镇江客运班线和市内部分公交线路缩减班次运行,其中,镇江班线每天运行班次4个,城市公交线路每天运行1条、班次4个,城乡公交线路每天运行13条、班次54个;5月19日,全市公交线路恢复运行,县际以上客运班线除武汉、沭阳等极少部分未恢复外,其他班线全部恢复正常运行。春运前15天,安全发送旅客35.25万人次;国庆期间,发送旅客10.20万人次。根据市政府统一部署,做好文明城市创建工作,督促客运企业加大宣传力度、改善乘车环境、加强巡视力度。 (钱佳晖)

【货运管理】 2020年,扬中市确定重点货运源头单位9家,向社会公示名单。综合执法大队按照上级要求,督促企业安装计量检定合格称重设备和视频监控设施,要求将称重和视频数据接入镇江市级监管平台。

(钱佳晖)

【机动车维修管理】 2020年8月，扬中市开启机动车维修经营"掌上备案"，召开机动车经营维修备案工作会议，发放一次性备案告知清单，备案维修企业17家。向城区沿街的维修业户发放《创建全国文明城市告知书》，引导汽修企业不占道经营，保持城区环境整洁，文明服务，开展定期和不定期"创文、创卫"检查。11月，机动车维修行业协会召开第二次会员大会和换届选举，推动协会完善职能，凝聚企业。在日常监管中，强调VOCs(挥发性有机物)治理设备的规范使用和合法处置危险废物等，减少挥发性有机物排放，增强企业的环保意识。 (钱佳晖)

【驾培监管】 2020年，扬中市驾培行业开展"诚信驾培、满意学驾"活动，强化教练员素质教育，开展继续教育培训，培训强调遵纪守法、规范教学、用优质服务克服疫情影响，268名教练员参加培训和考核。加强道路运输从业人员从业资格证的档案管理工作，确保从业资格证档案网上查询、调档和电子化管理。强化驾培投诉处理服务意识和责任意识，投诉办结率100%，满意度100%。 (钱佳晖)

【路政管理】 2020年，扬中办理国道行政许可2起，收取公路路产损失赔补偿费10.09万元；受理县道行政许可3件，收取赔补偿费8.31万元。通过日常巡查，联合巡查，及时清除各类路障，及时清除流动摊点，清除非公路标牌，确保公路安全畅通。 (钱佳晖)

【超限运输治理】 2020年，扬中排查公示重点货源单位9家，每月巡查2次，监控系统安装率与镇江治超平台接入率100%。建成幸福二桥治超站，新辟货车专用通道，设置电子抓拍系统。综合执法大队联合公安交警部门开展公路超限运输治理，出动执法人员1776人次，查处"百吨王"2辆，联合执法处罚248辆次，记918分，监督可卸驳载车辆驳载3312吨，其中，流动治超联合执法交警处罚61辆次，记321分，监督可卸驳载车辆卸驳载873吨。 (钱佳晖)

交通工程建设

【概况】 2020年，扬中市交通运输局深化"综合交通"建设，完成扬中二桥通航孔桥墩新增防撞设施工程、扬中一桥护栏改造及路面出新工程、幸福二桥治超点建设和幸福大桥栏杆维修改造工程。推进农村公路提档升级工程，丰富"太平路·扬中行"特色农村公路品牌内涵。组织编制"十四五"综合交通规划、市域综合立体网规划，立足补短板、强基础、求发展的思路，研究谋划交通运输体系建设思路和重点发展任务。 (钱佳晖)

【公路建设与养护】 2020年，扬中市公路事业发展中心坚持公路建养管并重的原则，坚持路域环境整治长效化，保持全市路况质量的稳定与路域环境的美化。全年经上级主管部门路况综合检测评定国、省干线公路路况综合指数(MQI)值97.79，路面破损指数(PCI)优良路率99.51%，路面平整度指数(RQI)优良路率96.44%。投入国省干线小修保养经费613万元，修补路面坑塘，实施路面沥青灌缝。 (钱佳晖)

【农村公路提档升级】 2020年，农村公路列养总里程775.55千米，其中，县道197.03千米，乡道245.79千米，村道332.73千米。有桥梁49座，县道桥梁21座，乡村道桥梁28座。实施路长制，打造特色农村公路、网红农村公路，用品牌规划引领全市农村公路发展。县道X105扬中大道、乡道Y203三兴线被评选为"2020年镇江美丽农村路"。完成江堤公路安全生命防护项目二期工程，投资220万元，实施主要内容为交通标志、标线、护栏、警示桩、通视三角区、部分路侧结构物等。设置完善县道桥梁限载标志，实施双新桥、永联桥安全防护能力提升工程，投入16万元，提升农桥安全通行保障能力。永胜线、油中线、长中线等临水路段加装防护护栏3000米；解决兴旺西路绿化遮挡视线问题，联合桥引坡路段完善实施交通安全设施。加大县道小修保养，投入120万元，整治X105扬中大道新坝段8处存在安全隐患的道路路口，设置标识标牌，添加道路路口停车标线、警示标牌，沥青路面修补6000平方米，及时更新完善缺损的里程碑、百米桩。依据江苏省农村公路技术状况评定标准综合检测，县道优良路率97.39%，公路路况综合指数(MQI)评定92.69；乡村道优良路率96.41%，公路路况综合指数(MQI)评定90.85。

(钱佳晖)

【幸福大桥栏杆改造工程】 2020年3月25日，扬中市开展幸福大桥升级改造工程。幸福大桥始建于1991年，位于旧238省道(降级为XZ23县道)扬中界内，跨越长江支流，其主要功能为承载扬中市与常州孟河、小河的交通通行。2019年，扬中市公路管理处发现该桥栏杆存在老化剥落严重、技术状况差等桥梁安全隐患，基于此确定对幸福大桥升级改造。项目实施内容主要是整体拆除老桥桥面铺装、人行道构件和栏杆,增设桥面现浇层加强钢筋,新建A级金属梁柱式护栏,全桥增设金属钢丝防抛网。改造后的桥梁长度、宽度以及设计荷载等保持不变,桥梁全长150米,桥面全宽9米,行车道宽7米,两侧人行道各宽1米(含栏杆),荷载等级为汽车-20级、挂车-100级,双向两车道。8月11日建成通车,项目总投资180万元。(钱佳晖)

幸福大桥升级改造 (融媒体中心供图)

【扬中二桥通航孔桥墩新增防撞设施工程】 2020年4月17日,扬中二桥通航孔桥墩新增防撞设施工程开工。扬中二桥位于轮船港汽渡下游530米,跨越扬中段夹江,南北两岸与238省道连接,桥梁全长1761米。交通部门多次召开沟通会、协调会,确定扬中二桥通航孔桥墩新增防撞设施工程的实施方案,保证二桥桥墩避免意外撞击。工程总投资600万元,主要在扬中二桥2号墩和3号墩上游,3号墩和4号墩下游新增钢簇桩防撞设施4处,新增钢管桩24根、钢连撑84根,每个防撞墩采用6根钢管桩呈梯形布置,横向采用钢管支撑。钢管内部灌注混凝土,钢簇桩顶面至最低通航水位刷黄黑相间的反光警示漆,2个V型桥墩涂刷反光漆。6月10日,完成工程施工,通航孔警示效果进一步提升。8月,防撞设施工程通过交工验收。(交通局 钱佳晖)

8月,扬中夹江二桥通航孔桥墩新增防撞设施工程通过验收 (融媒体中心供图)

【扬中一桥安全防护维修】 2020年9月8日至11月30日,扬中一桥封桥,开展为期近3个月的安全防护维修。扬中一桥建于1994年,全长1168米,宽15.4米,全桥31个墩台座,5个通航孔,通航净高10米,最大跨径100米。大桥累计运行26年,由于建成时间较早,多项指标低于现行规范。根据省交通运输厅部署,由镇江市公路事业发展中心负责组织实施,工程包括:拆除原有人行道护栏、路灯、人行道铺装及路缘石,重新浇筑基础安装A级金属梁柱式护栏,提升防撞击能力,恢复路灯以及桥梁上部结构,在新建栏杆外侧预留40厘米孔位,归置挂靠一桥的通信、照明等管线。项目总投资700万元,市公路事业发展中心向省、市主管部门争取资金,增加投资250万元,拆除重建路灯,对原桥面铣刨重新铺筑沥青混凝土,修缮功德碑亭。维修期间,扬中一桥全封闭施工,机动车禁止通行,非机动车和行人从预留临时便道通行,过往机动车从238省道、523国道、滨江大道等周边道路绕行。12月1日,扬中一桥全面恢复通行。(钱佳晖)

【幸福二桥临时治超站点建设】 2020年10月4日,幸福二桥临时治超站点开工建设,工程主要是新建港湾式检查站、检测区、停车场、卸货库房、办公用房等基础设施;设置引导性、指示性、警示性标志标线、路牌及其他安全设施,建设货车专用道电子抓拍系统、绿化及其他附属工程。总投资941.8万元,控制超限超载车辆运输行为,维护道路运输市场秩序。(钱佳晖)

【238省道安防工程优化提升】 2020年,扬中市实施238省道扬中段安防工程。238省道由北向南贯穿扬中全境,是连接市区与各镇(街、区)的主要通道,存在重大安全隐患。238省道安全隐患整治具体由扬中市公路事业发展中心实施,按设计规范封闭238省道60处中分带道口,完成丰裕集镇段、泰州大桥段的侧分带护栏和临水路段护栏建设,更换标牌41块、新设标牌308块,标线清洗8875平方米,标线恢复9560平方米,减速带安装1920米,护栏修复320米。优化提升后238省道扬中段全路段保留38处中分带道口,汽车的通行环境明显改善。(钱佳晖)

城乡公共交通

【概况】 2020年,扬中市交通运输局推进公交优先发展,在全省“城乡交通运输一体化发展水平”评价中连续6年保持AAAAA级，连续8年开展镇村公交“回头看”。开通公交线路38条，其中，城市公交线路4条、城乡公交线路13条、镇村公交线路17条、毗邻公交线路3条、通勤公交线路1条。运营线路里程511.5千米，投入运营公交车146辆，日发班次633班，年客运量256万人次。完善公交基础设施建设，建设公交站牌100座，投资255万元，完成公交智能系统升级改造，升级智能公交站台53座、新建电子站牌17座。城北公交次枢纽开工建设，投资5500万元，预计2021年8月投入使用；采购新能源公交车10辆。城区500米半径公交站点覆盖率100%，行政村村委会1千米半径公交通达率100%。 （钱佳晖、张君宇）

西来桥公交枢纽站 （融媒体中心供图）

【公交智能升级】 公交电子指示牌是扬中市中扬公交公司开展的智能公交升级改造项目之一。项目主要是在扬中市城区几个主要站点，包括翠竹桥、文景广场、扬子商业广场、农业银行、人民医院、（老）华润苏果、长江大酒店安装公交电子指示牌，电子指示牌显示站点公交车位置、距离，实现公交线路实时查询。

（融媒体中心）

智能公交系统 （交通运输局供图）

【622路通勤公交线路开通】 2020年1月19日，镇江体育会展中心公交站至文景广场622路通勤公交线路开通。该线路从镇江体育会展中心公交站出发，沿线停靠江苏科技大学南校区西门、镇江行政中心东站、万达广场站、运河路公用站、青年广场东站、投资服务中心站、扬中行政中心站、人民医院站、扬子商业广场站、文景广场站11个站点，线路全长50千米，日发班次10班。 （钱佳晖）

【Y002路毗邻公交线路开通】 2020年12月16日，金山学院至高铁大港南站Y002路毗邻公交线路开通。该线路从金山学院出发，沿线停靠城北公园站、博联农商城站、人民医院站、扬中客运站、金陵大酒店站、投资服务中心站、大润发站、大港南站9个站点，线路全长31千米，日发班次9班。 （钱佳晖）

【106路城市公交线路开通】 2020年9月19日，博联农商城至滨江公园106路城市公交线路开通。该线路从博联农商城出发，沿线停靠汇金广场站、春柳小区站、华润苏果站、长江大酒店站、凯悦国际东站、港联社区站、浩云湾北站、养生谷花园一区站、金陵大酒店站、养生谷花园二区站、滨江公园站12个站点，线路全长7千米，日发班次15班。 （钱佳晖）

公交106路开通 （融媒体中心供图）

【4条城乡公交线路优化调整】 2020年10月30日，扬中市优化调整202路、206路、212路和216路4条城乡公交线路部分班次的线路走向。202路文景广场末班、新坝客运站第二班延伸至经开区中电电器站；206路博联农商城第三班、兴隆社区末二班增加停靠经开区中电电器站；212路博联农商城第四、五班，轮船港末三、四班增加停靠经开区中电电器站；216路公交总站第二班、西来桥末二班增加停靠经开区中电电器站。 （钱佳晖）

城乡建设与管理

综 述

【概况】 2020年,扬中市编制完成镇村布局、城市停车设施、城市地下空间等专项规划。完成扬中一桥、二桥消险工程,建设幸福二桥临时治超点。启动城北公交次枢纽建设,开通扬中至大港高铁站公交线路,全国城乡交通运输一体化示范市创建通过验收。城市面貌持续改善。滨江新城、西城区棚改项目二期、扬子新村片区改建项目二期有序推进。 (马万鹏)

【阶段性压降水电气价格】 2020年,扬中市经济发展局出台政策,阶段性降低企业用水、用气、用电等价格,降低新冠肺炎疫情对中小企业发展的影响,预计减少企业用能成本2250万元。参照镇江市非居民用水优惠价格水平,自2月1日至6月30日,工商企业用水到户价由3.45元/立方米降低至3.25元/立方米,下调0.2元/立方米;特种用水到户价由4.35元/立方米降低至4.01元/立方米,下调0.34元/立方米。预计非居民用户减少用水成本80万元。扬中市提前结束非居民用天然气季节性加价政策,降低天然气淡季销售价格,2月22日起,扬中市非居民用天然气最高结算价格由4.1元/立方米降低至3.65元/立方米。因季节性加价导致资金周转困难的企业,可以向燃气经营企业申请适度延迟缴费。预计可为非居民用天然气用户减少用气成本800万元。落实电价优惠政策,自2月1日至6月30日,扬中市对一般工商业及其他电价、大工业电价的电力用户(含已参与市场交易用户)计收电费时(高耗能行业用户除外),统一按原到户电价水平的95%结算。会同市场监督管理局和供电公司,联合发放转供电环节收费政策告知书,点对点走访各转供电主体,宣传降价政策,督促其同步降低终端用户的电费收取标准,确保降电价红利及时足额传导到终端用户。该次电价优惠可为大工业、一般工商业及其他用电类别用户减少电费支出1350万元。在落实两部制电价扶持政策上,两部制电价用户可以根据实际生产用电情况及预期,向供电公司申请变更基本电费结算方式,变更周期由3个月调整为1个月。基本电费暂停期限取消15天的暂停下限,可按实际暂停用电时间减收基本电费。约定最大需量用户当月实际最大需量超过约定值105%时,超过部分按实计取,不加收。此政策可减少两部制电价用户基本电费负担20余万元。 (融媒体中心)

城乡规划

【概况】 2020年,扬中市自然资源和规划局开展国土空间总体规划编制,明晰空间总体格局及规划分区与管控。优化镇村布局规划,分类布局涉农村(社区)69个、自然村1617个,推动乡村特色化发展。选择5个村作为高标准编制试点,以点带面,推动全市各镇(街、区)、村(社区)的"多规合一"实用性村庄规划编制。结合水环境综合整治项目,推进杆线下地和地下管线同步施工,做好吾悦广场、长城汽车等项目的规划服务工作,保障市重点项目稳步推进。 (孙柳燕)

【规划审查会议】 2020年,扬中市规委会召开规划审查会议3次。

1月21日,扬中市规委会召开2020年第一次规划审查会议,集中审议6个规划项目方案。自然资源和规划局、设计单位汇报《园丁路南侧用地红线及条件》《金源时代项目方案局部调整》《绿扬路东侧、昌盛路南地块规划条件》《昌盛路南侧、常泰高速北侧地块规划条件》《滨江大道南侧、迎江大道东侧两地块规划条件》《扬中市城市停车设施专项规划》6个项目规划方案,通报专家咨询会及首席规划师的意见。

5月13日,扬中市规委会召开2020年第二次规划审查会议,集中审议8个规划项目方案。自然资源和规划局、设计单位汇报《香江花园数字扬中项目规划条件部分内容(规划展示馆建设)调整》《三桥路西侧、中园路北侧地块规划条件》《迎江大道西侧、南江路南侧地块规划条件》《滨江大道北侧、江洲南路西侧地块规划方案》《扬中吾悦广场项目地块一建筑方案变更》《扬中市中心城区相关控制性详细规划动态维护》《扬中大道西侧、新发花苑北侧地块规划条件》《扬中市城市地下空间专项规划》8个项目规划方案,通报专家咨询会及首席规划师的意见。

12月7日,扬中市规委会召开2020年第三次规划审查会议,集中审议14个规划项目方案。自然资源和规划局、设计单位汇报《238省道东侧、大全路北侧地块规划条件》等14个项目规划方案,通报专家咨询会及首席规划师的意见。 (融媒体中心)

【自然资源和规划局基层中心所揭牌】 2020年9月16日,扬中市自然资源和规划局所属的4个基层中心所和2个服务中心举行揭牌仪式。根据市委编委《关于调整市自然资源和规划局新坝中心所等单位机构规格的通知》,自然资源和规划局调整各镇(街、区)基层所(分局)名称,明确工作职能。调整后的中心所和服务中心着力解决自然资源所有者权益矛盾纠纷、空间规划重叠等问题,加大自然资源巡查、保护力度。

(融媒体中心)

9月16日,扬中市自然资源和规划局所属6个基层分局揭牌 (融媒体中心供图)

城建重点工程

【概况】 2020年,城投公司收购大津产业园股权,竞拍圣灏码头。白水40兆瓦农光互补光伏发电项目实现并网发电,累计发电量3800万千瓦时。青海143兆瓦光伏发电项目实现全额并网发电,光伏国家补贴获得批准,累计实现发电约1.5亿千瓦时。永兴加油站投入运营,建成中电临江产业园、红星美凯龙家居馆、智慧停车场等项目。绿洲新城承建城乡重点工程项目10项,完成投资6.68亿元。 (张君宇、温路)

【江苏富康生猪定点屠宰场改造工程】 江苏富康生猪定点屠宰场改造工程位于三茅街道城北科技产业园向阳河东路原丰源屠宰场内,总投资1.2亿元,占地面积1.73万平方米,建筑面积9554平方米,包括生猪屠宰加工车间、鸡鸭鹅牛羊综合加工车间、污水处理站和综合办公楼四大功能区。2018年4月,项目启动;预计2021年3月,竣工投产,年屠宰生猪量20万头。

(温路)

【禾丰农资仓储配送中心项目】 禾丰农资仓储配送中心项目位于经开区三跃街,被列入扬中市级民生类重点项目、长江生态旅游岛重点工作任务。项目占地面积2160平方米,主体为4层综合楼,总建筑面积3500平方米,其中,仓储面积1000平方米,总投资1100万元。2019年10月,项目启动;预计2021年5月,项目建成投入使用。禾丰农资仓储配送中心是一个仓储、配送、销售三位一体综合性农资经营服务平台,全年可供应化肥2800吨、农药25吨,为全市农资商品淡储旺供和农药零差率配送提供保障。 (温路)

【扬子新村棚户区改造项目】 扬子新村棚户区改造项目作为扬中市2013—2017年棚户区改造项目被纳入江苏省棚户区改造项目规划,是扬中市历史上规模最大的片区改造工程。项目总占地面积27万平方米,范围东至江洲南路,南至环城南路,西至港东南路,北至扬子东路。项目分期推进,其中,一期位于港东南路东侧、健康路北侧、永宁路西侧、康宁路南侧,处于全面施工阶段;二期位于永宁路东侧、北圩弄西侧、扬子东路南侧、健康路北侧,二期工程入户评估工作有序开展,完成商品房征收协议签订330户。 (温路)

【雷公岛直达通道一期项目】 雷公岛直达通道一期项目工程起于238省道复线—明华村西四组,整体呈东西走向。一标段从丰裕明华村西四组向西至新坝港小桥附近;二标段从新坝港小桥向东150米左右开始,向西至新坝镇丰乐桥码头。2017年5月,项目启动;2019年年底道路主体施工完成并召开交工验收会议;道路绿化工程于2019年10月动工,2020年5月完成并验收合格。截至年末,完成投资2.4亿元,工程进入审计阶段。 (温路)

【扬中高创园】 扬中高创园是苏南国家自主创新示范区镇江高端装备制造产业园、省级科技孵化器。园区规划总面积3平方千米,其中,一期1.2平方千米,东至兴港大道,西至238省道,南至创业大道,北至战斗河;二期1.8平方千米,东至兴港大道,西至238省道,南至心安路延伸,北至创业大道。项目总投资20亿元,中南朗杰PVB(聚乙烯醇缩丁醛酯)膜、领誉科技防弹纤维等一批项目落户建设。截至年末,工程主体完成,开展室外配套施工;预计2021年3月竣工。 (温路)

【机关第二幼儿园项目】 机关第二幼儿园项目位于三茅街道康宁路、原江洲宾馆地块,占地面积2437平方米,总建筑面积7924平方米,三层框架结构,投资3700万元。2019年5月,项目启动;预计2021月4月,交付使用。 (温路)

【三桥管理服务区】 三桥管理服务区位于扬中三桥旁,项目总投资1500万元,用地面积9278平方米,建筑占地面积737平方米,管理用房建筑面积2700平方米(分为公安治安卡口、路政和运管稽查三部分业务用房)。2016年8月,项目启动;2020年6月,竣工投入使用。 (温路)

【镇江港扬中港区长旺作业区工程】 镇江港扬中港区长旺作业区一期工程(陆域部分)道路堆场及附属设施工程位于镇江港扬中港区长旺作业区一期工程后方,建设有散货堆场和杂货堆场(含钢材堆场)。陆域面积4.87万平方米,其中,散货堆场2.92万平方米,件杂货堆场1.38万平方米(含钢材堆场8620平方米),道路面积4433平方米。散货堆场采用皮带输送机实现与码头前沿的对接和堆场水平运输,配合采用移动式输送机、装载机进行堆存。件杂货堆场采用叉车堆取。2018年12月,工程开工;2020年1月,工程交工验收。 (温路)

【三大中心项目】 三大中心项目集教育局的特教中心和残联的康复、托养中心于一体,是2018年市委、市政府实施的十件为民实事之一。项目位于扬子河北侧,规划建设在三桥路的东侧,与三茅街道福利院一墙之隔。2016年12月,项目开工,总用地面积2.43万平方米,建筑面积2.75万平方米,总投资1.6亿元。2020年5月,项目投入使用。 (温路)

公共事业

【供水】 2020年,扬中市完成供水量3130.36万立方米,售水量2453.86万立方米,水质综合合格率100%。配合五水联治工程逐步将老旧管网同步更换改造,改造片区包括金星社区、建设片区、中兴路、江洲南路、江洲东路、英雄社区、利民路、英雄路、昌盛路、宝岛路等,改造管网总长38.53千米,其中,DN75(管道内径75毫米)以上18.72千米;新建管网总长9.63千米,其中,DN75(管道内径75毫米)以上4.63千米。 (俞文清)

【供电】 2020年,扬中市供电公司受疫情影响,环太、仁德等光伏产品制造企业产能转移,全社会用电量完成16.91亿千瓦时,比上年下降9.83%;最高负荷33.65万千瓦。供电公司加强设备运维及消缺,主网线路跳闸5次,重合成功率60%,配网百公里跳闸2.01次,良好程度居全镇江第一。按时按序建成110千伏丰裕变电站并投入运行。完成西来水利枢纽110千伏线路建设等工程。完成带电作业车库、工器具库及实训场地建设,不停电作业分中心揭牌成立。新建、改造配电线路126.81千米,投运配电变压器148台,提升配网供电能力。投运配电自动化全自动线路56条,配网智能化指数92.73,位列江苏省县级配网智能化数据第一。建成无线4G专网基站22座,接入各类业务504个。推进标准网格建设,完成西来桥、八桥、经开区3个地区标准网格改造。建立企业复工复产电力数据统计分析周报制度,为政府精准施策提供参考。落实减免工商业电费5%政策,减少客户电费支出3013万元。建成智慧用能需求响应等国重项目所有配套项目,完成国重项目扬中示范区综合能源管控与服务平台的基本部署。聚焦节能改造、设备代维、清洁能源建设等重点业务领域,超额完成综合能源服务营收1717万元。推行报装接电"特快电力"服务,累计完成高、低压业扩项目157个和2042个,全流程平均时长分别压降至21.39个与3.17个工作日。服务长城汽车蜂巢易创扬中产业园项目投产,110千伏蜂巢变电站电气工程施工用时仅39天。举行2020年度电网迎峰度夏反事故演习,联合政府完成扬中市大面积停电事件应急演练。完成增量配电区域内第3条10千伏线路建设,优化营业区内营商环境,实现用户"开门接电"。高新区配售电有限公司累计完成市场化交易电量19.67亿千瓦时,为客户节约电费成本5992万元，助力市政府出台《江苏省电力条例》配套政策。完成兴隆港务岸电、滨江湿地公园全电景区推广和政府全电厨房改造，全市累计电能替代电量1.9亿千瓦时。超额完成电动汽车营收指标，累计完成金额660万元。业扩结存项目完成“清零”。行政中心综合能效提升改造项目开工，合同能源管理模式在扬中落地。

（孙嘉男）

【天然气】 2020年，扬中市销售天然气6401.23万立方米，拥有在册居民用户7.77万户，公建用户1287户，工业用户116户。建设运行的天然气输配管道1427.2千米，建有天然气门站1座，CNG（压缩天然气）和LNG（液化天然气）汽车加气站各1座。建有高中压调压柜（箱）1247座；优化门站设备，建有50立方米LNG（液化天然气）低温储罐2个，小时气化能力5000立方米，用于全市供气应急调峰。城区燃气覆盖率99.3%，管网覆盖率85%，燃气管网沿新238省道向周边辐射，新坝、丰裕、兴隆、油坊、八桥等地区的规模小区、居民点开通天然气，扬中最南端乡镇——西来桥镇开通天然气。天然气高压管线工程处于建设阶段。加强燃气安全管理工作，净化燃气市场环境，维护燃气供应市场安全和稳定，打击不法商贩违法违规经营燃气行为，公示合法燃气供应企业名录，保障消费者合法权益。

（俞文清）

表13 **2020年扬中市合法燃气供应企业一览表**

供应气源	企业名称	负责人	单位地址
管道天然气	扬中中燃城市燃气发展有限公司	吴爱梅	扬中市翠竹南路398号
液化石油气	扬中市兴隆液化气有限公司	王国根	扬中市经济开发区兴隆新星村5组
	扬中市联合液化气有限公司	季成庆	扬中市长江大桥东500米
	扬中市三茅液化气有限公司	严保华	扬中市扬子东路大寨河充气站

（俞文清）

【公共自行车】 2020年，公共自行车二期工程完工。截至2020年年底，累计建设站点91个，安装锁车器2080个，投放公共自行车1500辆，累计办卡2.25万张，总借还次数1826.37万余次，累计使用时间超过3775万小时。

（俞文清）

【美团助力车投放】 2020年4月27日，扬中市聚源出行服务有限公司的摩拜“美团助力车”上线，首次投放200辆；5月1—3日，投入500辆；8月，投放助力车1000辆。美团助力车在商业区、居民小区以及学校等附近均设置有停放点，计230个。骑行范围扩大至主城区近30平方千米的范围内。运营价格为2.5元15分钟，超出后按每10分钟收费1元，若在停车点外还车，需要额外支付停车管理费10元，若在运营区外停车，需额外支付停车管理费50元，免押金使用。助力车最高速度20千米/小时，用户需年满16周岁。

（融媒体中心）

美团助力车 （融媒体中心供图）

建筑业和房地产业

【建筑业】 2020年，扬中市新增各类有资质企业67家。其中，首次申请23家，重组、分立申请32家，增项申请12家。建筑业实现总产值28.2亿元，比上年增长0.32%，省外市场产值7.7亿。建筑业企业房屋建筑施工面积94.9万平方米，其中，新开工面积46.32万平方米。引导企业创建精品工程、优质工程，获江苏省优质工程奖“扬子杯”2项，获镇江“优质结构工程”奖5项，镇江市优质工程“金山杯”6项。加强安全工作的监管，降低行业伤亡率。创建市级文明工地11项，省级文明工地6项。推进绿色建筑与建筑节能，完成镇江市住建局下达的各项目标任务。新建民用建筑全面按绿建标准实施，使用国有资金或者国家融资的大型公建项目的设计、建设，全面执行二星级以上的绿建标准。新增绿色建筑总面积48.26万平方米，新增可再生能源建筑面积28.42万平方米，其中，太阳能光热建筑面积13.24万平方米，地源热泵建筑面积15.18万平方米，新增能效测评项目6个。严把建设工程设计和施工的审查关,全年归集勘察设计合同78项。淘汰使用落后的材料和技术,推广应用预拌砂浆,推进装配式建筑的发展,强制推进“三板”(预制内外墙板、预制楼梯板、预制楼板)的应用,新开工装配式建筑面积15.03万平方米,占同期新开工建筑面积比例的40.45%。(俞文清)

【房地产】 2020年，扬中市有资质的房地产企业46家,二级36家(暂定35家),三级8家(暂定8家),四级2家。房地产开发项目总投资28.46亿元,比上年下降3.7%。全市有房地产在建项目20个,商品房竣工面积52.84万平方米，增长439.94%。商品房销售面积43.2万平方米,增长35.96%,其中,住宅面积41.2万平方米，增长30.22%。商品房销售额34.88亿元，增长24.33%,其中,住宅销售额32.78亿元,增长17.47%。网上备案成交面积44.11万平方米。(俞文清)

【物业管理】 2020年,扬中市起草出台《扬中市住宅专项维修资金管理办法》。住建局做好住宅专项维修资金的数据复合更新、新系统上线、存储招标准备等工作。以优秀住宅小区评选和星级老旧评定为抓手全力提升物业管理水平,申报镇江市示范物业项目1个,评选表彰优秀住宅小区3个、星级老旧小区17个。扬中市物业管理行业协会与住建局脱钩后重新挂牌成立,全市25家物业服务企业加入协会。(俞文清)

【住宅专项维修资金管理办法修订】 2020年,扬中市修订住宅专项维修资金管理办法。3月31日,经市政府第1次常务会议审议,《扬中市住宅专项维修资金管理办法》正式通过,5月1日,新规施行,有效期5年。此次公布的《扬中市住宅专项维修资金管理办法》依据国家、省、市三个层面的文件修订,科学规范扬中市行政区域商品住宅小区内的住宅、非住宅和已售公有住房的住宅专项维修资金,与现行的《扬中市住宅共用部位、共用设施设备维修基金管理办法》相比,重点明确主管部门、调整交存标准、优化交存方式、规范资金使用方法,新增电梯、消防设施设备专项维修资金。文件对维修资金的交存标准、交存的方式、申请维修的程序等均作出调整,加强住宅专项维修资金管理,保障住宅共用部位、共用设施设备的维护和正常使用,维护资金所有人的合法权益。(融媒体中心)

【住宅专项维修资金管理新系统上线】 2020年7月,扬中市住宅专项维修资金管理新系统上线试运行。住宅专项维修资金被称为房屋的“养老金”,对于房屋保修期过后共用部位、共用设施设备维修、更新和改造,保障房屋的正常使用具有极其重要的作用。2020年住建局着力做好住宅专项维修资金的数据复合更新、新系统上线、存储招标准备等工作。截至7月底,扬中市2002—2019年住宅专项维修资金缴存数据基本复核完成,涉及居民3.53万户,资金1.5亿元;住宅专项维修资金管理新系统由江科大设计研发,《扬中市住宅专项维修资金管理办法》实施后竣工验收的小区由开发建设单位按幢代交，实施前竣工验收的小区由业主在行政中心窗口自行缴费；推进住宅专项维修资金存放银行的招标工作。(融媒体中心)

【群租房整治工作推进会】 2020年3月9日,扬中市召开群租房整治工作推进会。会议对全市群租房安全管理工作再动员、再部署。自扬中市群租房专项整治行动开展以来,各项工作取得阶段性成效,经过多轮兜底式排查,检查出租房屋3083户,新登记群租房152户,注销群租房216户。经过排查,扬中市群租房总数203户;排查安全隐患507处,整改安全隐患354处,整改率69.82%;处罚违规当事人3人,取缔按日、按时出租的群租房2家。会议提出纵深推进群租房整治工作,全面深入开展群租房排查梳理和信息采集工作，做到房屋底数清、结构清、居住人员清、安全隐患清、违法租赁情况清;按照“隐患实时清除、成绩每日归零”的责任要求,一户一档建立基础性档案;健全全流程监管、安全管理责任清单、网格化风险隐患治理、群防群治、智慧安全监管5个方面的机制,形成联动联制合力。

(融媒体中心)

城市管理

【概况】 2020年，扬中市以城市综合创建为载体,以城市长效管理为主线,以人民满意为目标,秉持“绣花精神”,建设法治城管,城市管理水平稳步提升,城乡环境面貌显著改善。开展疫情防控工作,抓好沿街商铺防疫宣传、市场经营管理、环卫设备场所消杀等环节,组织志愿者进村(社区)筑牢基层防疫“堡垒”。有序开展地摊经济,通过“放、管、服”发挥地摊经济保就业、惠民生、促发展的作用。投身全国文明城市创建和国家卫生城市长效管理,提升数字城管“智能化”水平,扩大数字城管考核范围,完善数字城管考评制度,上线"城市啄木鸟"市民有奖举报平台,逐步形成"主动发现、精准指挥、部门联动、快速处置、有效监督"的城市管理新模式。强化道路扬尘污染防治,重点区域采取"洒水车+冲洗车+雾炮车+人工清洁"四位一体作业模式,每天18小时全覆盖巡回动态抑尘。牵头制定并发布渣土运输相关行业监管规范性文件,推进建筑垃圾运输公司化运作。开展餐饮油烟污染专项整治,将餐饮油烟治理工作全面纳入日常巡查范围。重新划线城区21条主次干道及五大菜场周边,科学布局非机动车停放区域。联合公安交巡警部门连续开展专项整治行动,依法拖移屡次劝说仍不在指定区域停放的非机动车。指导协助各镇(街、区)完成餐厨废弃物机械化处理终端建设,分批分期收运处置城区餐厨废弃物。推进"厕所革命",完成新(改)建公厕20座。将污水违法排放全面纳入6个城区管理网格巡查处置,严厉打击污水违法排放行为。围绕新增违建"零增长"的工作目标,查处各类违法建设490处,强制整改和拆除违法面积2.39万平方米,新增违建处置率100%,基本实现违法建设零增长。组建夜间工作组,加强18:00至24:00的夜间市容管理,重点取缔露天烧烤经营和查处建筑工地夜间施工扰民,城区露天烧烤经营户全部规范入室经营,夜间施工噪音类投诉大幅减少。定期开展垃圾分类进校园、进社区志愿服务活动,完成八桥镇全镇域生活垃圾分类试点。配合做好各镇(街、区)综合行政执法改革,专题研究出台《扬中市城市管理局(综合行政执法局)推进镇(街道)综合行政执法工作实施办法》,选派18名队员赴油坊、八桥、西来桥镇和三茅街道工作。 (郭颖)

【地摊经济】 2020年,扬中市城管局响应上级号召,采取"放、管、服",助力扬中市地摊经济良性发展。在前期实地调研基础上,出台《关于设立城区临时疏导点的公告》,在城区奥体中心、城北公园、滨江公园等指定区域设置临时疏导点5处,划设摊位207个。考虑民生民情,优先将扬中市第一批摊位向低保户、残疾人、下岗职工等低收入人员开放。强化疏导点的服务管理,实行轮班制管理,做好疏导点相关数据和摊贩意见的收集分析工作,为增减摊位数量、调整营业时间提供依据。 (郭颖)

【垃圾分类工作】 2020年,扬中市落实"721工作法"(七分服务、二分管理、一分执法)。完成八桥镇全镇域生活垃圾分类试点,新增三茅街道为省级垃圾分类试点全覆盖乡镇,在创文创卫区域范围内238个居民点、自然埭、商住楼的垃圾全面完善分类、投放、转运、处置。实现城区餐厨垃圾送镇江统筹处理,日均收运量17吨左右,基本满足城区餐厨废弃物处理需求。指导协助各镇(街、区)建设餐厨废弃物机械化处理终端,新坝镇、经开区、油坊镇、八桥镇、三茅街道完成相关终端建设并投入运行。制定《扬中市城乡生活垃圾分类和治理三年行动计划》《扬中市城乡生活垃圾分类和治理专项规划》《扬中市餐厨废弃物处理专项规划》《扬中市建筑垃圾处理专项规划》等,整合再生资源回收站点和垃圾收运点功能,促进生活垃圾分类收运体系和生活源再生资源回收体系"两网融合",健全生活垃圾资源化利用体系。 (郭颖)

生活垃圾分类处理 (城管局供图)

【停车收费新政】 2020年1月1日,《扬中市机动车停放服务收费管理暂行办法》(以下简称《暂行办法》)正式实施。根据《暂行办法》,停车服务收费覆盖区域为全市范围,实行政府定价、政府指导价管理,收费范围按区域划分为四类,一类为美人鱼广场—扬子东路—扬子桥—扬子中路—文化路—江洲西路—三茅大桥—江洲东路—美人鱼广场;二类为(不构成闭合区域)美人鱼广场—江洲南路—健康路—环城南路—翠竹桥—翠竹南路—翠竹北路—工人路—港西北路—工会桥—港东北路—三茅大桥;三类为城市建成区其他区域;四类为建制镇和集镇建成区范围内的地区。道路临时停车泊位停放服务收费区域暂为一类、二类区域,一类区域收费时段为8:00至20:00,二类区域收费时段为8:00至18:00,30分钟(含30分钟)内免收停车费,每天单独计费,停放1小时后按每半小时为计费单位(不足半小时按半小时收费),连续累计计时收费,三类、四类区域暂不收费。1月6日,扬中市城区部分道路临时停车泊位实施收费管理。"扬中停车"App、"扬中智慧停车"

微信公众号和引导屏显示上线启用。（融媒体中心）

【环卫保洁市场化】 2020年，扬中市城管局采取政府购买服务的方式，对市区城西片区的部分区域实施环卫保洁市场化运作。9月1日起，江苏万杨物业管理服务有限公司接管运营。城管局强化监管考核，细化量化服务质量标准，以奖优惩劣的严格监管考核促进市场化运作高效运转，实现试点区域与其他城区范围环境卫生的双提升。（郭颖）

【道路扬尘污染防治工作】 2020年，扬中市城管局强化道路扬尘污染防治，专门组建洒水抑尘班组，歇人不歇车，确保每天16小时全方位、全覆盖巡回动态抑尘。规范渣土运输公司化运作，设立行业准入门槛，提供引导服务成立资质健全的渣土运输公司10家，指导企业更新环保运输车辆，共享住建部门“移动千里眼”监控系统，从源头上消除扬尘污染、抛洒滴漏、带泥行驶等行为。严格落实餐饮行业油烟污染监管，督促餐饮经营单位依规配置油烟净化装置并规范使用。（郭颖）

【数字城管工作】 2020年，扬中市城管局组成由41个监控视频组成的采集上报系统，覆盖城区各重要路段、周边学校，实现城区“全方位、无死角”巡查管理。监控员从8:30至18:00，不间断实时监控城区各类违法现象，一旦发现问题，第一时间移交并督促相关部门进行整改，确保问题高效解决。确保案件能够被及时发现并处理解决。优化城市管理群众监督奖励机制，完善“城市啄木鸟”市民有奖举报平台。通过平台，市民实时上报身边的各类城市管理问题，以倡导文明、践行文明、传播文明的方式，用心“啄”出身边不文明行为。截至12月，收到上报案件212件，受理案件160件，处置142件，结案率100%。（郭颖）

【“垃圾不落地、扬中更美丽”专项整治行动】 2020年12月，扬中市城管局开展“垃圾不落地、扬中更美丽”专项整治行动。通过“两台一报”及执法车车载广播宣传“垃圾不落地、扬中更美丽”倡议。成立专项整治行动工作组，对城区乱抛乱扔等不文明行为开展为期一周的整治，整治期间出动执法队员50余人次，开出乱扔垃圾罚单5张。（郭颖）

【城市“牛皮癣”专项整治】 2020年4月，扬中市城管局开展城市“牛皮癣”清理工作，彻底治理清除各类喷涂、张贴的非法小广告。整治中，城管局组织执法力量，集中清理江洲西路和扬子中路等城区主要道路两侧小广告，地毯式检查清理沿街墙面、电线杆、公交亭等公共设施，借助网格化管理模式，强化定人、定岗、定路段巡查机制，确保及时发现、迅速处置、管理到位。城管部门与通信商沟通，调查取证非法小广告通信号码，登记造册并依法采取停机处理。疏堵结合，源头管控，结合扬中实际，在部分小区出入口设置便民广告张贴栏，引导公益性、招工信息类广告在张贴栏内有序张贴，减少乱张贴、乱涂写行为。多渠道开展宣传工作，利用“城市啄木鸟”市民有奖举报平台发动群众加入“治癣”行列，建立完善群防群治体系。（融媒体中心）

【私设地桩、地锁专项整治行动】 2020年6月，扬中市城管局组织执法力量，对明珠大道、扬中大道、翠竹南路等重要路段开展私设地桩、地锁专项整治行动。城管局联合社区及物业通过派发宣传单页、现场宣讲等方式，向居民、商户讲解私设地桩、地锁的危害及设置地桩地锁的相关政策法规，安排辖区中队对辖区内私设地桩、地锁现象开展摸排，对私设地桩、地锁的商户及个人依法下达《责令整改通知书》，通过宣传教育，劝导其自行整改。经过整治，拆除地桩22个、地锁15把，及时清理占用公共道路的障碍物及隔离设施。加大日常巡查力度，保持私设地桩地锁治理常态长效。

（融媒体中心）

【“飞线充电”专项整治推进会】 2020年8月11日，三茅街道举办住宅小区“飞线充电”专项整治推进会，各小区业主委员会代表、物业服务企业代表，各村(社区)物管站站长100名成员参加会议。街道统计各个住宅小区，对电动车违规充电现象较为严重的小区采用“疏堵结合”的方法，在不破坏小区本身绿化的前提下，科学选址和规划，引进、补充智能充电设备，解决住户充电难问题。三茅街道252个小区，配备智能充电系统的小区有40余个，作为重点整改的安置房小区——中扬康居苑计划设智能充电点25个，建好2个，使用率较高，减少居民飞线充电现象，降低安全风险。

（融媒体中心）

环境保护

综 述

【概况】 2020年,扬中市围绕"三高一争"的总要求,以改善环境质量为目标,勇担使命奋力干,勇毅笃行务实干,打好蓝天、碧水、净土三大保卫战,生态环境保护工作取得明显成效。年内,扬中市$PM_{2.5}$平均浓度36微克/立方米,比上年下降12.2%,空气质量优良天数比率76%。$PM_{2.5}$浓度首次迈入"30+"($PM_{2.5}$浓度低于40微克/立方米)。省考断面水质达标优Ⅲ比例100%。地表水环境质量在纳入高质量发展监测评价考核的县(市、区)中名列全省第9名。加强对建设用地管理,完成重点监管企业土壤、地下水污染状况调查和重点行业重金属污染物排放量减排工作任务。强化环境执法监管,推进突出环境问题和各级媒体曝光交办件整改销号。落实生态文明建设,创成生态文明建设示范村3个。扬中生态环境局被国务院第二次全国污染源普查领导小组办公室表彰为表现突出集体。 (宜玲)

【污染防治攻坚行动推进会】 2020年9月17日,扬中市召开污染防治攻坚行动暨臭氧污染专项整治推进会,会议传达镇江市污染防治攻坚战调度推进会议精神,部署推进扬中市相关工作。截至9月15日,扬中市空气优良天数比率72.2%,$PM_{2.5}$为34微克/立方米,1—8月地表水平均达标率100%。会上,生态环境局通报污染防治攻坚行动及臭氧污染整治工作情况、存在问题及下阶段工作安排;三茅街道、公安局、城管局分别作交流发言。会议要求,各镇(街、区)、有关部门必须以全面完成污染防治行动为导向,认清形势,强化污染防治的责任和压力;必须坚持问题导向,精准施策,提升污染防治的速度与实效;必须强化主体责任,协同作战,增强污染防治的合力与保障。

(融媒体中心)

环境质量

【概况】 2020年,扬中市集中式饮用水源地水质、城市空气质量、地表水主要控制断面水质、噪声环境质量均达到功能区要求。整体环境质量保持稳定,环境指标进一步改善,全年优良天数278天,空气质量优良天数(AQI)比例76%;地表水省考断面、集中式饮用水源地和备用水源地的水质达标率、优Ⅲ比例100%,长江扬中段水质保持Ⅱ类。市区区域环境噪声昼间时段平均等效声级58.8分贝(A声级),声环境质量总体较好,昼间和夜间声环境质量基本保持稳定。酸雨发生率为零,比上年减少11.4个百分点。一般工业固体废物产生量1.31万吨,综合利用量1.31万吨,综合利用率100%;危险废物产生量0.95万吨,规范处置率100%,危险废物处置量0.95万吨,当年贮存量0.03万吨。 (宜玲)

【空气质量】 2020年,扬中市环境空气质量总体未达标,超标污染物为$PM_{2.5}$和臭氧。环境空气中$PM_{2.5}$年均浓度36微克/立方米,比上年下降14.3%;PM_{10}年均浓度59微克/立方米,下降21.3%;二氧化硫年均浓度8微克/立方米,下降42.9%;二氧化氮年均浓度34微克/立方米,5.6%;一氧化碳年均浓度0.9毫克/立方米,下降10%;臭氧日最大8小时滑动平均第90百分位浓度(臭氧浓度)186微克/立方米,增长14.8%。环境空气质量优良天数比率76%,下降2.4个百分点,发生重污染天气过程4次。城区降尘年均值3.6吨/平方千米·月,优于地方标准(地方标准为6.7吨/平方千米·月)。 (宜玲)

【水质】 扬中市集中式饮用水源取水口设置在长江主江断面,备用水源地设置在丰裕铁皮港。每月监测一次,监测63项指标,饮用水源水质达标率100%。6月,采样全分析集中式饮用水源取水口和备用水源地源水水质,监测指标为《地表水环境质量标准》(GB 3838-

2002）表 1、表 2 和表 3 中规定的 109 项，达标率 100%。长江扬中段水质为优，5 个监测断面水质类别均为Ⅱ类，与上年相比，总体水质保持稳定。监测全市 10 条主要通江河港 12 个断面，10 个断面水质达到Ⅲ类，占监测断面的 83.3%；1 个断面水质达到Ⅳ类，占监测断面的 8.3%，1 个断面水质为劣Ⅴ类，占监测断面的 8.3%。（宦玲）

【噪声】 2020 年，扬中市昼间区域声环境质量总体一般，噪声平均等效声级 58.8 分贝，比上年增加 0.2 分贝。根据《环境噪声监测技术规范城市声环境常规监测》(HJ 640-2012)评价，城市区域环境昼间噪声总体水平等级一般。全市 1~4 类区昼、夜间噪声值达到相应功能区噪声标准。依据国家《声环境质量标准》(GB 3096-2008)评价，1~4 类功能区声环境昼间达标率分别为 93.8%、95.3%、98.4%、100%，夜间达标率分别为 96.9%、95.8%、100%、100%。功能区噪声昼间平均达标率增加 0.8 个百分点，夜间平均达标率增加 1.6 个百分点。道路交通噪声昼间平均等效声级 67.4 分贝，增加 2.7 分贝。昼间道路交通噪声平均等效声级超出二级强度限值 70 分贝(A 声级)的干道长度 45.04 千米，占总监测路长的 41.4%，减少 2.9 个百分点。（宦玲）

环保建设

【概况】 2020 年，扬中市加大环保投入，强化环境保护建设。严格依照环境保护相关制度开展工作。以生态创建促进市、镇、村三级环保基础设施改善，推进环保工作法制建设，提高依法监管水平，加大监测、监控能力建设和环保理念培育。开展“志愿服务进校园”“环保宣传进乡村”“绿色邮路”等新时代文明实践活动。联合新时代文明实践中心和扬中市麦田慈善基金会主办绿苗 G 划“地球一小时”公益活动。对接绿色平台成员单位，利用世界水日、世界地球日、植树节、爱鸟周、科技宣传周等主题日，开展志愿活动，推广生态文明建设理念。组织申报 2020 年度重点生态环境项目。三茅街道友好村、油坊镇会龙村、新坝镇丰乐桥村创成生态文明建设示范村。（宦玲）

【监控能力建设】 2020 年，扬中市开展“智慧眼”日常巡查工作，未发现破坏或者侵占保护区和其周边环境的行为。借助“蓝天卫士”科技护航秸秆禁烧，未发生大面积秸秆焚烧现象。完成各级平台的联网 37 家，企业在线监控系统平台升级 37 家。重点排污单位安装视频监控系统 15 家。镇江市安全生产问题处置监管平台录入安全隐患线索 66 条，办结率为 100%。扬中市污染防治综合监管平台录入问题线索 4590 条，办结 4546 条，办结率 99.04%。（宦玲）

环境管理

【概况】 2020 年，扬中生态环境局全面落实污染防治工作责任，打好蓝天、碧水、净土三大保卫战。强化执法监管，解决突出环境问题。加强固废、辐射环境安全监管，防范化解环境风险隐患。推进企业信息公开，扩大绿色信贷覆盖面。优化办事流程，为企业提供审批“一条龙”服务，审批建设项目环境影响报告表 114 个，认领江苏省市场监管信息系统 5581 家。依法监管排污企业，出动执法人员 3595 人次，标准执法 774 厂次，发现环境问题 161 家，快捷留痕 807 点位，发现环境问题 79 项，立案查处环境违法行为 33 件，罚款 107 万元。全年未发生重特大环境污染和生态破坏事故。执行项目环评审批情况公示，公开行政处罚信息。开展企业环保信用适时评价，实行动态管理，公开企业环保信用评级，参评系统评价企业 293 家，其中，蓝色企业 293 家，无绿色、黄色、红色和黑色企业。扬中市经生态环境部考核认定，减排 COD(化学需氧量)1103.2 吨、氨氮 101 吨、总氮 126.8 吨、总磷 17.93 吨，完成“十三五”期间减排任务。（宦玲）

【大气污染防治攻坚战】 2020 年，扬中市实施燃气锅炉提标改造、清洁原料替代和扬尘治理，完成重点大气污染防治项目 19 项。围绕控制无组织废气排放、提升有组织废气治理、加强监测监控等方面，开展 VOC_S(挥发性有机物)专项治理，完成整改 41 项。印发臭氧污染防治相关工作方案和通知，委托第三方实施驻场服务，确立闭环处置流程和巡查、会商、报告机制，明确部门与镇(街、区)职责，合力遏制臭氧污染趋势。划定微环境区域，对重点区域内工业企业 62 家，汽车维修、美容店 10 家，餐饮店 347 家开展微环境整治。对臭氧帮扶发现的 135 家问题企业，加大整改力度，不定期开展“回头看”。截至 12 月，完成整改 128 家，整改完成率 95%。联合公安部门开展机动车尾气路检工作，严厉打击机动车尾气超标排放行为，处罚尾气超标排放车辆 12 辆。（宦玲）

【水污染防治攻坚战】 2020年，扬中市调整新坝大港省考断面监测点位，建设完成省考断面的水质自动站3个，定期监测水质。溯源监测入江排口2371个，查清所有排口排污状况。加快城区水环境整治项目推进，完成雨污分流改造，按“一河一策”实施城区黑臭河治理和河道生态修复。开展省级工业园区污水处理设施专项行动，督促2家园区立查立改。推进沙家港污水处理厂提标改造，委托第三方开展苏环(扬中)水务有限公司污水设施自评估工作。制定新冠肺炎疫情环保专项执法检查方案，配合卫生健康部门持续开展跟踪检查及帮助指导。 (宦玲)

【土壤污染防治攻坚战】 2020年，扬中市建立土壤污染防治会商机制，制定污染地块环境管理联动方案。采集35家在产企业和关闭遗留化工地块信息，开展风险纠偏，完成3个中关注度地块和2家在产企业采样调查与风险分级报告编制及上传。加强对建设用地管理，5家收储地块的土壤污染状况均通过专家评审。完成12家土壤重点监管企业周边土壤和地下水监测、隐患排查工作。建立重金属减排工程项目清单，完成重点行业重金属污染物排放量减排工作任务。 (宦玲)

【农业面源污染防治】 2020年，扬中市开展调查摸底全市畜禽养殖场污染状况，研究制定规模和小规模养殖场污染防治清单，明确治理目标及完成时间，“回头看”2019年检查验收过的养殖场，发现问题及时提出整改意见，规模养殖场污染治理率100%，小规模养殖场污染治理率98.5%，畜禽粪污资源化利用率98.3%。继续实施测土配方施肥工程和农药使用零增长工程，化肥使用量比2015年下降8.1%，农药使用量比2015年下降23%，废旧农膜回收率85.16%，秸秆综合利用率96.14%。 (宦玲)

【交办问题整改】 2020年，扬中市通过镇(街、区)自查、市级抽查等形式，全面排查梳理2018年中央、省环保督察交办的信访件82.5件，核准整改情况。配合省厅镇江专员办对部分销号件进行抽查，未发现问题。镇江交办扬中市的突出环境问题28件，完成销号24件，待审核销号4件。年内，新增省级突出环境问题2件，均整改销号。省市县三级媒体曝光交办件13件，均完成整改。 (宦玲)

【辐射环境安全监管】 2020年，扬中市核技术应用单位年度评估上报率100%，辐射工作人员持证上岗率100%。现场检查放射源使用单位3家，检查固定探伤作业企业13家，专项检查船厂移动式Ⅱ类射线装置2家，要求辐射剂量水平偏高的企业完成整改。督促办理辐射安全许可证申领、变更、注销手续5家，监管卫生系统辐射环境13家，做好国家核技术利用辐射安全管理系统信息维护。 (宦玲)

【危险废物监管】 2020年，扬中市加强规范化管理废酸产生企业、汽车维修行业、沿江企业、医疗单位危险废弃物。全市重点监管产废单位在线申报率、危废处置率、医疗废物处置率均为100%。开展全市危险废物处置专项行动，检查企业76家，排查环境安全隐患505个，整改486个，整改率96%。 (宦玲)

【环境信访】 2020年，扬中生态环境局坚持执行24小时污染举报受理制度，通畅热线电话、定期接访、网络等信访渠道，敏感环境信访问题“早发现、早介入、早解决”。环境污染举报及信访793件，均在承诺时间内给予调处和办理、反馈，做到调处率、结案率、反馈率100%，保障群众环境权益。办理答复人大建议和政协提案10件，代表和委员会满意率100%。 (宦玲)

园林绿化

【概况】 2020年，扬中市市政园林工程处以国家文明城市创建、卫生城市复检为契机，以国家园林城市长效管理为抓手，围绕重点工程和重要工作，实现市政绿化维护体制改革的平稳过渡。园林绿化管理云平台上线运行，养护管理工作初步实现传统人工管控向“数字化+人工”的精细化转变，园林绿化整体的维护质量、工作效率和综合管理水平得以提升。补植行道树、大乔木、垂丝海棠、樱花等大灌木1300株，补植更新绿地板块1.6万平方米，栽植宿根花卉0.5万平方米，更新草坪0.5万平方米，调整树池盖板近千块，配合市重点工程迁移绿化带乔灌木800余株，绿化板块、草坪2200平方米，配合省道安全问题整改工作要求，部分路段原有绿化板块实施移除更换1.2万平方米。对于群众反响强烈的香樟果实污染和杨树、柳树飘絮问题，集中整治香樟、杨树、柳树落果、飘絮问题1600余株，砍伐存在交通安全隐患的意杨树近200株。 (缪雪晴)

【市政基础设施维护】 2020年，扬中市市政园林工程处组织实施扬子路、扬中大道、翠竹路等道路沥青路面修复工程7.5万平方米。金苇路、建设路、春柳路等道路人行道板修复提升工程1万平方米，调整路牙2000米。实施城区道路井盖下沉问题集中整治工程，通过切割破除、加固外围、安装新座等工艺，分批次整治城区下沉异响井盖近70个。完成城区桥梁安全质量检测31座，确保城区道路、桥梁的安全通行。（缪雪晴）

【镇江市城市绿化养护技能竞赛】 2020年9月12日，镇江市城市绿化养护技能竞赛在扬中市明珠广场开幕。比赛旨在促进园林行业岗位大练兵、技术大比武、技能大提高，提升园林系统职工的职业技能水平。大赛采用香樟修剪比赛和花境设计的实操考核相结合的方式，全市10支优秀技能人才代表队参加。竞赛是对园林绿化职业技能发展水平的一次集中展示，“以赛促技”“以赛促学”。（缪雪晴）

长江岸线管理

【概况】 2020年，长江扬中航道处完成航道维护6.66万座/天，航道航标正常率1000‰，航道尺度保证率100%。抗击新冠疫情，组建突击队1支，主动认领社区防控岗位4个，捐款1.07万元。抗击特大洪水，参与抢险救灾、值班值守。服务大津重工、大路水上机场、长旺作业区码头、常泰过江通道录安洲码头、常州自来水厂等辖区重点企业、重点工程。严把航道维护质量标准，加强航道巡查，及时恢复失常航标，优化航标配布，为过往船舶、沿江企业提供良好的航道条件。全辖区安全畅通，未发生航道维护责任事故。完成枯(洪)水期、春运、两会等特殊时段航道维护任务。（包波）

【“三无”船舶整治】 2020年，镇江、扬州、泰州三地海事机关在长江扬中东江段开展“三地”联合整治“三无”(无船名船号、无船舶证书、无船籍港的船舶)船舶统一执法行动，扬中市海事处、交通运输局、公安局、水利局、三茅街道办等多部门参与联合行动。经过多部门江面联合巡查执法，海事部门全面检查滞留和通行长江扬中东江段的所有过往船舶，依法依规处理“三无”船舶。该次检查清理“三无”船舶6艘，其中，拖至指定地点集中看管5艘，现场驱离1艘。分类处理涉砂船舶，拆除各类采砂船只22艘，其中，水泥采砂船8艘，铁质采砂船14艘。根据统一行动部署安排，海事、交通部门牵头有关部门、相关镇(街、区)按序时进度完成“三无”船舶长江扬中段整治任务，确保长江航道扬中段安全有序畅通。（潘奕池）

水环境综合整治

【概况】 2020年，扬中市严格按“控源截污、内源治理、活水疏浚、生态修复、长效管理”的技术路线，遵循“先城后乡、先急后缓、先主后次”的原则，统筹城区和农村，将治水范围由原建成区的12平方千米扩大到城郊区结合部26平方千米；统筹治污和治涝，在治污先行的基础上，对城区易涝片区实行重点突破，疏通管网、沟通河道、畅通水系；统筹建设和运维，“厂站网”一体化运维取得实质进展。开展城东、城南、城北片区水环境治理。截至年末，城区累计雨污分流面积超过630公顷。城东片区水环境综合整治EPC工程50个单位工程，完成27个，在建18个；城北、城南片区水环境综合整治EPC工程35个单位工程，完成10个，在建23个。城区各治水项目有序推进，累计敷设污水管网57.1千米，雨水管网建设44.9千米，实施雨污分流224公顷，建成并智能化运维河道排口截污设施64座，基本消除城区黑臭水体，城区低洼易涝片区经受住梅雨季连续降水考验。（王兆吉）

【三二线污水泵站及污水管道改造工程】 三二线污水泵站及污水管道改造工程主要对三二线1号污水泵站、2号污水泵站实施改造，1号污水泵站进水管实施北延建设，2号污水泵站出水压力管道实施改造建设。1号污水泵站规模1000立方米/天，改造内容为更换水泵、格栅、电气自控设备以及泵房维修等；2号污水泵站规模2000吨/天，改造内容为更换水泵、电气自控设备以及泵房维修等；1号污水泵站进水管北延建设内容为将进水重力管道北延至水厂路，新建DN300(管道内径300毫米)污水重力管400米；2号污水泵站出水压力管道改造内容为将污水压力管道南延至连通至民主路污水管网，新建DN300污水压力管520米。三二线污水泵站提标升级改造实现泵站运行智能化，泵站直接连接至电脑控制端，实时监控、远程控制，实现人、设备统一调度指挥。2020年11月底，该工程完成建设。（王兆吉）

【城东片区水环境综合整治EPC工程】 城东片区水环境综合整治EPC工程范围东至238省道和泰镇高速，南至迎宾大道，西到绿扬路，北至三茅大港，总面积6平方千米，规划人口4万人。工程内容主要包括建设配套污水管道11.22千米，雨水管道5千米，流域控源截污、雨污分流工程210公顷，片区河道淤泥量1.37

万立方米,河道生态护坡驳岸建设 1900 米,以及河道生态修复工程,保留管网的清淤、检测和修复等。2020 年，城东片区累计完成雨污水管道建设 63.2 千米,控源截污雨污分流改造面积 126 公顷，完成总工程量的 70%。2019 年 7 月,工程开工,预计 2021 年 10 月完成建设。 (王兆吉)

城东 EPC 工程—江州南路雨污水管道工程

(水务集团供图)

【城北城南片区水环境综合整治 EPC 工程】 城北片区水环境综合整治 EPC 工程具体范围为:北至原丰裕镇区边界、东至向阳河、南至三栏路、西至联丰港区域;城南片区水环境综合整治 EPC 工程具体范围北至迎宾大道—三茅大港—绿扬路—迎宾大道、东至泰镇高速、南至滨江大道、西至迎江大道,总面积 12.5 平方千米。工程内容为新建城北、城南片区范围内配套污水管道 10 千米,雨水管道 8 千米,流域控源截污雨污分流 263 公顷,片区河道清淤量 1.66 万立方米,河道生态修复工程,保留管网的清淤、检测和修复以及与黑臭水体整治相关的其他内容等。2020 年,城北、城南片区累计完成雨污水管道建设 38.9 千米,控源截污雨污分流改造面积 98 公顷,完成总工程量的 40%。2020 年 10 月,工程开工,预计 2021 年 12 月完成建设。 (王兆吉)

【城区机关事业单位内部雨污分流改造工程】 城区机关事业单位内部雨污分流改造工程于 2018 年启动。改造工程采取检测、清淤、设计、造价、施工一体化形式推进。2019 年,完成城西和建设片区机关事业单位内部雨污分流改造 34 家;2020 年 10 月，城东片区机关事业单位改造全部完成，三大片区累计改造城区机关事业单位内部雨污分流工程 41 家。 (王兆吉)

【沙家港污水处理厂提标升级改造】 扬中市沙家港污水处理厂设计规模为 2.5 万吨/日,占地面积 2.47 万平方米,一期工程于 2004 年 4 月投入运行,日处理污水 1 万吨。二期扩建工程于 2006 年 1 月投入运行,日处理污水 1.5 万吨。2020 年 4 月,城投公司和水务集团负责建设提标改造工程,出水排放标准由《城镇污水处理厂污染物排放标准》(GB 18918-2002) 一级 B 提升至一级 A,处理能力维持原 2.5 万立方米/天。6 月中旬,3 号、4 号和 1 号、2 号池先期投入使用,缓解城区夏季高峰时期污水处理压力。改造工程于 2020 年 12 月完成土建施工,12 月底进入调试阶段。 (王兆吉)

【江洲东路部分路段雨污水管道工程】 2020 年 3 月 20 日,扬中市江洲东路(三茅大港—民主路)段雨污水管道工程进场施工，工期 3 个月。工程建设江洲东路雨、污水管道各 232 米,从三茅大港和江洲东路交叉处由西向东接入江洲东路（民主路—美人鱼）段现状雨水/污水管。该地段位于老城区,前期城市建设时污水管网缺失,雨污水均为合流进入扬子河,是扬子河污水下河的排口之一，城东雨污分流工程逐步解决污水下扬子河的问题。 (融媒体中心)

【新扬南路、南江路雨污分流工程】 新扬南路、南江路雨污分流工程位于省扬中高级中学、奥体中心周围。新扬南路北起迎宾大道，南至滨江大道，路段全长 770 米，南江路西起中电大道，东至新扬南路，路段全长 650 米。新扬南路、南江路存在污水排放不畅、雨天路面积水等问题，经前期调查发现新扬南路污水管道存在三四级结构性缺陷并有被硬质混凝土砂浆堵住等问题,南江路雨水管道存在较严重的管内淤积,污水管道存在三四级结构性缺陷，水务集团采取开挖修复和非开挖修复方式施工,以确保施工品质与速度。其中,清淤管道 135 米,开挖修复污水管总长 407 米,雨水管总长 180 米,非开挖修复 4 处。2020 年 7 月,工程开工;8 月 15 日,工程基本完工,恢复交通通行。(融媒体中心)

科学技术

综 述

【概况】 2020年,扬中市围绕推动区域创新能力整体提升,聚焦产业引领、企业培育、平台支撑和政策保障四个方面,激发创新主体活力、提升产业创新实力、深挖科技资源潜力。年内,全市高新技术产业产值占规模以上工业产值比重70%以上,发挥创新的驱动引领作用、释放创新支撑产业强市建设的效能。围绕国家创新型县(市)创建,科技局通过实施科技“小巨人”及“瞪羚”企业培育、高企倍增、高企入库和“雏鹰计划”,打造一批具有创新基因与竞争能力的高新技术企业后备梯队。紧盯产业、企业、技术、项目前沿,围绕智能制造、新能源、汽车零部件等战略性新兴产业,开展科技招商与技术研发。推进“苏科贷”“高企贷”工作,为创新能力突出、市场前景看好的科技型中小微企业提供资金支持。通过设立扬中市人才科技创业投资基金,吸引更多社会资本进入科技创新领域。 (郭静)

3月2日,2020年度全市科技工作暨高企培育推进动员会召开 (科技局供图)

【科技七条】 2020年2月,扬中市发布《关于疫情防控期间进一步强化科技便利化服务的通知》。出台七条科技政策,精准支持科技型企业,帮助科技企业解难纾困、共渡难关。具体包括支持疫情防控应急科技攻关、加快兑现各级各类科技奖励及补助政策、加大科技金融支持力度、降低在孵企业创新创业成本、推进业务工作便利化服务、优化完善科技项目管理、实施“小火炬在线”志愿服务行动。新增“新型冠状病毒感染的肺炎疫情应急科技攻关专项”,对在新型冠状病毒的精准防控、快速检测、防护物资等领域能够快速形成应急有用的防治技术与产品,被列入2020年扬中市社会发展科技计划项目,明确支持方向,开通绿色通道,简化立项程序。 (郭静)

高新技术产业化

【概况】 2020年,扬中市科技局对照高质量发展考核体系,突出创新队伍建设,将高新技术企业培育作为重点,增加高新技术企业培育资金,打造创新型企业集群。全年获批高新技术企业112家,总数272家,省高新技术企业入库培育97家,获得省高新技术企业培育资金1569万元,通过评价的国家科技型中小企业205家。江苏大航智能电气有限公司、香江科技股份有限公司获评2020年苏南国家自主创新示范区“瞪羚企业”。 (郭静)

【科技工作暨高企培育推进动员会】 2020年3月2日,扬中市科技工作暨高企培育推进动员会召开。会议要求从产业是方向、企业是主体、人才是支撑、政策保障四个方面阐述开展扬中科技工作的思路,分析扬中科技工作的短板和不足。会议提出,强化前瞻思考,保持领先优势;强化目标意识,确保完成任务;强化工作重点,提升创新能力;强化部门协作,保障创新成效。 (郭静)

【2家企业获评2019江苏百强创新型企业】 2020年7月,江苏省科技发展战略研究院发布“2019江苏省百强创新型企业”名单,分别从创新投入、创新产出、创新绩效、创新管理四个方面综合评价企业创新发展水平。大全集团有限公司、江苏和成显示科技有限公司位列其中,分别排名第31位、第66位。 (郭静)

2020 年度扬中市获批高新技术企业一览表

表 14

序号	企业名称	所属地
1	江苏大航有能输配电有限公司	新坝镇
2	江苏大力城电气有限公司	新坝镇
3	江苏大全长江电器股份有限公司	新坝镇
4	江苏福泰电力设备有限公司	新坝镇
5	江苏国明浩辰电气有限公司	新坝镇
6	江苏和成显示科技有限公司	新坝镇
7	江苏华都电气有限公司	新坝镇
8	江苏华强电力设备有限公司	新坝镇
9	江苏康尔臭氧有限公司	新坝镇
10	江苏美好电气有限公司	新坝镇
11	江苏培城电气有限公司	新坝镇
12	江苏三力防腐管阀件有限公司	新坝镇
13	江苏省中原通用机电有限公司	新坝镇
14	江苏圣大中远电力科技有限公司	新坝镇
15	江苏万创灭菌设备科技有限公司	新坝镇
16	江苏毅星新能源科技有限公司	新坝镇
17	江苏宇航建材科技有限公司	新坝镇
18	镇江东丰特殊合金有限公司	新坝镇
19	镇江默勒电器有限公司	新坝镇
20	镇江市美盛母线有限公司	新坝镇
21	江苏大全凯帆电器股份有限公司	新坝镇
22	江苏大全凯帆开关有限公司	新坝镇
23	江苏江城电气有限公司	新坝镇
24	江苏全惠电气科技有限公司	新坝镇
25	江苏润宇环境工程有限公司	新坝镇
26	江苏省华力电力设备有限公司	新坝镇
27	江苏帅天电气有限公司	新坝镇
28	江苏铀力电气有限公司	新坝镇
29	天源华威集团有限公司	新坝镇
30	通用美联集团有限公司	新坝镇
31	扬中市红洲磨具有限公司	新坝镇
32	镇江科宝电器设备有限公司	新坝镇
33	镇江市镠达合金材料有限公司	新坝镇
34	镇江天一合金材料有限公司	新坝镇
35	镇江西门子母线有限公司	新坝镇
36	镇江市荣达电器有限公司	新坝镇

续表 14

序号	企业名称	所属地
37	镇江亘古电力科技有限公司	新坝镇
38	江苏鹏盛光电科技有限公司	三茅街道
39	江苏欣法电气有限公司	三茅街道
40	江苏永兴电能设备科技有限公司	三茅街道
41	江苏中晟钻石工具有限公司	三茅街道
42	江苏众众电热科技有限公司	三茅街道
43	扬中市第一蝶阀厂有限公司	三茅街道
44	扬中市恒润机械仪表有限公司	三茅街道
45	镇江市博德电气设备有限公司	三茅街道
46	镇江市长江机电设备厂有限公司	三茅街道
47	镇江正丰电子有限公司	三茅街道
48	江苏泰宇电气有限公司	三茅街道
49	江苏新久扬环保设备科技有限公司	三茅街道
50	江苏亿龙电气有限公司	三茅街道
51	江苏雨龙低压电气设备有限公司	三茅街道
52	香江科技股份有限公司	三茅街道
53	扬中市宏鑫电光源有限公司	三茅街道
54	镇江鸿泰电器设备有限公司	三茅街道
55	镇江乐州电气有限公司	三茅街道
56	镇江易拓电气有限公司	三茅街道
57	江苏丰泽生物工程设备制造有限公司	三茅街道
58	江苏华欧电器设备制造有限公司	三茅街道
59	江苏省福达特种钢有限公司	三茅街道
60	镇江亿维硅材料科技有限公司	三茅街道
61	江苏华维电力科技有限公司	经开区
62	江苏通灵电器股份有限公司	经开区
63	江苏万有电气科技有限公司	经开区
64	江苏兴隆防腐设备有限公司	经开区
65	镇江安华电气有限公司	经开区
66	镇江华舟电器有限公司	经开区
67	中兴电气(江苏)股份有限公司	经开区
68	蜂巢动力系统(江苏)有限公司	经开区
69	江苏弗洛瑞生物工程设备有限公司	经开区
70	江苏久汇电气有限公司	经开区
71	江苏美科硅能源有限公司	经开区
72	江苏星河阀门有限公司	经开区
73	镇江荣诚管业有限公司	经开区
74	镇江市萱瀚管阀件有限公司	经开区

续表 14

序号	企业名称	所属地
75	扬中灵平风机制造有限公司	经开区
76	江苏兴盟包装材料有限公司	经开区
77	镇江市宜扬密封制品有限公司	经开区
78	镇江环太硅科技有限公司	经开区
79	镇江笑宁能源科技有限公司	经开区
80	镇江旭世机械设备有限公司	经开区
81	江苏津谊新能源科技有限公司	经开区
82	江苏瑞能电力设备有限公司	经开区
83	江苏林诚电仪设备有限公司	油坊镇
84	江苏隆鑫电气设备有限公司	油坊镇
85	江苏永拓电气有限公司	油坊镇
86	扬中市华龙橡塑电器有限公司	油坊镇
87	江苏沪运制版有限公司	油坊镇
88	江苏永丰电器仪表有限公司	油坊镇
89	江苏正能电子科技有限公司	油坊镇
90	扬中市橡胶塑料厂有限公司	油坊镇
91	上迈(镇江)新能源科技有限公司	油坊镇
92	镇江化工仪表电器有限公司	油坊镇
93	镇江永亮电气科技有限公司	油坊镇
94	江苏欣安新材料技术有限公司	油坊镇
95	扬中市丰华塑电有限公司	八桥镇
96	扬中市永工密封件有限公司	八桥镇
97	镇江春环密封件集团有限公司	八桥镇
98	镇江恒安防爆电器有限公司	八桥镇
99	镇江市华银仪表电器有限公司	八桥镇
100	江苏森林建筑新材料股份有限公司	八桥镇
101	扬中市华森密封件有限公司	八桥镇
102	镇江市华成电子器材有限公司	八桥镇
103	镇江苏海电力科技有限公司	八桥镇
104	镇江中佳电器有限公司	八桥镇
105	扬中市先锋电子有限公司	八桥镇
106	镇江维纳特气门科技有限公司	八桥镇
107	扬中鸿运医药包装有限公司	八桥镇
108	江苏海晟涂料有限公司	西来桥镇
109	扬中市通发实业有限公司	西来桥镇
110	标优美生态工程股份有限公司	西来桥镇
111	江苏兴鼎塑料科技有限公司	西来桥镇
112	扬中市国鹰电器有限公司	西来桥镇

（郭静）

科技计划

【概况】 2020年,扬中市发挥科技计划的支撑引领作用,围绕智能装备、新材料、高效能源等领域,根据国家、江苏省科技计划指南,组织企业联合高校院所提炼重点产业创新链、关键技术创新点,实施镇江市级以上项目14项、市本级科技项目52项,其中,针对新冠肺炎疫情,实施社会发展"新型冠状病毒感染的肺炎疫情应急科技攻关专项"4项,形成一批前瞻性、原创性科技创新成果。 (郭静)

【江苏亿阀获批省科技成果转化项目】 2020年8月,江苏省科技厅公布2020年省科技成果转化专项资金立项项目名单,江苏亿阀股份有限公司与中国科学院金属研究所合作的"LNG储卸装置用大口径高磅级超低温阀门关键技术研发及产业化"项目获批,获取省成果转化资金资助800万元。 (郭静)

【科技创新专项评审】 2020年,扬中市科技创新专项经过指南发布、申报受理、形式审查等程序,有72项科技项目进入专家评审环节。10月25日,召开专家评审会,东南大学、南京航天航空大学、河海大学、江苏大学等高校院所的14名专家教授担任评委。10月27日,根据评审专家及财务专家的意见和建议,经财政科技会商、局长办公会讨论、向市政府请示等程序,确定2020年度扬中市级科技创新专项工业类立项25项(成果转化类10项、重点研发类15项)、农业类立项10项、社会发展和软科学研究类立项13项。 (郭静)

表15 2020年扬中市获批镇江市级以上科技项目一览表

类别	项目名称	承担单位
国家级	砂光用超宽幅研磨砂带关键技术开发	江苏锋芒复合材料科技集团有限公司
	基于敏捷流程管理的自适应模块化生产系统	大全集团有限公司
省级	LNG储卸装置用大口径高磅级超低温阀门关键技术研发及产业化	江苏亿阀股份有限公司
	具有全频降噪功能的高铁内饰板关键技术联合研发	镇江市江岛电器制造有限公司
	基于视觉系统的苹果快速采摘机器人研发	镇江大全现代农业发展有限公司
	适应快速应急保障要求的电力装备智能制造系统开发及其在"雷神山"项目中的应用	镇江默勒电器有限公司
	省高新区奖励	江苏省扬中高新技术产业开发区
镇江市级	暗纹东方鲀秋季规模化繁育技术研究与示范	镇江江之源渔业科技有限公司
	葡萄无土栽培关键技术的研究与应用	扬中市纪福葡萄专业合作社
	上消化道高发区人群胃黏膜肠上皮化生形成的菌群—炎症机制研究	扬中市人民医院
	全电力船舶大容量中压直流综合电力系统研发及产业化	江苏大全凯帆电器股份有限公司
	高速铁路牵引供电智能管型母线研发及产业化	江苏士林电气设备有限公司
	大型双燃料船舶LNG供气系统关键技术研发与产业化	长江三星能源科技股份有限公司
	基于全生命周期智能管控工艺的整硬铣刀和超硬刀片的研发及产业化	江苏扬碟钻石工具有限公司

(郭静)

表 16

2020年度扬中市科技创新专项一览表

类别	项目名称	承担单位
成果转化	大容量特种变流器的研发及产业化	江苏大全凯帆电器股份有限公司
	高效能多主栅光伏组件用圆形细丝焊带的关键技术研发及产业化	江苏威腾新材料科技有限公司
	过热蒸汽粉末灭菌装置研发及产业化	江苏万创灭菌设备科技有限公司
	核电专用高温高压超临界防爆电加热器研发及产业化	镇江裕太防爆电加热器有限公司
	特种改性辐照交联橡胶电缆关键技术研究及产业化	镇江市华银仪表电器有限公司
	高性能 LNG 超低温阀门的研发及产业化	江苏华太电力仪表有限公司
	极地海域用撬冰式破冰拖轮关键技术研发及产业化	江苏大津重工有限公司
	5G 通信基站智能一体化电源的研发与产业化	香江科技股份有限公司
	大型双燃料船舶 LNG 供气系统关键技术研发与产业化	长江三星能源科技股份有限公司
	船舶用高性能纳米阻燃管道的研发与产业化	镇江景宇管道设备有限公司
重点研发	电池储能电站智能化空气热能管理系统的研发	江苏华强新能源科技有限公司
	船舶岸电智能控制技术研发	镇江默勒电器有限公司
	基于物联网及电磁热耦合仿真技术的智能母线系统研发	镇江市美盛母线有限公司
	基于管壳式换热器结构的紧凑型高效相变储能技术开发	扬中申扬换热设备有限公司
	高耐磨强韧化富氮碳纳米粒子改性 MC 浇铸尼龙及其钢塑复合衬管的关键技术研发	镇江市营房塑电有限公司
	基于功率同步控制的多源户用分布式储能协调优化控制系统	江苏银佳电子设备有限公司
	有机污染物土壤的原位热脱附技术装备及管理平台研发	江苏众众电热科技有限公司
	基于肿瘤细胞 3D 培养的微流控芯片设计与研发	镇江华瑞芯片科技有限公司
	高精度轴承用 CBN 超精磨技术研发	扬中市远东轴承专用油石厂
	新型阻燃复合 β 晶型无规共聚聚丙烯管道的研发	江苏圣隆管业有限公司
	基于非线性振动模型辨识的高速梯一体化超速保护系统的研发	镇江朝阳机电科技有限公司
	高性能玻璃纤维基复合材料背板及轻质光伏组件的研发	上迈(镇江)新能源科技有限公司
	182 毫米硅片高效大尺寸太阳能光伏组件研发项目	江苏绿能电力科技有限公司
	船舶用高效率尾气脱硫系统的研发	江苏骅通船舶工程设备有限公司
	高电压环境中高性能自修复防污闪 PRTV 涂料的关键技术研发	镇江市江冠电器有限公司
现代农业	河鲀、刀鲚等名特优鱼类新型饵料调配及投喂技术研究	扬中市聚龙江鲜专业合作社
	薄壳山核桃优良品种扩繁及高效复合经营技术研究与示范	新坝镇佳联家庭农场
	墨瑞鳕苗种繁育及工厂化养殖技术集成与示范	扬中西沙特种养殖有限公司
	“水稻—秧草”轮作模式中绿色循环、轻简高效关键技术研发	扬中市新坝镇江花家庭农场
	无花果引种及配套栽培技术的研发	扬中市逸园果树种植场
	基于脉冲磁场辅助高温芽孢杆菌发酵红菱废弃物制作生物饲料的技术研发	永胜村农地股份专业合作社
	樱桃高效种植栽培技术的研究与应用	扬中西来桥镇四季如意家庭农场

续表 16

类别	项目名称	承担单位
现代农业	克氏原螯虾 SPF 苗种引进与扩繁技术集成与示范	扬中市环太生态农业有限公司
	软核石榴新品种引进、栽培及产业化	江苏榴源农业科技有限公司
	杂交鳜大规格鱼种培育及池塘生态套养技术研究	江苏浩诚农业发展有限公司
社会发展	健康企业建设在职业病防治工作的实践与研究	扬中市卫生监督所
	秸秆固化成型燃料的研发及产业化	江苏禾乐秸秆利用有限公司
	基于上消化道癌人群筛查为基础的门诊机会性筛查模式研究	扬中市人民医院
	腹腔镜下胃癌根治术联合围手术期优化流程在胃癌患者快速康复中的临床应用	扬中市人民医院
	补肾健脾安胎方对脾肾两虚型 IVF-ET 术后早期先兆流产患者的临床疗效观察	扬中市中医院
	新型冠状病毒抗体荧光层析 POCT 试剂盒的研发与产业化	扬中酵诚生物技术研究有限公司
	久洁灵长效抗菌消毒液及消毒湿巾的研发	江苏惠兴康科技有限公司
	用于新冠肺炎疫情的医用隔离面罩的研发	镇江华扬乳胶制品有限公司
	二级医院传染病疫情精准防控策略研究——以防控新型冠状病毒性肺炎为例	扬中市人民医院
软科学研究	扬中新时代文明实践中心的探索与研究	中共扬中市委党校
	增强机关党建活力的有效路径研究	扬中市委市级机关工作委员会
	全面推动港产城一体化发展的规划与研究	扬中市统计局
	高质量发展扬中乡村旅游路径探讨和对策研究	扬中市旅游协会
	对新冠病毒防控知识科普宣传的研究	扬中市老科协科普讲师团
	关于扬中市实施分级诊疗工作的研究与对策建议	扬中市老科技工作者协会
	关于建设科技服务蓝色平台的探索与研究	扬中市科学技术协会
	关于加强农村环境整治的路径研究	三茅街道永和村

(郭静)

“产学研”合作

【概况】 2020 年,扬中市围绕智能装备、新材料、高效能源、人工智能等领域,依托西安交通大学扬中技术转移分中心、华东理工大学扬中技术转移分中心、江苏大学扬中技术转移分中心等校地合作中心,开启“后疫情时期”“产学研”合作新模式。与企业、高校院所开展线上需求征集与成果发布,征集企业创新需求 122 项,召开东南大学—扬中“产学研”合作线上对接交流会,举办华北电力大学、西安交大、华东理工大学等高校线下合作交流活动 22 场,签订“产学研”合作项目 61 项。

(郭静)

【东南大学—扬中市线上对接交流会】 2020 年 5 月 21 日,东南大学—扬中市“产学研”合作线上对接交流会举行,开启“后疫情时期”“产学研”合作的新模式。通过腾讯视频会议系统,东南大学专家教授在线发布成果,与扬中 7 家企业开展线上对接交流指导。4 月,市科技部门提前将征集到的企业技术创新需求通过各种渠道向高校院所发布,与东南大学专家教授多轮线上交流对接。对接会上,东南大学电气工程学院的教授介绍电能质量问题的解决、轻量化处理技术等成果,中电电气、大津重工、大全集团等有合作意向的企业分别就各自技术需求与专家教授线上对接。 (郭静)

【河豚文化节签约 6 个“产学研”合作项目】 2020 年 5 月 28 日,在第十七届“中国·扬中河豚文化节”项目集中签约仪式上,采取"线上+线下""场内+场外"模式,江苏大学新坝镇(高新区)产业创新联盟、LNG储卸装置用大口径高磅级超低温阀门关键技术研发及产业化、大型双燃料船舶LNG供气系统关键技术研发、面向能源互联网的紧凑型电力电子变压器关键技术研发、基于功率控制均流法的多变流器微电网稳定运行与控制研究、可循环再生木塑环保复合材料的研发与产业化6个"产学研"合作项目集中签约。 (郭静)

【扬中—西安交通大学"产学研"对接活动】 2020年,扬中市与西安交通大学开展系列"产学研"活动。8月20日,西安交通大学电气工程学院专家分别围绕配电柜研发、母线性能提升、电力载通信研究等方面与扬中的企业交流,亿能集团与西安交大电气工程学院签订"电力载波技术在智能母线系统的应用"合作协议。10月15—16日,扬中市—西安交通大学科技人才对接交流会在西安举行,会上集中签约项目7个,相关企业家与专家教授现场对接和参观交流。活动期间,与会人员参观机械制造系统工程国家重点实验室、西安交大西迁纪念博物馆,举办高新区专场活动、油坊镇专场活动。 (郭静)

10月15日,扬中—西安交通大学科技人才对接交流会

(科技局供图)

【扬中—东北地区高校"产学研"对接活动】 2020年11月3—6日,扬中市5家有技术需求的企业,赴吉林大学、东北大学开展产学研合作交流,与吉林大学、东北大学分别签订校市合作协议。镇江市长江机电设备厂有限公司就"高速离心机油水分离技术"、江苏为恒智能科技有限公司就"基于自适应边缘计算技术的大容量高效储能系统关键技术"、镇江赛唯思智能科技有限公司就"人脸识别系统"、江苏迪克电气有限公司就"异型材料表面处理"等项目与高校就技术需求交流,形成合作意向。 (郭静)

【扬中—华东理工大学科技人才对接交流会】 2020年12月21—22日,扬中—华东理工大学科技人才对接交流会在上海举行。江苏尚昆集团与生物工程学院魏东芝教授团队签订项目合作协议,江苏星河集团与材料学院教授王庚超、金海新源电气有限公司与化学学院教授王成云分别签订技术合作协议,江苏星河集团、江苏天辰新材料股份有限公司和材料学院院长林绍梁签订研究生实践基地协议。 (郭静)

创新平台

【概况】 2020年,扬中市抓住长三角一体化、长江经济带以及苏南自主创新示范区建设机遇,围绕服务产业发展,支持企业与高等院校、科研机构以"产学研"结合等形式,加快建设各类创新平台,搭建创新创业载体,提升全市科技创新能力。 (郭静)

【大航有能电气有限公司获批省级院士工作站】 2020年8月24日,江苏省科学技术厅发布江苏省级院士工作站名单,大航有能电气有限公司获2020年度省级院士工作站立项。2019年,大航有能电气有限公司与西安交通大学院士王锡凡合作,共建扬中智能电气研究院有限公司院士工作站,为扬中两大主导产业的转型升级提供智力支撑。 (郭静)

【新坝国家级科技企业孵化器获评优秀】 2020年12月10日,科技部火炬中心发文公布国家级科技企业孵化器2019年度考核结果,全国1173家孵化器参评,其中,有235家被评为优秀(A类),扬中市新坝科创服务有限公司获评国家、江苏省优秀。 (郭静)

【2家企业入选省外国专家工作室】 2020年12月,江苏省科技厅公布2020年江苏省外国专家工作室入选名单,现代重工(中国)电气有限公司、江苏锋芒复合材料科技集团有限公司入选。外国专家工作室创建工作是创新外国专家工作机制、集聚高层次外国人才的重要举措,现代重工(中国)电气有限公司、江苏锋芒复合材料科技集团有限公司外国专家工作室建立规范有序,在引才聚才上发挥重要作用。 (郭静)

表 17

2020 年扬中市科技创新平台建设一览表

类别	项目名称	承担单位
国家级	2019 年度国家级科技企业孵化器评价结果优秀(A 类)	扬中市新坝科创服务有限公司
	2019 年度国家级科技企业孵化器评价结果良好(B 类)	扬中市科技创业服务中心
省级	2019 年度江苏省科技企业孵化器绩效评价 A 类	扬中市新坝科创服务有限公司
	2019 年度江苏省科技企业孵化器绩效评价 A 类	扬中市科技创业服务中心
	2019 年度江苏省科技企业孵化器绩效评价 B 类	扬中新城科创服务有限公司
	2019 年度江苏省科技企业孵化器绩效评价 B 类	扬中市八桥船舶工业园建设有限公司
	江苏省智能化配电开关柜设备工程技术研究中心	大航有能电气有限公司
	江苏省城轨交通牵引供电系统及设备工程技术研究中心	镇江大全赛雪龙牵引电气有限公司
	江苏省燃气轮机进排气装备工程技术研究中心	江苏华强新能源科技有限公司
	江苏省大流量特种变流器工程技术研究中心	江苏大全凯帆电器股份有限公司
	江苏省(大全凯帆)智能低压电器工程技术研究中心	江苏大全凯帆开关有限公司
	江苏省智能低压配电装置工程技术中心	镇江默勒电器有限公司
	江苏省电能传输智能母线设备工程技术研究中心	鼎圣集团有限公司
	江苏省高效精密切削刀具工程技术研究中心	江苏扬碟钻石工具有限公司
	江苏省海洋耐蚀防污涂料工程技术研究中心	江苏海晟涂料有限公司
	江苏省超低温阀门数字化设计及材料成型优化仿真工程技术研究中心	江苏亿阀集团有限公司
	江苏省电缆桥架工程技术研究中心	江苏万奇电器集团有限公司
	江苏省电能传输母线设备工程技术研究中心	威腾电器集团股份有限公司
	江苏省研究生工作站	江苏佳鑫环保工程有限公司
	江苏省研究生工作站	镇江市美盛母线有限公司
	江苏省研究生工作站	江苏大力城电气有限公司
	江苏省研究生工作站	镇江默勒电器有限公司
	江苏省研究生工作站	大航有能电气有限公司
	江苏省研究生工作站	镇江大全赛雪龙牵引电气有限公司
	江苏省研究生工作站	江苏大全凯帆开关有限公司
	江苏省研究生工作站	扬中市众成管路配件有限公司
	江苏省研究生工作站	中电电气(江苏)变压器制造有限公司
	江苏省研究生工作站	江苏银佳电子设备有限公司
	江苏省研究生工作站	江苏亚奥精密机械有限公司
	江苏省院士工作站	大航有能电气有限公司
	江苏省外国专家工作室	江苏锋芒复合材料科技集团有限公司
	江苏省外国专家工作室	现代重工(中国)电气有限公司

(郭静)

科技金融

【概况】 2020年,扬中市推进"科技+金融"双轮驱动,"苏科贷"工作流程日益完善,资金监管更加严格,连续3年被评为江苏省"苏科贷"A类合作地区,在"苏科贷、科保贷"的基础上实施"高企贷",49家科技型中小企业获得贷款2.13亿元。扬中市科技人才创新创业种子投资基金正常运作,以政府投入为引导,以企业投入为主体,完善金融资本、民间资本共同投入的市场化多元投融资体系。 (郭静)

【"中银高企贷"金融服务直通车扬中站】 2020年6月17日,聚力高企 共赢未来——"中银高企贷"金融服务直通车扬中站启动仪式举办。扬中市在"苏科贷、科保贷"的基础上,与中国银行扬中支行合作,实施"高企贷",帮助高新技术企业精准借贷。启动仪式上,扬中市政府与中国银行镇江分行签订普惠金融合作协议。中国银行扬中支行与8家融资企业签约,意向金额5200万元,为12家高企发放信贷支票6600万元。 (郭静)

表18

2020年扬中市"苏科贷"贷款情况一览表

贷款银行	企业名称	合作银行审批额度(万元)	利率(%)
南京银行	扬中新亚自控工程有限公司	500	3.85
	美嘉科技(镇江)有限公司	300	4.05
	镇江魁普超聚复合材料有限公司	500	4.05
	镇江市亚东高压电器厂	500	4.05
	扬中市永工密封件有限公司	400	4.05
	镇江市飞航电气有限公司	300	4.05
	江苏中晟钻石工具有限公司	300	4.05
	江苏万奇电器集团有限公司	400	4.35
浦发银行	江苏金源腾峰换热设备有限公司	300	4.35
华夏银行	江苏弗洛瑞生物工程设备有限公司	300	4.35
	江苏大航泓城电力电子有限公司	300	4.35
江苏银行	镇江佳鑫精工设备有限公司	200	4.35
	江苏泰德环保设备有限公司	200	4.35
	江苏泓彦塑料科技有限公司	300	4.35
	镇江景宇管道设备有限公司	200	4.35
	江苏长凯机械设备有限公司	450	4.35
	江苏文昌新材料科技有限公司	232	4.35
	倍德力能源装备(江苏)有限公司	450	4.35
	江苏浩威新材料有限公司	300	4.35
	江苏神飞电气科技有限公司	300	4.35
	扬中市金坤电力设备有限公司	250	4.35
	江苏旭彤电气有限公司	180	4.35
	江苏鸿承机电设备有限公司	195	4.35

续表 18

贷款银行	企业名称	合作银行审批额度(万元)	利率(%)
江苏银行	镇江市锶达合金材料有限公司	150	4.35
	江苏扬碟钻石工具有限公司	450	4.35
	镇江市长江机电设备厂有限公司	300	4.35
中国邮政储蓄银行	江苏康尔臭氧有限公司	300	4.35
	扬中市华电电力设备有限公司	240	4.35
	镇江翔轮磨具有限公司	120	4.35
	镇江市西泉机电设备有限公司	200	4.35
	江苏神力电源科技有限公司	200	4.35
	镇江市恒升达化工科技有限公司	300	4.35
中国农业银行	江苏益宝电气科技有限公司	200	4.35
	江苏明冠电源科技有限公司	500	4.35
	江苏鼎荣电气集团有限公司	260	4.35
	江苏海驰电气制造有限公司	220	4.35
	扬中市锋利研磨材料有限公司	300	4.35
	江苏伟创晶智能科技有限公司	300	4.35
	江苏汇鑫电力科技有限公司	280	4.35
	江苏明冠电源科技有限公司	300	4.35
	江苏卓岸电源科技有限公司	300	4.35

(郭静)

表 19

2020 年扬中市“高企贷”贷款情况一览表

贷款银行	企业名称	合作银行审批额度(万元)	利率(%)
中国银行	江苏创大电气有限公司	400	3.75
	镇江苏惠乳胶制品有限公司	510	3.75
	江苏铀力电气有限公司	600	未提款
	江苏新砺河磨具科技有限公司	400	4.35
	江苏中环电气集团有限公司	500	3.75
	江苏贝力嘉电气有限公司	500	3.75
	江苏大印电子科技有限公司	300	3.75
	江苏汇鑫电力科技有限公司	300	3.75
	镇江市建成电器有限公司	800	3.8
	江苏乾元飞达电力设备有限公司	650	3.75

续表 19

贷款银行	企业名称	合作银行审批额度(万元)	利率(%)
中国银行	镇江神飞新能源科技有限公司	800	3.75
	江苏新锐塑料科技股份有限公司	600	3.75
	扬中市华龙橡塑电器有限公司	1000	3.75
	镇江龙成绝缘材料有限公司	600	3.75
	江苏省绿岛管阀件有限公司	400	3.75
	镇江市清安电器有限公司	500	3.75
	江苏弘历电气有限公司	950	3.75
	江苏尚成电气有限公司	500	3.75
	江苏欣法电气有限公司	600	3.75
	江苏荣威电气有限公司	700	3.75
	扬中市众成管路配件有限公司	1000	未提款
	镇江市江冠电器有限公司	450	未提款

（郭静）

科技惠民

【概况】 2020年，扬中市围绕农业、民生领域需求，突出农业科技支撑作用，培育农业科技型企业，加快农业园区载体建设，加速农业科技成果转化，农业科技进步贡献率70%。（郭静）

【大全现代农业获批省重点研发项目】 2020年5月，镇江大全现代农业发展有限公司的“基于视觉系统的苹果快速采摘机器人研发”项目获批2020年省重点研发(现代农业)项目。项目与江苏科技大学合作推动采摘机器人技术研发，实现果蔬采摘产业的升级换代，推广机器人技术的广泛应用。（郭静）

【科技服务超市评选】 2020年，镇江市科技局根据省科技厅《关于开展江苏农村科技服务超市2020年度考评工作的通知》考评科技超市。镇江江之源渔业科技有限公司“扬中特种水产产业分店”被评为优秀科技服务超市。三茅街道、八桥镇2家便利店被评为合格。分店要求有26.67公顷以上示范基地，便利店各有6.67公顷示范基地，工厂化、生态化繁养设施齐全配套，服务示范基地533.33公顷，带动辐射2000公顷，服务农民人数2873人次，服务乡镇覆盖率30%以上，带动示范户72户，人均增收2100元。（郭静）

【社会发展专项】 2020年，扬中市围绕人口健康、生态环境、公共安全等与社会发展密切相关的难点、热点，实施秸秆固化成型燃料的研发及产业化、腹腔镜下胃癌根治术等实施社会发展专项9项。3月，应对新冠疫情，增设疫情应急攻关专项，立项4项，立项资金30万元。9月，将职业病防治纳入扬中市级项目申报指南，凸显民生导向。（郭静）

【“小火炬”进校园志愿服务】 2020年11月13日，扬中市科技局联合市科协、华北电力大学扬中智能电气研究中心在扬中市外国语中学组织开展“小火炬进校园”活动。实物展示与科普教育相结合，集科学性、知识性、趣味性于一体。活动中，展示“科普大篷车”、VR以及无人机，“小火炬”志愿者用携带的无人机和学生互动，在动手体验中感受科技魅力。（郭静）

教　育

综　述

【概况】 2020年,扬中教育以"加快城乡融合,促进优质均衡"为目标,坚持"五育并举",基础教育内涵建设切实加强。实验小学《沉浸阅读:阳光儿童"正心朗行"的品格提升行动》、外国语中学"'做·探·创'数学学科示范中心"、江苏省扬中高级中学《支持差异化学习的数学学习空间建构》、特教中心《个别化教育》等入选江苏省基础教育内涵建设项目。突出德育实效,开展"弘扬抗疫精神、筑牢家国情怀"主题教育,通过"与抗疫英雄面对面"报告会、"新时代好少年"评选等活动增强学生公德与责任,培育学生家国情怀,1名学生获"新时代江苏好少年"称号,25位学生被评为江苏省优秀学生干部和三好学生。强化体育锻炼,联合卫健部门实施"校园健康行"项目,开展学生体质监测、全员运动会、大课间飞行检查、阳光体育竞赛和足球联赛,全市学生体质健康标准合格率98.36%,优秀率24.36%;创成省级体育特色学校4所(外国语小学、联合中心小学、八桥中心小学、西来桥学校),省体育特色幼儿园2所(三环幼儿园、三跃中心幼儿园),全国足球特色学校3所(江洲小学、江洲中学、联合中心小学),全国足球特色幼儿园2所(油坊中心幼儿园、西来桥中心幼儿园)。增强美育熏陶,落实艺术类课程,结合地方文化设立艺术特色课程,丰裕中心小学应邀参加第五届全国少儿剪纸作品展,11幅作品获奖,被中国妇女儿童博物馆收藏,另有学生作品收录于《中国图书馆》。加强劳动教育,出台《关于进一步加强扬中市中小学劳动教育的实施意见》,下拨50万元专项资金用于校园劳动实践基地建设,全市中小学劳动基地实现全覆盖;统筹乡镇资源,建成综合实践基地6个,编制中小学生研学地图;各校因校制宜,探索劳动教育内容和方法,开展日常生活、生产和服务性劳动,提升学生劳动意识、技能及素养。 (文婷)

【联盟学校集群发展】 2020年,扬中市在城乡成立"七横一纵"八大教育联盟。横向方面,采取"一所城区集团校+多所乡镇薄弱校"的形式,组建7个同学段教育联盟;纵向方面,采取"省扬高中+全市初中"的形式,组建初高中衔接教育联盟。纵向型教育联盟与横向型教育联盟错位发展,通过各学校优质资源的共享,各学段学科教学的有机衔接,探索初高中贯通培养机制。通过六个"一体化"推进(管理团队一体化、文化建设一体化、课程建设一体化、教师发展一体化、日常研修一体化、资源分享一体化),达到追求一样的教育质量,彰显不一样办学特色的治学办学效果,以促进区域内学校优质化、均衡化发展。 (文婷)

链接:"七横一纵"八大教育联盟

七横教育联盟:

(1)扬中市实验小学教育联盟:实验小学教育集团、三跃中心小学、丰裕中心小学、油坊中心小学、西来桥学校(小学部)

(2)扬中市外国语小学教育联盟:外国语小学教育集团、联合中心小学、长旺中心小学、八桥中心小学

(3)南京师范大学附属扬中小学教育联盟:南京师范大学附属扬中小学教育集团、新坝中心小学、兴隆中心小学、永胜中心小学

(4)扬中市第一中学教育联盟:第一中学教育集团、同德中学、八桥中学

(5)扬中市外国语中学教育联盟:外国语中学教育集团、新坝中学、兴隆中学、西来桥学校(中学部)

(6)江苏省扬中高级中学教育联盟:江苏省扬中高级中学、扬中市第二高级中学

(7)扬中市职成教育联盟:江苏省扬中中等专业学校、扬中市社区培训学院、新坝镇成人教育中心校、三茅街道成人教育中心校、兴隆街道成人教育中心校、油坊镇成人教育中心校、八桥镇成人教育中心校、西来桥镇成人教育中心校

纵向型教育联盟：

江苏省扬中高级中学、扬中市第一中学教育集团、扬中市外国语中学教育集团

【网络课程】 2020年，因防控新冠肺炎疫情延后开学。疫情期间，扬中市教育局在江苏省名师空中课堂和镇江市智教育平台资源体系下，组织全学段各类名师制作并发布精品课程，依托天翼云，新增50台云服务器，保障教学进度、质量。授课期间工作人员全程在线监控，支撑平台软、硬件正常运行。全市近百名教师参加课程录制，授课500余节，保障全市3万余名学生"停课不停学"。 （文婷）

学生居家观看直播课程 （卫健委供图）

【家校共育工作】 2020年，扬中市继续强化家校共育工作，成立家校共育指导中心、研究中心和协作中心，组建第二批家庭教育讲师团，开展宣讲64场次，邀请专家开展线上线下宣讲48场次，受益家长3.2万余人；创新开展"家教指导进家庭——21天入户在线双陪伴"项目，跟踪指导500余名家长优化家庭教育理念和方法，项目被江苏教育频道"成长"栏目与学习强国平台推介。 （文婷）

【思政新课堂】 2020年，扬中市教育系统开展"思政新课堂"主题教育活动2次，组织青少年到教育基地、田间地头、实训车间接受教育，把"中国梦"主题教育和社会主义核心价值观教育融入思政教育的全过程，用新时代中国特色社会主义思想铸魂育人。市教育系统"金色阳光"理论宣讲团被省委宣传部评为"江苏省基层理论宣讲先进集体"，教育局党委获扬中市"宣传思想创新成果奖"。 （文婷）

学前教育

【概况】 2020年，扬中市通过国家县域学前教育普及普惠省级实地核查工作，作为江苏省唯一县级市，被推荐申报创建国家学前教育普及普惠县。实施"区域推进幼儿园课程游戏化建设"项目，探索学前教育阶段集群化发展，带动幼儿园管理经验辐射、课程资源共建、教学项目共研，形成"校校有项目，人人都参与"的课改新常态。滨江幼儿园创成省优质园，明珠幼儿园创成镇江市优质幼儿园，全市省市优质园占比91.7%；认定3所幼儿园为普惠性民办幼儿园，全市普惠性幼儿园覆盖率95.2%；完善城区教育布局，城区新增云腾幼儿园（文化幼儿园分园）、童心幼儿园2所公办幼儿园，公办幼儿园累计20所。 （文婷）

【民办幼儿园普惠性幼儿园认定】 2020年7月，经扬中市教育、财政、经发3个部门联合认定，三之三幼儿园、鸣翠山庄幼儿园及大地幼儿园成为普惠性民办幼儿园。普惠性幼儿园认定后，3所幼儿园保教收费不得超过同等级公办园收费标准的2倍，全市普惠性幼儿园覆盖率95.2%。 （文婷）

【云腾幼儿园捐建】 2020年3月19日，扬中市举行云腾幼儿园捐建签约仪式。该园是扬中市第一所由企业捐建的幼儿园，规划占地面积0.8公顷，建筑面积7500平方米，按照5轨15班规模建设，可新增学位450个。2019年10月，启动建设；2020年7月，主体封顶；年末，工程进入外立面涂料、室外绿化场地、内部装饰施工阶段。 （文婷）

3月19日，云腾幼儿园捐赠签约仪式 （教育局供图）

义务教育

【概况】 2020年,扬中市义务教育学校以“义务教育优质均衡发展市”创建为契机,在前期建设集团分校的基础上,突出目标导向、问题导向,实验小学教育集团和外国语小学教育集团施行分班分流,撤并原南师大附小办学点,化解大校额大班额短板。出台《关于进一步加强义务教育学校教学常规管理与课程建设的实施意见》《关于进一步加强校园文化建设的指导意见》等文件,统筹城乡学校发展规划、合理安排城乡学校项目和资金,统一调配城乡学校优质师资,加大城乡学校建设力度,整体推进义务教育课程改革、育人方式改革,全面提升教育教学质量。加大课程改革实施力度,学校软硬件全面提档升级。兴隆中心小学获评“全国文明校园”,实验小学少先队大队获评“全国优秀少先队大队”,八桥中学获评“中小学校园慈善文化建设示范教育基地”。(文婷)

【课后延时服务】 2020年,扬中市制定出台《关于开展中小学生课后服务工作的实施意见(试行)》《关于明确中小学课后服务费试行标准的通知》,在全市义务教育阶段学校实施课后服务(小学阶段参与率67.7%,初中阶段参与率95.0%)。9月,全市幼儿园全面启动课后延时服务,拓展课后服务范围,解除家长的后顾之忧。(文婷)

课后延时服务 (教育局供图)

【丰裕中心小学应邀参加第五届全国儿童剪纸作品展】 2020年12月18日,由全国妇联家庭和儿童工作部、中国妇女儿童博物馆主办的“巧手映小康——第五届全国儿童剪纸作品展”在中国妇女儿童博物馆开幕,扬中市丰裕中心小学作为全国参展学校的优秀代表,应邀出席活动。11幅作品获奖、展出,被中国妇女儿童博物馆收藏。(文婷)

普通高中教育

【概况】 2020年,扬中市稳步推进高中课程改革和高考改革,依托省前瞻性项目(省扬高中《支持差异化学习的数学学习空间建构》),集聚教师智慧,破解教学难题,推动教育质量提升。全市高考成绩再创新高,本一达线率46.82%,本二达线率85.32%;清华大学录取4人,裸分达北大分数线1人;4人跻身全省前100名,400分以上占比镇江大市第一。(文婷)

【王成杰劳模工作室】 2020年,王成杰劳模创新工作室被评为“江苏省第三批江苏省教科系统示范性劳模和工匠人才创新工作室”。工作室由江苏省级专业技术带头人、江苏省扬中高级中学校长王成杰主持,6名扬中市级以上劳模和19名各学科拔尖人才组成,旨在带领全校教职工发扬新时代劳模精神,推动学校主动创新发展。(文婷)

特殊教育

【概况】 2020年,扬中市特殊教育向融合教育纵深发展,将特殊教育纳入教育现代化总体规划,实现每个镇(街、区)学前、小学和初中学段融合教育资源中心全覆盖。申报江苏省特殊教育发展工程项目“融合教育背景下的个别化教育”,发布《义务教育阶段融合教育课程设计指南》。新建特殊教育中心校,成功申报“镇江市残联定点康复机构”,具备自闭症康复、听力言语康复、智力康复、肢体康复资质,全方位解决特教在校学生、送教上门学生、随班就读学生的成长需求。(文婷)

【《义务教育阶段融合教育课程设计指南》发布】 2020年9月29日,扬中市特殊教育指导中心召开《扬中市特殊教育需要学生义务教育阶段融合教育课程设计指南(试行稿)》(以下简称《指南》)发布会。《指南》将特殊教育目标分为共性目标和特殊目标两大类。共性目标主要指要具有爱国主义、集体主义精神;具备运用所学知识分析问题、解决问题的能力;掌握锻炼身体的基本方法等。特殊目标主要是指掌握一定的日常生活、劳动、生产的知识与技能,能够独立生活;克服残疾带来的种种困难,开发自身潜能,培养个人才能;养成乐观向上的生活态度，提高沟通与交往能力，形成健康人格，适应现代社会生活需要。《指南》要求，学校应通过分析每一个特需学生的特点组合不同课程模块，提供相应课程变式，建构适合每一个特需学生的个别化课程体系。课程体现国家关于普通课程学习的要求，满足特需学生的特殊教育需求，分为普通课程+特需课程(双元课程)。普通课程根据《江苏省义务教育课程设置实施方案》以及三类特殊教育学校义务教育课程设置实验方案，设置品德、语文、数学、体育等必修课程和科学、外语等选修课程。特需课程主要是通过各种功能性、康复治疗性以及职业技能性课程模块发展特需学生的非学科能力，为学生的学科学习和持续发展创造条件。 (文婷)

【特殊教育中心新校挂牌】 2020年5月12日，扬中市特殊教育中心新校揭牌。学校秉承共建、共享、共用的理念，设置陶艺室、多感官教室、个训室、音乐治疗室等功能室；与康复医院合作打造儿童引导与训练室、听视障儿童评估室、智力障碍评估室、言语障碍评估室；与残联合作打造洗车坊、干洗坊、烘焙坊等职训室，满足职业教育、培训、展示与就业支持等功能。 (文婷)

5月12日，扬中市特殊教育中心校揭牌 (融媒体中心)

职业教育和社会教育

【概况】 2020年，扬中市职业教育推进市产业工人队伍建设改革试点工作，结合扬中产业特点，以产教融合为突破口，整合省扬中专、社培学院及成教中心资源，启动并推进校企合作试点工作。推进省职业学校特色校创建工作，省扬中专建成机电技术应用省级示范性现代化实训基地，成立长城学院，与威腾母线共建智能电气实训车间。加快社区教育优质资源和特色品牌建设，常态化推进"科教惠农村组行"社区教育项目活动，累计开展主题活动36次，覆盖14个村(社区)，新坝成教"科教惠农村组行"项目被省教育厅评为"2020年度省级社区教育特色品牌"。年内，扬中市社区居民培训人数18.1万人次，社区居民培训率64%，从业人员年培训率71%以上，农民实用技术培训率36%，下岗待业人员技能培训率86%，弱势人群提高生存技能培训率51%。丰富老年人教育及文化娱乐活动，接受培训、参加活动的比率35%。 (文婷)

【长城学院揭牌】 2020年9月27日，江苏省扬中中等专业学校举行长城学院揭牌仪式。深化产教融合发展，开展以实训课为主要载体，以劳模精神、工匠精神为专题的劳动教育。与蜂巢易创合作推行"招工即招生、入厂即入校、校企双师联合培养"现代新型学徒制，从绘图设计、仿真模拟、车床加工、质量检测到批量生产等各方面开展校企融合。学生高一开展企业课程学习，高二企业实践，高三顶岗实习，建立三年培养体系。 (文婷)

【全民终身学习活动周】 2020年10月30日，镇江市暨扬中市2020年"全民终身学习活动周"开幕式在八桥镇利民村举行。活动中，新坝镇成人教育中心校"科教惠农村组行"项目被省教育厅评为"2020年度省级社区教育特色品牌"，八桥镇利民村"利民能量补给站"学习体验基地被授予"江苏省社会教育学习体验基地"称号。 (文婷)

教育投入与建设

【概况】 2020年，扬中市累计实现教育支出9.7亿元(含教育费附加和地方教育附加费)，其中，一般公共预算教育经费占财政一般公共预算支出15.44%，财政预算内教育拨款7.56亿元(不含教育费附加和地方教育附加费)。征收1.4亿元，其中，教育费附加0.84万元，地方教育附加费0.56万元。义务教育阶段生均公用经费高于江苏省基准。小学省定标准为每生每年700元，扬中市按1100元执行；初中省定标准为每生每年1000元，扬中市按1300元执行，对小学不足600人的按600人拨付，初中不足500人的按500人拨付；非义务教育阶段的普惠性幼儿园(含普惠性民办幼儿园)按照每生每年650元、高中阶段每生每年1100元执行。在资助政策上，加大家庭经济困难学生的资助力度。年内，资助困难学生6371人次、413.54万元，各学段资助覆盖面均达到省定标准（其中，幼儿园8.63%，小学6.95%，初中8.61%，高中10.14%，特教100%），全市没有一名学生因家庭贫困而辍学。 （文婷）

【优质教育资源供给】 2020年，扬中市通过"集团化办学"和"集群化发展"优化全市教育资源配置。出台《扬中市居住区配套幼儿园规划建设管理办法》等文件，以刚性制度明确部门职责和分工，全力推进教育资源建设。新建特教中心、改建童心幼儿园并投入使用，加快推进云腾幼儿园、第一幼儿园、第二幼儿园、三跃中心小学、第二高级中学教学综合楼工程建设，满足群众对优质教育资源的需求，规划新建城西小学，缓解城区学位紧张问题。 （文婷）

【教育信息化建设】 2020年，扬中市教育局持续加大智慧校园的创建与推进力度，多渠道争取资金800余万元，添置电脑700余台、多媒体一体机200余台，为信息化建设提供硬件支撑。新增镇江市"智慧校园"8所，长旺中心小学获评江苏省智慧校园示范校。加强教育信息化应用，依托"好教师研修平台"开展线上研修，为促进区域教育均衡发展提供新渠道，在一中与同德中学试点架设"同步课堂"，以信息化手段解决农村小规模学校教学和教研薄弱问题，提高农村学校教师的课堂教学与教研水平。 （文婷）

教师队伍建设

【概况】 2020年，扬中市实施人才兴教发展战略，加大师资队伍建设。采取"暑期公开招聘+校园招聘"途径，补充教师57人。培养扬中籍免费师范生10人，定向培养乡村教师19人。拓宽选拔渠道，坚持"后备优先、梯次培养"的原则，选拔校级领导干部55人、调整交流46人、实改虚4人。鼓励广大教师参加各级各类教学竞赛，获省级一等奖3个、二等奖4个，镇江市级特等奖3个、一等奖22个。开展教科研训活动，省级论文发表126篇、获奖498篇，省级"十三五"规划课题和省教研室课题立项38个。 （文婷）

【教师"县管校聘"管理改革】 2020年，扬中市推进教师"县管校聘"改革，全体公办义务教育学校教师和校长全部实行县级政府统一管理，将教师和校长从过去的某学校的"学校人"，改变为教育系统的"系统人"。教育局统筹区域内教师资源配置，全市教师跨校流动139人，其中，义务教育阶段教师、骨干教师交流占比分别为24.74%、24.07%。加大联盟内部教师的柔性流动，城区学校主动代培联盟内农村学校青年教师27人，开展指导型、合作型流动47人(其中，骨干教师15人，占比31.9%)，均衡配置城乡学校师资力量。指导学校修订完善绩效考核意见，体现"奖优罚劣"价值导向，激发队伍干事创业活力。 （文婷）

全市教师"县管校聘"管理改革暨"全国义务教育优质均衡发展市"创建动员部署会 （教育局供图）

【"江洲名师"培养计划】 2020年，扬中市教育局印发《扬中市"江洲名师"培养三年行动计划》《扬中市"四有"好教师团队建设实施方案》，系统培育中青年教师。将500名可塑性强、富有创新意识、教学能力突出的中青年教师列入培育计划，优化"两级骨干教师—两级学科带头人—正高级教师、省特级教师—省人民教育家培养对象"教育人才梯队培养模式。建立常态化的师德师风教育制度，通过精读教育经典著作、开设德育论坛或沙龙、送教下乡、跟岗学习等各种途径，把师德培养全程渗透在培训的各个环节和整个过程。组织导师团队对学员的专业能力逐一展开诊断，明确每位学员未来三年的发展方向。根据教师学习特点和工作实际，集中研修与自主学习相结合。学员在导师指导下进行跟岗实践，聚焦学科疑难问题，通过教学研讨、课堂实践、观摩反思等途径，提升执教能力。结合学校课程总体规划和课程开发任务，设计实施选修课或拓展性课程。学习前沿的信息技术手段，实现与学科教学深度整合。建立市校联动培养"江洲名师"机制，各校(园)以校(园)内中青年教师总数10%为培养对象，配套制定"校级名师"培养行动计划，并纳入学校三年发展规划。以工作业绩和实际贡献为导向，做好校级名师评选与市级以上教育人才推荐工作。主动对接市"江洲名师"培养项目，搭建教育人才成长和作用发挥的平台，发挥教育人才的引领辐射作用。 （文婷）

文 化

综 述

【概况】 2020年，扬中市文化工作把牢为民惠民导向，以高质量发展为目标，以改革创新为动力，坚定不移推进现代公共文化服务体系建设。文化阵地实现提档升级，市图书馆实现扩容增量，市文化馆有序搬迁，推进数字馆工程打造。扬中博物馆稳步运营，接待参观人数10万人次，接待社会团体450个。开展博物研学实践活动，推出“葫芦藤下听方言”“博物馆姐姐教哩语”“太平书院学古诗”“博物馆中的科学”等实境课堂教育项目，接待秋季研学学生5000人次，来馆研学青少年1万人次。举办“公共文化服务企业行”集中活动月活动。全市6个镇(街、区)文体服务中心建成市文化馆、图书馆分馆。扬中文化馆年底完工，增设数字文化馆。人均接受文化场馆服务次数9人次，“一镇一特”“一村一品”活动持续开展，举办“周末戏相逢”品牌活动，开展送文艺下乡30场次，进企业5场次，进校园8场次。实施文艺播种计划，打造基层文化阵地活动“规范+示范”工程，开展文艺活动、培训、展览1000场次。组织文艺作品参加江苏省第十四届“五星工程奖”评奖活动，开展扬中市第二届乡村游园会。新增江苏省级非物质文化遗产项目代表性传承人2人，新增镇江市级非物质文化遗产项目2个。推进应急广播体系建设，通过省市相关部门验收，开展境外卫星电视传播秩序专项整治工作，获评2020年度江苏省境外卫星电视传播秩序专项整治工作先进单位。 (徐晶)

【扬中博物馆开放】 2020年6月16日，扬中博物馆举行开馆仪式，正式对外开放运行。扬中博物馆位于南江路799号，占地面积1600平方米，展陈面积4900平方米，是一座集陈列展览、文物收藏、文物保护、宣传教育于一体的地方综合性博物馆。该馆以扬中地理、民俗、人文、发展为设计主线，以浩瀚长江贯穿的展陈大纲，通过“聚沙成洲”“岁时民俗”“舌尖美味”“乡音未改”“扬中之子”“上善若水”6个篇章展陈。 (蔡莉)

【陈履生博物馆群开馆】 2020年9月28日，陈履生博物馆群开馆。陈履生博物馆群位于新坝镇新治村，建筑面积2700平方米，陈列展品8000余件，包括陈履生美术馆、汉文化博物馆、竹器博物馆，该馆是全球第一座由太阳能光伏发电系统提供电力的绿色博物馆，是国际竹藤组织所属50个成员国中的第一座竹器博物馆，是国内规模最大的乡村博物馆群。 (黄为为)

【文艺成果】 2020年，扬中市在省级以上获奖、入展、发表、出版、演出的作品如下：赵蔚书法作品入展全国第五届青年书法篆刻作品展览。吉战顺《河豚岛上的河豚号》、佘杨秋《崛起》、王雪琴《学编织》、耿云《渔乡的喜悦》等摄影作品获评“影像的力量”中国摄影报拉力赛(扬中站)优秀作品。范继平长篇报告文学《溢绿园》由江苏凤凰文艺出版社出版。姚毅散文作品《老站长的回忆》在《中国水运报》发表，散文《印象深刻的两篇社情民意信息》在《中国政协》杂志发表。叶贵参与创作歌曲《逆行的身影》在“学习强国”平台、“风雨同歌”中国抗疫主题MV征集典藏活动平台展播。王中明作品《暖阳》、李茂平作品《南园清畅》、高蓬梅作品《净土之二》入展小康颂第三届江苏美术奖作品展。戴少华、王中明、蔡风、郭春海书画作品入选“致敬江苏援鄂白衣勇士”书画作品赠送活动。蔡风书法作品入展江苏省美术、书法“同心战疫”主题作品展。赵蔚书法作品《张翠屏忆秦人洞》入展“江左风流奖”江苏省第九届青年书法篆刻作品展。郭春海书法作品《高适燕歌行》入展“戎耀今生”首届江苏省退役军人书画大赛作品展。蒋湘春书法作品入展第十二届江苏省新人书法篆刻作品展。陈泓宇篆刻作品《陈泓宇印稿》入展第十四届江苏省“五星工程奖”。锡剧《半天书记》、音乐舞蹈《幸福河豚岛》获得第十四届江苏省“五星工程奖”优秀作品奖。孙永青剪纸《最美乡村》插屏获得第十一届“艺博杯”工艺美术精品大奖赛铜奖。 (陈茜)

文艺活动

【乡村文艺播种计划】 2020年,扬中市实施“乡村文艺播种计划”。围绕群众性文艺活动开展,依托新时代文明实践阵地,精准对接基层文化需求,组织65名专业文艺志愿者,与全市村(社区)6大类、84支文艺团队结对,开展近300场辅导活动。实现“培训需求精准化、培训内容专业化、培训效果长期化”,丰富农村文化生活,提升农民精神风貌,建立从“送文化”到“种文化”再到“创文化”的生态链。 (李永强)

【广善文化节】 2020年6月15日,八桥镇举行首届广善文化节启动仪式。首届广善文化节为期10天,围绕善文化传承、文明实践、创文创卫等主题,举办重点活动8场次、子活动11场次,通过在全镇范围内开展广善主题活动,寻根溯源、永续善源,让广善文化深深植根于八桥、融合于新时代的文明实践。活动现场举行八桥镇慈善助学专项基金首捐仪式,八桥中学“善学楼”、八桥镇“广善讲堂”揭牌,为八桥镇广善文化志愿团授旗,向八桥镇“广善形象大使”发放聘书。

(耿兴兵)

【新坝镇第二届端午乡村文旅节】 2020年6月25日,“品味浓情端午、畅享美丽乡村”新坝镇第二届端午乡村文旅节活动在三江湾旅游风景区举办。新坝镇以文化带动旅游,以旅游丰盈文化,全方位呈现清新秀美的诗意家园,活动通过开设主会场、分会场,创新游玩打卡的新形式,让群众全方位、多元化地感受传统文化的魅力、体验乡村旅游的快乐、重拾记忆乡愁的味道。

(徐晶)

6月25日,新坝镇举办第二届端午乡村文旅节

(融媒体中心供图)

【第十五届社区(农民)文化艺术节】 2020年7—11月,扬中市以“构建文化生态、实现全面小康”为主题,举办扬中市第十五届社区(农民)文化艺术节。艺术节期间,举办第十五届社区(农民)文化艺术节开幕式暨“美丽鸣凤村”表彰活动、文化大讲堂系列讲座、“周末戏相逢”传统锡剧巡演、“文化走亲”系列活动、庆祝全面建成小康社会摄影展等十大主题百余场群众文化活动,提升全市人民群众的文化满意度和获得感。

(李永强)

7月25日,扬中市第十五届社区(农民)文化艺术节开幕

(融媒体中心供图)

【第三届乡村旅游文化节】 2020年9月18日,江苏·扬中“天禾旅游杯”第三届乡村旅游文化节在兴阳村开幕。乡村旅游文化节历时20天,举办光影秀美食周、户外嘉年华骑行、特色水果采摘、“渔”你“乡”约捉鱼比赛、亲子迷你马拉松等活动。 (程城)

【兴阳村第十四届文化艺术节】 2020年9月20日,兴阳村第十四届文化艺术节开幕。开幕式包括烟花秀表演、音诗画《党群连心护岛城》,说唱《环境整治》《中华孝道》,莲湘,舞蹈,小品等节目,3000余名观众现场观看。“村晚”同步开通网络直播,1.53万人次在线收看。晚会中,表彰在疫情防控、人居环境整治、抗洪抢险中涌现出的先进典型,“五星家庭户”代表获授牌。

(融媒体中心)

【“墨韵江南、知行江洲”迎国庆书画展】 2020年9月27日,“墨韵江南、知行江洲”迎国庆书画展在扬中博物馆开幕。书画展由市文体广电和旅游局、市民政局、市委老干部局主办,市老年书画协会、市老年大学承办。活动得到全市各镇(街、区)书画协会分会、退休老干部以及书画爱好者的响应和广泛参与,参展作者年

龄段为 60~80 岁，征集到作品 100 余幅，展出作品 70 余幅，包括书画、剪纸等类型。 （融媒体中心）

【太平文化旅游周】 2020 年 9 月 28 日，扬中市 2020 太平文化旅游周开幕式暨“幸福太平洲”主题展演在经开区太平广场举行。主会场包括手工技艺区、美食品鉴区、欢乐游艺区、传统技艺区等多个展区，展示扬中传统民俗文化。活动同步开通网络现场直播，展示经开区文化惠民成果，5000 余人现场观看，2.4 万人线上观看开幕式。 （丁伟东）

【新坝镇(高新区)中秋晚会】 2020 年 9 月 30 日，“家好月更圆”2020 年新坝镇(高新区)中秋晚会在新坝公园文化广场举行。晚会分为“春江花月夜”“明月照我还”“天涯共此时”3 个篇章。演出歌伴舞《我们都是追梦人》、情景剧《月是故乡明》、情景剧《春回新坝》、武术表演《旗武中华》、合唱、舞蹈、说唱等节目。 （徐晶）

【第二届乡村中秋游园会】 2020 年 10 月 1 日，“和美江洲月、盛世家国情”2020 年扬中市第二届乡村中秋游园会专场文艺晚会在油坊镇长旺村举行，线上线下近 20 万名观众观看。文艺晚会由市委宣传部、市文体广电和旅游局、中共油坊镇委员会、油坊镇政府、江苏天禾旅游发展有限公司主办。晚会将传统节日与乡村旅游相融合，晚会现场设 186 桌赏月宴，摆放月饼、麻饼等传统中秋食品和富有水乡特色的红菱，文艺表演包含“明月寄相思”“明月润江洲”“明月耀中华”3 个篇章。 （徐晶）

【戏曲进校园活动】 2020 年 5—12 月，扬中市开展戏曲进校园活动。活动由扬中市文体广电和旅游局、扬中市教育局主办，扬中市锡剧团、扬中市文化馆承办。活动中，扬中市锡剧团组织活动 8 场，携优秀传统剧目(《沙家浜》《珍珠塔》《玉蜻蜓》等)和折子戏等节目在各学校巡演。 （徐晶）

档案工作

【概况】 2020 年，扬中市强化档案基层基础工作，做好机构改革后续工作。《行政村档案资源建设与共享利用》项目入选 2020 年度国家档案局科技项目计划。做好扬中建党百年陈展准备，“费孝通六下扬中”和扬中乡贤孙国宝其人其事编研工作按序时推进。开展抗战老兵和非遗专题口述史采集工作，对常本勇等 6 位老兵和竹编、西来桥舞龙、面塑、柳编等 17 个非遗项目实施口述史采集，采集音频、视频 50 余段，照片 300 余张，书稿 3 件，整理文字稿万余字。加强新农村档案资源体系建设，各镇(街、区)60 余家建制村(社区)召开村级档案业务培训。 （朱薇）

【档案信息化工作】 2020 年，扬中市档案馆夯实档案数据基础，加强软件硬件支撑。开展馆藏档案摸底排查，盘点档案实体、交接文据、电子数据、专题档案，二次抽检已校核数据，提高档案数据准确率。根据软件使用反馈信息，优化档案软件平台。加强硬件基础设施建设，完成备份一体机、核心交换机、核心存储、UPS(不间断电源)安装调试工作。 （朱薇）

【疫情防控档案业务指导工作】 2020 年，扬中市档案馆担负起“为党管档、为国守史、为民服务”的使命职责，第一时间出台《关于做好疫情防控工作中档案资料收集整理工作的通知》，对疫情防控成员组单位的疫情防控档案工作提出具体要求，深入各相关单位跟踪指导，在疫情结束后 60 日内将疫情防控档案统一接收进馆。接收各镇(街、区)及相关部门疫情防控文件材料 1213 件、照片 629 张、音视频 283 段、实物 97 件，为全市疫情档案专题数据库建设奠定基础。 （朱薇）

【出生医学证明档案管理培训】 2020 年 4 月，扬中市档案馆、卫健委联办的全市出生医学证明档案管理培训班举行。卫健委解读《江苏省出生医学证明档案管理实施方案》，量化工作要求，明确时间节点。档案馆讲解出生医学证明档案的收集、整理、录入、保管、移交等流程，针对实际工作中的难点问题现场答疑，确保出生医学证明档案整理的规范、及时和完整。 （朱薇）

【《行政村档案资源建设与共享利用》项目】 2020 年 7 月，扬中市档案馆申报的《行政村档案资源建设与共享利用》项目入选 2020 年度国家档案局科技项目计划，江苏省有 5 个项目入围。全市现有行政村（含涉农社区)63 家，其中，档案工作达省星级的 55 家，占比 87%。项目由市档案馆牵头，从行政村档案资源建设入手，研究档案资源共享利用方式和途径，发挥行政村档案在农村经营体制、保障农民合法权益的作用，推动农业产业现代化、强化农村基层社会管理，助力扬中市全省城乡融合发展试验区创建工作，推进农业农村档案资源体系建设。 （朱薇）

【三凤堂《张氏宗谱》入藏市档案馆】 2020年10月27日,三凤堂张氏后人张朝林将三凤堂《张氏宗谱》11册捐赠给市档案馆,市档案馆向张朝林颁发捐赠证书。该谱于民国丁丑年续编,由扬中举人何士俊为其作序,谱里记载张氏第一世至第三十五世的情况,现查明三凤堂张氏从第十九世迁居扬中。《张氏宗谱》的收藏入馆,弥补市档案馆张氏宗谱的空缺。 (朱薇)

【档案工作年检】 2020年10—11月,扬中市档案局面向全市各镇(街、区)、机关企事业单位及行政村开展档案工作年检。年检以网上检查和实地抽查结合的方式,重点检查新搬迁的机关单位、档案员更换的单位、尚未规范建档的行政村。检查内容包括:档案库房是否符合要求、档案是否集中保管、各类档案整理是否规范等。实地检查后,市档案局对7家单位下发整改通知书,结合整改落实情况印发年检通报,确保检查工作落到实处。推进全市档案工作科学化、规范化和信息化建设。 (朱薇)

史志工作

【概况】 2020年,扬中市史志办公室以“资政、存史、育人”为根本任务,拓展党史、志鉴工作领域,较好地完成各项工作任务。《中国共产党扬中历史(第三卷)》完成纲目微调,形成初稿,进入内部审稿阶段。《扬中年鉴(2020)》出版发行,《扬中年鉴(2019)》获第七届全国地方志优秀成果(年鉴类)二等奖、2020年度江苏省年鉴质量评审二等奖。镇(街、区)志实现全覆盖,《扬中财政志》《扬中住建志》《油坊镇志》《八桥镇志》《扬中市人民医院志》《兴华村志》《指南村志》进入资料长编阶段;《新坝镇志》初稿形成;《审计志》《会龙村志》通过初审,进入复审阶段;《扬中市工会志》《江苏名镇名村志——新坝镇志》《公信社区志》出版发行。持续开展史志书籍“六进”(进社区、进学校、进企业、进乡镇、进军营、进机关)活动。全年向组织部、党校、滨江小学、市博物馆、八桥镇、永胜村委会、春环集团、华太仪表集团、扬中博物馆、陈履生博物馆群等地赠送史志书籍500余册。 (史志办)

【《江洲纪事》编印】 2020年,扬中市史志办创新志鉴产品,启动《江洲纪事》编纂工作。《江洲纪事》聚焦2020年度大事要闻,以专题篇章形式呈现,分为年度热词、时事要闻、产业强市、民生实事、文明扬中、基层集萃、史海钩沉7个章节。编纂融合数字技术,拓展内容维度,内嵌延伸阅读二维码,扫码实现视频资料观看。 (史志办)

【史志书籍参加江苏书展】 2020年7月23日,第十届江苏书展在苏州举办,1000万本图书参展。史志办出版的史志书籍《扬中年鉴》,民俗文化研究书籍《我从哪里来——扬中百家姓氏探源》,部门志《扬中法院志》《扬中军事志》及镇志《西来桥镇志》参展。 (史志办)

【三项党史研究成果获省级表彰】 2020年5月,中共江苏省委党史工作办公室公布“2017—2019年度全省党史部门党史优秀成果”,镇江辖市区有4项党史研究成果获奖,其中,3项成果来自扬中市史志办。论文《“长江跳板”的秘密交通》《扬中“四千四万”精神的科学内涵和文化传承研究》分别获论文类二等奖、三等奖。《红色江洲——扬中革命斗争纪事》获著作类三等奖。 (融媒体中心)

图书及出版管理

【概况】 2020年,扬中市图书馆馆藏纸质图书46.72万册,电子书11万册。拥有持证读者7993人。全年流通图书17.35万册次,流通3.76万人次,分编图书1.2万册,分编报纸杂志700余种。图书馆推动全民阅读,通过线上、线下开展形式多样的读者活动,结合元宵、端午、中秋等传统节日开展民俗体验活动,开展“故事妈妈”绘本阅读品牌活动12期,流动服务进企业、村(社区)、军营、学校等22次,针对残疾人、老年人等特殊群体举办微信培训、图书推介等活动,举办读者活动60余场,受惠群众4万人次。启动城东分馆建设。全市6个镇(街、区)文体服务中心建成市文化馆、图书馆分馆,配备文体活动室和文体广场,全市有农村文化礼堂58个,实现农村文化礼堂建设全覆盖以及全市图书通借通还。各村社均配备图书阅览室且藏书1500余册,人均年增新书0.35册。 (徐晶)

【全民阅读】 2020年,扬中市阅读办完善全民阅读联席工作会议机制,研究《2020年扬中市全民阅读工作要点》,围绕“决胜小康、读书追梦”主题,举办第七届“江洲读书节”,实施“书香扬中”阅读项目129个,做好品牌建设、活动策划、基础建设等各项工作。开展“带一本好书回家过年”、“公共阅读服务进基层”、农家书屋示范推广、读书漂流等系列线上线下阅读活动800余场次，提升全民阅读活动的知晓率、参与率。推进图书馆与农家书屋藏书实现流动借阅，新增27家三星级示范农家书屋。与新时代文明实践中心(所、站)建设相结合，每个农家书屋针对农村不同读者群体，组织开展读书征文、经典诵读、书画展示等阅读活动，满足农民群众阅读需求。 (姚青)

【版权管理】 2020年，扬中市委宣传部开展版权管理工作，加强版权登记服务规范化建设。动员扬中市摄影家协会、美术、文学爱好者等参与版权登记工作，扩大登记覆盖面，完成440件作品版权登记量。结合第七届“江洲读书节”、“4·26”知识产权宣传周等活动，各镇(街、区)、各相关部门通过网络、宣传栏、电子显示屏、走进30强企业等形式，向市民解读相关法律法规，推进企事业单位软件正版化工作，引导社会各界对版权保护意识的重视，提高公共维权意识和能力。 (姚青)

【印刷出版和电影行业监管】 2020年，扬中市委宣传部印刷出版和电影管理科坚持做好对全市57家印刷企业、80家出版物发行单位、3家影院的日常监管工作，以及疫情期间印刷企业、书店及影院的复工复产跟踪检查。推进农村电影公益放映，完成全年农村电影696场次放映任务。按照“谁主管、谁负责”、属地管理的原则，下发《关于成立扬中市新闻出版和电影行业安全生产工作领导小组的通知》文件，层层落实责任，切实履行职责。在重要时间节点组织各镇(街、区)在全市范围内开展印刷企业、出版物市场、影院安全生产大检查工作，发现的问题能现场整改的立即整改，未能现场整改的限期整改到位，确保全市新闻出版和电影行业安全生产无事故。 (姚青)

【“扫黄打非”专项行动】 2020年，扬中市“扫黄打非”办公室下发《2020年“扫黄打非”行动方案》，明确职责分工，部署重点任务。持续深化“正道”“新风”两大专项行动，定期联合相关部门，在重大节日、重要时间节点开展联合检查，检查出版物经营单位70家、影院3家、网络文学出版服务单位1家，出动执法人员512人次，没收盗版出版物140余册、流动出售盗版音像制品26张。夯实“扫黄打非”基层站点监管责任落实，推动“扫黄打非”基层站点正常运转。市扫黄办获江苏省“扫黄打非”工作先进集体称号，新坝镇新坝社区、油坊镇同德村获省“扫黄打非”进基层示范点称号。 (姚青)

融媒体建设

【概况】 2020年，扬中市融媒体中心遵循习近平总书记“扎实抓好县级融媒体中心建设，更好引导群众、服务群众”重要指示精神，按照中央、省委、镇江市委、扬中市委的部署要求，强化顶层设计，加强资源整合，推进平台建设，再造采编流程，创新体制机制，推进县级融媒体中心建设各项工作。4月16日，中共扬中市融媒体中心总支部委员会成立，有党员72名，设有4个党支部，隶属市级机关工委管理。学习强国累计用稿101篇，其中，14篇被全国平台采用；《人民日报》客户端、新华网等国家级主流媒体用稿6篇，央视用稿8条(含新闻联播5条)，中央广播电台用稿15条(含全国联播2条)，《新华日报》等省级以上报刊用稿106篇(头版头条头题5条)；编撰出版《决胜小康 奋斗有我》特刊(专版)；开展第17届河豚文化节开闭幕式现场直播等10场直播活动，在线观看人数超过100万人次。停办原扬中电视台3个自办频道，集中精力办好新闻综合频道和党建民生频道；扬中电台实现FM105.6到FM94.5的更频，入驻喜马拉雅和蜻蜓App，实现在线收听。6月4日，融媒体中心通过融媒体建设省级试点验收；7月22日，融媒体中心获得全省首批互联网新闻信息服务许可；8月30日，融媒体中心获批省广电局信息网络传播视听节目服务备案。融媒体中心形成“一报一网两台，两微一端一屏”八位一体和多号的传播矩阵。其中，三大微信公众号用户12万余人，微扬中单篇阅读量最高超过7万人次，多次排名全省60余家县级融媒体中心官微前列。 (王丹)

【融媒体中心获批2项服务许可】 2020年7月22日，江苏省县级融媒体中心互联网新闻信息服务许可工作会议宣布江苏省首批获批互联网新闻信息服务许可的32家县级融媒体中心名单，扬中市融媒体中心名列其中，镇江仅有2家县级融媒体中心获批。8月30日，融媒体中心获批省广电局信息网络传播视听节目服务备案；12月29日，融媒体中心获批由江苏省广播电视局下发的“信息网络传播视听节目许可证”，通过扬中新闻网、掌上扬中等平台向大众提供相关移动互联网视听节目服务。 (王丹)

【庆祝第21个记者节暨“掌上扬中”App上线】 2020年11月6日，扬中市举行庆祝第21个记者节暨“掌上扬中”推广工作大会,总结成绩、表彰先进,奋力迈出媒体深度融合发展的更大步伐。会上发布表彰决定,授予孙薇等10人“2020年度优秀新闻工作者”称号、授予《众志成城、打赢防控战·扬中公安与你同在》等10件作品“2020年度扬中新闻奖”,授予《长江重点水域涉渔违法违规十起案例公布》等10件作品“2020年度扬中新闻奖提名奖”,授予“微扬中”等10家新媒体“2020年度优秀新媒体”称号,授予“镇江日报社扬中分社”等10家集体“2020年度优秀外宣集体”称号,授予丁云峰等36人为“2020年度优秀通讯员”称号。按照中央“一地一端、自主可控”统一部署和“移动优先”的要求,市融媒体中心联合荔枝云技术团队开发打造的“掌上扬中”App发布上线,“掌上扬中”App是一款集新闻、政务、服务、商务为一体的第一大综合性城市移动应用云平台。 (王丹)

【“网眼看镇江 见‘镇’跑起来”媒体采访活动】 2020年11月18日,“网眼看镇江 见‘镇’跑起来”媒体采访活动在扬中市举行,活动由镇江市委网信办指导,人民日报社《民生周刊》主办。《人民日报》、中国日报网、新华网等20余家国内重点网络平台的记者、编辑参观长城汽车蜂巢易创产业园、江苏亿能电气有限公司产业项目现场,以新闻眼光和镜头感受扬中产业强市新气象、传播扬中故事、展示扬中形象。采访结束后,各媒体借助互联网的传播力和影响力,聚焦扬中,运用文字、图片、短视频等形式,全方位、多平台、多角度展示扬中加速“跑起来、强起来”。 (王丹)

【“决胜全面建成小康社会”大型主题宣传活动】 2020年是全面建成小康社会的决胜之年,也是“十三五”规划的收官之年。2020年9月,扬中市融媒体中心策划推出“决胜全面建成小康社会”大型主题宣传活动,展示第一个百年目标的建设成果,反映扬中全面建设小康社会进程中的故事。活动通过“一报一网两台,两微一端一屏”八位一体的全媒体矩阵平台,专题呈现扬中市全面建成小康社会的史实,展现扬中人民共建美好家园、共享幸福生活的生动实践。12月,融媒体中心编撰出版《决胜小康 奋斗有我》特刊(专版),特刊收录170个版面,通过“小康之路、决胜之歌、奋斗风采、魅力乡村、企业荣光”五大板块,以直观的图片、数据、故事,全景式反映扬中全面建设小康社会进程中的成果和故事。 (王丹)

【融媒体中心一批作品获中国县市区域报新闻奖】 2020年12月,2019年度中国县市区域报新闻作品竞赛评选结果公布,扬中市融媒体中心15篇作品获奖。《今天11时29分19秒,扬中骄子何明驾驶舰载机惊艳亮相天安门上空!独家视频和照片!》《渡江!渡江!扬中的这一天,比电影更燃更热血》分别获得微信公众号、新闻客户端类作品一、二等奖;《120急救的那些烦心事》《广宁河何故成“优等生”》获通讯类二等奖,消息、评论、专栏、版面、论文均有作品获三等奖。在中国县市报研究会举办的“壮丽70年 奋进新时代”庆祝中华人民共和国成立70周年主题新闻作品展示活动中,扬中市融媒体中心报送的《八旬老人回乡为父守墓》《九旬老人的10万元特殊党费》分别获得二、三等奖。 (王丹)

非物质文化遗产保护

【概况】 2020年,扬中市贯彻落实非物质文化遗产保护法,挖掘非物质文化遗产,加强全省非物质文化遗产传承人队伍建设,推动非物质文化遗产保护和传承。组织申报市级、省级项目,有省级“非遗”传承人3人,镇江市级“非遗”传承人8人,扬中市级“非遗”传承人3人。 (徐晶)

【非物质文化遗产申报】 2020年,扬中市常敦明、孔庆璞二人入选五批江苏省非物质文化遗产代表性项目、代表性传承人名单。常敦明入选类别为传统技艺类,项目为民族乐器制作技艺(扬中箫笛制作技艺);孔庆璞入选民俗类,项目为扬中河豚食俗。扬中市西来桥舞龙、八桥跳花绳两个项目入选第六批镇江市级非物质文化遗产项目名录。 (姚江)

【博物馆第二课堂社教品牌活动】 2020年7月19日,传统文化“拓片”体验活动在博物馆举办,扬中博物馆“第二课堂”社教活动项目正式面向社会服务。博物馆开设青少年校外实践活动室,举办“拓片”“泥塑”“绘画”“书法”“面塑”“剪纸”“扎染”“特色非遗”等特色课程。全年举办各类专题临展、社教活动20余场,受教育2.4万人次。 (蔡莉)

2020年扬中市“非遗”名录及代表性传承人一览表

表20

序号	类别	项目名称	项目级别	代表性传承人
1	传统美术	扬中竹编	江苏省级	江苏省级:耿月新 镇江市级:丁红梅
2		扬中玉雕	镇江市级	镇江市级:王贤贵 陈兰华 奚彩军
3		面塑	镇江市级	镇江市级:黄金龙
4		剪纸	扬中市级	扬中市级:杨荣芳 倪玉蓉 孙永青
5		扬中木雕	扬中市级	—
6		泥塑	扬中市级	—
7	民间音乐	唱麒麟	扬中市级	—
8	传统舞蹈	九狮图	镇江市级	镇江市级:钱小明
9	传统技艺	扬中箫笛制作技艺	江苏省级	江苏省级:常敦明 镇江市级:常　阳
10		青铜铸造	镇江市级	镇江市级:陆纪才
11		织毯	镇江市级	—
12		扬中江鲜菜	镇江市级	—
13		柳编	扬中市级	—
14		新坝哨口风筝制作技艺	扬中市级	—
15	传统医药	韩氏膏药	扬中市级	—
16	民俗	扬中河豚食俗	江苏省级	江苏省级:孔庆璞
17		虎头鞋	镇江市级	—
18	传统体育、游艺与杂技	西来桥舞龙	镇江市级	—
19		八桥花绳	镇江市级	—

（姚江）

卫 生

综 述

【概况】 2020年，扬中市有各级各类医疗卫生机构122所，包括妇幼保健计划生育服务中心1所，皮肤病防治所1所，二级综合医院1所、中医院1所、乡镇卫生院4所、社区卫生服务中心2所、一级综合医院1所，门诊部10所、护理院(站)5所，村卫生室38所，社区卫生服务站9所，诊所、医务室49所。全市医疗机构核定总床位1285张，其中，扬中市人民医院700张，扬中市中医院200张，乡镇卫生院(社区卫生服务中心)220张，护理院140张，一级综合医院25张。全市卫生技术人员2120人，执业(助理)医师862人，注册护士857人。全市各级各类医疗卫生单位完成门急诊275.54万人次，住院3.91万人次。全面做好应急物资储备，防护物资储备满足医疗机构满负荷运转60天。市疾控中心、市人民医院先后建成增强型P2(二级生物安全实验室)实验室，实现市内核酸自主、快速检测，检测核酸2.71万份，未发现新冠肺炎确诊病例、疑似病例和无症状感染者。 (黄朝华)

游泳馆疫情防控　(融媒体中心供图)

【医药卫生体制改革】 2020年，扬中市在国家紧密型医共体建设试点县的基础上，探索医共体内部总额预算、整体打包付费管理模式，及时上报紧密型县域医疗共同体的评价标准与监测指标。推进人民医院领办城西社区卫生服务中心进度。成立人民医院康复分院，推进康养服务协同发展。精神病防治院、中医院综合大楼和八桥区域医疗卫生中心被列入特别国债建设项目。以中医院综合大楼建设为契机，扩大中医药服务供给，提升中医药服务能力。推进基层医疗机构基础设施提档升级，启用八桥中心卫生院临时门诊、永胜门诊部和丰裕门诊部。巩固医共体建设成果，持续加强协作中心建设，截至12月，“市检验中心”为基层卫生机构检验标本4.06万人次；“市影像中心”完成质量控制7.32万人次；“市消毒供应中心” 为基层及公共卫生单位消毒植入性器械包735个、器械1.87万件；病理质量控制中心完成病理读片质控793人次；心电中心完成读片4346人次。 (黄朝华)

【智慧健康】 2020年，扬中市开展“互联网+医疗健康”便民惠民举措。加快推进智慧医院建设，人民医院实现自助服务全覆盖，微信掌上医院上线运行，化解“看病烦”与“就医繁”问题，在线完成挂号、缴费、报告查阅等多个环节，让数据多跑路，节省居民就医的时间和精力。推进“互联网+”医保结算服务，实现医保、医院、银行清算一体化，实现挂号、缴费、查询和凭条、住院费用清单等场景的移动医疗服务，实现患者自费和医保基金报销移动支付。公共卫生服务更精准、家庭医生服务更贴心、健康信息服务更普及。扬中市公共卫生服务平台通过升级和融合，建成家庭医生签约服务智能化信息系统，推出“筷子家医”App。 (杨全华)

【爱国卫生】 2020年，扬中市巩固国家卫生城市创建成果，抓好国家卫生城市长效管理工作，开展国家卫生城市复审工作，全市城市卫生、文明程度明显提升。推进省级健康镇、村(社区)创建工作，新建设省级健康村(社区)22个，省级健康村(社区)总数60家，建成率75.9%。开展健康促进工作和爱国卫生活动，做好新冠疫情防控工作，做好环境卫生整治、病媒生物防治和健康教育宣传等春季爱国卫生运动重点工作。举办市级、镇级讲座82场次（不含村级），举办健康日宣传活动67次，在全市范围内持续推广使用“健康教育视频联播平台”。全面落实改厕工作，完成省财政补助农村无害化卫生户厕改建任务1000座，市下达的自行改造任务400座，完成市级户厕修缮（提档升级）任务1.55万户，完成率130%，通过省人居办改厕销号验收。

（曹佩红）

医政管理

【医疗行业监管】 2020年，扬中市批准执业登记医疗机构6所，备案中医诊所4所。备案养老机构内设护理站1所。落实“放管服”改革要求，坚持依法依规开展医疗机构设置审批、校验、不良执业行为记分管理等，强化事中事后监管。完成89家医疗机构校验工作，办理医疗机构变更62件，备案中医诊所4件，注销医疗机构5件。严格医师、护士队伍管理，推进网上审批，简化审批程序，提高办事效率。完成医师注册23人、变更32人、多机构备案37人。护士注册7人，延续注册4人，变更30人。组织14家中医备案诊所负责人参加镇江召开的依法执业标准化培训。（黄朝华）

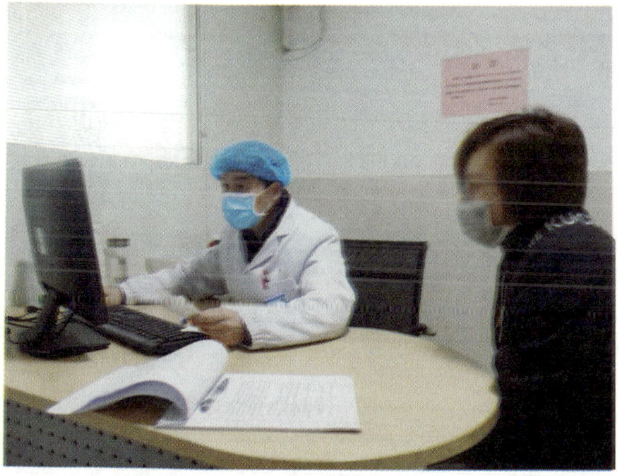

门诊按“一人一诊一室”要求接诊 （卫健委供图）

【医疗服务】 2020年，扬中市加强专科建设和推动专科发展，加强学术研究与人才培养，促进学术交流与成果转化，新成立“李德志教授工作站”“刘健教授工作站”“沈杨教授工作站”“何侠教授工作站”“顾斌教授工作站”“龙水平教授工作站”“吕强教授工作站”“陈治宇教授工作站”和“范钦和教授工作站”9个名医工作站，累计建成名医工作站26个。专家常驻医院服务，百姓“家门口看名医”成新常态，借助省级医院学科优势，提高医院学科技术能力，全面提升整体医疗水平。（黄朝华）

沈杨教授工作站揭牌仪式 （卫健委供图）

【医疗质量管理】 2020年，扬中市强化医疗质量安全核心制度落实。持续开展医疗安全核心制度落实年活动，定期组织开展医疗质量检查和指标分析，及时纠偏和指导，促进医疗质量持续改进。强化基层医疗卫生机构国家基本药物配备使用的主导地位。全面执行国家组织药品集中采购品种；加强医疗代表活动管理，建立健全管理组织体系，完善管理制度。强化医院感染及医疗废物管理，印发《扬中市医疗机构医疗废物和医疗污水处置专项整治工作方案》，升级、改造医疗污水处理设施、设备、工艺、流程，确保污水处理设备运行安全可靠。加强院感重点部门、重点环节的管理，强化手卫生工作，重视医务人员的职业损害和自我防护。开展全市范围内院感专项培训2次、“回头看”督查2次，落实各项整改措施。（黄朝华）

【中医药管理】 2020年，扬中市持续推进基层中医药服务能力提升工程“十三五”行动计划。扬中市中医院儿科、脾胃病科、针灸推拿科被评为镇江市市级中医重点专科。新建三茅街道金星社区卫生服务站等4家中医阁，累计拥有22个中医阁，建成率50%。开展“助您健康 杏林快递——暖心在途”服务品牌创建工作，组织中医药适宜技术培训4次、“中医药就在你身边”健康巡讲和中医“大篷车”进机关、进校园、进社区活动27次。组织完成基层卫生技术人员参加镇江市举办的中医药知识与技能培训。开展扬中市中药资源普查工作。（黄朝华）

【平安医院创建】 2020年，扬中市医疗机构落实医疗责任险85.03万元，理赔90.9万元。全年发生医疗争议事件经第三方医疗纠纷调处10起，司法确认1起，调解成功率98%。未发生重大医疗责任事故和涉医违法犯罪案件。（黄朝华）

【医共体建设】 2020年,医共体质量控制小组完成医共体单位质控检查并现场反馈22次,讲座22次,教学查房36次,专家坐诊44次;通过医共体成员单位间转诊绿色通道,实施双向转诊529例,其中,上转303例,下转226例。下转康复联合病房患者226例,挂职基层医疗机构的专家团队到基层坐诊228人次,查房、手术58人次。整合医疗资源,搭建学术交流平台,成立内分泌、心血管、外科等18个专业学组。印发《关于加强扬中市医学会专业学组管理的通知》,推动县域内医疗服务水平同质化。各学组开展学术交流28次,各类质控活动7次。 (黄朝华)

【对口支援】 2020年,扬中市完善城市医生晋升职称制度,城市医生晋升前必须到基层医疗机构对口支援,安排5名二级医院医生到基层医疗机构参加支援服务。组织做好东西部对口扶贫工作,安排2名医生对口援疆,安排6名医务人员对口援陕。 (黄朝华)

【健康扶贫】 2020年,扬中市落实健康扶贫相关政策,制定《关于印发〈扬中市农村建档立卡健康扶贫对象30种大病专项救治工作实施方案〉的通知》,落实各项工作措施,对相关大病实施单病种付费,完善大病专项救治流程,全面实行"先诊疗后付费"和"一站式结算"。 (黄朝华)

卫生科技与教育

【卫生科技】 2020年,扬中市组织申报江苏省"333工程"科研项目并立项,申报镇江市(扬中市)重点研发计划(社会发展)项目9项,立项4项,结题3项。各级医疗机构开展新技术新项目88项,实施70项,受益群众3万人次。全系统撰写科技论文122篇,其中,国家级杂志期刊65篇,省级杂志期刊57篇。 (黄朝华)

【人才、专科建设】 2020年,扬中市安排住院(全科)医师规范化培训14人,在镇江市三级医院培训11人,落实二级医院临床医师参加全科医生转岗培训2人。3名参加转岗培训的基层医生顺利完成为期1年的培训,通过实践技能及理论考试。落实省紧缺人才培训,安排3人赴三级医院开展为期1年的专项培训(临床药师、康复)。落实农村订单定向医学生24人。二级医院、乡镇卫生院(社区卫生服务中心)组织19名医务人员赴三级医院进行3~6个月的培训学习,二级医院接受乡镇卫生院(社区卫生服务中心)30人进修、培训。继续落实护士规范化培训考核、年轻护士临床工作能力考核和市级专科护士培养计划,提升护理队伍能力和素养。47人通过镇江市临床护士规范化培训,通过率94%,组织5人参加江苏省专科护士培训。在职卫技人员学历提升教育92人。举办镇江市级继续医学教育28期,培训医务人员约4200人次。扬中市中医院杨传寿基层名老中医药专家传承工作室建设项目通过镇江市卫健委验收,新坝中心卫生院呼吸内科创成镇江市基层医疗机构特色科室。 (黄朝华)

【医院—社区糖尿病管培一体化培训】 2020年8月28日,全国"内分泌专科医联体建设与社区规范化诊疗教育计划"项目暨医院—社区糖尿病管培一体化培训班在扬中市长江大酒店举行,扬中市200余名相关专业基层医务人员参加培训。活动由扬中市卫生健康委员会、扬中市人民医院主办,中国医疗保健国际交流促进会糖尿病分会提供学术支持。会议邀请中华医学会内分泌学分会第十届委员会主任委员母义明教授等8位国内知名专家、学者,就内分泌代谢领域的热点问题、研究成果和诊治进展作主题报告,就基层内分泌代谢疾病管培一体化的热点及进展开展专题学术交流。 (黄朝华)

6月6日,新坝中心卫生院糖尿病并发症筛查工作站揭牌仪式 (卫健委供图)

疾病预防控制

【传染病防治】 2020年,扬中市报告乙类传染病7种、267例,丙类传染病报告4种、128例,其他传染性疾病报告6种、648例。无传染病死亡病例、甲类传染病报告。规范开展肠道传染病防控,加强学校手足口、诺如、麻疹、水痘、流感等传染病防控,处置各类预警信息39条，预警病种涉及肺结核、其他感染性腹泻病、流感、流行性腮腺炎、麻疹、AFP(急性弛缓性麻痹病例)、新型冠状病毒肺炎等，及时处置率100%，填报及时率100%。开展突发公共卫生事件风险评估，突发公共卫生事件报告及时率100%，规范处置率符合相关要求。处置水痘等突发公共卫生事件5起，手足口等聚集性疫情23起。 （王伟）

【血吸虫病防治】 2020年，扬中市完成血防综合治理三年目标任务，实施综合治理33.4万平方米。完成钉螺调查2120.94万平方米，发现钉螺面积226.52万平方米，灭螺696万平方米，灭螺后钉螺死亡率95.98%，活螺密度下降率96.23%。开展血清学检查1.31万人次，无急感病人。规范开展碘缺乏病防治，加强农贸市场、商场(超市)、居民户盐碘监测，加大碘缺乏病防治知识宣传和健康教育，开展人群碘营养及病情监测，完成地方病"十三五"防治规划终期评估工作。做好疟疾防控，落实门诊血检疟原虫和血片互审。按省重点寄生虫病防治工作要求，在经开区和西来桥开展土源性线虫病监测工作。 （朱纪文）

【艾滋病防治】 2020年，扬中市新发现和报告艾滋病病毒感染者/病人12例，累计发现艾滋病病毒感染者/病人150例，其中，98%的感染者/病人接受抗病毒治疗。实施人群检测7.1万人。实施省级艾滋病综合防治示范区工作，健全防治网络、落实有效措施、创新特色工作。组建全市红丝带健康宣讲团，宣讲40余场次，受众人群5000人，创作三句半、动漫视频、抖音等艾滋病宣传作品，在省级艾滋病作品征集大赛中，获得一等奖2个、二等奖1个、三等奖3个。推行艾滋病自主检测投放机新项目，在中央商场、城北公园等公共场所放置投放机15台。 （朱纪文）

【结核病防治】 2020年，扬中市发现活动性肺结核病人109例，病原学阳性76例，占活动性病人73.1%，2019年同期活动性肺结核患者成功治疗率91.3%。扬中市"五率"指标(结核病人报告率100%、病人转诊率100%、总体到位率98.8%、结核病人系统管理率100%、涂阳病人家属筛查率100%)保持高位达标。推进重点人群社区免费筛查，对3.36万名65岁以上人群和9086名糖尿病患者开展肺结核症状问诊和胸片筛查，转诊41例，确诊肺结核患者6例。严格落实"三位一体"市、镇、村三级管理，规范、科学实施督导和随访管理，规则服药率与规范管理率100%。执行患者关怀政策，累计为符合要求的患者发放营养和交通补助费用4.10万元。 （朱纪文）

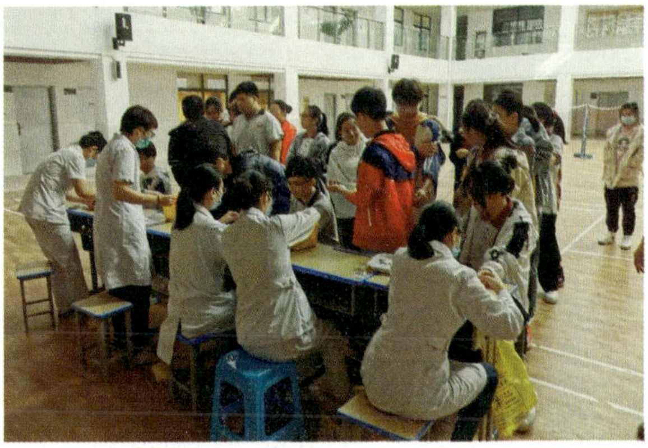

结核病检测进校园 （卫健委供图）

【慢性非传染性疾病防治】 2020年，扬中市完成国家慢性病综合防控示范区复评材料报审工作。做好死因监测和慢五病登记。慢性病健康教育与健康促进有序开展，开展健康主题日活动，组织开展"万步有约"职业人群健走大赛活动，获得"全国优秀健走组织单位奖""江苏省内优秀健走示范区"和"江苏省健走激励大赛先进单位三等奖"。慢性病患者自我管理工作全面展开，全市组建慢病患者自我管理小组10个，招募组员120人，完成基线问卷和评估调查各120份，累计开展小组活动100余次。完成500人的重点慢性病患者及高风险人群筛查，组织开展人群健康认知度调查300人份。 （朱纪文）

【免疫规划】 2020年，扬中市贯彻执行《中华人民共和国疫苗管理法》，落实疫苗管理各项制度，强化疫苗采购、储存、运输、分发各环节监管，规范处置过期疫苗，严格执行疫苗冷链信息化管理各项制度。召开疫苗遴选会议，及时调整产品供应目录。定期评估和上报全市冷链设备更新变动信息。开展计免监测，全市报告AFP病例2例，未报告麻疹确诊病例(排除病例3例)，完成麻疹疫情的应急免疫18人次。做好疑似预防接种异常反应(AEFI)监测，对68例副反应(异常反应18例)规范开展调查、处置和报告。按要求做好全市疫苗预防接种服务人员(轮训人员、新上岗人员)培训。12月，规范开展新冠肺炎疫苗接种工作，接种254人次。 （朱纪文）

【卫生应急】 2020年，扬中市针对新冠病毒核酸检测，组织一次废液溢洒的意外事故演练。开展新冠病毒核酸检测风险评估,制定预防措施,准备充足的防护用品和应急物资。指导或协助调查处理手足口病等聚集性疫情23起、水痘等突发公共卫生事件5起。处置各类预警信息39条,及时处置率100%,填报及时率100%,为及时处置各类传染病疫情或事件提供科学依据。中心根据突发公共卫生事件的特点,做好应急物资储备工作,增补更新部分防护用品、添置消杀药械、诊断试剂及耗材、后勤保障设备等。 (朱纪文)

基层卫生

【家庭医生签约】 2020年,扬中市以重点人群为抓手,全面开展家庭医生签约服务,手机App签约5.1万人,累计常住人口签约率40.55%,重点人群签约率69.60%。建成家庭医生工作室16个,其中,社区建成4个,村委会建成12个,定时、定点、定人开展签约服务,三茅街道丰裕社区裕园小区家庭医生工作室获得省星级家庭医生工作室称号。 (王毓彬)

【疾病管理】 2020年,扬中市实施医院—社区糖尿病一体化管理2000人项目,全面完成年度并发症筛查工作任务;建成新坝中心卫生院糖尿病筛查工作站和三茅街道社区卫生服务中心糖尿病筛查工作站,获得省级发文命名确认。推进高血压和糖尿病免费服药工作,纳入《扬中市精准扶贫政策指南》。与医保局联合在市人民医院开展肺癌筛查工作,累计完成胸部CT检查4086例,其中,筛查出确诊肺癌患者33例。 (王毓彬)

【基本公共卫生服务】 2020年,扬中市6家基层医疗卫生机构通过优质服务基层行基本标准评审;调整村卫生室设置,加强村卫生室日常管理;累计拨付基本公卫项目资金2795.7万元,常住人口34.39万人,人均基本公卫经费81.29元(高于省定的80元)。完成65岁以上老年人免费体检3.52万人,登记管理高血压患者3.29万人,糖尿病患者9694人,严重精神障碍患者1407人。 (王毓彬)

【居民健康档案】 2020年,扬中市提高健康档案的工作质量,完善健康档案,删减档案信息不全、死档废档等。加强流动人口建档工作,累计建立电子健康档案31.26万份,建档率90.89%,健康档案使用率66.41%。通过信息系统开放健康档案5.1万余份,全市规范化居民电子健康档案率90.89%。 (王毓彬、王伟)

【老年人保健】 2020年,扬中市各基层医疗机构摸清辖区内65岁以上老人基本资料,开展集中体检,部分机构通过村(居)委会集中组织,提升体检率和群众满意度。完成65岁以上老年人体检3.52万人,开展健康危险因素调查,提供疾病预防、自我保健及伤害预防、自救等健康指导。 (王毓彬、王伟)

【互联网+医养结合病床】 2020年,扬中市推行"互联网+医养结合病床"服务,出台《关于推进"互联网+医养结合病床"服务工作的实施意见》《关于开展"关爱失能人群,医保在行动"工作的通知》《扬中市家庭养老床位试点实施办法》。开设集中医养结合病床18张,医养结合家庭病床273张,医保补助经费28.12万元,民政发放补贴15万元,第三方满意度测评总体满意度93.1%,医务人员服务态度满意度96.55%,服务水平满意度94.78%。该项工作获得全省家庭医生服务模式创新单位称号。 (王毓彬)

卫生监督执法

【医疗废物规范处置监管】 2020年,扬中市在全市公立医疗机构建立医疗废物规范处置常态化监管机制。开展医疗废物规范化处置情况监督检查,出动卫生监督员和卫生监督协管员216人次,出动执法车辆22车次,检查医疗机构74家,出具检查表82份,对13家检查出问题的医疗机构出具卫生监督意见书,提出整改意见,要求限期整改,明确专兼职医废管理人员的职责,加强单位员工和医废管理人员培训,加强医疗污水消毒处理并做好监测工作。推进视频监控系统安装工作,全市1所二级医院、7所一级医院、2所护理院、7家门诊部在医废暂存间安装视频监控系统,全程监控医疗废物规范化处置过程。 (朱月利)

【卫生行政许可及处罚】 2020年,扬中市推进"放管服"改革,规范实施许可审批服务和办理行政处罚案件,办理卫生行政许可287件,其中,放射卫生18件,母婴保健12件,医疗机构校验变更62件,医疗机构校验89件,医疗机构执业登记5件,医疗机构备案4件,医疗机构注销5件,医师注册51人,护士注册41人;办理行政处罚案件37件(一般程序20件,简易程序

17件),其中,非法行医4件,医疗机构4件,医师执业4件,职业卫生13件,公共场所8件,消毒产品4件,经过听证程序1件,罚没款31.09万元,未发生卫生行政诉讼和行政复议案件。年内,1件行政处罚案例获得镇江市“以案释法”优秀案例奖。 (朱月利)

【非法行医查处】 2020年,扬中市联动打击非法行医检查2次,出动卫生监督员40余人次,车辆10车次,检查13名重点人员,发现1起无证行医行为。受理查处无证行医举报6件,其中,查实并实施行政处罚3起(其中,一起首次使用《中华人民共和国基本医疗卫生与健康促进法》处理),罚款金额10.6万元,没收非法所得430元,约谈告诫4人。检查医疗美容机构2家,各类生活美容店60余户,出具各类检查文书20余份,受理投诉举报4起,立案2起,查处1起,罚款0.6万元。 (朱月利)

【公共场所卫生监管】 2020年,扬中市继续对住宿业、美容美发业、沐浴业、游泳场所公共场所单位实施量化分级管理工作,量化分级实施率100%。完成大中型住宿场所、游泳场所、集中空调通风系统和民宿4个专项整治按照创建国家卫生城市和文明城市标准要求,对照新冠肺炎疫情防控相关技术指南,督促各公共场所经营单位卫生许可证、从业人员健康证“两证”到位,建立并落实卫生管理制度,完善基础卫生设施,保证公用物品清洗消毒保洁工作规范运转、记录完整,严格执行公共场所内相关健康相关产品的采购索证,建立完善的公共场所突发事件应急预案和传染病报告的制度。分别对全市住宿业、美容美发业和集中空调通风系统使用单位等行业举办6期、323人次的培训,发放各类宣传资料1200余份。 (朱月利)

职业病防治宣传 (融媒体中心供图)

【生活饮用水监管】 2020年,扬中市开展网络销售净水器专项监督抽检工作,抽查网上销售净水器3种,检查营业执照、卫生许可批件等材料12份,未发现有违规产品网上销售情况。举办以“关注饮水安全、共享健康生活”为主题的饮用水卫生咨询服务活动6场;召开生活饮用水卫生知识培训会议2场,248人参加培训,发放材料345份,发放培训合格证127张,培训合格率100%,建档率100%;加强对集中式供水单位、二次供水单位的监督检查,现场督查集中式供水单位涉水产品生产企业的疫情防控工作,督查集中式供水单位(含管道分质供水)和二次供水单位138户次,出具现场检查表190余份,监督抽检样品106份,集中式和二次供水抽检合格率100%;约谈告诫细菌总数、余氯、浑浊度等项目超标的相关供水企业负责人。 (朱月利)

【放射诊疗监督】 2020年,扬中市年度监督与校验医疗机构的“放射诊疗许可证”14家,审查新建放射诊疗设备医疗机构的放射诊疗许可3家。监督检查放射卫生技术服务机构1家。将14家放射诊疗单位申报开展基本情况调查和职业病危害项目,纳入放射卫生监管平台。针对监督检查中发现的问题,卫生监督员提出整改意见,问题限时整改到位。 (朱月利)

妇幼健康

【妇女保健】 2020年,扬中市产妇1572人,活产数1586人,建卡1572份,建卡率100.0%;其中,非本省居住(1年以下)活产数159人,建卡率100%;早建数1519人,早建率96.6%;产前检查1572人,检查率99.1%,产前五次检查1543人,五次率97.3%;产后访视1550人,访视率97.7%;孕产妇死亡0人;助产医疗机构活产数1320人,住院分娩率100%;剖宫产965人,剖宫产率73.5%;新生儿严重多发致残出生缺陷0人。新生儿听力筛查1319人,筛查率99.9%。新生儿遗传代谢性疾病筛查1319人,筛查率99.9%,发现高促甲状腺激素病例2例。 (朱纪文)

【儿童保健】 2020年,扬中市新生儿1586人,建卡1680人,建卡率100%;纯母乳喂养1318人,纯母乳喂养率83.1%。全市0~2岁儿童6648人,系管率97.0%,0~6岁儿童1.66万人,健康管理1.65万人,健康管理率99.4%;新生儿死亡1人,死亡率0.68‰;婴儿死亡1人,死亡率0.63‰;5岁以下儿童死亡4人,死亡率

2.52‰。23家托幼机构卫生保健合格率100%;保教人员体检1131人，受检率100%；儿童入托体检3002人,体检率100%;健康体检在园儿童8802人,体检率100%。 (朱纪文)

【妇幼重大公共卫生服务项目】 2020年,扬中市完成农村妇女宫颈癌筛查2.48万人,完成农村妇女乳腺癌检查2.53万人,确诊宫颈癌11例,乳腺癌31例。免费发放叶酸1637人;全市孕妇艾滋病毒抗体、梅毒初筛、乙肝表面抗原检测率100%。规范治疗梅毒感染孕妇2人,为46名乙肝阳性孕产妇所生的新生儿免费注射乙肝免疫球蛋白。 (朱纪文)

妇女两癌筛查活动 (卫健委供图)

【优生健康检查】 2020年，扬中市完成600对适龄青年婚前保健服务,婚前保健率90.1%,疾病检出率8.9%。免费孕前优生健康检查适龄夫妇1172对,检出高风险467例,对异常对象给出相应的干预措施及指导。 (朱纪文)

计划生育

【概况】 2020年，扬中市上报出生人口一孩率58.06%,比上年增加1.75个百分点。江苏省人口和计划生育综合信息平台人口数据逻辑关系准确率98%以上,人口信息化建设达标率99%以上。全年上报出生数1297人,减少344人,出生人口持续减少,往年出生补报6人。扬中市通过省"十三五"计划生育目标管理责任制终末期考核,被授予"全国计划生育优质服务先进单位(2018—2020)"称号。 (曹丽蓉)

【全面两孩】 2020年,扬中市继续实施全面两孩生育政策,完善配套政策措施,联合市财政局出台《关于调整独生子女父母奖励金标准的通知》,将独生子女父母奖励金提高到每人每年100元。实行生育登记服务制度,全市生育登记929户(其中,一孩584户、二孩345户);再生育审批36户;出生1259人(其中,一孩753人、二孩506人)。推动全面两孩配套母婴设施建设,全市7家医疗机构、1家汽车客运站建成标准化母婴室并投入使用,建筑总面积114平方米。分步推进扬中市0~3岁托育机构信息备案工作。9月15日,扬中市佳佳乐教育培训有限公司在国家托育机构备案信息管理系统审核通过,成功备案为扬中市首家普惠托育机构。 (曹丽蓉)

【奖特扶发放】 2020年，扬中市新增奖励扶助对象1023人,发放农村部分计划生育家庭奖励扶助4.04万人次,发放奖励扶助金1941.36万元;新增特扶对象66人(其中,独生子女死亡46人,独生子女伤残20人),发放计划生育特别扶助1659人次，发放特别扶助金670.3万元(其中,独生子女伤残特别扶助598人次,发放特别扶助金217.9万元；独生子女死亡特别扶助1061人次,发放特别扶助金452.4万元)。"持独生子女父母光荣证"企业退休职工一次性奖励3005人,发放一次性奖励金900.54万元;城镇非从业人员45人,发放一次性奖励金13.5万元。发放独生子女父母奖励金155.58万元。 (曹丽蓉)

【计生困难救助】 2020年,扬中市开展计生特殊困难家庭救助,发放救助资金80余万元。为全市"失独"家庭526人提供每年每人500元的"慈善关爱"保险。为全市60周岁以上316名失独老人购买意外伤害保险。为全市符合条件的计划生育特殊家庭7人办理公交免费出行。继续实施失独第三代"润苗工程"帮扶工作,根据计生困难家庭的实际情况，为100名计生特殊家庭未成年第三代赠送"连心相伴"保险。 (曹丽蓉)

医疗机构选介

【扬中市人民医院】 2020年,扬中市人民医院(以下简称市人医)总建筑面积5.1万平方米。编制床位700张,实际开放床位710张。有职工947名,其中,在编职工617人，专业技术人员883人，高级专业技术职称145人,中级技术职称289人,博士1人,硕士研究生49人,省、镇江市级有突出贡献的中青年专家3人,省"333高层次人才培养工程" 学术技术带头人2人,镇江市“169 技术骨干”8 人，扬中市“321 专业技术带头人”18 人。设有临床科室 36 个，医技科室 8 个，其中，胸外科、肿瘤科、消化内科、肾内科、普外科为镇江市临床重点专科，眼科为镇江市临床重点专科建设单位。医院总资产 6.50 亿元，资产负债率 35.48%。医院全年完成业务收入 4.77 亿元，门急诊病人 80.13 万人次，出院病人 2.63 万人次，住院手术 8853 人次。强化专科建设，与残联联合建设的康复院区投入使用，配备门诊、药房、病区，有医护人员 19 人，治疗师 15 人，设床位 100 张，首批开放床位 30 张。引进医美专业博士徐斌主任医师，完成大中型医美手术 500 余例；推进肿瘤 MDT，与上海仁济建立肿瘤 MDT 联络平台。介入诊疗中心完成心内科、神经内科、血管外科等手术 1388 台次，心内科新开展球囊反搏、永久性心脏起搏器安装等新技术，完成急诊手术 69 例。胸痛中心由“基层版的胸痛中心”申请升级为“标准版的胸痛中心”，通过国家胸痛中心检查专家的预检。建成刘健(肝胆外科)、何侠(放疗科)、尤永平(神经外科)、吕强(泌尿外科)、陈治宇(化疗科)、范钦和(病理科)6 个专家工作站。牵头建设扬中市医共体。放大“健康快车”“光明进社区”“居家护理服务”品牌效应，开展大型综合义诊 6 次、其他健康促进活动 25 次，参与群众 4200 人次；上消化道肿瘤早诊早治项目完成免费筛查 2156 例，发现消化道肿瘤 24 例、癌前病变 148 例，其中，16 例早期癌症；完成肺癌早筛 4146 例，发现肺早癌 30 例；开展“健康赋能机关行”活动 8 场。完成对口援疆、援陕任务。108 名医护完成 68 次医疗应急保障任务。加强硬软件建设。门诊电子病历上线，开通多渠道的预约、挂号、缴费形式，自助系统不断完善；收购华康医药公司房产，进行医院整体布局的规划和改造；新建消毒供应中心通过省级验收。 （郭莹）

【扬中市肿瘤防治研究所】 2020 年，扬中市肿瘤防治研究所通过镇江市级医学临床重点专科评审。发表论文 6 篇，2 篇论文分别获得扬中市优秀论文一等奖，三等奖；1 项科研项目获批江苏省 “333 高层次人才培养工程”人才项目及镇江市科技支撑项目资助，1 项科研项目获得国家癌症中心早诊早治共同成长计划及镇江市科技指导性项目立项，继续与国家癌症中心合作开展国家“十三五”重点研发项目“食管癌专病队列研究”后续工作；1 人入选江苏省预防医学会慢性病预防与控制专业委员会委员；1 人获得镇江市青年人才托举计划资助。开展人群为基础的高精度肿瘤登记，获得 2020 年度全国肿瘤登记工作杰出贡献奖，年度报告新发肿瘤病例 1382 例(男性 806 例，女性 576 例)，报告恶性死亡病例 897 例(男性 586 例，女性 311 例)。通过全国早诊早治督导组验收及省疾控中心肿瘤登记检查，承担国家医改重大项目、扬中市重大公共卫生项目“上消化道肿瘤早诊早治”，完成油坊镇太平村、同德村人群筛查 2156 例，发现上消化道癌 24 例，其中，早期病例 16 例，发现癌前病变 148 例；推进医院门诊上消化道癌机会性筛查工作，规范检查 7662 例，发现高级别瘤变以上病例数 454 例。 （华召来）

【镇江市急救中心扬中市分站】 2020 年，扬中市急救医疗站有专科医生 18 人(包含急诊科医师)，跟车护士和担架员各 9 人，实行 24 小时值班制，出诊时做到一医一护一驾一担架，能熟练处置各种急危重症。急救站拥有救护车 11 辆，其中，监护型救护车 9 辆，配有急救药品、呼吸机、除颤机、吸引器等医疗设备。在镇江市第五届急救技能竞赛中获团队二等奖。急救医疗站采取“120”“110”联动机制，利用“120”监控指挥系统科学、合理的调度。急救医疗站处理急救电话 1.81 万次，出车 5485 次，处置病人 4497 人次，转上级医院 510 人，3 分钟出车率 95%，平均急救反应时间 15 分钟，参加各类保障 120 次。 （侯艳）

【扬中市中医院】 2020 年，扬中市中医院占地面积 1.7 万平方米，建筑面积 2.09 万平方米。现有职工 328 人，其中，在编人员 190 人，高级职称卫技人员 41 人，中级职称 73 人，镇江市名中医 3 人、镇江市专业技术带头人 4 人、扬中市专业技术带头人 17 人，返聘退休中医专家 4 人。编设病床 200 张，实际开放病床 260 张。设有临床科室 15 个，医技科室 7 个，其中，脾胃病科、儿科为镇江市中医临床重点专科，被确认为江苏省基层医疗机构中医特色专科建设单位，针灸推拿科、肛肠科、脑病科为扬中市中医临床重点专科，针灸推拿科被确定为镇江市中医临床重点专科建设单位。医院总资产 1.75 亿元，资产负债率 55.2%，全年业务收入 1.02 亿元，门急诊 17.88 万人次，出院 1.03 万人次，病床使用率 84.92%，手术 3762 人次。中医院与中国医学科学院肿瘤医院头颈外科合作，成立“李德志教授工作站”，与东南大学附属中大医院妇产科合作，成立“沈杨教授工作站”，与上海市浦东新区人民医院泌尿外科合作，成立“顾斌教授工作站”。与 8 所三甲医院的 15 个专科建立稳定合作关系，建成 6 个教授工作站，20 余名专家定期到院坐诊、手术。中医院消化内镜中心成功实施“双镜”(结肠镜和腹腔镜) 联合下结肠多发性息肉及肠道肿瘤根治术,内镜下胃肠道息肉及早癌的EMR(经电子内镜食管胃十二指肠黏膜切除术)、ESD(经电子内镜食管胃十二指肠黏膜剥离术)手术达到三级医院同质水平;外科开展首例肾脏肿瘤微创术、首例腹腔镜下保肾肾肿瘤切除术、3例头颈肿瘤根治术;妇产科施行单孔腔镜下卵巢巧克力囊肿剔除术、宫颈子宫肌瘤剔除术、全子宫切除术、卵巢畸胎瘤剥除术及后盆腔重建术;骨科开展椎间孔镜、关节镜等微创技术,实现创伤、脊椎、关节、手外科全面发展。举办第十一届冬病夏治暨夏季养生节、第十二届膏方节,服务群众2000余人。中医院加快推进抗疫国债项目——综合大楼建设,总投资1.1亿元,高11层、建筑面积2.3万平方米。年内,引进新技术新项目8项,有1项科研项目立项,卫技人员发表专业论文8篇。（中医院）

【新坝中心卫生院】 2020年底,新坝中心卫生院在职职工129人,其中,卫生专业技术人员100人,取得高级职称卫生专业技术人员42人,中级职称25人,镇江市科技骨干1人,镇江市“169五期工程”乡村优秀科技人才2人,扬中市“321”工程(扬中市级专业技术带头人)8人。完成门急诊17.28万人次,完成业务总收入5015.39万元。医院总资产2491.83万元,净资产1786.35万元;药占比57.12%;资产负债率28.31%。14个家庭医生服务团队及时完成205名武汉回扬中人员及5079名外地回扬人员居家隔离与监测工作。参与省级“优质服务基层行”活动,借力扬中市人民医院医联体、中医院中医联盟平台推进医疗护理精细化管理。增加体检中心诊疗科目。推行医养中心和“互联网+”家庭病床服务,新坝中心卫生院率先在全市推广“智慧医养融合护理病床”服务,实行院内院外、线上线下相结合医养服务新模式。6月,新坝中心卫生院医养结合项目指挥服务中心设立,为23张建床家庭安装远程监控和一键呼叫等设备,通过互联网获得及时诊疗、护理和康复等医疗服务。6月,设立扬中市医疗保障新坝服务中心、建成省级糖尿病并发症筛查工作站;院基层血管健康管理中心项目得到推广。7月,院呼吸内科被确定为“2019年度镇江市基层医疗卫生机构特色科室”。10月,新坝中心卫生院联合门诊部异地搬迁至公信社区。新坝中心卫生院投入近500万元购置各类大中型医疗设备,包括CT、B超和康复设备等。9月,开展疼痛康复服务;11月10日,举行“镇江市第一人民医院——扬中市新坝中心卫生院医联体”揭牌暨扬中市新坝中心卫生院“16排螺旋CT”开诊仪式。（唐琴）

【三茅街道社区卫生服务中心】 2020年,扬中市三茅街道社区卫生服务中心有在编职工151人,乡村医生及社会化用工48人,其中,在编职工中高级职称79人。江苏省基层卫生骨干人才5人,扬中市基层卫生骨干人才2人,扬中市“321”工程学科带头人5人。设有临床、医技科室29个。完成门诊25.3万人次,比上年下降9%,住院456人次,下降20%,医疗收入858万元,下降15%。完成“两癌”筛查6874人次,发现乳腺癌6人,宫颈癌4人,跟踪随访阳性病人;完成叶酸补服288人次,检测445人;做好艾滋病管理工作,全年干预场所48次,大型工地宣传1次,学校宣传讲座1次;按照“突出重点、分类指导”的原则,查螺面积407.6万平方米,灭螺面积22万平方米,血防血液检测3006人,粪便检测510人。构建家医—社区卫生服务网络,无缝对接医疗服务和社区服务,启动家医工作室建设,完成31个村(社区)的家医—社区卫生服务网络建设的对接工作,分别在丰裕社区、扬子新村等5个村(社区)启动家庭医生工作室,定时定点开展慢病健康管理工作,其中,丰裕家医工作室被评为省星级家医工作室。中心中医肛肠科为扬中市临床特色专科,科室有副主任医师2人、10张床位及2个专科手术室,配有全自动灌肠仪、高频电离肛肠治疗仪、微波理疗仪、电子肛肠镜等仪器。全年肛肠科住院233人次,手术233人次。开展项目有中医中药生物反馈治疗出口梗阻性便秘、痔上黏膜吻合器术治疗重度内痔、高位复杂性肛瘘、混合痔RPH微创手术、环状混合痔无痛手术、出口梗阻性便秘等痔种技术。（丁美华）

【兴隆街道社区卫生服务中心】 2020年,扬中市兴隆街道社区卫生服务中心有在编职工92人,其中,卫生专业技术人员76人,高级职称18人,镇江市学科带头人2人,扬中市学科带头人5人。全年门急诊9.5万人次,住院病人701人次,床位使用率95.8%,手术313人次。建立居民健康档案2.84万人,建档率85.54%。管理0~36个月儿童515人,新生儿访视515人,产后访视118人,管理率100%。管理65岁以上老人6454人,管理高血压患者3867人,管理糖尿病患者1158人。家庭医生服务团队6支,签约7622人,建立家庭病床25张。（耿昌瑜）

【扬中市精神病防治院】 2020年,扬中市精神病防治院年门诊2.8万人次,住院115人次。现有床位38张,主任医师1人,副主任医师1人,住院医师3人,其中,镇江市学科带头人1人,扬中市“321”培养人才1人。

与医共体单位镇江精神卫生中心合作每周派一名专家定期坐诊、查房、讲学、疑难病例讨论。开展"心理健康进校园"活动，走进全市四所学校，有针对性对1200余名学生、200余名老师及400余名家长开展心理健康宣教。组建心理健康辅导小组，对各类人员辅导千人次，对抗疫援鄂医务人员家属开展定期咨询，提供药物。为重性精神障碍贫困患者免费健康体检200余人次。

（祝勇）

【油坊镇卫生院】 2020年，油坊镇卫生院在编职工81人，乡村医生8人。其中，卫生专业技术人员69人，高级职称13人，中级职称26人，扬中市"321"工程学科带头人7人，省基层卫生骨干人才2人，扬中市基层卫生骨干人才1人。全年完成门急诊11.04万人次，住院病人253人，业务总收入3039.25万元；总资产750.06万元，净资产427.61万元。年内，购买麻醉机、DR(数字摄片机)、中药熏蒸仪、温针艾灸仪等设备。中医科开展小针刀、中药熏蒸、温针艾灸、中药敷贴等新技术、新疗法。针对部分特殊人群开展中医非药物治疗免费体验820人次，理疗康复收入比上年增长25%。8月，在长旺门诊部建立甲病治疗特色门诊，经治疗62例，效果明显，复发率低。9月，与市中医院合作开展无痛胃镜项目，胃镜检查人次、医疗收入明显增长；查出胃癌6例，其中，早癌3例，年龄最小的30岁。2020年度重大公共卫生考核第三，基本公共卫生年度考核指标如期完成。完成老年人体检6958人，家庭医生签约2.74万人，其中，重点人群签约1.46万人，个性化有偿签约5961人。慢性病面对面随访2.3万人次。

（杨芬）

【八桥中心卫生院】 2020年，八桥中心卫生院在编职工105人，乡村医生8人。在编职工中卫生专业技术人员89人，高级职称28人，中级职称40人，扬中市"321"工程学科带头人5人，省基层卫生骨干人才4人，扬中市基层卫生骨干人才2人，镇江市"169"工程乡村优秀人才4人。全年完成门急诊12万人次，出院病人306人次，开展各类手术123例，病床使用率45.12%，住院床日数3070天，收入3684.12万元，资产负债率10.28%。7月，获6500万元(国债5000万元，地方配套1500万元)抗疫特别国债项目资金支持，拟在原址翻建新院，床位规模100床(其中，内科、外科、妇产科60张，康养40张)，占地面积约1.07公顷，总建筑面积1.21万平方米，建设周期2年。推进扬中市人民医院—八桥中心卫生院紧密型医共体建设进程，提高医疗质量和医疗文书书写水平。通过国家"优质服务基层行活动"第二轮申报评审。完成重点人群家庭医生签约1.79万人(其中，免费包1.39万人，收费包4057人)；高血压健康管理3812人，糖尿病健康管理1154人，开展慢病随访2.15万人次；精神病人健康管理171人；完成65岁以上老年人体检4981人；农村妇女增补叶酸146人，完成"两癌"普查2703人。为全镇失能、半失能居民建立"互联网+家庭病床"42张。在长胜村和红旗村完成110户国家居民健康素养监测，推进慢性病高危人群健康干预与"健康校园行"相关活动任务的落实。

（祝贞贵）

【西来桥镇卫生院】 2020年，西来桥镇卫生院在编职工45人，乡村医生2人。其中，卫生专业技术人员34人，高级职称8人，中级职称12人，扬中市"321"工程学科带头人1人，江苏省基层卫生骨干人才1人。全年完成门急诊5.8万人次，住院病人73人，业务收入1671.09万元，比上年增加111.89万元；医疗收入201.56万元；医院总资产1126.5万元，净资产929.6万元；添置光子治疗仪、冲洗机、全自动血压计；建立独立的中医诊疗区域，在和南京中医药大学王中林副教授合作成立整脊工作室的基础上，邀请扬中市人民医院中医科严德铨医师定期到院坐诊。开展"互联网+家庭病床工作""互联网+慢性病智慧管理"和低收入人口慢性病免费服药创新项目，全面提高居民的生活质量。完成2477名65岁以上老年人体检，新发现高血压病人76人，规范管理高血压2318人，规范管理率98%；糖尿病建档605份，新发现糖尿病人26人，按照规范要求开展2型糖尿病患者健康管理601人，规范管理率99.34%。完成上消化道肿瘤筛查200例，完成家庭医生签约服务8655人，其中农村低收入家庭签约率100%，慢性病、60岁以上老年人签约率100%。

（叶鸣）

体 育

综 述

【概况】 2020年，扬中市普及全民健身体育设施，印发《2020年度扬中市场地设施建设资金补助办法》，建设公园13个、体育广场6个、健身路径30条和健身步道10.5千米，首批智能体育器材在滨江公园投入使用。推进公共体育场馆免费或低收费开放，扬中市奥体中心与扬中市新坝体育馆成功申报2020年中央和省级场馆免费低收费开放补助资金。举办好体育“云”赛事活动，在疫情防控期间开展12期“健身云教学”，首次开展线上运动会，设立比赛项目8个。承办镇江市少儿击剑比赛和江苏省青少年校园足球赛。组织开展2020年“绿森杯”城市游泳邀请赛，“行进河豚岛”户外运动嘉年华徒步篇、骑行篇和迷马篇。扬中市女子曲棍球队5名队员入选U17江苏省女子曲棍球队集训名单，教练员陈燕被聘为集训队助理教练；扬中市2名队员入选江苏省象棋队，备战第五届全国智力运动会。江苏省老年人气排球俱乐部联赛（镇江赛区）的比赛中，扬中市代表队获男子第三名和女子组第五名，获得优胜奖。舞韵芳洲舞蹈队在江苏省第八届全民健身运动会健身秧歌（鼓）比赛暨2020年江苏省健身秧歌（鼓）大赛获A组第八套健身秧歌规定套路优胜奖和自选套路优胜奖。扬中市奥体中心体育馆和扬中市奥体中心健身游泳馆获江苏省百佳优秀场馆。奥体中心营业收入1240万元，体育彩票累计发行7456万元。年内，申报AAA级社团1家，有体育社会组织45家，其中，22家体育单项协会，23家体育俱乐部。 （徐晶）

【城乡公共体育设施网络建设】 2020年，扬中市以基层全民健身设施建设为抓手，投入专项补助115万元，为居民打造家门口的“健身房”。截至年末，全市建有健身路径294套、体育公园46个、健身步道33千米，利用公园、绿地、广场等公共场所、天然场地，建设体育公园、体育广场、多功能运动场，基本实现“十分钟健身圈”全覆盖，为基层群众开展文体活动提供阵地保障。 （融媒体中心）

群众体育

【智能体育器材投入使用】 2020年，扬中市首批智能健身器材在滨江公园投入使用。该组智能健身器材有10件器材，每件器材上配有LCD显示屏、蓝牙音箱等智能化设备，采用太阳能供电照明，健身器材显示屏显示运动时间、运动次数、运动频率、消耗卡路里等实时数据，通过手机扫描二维码实现运动记录存储。 （潘凡）

【扬中市获“气排球之乡”称号】 2020年1月，扬中市通过考核验收，被江苏省老体协授予“气排球之乡”称号。2016年，扬中市首次启动气排球项目，组建扬中市男、女气排球队参加镇江市老体协举办的气排球赛，获优胜奖。2017年，扬中市老体协制定创建“气排球之乡”三年任务目标。2020年，全市中老年气排球队从初期的2支发展到25支，每年各项比赛成绩良好。 （潘凡）

【江苏省老年人体育节扬中分会场】 2020年5月19日，2020年江苏省老年人体育节扬中分会场开幕式暨太极拳大联动活动在油坊镇中心公园举行。活动由市文体广电和旅游局、卫健委、民政局、人社局、老干部局、老年人体协、油坊镇党委政府联合主办。现场展演24式太极拳、32式太极剑、混元拳、腰鼓、莲湘、柔乐球、健身秧歌、广场舞、扇舞等节目。 （潘凡）

【网络全民健身运动会】 2020年8—9月，扬中市举行首届网络全民健身运动会。通过“线上+线下”模式，举办全民健身运动会。网络全民健身运动会是扬中市文体广电和旅游局根据上级指导精神，在疫情防控形势下，通过网络方式持续推进群众体育的发展，切实提高群众身体素质的一项创新举措。首届网络全民健身运动会参赛项目包括秧歌、跳绳、足球、篮球、乒乓、踢毽、气功、太极8个项目。组委会开通邮箱、微信、QQ、公众号、现场提交等多种方式接收视频。1000余人次报名参赛，其中，年龄最小的7岁，年龄最大的82岁。比赛通过线上赛绩评分，邀请专家评判，评分全程通过视频公开播放，公开透明。通过“线下健身展示+线上公开评赛”联动，为群众搭建“全民健身大舞台”，扩大线上科学健身推广服务的规模，打响“云健身”赛事活动品牌，以点带面持续推进群众体育发展。（潘凡）

8—9月，扬中市举行首届网络全民健身运动会

（融媒体中心供图）

【江苏省第八届全民健身运动会健身秧歌（鼓）比赛】 2020年9月12—14日，扬中市舞韵芳洲舞蹈队代表镇江市参加江苏省第八届全民健身运动会健身秧歌（鼓）比赛暨2020年江苏省健身秧歌（鼓）大赛，获得A组第八套健身秧歌规定套路优胜奖，自选秧歌《梁祝》获自选套路优胜奖。（徐晶）

【机关单位游泳比赛】 2020年9月26日，“中国体彩杯”2020年扬中市机关单位游泳比赛在奥体中心游泳馆举行。全市12家机关单位的近百名选手参赛。比赛分男子、女子甲组（46岁以上），男子、女子乙组（45岁以下）4个组别；赛事分为50米、100米蛙泳和自由泳等项目。政协代表队、教育局代表队、供电公司代表队分获团体第一、二、三名，卫健委、公安局分获团体第四、五名，融媒体中心和人社局团体总分并列第六名。（融媒体中心）

【“绿森电气”杯城市游泳邀请赛】 2020年11月28日，扬中市2020年“绿森电气”杯城市游泳邀请赛在奥体中心游泳馆举行，江苏和上海的15支代表队、466名选手应邀参加。比赛分为50米和100米蛙泳、自由泳、仰泳和50米蝶泳7个单项及4×50米自由泳接力、4×50米混合泳接力。上海泳者之星代表队、常州海纳环保代表队、扬中泳协代表队分获团体第一、二、三名，淮安冬泳、兴化泳协、灵动俱乐部代表队分获团体第四、五、六名。（潘凡）

【第三届体育舞蹈青少年精英公开赛】 2020年11月，中国扬中第三届体育舞蹈青少年精英公开赛暨DYDance标准舞成人表演在市奥体中心闭幕。赛事由市体育舞蹈运动协会和市豚岛文化传媒有限公司主办。全国各地52支舞蹈代表队、近800名舞者参加比赛。比赛分3单元，经过预赛、半决赛、决赛产生儿童、青少年、各年龄组及标准舞组、拉丁舞组冠军。（融媒体中心）

竞技体育

【镇江市少儿击剑比赛】 2020年8月29日，2020年镇江市少儿击剑比赛在扬中市奥体中心体育馆开赛。11支队伍、200余名选手参赛。扬中外国语小学王睿天获男子重剑一组个人第三名，风行击剑俱乐部三名参赛选手分获男子重剑幼儿组个人前三名，风行击剑俱乐部郭恒宇、徐益杭获男子花剑乙组个人并列第三名，风行击剑俱乐部潘星睿获男子花剑儿童组个人第二名，扬中外国语小学郭马成、张弛获男子花剑幼儿组个人第二、三名，风行击剑俱乐部戴睿彤获女子重剑甲组个人第三名，扬中外国语小学郭秋彤获女子重剑儿童组个人第二名。在团体赛中，扬中外国语小学获男子重剑乙组第三名、男子花剑幼儿组第二名；风行击剑俱乐部获男子重剑幼儿组第一名、男子花剑幼儿组第三名、女子花剑幼儿组第三名。（徐晶）

【江苏省青少年田径锦标赛】 2020年8月6—9日，2020年江苏省青少年田径锦标赛暨县组田径比赛（第一赛区）在宜兴市体育中心体育场举行。扬中市体育学校派队参加赛事，取得1金2铜、团体总分38分，位列全省第17名，保持甲级队。扬中骁将周泉以10.83的优异成绩获得男子百米冠军。（潘凡）

【女子曲棍球队队员、教练员入选U17省集训队】 2020年9月，扬中市女子曲棍球队田菲洋、马嘉鸿、孙晋利、张乐和杨婷婷5名队员入选U17江苏省女子曲

棍球队集训名单,教练员陈燕被聘为集训队助理教练,代表江苏备战第十四届全国运动会。 (潘凡)

【江苏省青少年校园足球联赛】 2020年9月3日,2020"省长杯"卡尔美江苏省青少年校园足球联赛小学男子甲组和小学女子甲组2个组别的比赛在扬中市奥体中心体育场举办。"省长杯"江苏省青少年校园足球联赛是四级联赛体系中最高等级联赛,由江苏省教育厅和江苏省体育局联合主办。全省12支球队、200余名运动员参加比赛。经过11天的比赛,徐州市津浦西路小学、南通海门区证大小学、盐城东台市第二实验小学、苏州太仓高新区第二小学、宿迁市宿豫区大兴中兴小学、连云港师专二附小、南京市雨花台区实验小学和苏州盘溪中心小学获小学男子甲组前八名,常州东青实验学校、盐城市松江路小学、行知小学陶娃队、丹阳市云阳学校、睢宁县凌城镇中心小学、无锡市春城实验小学、宝应县实验小学和张家港市凤凰中心小学获小学女子甲组前八名。 (潘凡)

【第十一届男子篮球联赛】 2020年9月5日,扬中市第十一届"茅台王子酒·金王子杯"男子篮球联赛举行。活动由市文体广电和旅游局、市总工会主办,市篮球协会承办的。比赛设有竞赛组、健身甲组、健身乙组、健身丙组4个组别,28支球队,500余名球员参赛。赛事历时3个月,经过2个阶段11轮、119场比赛,决出各组名次。西来风驰篮球俱乐部、鸿鹄篮球俱乐部、三茅街道新蜂篮球俱乐部分获竞赛组前三名;绿洲新城益加益篮球俱乐部、老友篮球俱乐部、天朗篮球俱乐部分获健身甲乙丙组第一名。 (潘凡)

【第二届迷你马拉松赛】 2020年10月3日,"天禾旅游杯"扬中第二届迷你马拉松赛举行。150个家庭、500名运动爱好者在长江渔文化生态园开跑。该次迷你马拉松赛仅设亲子组,全程2千米,从长江渔文化生态园外广场出发,绕生态园内一圈。活动加入公益和环保的元素,开展"我捐一本书"公益行动和"垃圾分类"知识普及活动,围绕活动设置相应的打卡任务及趣味游戏。 (徐晶)

【扬中足球冠军联赛】 2020年11月,"天禾旅游"2020扬中足球冠军联赛在园博园天禾体育公园开幕,联赛由市文体广电和旅游局、天禾旅游发展有限公司联合主办。扬中市7支本土球队和1支受邀球队,199名球员参加比赛。比赛有14轮,赛程持续到2021年1月17日,采用双循环积分赛的方式争夺冠、亚、季军奖杯。最终,超越者FC获得第一名,同文FC获得第二名,聚友FC获得第三名。 (潘凡)

【扬中籍运动员方昊入选"国字号"足球队】 2020年12月4日,内蒙古中优足球俱乐部接到中国足球协会关于U21国家男子足球队集训通知,该俱乐部队员扬中籍运动员方昊入围,备战2022年杭州亚运会。(徐晶)

链接:方昊简介

方昊,2000年出生于扬中,司职前锋。先后就学于扬中八桥中心小学、扬中第二实验小学、大港中心小学,11岁被市体校汪磊指导选中开始足球训练,此前是一名少年田径选手。入选市足球队,再顺利进入省队,多次入选国少队。2015年,在鲁能足校接受训练比赛;2017年底,被鲁能派往巴西接受训练。2020赛季,方昊从山东鲁能泰山足球俱乐部加盟内蒙古中优足球俱乐部,方昊代表呼和浩特队首发出场7次,替补出场5次,出场时间697分钟,进球2次,在第一阶段对阵泰州远大的比赛中,他在国内职业联赛赛场上取得首次进球。

【全国青少年U系列曲棍球锦标赛】 2020年12月17—23日,"中国体育彩票杯"2020年全国青少年U系列曲棍球锦标赛U15组比赛在四川达州举行。经过7天比赛,扬中市女子曲棍球队获得该次比赛U15组第三名。 (潘凡)

10月3日,扬中举办第二届迷你马拉松赛

(融媒体中心供图)

社会生活

收入与消费

【居民收入】 2020年，扬中市居民人均可支配收入49143.8元，比上年增长4.8%，比上年增加2237.2元。分城乡看，城镇常住居民人均可支配收入60050.1元，增长3.8%，增加2220.6元，总量、增速、增量均居镇江首位；农村常住居民人均可支配收入32474元，增长6%，增加1838.2元，增量列镇江市首位。（马万鹏）

【居民消费】 2020年，受疫情影响，扬中市居民消费水平略有下降，人均生活消费支出24748.5元，比上年下降2.2%。其中，城镇居民27952.1元，下降1.6%；农村居民19852元，下降3.9%。（马万鹏）

就业创业

【概况】 2020年，扬中市城镇新增就业6691人，城镇失业人员再就业8012人，城镇失业登记率1.64%，新增转移农村劳动力405人，就业困难人员再就业1936人。扶持创业532人，创业带动就业2710人，发放创业贷款2980万元，新增农民创业223人，引领大学生创业207人，开展创业培训863人，城乡劳动者职业技能培训3168人，城乡新成长劳动力技能培训1009人。

（施吉鸿）

【特殊群体就业帮扶】 2020年，扬中市人社局调查摸排全市退捕渔民274人，上门宣传优惠政策，做好退捕渔民就业培训工作，提升就业技能。开发5个护渔员岗位安置渔民就业，在劳动年龄段内有就业愿望的退捕渔民全部实现就业。为符合条件的创业者办理创业贷款和创业补贴。向有申贷意愿的退捕渔民办理创业贷款20万元，向符合条件的退捕渔民发放创业补贴1.9万元。落实就业困难人员灵活就业社保补贴政策，累计发放灵活就业社保补贴1427万元。落实企业吸纳登记失业半年以上人员一次性就业补贴政策，向15家企业发放一次性补贴1.8万元。向金山学院、扬中中专161名困难高校毕业生发放求职、创业补贴24.15万元。

（施吉鸿）

【富民创业贷款】 2020年，扬中市人社局将富民创业贷款“利率不超过300个基点”确定为“利率上浮100和150个基点”，降低上浮基点，加大富民创业贷款资金扶持力度，发放创业贷款2700万元。根据《扬中市富民创业担保贷款实施办法》文件精神，通过社保比对和筛选，对符合条件的企业实施“富民创业贷款小微企业”贷，全年发放小微企业创业贷款600万元。

（施吉鸿）

人事人才

【概况】 2020年，扬中市开展事业单位人员公开招聘活动8次，发布招聘岗位173个，聘用106人。培养引进本科以上学历人才1385名，开发就业见习岗位1196个，组织青年（含高校毕业生）就业见习461名。全年举办招聘活动30场，其中，线上4场，大型招聘活动1场，累计服务企业1314家，提供就业岗位23481个，促成就业意向4198人。全年引进高层次人才（团队）52个，入选镇江“金山英才”高技能人才2名。新增高技能人才436人，评审通过镇江市优秀乡土人才14人，入选镇江市级技能大师工作室1家，获镇江市工匠称号1人，获江苏省企业首席技师称号1人。（施吉鸿）

【网络直播招聘】 2020年3月19日，扬中市开展“助力2020春风行动”服务复工企业大型直播活动，扬中人民广播电台、掌上扬中客户端、微扬中、无限扬中公众号同步直播。直播招聘聚焦较为突出的用工短缺话题,通过直播模式,为企业与求职者搭建安全且即时性强的沟通桥梁。直播期间,主持人公布企业招聘用工需求,提供招聘、求职咨询热线,与观看直播的观众实时联系、互动。现场与市人才服务中心、市就业管理中心用工主管部门,探讨招聘、求职方面的相关话题,做好相关政策宣讲和提醒,连线陕西白水县、江苏灌云县两地与扬中市人社部门,为两地优势互补、人力资源合作牵线搭桥,拓宽对口合作空间。3000余人观看直播,参与留言互动近百条。 (融媒体中心)

【一站式人才服务窗口】 2020年11月13日,扬中一站式人才服务窗口挂牌,窗口优化整合分散在市级机关各职能部门涉及的人才服务事项,将原来分散的事项归集到“一站式”服务平台受理,按照“前台受理—后台办理”模式,集中提供人才津补贴申领、落户、档案托管、公租房申请、扬中市“江雁计划”项目申报、扬中市“江洲英才卡”换发、高层次人才子女就学优惠政策申请、扬中市级相关项目资金申请等近20项服务。

(施吉鸿)

扬中市一站式人才服务窗口挂牌 (人社局供图)

【夏季人才交流大会暨青年人才专场招聘会】 2020年8月14日,扬中市2020年夏季人才交流大会暨青年人才专场招聘会在市奥体中心举行。150家单位参会,提供就业岗位3200个,其中,应届毕业生岗位占总量的52.58%,制造业岗位需求占比78.95%。“六十强”企业中,31家进场招聘,提供1001个岗位,约占岗位总量的1/3。1036名求职者现场应聘登记,430人与企业达成明确就业意向。结合疫情防控的实际,2020年夏季人才交流大会现场洽谈和网上交流同步进行,所有招聘信息均在扬中人才网同步实时动态更新,网上招聘会为期一个月。招聘会现场增设“青年就业创业服务站”,提供扬中人才引进优惠政策咨询及金融机构创业贷款服务。 (施吉鸿)

社会保险

【概况】 2020年,扬中市企业职工养老保险参保人数10万人,养老金按时足额发放率100%,企业退休人员社区管理服务率100%,基金征缴收入4.5亿元;工伤保险参保人数7.8万人,基金征缴收入620万元。机关单位参保人数8875人。城乡居民养老保险基础养老金发放率100%,参保人数3.41万人。全市有退休人员9.28万人,其中,企业离退休人员3.3万人,机关事业单位离退休人数4826人,城乡居民养老保险领取人数5.5万人。医疗保险参保总人数28.54万人,职工医保12.67万人,居民医保15.87万人,户籍人口参保率100%。职工医保基金收入5.73亿元,支出4.71亿元,当期结余1.02亿元,滚存结余14.94亿元;居民医保基金收入1.83亿元,支出1.74亿元。医疗保障局建立医保四级经办网络,在全市6家卫生服务中心、45家村(社区)卫生室成立医疗保障服务中心(站),开通参保停保、小额费用报销、异地就医备案等10余项业务,在镇江率先建成“15分钟医保经办服务圈”。

(施吉鸿、毛琳)

【企业职工基本医疗保险费阶段性减征】 2020年,江苏省医疗保障局、江苏省财政厅、国家税务总局江苏省税务局印发《关于阶段性减征职工基本医疗保险费的实施方案》,规定对参加职工基本医疗保险的企业单位,减半征收2020年2—6月的单位应缴医疗保险费(机关事业单位和以个人身份参保缴费的灵活就业人员,不在此次减征范围内)。此项减征政策,预计减免全市企业医疗保险费超4000万元。根据文件要求和实际情况,市医保部门筛选出全市符合减征条件的单位近2100家,将应征基金比例从原来的9%下调为4.5%,重新核定企业2月医疗保险基金,退还部分单位已征收

青年人才专场招聘会 (人社局供图)

基金。减征期间,对符合减免条件的单位,实行免填单、免申报,自动享受减免政策;参保人员个人账户金额和医疗保险补偿待遇不变。 (融媒体中心)

【智慧医保】 2020年,扬中市医疗保障局推行“线上办”“掌上办”。推行直接联网结算。开通省内、“长三角”、天津门诊及住院、跨省住院费用的异地就医直接联网结算。全市17家定点医疗机构开通异地就医联网结算,覆盖全市每个乡镇,减少参保群众往返跑和垫资压力。全年异地就医直接联网结算2.44万人次,医疗总费用7219.02万元,基金支出4023.09万元,减少参保群众往返跑和垫资压力。推行移动支付,自筹600万元,开发移动支付和微信公共服务平台,实现线上挂号、缴费、信息查询全流程服务。实时查询参保缴费信息、医保账户划入、账户结存等,自助办理转外就医备案,“扬中医保”微信公众号关注量为4.46万人次。

(毛琳)

【“向日葵”医保服务品牌】 2020年,扬中市医疗保障局通过慈善募捐、“520”夜跑、义务献血、“爱心妈妈”、关爱孤寡老人、关爱失能人群等公益活动深化“向日葵”品牌的志愿内涵。通过建立健全“首问负责制”“错时工作制”“向日葵导办制”等窗口服务制度,延伸“向日葵”品牌的服务内涵。建立医保结算“爱心档案”“便民档案”“帮扶档案”1600余份。镇江市医保局在全市医保系统推广“向日葵”服务品牌;12月,“向日葵”服务品牌获得全国医疗保障经办优秀案例第二名。

(毛琳)

【医疗救助】 2020年,扬中市医疗保障局针对城乡低保家庭成员、特困供养人员、在乡精简职工、困境儿童及孤儿、重点优抚对象、特困职工及其家庭成员、困难残疾对象、建档立卡8类人群实施精准救助。实时救助3.49万人次,基金支出392.01万元,次均救助金额112元,其中,1376人次获得住院费用实时救助,基金支出260.68万元;门诊费用实时救助3.36万人次,基金支出304.69万元。城镇居民大病保险享受人数1442人,补偿次数3671次,合计补偿1093.74万元,比上年增加544人,补偿次数增加1595次,补偿金额增加564.87万元,单人累计最高补偿17.95万元,其中,低收入人群补偿431人次,补偿资金77.1万元。 (毛琳)

民族宗教事务

【民族概况】 2020年,扬中市有23个少数民族,分别为土家族、回族、壮族、满族、侗族、蒙古族、瑶族、布依族、彝族、黎族、朝鲜族、苗族、仡佬族、土族、达斡尔族、白族、哈尼族、傣族、畲族、仫佬族、锡伯族、阿昌族、维吾尔族,人数555人。扬中市民族团结促进会会员有32人。全市现有伊香源清真拉面馆21家、新疆烧烤店1家,其中,扬中市惠众花苑伊香源拉面馆是江苏省清真食品基本供应点。 (施奇)

【宗教概况】 2020年,扬中市有佛教、伊斯兰教、基督教。佛教信众5000余人,伊斯兰教100余人、基督教信众1200余人。全市依法登记的宗教活动场所18处,其中,佛教4处,分别是太平寺、新坝镇老甸庙、新坝镇联合念佛堂、观音禅院;伊斯兰教临时礼拜点1处;基督教13处,分别是新坝镇2处,三茅街道1处,油坊镇6处,八桥镇1处,经开区3处。宗教活动场所现有教职管理人员50人,其中,佛教23人,伊斯兰教1人,基督教26人。各宗教活动场所成立管理小组,分别负责传教、财务、宣传等各项事务。全市有宗教团体2个,市佛教协会会长由心和担任,市基督教三自爱国运动委员会主席由徐和娣担任。 (施奇)

【扬中新一届阿訇考评授聘】 2020年11月25日,镇江伊斯兰教协会带队到扬中,考评三茅街道伊斯兰教临时礼拜点教职人员,举行新一届阿訇聘书发放仪式。会上,穆斯林代表集中商议,一致推荐甘肃临夏籍马牙古白担任扬中市伊斯兰教临时礼拜点负责人和阿訇,经过业务考评,授予其聘书。 (施奇)

【“红石榴家园”民族工作平台创建】 2020年,扬中市贯彻中共十九大、中央民族工作会议精神和习近平总书记在全国民族团结进步表彰大会上的重要讲话精神,落实上级要求,在“江苏省扬中中等专业学校”完成民族工作平台“红石榴家园”基地创建。通过“红石榴家园”展示一种民族工作在新时代的新风貌和新特色,促进各族群众像石榴籽一样紧紧抱在一起。 (施奇)

【“厚植石榴情、融合谋发展”主题活动】 2020年12月7日,“厚植石榴情、融合谋发展”主题活动在江苏省扬中中等专业学校开展。与会嘉宾参观校内广场、红石榴家园、少数民族学生班级、学生宿舍和学生餐厅。主题活动上，市人社局与学校签订少数民族学生用工协议,举行社会捐赠仪式并由团市委授牌“省扬中专云南普洱班团支部”。 (施奇)

【少数民族务工人员语言文化政策教育培训班】 2020年12月12日,京口区、新区及扬中市新疆籍务工人员在江苏省扬中中等专业学校报告厅参加第3批次少数民族进城务工人员语言文化政策教育培训班。培训由镇江市民宗局派员授课，主要根据日常生活需要精选授课内容,学习《城市民族工作条例》《江苏省少数民族权益保障条例》和城市管理等相关政策法规,详细介绍各民族文化,包括饮食、服饰、民居、节日等物质文化和语言、文字、宗教、风俗与传统等精神文化。 (施奇)

【民族宗教领域安全生产专项整治】 2020年,扬中市开展民族宗教领域安全生产专项整治。扬中市落实部门监管责任,会同镇(街、区)、纪委、应急等部门,多次开展规范高效的联合执法。迎接省、镇江市、扬中市等督导组到扬中督导调研，对安全工作存在的问题再梳理、再核查,闭环整改安全生产全部隐患。开展安全生产系列活动，全面完成民族宗教领域安全生产专项整治工作。 (施奇)

2020年扬中市宗教活动场所一览表

表21

场所名称	负责人	地　点
太平寺	心　和	经开区双跃社区
新坝镇老甸庙	心　和	新坝镇新宁村
新坝镇联合念佛堂	心　和	新坝镇红联村
观音禅院	仁　智	国土公园
三茅街道伊斯兰教礼拜点	马忠义	三茅街道惠众花苑418号
扬中市基督教中心教堂	徐和娣	经开区德云社区
新坝镇新坝基督教活动点	匡　燕	新坝镇新坝社区
新坝镇公信村基督教活动点	田成生	新坝镇公信6组
三茅街道康福弄基督教活动点	成兰芳	三茅街道春柳南路
经开区新星村基督教活动点	张纪珍	经开区新星村12组207号
经开区双跃村基督教活动点	丁兰凤	经开区双跃社区长征小区
油坊镇同乐村基督教活动点	倪小兰	油坊镇同乐村8组
油坊镇太平村基督教活动点	李明兰	油坊镇太平村
油坊镇老桥村基督教活动点	王桂英	油坊镇老桥村五组
油坊镇油坊村基督教活动点	朱霞芳	油坊镇油坊村七组
油坊镇鸣凤村基督教活动点	董秀芬	油坊镇鸣凤村10组
油坊镇老郎村基督教活动点	侯纪娣	油坊镇老郎村17组127号
八桥镇利民村基督教活动点	钱克龙	八桥镇幸福社区4组

(施奇)

民政事务

【概况】 2020年,扬中市持续开展殡葬领域突出问题专项整治,在三茅街道中桥社区试点开展丧葬礼俗改革。全年惠民殡葬减免540万元,惠及2346户;结婚登记1552对,离婚登记742对,收养登记9件;销售福利彩票3980万元,筹集福彩公益金400万元;办理社会组织登记69件;完成丹阳扬中界线年检;收到人大代表建议和政协委员提案10件,办结率、满意率100%。八桥镇永兴村儿童"关爱之家"、三茅街道广宁社区儿童"关爱之家"创成省级儿童"关爱之家"。 (方超)

【殡葬领域突出问题专项整治】 2020年,扬中市深入开展殡葬领域突出问题专项整治。推进交通干道、骨干河港300米可视范围内散坟整治工作,投入46万元整体搬迁市区环城南路周边绿化带内400余座深埋散坟;成立西来桥镇殡葬服务中心,为居民提供殡仪服务。 (方超)

【丧葬礼俗改革试点】 2020年,扬中市在三茅街道中桥社区试点开展丧葬礼俗改革。由居民代表、社区党员、老年协会骨干、社区干部等组建社区新风理事会,将"移风易俗、文明殡葬"工作纳入村规民约,合理约定红白事消费标准、办丧规模和礼仪,推行以人文情怀促殡葬改革理念,社区党委书记主持追悼会,安排专人上门悼念和慰问,对困难群众办理丧事给予经济帮扶。中桥社区获评镇江市丧葬礼俗改革村(居)示范单位。 (方超)

【农村留守儿童和困境儿童关爱保护政策宣讲】 2020年,扬中市启动首届农村留守儿童和困境儿童关爱保护政策宣讲进村(居)活动,设置授课培训、视频演示、互动交流、现场答疑等环节,围绕困境儿童保障政策解析、儿童保护社会工作实践、未成年人监护制度、儿童安全自护、亲情沟通5个专题宣讲和解读,提升农村留守儿童关爱保护和困境儿童保障工作水平。 (方超)

养老服务

【概况】 2020年,扬中市以创建"省级居家和社区养老服务创新示范地区"为契机,整体提升全市养老服务水平,通过中期验收。扩大政府购买居家养老服务覆盖面,实施特殊困难老年人居家适老化改造,建成运行覆盖全市的智慧养老服务综合信息平台,新建标准化及以上居家养老服务中心24家,8家养老机构高标准完成消防审验专项整治,14家养老机构安装简易喷淋系统,西来桥镇敬老院、经开区敬老院完成公办民营改革。截至12月,全市有养老机构29家,养老床位3525张,每千名老人拥有养老床位数45.2张,护理型床位占比72.27%。分散供养特困老年人家庭适老化改造全面完成,全市老年户籍人口78388人,享受政府购买的居家养老上门服务16268人,占老年人口总数的比例20.75%。 (方超)

【政府购买居家养老服务扩面】 2020年,扬中市民政局、市财政局联合印发《关于扩大政府购买居家养老服务范围有关工作的补充通知》,扩大服务对象覆盖面,惠及全市8类老人,全年补贴资金近700万元,享受政府购买居家养老服务对象1.6万余人。2010年,扬中市开始实施居家养老政府购买服务,政府购买居家养老服务的原有特定服务对象包括扬中市户籍的60周岁以上的城市"三无"、城乡低保(含"4+1"帮扶对象)、重点优抚、市级以上劳动模范(含优秀党员、三八红旗手)中生活不能完全自理的老年人、80周岁以上重点空巢独居老人(无子女)、94周岁以上高龄老年人。扩面后,新增79周岁及以上老年人、分散供养特困人员两类普惠性对象,其中,普惠性对象每户每月可享受2个小时(50元)的居家养老上门服务。根据老人的年龄和身体自理能力层级,政府购买的服务分为ABCD4个档次,按照每月提供服务时间来划分,分别为每月16个小时、12个小时、8个小时和4个小时。服务内容涵盖助餐、助浴、助洁、助行、助医、助聊、助急、助学、助安等方面,服务内容根据每位老人的需求"私人定制",所有政府购买居家养老上门服务全部交由专业的第三方机构来运营管理。 (方超)

【智慧养老服务综合信息平台】 2020年,扬中市搭建覆盖全市的智慧养老服务综合信息平台,囊括居家养老服务监管系统、尊老金发放管理系统、助餐服务系统、养老服务评估系统、养老机构服务管理系统、养老服务大数据平台等功能模块。全市1.6万名政府购买居家养老服务对象、29家养老机构、69家居家养老服务中心、42家老年人助餐点等信息纳入信息平台动态统一实施管理服务。 (方超)

【居家适老化改造】 2020年,扬中市民政局出台《关于做好扬中市老年人家庭居家适老化改造工作的通知》,启动居家适老化改造工作,针对全市特殊困难老人家庭,重点围绕"如厕洗澡安全、室内行走便利、智能监测跟进、辅助器具适配"4个方面,提供安全扶手、防滑防撞、电气线路改造、一键呼叫等36个项目的改造内容,每户最高补贴3000元,264户家庭享受居家适老化改造服务。改造对象包含三类老年人群体:扬中市户籍60周岁以上城乡低保对象、重点优抚对象、计划生育特殊困难家庭对象中的失能和半失能老年人家庭;扬中市户籍分散供养特困老年人家庭;扬中市援鄂抗疫一线工作者赡养的居住在扬中市60周岁以上父母家庭。 (方超)

居家养老上门服务 (民政局供图)

【老年人意外伤害保险】 2020年,扬中市将全市60周岁及以上老年人纳入政府购买老年人意外伤害保险范围内。60周岁以上城乡低保对象、重点五保对象、失独老人由政府财政按照100元/人/年的标准投保,95周岁以上老年人由市慈善总会按照100元/人/年的标准投保,其他60周岁以上的普通老人由政府财政按照5元/人/年的标准投保。 (方超)

基层自治

【概况】 2020年,扬中市全面推进村组"两级"自治实践,搭建党群议事会和道德评议会两大议事平台,调动党员、村民代表、村民组长以及群众参与社区治理的主动性和积极性。平稳推进第十二届村民委员会和第七届居民委员会换届选举工作。深化"政社互动",落实社区事务准入制,推进"减负增效"。优化调整城乡社区网格划分,划分网格315个。成立扬中首家专业社工机构——海川社会工作服务中心,建成新坝镇社会组织孵化基地。截至12月,全市有社会组织380家,其中,AAA级社会组织11家,AAAA级社会组织16家。

(方超)

【村组"两级"自治实践】 2020年,扬中市全面推进村组"两级"自治实践。通过建立建强党小组、村民小组,搭建党群议事会、道德评议会平台,让村民直接参与组级、村级大小事务的决策,实现"民事民议、民事民办、民事民治"。 (方超)

【城乡社区网格划分优化】 2020年,扬中市按照"农村社区按照300户一个网格,城市社区300~500户一个网格"的要求,优化调整全市村(社区)网格,全市城乡社区网格从2019年的565个精减至315个,其中,城市社区网格116个,农村社区网格199个。 (方超)

社会救助

【概况】 2020年,扬中市全面提高民政对象保障标准,发放城乡低保金717.09万元,临时救助资金107.45万元,特困供养资金373.7万元,启动9次物价补贴143.75万元,开展城乡低保专项治理。加强慈善组织能力建设,规范慈善资金的募集、管理和使用,慈善总会支出救助金500万元。截至12月,全市有城乡低保862户、1127人,其中,农村低保804户、1053人;城乡特困人员301人,其中,集中供养对象193人;困难残疾人生活补贴对象和重度残疾人护理补贴对象4034人;困境儿童88人,留守儿童25人。 (方超)

【困难群众保障标准提升】 2020年,扬中市民政局联合财政局出台《关于提高2020年度特困人员供养标准的通知》《关于调整城乡低保标准的通知》《关于调整孤儿基本生活费补贴标准的通知》等文件,7月起,全市城乡低保标准由每人每月750元提高至790元,特困人员供养标准由每人每月975元提高至1030元,机构供养孤儿、散居孤儿基本生活费补贴标准分别由每人每月2400元和1800元提高至2587元与1940元。

(融媒体中心)

【城乡低保专项治理】 2020年,扬中市深入推进城乡低保专项治理行动。发挥大数据核对平台作用,强化经济状况核查比对，全年新增低保对象23户、41人，退出232户、396人，未发现一起“人情保”“关系保”“错保”“漏保”等情况。 （方超）

【温情救助改革】 2020年，扬中市实施温情救助改革。健全“主动发现”机制，构建市、镇、村三级救助信息网络，简化、优化工作流程，第一时间对基本生活陷入困境的家庭开展先行救助。以政府购买服务方式，委托第三方承接社会救助入户调查工作，采取线上平台核对和线下入户走访相结合的模式，基本实现社会救助申请“只需跑一次、无需开证明”的目标。 （方超）

【慈善助学】 2020年8月26日，扬中市慈善总会举行2020年助学资金发放仪式，发放助学金29.4万元，113名贫困大学生受益，现场受助学生32名，其余委托各镇(街、区)民政办代发。自2006年起，开展慈善助学15次，帮助2281名困难学生实现大学梦。2020年，慈善总会收到家庭困难大学生助学申请119份，经村(居)委会初步核对和镇街区民政办复核，慈善总会逐一调查核实后，确定113名大学生为2020年慈善助学对象。 （方超）

住房保障

【概况】 2020年，扬中市棚改安置房建设项目为西城区棚户区改造安置房项目，项目包括安置房228套，建筑面积3.34万平方米。出售经济适用房1套。出租公租赁房20套，其中，中低下收入6套，新就业8套，外来务工6套。 （俞文清）

【拆迁安置】 2020年，扬中市实施的征收拆迁项目4个，需征收拆迁856户，房屋面积15.6万平方米。其中，新实施的项目1个，需征拆房屋479户、5.8万平方米，为国有土地项目；往年结转项目3个，需征拆房屋377户、9.8万平方米，均为集体土地项目。签订房屋征收拆迁协议551户，拆除房屋8.5万平方米(其中，国有土地征收313户，2.3万平方米；集体土地拆迁238户，6.2万平方米)。安置房安置209户、297套，其中，统购商品房用于安置18户、33套，安置商业用房91户、91套。 （俞文清）

社会公益

【“爱心年夜饭”温暖认捐】 2020年1月15日，扬中市烹饪协会联合彩虹义工服务社举行2019年“爱心年夜饭”十周年庆典暨捐赠仪式，42家爱心餐饮企业和爱心人士认捐“爱心年夜饭”665份，比上年增加115份。“爱心年夜饭”包括红烧肉、红烧鱼、红烧肉圆、红烧鸡块、河豚鱼丸等菜肴。“爱心年夜饭”统一烹饪好，由志愿者、总工会逐一发放给困难职工、孤寡老人。截至2020年，累计捐赠年夜饭3572份，价值92.87万元，河豚节捐赠河豚食品981条，价值16.88万元。 （融媒体中心）

【“520荧光夜跑”】 2020年5月20日，扬中市麦田慈善基金会举办第六届“520荧光夜跑”。数百名公益跑者参加活动。“520荧光夜跑”采取联合劝募的形式，号召夜跑参与者组队报名，通过创意的方式向自己的熟人圈劝募，筹集善款，完成既定筹款目标。59支队伍组队参加，2836人次参与捐赠，累计募集善款近44万元，单支队伍最高筹款4.9万元。活动参与者穿着“520荧光夜跑”专用T恤，装扮荧光装备。荧光夜跑创新形式，在路线上设计游戏挑战环节，包括长腿接龙、跳大绳、指压板、你画我猜、一站到底等游戏，增加活动的趣味性。活动募集的爱心款将用于麦苗成长社、五色羌绣、关爱基金、金色麦苗夏令营等公益项目。 （融媒体中心）

5月20日，扬中市举办第六届“520荧光夜跑”
（融媒体中心供图）

【“一双球鞋的暴走”活动】 2020年10月6日，扬中市新时代文明实践中心会同麦田慈善基金会举行第九届“一双球鞋的暴走”公益活动。30支队伍、2500余名选手从市奥体中心足球场出发，途经迎宾大道、滨江大道、三桥接线等地,逐一通过2个打卡点,完成成人组18千米、亲子组4.5千米的公益旅途。线上线下参与人数超万人,现场“暴走”累计步行距离近4万千米,筹集善款30余万元,采购6000双球鞋,爱心人士捐赠8万个粽子,发至全国各地120余所学校的贫困学生手中。(王诗雅)

关心下一代工作

【概况】 2020年,扬中市各级关工委始终坚持党建引领和立德树人,围绕全面建成小康社会的大局和抗疫、抗洪的新形势,开展“五好”(领导班子建设好、“五老”队伍作用好、制度健全执行好、活动经常效果好、积极探索创新好)村(社区)关工委创建活动,促进青少年健康成长。把校外教育辅导站工作全面纳入新时代文明实践所、站建设之中,加强青少年思想道德教育。在统计的77个村(社区)中,关工委主任均由党委书记兼任,到站指导或辅导活动。巩固“五老”(老干部、老战士、老专家、老教师、老劳模)信息员覆盖自然埭、小区楼栋,加强新建立的村(社区)关工委及各镇(街、区)公安派出所关爱工作站和青年农民创业服务站及民营企业关工委建设。各镇(街、区)、部门把各基层关工委工作全面纳入各级党政工作考核。着力调整充实,壮大“五老”队伍,全市各村(社区)“五老”骨干增加到3400余人,是2018年的2.9倍,增强“五老”队伍的整体教育能力和管理能力。(朱斌)

【思想道德教育】 2020年,扬中市各级关工委围绕“爱党爱国、立德立行”教育主题,开展“三走进三寻访”(走进社区、走进农村、走进企业,寻访家乡巨变、寻访爱国故事、寻访改革先锋)活动,开展老少同台“梦圆小康”演讲和“颂时代楷模、赞中国精神”朗诵比赛,谈感悟、抒真情,青少年在新旧对比、亲身实践等系列教育活动中感悟到抗洪、抗疫精神,坚定爱党爱国的信念。挖掘当地资源,形成扬中特色。各地通过组织援鄂抗疫英雄医务工作者,以及身边的道德模范、美德少年、艰苦创业的企业家、好家风的践行典型等先进人物与青少年面对面,以身边的人和事,深化“爱党爱国”教育,形成扬中市关工委思想教育的新特色。巩固、完善“关工委制定计划,同级党组织审定计划,团委、妇联等部门合力实施计划”的工作机制,突出“关工”“关爱”,凝聚力量,贴近青少年需求,符合青少年身心特点。根据青少年思想现状调整活动方案,形成“活动—认识提高—后续活动—认识再提高”的良性循环,加强青少年思想道德教育。(朱斌)

【教育阵地建设】 2020年,扬中市关工委推进网上关工委建设,“扬中关工”坚持服务关工委工作,通过聘请通讯员、培训“五老”骨干、加强编审等环节,确保网站正确的政治方向。坚持服务青少年,通过网上网下联动,深入调查明确青少年需求,组织专家策划方案,组织专栏活动,加强思想教育,促进青少年健康成长。始终服务老同志,通过典型激励、案例指导、素材助力、视频推动等形式,帮助“五老”尽快胜任关工委工作,被江苏少年网头版头条报道赞誉为关工委工作网、关爱网、凝心网。全市各级关工委发挥电子阅览室的育人功能,利用网络平台推进关工委工作。通过自建或联建的微信群、QQ群,以及借力第三方网站等平台开展关爱活动。在省关工委、江苏少年网举办的“我为国旗点赞”网上活动中,扬中市关工委点赞量名列全省第二。

推进校外教育辅导站强内涵、提质量、上水平。健全工作机制,推广合力建站经验。优化师资队伍,提高活动质量,推进硬件建设。全市77个村(社区)中心辅导站与24所中小学分别就近就便结对共建,共建率100%。39个村(社区)中心辅导站与40家民营企业签约共建,共建率超50%;具备“一场六室”(室外活动场,图书室、电子阅览室、多功能教室、活动室、谈心室、学习室)条件的村(社区)中心辅导站62个,达标率80.5%;形成以800余名“五老”为主导,250余名在职教师,900余名民营企业家、法律工作者、心理工作者及青少年身边的先进典型等志愿者参与的辅导员队伍。(朱斌)

【“双零”争创活动】 扬中市各级关工委开展青少年(25周岁以下)“双零”(零犯罪、零受害)村(社区)争创工作,2018、2019连续两年无一起未成年人犯罪案件发生,实现全市“零犯罪”。各村(社区)党委书记、关工委主任担任“创双零”工作领导小组组长,把“双零”工作纳入村(社区)“两委”工作,同部署、同检查、同考核。做到村有信息组,组有信息员,学校、企业建立信息站,信息网络全覆盖。市关工委老干部报告团深入各中小学、校外教育辅导站用情宣讲。“五老”网吧义务监督员坚持定期不定期巡查网吧,为学生学习创造良好的周边环境。各地围绕主题推进校外教育常态化,组织40余名心理辅导老师、130余名法律工作者开展心理辅导90余场次、3500余人次,法治教育活动118场次、4300余人次。对“六失”(失亲、失学、失足、失业、失管、失能)等重点帮教对象,关工委做到准确“把脉”,帮教“五老”精准“配伍”,帮教工作及时跟进。(朱斌)

镇·街道·区

新坝镇

【概况】 新坝镇位于扬中市西北部，下辖12个建制村，3个社区居委会，总面积49.2平方千米，总人口5.5万人。2020年，城乡居民人均可支配收入分别为6.68万元、4.61万元，373户建档立卡低收入户全部脱贫，全面消除人均收入1万元以下低收入户。新坝是中国乡镇之星、全国文明镇、国家卫生镇、全国环境优美乡镇、全国先进基层党组织、国家级特色小镇。年内，获评“长三角最佳文旅融合旅游小镇”。

新坝是全国电力电气产业基地，被科技部认定为“国家智慧电气高新技术产业化基地”，江苏省扬中高新技术产业开发区核心区，高新技术产业产值占规上工业总产值比重80%，经济总量占全市工业经济份额的35%。2020年，完成工业申报纳税销售229亿元，完成一般公共预算收入7.77亿元。与全国600余家(所)科研院所、大专院校建立合作关系。拥有院士工作站8个，博士后科研工作站6个，国家级技术研发中心1个，国家863计划成果转化基地1个。龙头企业大全集团先后获得国家科技进步奖特等奖、中国工业大奖表彰等高水平奖项，大航智能电气获评苏南国家自主创新示范区瞪羚企业。拥有士林电气、锋芒集团、和成显示等一批行业专精“小巨人”企业。国家级科技企业孵化器分别获得国家级、省级绩效评价“A类”(优秀)。

实施“精美新坝”工程，开展农村人居环境整治。拥有陈履生博物馆群、中国电气博物馆、中国职业装博览馆、中国民族乐器陈列馆等一批文化景点，建成梓阳植物园、新坝公园、渡江文化园、滨江湿地公园、蒲草滑等生态景观，打造“三江湾”旅游集聚区。通过国家卫生镇复检，获评“中国人居环境范例奖”“江苏省生态文明示范镇”。建成康乐年华新坝养护院。城乡居民就业率98.5%。

镇村两级新时代文明实践站所实现全覆盖，两级法治文化阵地15个。完成经济发达镇行政管理体制改革，组建“一办七局”，运行“互联网+政务服务”，创新“网格化管理”，实现技防监控、专群联控、人口管控、“扫黑除恶”四个“全覆盖”。获评“全国乡村治理示范镇”，新坝派出所创成全国首批“枫桥式公安派出所”。

(王志斌)

【新坝镇与镇江市农业科学院签署战略合作协议】 2020年5月13日，新坝镇与镇江市农业科学院签约，开展乡村振兴战略合作。该项合作协议着眼实现新坝农业向特色转型、创新转型、跨越转型，为该镇实现农业增效、农村发展、农民增收的乡村振兴提供保障。在镇江农科院的技术指导和推动下，该镇继续坚持质量兴农、科技兴农、绿色兴农的发展战略，整合全镇高效设施农业资源，将农业与旅游业有机结合，打造“旅游+农业”新坝休闲观光旅游带。 (王志斌)

【首家村级孵化载体】 2020年6月27日，扬中市红16创智能科技有限公司投入运行。2019年，新坝镇红联村着手筹建，红16创智能科技有限公司作为扬中唯一一家村级孵化载体，是发展村级集体经济的一条新路子。公司以集体经济的红色基因，聚焦青少年目标客户，靶向发力，细分6大产业，汇聚“大众创业、万众创新”的精神内核，将孵化载体定位为高新区骨干企业合作的青少年孵化基地，青少年产业入驻单位10家，涵盖智能家居、风光电力、豪益电气为代表的科技企业。

(王志斌)

【康乐年华新坝养护院】 2020年6月28日，康乐年华新坝养护院举行开业典礼暨“时间银行”志愿服务项目发布会。康乐年华颐养院为新坝镇重点打造的民生工程之一，康乐年华新坝养护院采取“公建民营”模式，占地面积1.67万平方米，建筑面积1.8万平方米，设置床位388张，是一家集医疗、护理、保健、康复于一体的综合型护理院。内设中医科、内科、康复理疗科、营养科等，为周边社区居民和老年人群提供医疗、护理、针灸等服务，全方位满足老年人精神文化生活需求。

（王志斌）

6月28日，康乐年华新坝养护院开业 （新坝镇供图）

【新坝镇（高新区）庆祝建党99周年情景党课】 2020年7月1日，新坝镇（高新区）举办庆祝建党99周年情景党课。活动以“党建引领乡村振兴”为主题，通过情景剧、音乐快板、小品、说唱等形式上党课，再现新坝镇广大党员干部“干在先、走在前、当表率”的事迹，激励动员新坝镇广大党员不忘初心、牢记使命，担起新时代党的历史使命，扛起新坝“产业强镇、实干兴镇”的发展重任。

（王志斌）

【新坝镇（高新区）重点项目集中签约】 2020年7月28日，新坝镇（扬中高新区）举行重点项目集中签约仪式，“再生切片纺丝新材料”项目、“巡检机器人及跟踪支架”项目、“危化品运输车辆一体化安全保障”项目、“5G智慧园区”项目落户新坝。“再生切片纺丝新材料”项目属于国家鼓励扶持的优质纤维项目，总投资1亿元，项目全面达产后，可实现纳税销售4亿元。“巡检机器人及跟踪支架”项目属于江苏火蓝电气有限公司提升光伏产业延伸项目，投资1.2亿元，项目全面达产后，可实现纳税销售3亿元。“危化品运输车辆一体化安全保障”项目预计投资1亿元，主要产品为特种车辆后部防撞吸能装置，项目全面达产后，可实现销售15亿元，税收2亿元。“5G智慧园区”项目属于5G示范应用项目，为企业建设智慧工厂，提升新坝镇及辖区内企业信息化水平。

（王志斌）

【“量子云存储”项目】 2020年8月24日，“量子云存储”项目落户新坝镇。“量子云存储”项目由江苏滕迈通信科技有限公司投资，概算投资2亿元，征地1公顷，新建研发生产基地1.5万平方米，主要产品为量子云存储设备及终端，为信息安全要求较高的单位、企业及普通消费群体提供加密的信息存储功能，保障信息安全。预计2021年5月开工建设，2021年年底投产，项目全面达产后，可实现销售12亿元。

（王志斌）

【北京青苗国际双语学校项目】 2020年9月29日，北京青苗国际双语学校镇江校区项目签约仪式举行。青苗扬中项目选址新坝集镇核心区域，占地面积约5万平方米，总投资约2.5亿元，建设一所五轨制国际化双语学校，面向全省、全国招生，实行从幼儿园至高中15年一贯制教育，致力创建长三角一流顶尖双语学校。项目由大航集团按双方一致同意的设计方案建设，青苗教育负责学校的日常运营和管理。

（王志斌）

9月29日，北京青苗国际双语学校镇江校区项目签约仪式

（融媒体中心供图）

【新城社区揭牌】 2020年10月20日，新坝镇新城社区举行揭牌仪式，新城社区支部委员会和居民委员会成立。新城社区作为新坝镇第一个纯城市社区，其管辖范围北至祁家路（新民南路至联盟路段道路不含），南至滨江大道，西至金港大道延伸，东至新民南路延伸，总面积93.33万平方米。辖区内小区包括嘉禾新城、熙城沁园及吾悦新城，4834户，总人口1.5万人。

（王志斌）

2020年新坝镇建制村、居委会情况一览表

表22

建制村、居委会名称	书记姓名	主任姓名	总人口(人)	工业产值(万元)	人均年纯收入(元)
丰乐桥村	施国平	施国平	3060	8000	45000
五一村委会	戴海旺	戴海旺	2854	12000	23000
立新村委会	肖　胜	肖　胜	3546	47400	45000
永平村委会	朱家明	朱家明	4590	126800	32000
红联村委会	郭兰彪	郭兰彪	4733	105000	34000
向阳村村委会	朱　伟	朱　伟	2856	40000	45000
新坝社区居委会	奚一培	奚一培	9111	92558	50000
联合村村民委员会	陆建军	陆建军	3602	220000	44000
公信社区居民委员会	郭荣根	郭荣根	2485	18000	31000
新宁村民委员会	徐　平	徐　平	2857	56000	48000
联盟村委会	周其勇	周其勇	2197	100000	45000
新治村民委员会	马　军	马　军	4856	350000	35000
新安村民委员会	陶　杰	陶　杰	3560	52500	38500
双新村民委员会	徐吉华	徐吉华	3823	16800	37000
新城社区居民委员会	郭连华	郭连华	1500	—	32000

(王志斌)

2020年新坝镇主要经济社会指标一览表

表23

地区生产总值(万元)	1984684	私营企业数(家)	2141
财政收入(万元)	188520	当年新办三资企业(家)	0
工业总产值(万元)	2354160	实际利用外资(万美元)	2242.9
产品销售收入(万元)	2290800	1—8月进出口总额(万美元)	8404.7
农业总产值(万元)	40866	第三产业增加值(万元)	634158
粮食总产量(吨)	16555	三产从业人员(人)	4676
水果产量(吨)	1392	个体工商户(户)	3800
水产品产量(吨)	1471	中小学校(所)	3
工业投入(亿元)	6.02	医院、卫生院(所)	2
工业用电(万千瓦小时)	12810.15	卫生室(个)	9
工业企业总数(家)	1287	职工年人均工资(元)	63000
三资企业数(家)	25	农民年人均纯收入(元)	40570

(王志斌)

2020年新坝镇骨干企业情况一览表

表24

企业名称	法人代表	工业总产值（万元）	销售收入（万元）	利税总额（万元）
镇江西门子母线有限公司	STEPHAN MAY	147277	146968	27444
镇江默勒电器有限公司	徐广福	125632	111072	11118
威腾电气集团股份有限公司	蒋文功	113106	107573	8344
扬中凯悦铜材有限公司	陈和平	98593	98702	1294
江苏大航智能电气有限公司	孙　伟	83937	83937	12597
江苏大全长江电器股份有限公司	徐　翔	79060	80627	13564
现代重工(中国)电气有限公司	金相雄	63149	60623	3785
江苏锋芒复合材料科技集团有限公司	王荣生	46059	47613	5085
江苏士林电气设备有限公司	陈红喜	47746	47024	4821
江苏宏强电气集团有限公司	吴玉林	42262	42262	1291
江苏康祥实业集团有限公司	朱康洋	41166	41328	3406
江苏大全凯帆开关有限公司	徐广福	35679	35556	7645
江苏中远稀土新材料有限公司	奚新兰	33259	31954	2257
向荣集团有限公司	张真明	28137	31626	109
江苏火蓝电气有限公司	乔东风	28785	28787	611
江苏华威线路设备集团有限公司	孙建国	27979	27574	746
江苏中环电气集团有限公司	王永贵	27275	27275	1982
镇江苏惠乳胶制品有限公司	王学斌	22777	27112	3956
江苏华强电力设备有限公司	陈廷国	25024	25233	1474
江苏新坝电气集团有限公司	陈　春	25904	22926	1566
宜禾股份有限公司	马金芳	21251	21149	742
江苏海航电气科技有限公司	阮立恒	16040	20442	1520
镇江大全赛雪龙牵引电气有限公司	徐　翔	19329	20073	3512
镇江市江岛电器制造有限公司	戴跃明	17900	17291	2040
镇江大全伊顿电器有限公司	TANG KOK MENG	15563	17140	2241
江苏弘历电气有限公司	何红芳	15736	15736	887
镇江市电器设备厂有限公司	徐广福	15282	15645	809
江苏华威电气化铁路器材有限公司	孙建国	6245	15022	-147
镇江大全金属表面处理有限公司	徐　翔	12798	13204	2142
江苏超宇电气有限公司	周怡琴	13110	12592	551
江苏大全箱变科技有限公司	徐　翔	9474	11846	-648
江苏大全封闭母线有限公司	徐广福	12239	11452	1105
江苏飞跃橡胶有限公司	张卫萍	11321	11437	-161
开美数字技术(江苏)有限公司	胡明亚	11085	9505	629

续表 24

企业名称	法人代表	工业总产值（万元）	销售收入（万元）	利税总额（万元）
通用美联集团有限公司	陈　湛	8263	9160	193
镇江华威电力设备有限公司	印德明	6417	8444	199
镇江市中南电力设备有限公司	裴　斐	8371	8371	281
镇江东丰特殊合金有限公司	入交建太	7194	7669	69
江苏福泰电力设备有限公司	黄喜福	7576	7571	523
江苏科源铝业有限公司	王　勇	7556	7556	331
镇江天源华威母线制造有限公司	黄庆东	7546	7546	113
江苏正泰电气集团有限公司	刘荣余	6782	6782	491
江苏万威电气有限公司	袁春香	6837	6762	342
江苏华彤电气股份有限公司	赵　青	7526	6758	403
江苏国明浩辰电气有限公司	卞海霞	6538	6536	743
江苏江城电气有限公司	解良洪	6388	6072	–60
江苏创大电气有限公司	嵇庆宏	5683	5731	721
江苏云企智造有限公司	胡明亚	6405	5659	112
江苏成城电气有限公司	阚小海	5327	5327	323
扬中市长江电器设备厂有限公司	陈纪明	5280	5280	342
镇江市美盛母线有限公司	张金荣	5380	5249	466
浩翔电气集团有限公司	殷浩翔	4923	5015	81
江苏乐仕电气科技有限公司	袁　静	6034	4859	546
江苏开达电气有限公司	林立华	4577	4577	282
镇江腾宇电能设备有限公司	王红军	4800	4531	463
江苏帅天电气有限公司	郭　磊	4887	4482	1162
江苏康尔臭氧有限公司	乐　飞	4921	4466	464
江苏扬中印刷有限公司	印农春	4381	4380	–367
江苏鑫开源电气集团有限公司	张生红	4474	4015	200
镇江纽普兰气力输送有限公司	姜爱明	3844	3843	–178
江苏大力城电气有限公司	仇玉林	3562	3742	138
镇江市飞利达焊料机电厂	胡金福	3660	3663	273
江苏培城电气有限公司	王　梅	3514	3514	299
江苏永嘉新能源科技有限公司	赵纯亮	3457	3457	14
镇江市飞龙电纺设备有限公司	陈定贵	3062	3064	284
江苏宇恒电气有限公司	周汝飞	3300	2922	68
江苏国华电力器材有限公司	张加凤	3275	2899	238
江苏华能电站辅机设备有限公司	卢运升	2025	2812	225

续表 24

企业名称	法人代表	工业总产值(万元)	销售收入(万元)	利税总额(万元)
镇江大全包装制品有限公司	徐　翔	2679	2679	482
江苏乾元飞达电力设备有限公司	戚学林	2491	2491	–6
江苏欣浪电气有限公司	刘珍美	2469	2469	186
江苏东方电热器制造有限公司	陶美华	2308	2405	54
江苏省华能电气有限公司	蓝厚勤	2265	2248	159
镇江春卓电气有限公司	徐月琴	2197	2197	177
镇江金阳机电有限公司	张有鹏	2049	2050	245
华鹏集团有限公司	郭道鹏	34534	1957	–760
镇江大全太阳能有限公司	徐广福	0	1950	–310
江苏大全凯帆电器股份有限公司	许跃宏	13652	1927	–4287
江苏雄海智能电气有限公司	马高松	4663	1926	315
江苏华一电气有限公司	王定华	1851	1820	263
江苏环网电气有限公司	王　华	1627	1627	114
江苏多仁电气有限公司	崔相杰	1090	1090	–189

（王志斌）

油坊镇

【概况】 油坊镇镇域面积52平方千米，常住人口4.3万人，下辖10个建制村和2个社区。2020年，全镇实现应税销售84.53亿元，其中，工业应税销售67.8亿元；完成一般公共预算收入2亿元；实现固定资产投资6亿元，其中，高技术制造业投资2.53亿元。9月26日，油坊镇举行“两办五局一中心”揭牌仪式。党政办公室、党建办公室、政法和社会事业局、经济发展和建设局、农业农村局、财政和资产管理局、综合行政执法局、为民服务中心揭牌。

工业经济高质量发展。远东电讯、星翌交通成功在科创板上市，华龙橡塑、昌达电气则在“专精特新”板上市；完成11家规模以上企业培扶；晶晶化工、顺鹏新材料、镇江市化剂厂完成“两断三清”（断水、断电，清原料、清设备、清场地）并通过验收。绿色能源岛建设方面，完成工业厂房安装2兆瓦，居民户451户，均超额完成目标；绿能电力获得省级绿色工厂称号。太阳集团加快设备更新，企业发展紧盯行业前沿；海纬集团深耕核电领域，传统产品应用于高端制造；华龙橡塑拓展海外业务，特色产品走向国际市场；宏明电气拓宽国（央）企合作，企业发展行稳致远。年内，排定11个扬中市级重点项目（10个新建项目、1个续建项目），累计完成投资总额7亿元。完成6个亿元以上签约项目，其中，5亿元项目1个，完成河豚文化节客商邀请和项目签约任务。

乡村振兴扎实推进。全镇种植小麦1100公顷，水稻1600公顷，省级绿色优质稻米基地973.33公顷，占比65.73%。创成江苏省绿色优质水稻基地，农业科技试验示范田成功获评省级现代农业科技综合示范基地。创新与江苏恒顺集团的订单农业模式，提高农产品附加值。修编细化振华居民点、会龙居民点、同德居民点建设整治规划，配合编制《扬中市镇村布局规划》《油坊镇镇村布局规划》，完成5个实用性村庄规划的修编工作。骨干道路安装安全防护设施，集中整治镇村骨干道路破损路面；阶段性完成水环境整治任务；复垦土地196户、10.57公顷。在全镇范围组织开展人居环境整治工作，累计投入资金520万元，参与整治人数5.7万余人次；推进厕所革命，完成改厕5838户，提升农村居民生活品质。开展公共空间治理行动，公私产权更加明晰、违法用地得到清理、闲置土地充分利用，收回村集体长期积欠租金327.82万元。持续深化“万企联万村、共走振兴路”活动,引进挖掘优质联建项目,开展村企党建互联互动、村企项目联建共建、村企人才共享共育三大行动,引导工商资本参与乡村振兴,实现各要素聚集,构建乡村振兴新格局。开展专项治理,新材料产业园雨污混接问题得到有效解决。企业环保设施逐渐完善,秸秆禁烧工作推进有力。19处“两违”整治项目通过销号验收,完成水利工程建设项目11个,疏浚整治河道69条,总长度31.5千米。持续加大查违控违力度,查处各类违章9起,拆除违建1013.26平方米。

民生保障有力有为。为民服务中心建成并投入使用。精准对接弱势困难群体,发放低保金125万元;镇慈善分会资金规模首次突破1300万元,救助1602人次,发放善款170.7万元。落实创业就业政策,新增城镇就业1365人,超额完成全年目标;农村保险、医疗保险参保率100%。建档立卡户320户、554人全部实现脱贫。创办残疾人扶贫基地2家,为12户符合条件的残疾人家庭安装光伏太阳能,136名残疾人全面实现脱贫解困。完成镇敬老院消防设施提升改造,建成长旺街社区标准化居家养老服务中心,实施家庭适老化改造工程44户,79周岁以上老人全部纳入居家养老服务范围。“双拥”工作有序推进,发放优待金67.66万元,安置费46.7万元,抚恤补助57.6万元,各类生活补助150.4万元;建成退役军人戎耀之家、太平村双拥主题公园等拥军阵地。持续开展贫困户和失独家庭成员慢性病门诊药品补助工作,129名高血压患者、23名糖尿病患者享受药补政策。

社会治理平稳有序。推进“扫黑除恶”专项斗争,治安刑事接警数、盗抢接警数稳步下降,公众安全感和法治满意度连年高位。做好矛盾调处和积案化解工作,调处各类矛盾纠纷433件,调处成功率91%以上,化解市级以上交办的各类信访积案3起,化解率100%。推进网格化服务管理中心规范化建设,网格规范年度达标率100%,加强网格化治理探索,调研文章《新时代创新基层社会治理路径探索》在“智荟扬中”发表并得到市委书记批示。在全市率先建立“村级法治建设”联络制度,会龙村“1335构建法治乡村新路径”被《江苏法制报》整版报道并在全省推广。建立安全生产网络监管平台,检查各类企业1264家,安全隐患整改率100%,推动全镇安全生产形势持续稳定向好。

社会事业蓬勃发展。招才引智工作成绩卓越,新增在手人才11人,其中,国家级人才2人,入选省双创计划科技副总2人、镇江金山英才计划2人,2家企业获批“镇江市人才工作站”。精准供给公共文化服务,优化公共文化产品,开展“我们的节日”主题活动、第二届乡村中秋游园会;举办大中型文艺活动15场、公益电影下乡120场次;承办扬中市第十五届社区文化艺术节专场晚会。加强文体设施建设,100%建成农村文化大礼堂,新建体育公园4个,多功能运动场1个,新增体育场地1.58万平方米。策应长江生态旅游岛建设,完成培根师范修复工程、方家埭景点提升工程及会龙村景观绿化等重点工程,举办油坊镇(成都)旅游推介暨专场招商会,长旺街社区引进电子商务平台项目,探索“旅游+直播”带货新模式。 (包雍君)

【多规格太阳能边框项目签约】 2020年4月20日,油坊镇政府与镇江江岛新材料科技有限公司开展的多规格太阳能边框项目签约。项目位于长旺港口产业园,占地面积1.33公顷,投资1亿元,新建厂房1.24万平方米,新上全自动边框切割中心6台(套),自动液压冲床24台(套),测试工序生产设备约50件。 (包雍君)

多规格太阳能边框项目签约 (油坊镇供图)

【5个项目落户油坊】 2020年5月28日,在第十七届中国·扬中河豚文化节上,5个项目签约落户油坊。与苏州市华港建材有限公司签约脱硫钙粉项目,由扬中华鑫环保科技有限公司建设,总投资5亿元。与扬州义合环保新材料有限公司签约超细微粉项目,计划总投资1.5亿元。与江苏绿能电力科技有限公司签约多主栅新型电池组件项目,总投资1.2亿元。与镇江德利克真空设备科技有限公司签约5G触控屏产业化项目,总投资1亿元。通过云平台进行线上科技人才项目签约,西安交大先进制造技术研究所副所长陈小明与扬中市华龙橡塑电器有限公司总经理冷柏平达成签约。

(包雍君)

【"支部+电商"村企联建】 2020年8月12日,扬中市"万企联万村、共走振兴路"项目签约仪式上,长旺街社区与镇江豚宝网络科技有限公司建立村企联建。6月,社区支部与镇江豚宝网络科技有限公司形成"支部+电商"共建机制。社区支部根据互联网公司特点,成立社企联盟,科学开展社企共建活动,以发展强党建,以党建促发展,打造网红社区"示范样板"。直播间单日最高流量5938人,累计卖出4755件产品,销售额42.7万元。支部推广当地热销产品,如农副产品、电气产品等,帮助地方行业走出发展困境,为实现乡村振兴注入新动力。 (包雍君)

长旺街社区"直播带货" (油坊镇供图)

【油坊镇"有事好商量"四步工作法】 2020年8月10日,油坊镇政协联络委"有事好商量"协商议事会在邻丰村协商议事室举办。议事会围绕该村"推动全民健身广场建设"互动协商、凝聚共识。第一步:找准点,选好议题;第二步:现场看,深入调研;第三步:搭平台,建言献策;第四步:求实效,用好结果。通过完善"有事好商量"协商议事平台走进农村,走近百姓,听到好声音,找准堵点、痛点;获得好启示,摸清方向路径;构建好格局,强化联动协同;形成好氛围,共促政通人和。油坊政协联络委坚持把协商议事平台打造成为有质量的议事平台、有成果的议事平台,将基层干群的"想法"和政协委员的"办法"有机结合找到最大公约数,画出最大同心圆。 (包雍君)

【油坊镇(成都)旅游推介暨专场招商会】 2020年8月27日,油坊镇在成都举行油坊镇(成都)旅游推介暨专场招商会。推介会由油坊镇人民政府主办,油坊镇招商办承办,四川翔域文化传播有限公司协办。活动主题为"亲情油坊、常来长旺",着重推介长旺"水乡花园小镇"景区、"鸣凤人家"景区,扩大油坊镇的知名度和美誉度,扩大油坊镇传统旅游市场。 (包雍君)

【"油坊—西安交通大学"政产学研合作】 2020年10月16日,"油坊—西安交通大学"开展政产学研合作对接活动。镇江润驰太阳能科技有限公司与孙杨教授签订"高纯石英砂提纯和内在包裹体去除"项目。镇江朝阳机电科技有限公司与张彦峰教授签订"电梯用安全部件技术优化提升"项目。油坊镇政府与西安交大化学学院先进制造技术研究所签订科技人才合作协议。扬中市华橡塑料电器有限公司与西安交大先进制造技术研究所签署共建研究生协同培养育人基地建设协议。 (包雍君)

【丁腈手套项目开工仪式】 2020年12月12日,江苏恒泽安全防护用品科技有限公司举行开工仪式。项目主要生产一次性橡胶制品手套、塑料制品手套、日用口罩(非医用)等。新上全自动橡胶制品手套生产线2条,购置成品橡胶为主要原料,用于一次性橡胶制品手套生产,预计年产1亿只;14条塑料制品手套生产线,购置成品塑料为主要原料,用于一次性塑料制品手套生产,预计年产20亿只;10台口罩生产线,用于一次性日用口罩(非医用)生产,预计日产能500万只。产品属于医药制造领域。项目建成后预计形成销售5亿元,利税5000万元。 (包雍君)

2020年油坊镇建制村、居委会情况一览表

表25

建制村、居委会名称	书记姓名	主任姓名	总人口(人)	工业产值(万元)
振华村	王笃平	王笃平	3512	27218
油坊村	张林根	张林根	8624	83795
太平村	唐建军	唐建军	6851	24006
同德村	解　鹏	解　鹏	3497	120257
鸣凤村	陈兴云	陈兴云	4618	37561

续表 25

建制村、居委会名称	书记姓名	主任姓名	总人口(人)	工业产值(万元)
振兴村	朱纪君	朱纪君	2653	56259
会龙村	王荣华	王荣华	4139	136750
邻丰村	王笃才	王笃才	3172	62098
老郎村	匡　勇	匡　勇	5612	45197
长旺村	陈太金	陈太金	2202	112088

（包雍君）

2020 年油坊镇主要经济社会指标一览表

表 26

地区生产总值(万元)	492300	私营企业数(家)	1882
财政收入(万元)	37133	当年新办三资企业(家)	0
工业总产值(万元)	839506	实际利用外资(万美元)	0
产品销售收入(万元)	736172	进出口总额(万美元)	2600
农业总产值(万元)	60733	第三产业增加值(万元)	177300
粮食总产量(吨)	27305	三产从业人员(人)	5073
水产品产量(吨)	1939	个体工商户(户)	3154
工业投入(亿元)	5.1	中小学校(所)	3
工业用电(万千瓦小时)	16274.12	医院、卫生院(所)	2
工业企业总数(家)	846	卫生室(个)	8
三资企业数(家)	29	职工年人均工资(元)	42600

（包雍君）

2020 年油坊镇骨干企业情况一览表

表 27

企业名称	法人代表	工业总产值(万元)	销售收入(万元)	工业增加值(万元)	利税总额(万元)
江苏太阳集团有限公司	冷青松	79601	1978	22333	225
扬中市大地水泥有限公司	刘双龙	45408	45408	12648	1766
江苏利奥新材料科技有限公司	何霞文	26784	1960	7677	97
江苏海纬集团有限公司	潘志娟	27633	1947	7906	138
江苏隆鑫电气设备有限公司	方道宏	19803	1934	5307	143
镇江远东电讯电机有限公司	陆宝富	13820	13789	3704	1169
扬中磊金建材有限公司	史爱芳	13570	13648	3637	–851
英利能源(镇江)有限公司	何霞文	13680	1952	3666	7
扬中市金大地混凝土有限公司	刘双龙	12453	12452	3337	477
江苏龙创新材料科技有限公司	徐君伟	11971	11979	3208	689
镇江市明辉新材料有限公司	赵红宇	11626	11626	3116	362
镇江丰源新能源科技有限公司	肖玲芳	11033	1891	3457	–603
江苏希尔达新材料有限公司	鄂洪章	10474	10481	2807	157
镇江金茂伟业工艺品有限公司	董菊萍	9513	9519	2549	492

续表 27

企业名称	法人代表	工业总产值(万元)	销售收入(万元)	工业增加值(万元)	利税总额(万元)
扬中市华龙橡塑电器有限公司	冷柏平	9128	9126	2446	688
江苏宏明电气集团有限公司	陈红明	9054	9055	2426	883
镇江辉煌电子有限公司	朱朝平	8308	1998	2227	410
江苏吉星新材料有限公司	宋述远	7340	7207	1967	-3152
荣安电器江苏荣安电仪设备有限公司	黄良荣	6930	6930	1857	488
江苏永丰电器仪表有限公司	解恒明	6436	6436	1725	544
江苏润弛太阳能材料科技有限公司	季勇升	5794	7132	1553	569
镇江飞天纺织科技有限公司	秦安清	5700	5700	1528	357
扬中格拉斯白炭黑化工有限公司	埃得哈派纳	5479	5468	1468	462
江苏沪运制版有限公司	赵国平	5352	5528	1434	815
江苏全友电气有限公司	董　平	4740	4741	1270	300
镇江裕太防爆电加热器有限公司	王太峰	4518	4519	1211	690
镇江化工仪表电器有限公司	黄乔年	4203	4203	1126	268
镇江市化剂厂有限公司	薛恒芝	4112	4112	1102	223
江苏帅雅服饰有限公司	解丰铭	3837	3837	1028	368
江苏永拓电气有限公司	何宇龙	3713	3713	995	260
扬中市宏辉橡胶制品有限公司	陆纪才	3690	3622	989	275
江苏长江盖业有限公司	黄　磊	3621	3449	970	412
扬中市橡胶塑料厂有限公司	蔡德扬	3577	3120	959	384
镇江昌达电气有限公司	郭力嘉	3394	3394	910	220
扬中市华是塑胶有限公司	丁永明	3356	3356	899	264
扬中市通达电气有限公司	顾卫星	3320	3319	890	377
江苏颖尚密封件有限公司	王　颖	3287	3288	881	303
镇江市星翌交通设备配件有限公司	黄银平	3124	2774	837	237
扬中市鸿运制盖厂	陈正香	2978	2976	798	127
江苏美凯电气有限公司	张福生	2792	2792	748	211
江苏科海生物工程设备有限公司	陈永琪	2765	2766	741	76
镇江嘉弘海绵有限公司	许红林	2496	2363	669	55
镇江太平洋电气有限公司	董志强	2398	2398	643	368
镇江华工仪表电器有限公司	陈太俊	2101	1949	563	100
江苏万利制鞋有限公司	朱　杰	2094	1956	561	100
扬中市东风皮鞋厂	顾红波	2007	2006	538	161
江苏良威电气有限公司	刘良平	1991	1989	534	128
江苏天晟新材料科技有限公司	朱　杰	1936	2035	519	7
江苏欣安新材料技术有限公司	张　望	1827	2027	490	108
扬中市仁君塑料制品有限公司	吴仁军	1798	1799	482	180
扬中市亚威化工电涂有限公司	黄振良	1433	1434	384	32

(包雍君)

八桥镇

【概况】 八桥镇位于扬中市东南部，镇域总面积55.6平方千米，其中，陆地面积34.58平方千米，下辖9个建制村、2个社区，人口3.5万人。2020年，完成工业应税销售81.92亿元，比上年增长12.17%，占全市工业应税销售比重11%；规模以上工业应税销售65.4亿元，增长14.14%，高于全市平均5个百分点。龙头企业量质双增，天舜、新韩通应税销售分别实现20.2亿元、18.48亿元，税收分别实现3000万元、5000万元。利民纸品、大方金属、丰华塑电、绿环机电、宏宇厨具等一批骨干企业支撑有力，逆势上扬，销售增幅20%以上。规模企业方阵扩大，新增20亿元以上企业1家，18亿元以上企业1家，规模企业12家，亿元以上企业累计16家。

八桥镇开工重点产业项目9个，完成制造业投资8.19亿元，增长11.42%，占全市制造业投资比重的15%。福麟智能制造一期、新韩通切割车间当年建设、当年投产，鸿运医药、龙成绝缘等续建项目快速推进。永航动力、领誉纤维、宏宇厨具、永工四氟、普荣电器5个入驻高创园项目投产达效，形成产出2亿元，新材料、医疗器械、船舶配套等先进装备制造产业初具规模。开展“双招双引”(招商引资、招才引智)百日竞赛活动，招商活动50余场次，举办项目集中签约仪式4次，签约亿元以上产业项目11个，科技人才项目5个，总投资18亿元，涉及新材料、装配式建筑、智能制造等多个新兴产业领域。吉庆管材、骅通船舶、大方金属等项目落户高创园。河豚岛铝业、速达管缆等项目当年签约、当年建设、当年投产。开展高新技术企业培育“小升高”(加快培育科技型中小企业，夯实高新技术企业发展基础)行动，新增高新技术企业10家，省高企培育入库企业9家。开展线上线下政产学研活动4场，签约产学研合作项目10个，建成“镇江市工程技术研究中心”3个，建成江苏科技大学技术转移分中心、船舶技术转移中心。引进国家高层次人才1人，入选“金山英才”1人、“江雁计划”3人。推进高创园、海工装备园、富民工业园、清洁能源基地建设，明确功能定位、完善基础配套、盘活存量资源。高创园省级科技孵化器运行，建成园区展示大厅，入园孵化企业33家。

开展农村人居环境整治，八桥镇人居环境整治工作考核扬中市第一，利民村创成省级特色田园乡村，永胜村创成扬中市乡村振兴示范村，红旗村、八桥村创成扬中市人居环境整治优胜村。承办镇江市农村人居环境整治现场会、“美丽镇江”建设等现场观摩活动，“党小组+三治融合”(德治、法治、自治相融合)的特色做法得到市级肯定。提升保障粮食生产安全能力，高分创成省级水稻绿色优质生产基地，粮食生产稳定度居全市前列。加速科技兴农战略，与镇江农科院签订战略合作协议，举办“镇江市第三届农业科技嘉年华”活动。加强乡村环境精细化管理，利民村、红旗村、永胜村“八位一体”工作考核位居全市前列，创成国家森林乡村、省级绿美村庄各1个。编制《国土空间规划》《实用性村庄规划》，完成《镇村布局规划》上报工作。投资900余万元，完成广善大道(华生路)提标重建、先锋河路提档升级等工程，推进幸福大道、永兴4组道路建设，新增安全防护栏4500米，减速带310米，安全标识50个，提升镇村道路安全通达能力。完成庆安新村、永兴小区三期绿化亮化及配套工程。坚持“两年任务、一年完成”的总体思路，投资2000余万元，加快实施八桥、永胜集镇雨污分流，新建雨污管网8.5千米，污水提升泵站7个。实施农村居民点片区分流改造，完成民丰小区、富民小区、华泰小区等老旧小区雨污分流管网改造及主干道路管网改造。完成污水处理厂扩能工程，新增污水日处理能力1000吨。完成农村改厕3400余户，无害卫生户厕普及率提升至95%以上。投资627万元，完成利民村小微水体治理、双龙港水环境综合整治、振兴路雨水泵站新建、思议港闸站绿化等工程，疏浚农村河道53条，整修河坡2.9千米，增强防洪排涝、水系畅通功能。推进空气质量检测站建设，完成中佳电器、飞达纸品燃气锅炉低氮改造。编制园区规划环境评价，完成固定污染源清理整顿、排污许可证发放工作。推进沿江生态修复，新增绿化造林7.33公顷。推进长江禁捕退捕工作，整治“三无”船舶46条艘，长江“两违”整治工作通过省级验收。推进“金屋顶”工程，新增分布式光伏电站1.88兆瓦，新增居民屋顶光伏305户。中央、省级环保交办问题全面销号。

举办首届广善文化节，设立扬中首家慈善助学专项基金；承办全省校园慈善文化建设现场会，八桥中学获镇江市首个“省级校园慈善文化建设示范基地”称号。开展新时代文明实践活动，利民村创成“全国文明村”，红光村通过“全国文明村”复检。陆云以及黄克华、刘明芳夫妇获评“扬中市道德模范”称号。开展文体活动20余场次，组织送电影下乡108场，送展4场，创成镇江市四星级农家书屋1家，实现农家书屋与市图书馆通借通还机制。开展“万企联万村、共走振兴路”行动，实施联建项目13个。加大政策奖励力度，各村申报落户省、市“一事一议”项目6个，兑现发展奖励资金124.6万元。建立精准扶贫动态监测及“回头看”制度，建档立卡户260户、453人实现全部脱贫。发展新型农业,创成镇江示范家庭农场4家,入选省政府优先扶持农民专业合作社名录库9家。推进八桥区域医疗卫生中心重建工程,永胜门诊部投入使用。完成“两癌”普查2705人,创成省级健康村4个,优质医疗资源共享面逐步扩大。养老服务体系不断完善,发放尊老金130万元,新增区域性居家养老服务中心1家,建成标准化居家养老服务中心4家,实现社区居家养老服务全覆盖。承办全市退役军人返乡欢迎大会、退役军人专场招聘会,建成退役军人服务之家3个。

面对疫情影响,设置企业复工窗口,建立“一站式”审批、“驻厂式”服务等机制,组织车辆赴外接送务工人员,累计发车41班次,接送外来人员1000余人。落实减税降费政策,常态化开展“暖企大走访”活动,解决企业和项目建设中的各类难题100余件。加快“互联网+政务服务”改革,优化镇政府机构职能设置,基层“三整合”(集中高效审批、强化监管服务、综合行政执法)改革全面完成,“两办五局一中心”挂牌运行。镇为民服务中心承接32项市级赋权审批事项,便民利企服务水平不断提升。开展熔喷布行业规范整治,开展安全生产专项整治,通过国家安全生产专项整治督导,完成重大安全隐患整治销号7个。推进扫黑除恶专项斗争,完善镇信访联席会议机制。完成“七五”普法,新增“省级民主法治示范村”2个。创新社会治理,在全市率先推进“两网融合、两长共建”(党群连心网与社会治理网格融合,党小组组长与村民组长共建)制度,永兴村“四立五治”(立规矩、立契约、立制度、立基金,政治、法治、德治、自治、智治)法治化契约式社会治理模式被司法部推广。

(耿兴兵)

【工资集体协商“非常要约”行动】 2020年,八桥镇总工会针对企业效益受新冠肺炎疫情影响的实际情况,探索、创新工资集体协商方式方法,采取“非常要约”行动。3月初,八桥镇率先在工资集体协商合同到期需要续签或重签的企业、协商程序不规范的企业开展工资集体协商“非常要约”行动。对于区域范围内技术密集型企业,引导其重点协商稳岗位、保支付、奖创新;对于劳动密集型企业,重点协商最低工资标准、主要工种计件单件、劳动定额、加班工资等;对于经济效益较好的企业,重点围绕工资增长幅度、津贴补贴、奖金分配、福利待遇等开展协商,实现劳动报酬增长与劳动生产率同步提高;对于因疫情影响、生产经营困难的企业,重点根据工资按时支付以及稳岗增效等内容进行协商,促进在疫情期间职企双方共克时艰、共谋发展。工资集体协商“非常要约”行动,营造平等协商、互惠共赢的氛围。全镇范围内职工队伍稳定,劳动关系和谐,职工平均工资增长5%。

(耿兴兵)

【第8例造血干细胞配型成功】 2020年5月26日,扬中市第8例造血干细胞配型成功,市红十字会联合八桥幸福村为志愿者陆云举行欢送会。陆云2015年成为一名造血干细胞志愿者,2019年与一名白血病患者HLA配型完全相合,历经3次体检后,2020年5月,陆云签订志愿捐献造血干细胞协议,5月27日,入住泰州市人民医院,6月1日,成功采集造血干细胞。陆云成为扬中市第8例造血干细胞捐献者,是扬中市首例退伍军人造血干细胞捐献者,是镇江市第90例造血干细胞捐献者。

(耿兴兵)

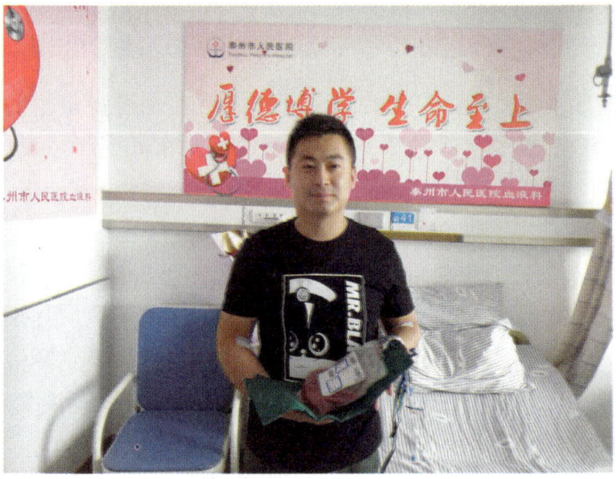

6月1日,陆云成为扬中市第8例造血干细胞捐献者

(融媒体中心供图)

【两项目落户八桥高创园】 2020年6月28日,大方金属激光热熔铜合金粉末项目、吉庆新材料特种超高分子量系列两个新项目落户八桥高创园。大方金属激光热熔铜合金粉末项目主要生产激光热熔增材制造用铜合金粉末及高铁刹车片用HGS(硫化汞)铜粉,产品具备国际先进水平,项目达产后年产量3000吨,形成销售2.1亿元,利税5000万元。吉庆新材料特种超高分子量系列项目投资6000万元,新上特种储罐、超高分子量板材、镀金管、层析柱、高分子化工管等产品,项目达产后预计新增产值7000余万元。

(耿兴兵)

【八桥镇获“国家卫生乡镇”称号】 2020年8月25日,全国爱国卫生运动委员会公示2017—2019周期申报创建国家卫生乡镇(县城)的城镇,八桥镇被正式命名为“国家卫生乡镇”。2019年,八桥镇全面启动全国卫生镇创建工作,通过高标准推进创卫工作,集镇面貌焕然一新。创卫过程中，八桥人改“陋习”、树新风，广大群众以主人翁的姿态主动实践创卫，提升创建内涵。

（耿兴兵）

【利民村入选多个省级名录】 2020年9月8日，扬中市八桥镇利民村入选江苏省乡村旅游重点村名录(2020)，列入“名录”的江苏省乡村旅游重点村，优先享有项目建设、品牌打造、市场推广和信贷支持等相关政策，择优参加全国乡村旅游重点村名录遴选。9月27日，扬中市八桥镇利民村入选江苏省第四批次特色田园乡村，成为扬中唯一一家省级试点村庄。12月4日，江苏省住房城乡建设厅公布第三批江苏省传统村落公示名单，八桥镇利民村蒋家埭入选。（耿兴兵）

【江苏科技大学两个转移中心落户八桥】 2020年11月2日，江苏科技大学技术转移中心扬中分中心暨船舶技术转移中心揭牌仪式在高创园举行。江科大、八桥镇以此为契机，推动创新转型的实体化运行，让科技项目、转型升级项目、技术改造项目先落地，加快技术成果的转化；江科大对八桥镇的产业项目招引，尤其是高创园的规划布局、产业定位等提出合理建议，将2个转移中心打造成产业项目招引的优质平台。（耿兴兵）

【江苏河豚岛铝业科技有限公司投产】 2020年11月17日，江苏河豚岛铝业科技有限公司竣工投产。河豚岛铝业项目计划总投资3亿元，其中，一期投资1亿元，建设1万平方米标准化厂房，购置3条智能化生产线，生产工程机械油缸缸筒、活塞、导向套等核心零部件和新能源汽车行李架等。该产品将引领工程机械轻量化潮流，助推核心零部件减重50%以上。项目一期建成达产后，可新增销售3亿元，税收1000万元以上。项目自3月4日签约以来，抢抓工程进度，快速推进项目建设，3条生产线设备全部完成调试并正常投产。实现当年洽谈、当年签约、当年建设、当年竣工投产。

（耿兴兵）

江苏河豚岛铝业科技有限公司竣工投产（八桥镇供图）

【八桥卫生院“互联网+医养结合家庭病床”服务】 2020年，八桥中心卫生院推出“互联网+医养结合家庭病床”服务。利用互联网终端设备和家庭医生服务平台，通过智能看护设备及配套App，患者利用智能呼叫手环“一键呼叫”医生，进行视频通话，医生通过设备远程查看病人病情，随时响应患者需求。全镇建成20张家庭病床，每张病床配备智能看护设备，实现医保直接结算，为患者提供心电图、血糖和血压的监测。第二批近40个床位完成审批流程，建成床位60张，为失能和半失能患者提供优质上门医疗服务，实现医患沟通“零距离”。（耿兴兵）

2020年八桥镇建制村、居委会情况一览表

表28

建制村、居委会名称	书记姓名	总人口（人）	工业产值（万元）	人均纯收入（元）
长胜村	印金龙	3454	45677	
利民村	刘乔荣	3088	49346	
八桥村(社区)	祝启国	5120	64544	
幸福村	朱志银	5872	57211	
永胜村(社区)	李卫东	5058	56206	32452
红旗村	刘美红	2730	20509	
永兴村	施大年	3473	27768	
万福村	范永华	3576	25858	
红光村	吴月萍	3022	28186	

（王存霞）

2020年八桥镇主要经济社会指标一览表

表29

地区生产总值(亿元)	48.05	实际利用外资(万美元)	713
财政收入(万元)	30034	自营出口额(万美元)	2082
工农业总产值(亿元)	86.72	第三产业增加值(万元)	124100
产品销售收入(亿元)	85.86	三产从业人员(人)	4839
粮食总产量(吨)	15427	个体工商户(户)	2305
水果产量(吨)	1294	有线电视开通数(户)	11559
水产品产量(吨)	1039	有线电视普及率(%)	95
工业投入(万元)	81900	农民人均纯收入(元)	32452

(王存霞)

2020年八桥镇骨干企业情况一览表

表30

企业名称	法人代表	工业总产值(万元)	销售收入(万元)	工业增加值(万元)	利税总额(万元)
江苏新韩通船舶重工有限公司	孟成君	156429	156213.5	31285.8	6440
江苏福麟智能装备制造有限公司	孟　坚	4289.7	4289.7	857.94	-335.8
江苏天舜金属制品有限公司	姚圣法	61111.5	60860.8	12222.3	2618.5
江苏森林建筑新材料股份有限公司	姚圣法	121170	114117.1	24234	3402.4
江苏恒昌新材料科技有限公司	朱　琳	5600.3	5600.3	1120.06	-0.3
镇江市华银仪表电器有限公司	季忠银	29564.7	24752.4	5912.94	3820.7
镇江中佳电器有限公司	季忠银	6858.6	6797.2	1371.72	1157.8
江苏大方金属粉末有限公司	方义强	18671.7	18536.9	3734.34	1990.2
镇江海天微电子股份有限公司	匡习龙	21871.5	21871.5	4374.3	1699
江苏华太电力仪表有限公司	陈道金	10624.7	10534.6	2124.94	906.3
江苏利民纸品包装股份有限公司	周志辉	15461.2	16885.2	3092.24	-942.5
江苏利民纸业有限公司	刘平其	60263.7	60263.3	12052.74	-638.1
江苏金利电气有限公司	顾纪阳	10300	10297.9	2060	897.1
江苏吉庆管材有限公司	朱加祥	6748.6	6748.6	1349.72	553.6
镇江维纳特气门有限公司	金　龙	3447.5	3411.1	689.5	153.4
镇江维纳特气门科技有限公司	贾学川	6142	6590.5	1228.4	233.5
江苏欧尔特气门有限公司	徐冬英	2047.8	2047.8	409.56	6.3
扬中飞达纸制品有限公司	陈廷保	12062.1	12061.1	2412.42	643.7
江苏巨信纸制品科技有限公司	陈星夷	2381.5	2381.5	476.3	28.2
扬中市华森密封件有限公司	季晓华	4677.8	4677.8	935.56	383.9
扬中市丰华塑电有限公司	张跃风	6321.5	6184.1	1264.3	550.8
镇江龙成绝缘材料有限公司	丁兆龙	3030.9	3030.9	606.18	246.7

续表 30

企业名称	法人代表	工业总产值（万元）	销售收入（万元）	工业增加值（万元）	利税总额（万元）
江苏威同电气设备有限公司	杨怀龙	21698.8	21720.2	4339.76	1462.7
扬中市扬子铝加工有限公司	张荣华	15459	15459.1	3091.8	423
镇江春环密封件集团有限公司	刘　剑	10880.2	10970.7	651.58	807.28
镇江绿环机电成套有限公司	顾洪林	2515	2463.4	503	229.5
江苏省绿岛管阀件有限公司	许长友	3755.2	4126	751.04	421.2
江苏同庆车辆配件有限公司	陆廷宝	3023.2	3018.4	604.64	156.4
镇江市华成电子器材有限公司	孟明华	2550	2124.6	510	34.6
镇江宏宇厨具有限公司	匡习风	4568.8	4753.8	913.76	223.9
镇江苏海电力科技有限公司	韩高建	2783.8	2783.8	556.76	239.7
扬中市昌宇安全玻璃有限公司	江文霞	2852.8	2969.8	570.56	55.9
扬中普荣电器有限公司	张加文	4064	4064	812.8	315
扬中鸿运医药包装有限公司	陈正香	3320	3319.4	664	279.4
江苏建豪建材有限公司	缪志贵	9292	9292	1858.4	361.8
江苏永旗电气集团有限公司	朱恩荣	2543.8	2543.8	508.76	257.1
扬中市永工密封件有限公司	耿惠珍	2063	2063	371.34	134.09
镇江市瑞政电力工程有限公司	施正华	2105	2105	328.38	223.6
镇江市晨阳电力设备有限公司	李立本	2543	2543	376.36	228.6
江苏凌通电气有限公司	姜士春	2090.4	2090.4	418.08	131.3
扬中市旭升电器配件有限公司	梅仁平	2575	2361.3	515	128.4

（王存霞）

西来桥镇

【概况】 西来桥镇位于扬中市东南部，总面积 19.5 平方千米，辖 5 个建制村、1 个社区，总人口 1.8 万人。2020 年，完成工业申报销售 73.42 亿元，比上年增长 40.6%；规模以上工业企业完成增加值 40.64 亿元，增长 37.2%；完成一般公共预算收入 8473 万元，增长 5.56%。

西来桥镇全年排定入库项目 10 个，实现固定资产投资 4.45 亿元。总投资超 50 亿元的装配式产业园项目完成签约并排定投资计划，工业智能机器人研发生产项目完成主体厂房建设。海晟涂料技改项目一期投产，预计全年销售 1.1 亿元。扬中城投公司投资大津清洁能源产业园收购上海佳豪 70%股份，中交上海航道局投资 5 亿元建设大津产业园二期码头。新进规上企业 6 家，扬中市惠丰包装有限公司在专精特新版块挂牌申报材料完成受理公示。出台《关于加速推进产业强镇、推动高质量发展的若干意见》《西来桥镇项目招引考核奖励办法》等相关文件，召开“聚焦产业 创新引航”“优环境、抓招商、促发展”大会，发出全员抓招商的“动员令”。坚持人才引育并举，与江南大学、南京工程学院等知名高校联合举办“产学研”对接活动，签订“产学研”合作协议 6 个。亿阀股份和汇森生物成功创建镇江市企业人才工作服务站。汇森生物和镇江龙润入选扬中市第八批“江雁计划”。加强企业技术创新工作，完成高企入库 2 家、高企认定 5 家，申报省级研发机构 1 家、镇江级研发机构 2 家，亿阀股份有限公司 LNG(液化天然气)超低温阀门技术研发项目获 2020 年省科研成果转化专项资金1200万元。

推进幸福花苑三期三标段建设。实施安息堂改造工程,成立西来桥福德殡葬中心。完成敬老院“公办民营”改革,引入社会优质养老运营资源,提升养老服务品质。推进普惠性居家养老服务,全镇500余名80岁以上老人享受政府购买居家养老上门服务。标准化居家养老服务中心完成装修工程。建立稳定脱贫长效机制,坚持“责任、政策、帮扶、措施”四个不减。实施“村企联建育新机、乡村振兴蓄新能”行动,推动6个村(社区)与19家企业结对共建,形成“以企带村、以村促企、村企共赢”的局面。启动农村信用体系建设,完成3168户信用户评定工作,通过“整村授信、线上放款”的信贷服务模式,为信用户授信2.17亿元,破解农户融资难问题。9月25日,西来桥镇举行职能机构改革揭牌仪式,调整机关部门及所属事业单位,设立“两办五局一中心”。

加强文化体育基础设施建设,建成三新村、西来村文体公园。坚持文化惠民,举办“公共文化企业行——大津重工重阳节文艺晚会”,承办扬中摄影家协会“走进西来桥”大型采风活动。举办老年人体育节闭幕式暨“喜庆国庆、欢度中秋”秧歌展演活动,擦亮西来桥“秧歌之乡”的名片。镇龙灯文化列入镇江市非物质文化遗产名录,舞龙作品《龙腾四海》获2020年“全民艺术普及城乡播种行动”动态类展演节目“金种子”奖。

抓好“河长制”工作,开展河道问题排查和专项整治行动,整治河道12.49千米、水塘清淤5.45万立方米。推进长江禁捕退捕工作,完成105艘“三无”船舶整治。完成集镇雨污管网、幸福花苑一期居民楼配套雨污分流建设,建成新污水处理厂一期工程和配套主管网,镇域水环境明显改善。完成垃圾中转站建设前各项准备工作,持续推进“厕所革命”,完成农村改厕1091户。完成400余个疑似长江入河排污口走访核查,关停15条废旧塑料粒子生产线,整治散乱污企业5家。推进农村人居环境整治,打造西来村丁家腰沟埭人居环境示范点,承办全市农村人居环境整治现场观摩会。

推进矛盾调处、人民调解工作,调处矛盾纠纷323起。推进集中治理重复信访、化解信访积案专项行动,实行信访积案“一案一策”,逐案落实责任,化解24件历史遗留难点信访矛盾。开展“扫黑除恶”专项斗争,持续开展集中宣传,强化线索摸排,群众安全感100%。严格落实安全生产责任制,定期召开专题会议学习部署。加大安全隐患整治力度,开展各类专项整治行动8次,排查各类生产隐患1080条,发现问题线索18条,全部整改完成,事前执法线索增长17%,事故下降50%。

(冯凯乐)

【工业智能机器人研发生产项目签约】 2020年3月27日,西来桥镇与江苏璟胜自动化科技有限公司举行签约仪式。工业智能机器人研发项目总投资1亿元,一期投资5000万元,占地面积约1.33公顷,落户西来桥富民工业集中区,购置国内外先进生产设备,打造智能制造车间,进行新建机器人钣金生产线等产品生产,预计亩产税收50万元,每亩产出500万元。项目建成后,将成为集研发、制造、销售、服务于一体的高端机器人制造业。

(冯凯乐)

【大津产业园二期码头建设项目签约】 2020年5月28日,西来桥镇与大津产业园、上海航道局开展项目签约。项目计划投资5亿元,使用岸线864米,设计年吞吐量2000万吨,利用港口码头优势引进装配式建筑材料项目入驻园区。项目计划建设3个3万吨级(兼泊5万吨)泊位,其中,2个重件码头泊位,主要经营大型机械、海工装备等整机装卸;1个通用泊位,主要经营杂货、散货。

(冯凯乐)

大津产业园二期码头效果图　(西来桥镇供图)

【西来桥镇与江南大学生物工程学院签订合作协议】 2020年9月24日,江南大学生物工程学院与西来桥镇签订战略合作协议。会前,代表团一行参观亿阀股份、汇森生物、中海粮油、大津重工4家企业。双方紧扣生物反应器、高科技生物发酵技术等领域开展合作共建,联合申报各项科技计划和人才项目,西来桥镇为学院提供毕业生社会实践基地,为学校开展科研创新、高新技术转化提供平台。

(冯凯乐)

【西来桥镇与南京工程学院签订校企合作协议】 2020年7月14日,西来桥镇与南京工程学院经济与管理学院签订合作协议。双方在高新技术转化、高层次人才引进和培养、科创人才交流服务等方面合作,整合资源、优势互补。西来桥镇为学院提供科研创新、高新技术转化平台,借助学院科技人才优势解决企业技术难题,联合引进高端人才和高水平创新团队,助

力企业"筑巢引凤"。（冯凯乐）

7月14日，西来桥镇人民政府与南京工程学院经济与管理学院签订校企合作协议（西来桥镇供图）

【"畅游西来桥、欢度重阳节"活动】 2020年10月23日，西来桥镇举办"畅游西来桥、欢度重阳节"活动，开展"赏美景、看发展、传文化"的文化之旅。镇老干部代表参加活动，先后参观中海粮油、新程村文体小广场、西来村丁家腰沟埭、镇新时代文明实践所、糊文化艺术馆。（冯凯乐）

【扬中市农村信用体系建设现场会】 2020年10月28日，扬中市农村信用体系建设现场会在西来桥镇召开。大会总结推广西来桥镇农村信用体系建设试点经验，放大示范效应。会上宣读"信用村""信用示范户"命名文件；人民银行镇江市中心支行与扬中农商银行、扬中恒丰村镇银行签订再贷款授信协议；扬中农商银行、扬中恒丰村镇银行与4户"信用示范户"签订授信协议；扬中农行、扬中农商银行、扬中恒丰村镇银行对西来桥镇6个"信用村"整村联合授信。采用"整村授信、线上放款"的信贷服务模式，推动"整村授信"工作落实到实处。西来桥镇对3185户农户建立档案，评定信用户2935户，信用户占比92.15%，其中，评定信用示范户60户，信用户授信金额2亿元，用信金额4249万元。（冯凯乐）

【污水网建设】 2020年，西来桥镇新污水处理厂续建工程完成基建和设备安装，试运行基本达标；完成幸福花苑一期雨污分流和泵站改造，幸福路、为民路、人民路等集镇片区完成雨污分流和集镇企业纳管工作。污水处理厂项目总规划日处理2万吨，总用地面积2.33公顷，能容纳全镇生活污水和工业污水。幸福花苑一期建设日处理5000吨（部分设施按2万吨建设到位，预留后期设备空间），用地1.56公顷，新建总建筑面积2884.9平方米，新建道路面积4594.6平方米，厂区绿地率47%，容积率0.18，总投资5400万元。（冯凯乐）

2020年西来桥镇建制村、居委会情况一览表

表31

建制村、居委会名称	书记姓名	主任姓名	总人口(人)	人均年纯收入(元)
东来村	沈大庆	沈大庆	1956	25860
三新村	陆红卫	陆红卫	3152	28000
新程村	顾大辉	顾大辉	3321	35800
西来村	施为民	施为民	4969	28500
北胜村	郭　凯	郭　凯	2156	28800
幸福社区	吴纪挽	吴纪挽	2723	28000

（冯凯乐）

2020年西来桥镇主要经济社会指标一览表

表32

地区生产总值(万元)	175000	三资企业数(家)	443
财政收入(万元)	14569	私营企业数(家)	262
工业总产值(万元)	772947	当年新办三资企业(个)	109
产品销售收入(万元)	734200	实际利用外资(万美元)	307

续表 32

农业总产值(万元)	10900	第三产业增加值(万元)	551
粮食总产量(吨)	5696	个体工商户(户)	1870
水产品产量(吨)	436	中小学校(所)	2
工业投入(亿元)	6.27	医院、卫生院(所)	1
工业企业总数(家)	163	卫生室(个)	2

(冯凯乐)

2020 年西来桥镇骨干企业情况一览表

表 33

企业名称	法人代表	工业总产值(万元)	销售收入(万元)	工业增加值(万元)	利税总额(万元)
江苏中海粮油工业有限公司	周世悦	228259	227354	51717	1815
江苏亿阀集团有限公司	钱存根	43110	38886	10519	6137.92
江苏大津重工有限公司	占金锋	34384	31603	7943	1397.91
江苏新达能汽车部件有限公司	陈金虎	5521	5521	1353	291.69
江苏海晟涂料有限公司	陈廷生	10932	10709	2508	2063.7
江苏神力电源科技有限公司	白纪林	5150	5045	1164	1016.81

(冯凯乐)

三茅街道

【概况】 三茅街道是扬中市委、市政府驻地,西部毗邻新坝镇,东南与经开区接壤,北隔长江主航道与泰州市高港区相望。行政区域面积 77.16 平方千米,下辖 16 个建制村和 17 个社区,252 个小区,户籍人口 12 万人。2020 年,完成一般公共预算收入 11.34 亿元,新增固定资产投资 30.95 亿元,销售总额 391.66 亿元,其中,工业销售总额 138.41 亿元。农村居民人均可支配收入 3.2 万元,城镇居民人均可支配收入 6.01 万元。

双招双引成果丰硕。实施"走出去"与"请进来"相结合的招引战略,开展外出招商活动 10 余次,接待客商近 100 人次,累计新增有效项目信息 21 条,签约亿元以上项目 11 个,其中,10 亿元以上项目 1 个,亚电充电桩、圣涛电气等项目先后签约落户。招才引智迈出新步伐,以企业技术需求为基点,同步对接高校资源,强化人才服务,入选省科技副总 5 人,镇江市"金山英才"3 人,扬中市"江雁计划"2 人。

项目建设加速发力。实施市重点产业项目 17 个,新建项目 9 个,续建项目 8 个,全部开工建设。雷朋电气等 3 个项目竣工投产,天衡产业园项目列入镇江市重点产业项目计划,数字扬中、大重机电、天衡产业园等项目开工建设、进展顺利。

产业结构提质增效。培扶规模以上工业企业 14 家,批零住餐 10 家,重点服务业 5 家,申报国家级高企 62 家,获批省级高企入库 34 家,申报省级科技计划项目 5 项,传统制造稳步升级。科创产业园区承载力进一步提升,新增入驻企业 6 家,实现纳税销售 31.41 亿元,比上年增长 34%,税收 1.41 亿元,增长 21%。

城乡面貌日益改善。加大基础设施补短力度,高标准实施道路工程 10 条,持续推进"五好"农村公路管养。完善公共服务设施,新建休闲健身场地 102 处;加强建房管理,整治危房 11 户,整改拆除违建 112 处。统筹美丽乡村建设,开展党建引领农村人居环境整治,推进乡村公共空间治理,兴阳村、营房村创成省特色田园乡村,友好村创成省级传统村落。实施老旧小区改造提升工程,"十乱"整治取得阶段性成果。坚决贯彻"长江大保护"战略,完成"两违"整治、"三无"船舶清理,全面排查梳理解决环保督察交办问题,持续打好蓝天、碧水、净土三大保卫战。

民生事业稳步发展。加快促进就业创业,实现新增城镇就业 5417 人,扶持创业人员 85 人。持续完善社会保障体系,救助低保户 298 人、重残 796 人,慰问优抚对象 360 人,组织老年人免费体检 8200 余人,发放慈善救助资金36万元。切实保障退役军人基本权益，发放退役军人各类补助465万元。新建标准化居家养老服务中心15家，村级居家养老服务中心建成率80%以上。有序开展1429名残疾人二代证换发工作。持续优化社会治理，新成立中扬、新联2个城市社区。推进网格化管理，193个2级网格实现党小组全覆盖。预防化解社会矛盾，信访、“12345”工单按期办结。计生、文卫、群团等工作有序开展，群众满意度、幸福感显著提高。社会治理不断加强。疫情防控精准有力。发挥社会治理网格优势，持续深化群防群控、联防联控。安全生产常抓不懈。坚决落实安全生产责任，签订责任状1300余份，开展“全覆盖”和“双随机”相结合的隐患排查治理行动，发现各类问题隐患3400多条，整改率98%以上；稳步推进省级安全发展示范城市创建，全部村（社区）通过镇江市应急标准化创建。防汛抗洪扎实开展，做好洪涝灾害防御和应急抢险救援，筑牢防汛“安全堤坝”。金融风险有效防范，谋划压降债务总额14亿元，化解隐性债务13.32亿元，超额完成年度化债目标。实施熔喷布规范化整治，所有生产经营户均按要求整改到位。

（程城）

【新时代文明实践植树活动】 2020年3月12日，三茅街道新时代文明实践所组织党员、团员、志愿者共同参与植树活动，纪念全国第42个植树节，在兴阳村的田地里种植橘子树420余株，占地面积1.33公顷。

（程城）

【中扬社区、新联社区揭牌】 2020年6月24日，三茅街道中扬社区、新联社区举行揭牌仪式，2个新社区正式成立，三茅街道开启探索城市管理新模式。中扬社区管辖范围北至文昌路，南至南江路，西至翠竹南路，东至江城路。包括中扬康居苑1~2期，常住人口7000人。中扬社区下辖的中扬康居苑小区是扬中最大的拆迁安置小区，涉及17个村（社区），16个拆迁安置项目。社区以“党建红”作为主色彩，打造“党建引领情暖中扬”党建服务品牌，探索构建“三网三制三会”基层治理新机制，让中扬人真正从“安置”到“康居”。新联社区管辖范围北至扬子西路及建设路，南至迎宾大道及祁家路（含祁家路），西至联盟路（不含联盟路），东至中电大道，包括云腾国际、卢浮至尊、翡丽中央、浩云湾、恒大养生谷5个住宅小区，常住人口1.7万人。社区党支部有党员10人，以“双型”党支部建设为主体，旨在打通城市社区治理的最末端，创建“红‘芯’领航+‘三委’联治”党建服务品牌，完善街道、社区党组织领导下的“居委会”“业委会”和“物委会”联动微治服务机制。（程城）

三茅街道新联社区揭牌 （三茅街道供图）

【“文明实践、书香有约”农家书屋推广示范活动】 2020年8月22日，“文明实践、书香有约”扬中市农家书屋推广示范活动在三茅街道新联社区举行。新华书店向读书爱好者赠送书籍，围绕“决胜小康，读书追梦”主题，“读友”分读书心得体会分享、经典朗诵等活动，通过该类阅读活动培育“多读书、读好书、好读书”社会风尚。

（程城）

【扬中新松道尔顿未来智能学校项目签约】 2020年10月16日，扬中新松道尔顿未来智能学校项目举行签约仪式，扬中市开启特色化、多元化、国际化教育进程。此次新松机器人与道尔顿教育携手共建的未来智能学校项目，是产业示范区的开篇之作。项目计划占地6.67万平方米，按照小学、初中和双语高中12年一贯制设计，以机器人和智能技术为支撑，打造集智能校园、智能教学、智能管理于一体的智能教育产业示范区。

（程城）

扬中新松道尔顿未来智能学校项目签约仪式

（融媒体中心供图）

【新联社区文化艺术节开幕暨“文明家庭标兵户”颁奖典礼】 2020年10月23日，三茅街道新联社区首届文化艺术节开幕式暨三茅街道“文明家庭标兵户”颁奖典礼在新联社区举办。活动现场表彰“文明家庭标兵户”,开展公开课《一封家书》,把道德讲堂搬上舞台,深化三茅文明实践。（程城）

【友好村宽新圩入选第二批省级传统村落】 2020年10月,第二批省级传统村落名单公布,扬中市三茅街道友好村宽新圩名列其中。三茅街道友好村宽新圩传统村落坐落于友好村东1~3组,临近江边,主要分为主题展馆和宽心驿站两大区域,主题展馆包括渔耕文化馆、农耕文化馆和红色文化馆,馆内收集旧时渔具、传统农具,以及百余件抗战物品,延续传统文化与红色文化的历史脉络,深入挖掘和传承友好村的村落文化。（程城）

【“湾豆青年议事厅”揭牌】 2020年10月19日,三茅街道团工委联合新联社区团总支在浩云湾小区举办“湾豆青年议事厅”揭牌暨首期“青治团”圆桌会议。小区议事“青治团”以“传递社会需求,参与会治理,促进青年成才,建设青年智库”为主要职能,坚持党建引领,以党建带团建,由1名党员指导员+1名社区团干部+N名青治团成员构成,通过“1+1+N”的治理模式,组成青年圆桌会的固定班底。（程城）

【“红色业委会”建设】 2020年,三茅街道推进“红色业委会”建设,将党建引领主线贯穿于“红色业委会”始终,串联起社区居委会、业主委员会、物业服务企业“三驾马车”。通过“红色业委会”,一批群众急难愁盼的突出问题得到解决,实现基层党建、物业管理服务和社会治理的“同频共振”。以“治理体系顺美、环境整洁优美、服务优质馨美、安全稳定和美、居民生活甜美”为目标,开展小区安全巡逻2万余次,解决路灯不亮、排水不畅、落水管脱落等问题近1200件次,调解邻里矛盾纠纷500余起。（程城）

2020年三茅街道建制村、居委会情况一览表

表34

建制村、居委会名称	书记姓名	主任姓名	总人口(人)	工业产值(万元)
民主村	郭宏军	郭宏军	3851	53000
指南村	田　青	田　青	2515	28000
兴华村	莫兆祥	丁基彬	3811	34000
大众村	张建国	张建国	2991	9000
三桥村	王成余	王成余	3404	20000
锦程村	季　斌	季　斌	2850	13000
永勤村	顾大军	顾大军	2206	55000
企东村	张怀根	张怀根	3009	3000
滨江村	刘建忠	刘建忠	2170	6000
普济村	梅　欣	梅　欣	3570	15000
中华村	严荣斌	严荣斌	2539	26000
友好村	郭茂祥	郭茂祥	2985	40000
兴阳村	陆廷余	陆廷余	3507	36000
永和村	吴　斌	丁　鹏	4610	19000
明华村	印洪生	印洪生	3365	12000
营房村	冯义永	冯义永	1655	12000
新扬社区	王笃成	王笃成	5084	26000
新胜社区	卢建国	卢建国	8514	15000
港联社区	唐　庆	唐　庆	2550	3000
新民社区	田　楠	金红旗	4213	32000
丰裕社区	陈高健	陈高健	3847	71000

续表 34

行政村、居委会名称	书记姓名	主任姓名	总人口(人)	工业产值(万元)
英雄社区	秦安荣	秦安荣	2217	26000
金星社区	郭道元	田勇平	3464	65000
中桥社区	朱照明	王　旭	4073	15000
广宁社区	王成美	谢祥洪	3325	30000
建设社区	郭俊峰	朱应声	6534	58000
同心社区	朱美玲	徐　明	2809	6100
扬子新村社区	陆廷军	蒋　勇	2025	—
文化新村社区	赵　敏	赵　敏	7395	—
江洲路社区	林先权	范　稳	10107	—
长江花城社区	马　云	左　麟	3072	—
新联社区	季成辰	季成辰	2264	—
中扬社区	蒋　伟	蒋　伟	576	—
集镇人口(含水上人口)	—	—	518	—

(程城)

2020 年三茅街道主要经济社会指标一览表

表 35

地区生产总值(万元)	1204886	私营企业数(家)	1113
财政收入(万元)	203261	实际利用外资(万美元)	2298
工业总产值(万元)	916025	个体工商户(户)	5296
产品销售收入(万元)	755928	中小学校(所)	10
粮食总产量(吨)	12400	医院、卫生院(所)	6
水果产量(吨)	3165	卫生室(个)	16
水产品产量(吨)	1915	农民年人均纯收入(元)	32245
工业投入(亿元)	5.9	工业企业总数(家)	19170

(程城)

2020 年三茅街道骨干企业情况一览表

表 36

企业名称	法人代表	工业总产值(万元)	销售收入(万元)	工业增加值(万元)	利税总额(万元)
江苏百乐电器有限公司	孙　宏	4200	3930	966	347
江苏宝丰电气有限公司	高金保	4075	4075	937	412
镇江市长江机电设备厂	丁恒井	4648	4649	1069	602
江苏扬子江制衣有限公司	童中连	5844	5843	1344	749
江苏港龙集团公司	高金保	0	0	0	0
江苏省福达特种钢有限公司	顾炳福	36933	39539	8494	1312
万宝电气集团有限公司	陈建军	22130	22110	5089	855
扬中市中保机电设备有限公司	朱秀才	1164	1169	267	123

续表 36

企业名称	法人代表	工业总产值(万元)	销售收入(万元)	工业增加值(万元)	利税总额(万元)
扬中金州水务有限公司	严　肃	3128	3415	719	876
镇江华翔机电制造有限公司	栾建华	3862	3598	888	280
江苏双联集团公司	冯锦辉	2093	1897	481	166
扬中市永新镀业有限公司	杜庆新	14203	14119	3266	477
江苏东升电器集团公司	陈志斌	5088	4563	1170	292
江苏荣威电气有限公司	戴　震	12854	12854	2956	569
江苏永兴电能设备科技有限公司	张　伟	9187	8117	2113	666
鼎圣集团有限公司	张开银	32652	25617	7509	2362
江苏恒隆电气智能科技有限公司	严维祥	5895	5323	1355	431
扬中市弘宇机械制造有限公司	董祯祥	2186	2171	502	214
江苏泰德环保设备有限公司	石冬林	3114	3114	716	270
江苏雷朋电气有限公司	钟　星	25233	22544	5803	171
江苏浩威新材料有限公司	刘惠香	4312	4312	991	344
江苏中顺电气有限公司	杨　燕	13847	13847	3184	1055
江苏康盛电气集团有限责任公司	倪建华	6736	6662	1549	365
江苏勇进电力设备有限公司	冷祥生	2266	2069	521	551
镇江港龙机电有限公司	高金保	4493	4493	1033	116
镇江德利纺织制品有限公司	郭克元	53245	40233	12246	1147
江苏瑞克健身用品有限公司	朱庆豹	15943	15582	3666	3319
镇江市华阳机电制造有限公司	陈雨民	8638	8638	1986	653
镇江市惠普车辆配件有限公司	戴道圣	11051	11168	2541	875
江苏奇佩建筑装配科技有限公司	张茂先	3879	3879	892	510
江苏中天电气有限公司	苏　文	6106	6106	1404	580
镇江施耐德电器有限公司	陈跃宏	8363	8363	1923	910
扬中市宏飞镀业有限公司	张秋红	5104	5104	1173	811
江苏中能电力设备有限公司	丁为平	2385	2385	548	386
江苏三星科技有限公司	刘建春	31956	31956	7349	5875
扬中市海腾氟塑制品厂	季　明	10048	8868	2311	599
江苏华中电器有限公司	印洪学	7644	9227	1758	710
镇江市耐尔特钻石有限公司	方国祥	3323	3323	764	120
镇江市扬子化塑制品有限公司	叶　祥	2737	2737	629	444
江苏万奇电器集团有限公司	马松涛	7901	7901	1817	636
润圣集团有限公司	蔡拥军	6334	6336	1457	471
扬中市锦程金属表面处理中心	朱孝阳	5716	5691	1314	263
镇江市云鹏电器有限公司	仲章云	2058	1882	473	123
江苏华联电力器材有限公司	鄂友亮	1559	1540	358	170

续表 36

企业名称	法人代表	工业总产值(万元)	销售收入(万元)	工业增加值(万元)	利税总额(万元)
扬中市南方矿用电器有限公司	陈广英	8319	8319	1913	1201
江苏欣亚科技有限公司	张　欣	3744	3589	861	-137
镇江市兴生电器有限公司	孔宪祥	3465	3796	796	918
江苏中电输配电设备有限公司	陆廷秀	18500	18500	4255	1017
扬中市江洲汽车内饰件有限公司	蒋丰根	2085	2317	479	-9
扬中市神华电仪设备有限公司	蔡文华	2653	2650	610	188
通华机电集团有限公司	钱巧林	3856	3856	886	441
中电电气(江苏)股份有限公司	陆廷秀	12235	12235	2814	3493
扬中中燃燃气发展有限公司	吴爱梅	25481	25481	5860	7288
江苏恒邦工艺品有限公司	秦　梅	1936	1897	445	328
镇江市建成电器有限公司	郭建明	4517	4517	1038	482
扬中市红叶管阀密封件有限公司	刘爱萍	1761	1761	405	53
江苏华吉电气科技有限公司	吴美珍	4682	4690	1076	387
江苏大唐电器制造有限公司	唐瑞仙	4344	4344	999	304
扬中市三利石化机械有限公司	邱昌海	2664	2664	612	335
江苏长凯机械设备有限公司	胡永波	3339	3339	767	265
香江科技股份有限公司	王志远	168942	1650789	38856	25781
扬中市荣昌汽配有限公司	常月兰	3150	3150	724	136
扬中市美达电力器材配件有限公司	陈志美	2989	2989	687	177
扬中市华能电力设备有限公司	丁基成	2098	1785	482	118
镇江皆通承龙纺织制品有限公司	郭克元	50871	50871	11700	1595

（程城）

江苏扬中经济开发区

【概况】 江苏扬中经济开发区位于江苏省扬中市东南部，下辖8个村(社区)，总面积27.4平方千米，常住人口4.2万人，拥有深水岸线7.2千米。2020年，扬中经开区实现工业应税销售156.37亿元，比上年增长21%；公共财政预算收入4.32亿元，增长8%；工业固定资产投资26.7亿元，增长64.1%。在全省经开区综合考核排名中，扬中经开区在88家省级开发区中排第12位，比上年提升2位，创历史新高。

2020年，扬中经开区排定千万元以上项目19个，列入省重大项目1个、镇江市重点项目4个。其中，蜂巢易创扬中产业园盛大开园，蜂巢动力发动机、传动变速器、电驱动电机等项目相继举行下线仪式，完成一期投产，形成销售14亿元，产能节节攀升，自主研发产品在国内乃至国际上取得领先地位。通灵智能接线盒、高照新能源绿色单晶硅片项目竣工投产；兴隆港务临港物流提升改造项目基本完成；江拓新材料项目开展试生产，其余重点项目均在高效高速推进。

2020年，扬中经开区推进乡贤招商、载体招商、以商引商、产业内招商，成立扬中发促会经开区分会，经开区乡贤文化促进会。全年累计对接有效项目信息20余个，完成项目签约13个，完成项目注册7个、项目落地7个，均完成年计划的100%。项目总投资42.5亿元，其中，10亿元项目1个(5吉瓦太阳能组件项目)、13亿元项目1个(智能制造大数据中心产业园项目)，全部投产后可新增销售101.2亿元，利税13.2亿元，为经开区高质量发展提供强大内生动力。

2020年，扬中经开区全年认定国家高新技术企业

22家,高新技术企业培育入库20家,新增后备高企12家。蜂巢动力获评省示范智能车间,亿能电气获首批"江苏精品"企业称号,扬碟钻石获评省级工程技术研究中心,经开区获评江苏省知识产权示范园区。科创中心近4年2次获评国家级A类孵化器,3次获评省级A类孵化器称号。组织企业赴华东理工大学、西安交通大学等多所高校进行项目对接和人才招引,举办"扬中—华东理工大学科技人才对接交流会"主题活动,申报镇江"金山英才计划"项目6个,申报江苏省"双创计划"3个,新增在手人才项目16个,获批镇江首批"人才工作服务站"5家。

2020年,扬中经开区开展水环境治理,新建三跃污水提升泵站等3座泵站,新建及改造长征路、兴茂路等主干雨污水管网28千米,检测、修复雨污管网35千米,完成兴隆、三跃两大集镇雨污分流改造,预计3年完成的水环境治理工程在两年内顺利完成。开展农村人居环境整治,清理河沟455条、残垣断壁160余处,种植花木8万余株,打造长寿园、文博新村等多处人居环境整治示范点,福源村长寿园成为镇江、扬中乡村振兴现场会观摩点。长效推进创文创卫工作,督查梳理创卫问题2600余条,整改率100%,绿化补植等提升工程全部竣工,生活垃圾做到日产日清,集镇环境卫生得到明显改善。

2020年,扬中经开区提前完成精准扶贫任务,全区建档立卡户均纳入城乡居民医疗保险范围,15户建档立卡户危房改造全部完成。推动村校、校企共建,强化名师结对提升青年教师素养,兑付"助学兴教"奖励资金106万元。推进养老机构公建民营改革,探索区域性居家养老服务新模式,养老服务体系不断完善。开展慈善救助,慈善基金规模突破1700万元。打造"一村一品"特色文化,举办2020太平文化旅游周、重阳节推介会等各类文艺活动,自创舞蹈入围省五星工程奖决赛。

2020年,扬中经开区严格落实疫情防控要求,建立健全联防联控机制,管控服务外地回扬中人员近6000人,帮助企业代买口罩5万只,在全市率先启动企业复工复产。汛期对江港堤防实行24小时值班值守制度,及时处理兴隆大闸渗水隐患。推进"扫黑除恶"专项斗争,破获刑事案件34起;推进"雪亮工程"建设,建成全域现代化社会治安防控体系,高标准建成港湾新城"智慧小区"。开展各类安全检查近300次,检查企业252家,发现并整改问题隐患180余条,针对国务院安全生产督导组交办的华盛喷涂隐患整改任务,举一反三聘请国家级涉粉涉爆专家现场指导,全区30条喷涂生产线全部通过整改验收。

2020年,扬中经开区推进"不忘初心、牢记使命"主题教育,亮化"党建365,在线每一天"品牌,探索党员发展"四重审"、组织员"333"指标工作法,工会益企益家睦邻项目、妇工委家庭教育项目分别获省工会优秀创业项目、省妇联首批"三全"试点。开展各类党员教育活动和文明实践活动400余场、大型文化活动24场,初心政治生活馆累计接待党组织80余次,党员2000余人。兴隆中心小学获评"全国文明校园",1人获评"新时代江苏好少年",多人获评扬中"道德模范""扬中好人"。 (丁伟东)

【图书通借通还】 2020年,经开区加强与市区图书馆的资源互动,实现图书"通借通还"。"通借通还"是一种全新借阅模式,是以市图书馆为总馆,乡镇和村图书室为分馆的运行网络,实行统一图书编目、统一借阅证、统一服务标准。截至8月,经开区8个村(社区),1.8万本图书全部录入市图书馆通借通还系统,在全市率先实现与市图书馆通借通还,市民凭借书卡,可以在市图书馆及经开区各村(社区)的图书室享受"多馆借书,多馆还书"服务。 (丁伟东)

图书"通借通还" (经开区供图)

【经开区网络直播招聘会】 2020年3月12日,经开区举办网络直播招聘会,公布13家企业、400余个岗位的招聘信息。由于疫情,各类线下招聘取消,经开区新时代文明实践所、人社中心与移动公司合作举办线上直播"春风行动"。招聘企业及求职者通过手机扫描二维码进入直播平台进行互动,实现"线上面对面"交流,1.2万名观众收看直播。 (丁伟东)

【太阳能组件项目签约】 2020年5月29日,总投资10亿元的5吉瓦太阳能组件项目签约。5吉瓦太阳能组件项目投资方为镇江荣德新能源科技有限公司,项目分两期投资建设,其中,一期投资4.5亿元,投产后

预计组件产能达2吉瓦，二期投资5.5亿元，预计组件产能达3吉瓦。（丁伟东）

【扬中发展促进会经开区分会成立】 2020年10月2日，扬中发展促进会经开区分会、经开区乡贤文化促进会成立。会上宣读《关于同意成立扬中发展促进会经开区分会的批复》，通过《扬中发展促进会经开区分会、经开区乡贤文化促进会章程》，大会选举钱锋、徐俊、方国才为名誉会长，戴桂洪为会长，王理伟、匡锡和、孙佑春、张为家、顾大福、倪志飞、倪治寿为副会长。（丁伟东）

扬中发展促进会经开区分会、经开区乡贤文化促进会成立（经开区供图）

【经开区科创中心获评优秀科技企业孵化器】 2020年7月，江苏省科技厅公布2019年度江苏省科技企业孵化器绩效评价结果通知，在全省559家省级以上科技孵化器和34家省级以上大学科技园中，有91家被评为优秀（A类），2016—2019年经开区科创中心连续4年获评A类，属镇江首例。（丁伟东）

【镇江网络传播主题活动】 2020年11月18日，2020"网眼看镇江、见'镇'跑起来"网络传播主题活动走进经开区，人民日报社、中国日报网、新华网等20余家国内重点网络平台的记者编辑实地参观蜂巢易创产业园和亿能集团。媒体团的记者、编辑表示扬中"产业强市"做得实、走得深，各媒体将借助互联网的传播力和影响力聚焦扬中、聚焦经开区，多形式、全方位、多平台、多角度展示扬中加速跑起来、强起来的蓬勃气象。（丁伟东）

【兴隆中心小学获评"全国文明校园"】 2020年11月20日，中央文明委在北京召开全国精神文明建设表彰大会，经开区兴隆中心小学被授予"全国文明校园"称号，成为扬中首家"全国文明校园"。扬中市兴隆中心小学以"教育新生态、奠基幸福人生"为办学理念，着力培育学生核心素养，创成"三有三好"（有阵地，氛围好；有队伍，活动好；有特色，反响好）新时代文明实践基地，是一所教育理念生态化、教学管理科学化、教学设施现代化的农村小学。（丁伟东）

【港湾新城二期安置房2、3地块封顶】 2020年12月2日，经开区港湾新城二期安置小区项目2、3地块安置房工程21栋住宅楼主体结构封顶。项目自2019年11月开工以来，历时12个月，完成地上面积19万平方米，地下面积23万平方米的主体结构工程，实现全部封顶。（丁伟东）

2020年扬中经济开发区建制村、居委会情况一览表

表37

建制村、居委会名称	书记姓名	主任姓名	总人口(人)
兴隆社区	蔡 文	张 峰	4285
三跃社区	王正法	夏太君	4227
双跃村	张立华	张立华	2560
恒跃村	王世海	王世海	3559
新星村	鄂道林	鄂道林	2958
德云村	陆昌鹏	陆昌鹏	2346
兴城村	姚月萍	姚月萍	3058
福源村	徐纪荣	徐纪荣	3443

（黄振杰）

2020 年扬中经济开发区主要经济社会指标一览表

表 38

地区生产总值(万元)	52.86	私营企业数(家)	196
财政收入(万元)	43810	当年新办三资企业(家)	3
工业总产值(万元)	1148548	实际利用外资(万美元)	1206
产品销售收入(万元)	1169932	进出口总额(万美元)	13000
农业总产值(万元)	12271	第三产业增加值(万元)	126477
粮食总产量(吨)	8559.72	三产从业人员(人)	5142
水产品产量(吨)	713	个体工商户(户)	458
工业投入(亿元)	28.6	中小学校(所)	3
工业企业总数(家)	302	医院、卫生院(所)	1
三资企业数(家)	83	卫生室(个)	5

(黄振杰)

2020 年扬中经济开发区骨干企业情况一览表

表 39

企业名称	法人代表	工业总产值(万元)	销售收入(万元)	工业增加值(万元)	利税总额(万元)
江苏环太集团有限公司	王禄宝	232598	289873	85962	4586
江苏亿能电气有限公司	周桂根	96409	86857	23187	4064
江苏尚昆集团	严荣飞	84593	89125	80976	5971
江苏天辰新材料股份有限公司	王栋葆	50039	73517	19025	3026
江苏银佳企业集团有限公司	姚建明	53588	67583	18272	2135
金海新源电气江苏有限公司	朱冬宏	78060	86682	21795	2557
江苏星河集团公司	匡锡和	20390	40729	11097	2491
镇江安华电气有限公司	韦成歌	29424	28960	7559	2053
蜂巢动力系统(江苏)有限公司	陈晓亮	137349	137531	35483	412
镇江仁德新能源科技有限公司	戴晓文	53005	66144	18586	1367
江苏荣胜集团	黄良胜	10920	11544	2932	640
爱士惟新能源技术(扬中)有限公司	张　勇	69374	73731	18875	101
江苏绿洲制衣有限公司	孙华忠	13560	13840	3502	600
镇江市神龙电器管件有限公司	郭宏富	11078	12964	3291	466

(黄振杰)

附 录

市级新任领导

张德军，男，1971 年 7 月出生，江苏句容人，汉族，党校大学学历，1991 年 5 月加入中国共产党，1988 年 8 月参加工作。1988 年 8 月，任句容县陈武乡政府文书、团委书记、秘书；1992 年 9 月，在江苏省青年管理干部学院行政管理专业学习；1994 年 7 月，任句容县委组织部干部科干部；1995 年 7 月，任句容县（市）东昌镇党委副书记、镇长；2001 年 3 月，任句容市行香镇党委书记；2005 年 12 月，任句容市白兔镇党委书记，2006 年 7 月明确副县级；2007 年 11 月，任句容市委常委、茅山风景区管委会主任；2011 年 5 月，任京口区委常委、副区长；2012 年 1 月，任京口区委副书记；2012 年 9 月，任镇江市园林管理局党委书记、镇江市南山风景名胜区党工委书记兼市风景旅游发展有限责任公司董事长；2013 年 11 月，任镇江市旅游局局长、党委书记；2014 年 5 月，任镇江交通产业集团董事长、党委书记；2016 年 6 月，任扬中市代市长；2016 年 7 月，任扬中市委副书记、代市长；2017 年 1 月，任扬中市委副书记、市长；2020 年 10 月，任扬中市委书记、市长；2020 年 12 月，任扬中市委书记。

贾晟，男，1971 年 12 月出生，江苏丹徒人，汉族，党校研究生学历，1993 年 6 月加入中国共产党，1994 年 7 月参加工作。1994 年 7 月，在镇江商业大厦工作，历任团委书记、科室党支部书记；1996 年 9 月，在镇江团市委工作，历任希望办副主任，学少部副部长、学少部部长、学联秘书长，组织部长、机关党支部副书记，工会主席(2000 年 12 月明确正科)；2005 年 9 月，任润州区七里甸镇党委副书记(正科级)；2005 年 12 月，任润州区七里甸街道党工委副书记(正科级)；2007 年 1 月，任润州区金山街道办事处主任、党工委副书记；2008 年 2 月，任润州区金山街道党工委书记、人大工委主任；2008 年 12 月，任润州区蒋乔镇党委书记；2011 年 4 月，任润州区七里甸街道党工委书记；2014 年 7 月，任镇江市政府督查室主任；2015 年 12 月，任镇江市政府副秘书长、市政府办党组成员；2019 年 12 月，任镇江市政府秘书长、党组成员、办公室党组书记；2020 年 12 月，任扬中市委副书记。

于德祥，男，1966 年 3 月出生，江苏扬中人，汉族，党校大学学历，1995 年 11 月加入中国共产党，1984 年 7 月参加工作。1984 年 7 月，任句容农校实验员；1989 年 6 月，任扬中县农技推广中心技术员；1990 年 12 月，任扬中县（市）科委科技培训中心副主任、办公室主任、主任助理；1998 年 2 月，任扬中市科委副主任；2000 年 1 月，任扬中市八桥镇党委副书记；2001 年 4 月，任扬中市八桥镇党委副书记、镇长；2003 年 2 月，任扬中市新坝镇党委副书记、镇长；2006 年 7 月，任扬中市八桥镇党委书记；2011 年 1 月，任扬中市副市长；2017 年 12 月，任扬中市委常委、政法委书记；2020 年 11 月，任扬中市政协党组书记。

张永意，男，1985 年 4 月出生，安徽濉溪人，汉族，大学本科，2004 年 6 月加入中国共产党，2006 年 8 月参加工作。2006 年 8 月，任丹阳市劳动和社会保障局办公室科员；2008 年 4 月，任丹阳市劳动和社会保障局办公室副主任；2009 年 4 月，任丹阳市延陵镇党委组织委员、人大副主席；2010 年 8 月，任丹阳市延陵镇党委副书记；2011 年 3 月，任丹阳市延陵镇党委副书记、镇长；2012 年 12 月，任共青团镇江市委副书记、党组成员；2017 年 12 月，任共青团镇江市委书记、党组书记；2018 年 7 月，任共青团镇江市委调研员；2019 年 6 月，任共青团镇江市委二级调研员；2019 年 11 月，任扬中市委常委、副市长、二级调研员 (2016年12月-2019年12月援疆);2020年12月，任扬中市委常委、常务副市长、二级调研员。

孙健，男，1971年1月出生，江苏扬中人，汉族，党校研究生学历，1995年8月加入中国共产党，1991年8月参加工作。1991年8月，任中国外轮理货公司镇江分公司组长;1993年9月，任扬中县(市)粮食局办公室秘书;1995年5月，任扬中市粮食局办公室副主任;1998年3月，任扬中市委办公室科员;1999年12月，任扬中市委办公室综合二科副科长;2001年12月，任扬中市委办公室综合二科科长;2003年5月，任扬中市委办公室副主任;2006年7月，任扬中市委办公室副主任、研究室主任;2007年2月，任扬中市委办公室主任、研究室主任、农办主任;2007年11月，任扬中市委办公室主任、农办主任;2010年3月，任扬中市委办公室主任;2010年9月，任扬中市油坊镇党委书记;2013年5月，任扬中市委常委(2013年6月-2016年7月，赴藏工作);2016年7月，任扬中市委常委、党校校长;2020年7月，任扬中市委常委、统战部部长，市政协党组副书记。

孙丽君，男，1977年11月出生，江苏丹阳人，汉族，公共管理硕士，1999年3月加入中国共产党，2000年9月参加工作。2000年9月，在京口区汝山乡党政办公室工作;2001年3月，在京口区丹徒镇党政办公室工作(2001年3月-2001年7月，借调京口区委宣传部办公室工作;2001年7月-2001年9月，丹徒镇新生村挂职);2001年10月，任京口区人事劳动和社会保障局办公室科员;2002年7月，任京口区委组织部干部科科员;2003年11月，任镇江市委组织部党员教育管理处干部;2004年3月，任镇江市委组织部党员教育管理处副科级组织员;2008年3月，任镇江市委组织部党员教育管理处副处长;2010年9月，任镇江市委组织部办公室副主任;2011年7月，任镇江市委组织部办公室副主任、主任科员;2013年3月，任镇江市委组织部政策研究室主任、办公室副主任;2015年9月，任镇江市委组织部政策研究室主任;2016年6月，任镇江市委组织部人才工作处处长;2017年6月，任镇江市人才办专职副主任、市委组织部人才工作处处长;2018年5月，任镇江市人才办专职副主任;2019年2月，任镇江市委非公有制企业和社会组织工委副书记;2019年12月，任扬中市委常委、组织部部长、统战部部长;2020年3月，任扬中市委常委、组织部部长、统战部部长，市政协党组副书记;2020年7月，任扬中市委常委、组织部部长、党校校长，市行政学校校长。

刘湘琴，女，1983年7月出生，广西罗城人，仫佬族，博士研究生，2005年1月加入中国共产党，2009年7月参加工作。2009年7月，任中电电气集团有限公司员工;2011年1月，任南京市再保科技小额贷款有限公司综合部副总经理;2013年2月，任南京市再保科技小额贷款有限公司风险管理部副总经理兼综合部副总经理;2014年9月，任南京市再保科技小额贷款有限公司综合部总经理兼风险管理部副总经理;2015年7月，任南京市再保科技小额贷款股份有限公司风险管理部总经理(2017年10月-2018年5月，兼任常州市再保科技小额贷款有限公司总经理);2018年4月，任江苏再保科技小额贷款股份有限公司副总经理;2020年10月，任扬中市副市长(挂职);2020年12月，任扬中市政府党组成员、副市长(挂职)。

组织机构及负责人

中共扬中市委员会

书　记　殷　敏(女,10月免)
　　　　张德军(10月任)
副书记　张德军(10月免)
　　　　贾　晟(12月任)
　　　　马家胜
常　委　王成明(12月免)
　　　　张永意
　　　　孙　健
　　　　卜兴荣
　　　　巫晓辉
　　　　王汉英
　　　　潘　杰
　　　　孙丽君
　　　　于德祥(11月免)
　　　　李世杰(12月免)
　　　　陈祝平(12月任)

市委办公室

主　任　姚新春(12月免)
　　　　姚建华(12月任)
副主任　郭　渝(女)
　　　　陈　薇(女)
　　　　郭建中(3月免)
　　　　徐子平
　　　　贾子彬
　　　　沈　韵(3月任)

档案局

局　长　郭　渝(女)

市委研究室

主　任　郭建中(3月免)
副主任　沈　韵(3月免)
　　　　姚　婷(女,3月任)

市委机要局

局　长　陈　薇(女)
副局长　马　健

国家密码管理局

局　长　陈　薇(女)

国家保密局

局　长　陈　薇(女)

市委组织部

部　长　孙丽君
常务副部长　徐昌桂(12月免)
副部长　姚建华(4月免)
副部长　王乔林(12月免)
　　　　吴昌松

组织员办

市委副科级组织员　施　超(女)

市委"两新"工委

书　记　姚建华(3月免)
副书记　蒋　敏(12月免)

人才办

主　任　姚建华(3月免)

市考核办

副主任　陈　雄(3月免)
　　　　王秀德(3月任)

市委宣传部

部　长　卜兴荣
常务副部长　严　峰(3月免)
　　　　　　蔡巧珍(女,3月任)
副部长　王晓东
　　　　李　波(女)
　　　　祝启彤
四级主任科员　倪德贤
领导班子成员　蒋陈超(3月免)
　　　　　　　徐友明(3月任)

网信办

主　任　李　波(女)
副主任　郭泰莱

精神文明建设指导委员会办公室

主　任　严　峰(3月免)
　　　　蔡巧珍(女,3月任)

融媒体中心

主　任　王晓东
副主任　夏福洪
　　　　解春玲(女)
　　　　戴维平
　　　　左菁华(女)
　　　　蔡小俊
　　　　郭　岚(女)
　　　　徐彦玲(女)
网络中心主任　左元俊
纪检组长　黄刚(3月免)

市委政法委

书　记　于德祥(12月免)
　　　　王汉英(12月任)
副书记　周　勇
常务副书记　殷　晗
副书记　戴振东
　　　　缪　剑
政治处主任　王国平
二级调研员　吴国彬
综治中心主任
　　　　凌　杨(女,12月任)

市委统一战线工作部

部　长　孙　健(7月任)
　　　　孙丽君(7月免)
常务副部长　朱建兰(女)
副部长　赵徐平(女,3月任)
　　　　张　俊
　　　　沈　勤(女)
　　　　杨全贵

民族宗教事务局

局　长　朱建兰(女)
副局长　朱家生

台湾工作办公室

主　任　张　俊

侨务办公室

主　任　沈　勤(女)

市委机构编制委员会办公室

主　任　薛　兵
副主任　吴　敏(女,3月免)
　　　　蔡　勇
　　　　王　磊(12月任)

事业单位登记管理局

副局长　黄　娟(女)

市委市级机关工委

书　记　陈　兵
副书记　徐美琴(女)
　　　　周小波
纪工委书记　朱孝卫

市委党校

行政学校校长　王成明(7月免)
　　　　　　　孙丽君(7月任)
校　长　孙　健(7月免)
　　　　孙丽君(7月任)
副校长(主持工作)　姚中庆
副校长　陈定春
　　　　郭伟英(女)
副科职干部　常燕萍(女,3月任)
副校长　钱吕军

机关事务管理中心

主　任　高　琴(女,12月免)
　　　　王乔林(12月任)
副主任　倪明霞(女)
　　　　封　光
　　　　盛　峰
纪检组长　薛　丽(女,3月免)
　　　　　朱　炜(3月任)

信访局

局　长　王义波
副书记、副局长　吴江霞(女)
副局长　何光林

档案馆

馆　长　郭　渝(女)
副馆长　姚纪才
　　　　孙烨婷(女)
　　　　包艳梅(女)

市委老干部局

局　长　陈　钧
副局长　马侦杰
　　　　马　旭(女)

史志办

主　任　张初明
副主任　常燕萍(女,3月免)
　　　　顾大志
　　　　陈　健(3月任)

扬中市人民代表大会常务委员会

主　任　冯锦跃
副主任　唐崇林
　　　　王继兰(女)
　　　　常　云
　　　　蒋金龙
党组成员、副处职干部　祝寒冰

人大办公室

主　任　张　伟(3月免)
　　　　施正裕(3月任)
副主任　郭伟国
　　　　朱　伟

财政经济工委

主　任　毛海金
副主任　王　凤

监察和司法工委

主　任　陆学文(7月任,12月免)
副主任　冯煜蘋(女,7月任)

环境资源城乡建设委

主　任　徐万军
副主任　陈廷明

科教文卫工委

主　任　戴桂平
副主任　黄海燕(女)

人事代表联络工委

主　任　施正裕(3月免)
　　　　刘国斌(3月任)
副主任　何　敏(女,3月任)

农业和农村经济工委

主　任　徐桂平
副主任　顾启伟

扬中市人民政府

市政府党组书记、市长
　　　　张德军(12月免)
　　　　贾　晟(12月任)
常务副市长　王成明(12月免)
　　　　　　张永意(12月任)
副市长　陈波涛
　　　　宫金生
　　　　孙冬梅(女)
　　　　林成春
　　　　周　勇
　　　　仲　泉
　　　　王　锋(9月免)
　　　　刘湘琴(女,9月任)

办公室

主　任　仲　泉(3月免)
　　　　姚建华(3月任,12月免)
　　　　瞿惠辉(12月任)
副主任　王义波
　　　　林　帅(3月免)
　　　　陈小锋(12月免)
　　　　张　钰(12月任)
　　　　马意俊

副主任 姚 星
孟志强
汪永新(12月免)
夏 璟(女,3月任)
蒋 敏(女,12月任)

大数据管理局

局 长 陈小锋(12月免)
副局长 姚俊洪

外事办

主 任 马意俊
副主任 夏 璟(女,3月免)
张 剑(3月任)

合作交流中心

主 任 孙春祥(3月免)
林 帅(3月任)

经济发展局

党委书记、局长 仲 斌
党委副书记、副局长
何 勇(3月任)
党委副书记 张正荣
副局长 包勇军
黄贤成
曹广金(12月免)
陈丽明(女,3月免)
孙 旭(女,12月任)
党委委员 张德贵
潘大军(12月任)

粮食和物资储备局

局 长 仲 斌
副局长 何 勇(3月免)
郭振中(3月任)

人社局

党委书记、局长 张 华
党委副书记 刘国斌(3月免)
党委副书记、副局长
施朝阳(3月任)
党委委员、副局长
周 斌
杨长秀
宗加洪
蒋长春
施晓辉(女,12月任)
吴 敏(女,3月免)
党委委员、社保中心主任 戴伟柱
党委委员、就管中心主任 李荣林
人才中心主任 蓝厚国
监察大队大队长 刘 巍

医疗保障局

局党组书记、局长 陆纪云(女)
局党组副书记、副局长
施荣祥(3月任副书记)
副局长 吴永忠

医疗保险基金管理中心

主 任 陆纪云(女,3月免)
冷新星(3月任)
副主任 冷新星(3月免)
黄高伟(援疆)
蔡 刚

行政审批局

局 长 杨立维(12月免)
高 琴(女,12月任)
副局长 黄 勇(12月免)
朱耀宇(12月任)
朱 莉(女)

政务服务中心

主 任 杨立维(3月免)
孔红梅(女,3月任)
副主任 朱 波(3月任)
丁晓峰(3月任)

公共资源交易中心

主 任 刘 俊

统计局

党组书记、局长 梅稳山
副局长 陆文龙
汤小丰
王小燕(女)

应急管理局

局 长 孙 斌
副局长 黄贤华
朱建中
张泽民
孙 平
崔德荣(挂职)

安委办

主 任 孙 斌
副主任 张泽民(7月免)
徐 良(7月任)

安全生产监察大队

大队长 徐 良(7月免)
陆九如(7月任)

市场监督管理局

局长、党委书记 童 峰
党委副书记、副局长 唐 立
党委委员、副局长
王 成
吴振军
李 红
姚 俊
陶书斌
陈佩银
党委委员 王秋平

知识产权局

局 长 童 峰
副局长 王秋平

新坝分局局长 陈永祥
城区分局局长 杨怀龙
兴隆分局局长 张有斐(3月免)
方 军(3月任)
油坊分局局长 方 军(3月免)
陈小军(3月任)
八桥分局局长 盛 艳(女)

西来桥分局局长 陆学龙
检验检测中心主任 陈红霞(女)

商务局

党组书记、局长 黄红兰(女)
党组副书记 郭明华
党组副书记、副局长
王 华(3月任)
党组成员、副局长: 王 琪
党组成员 杨 凡(女,3月任)
党组成员、副局长
王 清(3月免)
莫纪奎(3月免)
招商中心主任 陆赵华

粮食收储中心

主 任 张正荣
副主任 赵文俊
郭马莉(女)
纪检书记 潘照瑾(女)
副主任 印和平(女)
秦 鸿

工业集团总公司

总经理 刘良福(3月任)
副总经理 刘良福(3月免)
魏 奇
王 洁(12月免)
郭纪俊
郭 霞(女,3月任)
纪检组长 朱耀宇(12月免)
付 蓉(女,12月任)

供销总社

主 任 郭连志(12月免)
刘 平(12月任)
副主任、副书记 陆 俊
副主任 王存峰
施晓晖(女,12月免)
唐 玲(女,12月任)
刘 俊

商业集团总公司

总经理 金 红(女)
副总经理 陈国梅(女)
郭玉生
缪剑刚
纪委书记 朱 枫(女)
副总经理 张 勤(女)
王 剑(3月任)

住房与城乡建设局

党委书记、局长 殷新华
党委副书记、副局长 杨富森
耿海铭
党委委员、副局长 陈学兵
党委副书记 吴培枫
祝瑞平
副局长 张开华
党委委员、副局长
翟 骏
姜金龙(12月免)
党委委员 马万喜(3月免)
蒋陈超(3月任)
党委委员、副局长
张 钰(12月免)
党委委员、四级主任科员
张惠萍(女)
四级主任科员 严 岭

房屋征收服务中心(拆迁办)

主 任 成枝松

地震局

局 长 陈学兵

人民防空办公室

主 任 杨富森
副主任 郭 翔

市政园林工程处

党组书记 殷新华
主任、党组副书记 吴培枫
副主任 朱新耀
张建荣
唐纪彬
党组成员 景书红
副主任 方 敏(3月免)
王 凯
纪检组长 郑世红(女,12月免)
周 萍(女,12月任)

城市建设投资发展总公司

党委书记、董事长 方正和
党委副书记、总经理 孙万华
党委副书记 姚俊岭
党委委员、副总经理
朱信洪(12月免)
王东升
陶旭红
党委委员 张小强
张开慧
苏劲鸥
吴红梅(女)
总工程师 李伯和(12月免)
党委委员、副总经理 王 飞
党委委员、纪委书记 冷松海
总会计师 李云芳(女)

中扬建设集团

副总经理 张小强
张开慧
苏劲鸥
吴红梅(女)

绿洲新城实业集团有限公司

党委书记、董事长 张晓阳
党委副书记、总经理 董泽富
党委副书记 陆志扬
副总经理 张明荣
恽 然
张秀娟(女)
纪委书记 徐 斌

城管局

局长、党组书记 陆学兵
副局长 赵启生
赵 阳
王家金
朱中宏

孙晓根(挂职)

城管综合行政执法大队

大队长 王 唯
党支部书记 黄伟良(3月免)
黄 刚(3月任)

交通运输局

党委书记、局长 陈廷荣(12月免)
郭连志(12月任)
党委副书记 孙 军(12月任)
副局长 顾红俊
朱爱锋(12月免)
何柏进
孙 军(12月免)
张跃峰(12月任)
党委委员 王中和

综合交通事业发展中心

主 任 王 俊(7月任)
党支部书记 王 俊

公路事业发展中心

主 任 张跃峰(7月任)
柴亚林(女,3月免)
党支部书记 陈 俊(7月任)

邮政业发展中心

主 任 魏 祥(7月任)

交通运输综合执法大队

大队长 徐福根
副科职干部 朱 云(女,7月任)

财政局

党委书记、局长 季广华
党委副书记 姚红梅(女)
党委委员 朱志林
党委委员、副局长 陆红艳(女)
印邦宁
高 飞
党委委员 狄明娣(女)
秦 云(女)

郭殿中
新坝分局局长 朱秀平
三茅分局局长 施 稳
油坊分局局长 王海燕(女)
八桥分局局长 刘效兵
开发区分局局长 周 英(女)

会计服务中心

主 任 郭殿中

住房公积金管理中心

主 任 秦 云(女)

国有资产管理委员会办公室

主 任 季广华
副主任 狄明娣(女)

审计局

党组书记、局长 周春林
副局长 沈 健(女)
党组副书记、副局长 蒋晓梅(女)
党组成员 师利学(12月免)
唐涌涛(3月任)
经济责任审计中心主任
黄 勇(3月任)
党组成员 陈 静(女,12月任)

地方金融监督管理局

党组书记、局长 吴跃峰
党组成员、副局长
孙显文(3月免)
丁 燕(女)
副局长 狄明娣(女,挂职)

金控集团

董事长 彭全胜
总经理 张克祥
副总经理 徐君明
纪检组长 方 清(女)
副总经理 曹章林

农业农村局

党委书记、局长 印永洪
党委副书记、副局长
何 玫(女,副局长12月免)
副局长 仲纪跃(正科级)
彭 君
周亚东(12月任)
顾春健
市委农办副主任 白玉卿
党委委员 顾 彬
许鸿鸽
姚成凤

农业技术推广中心

主 任 姚成凤
党支部书记 左晓勇

良种繁育场

场 长 顾 彬

市农业行政执法大队

大队长 许鸿鸽

水利局

党总支书记、局长 黄声亮
党总支副书记、副局长 黄裕文
副局长、党总支委员 马万红
郭 峰
杨 波
防办主任、党总支委员 黄健芳
党总支委员 崔德荣

市水利农机综合执法大队

大队长 张小华

水务集团

董事长 范选华
总经理 卢 健
总工程师 郭佳亮
副总经理 方奇兵
纪检组长 耿志红

科技局

局长、党组书记 朱 勇(12月免)
杨立维(12月任)
副局长 鞠 勇

左志鹏
副局长、党组副书记 吴 燕(女)
副局长 王小冬

教育局

党委书记、局长、市委教育工委书记 印 斌
党委副书记、副局长 王家新
党委委员、副局长 杨卫群
副局长 冯丽娟(女)
党委委员、副局长 冯义成
党委委员 王成杰
蔡华新

市政府教育督导室

主 任 王家新
副主任 蔡君(12月任)

文体广电和旅游局

局 长 方学建
副局长 潘 洁(女)
黄 成
季 翔

文化旅游综合执法大队

大队长 施建明

卫健委

党委书记、主任 周春燕(女)
党委副书记、副主任 张贵福
陈太全
副主任 朱冠华(3月免)
朱戊申
施 薇(女)
杨国荣
贾美红
吴永忠(挂职,12月任)

卫生监督所

所 长 郭 炜(女)

疾病预防控制中心

主 任 张开祥
党支部书记 何文华

公安局

党委书记、局长 周 勇
党委副书记、政委 卞为民
党委委员、常务副局长 冯太伟
党委委员、副局长 王昌法
党委委员、副局长 钱学友
党委委员 刘良珍
陆学文(12月任)
党委委员、副局长 童国际
孔 勇
党委委员 何 龙
党委委员、政治处主任 陈 鹏
党委委员 朱巧生(12月任)

指挥中心

教导员 顾鸣鹤

政治处

主 任 陈 鹏

经济犯罪侦查大队

大队长 黄良保
教导员 蒋元海

交通警察大队

大队长 何 龙
教导员 吴蓉梅(女)

巡特警大队

大队长 王 峰
教导员 吴圣海

刑事侦查大队

大队长 聂朝军
教导员 王小中

水上警察大队

大队长 杨全荣
教导员 钱吉凤

治安警察大队

大队长 张瑞松
教导员 朱嵘臻

国内安全保卫大队

大队长 孙 帆
教导员 陆浩然(12月免)
秦恒祥(12月任)

警务督察大队

大队长 肖 峰
教导员 蒋道文

法制大队

教导员 崔卫东

网络安全保卫大队

大队长 马万军
教导员 王顺祥

新坝派出所

所 长 刘 忠
教导员 蒋 勇(12月免)
陆浩然(12月任)

城西派出所

所 长 郭宏生
教导员 耿 强

城东派出所

所 长 杨侃淳
教导员 陆明强

开发区派出所

所 长 王 平
教导员 秦恒祥(12月免)
蒋 勇(12月任)

油坊派出所

所 长 刘修全
教导员 姜 文

八桥派出所

所 长 蔡文彬
教导员 姚祥富

西来桥派出所

所　长　施周群
教导员　刘志祥

大桥派出所

所　长　蔡纪龙

二桥派出所

所　长　倪嘉聘(12月免)
教导员　许正平

三桥派出所

所　长　耿昌宏
教导员　杨全兵

二墩港派出所

所　长　耿武军

泰州大桥派出所

所　长　杨全风
教导员　缪士扬

直属派出所

所　长　孙晓根
教导员　陈留生

水上派出所

所　长　左昌宇
教导员　张加根

看守所

所　长　张孝文
教导员　郭　勇

司法局

党组书记、局长　张庆平
副局长　孙小华(女)
党组副书记、副局长　蔡国庆
党组成员、副局长　王晓雪
党组成员　蒋丰华
党组成员、副局长　蔡　艳(女)
党组成员　黄贤勇

全面依法治市委员会办公室

副主任　蒋丰华

社会矛盾纠纷调处服务中心

主　任　黄贤勇

民政局

党组书记、局长　吴昌连
党组副书记、副局长
　　张雨冬(女,3月免)
党组成员、副局长
　　祝志平(女,3月任)
　　张正全
　　朱红芸

退役军人事务局

党组书记、局长　赵　斌
党组副书记、副局长
　　常扣岚(3月任副书记)
副局长　于梅华

政协扬中市委员会

主　席　施健华
党组书记　施健华(12月免)
　　于德祥(12月任)
党组副书记、副主席　沈大银
党组副书记
　　孙丽君(3月任,7月免)
　　孙健(7月任)
副主席　陆国平
党组副书记　蒋相根
副主席　黄成刚
　　兰云林
　　倪　军
党组成员　陈廷荣(12月任)
秘书长　方日新

市政协办公室

主　任　方日新
副主任　胡　婕(女)
　　季　雍(女)

市政协经济科技委员会

主　任　蔡爱华
副主任　朱发平

市政协城乡建设委员会

主　任　杨怀康
副主任　羊国际

市政协教卫文史委员会

主　任　黄克良
副主任　郭纪波

市政协提案和委员联络委员会

主　任　施朝阳(3月免)
副主任　孙　可(女)

市政协社会法制和海外联络委员会

主　任　唐桂林(12月免)
　　徐彩凤(女,12月任)
副主任　王秀萍(女)

中共扬中市纪律检查委员会

书　记　巫晓辉
副书记　何世平(3月免)
　　王东升
　　丁建东(4月任)
正科级纪检员　丁建东(3月免)
常　委　黄　峰
　　石　力
　　章　静(兼,女)
办公室主任　俞锦平(12月免)
　　彭　波(12月任)
纪检监察干部管理监督室主任
　　唐祥军
宣传教育室主任　祝　玲(女)
党风政风监督室主任
　　章　静(兼,女,3月免)
　　曹　磊(女,3月任)
信访室主任　裴春会(兼)
案件监督管理室　刘家旺
第一纪检监察室主任

温　剑(7月免)
第二纪检监察室主任　韦庆春
第三纪检监察室主任　殷学鹏
第四纪检监察室主任
陆海鹏(3月任)
第五纪检监察室主任　陆梦泽
第六纪检监察室主任　施正荣
案件审理室主任　朱长治

监察委员会

主　任　巫晓辉
副主任　何世平(3月免)
王东升
丁建东(4月任)
委　员　黄　峰
石　力
俞锦平
裴春会

市委巡察机构

市委巡察办主任　王东升
市委巡察办副主任
徐友明(3月免)
徐　剑
郑世红(女,12月任)
市委巡察组组长
刘　平(12月免)
司晓玲(女)
丁照霞(女)
市委巡察组副组长　王　梅(女)
张　武
李卫国
蒋　勇
韩雪华(女)
何云峰

市纪委、市监委派驻纪检监察组

第一派驻纪检监察组组长
马晓梅(女)
第二派驻纪检监察组组长
章　琴(女)
第三派驻纪检监察组组长
鄂彩华(女)
第四派驻纪检监察组组长
蒋陈超(3月免)
徐友明(3月任)
第五派驻纪检监察组组长　陆永生
第六派驻纪检监察组组长
朱霞萍(女)
第七派驻纪检监察组组长　张德贵
第八派驻纪检监察组组长
马万喜(3月免)
蒋陈超(3月任)
第九派驻纪检监察组组长　朱志林
第十派驻纪检监察组组长　杨国泉
第十一派驻纪检监察组组长
刘良珍

检察 审判机构

人民检察院

检察长　黄卫群
党组书记　黄卫群(12月免)
康　珺(12月任)
副检察长　倪　军
党组成员、副检察长　张正祥
姚　俊
党组成员、检委会专委　施正矛
张澄华(女)
党组成员、政治部主任　蒋春富

人民法院

党组书记、院长　朱晓军(1月任)
党组副书记、副院长　朱小中
党组成员、政治处主任　周　荣
党组成员、副院长　陈　明
王　彤
陆丽华(女)
党组成员、执行局局长
宗　鸣(女)
审判委员会专委　王祥远(12月任)

社会团体

总工会

主　席　管拥军
副主席　方文忠
孙春艳(女)
方　勇(3月任)
赵　洁(女)
党组成员　常三五

团市委

书　记　包熙鹏(3月免)
陈　健(3月任)
副书记　田易加(女)
赵文浩(12月任)

妇女联合会

主　席　耿晓晴(女)
副主席　祝志平(女,3月免)
段欢欢(女)
党组成员　奚　彩(女)

妇儿工委办公室

主　任　奚　彩(女)

科学技术协会

主　席　董三明(3月免)
张　伟(3月任)
副主席　方礼兵
李成明

归侨侨眷联合会

主　席　朱秋敏(女)
副主席　陈　薇(女)

工商业联合会

主　席　张孝明
党组书记　赵徐平(女)
副主席　缪玉明(12月免)
温剑(7月任)

文学艺术界联合会

主　席　方泽华
副主席　方莹莹(女)

残疾人联合会

理事长　姚久荣(3月免)

张雨冬(女,3月任,12月免)
田广权(12月任)
党组书记 姚久荣(3月免)
张雨冬(女,3月任,12月免)
田广权(12月任)
党组副书记 张雨冬(女,12月任)
副理事长 蔡华明
朱文生
张正全(挂职)
朱戊申(挂职)
邹丽娟(兼职)

红十字会

会长 孙冬梅(女)
常务副会长 杨 敏(女)
副会长 张 慧(女)

关心下一代工作委员会

主 任 戴正春
副主任 蔡贞洋
宦道生

学校 医院

省扬高中

党委书记、校长 王成杰
副校长 陈世明
李 强
宫建红(女)
纪委书记 顾大成

第二高级中学

校 长 陈大庆

省扬中中等专业学校

校 长 奚必政
党总支书记 蔡 君(12月免)

教师发展中心

党支部书记、主任 蔡华新

人民医院

党委书记、院长 朱进华
副院长 蒋纪祥
党委副书记 胡红云(女)
纪委书记 杨 彬
副院长 张 军
戴 春

镇、街道、开发区

新坝镇

党委书记 吴玉青
党委副书记
陶建国(挂职,12月任)
镇党委副书记、镇长
杨友军(12月免)
镇长 姚新春(11月任)
副书记 姚新春(12月任)
人大主席 季广华(11月任)
周中华(12月免)
党委副书记
张皓玮(挂职,3月免)
郭建中(挂职,3月任)
张芙蓉(女)
陈泽坤
党委委员、纪委书记 姚恒志
党委宣传委员 顾永生
党委委员、人武部长 徐晓静
党委委员、副镇长
何耀武(3月任)
党委组织委员 周 红
党委统战委员 施 勇
党委政法委员 朱巧生(12月免)
宋浩浩(12月任)
副镇长 杨晨辉
钱 宏
陆 春(女)
孙晓湘
丁正凤(女)
陈 健(3月免)

江苏省高新技术开发区

党工委书记 吴玉青(11月任)
高新区党工委副书记
陶建国(12月任)
管委会主任 陶建国(11月任)
高新区党工委副书记、管委会常务副主任 张皓玮(3月免)
郭建中(3月任)
管委会副主任 朱 阳(女)
顾小春

大航集团

董事长 薛 军
总经理 孙显文(3月任)
副总经理 施建中
陈 晔(女)
孙 伟
黄 飞
纪委书记 安 乐

油坊镇

党委书记 陶建国(12月免)
杨友军(12月任)
党委副书记、镇长
瞿惠辉(12月免)
陈小锋(12月任)
人大主席 胡敏生
党委副书记 蔡巧珍(3月免)
包熙鹏(3月任)
党委委员、纪委书记 陆 庆
党委政法委员 何桂根
党委委员、副镇长 瞿靖承
党委委员、人武部长 施光宏
党委宣传委员 徐 莺(女)
党委组织统战委员 李 厦(女)
副镇长 徐秋霞(女)
黄克勇
陆昌海
朱秀亭

八桥镇

党委书记 吴玉青(3月免)
司信年(3月任)
党委副书记、镇长
童 涛(3月免)
黄 勇(3月任)

人大主席　姚永洪
党委副书记　王耀辉(3月免)
郭　波(3月任)
党委政法委员　朱红军
党委宣传委员　潘菊梅(女)
党委组织、统战委员　钱道兵
党委委员、副镇长
何耀武(3月免)
党委委员、纪委书记　杨　娟(女)
党委委员、人武部长　刘乔荣
政府副镇长　陈为民
贾　燕(女)
方　敏(3月任)
孙国庆

西来桥镇

党委书记　蔡爱国(3月任)
曹学松(3月免)
党委副书记、镇长
张皓玮(3月任)
张　豫(3月免)
人大主席　朱天森(12月任)
姚　红(女,12月免)
党委副书记　唐　健
党委委员、副镇长
陈金海(3月任)
郭　波(3月免)
党委委员、纪委书记　蒋丰庆
党委宣传委员　张咏梅(女)
党委政法委员　汤仁文
党委委员、人武部长　陈雪华
党委组织统战委员
唐　玲(女,12月免)
姚　瑶(女,12月任)
副镇长　郭如彬
张　俊
薛　丽(女,3月任)
何　敏(女,3月免)

三茅街道

党工委书记　王汉英
党工委副书记、办事处主任
司信年(3月免)
童　涛(3月任)
党工委副书记　王　丹(女)
党工委副书记(挂职)、科创产业园区管委会常务副主任　姚文笋
党工委副书记　左　杰
人大工委主任　潘金东
党工委委员、纪工委书记　王　震
党工委组织统战委员　杨淑静(女)
党工委委员、人武部长　左绍阳
党工委委员、办事处副主任
陈小平(3月免)
李培志(3月任)
党工委宣传委员　蔡　华
党工委政法委员　林　峰
办事处副主任　林晓宁(女)
马　云(女)
祝元元(女)
邹东平
李茂福
副科职干部　奚松平
科创产业园管委会副主任
周艳阳(女)
李培志(3月免)
副科职干部、科技新城管委会副主任
傅德军

江苏扬中经济开发区

党工委书记　周鹤军
党工委副书记　陈　军(12月免)
仲　斌(12月任)
管委会主任　陈　军(11月免)
仲　斌(11月任)
党工委副书记　蔡爱国(3月免)
张　豫(3月任)
党工委委员　黄　勇(3月免)
王耀辉(3月任)
人大工委主任　李德才
党工委委员、党群工作部部长
田广权(12月免)
汪永新(12月任)
党工委委员　常加玲(女)
党工委委员、管委会副主任
傅法新
党工委委员　高绍海
朱天森(12月免)
党工委委员、管委会副主任、招商部部长　奚松峰
党工委委员、管委会副主任、规划建设部部长　王俊杰
党工委委员、纪工委书记　祝　华
党工委委员　薛　为(女)
党工委委员、人武部长　蔡　文
党工委委员　倪其兵
党工委委员、管委会副主任
王　华(3月免)
党工委委员、科创中心主任
袁　进
党工委委员　郎　墨(女)
朱　剑
园区服务部部长　王　波(女)
党政办公室主任　贺洪旗
经济发展部部长
孙　青(女,12月任)

兴隆街道

党工委书记　蔡爱国(3月免)
张　豫(3月任)
党工委副书记、办事处主任
黄　勇(3月免)
王耀辉(3月任)
人大工委主任　李德才
党工委副书记　田广权(12月免)
汪永新(12月任)
党工委委员、办事处副主任
常加玲(女)
高绍海
朱天森(12月免)
党工委委员、纪工委书记　祝　华
党工委宣传委员　薛　为(女)
党工委委员、人武部长　蔡　文
党工委政法委员　倪其兵
党工委委员、办事处副主任
郎　墨(女)
党工委组织统战委员　朱　剑

大行公司

总经理 王宇峰
副总经理 姚永龙(12 月免)
张立华
纪委书记 童建敏(女)
副总经理 蔡慧武
朱 萍(女)

条线管理部门

国家税务总局扬中市税务局
局 长 王金龙
副局长 刘万龙
蔡登明
孙 玉
张达峰
解庆红
周生和
何文革
丁勇林
朱未彦
纪检组长 徐轶超

自然资源和规划局

局长、党委副书记兼林业局局长
祝晓东
党委书记、副局长 何跃兵
党委副书记、副局长 王文生
严华万
党委委员、副局长 郭荣庆
张红兵
毛艳阳
张恒平
党委委员 陶华平
王建中
程 勇
规划管理处主任 周亚东

生态环境局

党组书记、局长 匡越石
副局长 范 彬
肖勇泉
徐彩凤(女,12 月免)

气象局

局 长 潘建梅(女,12 月止)
副局长 马俊峰(12 月任)
缪士荣
巫丽君(女)

中国电信扬中分公司

总经理 肖国等
副总经理 孙 彤
施红敏(女,6 月免)
孙华斌

中国移动扬中分公司

总经理 司马信辉
副总经理 樊 澎
汪 杰

中国联通扬中分公司

总经理 高 磊

中国邮政扬中分公司

总经理 袁玉元(3 月免)
孙伟明(3 月任)
副总经理 李 杰
王为民(12 月免)

供电公司

总经理、党委副书记
周 鹏(9 月免)
许象明(9 月任)
党委书记、副总经理
施海亮(9 月任)
副总经理 周 健
鞠益宏
纪委书记、工会主席
张 毅(9 月免)
余 步(9 月任)
副总经理 孙 敏(女)
协理员 王慧生

长江扬中航道处

处 长 陆 华(9 月免)
王晶晶(女,9 月任)
副处长 王晶晶(女,9 月免)
陈 亮(12 月任)
冯 欣(12 月免)

石油公司

经 理 范公良

盐务局

副经理 陶书勇
陈焕龙

烟草专卖局

局长、经理 翟兆春(2 月免)
周克玮(3 月任)
副经理 吴 军(8 月免)
洪琼芳(女,9 月任)
副局长 陆 军(8 月免)
吴 鹏(12 月任)

统计资料

扬中市国民经济与社会发展主要指标一览表

表 40

指　　标	单位	2020 年	2019 年
一、行政概况			
镇政府	个	4	4
街道办事处	个	2	2
经济开发区	个	1	1
村民委员会	个	68	68
村民小组	个	2238	2259
二、土地面积	平方公里	327	327
年末耕地面积	千公顷	8.76	8.76
三、人口			
总户数	户	107160	106907
总人口(户籍)	人	281037	282073
男	人	137378	137935
女	人	143659	144138
年平均人口(户籍)	人	281555	282266
全年出生人数	人	2102	2246
出生率	‰	7.47	7.96
全年死亡人数	人	2533	2199
死亡率	‰	9.00	7.79
人口自然增长率	‰	-1.53	0.17
常住人口	万人	31.56	31.54
四、人口密度	人/平方公里	965	965
城镇化率	%	70.15	68.64
五、地区生产总值	亿元	489.59	479.83

续表 40

指　　标	单位	2020 年	2019 年
第一产业增产值	亿元	16.41	15.57
第二产业增加值	亿元	252.15	254.31
#工业增加值	亿元	236.48	247.11
第三产业增加值	亿元	221.03	209.96
人均地区生产总值	元	155179	152134
六、农业总产值	万元	298605	284204
七、规模工业总产值	万元	5018924	5215116
八、财政总收入	亿元	128.98	131.90
#公共财政预算收入	亿元	35.01	34.01
财政支出	亿元	197.80	144.73
#地方一般预算支出	亿元	58.45	49.57
九、进出口总额	亿美元	4.60	5.17
#出口总额	亿美元	4.22	4.47
进口总额	亿美元	0.38	0.70
实际利用外资	万美元	7853	6296
十、社会消费品零售总额	亿元	133.3	134.55
十一、全社会固定资产投资额	万元	895474	774380
#全社会工业性投资额	万元	563491	458443
十二、粮食总产量	万吨	7.17	7.72
十三、全年用电量	万度	169119	187547
#工业用电量	万度	101889	123787
城乡居民生活用电量	万度	33599	32583
十四、邮电业务总量	万元	327083	259876
客运量	万人/次	206	292
货运量	万吨	358	516
十五、保费收入	亿元	14.13	14.32
财产险	亿元	2.81	2.59

续表 40

指　　标	单位	2020 年	2019 年
人身险	亿元	11.32	11.73
赔款和给付	亿元	3.92	3.65
财产险	亿元	1.69	1.74
人身险	亿元	2.23	1.9
十六、人民生活			
城镇居民人均可支配收入	元	60050	57829
城镇居民人均生活消费支出	元	27952	28407
农村居民人均可支配收入	元	32474	30636
农村居民人均生活消费支出	元	19852	20658
十七、年末金额机构存款余额	亿元	727.12	663.18
#城乡居民储蓄存款余额	亿元	384.41	337.67
年末金融机构贷款余额	亿元	621.74	528.03
城乡居民人均储蓄款余额	元	121840	106858
十八、教育、卫生			
普通中学在校学生数	人	10897	10636
小学在校学生数	人	16126	15488
幼儿园在园幼儿数	人	7857	7853
卫生机构数	个	121	106
医院、卫生院技术人员数	人	2121	2107
十九、年末从业人员	万人	19.83	19.73
#第一产业	万人	1.72	1.78
第二产业	万人	10.56	10.67
第三产业	万人	7.55	7.28
年末从业人员中:个体从业人员	万人	5.59	4.22

扬中市各镇(区)社会经济指标一览表

表 41

	单位	新坝镇	三茅街道	油坊镇	八桥镇	西来桥镇	开发区
常住人口	人	49222	169335	31024	26953	15418	23510
户籍人口	人	45077	121625	39149	31202	16926	27058
地区生产总值	亿元	190.48	146.32	45.34	41.89	17.51	48.05
#第一产业增加值	亿元	3.09	4.9	3.36	2.33	1.09	1.64
第二产业增加值	亿元	119.75	34.56	25.75	26.55	12.47	33.07
第三产业增加值	亿元	67.64	106.86	16.23	13.01	3.95	13.34
规模工业总产值	亿元	159.78	75.58	45.80	64.89	40.98	114.86
农业总产值	亿元	53848	63394	58634	41335	20741	30251
行政区域面积	公顷	7411	7812	5027	5692	3097	3696
年末常用耕地面积	公顷	1617	1795	2087	1492	701	1019

扬中市工业基本情况一览表(一)

表 42 单位:个、万元、人

项 目	单位数	现价产值	职工人数
总 计	5486	8062036	90264
其中:2000 万元以上企业	301	5018924	41110
2000 万元以下企业	5185	3043112	49154
村以下企业			
全部工业产值分组			
村以下工业			
2000 万元以下工业	5185	3043112	49154
2000–3000 万元	63	131150	3469
3000–4000 万元	36	124155	2232
4000–6000 万元	50	242015	5002
6000–8000 万元	31	213951	3080
8000–10000 万元	16	141390	1770
10000 万元以上	105	4166263	25557

扬中市工业基本情况一览表(二)

表 43 单位:个、万元、人

镇区	单位数	职工人数	工业总产值
合　计	301	41110	5018924
新　坝	81	14912	1567572
三　茅	67	6912	819127
油　坊	48	4298	442750
八　桥	37	4301	648233
西来桥	19	1882	409790
开发区	49	8805	1131452

扬中市工业基本情况一览表(三)

表 44 单位:个、万元、人

镇区	产品销售收入	利税总额	其中:利润总额
合　计	4650359	139498	138170
新　坝	1519874	57922	84231
三　茅	665210	26535	48803
油　坊	269833	9337	2446
八　桥	635829	17831	12591
西来桥	406745	5756	3380
开发区	1152868	22117	-13281

规模工业分行业情况一览表

表 45　　单位：万元

行业名称	单位数	工业总产值	销售收入
工程电器	157	2576886	2355905
新能源产业	19	626597	566898
装备制造业	47	588402	558121
农副食品加工制造业	1	228260	232592
纺织、服装及鞋帽制造业	12	177908	114568
化工及医药制品制造业	13	158838	160856
木、纸制品及文体用品制造业	11	145569	149747
四氟、塑料制品制造业	19	126635	129473
砂布、焊料等非金属制造业	10	144139	146072
金属冶炼和压延加工制造业	2	158103	153657
仪器仪表及其他制造业	7	50151	44498
水、电及燃气的生产供应业	3	37436	37972

扬中市文化卫生事业情况一览表

表 46

指　　标	单位	2020 年	2019 年
体育场馆数	个	14	14
影剧院数	个	1	1
公共图书馆	个	1	1
博物馆数	家	1	1
图书馆总藏书量	千册	714	470
卫生机构数	个	121	106
# 医院	个	5	5
卫生院	个	4	4
疾病预防控制中心	个	1	1
妇幼保健所	个	1	1
卫生机构床位数	张	1733	1421
# 医院	张	1345	1215
卫生院	张	208	131
卫生技术人员	人	2121	2107
# 执业医师	人	871	817
注册护士	人	819	808

扬中市农林牧渔业总产值一览表(一)

表 47 单位:万元

	总计			种植业			林业		
	2020 年	2019 年	%	2020 年	2019 年	%	2020 年	2019 年	%
合计	298605	284204	5.07	157694	148119	6.46	16956	16214	4.58
新坝	53848	51190	5.19	29770	29085	2.36	4287	4093	4.74
三茅	63394	59900	5.83	30264	28731	5.34	3182	3049	4.36
油坊	58634	56439	3.89	30569	28828	6.04	3687	3521	4.71
八桥	41335	38752	6.67	23488	21712	8.18	1574	1502	4.79
西来	20741	19165	8.22	9591	8704	10.19	1299	1236	5.10
开发区	30251	29090	3.99	15705	14270	10.06	1608	1548	3.88
场圃	30402	29668	2.47	18307	16789	9.04	1319	1265	4.27

扬中市农林牧渔业总产值一览表(二)

表 48 单位:万元

	畜牧业			渔业			农业服务业		
	2020 年	2019 年	%	2020 年	2019 年	%	2020 年	2019 年	%
合计	38433	41187	−6.69	50376	44756	12.56	35146	33928	3.59
新坝	5376	5804	−7.37	10036	8291	21.05	4379	3917	11.79
三茅	10122	10823	−6.48	15226	13022	16.93	4600	4275	7.60
油坊	8573	9154	−6.35	11145	10640	4.75	4660	4296	8.47
八桥	6431	6867	−6.35	6074	5249	15.72	3768	3422	10.11
西来	2794	2979	−6.21	3752	3055	22.82	3305	3191	3.57
开发区	5104	5527	−7.65	4094	4248	−3.63	3740	3497	6.95
场圃	33	33	0.00	49	251	−80.48	10694	11330	−5.61

扬中市农林牧渔业增加值一览表(一)

表 49 单位:万元

	总 计			种植业			林业		
	2020 年	2019 年	%	2020 年	2019 年	%	2020 年	2019 年	%
合计	192776	182446	5.66	98345	92599	6.21	10111	9668	4.58
新坝	34469	32557	5.87	18565	18178	2.13	2555	2439	4.76
三茅	40496	38032	6.48	18885	17957	5.17	1896	1817	4.35
油坊	37425	35845	4.41	19075	18018	5.87	2197	2099	4.67
八桥	26408	24598	7.36	14657	13570	8.01	938	895	4.80
西来	13560	12433	9.06	5985	5440	10.02	774	737	5.02
开发区	19467	18596	-0.63	9800	8919	9.88	958	923	3.79
场圃	20951	20385	2.78	11378	10517	8.19	793	758	4.62

扬中市农林牧渔业增加值一览表(二)

表 50 单位:万元

	畜牧业			渔业			农业服务业		
	2020 年	2019 年	%	2020 年	2019 年	%	2020 年	2019 年	%
合计	22076	23656	-6.68	33596	29846	12.56	28648	26677	7.39
新坝	3086	3331	-7.36	6694	5530	21.05	3569	3079	15.91
三茅	5810	6212	-6.47	10156	8686	16.92	3749	3360	11.58
油坊	4921	5254	-6.34	7434	7097	4.75	3798	3377	12.47
八桥	3691	3942	-6.37	4051	3501	15.71	3071	2690	14.16
西来	1604	1710	-6.20	2503	2038	22.82	2694	2508	7.42
开发区	2930	3172	-7.63	2731	2833	-3.60	3048	2749	10.88
场圃	34	35	-2.86	27	161	-83.23	8719	8914	-2.19

扬中市农村住户人均收支情况一览表

表 51

指标名称	单位	2020 年	2019 年	增幅
常住人口	人	245	251.3	–2.5
农村常住居民可支配收入	元	32474	30635.9	6
(一)工资性收入	元	20783.4	19545.7	6.3
(二)经营净收入	元	6657.2	6249.7	6.5
(三)财产净收入	元	1851.0	1807.5	2.4
(四)转移净收入	元	3182.5	3033.0	4.9
生活消费支出	元	19852.0	20657.7	–3.9
1、食品烟酒	元	5935.8	6114.7	–2.9
2、衣着	元	2283.0	2417.0	–5.5
3、居住	元	3136.6	3284.6	–4.5
4、生活用品及服务	元	933.0	991.5	–5.9
5、交通通信	元	2243.3	2313.7	–3
6、教育文化娱乐	元	3712.3	3883.6	–4.4
7、医疗保健	元	1072.0	1074.2	–0.2
8、其它用品和服务	元	536.0	578.4	–7.3
恩格尔系数	%	29.9	29.6	1
文教娱乐系数	%	18.7	18.9	–1
期末耐用消费品情况				
1.家用汽车	辆	42	39	7.7
2.摩托车	辆	16	17	–5.9
3.助力车	台	115	115	0.0
4.洗衣机	台	85	85	0
5.电冰箱(柜)	台	88	88	0
6.微波炉	台	69	69	0
7.彩色电视机	台	154	155	–0.6
8.空调	台	171	172	–0.6
9.热水器	台	89	90	–1.1
10.吸尘器	台	6	7	–14.3
11.洗碗机	台	0	0	0

续表 51

指标名称	单位	2020年	2019年	增幅
12.排油烟机	台	35	36	–0.6
13.固定电话	线	36	34	2.0
14.移动电话	部	209	211	–0.9
15.其中:接入互联网	部	149	150	0.0
16.计算机	台	53	55	–3.6
17.其中:接入互联网	台	53	55	–3.6
18.照相机	台	1	1	0
19.中高档乐器	架	1	2	–50.0
20.健身器材	台	2	3	–33.3
21.空气净化器(含新风系统)	台	1	1	0
22.居民人均住房建筑面积	平方米	68.6	68.6	0

扬中市城镇住户人均收支情况一览表

表 52

指标名称	单位	2020年	2019年	增幅
常住人口	人	423	425	–0.5
城镇常住居民可支配收入	元	60050.1	57829.4	3.8
(一)工资性收入	元	38612.2	37300.0	3.5
(二)经营净收入	元	10929.1	10467.1	4.4
(三)财产净收入	元	2882.4	2775.8	3.8
(四)转移净收入	元	7626.4	7286.5	4.7
生活消费支出	元	27952.1	28406.6	–1.6
1、食品烟酒	元	8301.8	8266.3	0.4
2、衣着	元	3494.0	3664.5	–4.7
3、居住	元	3382.2	3380.4	0.1
4、生活用品及服务	元	1285.8	1335.1	–3.7
5、交通通信	元	3046.8	3067.9	–0.7

续表 52

指标名称	单位	2020 年	2019 年	增幅
6、教育文化娱乐	元	5255.0	5482.5	-4.1
7、医疗保健	元	2320.0	2300.9	0.8
8、其它用品和服务	元	866.5	909	-4.7
恩格尔系数	%	29.7	29.1	2.1
文教娱乐系数	%	18.8	19.3	-2.6
期末耐用消费品情况				
1.家用汽车	辆	93	88	5.7
2.摩托车	辆	11	17	-35.3
3.助力车	台	164	163	0.6
4.洗衣机	台	127	127	0
5.电冰箱(柜)	台	130	130	0
6.微波炉	台	116	116	0
7.彩色电视机	台	270	270	0
8.空调	台	364	364	0
9.热水器	台	149	151	-1.3
10.吸尘器	台	1	1	0
11.洗碗机	台	2	2	0
12.排油烟机	台	104	104	0
13.固定电话	线	51	49	4.1
14.移动电话	部	344	347	-0.9
15.其中:接入互联网	部	269	267	0.7
16.计算机	台	100	102	-1.9
17.其中:接入互联网	台	100	100	0
18.照相机	台	27	27	0
19.中高档乐器	架	7	5	40.0
20.健身器材	台	15	15	0
21.空气净化器(含新风系统)	台	10	10	0
22.居民人均住房建筑面积	平方米	59.8	58.9	1.5

扬中市全社会固定资产投资完成情况一览表

表 53　　　　单位:万元

	2020 年	2019 年
固定资产投资	895474	774380
一产投资	4245	4202
二产投资	563491	458443
三产投资	327738	311735
投资总额中:产业投资	672367	475583
工业投资	563491	458443
工业技改投资	185997	286710
房地产投资	284595	295616

扬中市财政收入一览表

表 54　　　　单位:万元

预算科目	2020 年	2019 年
财政收入	1309762	1318965
中央财政收入	217929	211637
增值税(50%)	144843	151040
消费税	462	354
企业所得税(60%)	29785	31408
个人所得税(60%)	42839	28835
地方财政收入	1091833	1107328
#公共财政预算收入	350115	340111
#各项税收	280063	277137
#增值税(50%)	144843	151040
企业所得税(40%)	19857	20939
个人所得税(40%)	28559	19223

重要文献

勇立潮头 勇闯新路 奋力开启现代化建设新征程

——在中共扬中市委十二届九次全会上的报告(摘要)

市委书记 张德军

(2020年12月30日)

一、2020年和“十三五”工作回顾

2020年是扬中发展史上极为特殊、极不平凡的一年。一年来,面对错综复杂的国际形势和艰巨繁重的发展任务,特别是突如其来的新冠肺炎疫情,全市上下以习近平新时代中国特色社会主义思想为指引,深入贯彻中央、省委和镇江市委各项决策部署,聚焦产业强市、实干兴市,扎实做好“六稳”“六保”工作,奋力夺取疫情防控和经济社会发展“双胜利”。全年预计(下同)完成地区生产总值489.59亿元,增长3.8%;公共财政预算收入35亿元,增长2.9%;固定资产投资89.55亿元,增长9.8%,“十三五”规划主要目标任务如期实现。

1. 产业强市扎实有效推进。项目招引建设加速发力。与四大运营商签订5G网络建设与应用战略合作协议,与省港口集团签订战略合作框架协议,云企智造、青苗国际学校等新兴项目先后落户。全年累计签约亿元以上项目59个,总投资188.45亿元,同比分别增长68.6%、55.7%,创近年来最好水平。23个镇江市级、80个扬中市级重点产业项目分别完成投资52.1亿元、85.7亿元。蜂巢易创产业园发动机、变速器、电驱动总成等产品顺利下线,全年完成投资30亿元,新增销售10亿元。经济运行稳中有进、稳中向好。全年完成工业申报销售745亿元,同比增长10%。积极支持中小企业共渡难关,全年新增税费减免5.53亿元,小微企业贷款余额202.61亿元,签约项目累计授信17.99亿元,发放还贷周转金38亿元。创新转型有力推进。圆满完成国家级小微企业质量认证管理试点工作。高新区、经开区获批省知识产权示范园区。高新区国家级孵化器再次获评国家级、省级“双A”类。星级上云企业达51家,居镇江市首位。大全集团斩获“中国工业大奖”。威腾股份获得省级工业互联网标杆工厂认定。大全集团、和成显示成功入围江苏民营企业创新100强榜单。省高企培育入库企业97家。华电研究生培养基地开班运营。

2. 城乡融合迈出坚实步伐。城市面貌持续改善。滨江新城、西城区棚改项目二期、扬子新村片区改建项目二期有序推进。“五水联治”成效明显,基本消除城区主要河道黑臭水体。城市网格管理服务不断优化,城市更加整洁有序。乡村振兴成效显著。积极开展“万企联万村、共走振兴路”行动,实现行政村、联建类型、国有企业平台“三个全覆盖”。现代渔业产业园创成省级现代农业产业示范园。创新开展党建引领农村人居环境整治行动,扎实推进乡村公共空间治理,创成省级特色田园乡村4个、省乡村旅游重点村1个、省级传统村落2个、省美丽宜居村庄31个。生态底色更加鲜明。坚决落实“长江十年禁渔”目标任务。全面完成“两违三乱”整治。持续打好蓝天、碧水、净土三大保卫战,全面排查梳理解决2018年以来中央、省环保督察交办的信访件,$PM_{2.5}$平均浓度绝对值、地表水环境质量均位列镇江市第一。

3. 民生福祉实现提档升级。高质量完成建档立卡户1672户、3141人脱贫和106户危房改造任务。城乡低保标准提高至每人每月790元。城镇登记失业率控制在1.56%以内。城乡居民人均可支配收入分别增长3.8%和5.5%。基本建成市镇村三级“互联网+政务服务”体系,实现为民(便民)服务中心全覆盖。教师“县管校聘”改革稳步推进,高考成绩再创新高,教育现代化建设监测得分全省第一。完善重大疫情防控体制机制,建成2所加强型P2实验室,实现核酸自主检测。标准化居家养老服务中心加快建设,市残疾人综合服务中心、康乐年华新坝养护院投入运营。医保经办体验暗访得分全省第一。市博物馆、陈履生博物馆群开馆运行。深入开展扫黑除恶专项斗争,中央挂牌“5·13”专案顺利宣判,刑事发案率同比下降21.63%。成功创建全省首批法治政府建设示范县(市、区),获评全国“七五”普法中期评估先进县(市、区)。深入推进网格化社会治理,信访工作绩效位列全省前列,反邪教防控形势总体平稳,社会大局持续稳定。

4. 各类风险总体平稳可控。疫情防控精准有力。严格落实“四早”“四集中”要求,强化“大数据+网格化+铁

脚板”等硬核管控措施，全市未出现一例疑似病例、确诊病例和无症状感染者。防汛抗洪扎实周密。全市长江岸线无重大坍江险情，江堤未发生大的管涌、滑坡险情，城区未出现长时间内涝。金融风险防范有效。组建平台公司联合党委，加快债券置换、资产变现和平台公司市场化转型进程，基本完成年度化债目标。连续获评“苏科贷”优秀(A类)合作地区，获评“2017—2019年度金融生态优秀县”。安全生产稳妥有序。实施熔喷布行业规范化整治，有效维护正常市场秩序。扎实开展安全生产专项整治、“百团进百万企业”安全生产宣讲，在镇江率先完成国务院督导组发现问题隐患整改。

5. *党的建设取得新的成效*。以基层党建“书记项目”为龙头，全面加强农村党小组建设，“党委—党支部—党小组—党员—群众”基层治理体系更加完善，打通了党建引领乡村治理“最后一米”。推进村书记专职化管理、实施“两新”组织党务工作者专业化建设。基本完成村(社区)党组织集中换届。出台《关于激励干部在“产业强市、实干兴市”中担当作为的九项举措》，干事创业激情充分激发。精心策划开展“产业强市、实干兴市”“决胜小康、奋斗有我”等主题宣传，县级融媒体中心建设顺利通过省级验收，主流思想舆论不断巩固提升。新创成1家全国文明单位、1个全国文明村、1所全国文明校园，承办江苏省道德模范和身边好人现场交流活动，评选表彰第五届扬中市道德模范，见贤思齐、择善而从的氛围更加浓厚。全面压实管党治党责任，深化政治监督，开展政治巡察，基本实现对市级机关单位和村(社区)巡察两个“全覆盖”。统筹“四项监督”贯通运用，一体推进不敢腐、不能腐、不想腐体制机制。常态化开展正风肃纪行动，深化农村基层腐败和作风问题攻坚，基层不正之风得到有效整治。

展望“十四五”，困难和挑战考验着我们，全球百年未有之大变局加速演进，世界进入动荡变革期，面对这些深刻复杂的变化，我们承受的压力、面临的挑战前所未有。机遇和使命激励着我们，世界发展大势总体呈现出东升西降新格局，我国发展仍处于重要战略机遇期。特别是近期，习近平总书记在视察江苏时，提出了“两争一前列”的殷切期望，为全省现代化建设确立了总纲领、总命题、总要求，也是我们谋划未来发展的重大战略指引和根本行动遵循。作为“四千四万”精神发源地之一，扬中人的血脉里始终流淌着“上善若水、自强不息”的鲜活基因，骨子里一直蕴含着“争第一、创唯一”的拼抢劲头，思想里向来深藏着“敢闯敢试、敢想敢干”的坚定意志。特别是改革开放以来，扬中人筑大堤、造大桥、修大道，引项目、兴实业、谋转型，谱写了“小岛办大事、小城创伟业”的壮丽篇章。过去的扬中，靠着闯劲拼劲干劲，在不断地攻坚克难中阔步前行；未来的扬中，仍然要延续这股劲头，勇立潮头、勇闯新路，奋力开启现代化建设新征程，夺取更加过硬的发展成果。

1. *勇立潮头、勇闯新路，必须牢牢把握新发展阶段，锚定新的发展方向*。置身新发展阶段，扬中经济社会发展日益呈现出新的变化，经济发展创新引领加速、质量全面提升，城乡之间功能更加互补、融合发展实质推进，生态文明建设绿色动能不断集聚、环境品质持续改善，民生事业品质提升加快、走向共同富裕，对外开放正迈向高水平、制度型开放。我们要精准把握这些新特征、新变化、新趋势，在更宽视野的坐标系中找准历史方位、锚定发展方向，心无旁骛地办好自己的事。发展质效要迈上更高台阶。着力推动区域产业结构加速调整、创新能力明显增强、综合实力大幅跃升，努力实现总量拼出新位次、均量拓展新优势、质量达到新高度，推动扬中经济发展质效取得长足进步，让“强起来”的美好愿景成为生动现实，让“综合实力百强县”的家底更加殷实。城市定位要瞄准更高目标。立足扬中现有产业基础，发挥好先进制造业的“压舱石”作用，加快制造业数字化、智能化、资本化转型步伐，培育形成“长三角”地区既有“高峰”也有“高原”、既有“盆景”也有“风景”的先进制造业基地；持续强化创新转型，不断做优区域科技创新生态，加快新旧动能转换，打造科技创新转化应用基地；充分挖掘地理区位、深水岸线、交通物流等方面的禀赋优势，统筹港口物流产业综合开发，更好地承接辐射、集聚资源、联动发展，打造港口物流产业综合开发基地。区域争雄要展现更强作为。步入现代化建设、区域化竞争的崭新赛道，我们要树立争雄之志，大力弘扬新时代“四千四万”精神，将“勇闯新路、止于至善”的目标追求贯穿始终，以舍我其谁、时不我待的精神状态，在城乡融合发展上率先探索，在现代化建设上走在前列，奋力托起“江中明珠”新的荣光。

2. *勇立潮头、勇闯新路，必须积极践行新发展理念，持续提升能力水平*。新发展理念是引领高质量发展的“指挥棒”和“风向标”。我们要坚持目标导向、问题导向、结果导向，用新思想解放思想、统一思想，推动我们的视野格局、思维理念、工作方法全面适应新时代。要强化系统思维。把握好经济社会发展的内在规律，统筹好当下与长远、速度与质量、城市与农村、发展与安全、整体与局部等关系，实打实地做好打基础、利长远、管根本的工作。要强化创新思维。直面各类困难和问题、矛盾与挑战，不断地寻找新思路、解决新矛盾、打开新局面、开创新境界。要强化法治思维。自觉地运用法治方式引领改革攻坚、优化营商环境、增进民生福祉、创新社会治理,提高依法决策、执政、管理、办事的能力和水平。要强化底线思维。增强风险忧患意识,既要打好防范和抵御风险的阻击战,也要打好化险为夷、转危为机的主动战,坚决守住不发生系统性风险、不引发重大不稳定因素的底线。

3. 勇立潮头、勇闯新路,必须迅速融入新发展格局,积极培育竞争优势。要在"以国内大循环为主体、国内国际双循环相互促进的新发展格局"中,找准扬中定位,推动区域协同、互联互通、深度融合,不断培育区域竞争新优势。要加速区域融合。积极抢抓长三角一体化、宁镇扬一体化等重大战略机遇,承接好上海、苏州、南京等地产业转移、创新溢出,积极参与共建镇江东部"小三角",形成互相支撑、功能互补的错位发展新格局。要加速城乡融合。以争创"全省城乡融合发展试验区"为奋斗目标,致力在产业发展上求"特"、在乡村环境上求"精"、在公共服务上求"优",加快构建完善城乡互补、深度融合、共同繁荣的新型城乡关系。要加速港产城人融合。统筹好长江岸线综合开发利用,进一步优化岸线布局,清理盘活低效岸线资源,提升港口岸线集约化利用水平,让"黄金岸线"产生更大"黄金效益"。

2021年全市工作的总体要求是:高举习近平新时代中国特色社会主义思想伟大旗帜,深入贯彻中央、省委、镇江市委各项决策部署,紧扣"强富美高"总目标,着眼"两争一前列"总要求,坚持稳中求进工作总基调,坚持以推动高质量发展为主题、以深化供给侧结构性改革为主线、以改革创新为根本动力、以满足人民日益增长的美好生活需要为根本目的,传承弘扬"四千四万"精神,深入实施"产业强市"战略,扎实做好"六稳""六保"工作,统筹好发展与安全,勇立潮头、勇闯新路,确保"十四五"开好局、全面建设社会主义现代化起好步,以走在前列的优异成绩庆祝建党100周年。主要预期目标是:地区生产总值增长8%,固定资产投资增长15%,一般公共预算收入增长8%,城乡居民人均收入增长与经济发展水平同步。重点做好四个方面工作:

(一)勇闯产业强市新路,推动更高质量发展。

1.大力提升产业层次。明确产业发展方向。找准新基建与扬中产业发展的契合点,推进产业基础再造工程和质量提升行动,进一步强链延链补链拓链,加快智能电气、新能源、临港装备制造、汽车零部件等产业的内涵式提升。提速"数字扬中"建设,推广5G网络、物联网、云计算等先进技术应用,推动现代化服务业与先进制造业、现代农业融合发展,建设一批智能车间、工业互联网标杆工厂。聚力项目招引建设。坚持"一切围绕项目干",持续深化招商体制机制改革,举全市之力招大引强、招新引优,确保项目招引实现更大突破。严格落实领导挂钩、跟踪会办、容缺预审、观摩点评等工作机制,大力推进蜂巢易创汽车核心零部件、福麟智能装备制造等重大项目建设,全面提高项目开工率、竣工率和达产率,培植一批新增长点。全年新建、续建重点产业项目70个以上。大力发展港口经济。坚持规划先行,进一步优化岸线布局,清理盘活低效岸线资源,提升集约化利用水平。加强与省港口集团等央企、国企对接,整合现有码头资源,大力发展特种船舶、海工装备、新型建筑材料、粮油加工等临港制造业,构建"一港四园"专业化、差别化、集群化发展新格局。全面提升开放水平。主动融入"一带一路"建设,深化国际贸易合作,逐步拓展亚洲、非洲、拉美等国际市场。建立省重点培育和发展的国际知名品牌项目库,加大本土品牌海外推介力度。确保全年实际利用外资8000万美元以上,进出口总额5.3亿美元以上,服务外包执行总额3.6亿美元以上。

2.深入实施创新驱动。培扶创新主体。深入实施"专精特新"企业培育工程,开展高新技术企业培育"小升高"行动计划,培育形成以创新型领军企业、独角兽企业和瞪羚企业为重点的企业创新"矩阵"。鼓励大全集团等领军企业组建创新联合体,带动中小企业开展创新活动,积极争创"国家创新型县市"。支持企业通过兼并、收购、参股等方式提升规模层次,分类指导企业赴国内各类资本市场或境外挂牌,凯帆开关、威腾集团、通灵股份上市取得突破。集聚创新要素。深化经开区体制机制改革,推动高新区提档升级,稳妥推进"小散低"园区撤并整合,打造一批主题园区、特色园区。提高科技孵化器、众创空间等运营质效,充分发挥华电研究院、江苏大学大全研究院等校地平台作用,鼓励企业建设"离岸"创新中心。实施一行业领域一人才工程,同步绘制"产业地图"与"人才地图",吸引更多高层次人才和团队来扬创新创业。加快成果转化。集中力量打好关键核心技术攻坚战,实行重大项目攻关"揭榜挂帅",以强化自主可控重大战略技术和产品研发为牵引,加快解决"卡脖子"问题,不断健全完善科技成果转化机制。

3.持续优化营商环境。激发市场活力。落细落实纾困惠企各项政策举措,实施知识产权强县工程,推进产业工人队伍建设改革,加大对科技创新、小微企业、绿色发展的金融支持,依法严厉打击侵犯民营企业权益犯罪，切实增强民营企业投资信心和发展活力。深化“放管服”改革。加快“互联网+政务服务”体系建设，推广数字化审图，提升审批服务标准化、便民化水平。优化市政务服务大厅“一站式”服务功能，健全落实镇村“全科窗口”服务机制，实现线上“一网通办”和线下“只进一扇门”集成融合。弘扬企业家精神。引导企业家坚守实业、深耕主业，加强质量、品牌、标准建设。加快推进中生代、新生代企业家培养与传承，着力打造一支具有扬中特质、国际视野的优秀企业家队伍。不断完善政企沟通渠道，积极支持和服务企业改革发展，让一切创新源泉充分涌流、创造活力充分迸发。

（二）勇闯协调发展新路，实现更高水平融合。

1.优化全域空间配置。坚持多规融合。高质量编制国土空间总体规划，有序实施好镇村布局规划，有力推进“多规合一”实用性村庄规划。持续完善交通、管网、岸线等基础设施专项规划，形成国土空间开发保护“一张图”。加强用地管控。优化完善土地储备、市场退出、新增建设用地与消化存量挂钩等机制，实现重大项目用地“应保尽保”。严格落实耕地保护制度，确保全市基本农田数量不减少、质量有提高。积极探索全域土地综合整治模式，坚决遏制新增违法用地。完善交通网络。深化全国城乡交通运输一体化示范市创建成效，持续推进“四好农村路”建设，完善“一主六次”的公交枢纽场站布局体系，切实提高综合运输效率。

2.提升城市建管水平。改善城乡面貌。对老旧小区实施微改造、普惠性改造，开展居民小区空中管线治理，推进城市渐次更新，提高城市宜居水平。加强土地招商，注重引进实力强、水平高的开发主体，有序推进扬子新村二期、园丁路北侧片区、老中电厂区等区域开发，促进房地产市场平稳健康发展，提高城市建设品质。坚持精细管理。加快推进环卫保洁、绿化、市政道路、路灯维护市场化、一体化改革，持续提升城市运行质效。优化智慧停车服务，合理划定停车收费区域，提高中心城区停车便利性。始终保持“双违”查处高压态势，坚决打击各类乱占滥建、未批先建、少批多建等违法违规行为。提升城市品位。完成自来水深度处理工程，推进乡镇自来水厂整合，实施老旧自来水管网滚动更新，推动实现全市自来水同城、同质、同价。全面启动城市增绿补绿专项行动，推进城北公园、城西公园等高品质游园绿地改造升级，新增一批街头小景、口袋公园，确保顺利通过国家园林城市复检。

3.全面推动乡村振兴。提升产业水平。认真落实农业人才队伍建设六项举措，激发乡土人才创新活力。持续深化“万企联万村、共走振兴路”行动，支持发展“公司+农户”“公司+基地+农户”模式，促进农村一二三产业融合发展，形成村级发展、企业盈利、群众受惠的“共赢”格局。建设美丽乡村。将深化农村人居环境整治和“八位一体”运维机制、乡村公共空间治理紧密结合，加快美丽田园乡村建设。统筹推进三江湾乡村旅游集聚区、北部滨江乡村旅游休闲区、南部乡村旅游集聚区等建设，打造农村即景区、生活即旅游的美丽乡村“升级版”，全力创建省全域旅游示范区。优化乡村治理。积极探索构建党建引领“三治合一”的乡村治理新格局，统筹开展农村各类精神文明创建活动。充分发挥党小组作用，强化党员示范，开展党员联户，结合村规民约、村民议事等有效形式，不断提高群众的自主性、参与度。

4.持续改善生态环境。加强岸线保护。坚持“共抓大保护、不搞大开发”，落实长江禁渔，加强沿江生态岸线修复与保护，分阶段、分步骤推动沿江 1 公里范围内高污染、高耗能企业退出，规范有序开发利用江滩资源。加强污染防治。强化 VOC_S 治理，全力控制臭氧污染，有效控制无组织排放，提升有组织废气治理效果。深化“五水联治”工程，严厉打击各类私拉乱接、乱排污水行为，高效运营集镇污水处理厂，推进城乡污水处理“厂站网”一体化运维管理，实现城乡河道长治久清。扎实推进重点行业企业用地土壤污染状况调查与成果运用，不断改善土壤环境质量。实施湿地修复和林网提质工程，全年修复湿地面积 400 亩，森林质量提升面积 1000 亩。推动绿色升级。加快淘汰不安全、环保不达标的低端落后产能和“散乱污”企业，以坚决的压和减，腾出高端产业的发展空间。加快调整产业结构、能源结构、运输结构和农业投入结构，发展壮大节能环保、新能源等绿色产业，严格控制新上高耗能项目，以发展的“含绿量”体现发展的高质量。

（三）勇闯善政善治新路，实施更高效能治理。

1.着力建设法治扬中。全面推进依法治市。落实党政主要负责人履行推进法治政府建设第一责任人职责，加快构建职能科学、权责法定、执法严明、公开公正、廉洁高效、守法诚信的法治政府。加强司法公正保障。深入推进司法体制综合配套改革和政法队伍纪律作风整顿，严格落实司法责任制，形成覆盖全类型、全审级、全流程的审判体系新格局，让群众在司法案件中切实感受到公平正义。提升普法用法实效。全面启动“八五”普法。积极构建覆盖城乡、便捷高效、均等普惠的公共法律服务网络，推动法治建设继续走在全省前列。

2.着力创新治理模式。推进社会治理精细化。平稳有序完成村（居）委会换届工作。全面运用、深化拓展“大数据+网格化+铁脚板”治理机制，巩固提升基层“三整合”改革成效,充分发挥群团组织和社会组织在社会治理中的积极作用,全力构建“多元共治”新格局。促进矛盾多元化解。健全社会稳定风险评估机制,完善人民内部矛盾纠纷预防化解机制。创新发展新时代“枫桥经验”,加强调解组织和调解员队伍建设,完善多元预防调处化解机制,努力把矛盾纠纷防范在源头、化解在基层、消除在萌芽状态。完善社会治安防控体系。建立健全扫黑除恶常态化机制,严厉打击防范各类违法犯罪行为。推进新一代雪亮技防工程建设应用,建立完善立体化、法治化、专业化、智能化的社会治安防控体系。

3.提高本质安全水平。高度重视疫情防控,按照“可知可控、精准防控”的要求,紧盯重点时段、重点场所、重点人群,突出“人”“物”同防,加强进口冷链食品集中监管,全方位提升应急处置能力,把防控工作抓紧、抓实、抓细。高起点、高标准切入“三年大灶”,加强对危化品、道路运输、建筑施工、消防等安全生产重点领域的专项整治,加大对重点桥梁、堤防设施的安全检查频次,积极创建省级安全发展示范城市。加强政府性债务管控,推进平台公司市场化转型,全力打好防范化解政府性债务风险主动仗,坚决守住不发生区域性金融风险的底线。加大应急力量和物资投入,提标乡镇消防站建设,深化区域应急救援协作,提高公共资源、应急物资的统筹调配能力。

(四)勇闯民生改善新路,创造更高品质生活。

1.提高总体收入水平。强化稳就业促增收。突出抓好重点群体就业,加大企业稳岗支持力度,实施多渠道灵活就业,增加城乡居民收入。深入实施农村土地“三权分置”改革,稳步推进农村土地流转,提升农业适度规模经营水平。用好农村集体产权制度改革成果,探索赋予农民对集体资产股份更多权能,推动农村集体资产保值增值,让群众共享更多改革红利。持续巩固脱贫攻坚成果。始终保持脱贫攻坚政策不脱钩、不断档,健全防止致贫返贫监测帮扶机制,个性化制定“一户一策”精准帮扶方案,确保动态清零。完善社会保障救助体系。按照“坚守底线、突出重点、完善制度、引导预期”的要求,积极推动全民参保,加快构建覆盖全民、城乡统筹、权责清晰、保障适度、可持续的多层次社会保障体系。

2.不断优化公共服务。提升教育现代化水平。围绕推动义务教育优质均衡发展的目标,持续优化教育布局,启动建设青苗国际双语学校、城西小学,建成市二中综合教学楼、第一幼儿园、第二幼儿园、三跃中心小学。积极推进集团化办学和高品质学校集群发展,稳步实施教师“县管校聘”改革,全面创成全国学前教育普及普惠县、江苏省优质特色职业学校。完善卫生健康服务体系。扎实推进县域内紧密型医共体建设,深化“三医联动”改革和医药卫生体制改革,构建整岛一体化医疗卫生服务新格局。加快推进市人民医院院区改造、市中医院综合门诊病房楼、精神病防治院及八桥区域医疗卫生中心建设工程。深入开展爱国卫生运动,实施国家卫生镇(村)长效管理,确保通过国家卫生城市复审。深化医养融合发展,积极构建政府、社区、机构、家庭共同养老新格局,建成养老服务综合体2家以上,家庭养老床位总数达200张以上。不断扩大内需。从供给侧和需求侧两端共同发力,完善商业、文体等配套功能。顺应消费升级趋势,着力提升传统消费,培育壮大新型消费,拓展网络消费、信息消费、夜间消费,推动线上线下消费融合发展,让群众生活更方便、更舒心、更美好。

3.扩大优质文化供给。增强文体惠民力度。开展系列文化惠民活动,办好第十八届河豚文化节、第十六届社区(农民)艺术节,推出更多文艺精品。积极承办高水平高层次体育赛事,升级城乡“10分钟体育健身圈”。提增城市文化气质。开放运营新文化馆、城东图书馆,提档升级乡镇文体服务中心、村(社区)综合服务中心。加大本土传统文化保护与创新力度,积极推广竹编、剪纸等特色文化,重视乡土文化传承利用。常态化组织文化公益活动,确保文化氛围热力不减。锤炼塑造城市精神。高效推进全国文明城市创建工作,传承发扬“四千四万”精神,积极宣传优秀乡贤、道德模范、抗疫英雄、公益达人,深化新时代文明实践中心国家试点建设,建强用好县级融媒体中心。

四、为现代化建设走在前列提供坚强政治保证

百年建党,百业常青。站在新的起跑线上,各级党组织和广大党员干部都要永葆初心、勇担使命,以党建引擎“燃起来”,引领扬中“跑起来”“强起来”。

1. 要昂扬勇立潮头的争雄之志。当前,机遇挑战交织激荡,区域竞争百舸争流,现代化建设浪潮奔涌。开启新的征程,各级党组织要巩固深化“不忘初心、牢记使命”主题教育成果,时刻与新思想对标对表,与中央政策紧跟紧随,与市委决策同心同向,争当“弄潮儿”、跑出“加速度”。无论党员干部、企业家还是普通群众,都要全面激发“四千四万”精神基因,在纪律、规矩、制度和法治的轨道上,大胆“闯”、勇敢“试”、激情“创”、务实“干”,扛起现代化建设的政治担当、发展担当、探路担当,在新征程上奔腾勇闯新路的千军万马,干出“三量齐升”的争雄之志,创造走在前列的领跑优势。宣传部门要聚焦建党100周年,广泛开展“双十双百”等系列庆祝活动,把媒体镜头更多地聚焦发展一线、聚焦基

层组织、聚焦干部群众，深入推进网络空间“清朗”专项行动，引导全市上下砥砺初心、接续奋斗，干出“十四五”发展的精彩开局。

2. 要磨砺勇闯新路的实干之才。干部靠奋斗而成长。要围绕事业所需，结合市镇两级换届，严格落实“20字”好干部标准，用好“三位一体”知事识人体系，把更多敢闯敢试、敢于担当，善于驾驭复杂局面、解决实际问题的先锋闯将选出来、用起来。组织部门要对照新发展要求，精心设计干部“成长线路图”，把优秀的年轻干部放到重大斗争主战场去墩苗历练，在经风雨、见世面、壮筋骨中练就真才实学。每个党员干部要争当实干家、锻造“铁肩膀”，把精力聚焦在干事创业上，把价值体现在创新突破上。市委将进一步校准高质量发展和干部考核的“指挥棒”，以项目论英雄、以实绩论良将。用好激励担当“九项举措”，落实“鼓励实名、澄清正名、严查诬名”全链条信访举报机制，全力提升“三项机制”引领力和穿透力，为勇于闯、敢于试、能担当、善创新的“狮子型”干部遮风挡雨、撑腰鼓劲，真正让有为者有位、吃苦者吃香、多劳者多得、能干者先上。

3.要筑牢勇于担当的奋斗之基。能否在开局之年闯出新路、领跑开路，关键看党建引擎强不强、党员担当硬不硬。要鲜明“大抓基层”的导向，高质量组织市镇两级党委换届，实施乡镇党委“党建引领工程”、村(社区)党组织书记“培优工程”，推进专职化组织员队伍建设，让每个基层党组织都成为推动发展、服务群众、凝聚人心的红色堡垒。要围绕释放党建功能，认真谋划实施各级“书记项目”，持续深化“党小组+”乡村振兴、产业强市等先锋行动，将党建引领效应拓展到经济发展、项目建设、基层治理、民生改善各领域，将党旗插到现代化建设的各条战线，推动“党建引擎”升档提速，加速形成基层党组织带头、党员示范、群众跟进的火热局面，用更多“国字号”、全省第一、镇江唯一的党建品牌，丰富“扬中经验”，彰显“扬中作为”。

4.要浓厚清廉干事的奋进之风。人人思廉、处处思干、事事尽责，现代化建设必将激流勇进、奋楫争先。要从严落实管党治党“两个责任”，全面构建“四责协同”监督机制，聚焦中央重大部署、上级政治任务、市委市政府重要工作，开展全流程、嵌入式监督，把党内监督延伸到时时、处处、事事。市纪委监委要保持“严”的主基调，针对“四风”反弹回潮、隐形变异，紧盯不放、严查严管，为基层干事创业松绑减负赋能。科学用好“四种形态”，对违纪违法案件从严查处，对影响营商环境、群众身边的“微腐败”绝不姑息。探索一体推进不敢腐、不能腐、不想腐的制度机制，把惩治震慑力、制度约束力、教育感染力聚合起来，管出风清气正，查出河清海晏。党员干部要视发展为责任、视事业为生命、视纪律为红线，强化如履薄冰的意识、“过紧日子”的思想，在其位、谋其政，多谋事、少谋人，合力把“强富美高”的宏伟蓝图渐次铺展在扬中大地上。

政府工作报告

——在扬中市第十七届人民代表大会第五次会议上(摘要)

代市长 贾 晟

(2021 年 1 月 13 日)

决战决胜，全面建成小康社会圆满收官

2020 年是极不平凡的一年。面对突如其来的新冠肺炎疫情，全市人民众志成城、同舟共济、精准施策、科学防治，严格落实“四早”“四集中”要求，强化“大数据+网格化+铁脚板”等硬核措施，一直保持“零疑似、零确诊”，取得了疫情防控的阶段性胜利，交出了一份彰显“扬中力量”、体现“扬中效率”、展示“扬中担当”的精彩答卷。在此，我谨代表市政府向参与抗疫斗争的社会各界人士、此刻继续奋战在常态化疫情防控一线的广大工作者，表示最崇高的敬意和最诚挚的问候！

出色的疫情防控工作为经济社会步入正轨、快速恢复奠定了坚实基础。2020 年，市政府在市委坚强领导下，在市人大和市政协监督支持下，攻坚克难、真抓实干，较好地完成了市十七届人大四次会议确定的目标任务。全年地区生产总值增长 3.8%，完成一般公共预算收入 35 亿元、增长 2.9%，城乡居民人均可支配收入分别达 6 万元、3.23 万元，增长 3.8%、5.4%。

一、经济运行持续向好

实体经济稳中有进。积极落实稳增长措施，着力帮扶企业克服疫情影响，在全省率先实现全面复工复产。完成工业应税销售 745 亿元、增长 10%，规上工业总产值突破 500 亿元、增长 6%。新增“四上”企业 115 家，大

全集团获镇江首个“中国工业大奖”,环太集团获中国有色金属工业科学技术一等奖,威腾电气、通灵股份完成上市材料申报,16家企业在江苏股交中心挂牌,香江科技、新韩通等企业快速发展。

项目建设扎实推进。全年完成固定资产投资89亿元、增长14.9%,其中,制造业投资58亿元、增长31%。蜂巢易创扬中园区正式开园,发动机、变速器、电驱动总成等项目竣工投产,智能转向、精诚工科等项目加速推进。中南高科产业园、红星美凯龙扬中商场等项目顺利竣工,云企智造、量子科技等56个项目开工建设。23个镇江市级、80个扬中市级重点产业项目分别完成投资52.1亿元、85.7亿元。

招商引智成效明显。深入推进“双招双引”百日竞赛活动,推出招商“云名片”,实行“全天候”“不掉线”招商服务。大力开展乡贤招商、供销员招商,成功举办第十七届河豚文化节项目集中签约活动,开展各类招商活动90场(次),与省港口集团签订战略合作协议,招引旺捷大数据中心、青苗国际学校等亿元以上项目59个,实际到位外资7500万美元。全年引进高层次人才(团队)52个、省级有突出贡献的中青年专家2人。

二、发展动能加快转换

创新要素加速集聚。新增国家高新技术企业112家、国家科技型中小企业205家、省级以上研发机构10家、省级院士工作站1家,万人发明专利拥有量达46.8件。华电研究生培养基地成功落户。发放“苏科贷”“高企贷”2亿元,2家国家级科技企业孵化器获省评优秀(A类)。组织开展线上线下政产学研活动,签订合作项目60个。经开区、高新区获省知识产权示范园区称号,经开区移址获省政府批复。锋芒科技、亿阀集团、万奇电器获批创建省知识产权战略推进计划项目。

转型升级步伐加快。工业企业技改力度持续加大,创成省“两化融合”贯标试点企业6家。新建5G基站656个。新增四星级上云企业5家、苏南自主创新示范区瞪羚企业2家,大全赛雪龙获评国家级“专精特新”小巨人企业,仁德新能源多晶硅片获评国家级绿色设计产品。开展小微企业质量管理提升行动,2家企业获评首批“江苏精品”。实施工业企业资源集约利用综合评价,收回闲置土地5宗,盘活低效用地3054亩。

营商环境不断优化。常态化开展“暖企大走访”活动,动态解决企业合理需求。加快“互联网+政务服务”改革步伐,全面推广使用“企业开办”全链通平台,开启“三证齐发”快速审批模式,政务服务事项按期办结率100%。降低企业税费成本5.53亿元,拨付稳岗资金超1000万元。成立金融行业协会,全年新增有效信贷投放94亿元、增长17.8%,获评“2017—2019年度省金融生态优秀县”。

三、城乡发展更趋协调

城市功能不断完善。编制完成镇村布局、城市停车设施、城市地下空间等专项规划。完成扬中一桥、二桥消险工程,建设幸福二桥临时治超点。启动城北公交次枢纽建设,开通扬中至大港高铁站公交线路,全国城乡交通运输一体化示范市创建通过验收。启动自来水深度处理工程,更新改造自来水管网60公里。完善小区配套设施,新增智能充电桩(棚)251个。完成预拌商品混凝土行业整治,从严查处各类新增违法建设,整改拆除2.5万平方米。

乡村振兴深入实施。推进“万企联万村、共走振兴路”行动,实施联建项目132个,培育壮大村级集体经济。大力发展现代农业,新建高标准农田5000亩,新增县级以上示范合作社和家庭农场11家,现代渔业产业园区创成省级现代农业产业示范园。扎实推进乡村公共空间治理,建成省特色田园乡村4个,农村人居环境整治工作获省政府通报表扬。推进“房地一体”农村不动产登记,完成第三次国土调查。

生态环境持续优化。新建城乡雨污水管网152.7公里,控源截污雨污分流面积253公顷,智能化改造运营河道排口截污设施65个。关闭新坝、油坊取水口,提标改造沙家港、油坊镇、八桥镇、西来桥镇污水处理厂。全面推进长江扬中段禁捕退捕工作,清理河道“两违”118处,整治“三无”船舶329艘,完成长江入江入河排口监测溯源。加强空气质量管控,整治挥发性有机物排放重点企业7家,完成化工企业安全环保整治提升7家,$PM_{2.5}$年均浓度同比下降13.3%,省生态文明建设示范市创建通过验收。

四、民生福祉不断增进

基本保障提标扩面。高质量完成建档立卡户1672户3141人脱贫,实际新增城镇就业11900人,城镇登记失业率控制在1.56%以内。企业退休人员养老金、城乡居民社保等待遇水平逐步提高,退捕渔民实现“应保尽保”。新增标准化居家养老服务中心24家、机构养老床位358张,城乡低保、特困人员供养标准分别提高至每人每月790元、1030元。深化医养融合,建立家庭病床273张。市镇村医保经办体系实现全覆盖,启动“关爱肺健康”项目,免费开展肺部CT检查4146人。

公共服务更加均衡。融媒体中心试点建设通过省级验收。稳步实施教师“县管校聘”改革,有序推进城区教育资源调整,交付使用特教中心、童心幼儿园,建成云腾幼儿园、第二幼儿园。完善重大疫情防控体制机制，建成加强型P2实验室2所，实现核酸自主检测。开放使用市人民医院康复分院、永胜门诊部、丰裕门诊部，新增名医工作站9家。运行市博物馆、陈履生博物馆群、人防科普体验馆，完成市文化馆异地改建，新增体育公园13个、健身路径30条、健身步道6公里。

社会大局安全稳定。建成万福桥闸站，实施丰乐桥、雷公岛崩岸、小泡沙坍江应急抢险工程，成功抵御历史罕见洪水冲击。开展熔喷布行业规范化整治，有效维护正常市场秩序。扎实推进安全生产专项整治，完成238省道安防工程，生产安全事故起数、死亡人数大幅下降，积极创建省级安全发展示范城市，全面提升本质安全水平。深入开展扫黑除恶专项斗争，加大非法金融活动打击力度，有效化解信访积案。有序开展村(居)委会换届。高质量通过“七五”普法考核，法律援助“负面清单”工作全国推广，创成全省首批法治政府建设示范县(市、区)。

慈善、科协、工会、档案、海事、航道、气象、边检、海关、侨台等工作取得新进展；地方志、红十字、共青团、工商联、妇女儿童、人民武装、消防救援、民族宗教、文学艺术等工作取得新进步；行政学校、工业集团、商业集团、发展促进、群众工作、关心下一代、南北五方挂钩、东西部扶贫协作等工作取得新成效。

2020年各项目标任务的顺利完成，为“十三五”画上圆满句号。五年来，全市经济社会保持转型加快、活力增强、民生改善的良好态势，为高质量发展走在前列奠定坚实基础。

“强”的成就更加显著。综合实力迈上新台阶，产业结构不断优化，重大项目相继落户，骨干企业加速转型，载体平台持续提质，绿色能源岛建设成效明显，科技创新能力位居全省前列，获批省级高新区，经开区排名稳步提升，连续两年荣获全省“推进高质量发展先进市”称号。

“富”的成果更加可感。高质量完成脱贫攻坚任务，城镇、农村居民人均可支配收入分别增加1.75万元、1.04万元，人均储蓄余额保持全省前列，医保报销比例、城乡低保标准稳步提高，民生投入占财政支出比重达80%以上，位列全国县级市全面小康指数第8位。

“美”的成色更加鲜明。滨江新城、西城区拉开框架，城市不断长高变美。大力推进“五水联治”工程，基本消除建成区黑臭水体和内涝现象。深入开展污染防治攻坚战，$PM_{2.5}$浓度逐年下降，空气质量持续提高。农村公共服务“八位一体”标准化建设经验全国推广，生态优先、绿色发展成为共识。

“高”的成效更加突出。公共文化服务体系不断完善，新时代文明实践中心、所、站实现全覆盖。新建、改扩建学校(幼儿园)28所，教育现代化监测得分连续3年全省第一，创成“全国健康促进县”，人均寿命达81.3周岁，法治建设满意度列镇江第一。

扬帆起航，全力谱写“十四五”崭新篇章

根据市委“十四五”规划建议，市政府编制了《扬中市国民经济和社会发展第十四个五年规划和二〇三五年远景目标纲要(草案)》，提请大会审议。

未来五年是推动扬中高质量发展走在前列的关键阶段。当今世界正经历百年未有之大变局，机遇和挑战都有了新的发展变化。国际环境日趋复杂，新冠肺炎疫情影响广泛深远，经济全球化遭遇逆流，发展面临的新矛盾、新挑战明显增多；我国已转向高质量发展阶段，以国内大循环为主体、国内国际双循环相互促进的新发展格局正在加快形成，制度优势显著，经济长期向好，市场空间广阔，发展韧性强劲，特别是中央构建新发展格局的战略部署，将释放巨大的内需潜力和强大的创新动能；长江经济带发展、长三角一体化等多重战略机遇叠加，为我市高质量发展打开了广阔空间，积蓄了发展动能。站在新一轮发展的历史关口，我们要胸怀“两个大局”，永葆“闯”的精神、“创”的劲头、“干”的作风，在危机中育先机、于变局中开新局，奋力开启现代化建设新征程，不断把“强富美高”新扬中建设推向新高度。“十四五”时期，我市国民经济和社会发展的主要任务和奋斗目标是：

——经济发展质效走在前列。经济总体保持较快增长，工业应税销售规模超1000亿元；一般公共预算收入达到50亿元；人均地区生产总值达到18万元，力争2035年在2020年基础上实现翻一番。主导产业加速转型升级，战略性新兴产业支撑作用明显增强，数字经济加快发展，创新能力显著提升，产业基础高级化、产业链现代化水平明显提高。

——人民生活水平走在前列。居民收入增长和经济发展水平同步，力争2035年在2020年基础上实现翻一番以上。就业创业空间持续拓展，就业更加充分更有质量。优质均衡的公共服务体系基本建成，高质量教育体系不断完善，健康扬中建设取得重要进展，养老育幼扶弱服务更加普惠精准、高效便捷，高品质生活需求不断得到满足。

——城乡环境品质走在前列。城市能级和竞争力加快提升，城乡基础设施一体化水平进一步提高，人口集聚能力持续增强，水韵芳洲的城市魅力越发彰显。城乡融合带动乡村振兴取得阶段性成果，争创全省城乡融合发展示范区。绿色发展活力不断增强，资源利用更加节约高效,生态安全屏障更加牢固,美丽扬中建设空间布局基本形成。

——社会治理水平走在前列。社会主义核心价值观深入人心,"四千四万" 精神成为现代化建设的内生动力,全力争创全国文明城市。社会治理体系和治理能力现代化水平明显提升,共建共治共享的社会治理格局基本形成。风险监测预警和防范抵御能力大幅增强,安全生产实现常态化管理,人民群众安全感持续提升。勇闯新路,奋力开启现代化建设新征程

2021年是"十四五"开局之年,也是全面建设社会主义现代化国家新征程开启之年。今年的工作承载着更多的希望与期盼,也面临着更多的考验与挑战。我们要积极抢抓机遇、聚力攻坚克难,闯出一片新天地、实现一番新作为,昂首阔步迈向"十四五"。

今年政府工作的总体要求是:高举习近平新时代中国特色社会主义思想伟大旗帜,深入贯彻中央、省、镇江市及市委的各项决策部署,紧扣"强富美高"总目标,着眼"两争一前列"总要求,坚持稳中求进工作总基调,坚持以推动高质量发展为主题、以深化供给侧结构性改革为主线、以改革创新为根本动力、以满足人民日益增长的美好生活需要为根本目的,传承弘扬"四千四万"精神,深入实施"产业强市"战略,扎实做好"六稳""六保"工作,统筹好发展与安全,确保"十四五"开好局、全面建设社会主义现代化起好步,以走在前列的优异成绩献礼建党100周年。

今年经济社会发展主要目标是:地区生产总值增长7%;一般公共预算收入增长5%;固定资产投资增长10%以上;工业应税销售增长10%;社会消费品零售总额增长7%;全社会研发经费支出占GDP比重达3%,城乡居民人均可支配收入与经济增长保持同步;主要污染物排放继续下降并完成上级下达目标任务;安全生产形势持续稳定向好。

围绕全年目标任务,将重点抓好以下六个方面工作:

一、坚持产业强市,厚植高质量发展新优势

壮大产业集群。实施"产业强链"三年行动计划,探索建立"链长制",分工协作推动产业链高质量发展。加快电气产业智能化转型,加速工业互联网、5G等新一代信息技术的行业应用,推动产业向价值链高端攀升。支持新能源产业扩容升级,抢抓"十四五"光伏发电装机规模激增的机遇,加快产品迭代更新,推动光伏应用跨界融合。做大做强临港产业,构建"一港四园"发展格局,大力发展特种船舶、海工装备、海洋风电、新型建筑材料、粮油加工等临港制造业,不断提升港区承载力。壮大汽车核心零部件产业发展规模,依托蜂巢易创扬中产业园,健全产业链、供应链,扩大产品市场占有率。优化产业布局。深化开发区体制机制改革,推动经开区、高新区争先进位,激活园区发展内生动力。高新区进一步聚合优质资源,不断壮大智慧电气小镇产业矩阵,切实打造科创产业高地。经开区强化在全市应税销售、工业投资、外资利用等领域的支撑作用,争创省级智慧园区。稳妥推进"小散低"园区撤并整合,按期完成"三线一单"工业园区规划环评编制审批。用好用足省级开发区代管政策,加快招引优质项目,打造特色产业集群。深化与省港口集团合作,整合全市码头岸线资源,打造长江中下游港口物流产业的扬中品牌。

提升产业层次。大力发展数字经济,推动大数据、人工智能等数字技术与产业深度融合,提升全市制造业数字化、网络化、智能化水平。聚焦中小企业智能化改造,做大"云"产业链规模,新增星级上云企业15家。围绕关键工序智能改造、关键岗位机器换人、生产过程智能控制、供应链管理优化,建设一批数字化车间和智能工厂。提速"数字扬中"建设,加快5G基站覆盖,建成运行香江大数据中心,引导数字经济与实体经济、城市治理、日常生活深度融合,开拓产业互联网、智能制造、智慧教育医疗等新业态。

二、坚持项目至上,激发实体经济新活力

提高招商引资实效。深化招商体制改革,全面梳理招商资源,科学制定招商政策,调动社会力量参与招商工作。聚焦四大主导产业发展需求,逐一编制招商图谱,狠抓产业链、人才链、创新链招商,在招引旗舰型重大产业项目上攻坚突破。全年引进亿元以上产业项目50个,其中,30亿元以上项目2个,实际利用外资8000万美元。聚焦投资强度、亩均产出等关键指标,开展招引项目绩效评估,不断提高项目质效。

主攻重大项目建设。切实发挥重大项目"压舱石"作用,围绕开工、竣工、达产等环节,严格落实领导挂钩、进展月报、观摩点评、通报督查等机制,加大协调服务和跟踪推进力度,着力破解项目建设用地、融资、审批等难题,凝聚各方力量为项目建设保驾护航。大力推进蜂巢易创汽车核心零部件、八桥天舜和西来桥装配式产业园、高照单晶硅等76个重点产业项目建设,全年完成固定资产投资98亿元、先进制造业投资65亿元。

培优壮大骨干企业。深入实施大企业培育工程,支持企业通过兼并、收购、参股、技改等方式做大做强,新增年主营业务收入超50亿元企业1家、超10亿元企业5家。鼓励安华电气、上迈新能源等企业深耕细分市场,培育更多"单打冠军"和"专精特新"企业。加强企业

上市指导,引导企业通过资本市场直接融资,加快大全凯帆、三星能科上市进程,力争威腾电气、通灵股份首发上市。大力弘扬优秀企业家精神,深化“创二代”培育工程,营造崇尚创业、尊重企业的社会氛围。

三、坚持创新驱动,释放经济发展新动能

更实举措深化改革。以基层“三整合”为抓手,深化乡镇行政管理体制和公益类事业单位改革,提高职能机构运行质效,服务保障经济民生。加快建设市镇两级“三全”管理体系,提升财政预算绩效管理水平。深入实施农村土地“三权分置”改革,稳妥推进农村宅基地管理改革,促进土地资源科学合理利用。完善人才引进和人口导入政策体系,发挥“江洲人才一卡通”、购房“人才贷”等政策引导作用,全年引进高层次人才(团队)50个。

更深层次推进创新。发挥企业创新主体作用,鼓励大全集团等领军企业组建创新联合体,带动中小企业开展创新活动。集中力量打好关键核心技术攻坚战,实行重大项目攻关“揭榜挂帅”。新增国家高新技术企业80家、省级以上研发机构8家,全力争创国家创新型县(市)。深化政产学研合作,引进科技成果60项以上,大力支持华电研究生培育基地建设。完善科技金融服务体系,发挥“苏科贷”“高企贷”资金杠杆效应,满足科技型企业全方位、多层次、个性化融资需求。

更大力度优化环境。加大实体经济帮扶力度,释放减税降费政策红利,不断降低实体经济综合成本,提升市场竞争力。深化简政放权、放管结合、优化服务改革,推动环保、安全生产、劳动保障等领域执法与服务融合。推进“互联网+监管”改革,实施工程项目“e路阳光”全流程综合监管,全面推广使用“工程建设项目审批管理系统”,提升企业开办全流程0.5个工作日办结率。加强金融综合服务能力建设,深入开展“政银企”对接活动,新增有效信贷投放60亿元。构建“亲”“清”新型政商关系,与企业家共渡难关、共创新业。

四、坚持城乡融合,彰显宜居宜业新面貌

优化国土空间布局。加快推动城乡深度融合、港产城融合,打造“一主三镇”的城乡空间格局。高质量编制“多规合一”国土空间规划、实用性村庄规划,统筹考虑产业发展空间、综合交通建设、教育文化布局等,形成国土空间开发保护“一张图”。严格执行镇村布局规划,坚决遏制各类新增违法建设。

加强城乡建设管理。有序实施扬子新村二期、园丁路北侧片区旧城改建,建成运行新天地购物中心、吾悦广场,交付使用城西安置房。启动实施祁家路、夏家港拓宽改道等工程,建成新民南路南延、联盟路南延、南江路西延工程,运营城北公交次枢纽。新建何家大港、兴隆港闸站。完成燃气穿江管道敷设,实现双气源供气。整合乡镇自来水厂,新建改造自来水管网40公里,建成自来水深度处理工程。扎实推进全国文明城市创建,通过国家卫生城市、园林城市复检。有序实施城市“双修”、老旧小区普惠性微改造,完成16个小区空中管线治理,改造二次供水30处,提升人防地下空间利用水平。市场化推进安置小区物业管理,探索“红色物业”管理模式,构建多元主体协商共治新机制。

全面推进乡村振兴。扎实推进粮食高产增效创建,新增高标准农田3000亩,轮作休耕5000亩,完成生猪存栏2万头、出栏4万头。实施现代渔业产业园区生态循环水、工厂化养殖设施等重点项目,打造全国特色水产养殖示范高地。加强乡村产业建设,持续深化“万企联万村、共走振兴路”行动,促进农村一二三产融合发展。落实农业人才队伍建设六项举措,激发乡土人才创新活力。巩固提升农村人居环境整治成效,深化“八位一体”运行维护机制,疏浚城乡河道220条,新增省级特色田园乡村2个,创成全国村庄清洁行动先进县。

持续改善生态环境。深入推进“长江大保护”战略,优化生产、生活、生态岸线比例,标本兼治推进长江生态环境修复。完成城东、城南、城北片区水环境综合治理工程,建设雨污水管网129公里以上,提标改造新坝镇污水处理厂,实现污水处理“厂站网”一体化运维管理。切实抓好长江“十年禁渔”,坚决做到应禁全禁、应退全退、标本兼治、长效管理。扎实开展工业污染源达标排放行动,整治挥发性有机物重点排放企业26家。全力做好扬尘治理、秸秆禁烧和重污染天气应对管控,确保$PM_{2.5}$和臭氧浓度“双控双减”。完成新一轮生态文明建设规划修编,争创国家级生态文明建设示范市。

五、坚持优质供给,绘就幸福民生新画卷

多渠道促进富民增收。严格落实就业优先政策,更大力度促进城乡困难人员、退役军人、退捕渔民等重点群体就业,吸引扬中籍毕业生返乡就业创业,全年新增就业5500人。用足用好企业稳岗稳就业相关政策,企业职工基本养老保险单位缴费费率维持在较低水平。始终保持脱贫攻坚政策不脱钩、不断档,健全防止致贫返贫监测帮扶机制,个性化制定“一户一策”精准帮扶方案,确保动态清零。

多层次健全保障体系。积极推动全民参保计划,实现全面覆盖、城乡统筹、权责清晰、保障适度可持续。推进老年人家庭适老化改造,培育连锁社区居家养老服务中心品牌,培植医养融合项目,新增家庭养老床位100张,建成养老服务综合体2家、标准化居家养老服务中心3家,创成省级“居家和社区养老服务创新示范地区”。积极对接医保“大市统筹”,加快医保网上办、掌上办,稳步提高职工和居民医疗保险待遇。

多领域提升服务质量。持续推进高品质学校集群发展,加快青苗国际学校、城西小学建设,建成第一幼儿园、恒大配套园、复旦配套园,搬迁使用第二幼儿园,创成“全国义务教育优质均衡发展市”“国家学前教育普及普惠县”。深化医药卫生体制改革,加强紧密型医共体建设,加快精神病防治院、中医院综合大楼、八桥区域医疗卫生中心建设,提高医疗服务水平。办好第十八届河豚文化节,开展丰富多彩的文明实践活动,探索城市书房和乡村阅读空间建设。深化教体融合、文体融合,新增公共体育设施面积5万平方米。

六、坚持系统思维,构建风险防控新格局

慎终如始防控疫情。做好疫情防控事关群众生命安全和身体健康,是完成全年目标任务的基础和前提,必须坚决克服麻痹思想和畏难情绪,落细落实常态化防控各项措施。全面加强境外、中高风险地区来扬人员和冷链、物流、港口等行业管理,强化“人物同防”。扎实做好医疗机构、隔离场所、学校、养老机构、农贸市场等重点场所防控,降低疫情传播风险。健全公共卫生应急处置机制,引导公众加强卫生习惯养成和身体锻炼,减少不必要的聚集和出行,坚决守护人民群众生命健康安全。

严守安全生产底线。牢牢把握“两个不放松”要求,标准不降、力度不减,接续推进“三年大灶”,提高本质安全水平,创成省级安全发展示范城市。聚焦危化品、冶金工贸、道路运输、建筑施工等重点行业领域,开展全覆盖拉网式安全生产大排查、大整治,确保事故起数和死亡人数双下降。深化化工产业安全环保整治提升专项行动,坚决淘汰安全环保不达标、风险隐患突出的化工企业。推进固废污染环境风险隐患排查整治,动态更新土壤污染重点单位监管名录。

防范化解重大风险。坚持民生支出精算平衡,尽力而为,量力而行,依法规范实施政府公益类项目。深化与银行业金融机构战略合作,做好政府债券争取和发行工作,持续优化融资结构,降低融资成本。持之以恒推进平台公司实体化转型发展,规范国有投资集团联合党委运作,放大市级平台公司重组整合、统一管理效应,增强自身“造血”功能。完善金融风险监测预警机制,更大力度打击非法集资、恶意逃废债、新型金融诈骗等违法行为。

创新社会治理体系。完成第七次人口普查,大力推进平安扬中、法治扬中建设,始终保持扫黑除恶高压态势,坚决彻底推进“六清”行动,统筹抓好长效常治“六建”工作,彻底铲除黑恶势力滋生土壤。完善联合接访机制,积极化解各类信访积案和矛盾纠纷,确保社会大局持续稳定。启动“八五”普法工作,推进行政执法、复议体制和社区矫正改革。加强双拥优抚工作,力争实现省级双拥模范城“九连冠”。深化网格化城乡治理模式,统筹整合各方资源力量,增强社区综合服务功能,完成村(居)委会换届。

永攀新高,全面加强政府自身建设

把坚持和加强党的全面领导贯穿到政府工作的各个方面,增强“四个意识”,坚定“四个自信”,做到“两个维护”,努力建设人民满意的服务型政府。

心无旁骛抓发展。紧紧扭住发展第一要务不动摇,树立“今天再晚也是早,明天再早也是晚”的效率意识,增强执行力和落实力,引导广大干部在项目建设中立新功、在招商引资中显身手、在服务发展中当先锋。持续推进比学赶超、争先进位,对标先进找准短板,聚焦重点逐项突破,把任务分解到月、落实到周、量化到人,以钉钉子精神抓落实,奋力实现“三量齐升”。

勇于创新争一流。扬中由“闯”起步,必须靠“创”加速。大力弘扬“四千四万”精神,善于自我总结,学习“他山之石”,用改革的思路、创新的办法解决问题、推动工作。强化管理创新,推进“互联网+政务服务”,将“最多跑一次”理念贯穿政府运行各环节,做好政务服务流程数字化再造,打造便捷高效的服务体系。

担当作为聚民心。始终牢记以造福人民为最大政绩,全力以赴把群众关切的民生实事办好。强化调查研究,俯下身子察民情、沉到一线解难题,使政府工作更接地气、更顺民意。关心基层,关爱干部,尊重基层首创精神,积极运用鼓励激励、容错纠错、能上能下“三项机制”,推动政府系统形成真抓实干、奋勇争先的良好局面。

恪守清廉重法治。坚持习近平法治思想,深化法治政府建设。认真履行全面从严治党主体责任,以上率下严格落实中央“八项规定”精神,坚决整治“四风”问题。完善行政权力运行监督机制,依法接受人大监督,自觉接受政协民主监督,加强审计监督、群众监督和舆论监督。弘扬艰苦奋斗的优良作风,带头过紧日子,进一步压缩一般性支出。抓好反腐倡廉工作,健全重点领域廉政风险防控机制,营造政府系统风清气正的政治生态。

关于抓好"三农"领域重点工作，加快推进农业农村高质量发展的实施意见

为深入贯彻落实中央、省、镇江市关于抓好"三农"领域重点工作的最新部署要求，巩固提升脱贫攻坚成效，打牢农业农村现代化基础，现结合我市实际，提出如下实施意见：

一、指导思想

坚持以习近平新时代中国特色社会主义思想为指导，牢牢把握"三农"发展稳中求进工作总基调，切实增强"抗大疫、迎大考、越大关"的信心和决心，聚焦产业强市，聚力实干兴市，以党建引领乡村振兴，全力奋战农业、农村、农民三个主战场，对标对表补短板，巩固成果抓提升，稳产保供促增收，着眼长远强基础，逐步建立健全城乡融合发展体制机制和政策体系，持续推进农业农村高质量发展，确保农业农村现代化建设迈出更加坚实步伐。

二、目标任务

到2020年底，高质量巩固提升脱贫攻坚成效，确保真脱贫、不返贫，农村居民人均可支配收入达3.29万元，多渠道发展壮大农村集体经济，城乡居民生活水平差距持续缩小。农村人居环境显著改善，全面完成农村人居环境整治三年行动硬任务，进一步完善村级公共服务"八位一体"运行维护机制，农村生活垃圾收运处理体系、户厕无害化改造、行政村生活污水设施基本实现全覆盖，新建美丽宜居村庄15个，确保农村基层基本公共服务标准化实现度达95%。农业综合生产能力稳步提升，新建高标准农田5000亩，绿色优质农产品占比达61%。乡村治理体系更加完善，村民委员会依法自治达标率稳定在98%以上，农村和谐社区建设达标率达95%。

三、工作重点

(一)巩固提升脱贫成效，打好脱贫攻坚收官战

1.稳定脱贫攻坚质量。以"两不愁三保障"为重点，全面开展"回头看"，确保脱贫成效无"水分"。进一步加强建档立卡户动态管理，建立健全监测预警和动态调整机制，确保动态监测信息畅通，及时发现返贫致贫户并纳入帮扶。强化市镇村三级联动，积极整合扶贫、民政、公安等部门数据，加强对不稳定脱贫户、档外边缘人口的跟踪调查，认真查找漏洞缺项，了解和掌握生产生活情况，及时帮助解决困难。(责任单位：市农业农村局、市残联、市人社局、市教育局、市民政局、市医保局、市公安局、市经济发展局、市卫健委、各镇街区，以下工作均需各镇街区落实，不再列出)

2.探索减贫长效机制。严格落实好"四个不摘"要求，坚持标准不降、政策不变、队伍不散、力度不减。按照自然增长机制，适时调整城乡低保、特困人员供养、困境儿童等救助保障标准，建立健全主动发现、返贫预警、分类分层的临时救助机制，全面落实"两项补贴""单人保"等助残政策，实现残疾人商业综合保险全覆盖，防止因病、因灾、因学等致贫返贫，从源头阻断贫困的代际传递。(责任单位：市农业农村局、市医保局、市残联、市人社局、市教育局、市民政局)

(二)深化农村人居环境整治，提升生态宜居水平

3.扎实开展村庄清洁行动。推进党建引领农村人居环境整治，集中力量统筹推进村庄清洁行动。各镇街区要组织相应工作力量，建立完善推进机制，从全面提升村容村貌、改善村庄环境入手，引导农民群众养成健康卫生的生活方式和爱护环境的意识。对全市6个镇街区、74个行政村开展整治，并以自然村为单位实现全覆盖。对整治效果显著、环境提升明显、工作成效走在全市前列的村(社区)，年终给予考核奖励。(责任单位：市委组织部、市农业农村局、市住建局、市水利局、市卫健委、市城管局)

4. 推动"四个专项方案"实施。结合疫情防控，围绕农业废弃物治理、农村生活污水治理、农村生活垃圾治理、农村"厕所革命"四个专项工作方案，压实职责，加快推进。2020年，实现畜禽粪污综合利用率达95%，秸秆综合利用达96%，农膜回收率达80%。完成87个居民点(村民小组)生活污水治理工作，对已建成的生活污水处理设施进行统一运维。新增一个全镇域垃圾分类试点乡镇，各镇街区建成不低于1个有机易腐垃圾处置终端。全年完成无害化改厕1400户。(责任单位：市农业农村局、市住建局、市水利局、市城管局、市卫健委)

5. 积极推进农村公共空间治理。围绕农村集体资产资源、道路、水体、集镇区及村庄、镇工业集中区等5个方面，试点开展乡村公共空间治理。在试点取得进展的基础上，逐步在全市推开，2020年底前取得阶段性成效。(责任单位：市纪委监委、市委组织部、市经济发展局、市财政局、市农业农村局、市自然资源和规划局、市住建局、市交通运输局、市水利局、市城管局、市公安局)

6. 优化提升长效管护机制。坚持"整管并重、一整就管"的原则，制定落实《扬中市2020年度农村人居环境整治督查考评办法》，优化考核评价体系，严格开展综合考评。进一步修订完善"八位一体"公共服务运行维护机制，将农村人居环境整治纳入村规民约，明确村

民维护村庄环境的责任和义务，切实增强农民群众自觉性和主动性，确保村庄常年保持干净整洁有序。(责任单位:市委组织部、市农业农村局、市民政局、市住建局、市水利局、市卫健委、市城管局、市自然资源和规划局、市文体广电和旅游局、扬中生态环境局)

(三)加快补齐民生短板，提升城乡公共服务水平

7.加大基础设施建设力度。积极推进“十四五”农村公路规划与建设，落实农村公路路长责任制，强化农村公路日常管护，实现农村公路“建管养运”协调持续发展，进一步完善公交场站体系，优化城乡公交运营网络，新增和优化城乡公交线路3条，全面提升交通运输服务能力和水平，力争创成“全国城乡交通运输一体化示范市”。加快推进全市农村供水管网更新改造，确保年底改造农村老旧供水管网25千米，进一步提高农村供水保障水平。(责任单位:市交通运输局、市住建局、城投公司)

8.加快提升基层基本公共服务。改善乡村学校办学条件，加强乡村教师队伍建设，全面推行义务教育阶段教师“县管校聘”，有计划安排城乡学校教师结对交流。持续推进紧密型县域医共体建设，实施基层医疗卫生机构危房改造和标准化建设，优化基层医疗卫生资源配置，完善统一高效的疾病预防指挥体系和部门联防联控机制，将农村适龄妇女“两癌”检查纳入基本公共卫生服务范围。深入推进农村残疾人“三助一给”工程，确保80%康复资源向农村倾斜，抓好“残疾人之家”建设管理运营，打通服务农村残疾人的“最后一公里”。加强镇街区综合文化站建设，建成14个农村文化礼堂，实现行政村农村文化礼堂全覆盖。(责任单位:市委宣传部、市教育局、市卫健委、市经济发展局、市文体广电和旅游局、市残联)

(四)培育壮大乡村产业，推进农业农村现代化建设

9.加快发展特色高效生态休闲农业。深入推进农业供给侧结构性改革，实现农业产业特色化、产品品牌化、路径融合化、生产绿色化，带动农业发展质效整体提升。巩固稳定粮食生产，加大农业综合开发力度，强化耕地地力提升，全年新增高标准农田5000亩，实施轮作休耕面积3万亩。以现代渔业产业园区创建省级现代农业产业示范园为契机，大力推进生态化池塘改造，推广精品养殖模式，力争河豚工厂化养殖累计达16万平方米，刀鱼特色化养殖累计达50万尾，鲥鱼生态化养殖累计达5万尾，江蟹标准化养殖面积累计达7800亩。以产业互融为方向，鼓励发展农业“+精加工”“+旅游”，推动产业链“接二连三”。结合乡村振兴示范村、特色田园乡村建设，布点发展蔬果采摘和娱乐休闲等新业态，通过政策扶持、项目牵引，串点成线，着力打造沿江、沿238省道农业生态观光旅游“走廊”，推动实现农业、生态、经济、社会综合效益的最大化。以成功注册的国家地理标志商标为基础，加快推进“二品一标”申报认证，联合打造区域公用品牌，借助各类农展会、农博会，加强农业项目招引，进一步提升扬中农业品牌的知名度和影响力。以绿色防控为抓手，深入实施化肥农药减量工程，确保重大病虫害专业化统防统治覆盖率达60%，绿色优质农产品占比达61%。(责任单位:市农业农村局)

10. 加快恢复生猪生产。抢抓全国生猪产业深度调整机遇，积极推动恢复生猪生产，建立恢复生猪生产联席会议制度。优化生猪养殖区域布局和生态环境管控，坚持补栏增养和疫病防控相结合，推动生猪标准化规模养殖。加强非洲猪瘟等重大动物疫病防控，推进病死动物无害化处理工作，建立健全动物防疫技术支撑体系。加快推进规模养殖场补栏增养计划，认真落实好油坊镇鸣凤村万头养殖场等规模猪场用地、环评、保险、贷款贴息等各类扶持政策，为生猪恢复生产提供有力保障，力争到2020年底，全市生猪存栏达1.3万头，出栏达3万头。(责任单位:市农业农村局、市自然资源和规划局、扬中生态环境局、市地方金融监管局)

11.深化农村改革创新。扶持发展家庭农场、农民合作社、农业龙头企业等新型农业经营主体，继续推进土地股份合作，发展多种形式适度规模经营，新增县级以上示范合作社1家、示范家庭农场5家，新型农业经营主体经营面积比重达48%。规范农村宅基地审批管理。探索赋予农民对集体资产股份更多权能，完善村级股份经济合作社内部治理结构，确保村级组织正常运行和集体经济发展。强化农村集体“三资”管理，严格执行“村务卡”非现金结算，完善会计委托代理服务工作，提升会计核算水平，深入推进农村产权交易市场标准化建设，拓展服务功能，推动各类产权交易“应进必进”。(责任单位:市农业农村局)

12.强化农业科技支撑作用。围绕特色水产养殖、农作物规模化种植，大力推进产学研协同创新，加快新品种开发和新技术推广，加强关键核心技术突破，加快农业园区载体建设，加速农业科技成果转化，力争农业科技进步贡献率达70.5%。深入推进科技与农业对接，积极实施科技入户工程，建立健全农技指导员队伍，大力推广农业实用技术，探索推行“1+1+N”新型农技推广模式，有效解决农技推广“最后一米”问题。积极推进粮食生产全程机械化建设，大力发展先进适用、高效低

耗的农机装备，力争农业机械化水平达87%。（责任单位：市农业农村局、市科技局）

（五）夯实乡村治理根基，维护农村社会和谐稳定

13. 加强基层党组织建设。坚持党建引领乡村治理，推进落实“建强党小组，打通党建引领乡村治理‘最后一米’”书记项目，全面实施“党小组+”模式，拓展党小组实体功能建设，提高服务群众能力水平。推进村书记专职化管理，常态化开展村“两委”成员县级联审，持续整顿软弱涣散、软弱后进基层党组织，强化党组织在农村各类组织中的领导作用。加大对农村基层巡察工作力度，重点发现并推动解决农村基层党组织和党员干部庸政懒政、形式主义官僚主义，以及群众身边腐败和作风等问题。（责任单位：市委组织部、市委巡察办、市民政局、市农业农村局）

14.着力提升乡村治理水平。健全党组织领导的自治、法治、德治相结合的乡村治理体系，开展村组自治实践，推进农村特色社区试点和村民小组“两组四会”自治试点，提高基层自治水平和服务能力，村民委员会依法自治达标率稳定在98%以上。推进平安乡村建设，完善农村地区治安防控体系，依托技防城“升级版”和“雪亮工程”建设，提升农村地区治安防控立体化、信息化水平。完善法治乡村建设体系，基本实现“两完善两提高”任务目标，引领带动全市乡村治理有效、充满活力、和谐有序。精准查处涉黑涉恶腐败和“保护伞”，严肃查处“村霸”“小黑小恶”等违纪违法问题，进一步巩固扫黑除恶专项斗争成果，维护好农村良好发展环境。（责任单位：市纪委监委、市委政法委、市民政局、市司法局、市公安局）

15.大力塑造文明乡风。以新时代文明实践中心全国试点和全国文明城市创建为契机，深化农村志愿服务，推动社会主义核心价值观融入文明公约、村规民约、家规家训。紧扣农村人居环境整治行动，进一步弘扬“新乡贤”文化，充分发挥“新乡贤”在乡村治理、乡风文明中的引领作用，力争扬中市级以上文明村占比达72%。持续开展“传家训、立家规、扬家风”活动和“文明家庭”等认定，推动形成爱国爱家、相亲相爱、向上向善、共建共享的社会主义家庭文明新风尚。（责任单位：市委宣传部、市司法局、市民政局）

四、保障措施

1.加强组织领导。成立党建引领乡村振兴专项行动办公室。认真贯彻落实《中国共产党农村工作条例》和我省实施办法，压实各级党委责任，将乡村振兴作为“一把手工程”，扎实推进“书记项目”。市委农村工作领导小组成员单位要充分发挥职能作用，落实年度为“三农”发展办实事活动。镇村要强化主体意识，党政主要领导要亲自抓、分管领导要具体抓，认真细化任务目标，全力保障任务落实。市各有关部门要全力推进各项任务的有效落实、跟踪调度、检查评估，形成推动乡村振兴的强大合力。

2.强化要素保障。深入推进涉农资金统筹融合，支持党建引领乡村振兴专项行动，加大“三农”投入力度，优先保障扶贫、农村人居环境、乡村特色产业、粮食生产、农村综合改革等“三农”领域发展。全面落实国家农业补贴政策，支持政策性农业保险经营模式改革。以农业人才队伍建设六项举措为抓手，激发乡土人才创新活力，加大“江雁计划”对现代农业人才招引力度，带动乡村产业发展。全面完成镇村布局规划优化编制和实用性村庄规划编制工作，加强县域空间分区管控和引导，调整优化村庄布局，积极推进农村建设用地“减量化”，有效利用农村零星分散的存量建设用地，逐步提高农村建设用地效率。在用地保障上，优先安排农村基础设施和公共服务用地，在镇街区土地利用总体规划中预留5%左右的规划建设用地指标，用于农业农村各项设施建设。

3.严格督查考核。完善乡村振兴战略实施和考核评价机制，将乡村振兴纳入2020年度镇街区和市级机关部门高质量发展综合考核，考核总分为3.5分，其中，农村人居环境整治2.5分，考评办法详见《扬中市2020年度农村人居环境整治督查考评办法》（市专项办〔2020〕第1号），镇江市及扬中市委、市政府下达的乡村振兴重要工作和重点任务为1分。严格实行检查考核、责任追究机制，考核结果作为领导干部和领导班子绩效考核的重要内容。各镇街区要按照要求，定期向市委、市政府报告乡村振兴进展情况，形成上下联动抓推进的良好氛围。

4.加强宣传引导。通过全市涉农部门及新闻媒体等，系统总结宣传高水平全面建成小康社会“三农”领域的巨大成就和典型经验，做好强村、富民、改革等各个方面的政策解读和舆论引导，激发广大农民的参与性、主动性、创造性。突出典型引领，加强对好经验、好做法、好典型的推介，以点带面，营造全社会共同关心支持“三农”发展的浓厚氛围。

关于进一步推动现代产业高质量发展的政策意见

为深入贯彻中共十九大精神以及习近平新时代中国特色社会主义思想,全面落实新发展理念,进一步集成政策资源、创新支持方式、提升政策实效,切实推动实体经济高质量发展,加快建设现代产业体系,现结合我市发展实际,制定如下意见。

一、支持产业项目建设

1. 激励产业项目引进落户。加大产业项目落地支持力度,对达亩均投资强度、年亩均经济贡献等要求的,给予奖励扶持。

——对总投资3亿元(或等值美元,下同)及以上的先进制造业项目、总投资1亿元以上的现代服务业项目(不含房地产开发项目,下同),土地出让底价按所在地土地等别对应工业用地最低价标准执行。特别优质的项目实行“一事一议”。

——对总投资超过10亿元以上的重大产业项目,按“一事一议”原则确定综合奖补金额。

——对项目引进落地起关键作用的社会有功人员(机构),按投资者实际投资额给予奖励:达1亿元项目,奖励20万元;超过1亿元,每增加1亿元增加10万元奖励,最高不超过500万元。奖励情况按项目实际投入进度分步兑现。

——本土企业新注册公司投资先进制造业项目的参照执行。

2. 鼓励企业加大有效投入。

——对企业当年实施的智能化改造项目(技术、软件投入占比在20%以上),按照500万元(含)~1000万元、1000万元(含)~3000万元、3000万元(含)~3亿元、3亿元(含)~10亿元、10亿元(含)以上5个档次,分别给予不超过技术和设备实际投资额1%、1.2%、1.5%、2%、3%的补助。特别优质智能制造项目实行“一事一议”。对企业当年实施的实际投资额1000万元以上的其他技术改造项目,给予不超过设备实际投资额1%的补助。企业完成投资后按不超过投资额1%予以补助,超过部分根据项目投产后两年内形成的地方贡献情况予以补助。

——对总投入2000万元以上(不含土地投入)新建、改建、扩建的现代服务业(文化产业)项目,经竣工验收,给予不超过实际财务支出0.3%的补助。

二、支持企业质效提升

3. 鼓励企业做优做强。

(1)奖励突出贡献企业

——对经济贡献首次达到5000万元、1亿元、2亿元、3亿元、5亿元的企业(不含平台、国有控股企业,下同),分别奖励50万元、100万元、200万元、300万元、500万元。

——对年亩均经济贡献高于50万元、60万元的企业,按企业当年地方贡献超全市平均的增量部分30%、40%的标准给予奖励。

——对上年经济贡献达到全市平均增幅、当年经济贡献超过500万元、亩均经济贡献20万元以上且增幅高于全市平均20个百分点以上的企业,按企业当年地方贡献超全市平均的增量部分的相应标准给予奖励;对上年经济贡献达到全市平均增幅、当年经济贡献超过2000万元且增幅高于全市平均10个百分点以上的企业,按企业当年地方贡献超全市平均的增量部分的相应标准给予奖励。

——对实现工业应税销售增量超10亿元或服务业应税销售增量超5亿元且当年经济贡献增幅达全市平均的企业,分别奖励50万元、20万元。

——对经济贡献首次达到500万元、1000万元、2000万元、3000万元、5000万元的服务业企业(不含金融保险、信息通信、烟草、石油等专营类企业及房地产开发企业),分别奖励5万元、10万元、20万元、30万元、50万元。

(2)奖励重大成果企业

——设立自主创新重大成果奖,每年评定1项,奖励20万元;对企业获得国家、省级科学技术奖的给予1:1配套奖励。对获得国家、省级专利金奖的,分别一次性奖励20万元、10万元;获得国家级专利优秀奖的,一次性奖励5万元。

——对获得国家质量奖的企业,一次性奖励100万元;对获得“省长质量奖”“市长质量奖”(含扬中市级)的企业分别奖励20万元、5万元。

——对当年获得中国驰名商标的企业奖励20万元。

4. 鼓励企业升档进位。

——对位列“三十强”前三名且入库税收达到“三十强”平均增幅的工业企业,分别奖励30万元、25万元、20万元。

——对首次进入“三十强”工业企业、“十强”现代服务业企业,在“三十强”工业企业中排名晋升3位以上、“十强”现代服务业企业中排名晋升2位以上且税收增幅达全市平均的企业,分别奖励5万元。对再次进入“三十强”,排名晋升超原位次5位以上且税收增幅达全市平均的工业企业,奖励企业法定代表人5万元。

——对首次进入市“最具发展潜力”工业企业、在市“最具发展潜力”工业企业中排名晋升5位以上且税收增幅达全市平均的企业，分别奖励企业法定代表人3万元。

5. 鼓励企业转型升级。

(1)支持企业境内外上市

——企业成功上市且募集资金80%(含)以上投资扬中地区的,按主板300万元,创业板、科创板、境外主板各150万元的标准分别给予奖励。企业实现“新三板”挂牌的,按50万元标准给予奖励。企业实现借壳上市并将上市公司注册地迁至扬中且募集资金80%(含)以上投资扬中地区的参照执行。企业成功转板的,补足奖励差额。奖励资金在企业实现挂牌上市时支付50%,完成资金募集支付50%。

(2)支持融资担保服务

——推动市投资担保公司加强与国内大型担保、再担保机构合作,提升我市担保行业整体实力。积极发展中小微企业贷款保证保险和信用保险，缓解中小微企业担保难问题。对工业企业的贷款担保费用给予10%的补助,单笔补助最高不超过2万元。

(3)支持专精特新企业发展

——对获评国家级和省级专精特新小巨人企业、绿色工厂的分别给予10万元和5万元的奖励。

(4)支持企业发展服务型制造

——鼓励企业从产品设备制造商转变为系统集成和整体解决方案提供商。对新认定的省级以上工业设计示范企业、互联网标杆工厂、服务型制造示范企业等一次性给予5万元奖励。

(5)推进产业融合发展

——鼓励企业积极推动“两化融合”、“军民融合”发展,对新获得“军民融合”相关认证和“两化融合”国家级荣誉称号的,每项认证(许可、称号)分别一次性给予5万元补助。

(6)支持企业增强国际竞争力

——鼓励企业开拓国际市场,提升外贸竞争优势,对一般贸易自营出口额年度净增加500万美元以上、完成服务外包执行额500万美元以上的企业，依据业绩排名,给予分别不超过5家各8万元的奖励。对一般贸易项下的出口信用保险保费，以企业实缴保费额为依据,按50%比例给予补助。对年交易额达1000万美元的跨境电商商会、外贸综合服务企业等进出口公共服务平台,各给予10万元的补助。

三、支持企业增强科技创新能力

6. 壮大高新技术企业集群。对通过国家高企认定的企业奖励5万元。

7. 支持重大创新平台及企业研发机构建设。

——对新认定的省级重点实验室、院士工作站、省级研发机构、建成的国家级博士后科研工作站奖励10万元;对新认定的省级研究生工作站、建成的省级博士后创新实践基地奖励5万元。在获得认定、建成后先给予5万元、2.5万元奖励，运行满一年后绩效评估良好的再给予5万元、2.5万元奖励。

——凡经国家部委批准的国家重点实验室、国家技术创新中心、国家工程(技术)研究中心、国家企业技术中心、国家工程实验室、国家制造业创新中心、国家企业重点实验室等国家级平台,建成运行满一年且绩效良好的给予每个国家级平台不超过500万元的后补助。

8. 鼓励人才(团队)来扬创新创业。对国家级人才、江苏省“双创计划”人才投资创办实体企业的,除项目资助外，分别给予100万元、50万元创业启动资助资金,同时分别享受最长三年不超过200万元、100万元的贷款贴息。凡通过“江雁计划”评审的,给予人才(团队)不超过10万元综合补助。人才在扬中市全职工作满1年申报国家级人才，成功入选的分三年给予人才50万元奖励(按照第一年15万元、第二年15万元、第三年20万元拨付)，成功入围面试但未通过评审的给予人才5万元奖励。

9. 鼓励各类主体开展人才招引。对柔性引进中国科学院、工程院院士的,给予组织引才单位20万元资助;引进国家级人才的,给予组织引才单位10万元资助;引进“百千万人才工程”、中科院“百人计划”人才的,给予组织引才单位5万元资助。对组织开展“双招双引”活动,经市人才工作领导小组认定成效明显的,给予组织单位不超过10万元的后补助。

10. 推行“江洲英才一卡通”。为在我市工作的国家级人才、江苏省“双创计划”引进人才、江苏省“333工程”培养对象,入选镇江市“金山英才计划”、镇江市“169工程”、扬中市“江雁计划”、扬中市“321工程”的重点人才发放“江洲英才卡”。

四、附则

1. 企业当年度有较大安全生产责任事故、较大环境污染、涉税欠薪等违法违规行为和不履行社会责任的,对各项奖励实行一票否决。资源利用绩效评价为D类的企业取消各类奖励。

2. 奖励兑现实际投资额以企业出具票据为准,纳税销售、入库税收以税务部门数据为准,各类争创工作成果以各级政府或行政主管部门文件为准。

3. 享受“一事一议”“一企一策”的企业,在优惠政策执行期内不享受投入和贡献奖励。符合本政策意见及其他政策意见的同一奖项按最优惠条款执行。产业高质量发展中有突出贡献和重大成果的其他事项可“一事一议”。

4. 本意见由市委、市政府负责解释。具体解释工作由市委办、市政府办商市经济发展局承担。

5. 本意见自印发之日起施行,原《关于聚力创新、加快转型,促进实体经济发展的意见》(扬发〔2017〕11号)、《关于聚力创新、加快转型,促进实体经济发展的实施意见的补充意见》(扬发〔2017〕29号)自行废止。

扬中市安全生产专项整治三年行动工作方案

为认真贯彻落实习近平总书记关于安全生产重要论述,特别是近期作出的“完成一年小灶任务的基础上要再纳入全国三年行动这个大灶”“从根本上消除事故隐患”的重要指示精神,根据国家、省、市统一部署,市委、市政府决定,在全市安全生产一年专项整治行动的基础上,从2020年4月起至2022年12月,继续深入开展安全生产专项整治三年行动。现依据省委、省政府印发的《江苏省安全生产专项整治三年行动工作方案》,制定全市安全生产专项整治三年行动工作方案和2个专题(1.扬中市学习宣传贯彻习近平总书记关于安全生产重要论述专题;2. 扬中市落实企业安全生产主体责任三年行动专题)、8个专项实施方案(1.扬中市危险化学品安全专项整治三年行动实施方案;2. 扬中市消防安全专项整治三年行动实施方案;3. 扬中市道路运输安全专项整治三年行动实施方案;4. 扬中市交通运输(邮政和水上交通)安全专项整治三年行动实施方案;5. 扬中市城市建设安全专项整治三年行动实施方案;6. 扬中市经济开发区安全专项整治三年行动实施方案;7. 扬中市高新技术产业开发区安全专项整治三年行动实施方案;8. 扬中市危险废物等安全专项整治三年行动实施方案)。

一、总体要求

以习近平新时代中国特色社会主义思想为指导,全面贯彻中共十九大和十九届二中、三中、四中、五中全会精神,深入贯彻习近平总书记关于安全生产重要论述和对江苏工作的重要指示批示精神,牢牢把握“两个不放松”总要求和“务必整出成效”总目标,深刻吸取江苏响水天嘉宜化工有限公司“3·21”特别重大爆炸事故等事故教训,树牢安全发展理念,强化红线意识和底线思维,坚持问题导向、目标导向和结果导向,坚持源头治理、系统治理和综合治理,坚持举一反三、标本兼治,把排查整治与建章立制贯穿全过程,把学习提高与狠抓落实贯穿全周期,把压紧压实责任与细化实化措施贯穿全链条,完善和落实重在“从根本上消除事故隐患”的责任体系、制度成果、管理办法、重点工程和工作机制,坚决防范遏制重特大事故,大幅减少生产安全事故起数和死亡人数,发现整治一批重大安全风险隐患,全面提升本质安全水平,加快推进安全生产治理体系和治理能力现代化,为全面维护人民群众生命财产安全和高质量发展走在前列、建设“强富美高”新扬中提供坚实的安全生产保障,以抓好安全生产的实际行动和良好成效践行“两个维护”,实现“安全生产走在全省前列”的总目标。

二、主要任务

通过深入学习宣传贯彻习近平总书记关于安全生产重要论述,推动全市各有关单位和企业把安全生产摆到重要位置,切实解决思想认知不足、安全发展理念不牢和抓落实存在差距等突出问题,推动安全发展理念在全市落地生根;通过持续强化《企业落实安全生产主体责任重点事项清单》落实,推进企业安全生产由“被动接受监管”向“主动加强管理”转变、安全风险管控由“政府推动为主”向“企业自主开展”转变、隐患排查治理由“部门行政执法为主”向“企业日常自查自纠”转变,推动企业主体责任落地生根;通过建立各层级分工负责,审批、监管、执法有效衔接,安全生产综合监管部门、行业监管部门和其他行业管理部门相互配合的安全生产综合监管体系,使“管行业必须管安全、管业务必须管安全、管生产经营必须管安全”和“谁主管谁负责、谁审批谁负责”成为刚性要求,推动部门监管责任落地生根。重点分2个专题、8个专项深入推动实施。

*(一)学习宣传贯彻习近平总书记关于安全生产重要论述专题。*一是全面开展学习教育。市委理论学习中心组、各镇(街、区)党(工)委组织观看《生命重于泰山——学习习近平总书记关于安全生产重要论述电视专题片》,召开市、镇二级理论学习中心组安全生产专题学习交流会;举办领导干部安全生产专题研究班,市委党校(行政学院)将习近平总书记重要论述纳入党政领导干部教育培训重要内容、列为主体班次必修课程,各地、各负有安全监管职责的部门和单位将习近平总书记重要论述纳入干部在线学习和日常教育培训重要内容。二是全覆盖开展专题宣讲。领导干部带头宣讲,市、镇党政领导班子成员、市各负有安全监管职责的部门和单位领导班子成员安排一次安全生产专题宣讲,宣传部门将专题片纳入干部理论教育讲师团宣讲案例库;深入企业一线宣讲,组织开展“百团进百万企业”宣讲活动,实现规模以上工业企业关键岗位人员、安全管理人员、主要负责人和规模以下工业企业主要负责人、

实际控制人宣传教育两个“全覆盖”。三是全方位组织宣传贯彻。镇街区党(工)委将宣传贯彻习近平总书记重要论述纳入党委宣传工作重点,部署开展经常性、系统性宣传贯彻;组织开展“从根本上消除事故隐患”大讨论和“书记和市长(镇长、主任)说安全”活动;发挥媒体平台作用,媒体在报、网、端、微等平台开设专题专栏;把学习宣传贯彻习近平总书记重要论述纳入“安全生产月”、青年安全生产示范岗、“安康杯”竞赛等活动重要内容,推进安全宣传进企业、进农村、进社区、进学校、进家庭。四是落实安全生产责任制。认真落实党委政府领导责任和部门监管责任,健全完善安委办工作制度体系,形成具有特色的安委办实体化运行机制;严格落实企业主体责任20项重点事项清单,建立生产经营单位主动报告安全生产风险制度;严格安全责任追究,持续开展安全生产巡查,强化安全生产约谈,完善事故调查处理、整改评估和企业生产经营全过程安全责任追溯制度。五是防范化解重大安全风险。建立安全风险评估制度,严格落实“三同时”制度;突出危险化学品、建筑施工、道路交通、消防等重点行业领域开展专项整治,推进省级安全发展示范城市创建;全面运行安全生产问题处置监管平台,推进危化品安全生产风险监测预警系统建设。六是加强安全监管干部队伍建设。加强安全监管力量建设和人才培养,联合教育部门加强高校相关学科专业建设;对承担安全生产专项重要工作、参加应急救援和抢险救援等方面作出显著成绩和重要贡献的安全监管干部适时激励。七是健全完善体制机制。市、镇两级人大加强安全生产领域工作监督和法律监督;市、镇两级政协围绕安全生产专项整治开展民主监督和协商调研;健全安全生产有奖举报制度,完善地方法规制度和标准体系。(市应急管理局牵头,市委组织部、宣传部和市安委会有关成员单位按职责分工负责;各镇街区党委和政府负责。以下均需要各镇街区党委和政府负责,不再列出)

(二)落实企业安全生产主体责任专题。一是压紧压实企业第一责任人的责任,推动企业严格执行企业落实安全生产主体责任重点事项20项清单。加强安全管理机构和人员配备,危险化学品、道路运输、建筑施工等重点行业领域内达到一定规模的生产经营单位应配备安全总监、注册安全工程师。2021年各重点行业领域企业通过自身培养和市场化机制全部建立安全生产技术和管理团队。二是督促企业加大安全投入,用足用好企业安全生产费用提取使用。实施安全生产责任保险、支持安全技术设备设施改造等有关财税政策,重点用于风险防控和隐患排查治理,推进各重点行业领域机械化、信息化、智能化建设。三是加强企业安全生产基础管理。督促企业制定落实企业安全生产主体责任若干规定和安全管理制度,完善和落实企业安全生产诚信、承诺公告、举报奖励和教育培训等制度,建立健全企业重大风险管控和隐患排查治理情况向负有安全生产监督管理职责的部门和企业职代会“双报告”制度,自觉接受监督。督促企业坚持依法生产经营,认真执行安全生产“三同时”制度,加强职工安全防护、外包等业务、复工复产、各类危险源和危险作业等安全管理,确保始终处于安全可靠状态。四是推动企业完善风险防控和隐患排查机制。建立安全风险管控制度,定期开展安全风险评估和危害辨识,严格执行《江苏省工业企业安全风险报告规定》,针对高危工艺、设备、物品、场所和岗位等,加强动态分级管理,落实重大危险源防控措施,实现可防可控,2021年各类企业建立完善的安全风险防控体系。建立完善隐患排查治理体系,规范分级分类排查治理标准,明确“查什么怎么查”、“做什么怎么做”,2021年建立企业“一张网”信息化管理系统,做到自查自报自改,实现动态分析、全过程记录和评价,防止漏管失控。五是大力开展安全生产标准化规范建设,分行业领域明确3年建设任务,突出企业安全生产工作的日常化、显性化,建立自我约束、持续改进的内生机制,实现安全生产现场管理、操作行为、设备设施和作业环境的规范化。(市安委办牵头,负有安全生产监管职责的市安委会有关成员单位按职责分工负责)

(三)危险化学品安全专项整治。一是制定贯彻落实《中共中央办公厅国务院办公厅关于全面加强危险化学品安全生产工作意见》的实施意见,推动各项工作措施落地见效。二是落实《危险化学品企业安全风险隐患排查治理导则》,分级分类排查治理安全风险和隐患,2022年底前危险化学品企业完成安全风险分级管控和隐患排查治理体系建设。三是督促各地制定完善新建化工项目准入条件及危险化学品“禁限控”目录,研究企业生产过程危险化学品在线量减量技术路线、储存量减量方案,严格控制涉及光气等有毒气体、硝酸铵等爆炸危险性化学品的建设项目。四是积极推广应用泄漏检测、化工过程安全管理等先进技术方法,2022年底前所有涉及硝化、氯化、氟化、重氮化、过氧化工艺装置的上下游配套装置必须实现自动化控制。五是完善落实城区危险化学品生产企业关停并转、退城入园等支持政策措施,2022年底前完成城镇人口密集区中小型企业和存在重大风险隐患的危险化学品企业搬迁工程,并持续推进其他有关企业搬迁改造。六是大力推进化工企业安全管理信息平台建设,完成重大危险源监测监控、可燃有毒气体检测报警、安全风险分区分级管控、生产人员在岗在位、生产全流程管理五位一体信息系统建设和应用。(市应急管理局牵头,市经济发展局、市公安局、市市场监管局等按职责分工负责)

(四)消防安全专项整治。一是组织开展打通“生命通道”工程,指导各地制定实施“一城一策、一区一策”综合治理方案,2022年底前分类分批完成督办整改。二是针对高层建筑、人员密集地下空间、大型商业综合体、化工企业等重点场所,制定实施消防安全能力提升方案,2022年底前实现标准化、规范化管理。三是聚焦老旧小区、老旧市场、电动车、外墙保温材料、彩钢板建筑、家庭加工作坊、“群租房”、“三合一”场所、“九小场所”、城乡接合部、物流仓储、光伏产业等突出风险,分阶段集中开展排查整治,2022年底前全面落实差异化风险管控措施。四是着力夯实基层火灾预防基础,加大基层火灾隐患整治力度,推进镇(街、区)公共消防基础建设,强化基层消防监管力量建设,促进基层火灾防控责任落实落地。五是组织社会单位开展消防安全标准化达标创建活动,实行全员消防安全责任制。教育、民政、商务、文体广电和旅游、卫健、宗教、住建等重点行业部门建立完善行业消防安全管理规定,明确3年整治目标任务,推动本系统单位提升消防安全管理水平。六是积极推广应用消防安全物联网监测、消防大数据分析研判等信息技术,深入开展全市网格化社会治理信息平台消防管理模块应用,上线运行单位消防安全管理和自主评估系统,2022年底前分级建成城市消防大数据库。七是全面实施全民消防安全素质提升工程,建立惠及广大群众的“均等化”消防教育培训工作机制。八是聚焦“全灾种、大应急”任务需要,持续加强消防队站、装备器材和实战能力建设。(市消防救援大队牵头,市教育局、市公安局、市民政局、市自然资源和规划局、市住建局、市交通运输局、市农业农村局、市商务局、市文体广电和旅游局、市卫健委、市市场监管局、市民宗局、市住建局等部门按职责分工负责)

(五)道路运输安全专项整治。一是加强客货车安全源头整治,开展达标车辆核查,推动建立道路运输“两客一危”企业车辆技术管理信息系统,推动公交车安装驾驶区隔离设施。二是加强重点车辆运输安全治理,推动建立实施包车客运安全例检制度,取消所有经营期限届满的800公里以上市际道路客运班线经营权;加快推进治超联网信息系统建设,常态化开展治超路面流动执法检查,严格落实治超“一超四罚”措施,深化“百吨王”专项整治,2022年基本消除货车非法改装、“大吨小标”等违法违规突出问题;强化对道路危险货物运输管控和电子运单填报管理。三是净化道路运输秩序,加大执法处罚力度,加强多部门联合、跨区域联动执法,重点监管事故率、违法率较高的企业;深化主动安全智能防控技术在“两客一危一货”领域应用,在重点普通货运车辆强制安装主动安全智能防控系统,2020年底前,完成主动安全智能防控系统在载货汽车上的试点应用;推广应用“五步工作法”,推进非法营运车辆智能化查控工作。四是深入实施公路安全生命防护工程,加快临水临崖、连续长陡下坡、急弯陡坡等隐患路段和危桥改造整治,推进普通国市道平面交叉口交通安全设施专项排查整治,强化国省道平交路口路面管控,继续推进提升公路桥梁安全防护能力专项行动,强化公路安全风险监测与管控,深化农村公路平交路口“千灯万带”示范工程,加大集镇路段执法管控力度。(市交通运输局、市公安局牵头,市经济发展局、市教育局、市农业农村局、市文体广电和旅游局、市应急管理局、市市场监管局等按职责分工负责)

(六)交通运输(邮政和水上交通)安全专项整治。一是加强寄递渠道安全整治,升级收寄验视、实名收寄、过机安检“三位一体”防控模式,坚决将危险化学品、易燃易爆物品等禁止寄递物品堵截在寄递渠道之外;深化寄递安全综合治理,强化行业安全监管体制机制,推进行业信息化建设,完善寄递渠道安全联合监管机制。二是开展水上涉客运输安全治理,加强渡口渡船安全监管,强化水上游览活动的安全检查,提升客货班轮运输安全管理能力。加强船舶碰撞桥梁、商渔船碰撞隐患治理,继续对砂石违法运输实施严格管理。督促危险货物货主(码头)落实高质量选船机制,严把企业经营资质准入关。三是推进港口危险货物企业2020年底前将涉及“两重点一重大”的堆场、储罐全部安装使用安全监测监控装备。涉及重大危险源的港口经营企业,2020年底前必须全部实现安全生产标准化一级达标。建立港口危化品常压储罐强制检测机制,严格港口危险货物作业监管。强化港口安全防护距离监管,落实动火作业第三方监管制度。四是加强综合交通枢纽运营管理,健全综合交通枢纽安全监管协调工作机制,强化运营安全风险分级管控和隐患排查治理。(市交通运输局牵头,市公安局、市住建局、市应急管理局、市市场监管局、扬中海事处按职责分工负责)

(七)城市建设安全专项整治。一是加强城市规划建设管理工作,将城市安全韧性作为城市体检评估的重要内容,将城市安全发展落实到城市规划建设管理的各个方面和各个环节;充分运用现代科技和信息化手段,做好与国家和地方城市安全平台体系的对接,提升城市管理服务水平,推动城市安全和可持续发展;结合创建省级安全发展示范城市,推动解决城市安全重点难点问题。二是开展对建筑年代较长、建设标准较低、失修失养严重的城市危险房屋和老楼危楼、隐患突出的城中村的排查整治工作，全面排查利用原有建筑物改建改用为公共设施等人员聚集场所安全隐患，依法查处违法建设、违规改变建筑主体结构或使用功能等造成安全隐患行为，严格落实房屋安全主体责任，排查整治安全隐患。三是根据城市建设安全出现的新情况，明确建筑物所有权人、房屋建筑和市政工程参建各方的主体责任以及相关部门的监管责任。四是开展摸底调查，加强城市老旧小区既有建筑边坡、地下空间利用和市政基础设施安全管理各项措施，推动城市地下基础设施信息及监测预警管理平台建设。五是依法强化燃气行业管理，完善燃气工程技术标准，健全事故防范长效机制。推动市政排水管网地理信息系统建设。六是督促企业落实主体责任，组织开展起重机械、高支模、深基坑、交通工程专项治理，依法打击建筑市场违规行为，推进建筑施工安全生产许可证制度改革。（市住建局牵头，市经济发展局、市教育局、市科技局、市公安局、市商务局、市应急管理局、市市场监管局、市自然资源和规划局、市交通运输局、市水利局、市气象局、市行政审批局、市卫健委、市文体广电和旅游局、市民政局、市消防救援大队等按职责分工负责）

（八）经济开发区安全专项整治（以下简称“经开区”）。一是完善经开区安全生产管理体制机制。压紧压实企业安全生产主体责任，强化经开区区域安全主体责任，推进经开区安全生产一体化管理。二是加强经开区安全生产源头管控。优化经开区规划布局，严把经开区项目准入关，合理布局区内企业，完善区内公共设施，做好安全生产源头管控工作。三是强化风险分级管控和隐患排查治理。每5年至少组织开展一次对经开区的整体性安全风险评估，安全风险评估完成率100%，建立安全隐患排查治理长效机制，强化重大安全隐患治理，提升安全生产工作水平。四是加强经开区内高风险园区及重点区域安全管控。加强经开区内仓储物流园区的安全管理，强化经开区内港口码头等功能区安全管理。五是持续夯实经开区安全基础。进一步优化调整产业结构，强化应急处置保障能力建设，加快安全监管信息化建设，2022年底前经开区集约化可视化安全监管信息共享平台建成率100%。（扬中经开区牵头，市商务局、市经济发展局、市自然资源和规划局、扬中生态环境局、市住建局、市交通运输局、市应急管理局、市市场监管局，扬中边检站按照职责分工负责）。

（九）高新技术产业开发区（以下简称“高新区”）安全专项整治。一是完善高新区安全生产管理体制机制。进一步强化高新区安全生产监管责任，实施安全生产一体化管理，压紧压实企业安全生产主体责任，确保国家方案中园区安全风险评估完成率100%，集约化可视化安全监管信息共享平台建成率100%，实现安全隐患排查治理制度化、常态化、规范化、长效化。二是强化高新区安全生产源头管控。规范高新区规划布局，严格高新区项目准入，合理布局高新区企业，完善高新区公共设施。三是进一步完善以风险分级管控和隐患排查治理为重点的高新区安全预防控制体系。开展高新区安全风险评估，建立安全隐患排查治理长效机制，强化重大安全隐患治理，加强承包商管理，推进园区封闭化管理。四是加强高新区内高风险产业园区安全管控。突出加强高新区内仓储物流园区的安全管理。五是进一步夯实高新区安全基础。加快高新区产业优化升级，加快安全监管信息化建设，提升高新区本质安全水平。（扬中高新区牵头，市科技局、市经济发展局、市自然资源和规划局、扬中生态环境局、市住建局、市交通运输局、市商务局、市应急管理局、市市场监管局按照职责分工负责）。

（十）危险废物等安全专项整治。废弃危险化学品等危险废物：一是全面开展危险废物排查。对属性不明的固体废物进行鉴别。重点对新材料工业园区、化工和危险化学品单位及危险废物处置单位进行监督检查，严厉打击违规堆存、随意倾倒、私自填埋危险废物等问题，确保危险废物贮存、运输、处置安全。二是完善危险废物管理机制。建立完善危险废物由产生到处置各环节转移联单制度。建立部门联动、区域协作、重大案件会商督办制度，形成覆盖危险废物产生、收集、贮存、转移、运输、利用、处置等全过程的监管体系。贯彻执行《危险废物贮存污染控制标准》。三是加快危险废物处置能力建设。合理规划布点处置企业或企业自行利用处置等多种方式，加快区域危险废物处置能力建设，消除处置能力瓶颈。加快高危险等级危险废物综合处置技术装备研发应用。（扬中生态环境局、市应急管理局牵头，市经济发展局、市教育局、市科技局、市公安局、市自然资源和规划局、市住建局、市城管局、市交通运输局、市商务局、市卫健委、市市场监管局、扬中海事处、扬中边检站等按职责分工负责）。重点环保设施和项目、“煤改气”、渣土和垃圾填埋、污水处理、粉尘企业等：一是开展重点环保设施和项目安全风险评估论证。组织开展企业重点环保设施和项目的全面摸排。督促企业开展安全评估，制定防范措施并组织实施。组织开展对评估和治理结果的监督检查。二是开展“煤改气”过程中安全风险排查治理。合理确定“煤改气”工程燃气管道走向、敷设方式和燃气设备设施的布局，加强施工安全管理，明确相关主管部门、属地政府、燃气供应企业、燃气施工企业、用户的安全管理职责，加大入户检查指导的频次。三是开展渣土和垃圾填埋、污水处理过程中安全风险排查治理。整治城市生活垃圾处理场安全隐患,对垃圾堆体稳定性、可能存在的风险和应急预案可靠性等进行评估,取缔非法渣土场。开展轻工、纺织行业企业污水罐等环保设施安全隐患排查,评估污水罐坍塌等安全风险及影响范围。四是加强粉尘企业安全风险管控。强化粉尘涉爆企业除尘环保项目源头把关,严格安全评估和审核验收。进一步排查涉爆粉尘企业底数和安全状况,开展有针对性的专项执法。深入开展尘肺病易发高发行业领域的粉尘危害专项治理工作。(市公安局、扬中生态环境局、市住建局、市交通运输局、市应急管理局、市卫健委、市市场监管局、市经济发展局等按职责分工负责)

三、时间安排

(一)新增2个专题和3个专项

按照国务院安委会部署要求,“学习宣传贯彻习近平总书记关于安全生产重要论述专题实施方案”“落实企业安全生产主体责任三年行动专题实施方案”和“城市建设安全专项整治三年行动实施方案”“经济开发区安全专项整治三年行动实施方案”“高新技术产业开发区安全专项整治三年行动实施方案”,从2020年4月至2022年12月,分四个阶段进行:

1.动员部署(2020年4月至6月)。深入学习宣传贯彻习近平总书记关于安全生产重要论述和对江苏工作的重要指示批示精神,采取多种形式和方法,开展全覆盖专题宣讲和宣传活动。各地、各有关部门和单位要按照国家、省和市安全生产专项整治三年行动总体部署要求,统筹安排本地区、本部门、本单位专项整治三年行动,制定总体实施方案和各专题、专项实施方案,明确具体目标任务、时间进度和保障措施,对开展专项整治三年行动做出具体安排,并召开会议进行动员部署。

2.排查整治(2020年7月至12月)。坚持问题导向与目标导向相结合,坚持自查自改与督查整改相结合,突出条块结合、联动推进,在全市组织开展全覆盖拉网式的安全生产大检查、大排查、大整治。对查出的问题隐患具备整改条件的,按照“一年小灶”要求立查立改、应改尽改;暂时不具备整改条件的,要制定整改方案,紧盯不放,推动整改落实。对国务院督导组现场指出和移交的问题隐患要立即整改销号。深入分析一些地方和行业领域在复工复产过程中发生事故的原因,对重点单位、重点企业以及重要场所、重要环节安全风险隐患进行全面深入细致的排查治理,建立问题隐患和制度措施“两个清单”,明确整改责任单位和整改要求,加快推进实施,确保取得实效。

2个专题、3个专项安全整治的牵头部门,要及时梳理汇总工作进展情况,形成的问题隐患和制度措施清单于每月4日前报送市安全生产专项整治行动领导小组办公室。

3.集中攻坚(2021年)。坚持举一反三抓整改,持续推进国务院、省、镇江市督导组反馈问题隐患、本地区本部门排查发现各类问题隐患的整改落实,对“存量”问题隐患进行集中攻坚、建档销号。动态更新“两个清单”,针对重点难点问题,通过现场推进会、“开小灶”、推广有关地方和标杆企业的经验等措施,加大专项整治攻坚力度,落实和完善治理措施,坚决啃下一批“硬骨头”。聚焦安全生产打非治违和精准执法,推动建立健全安全隐患排查和安全预防控制体系,全面消除监管盲区漏点。加大对重点地区、重点行业、重点领域的督导力度,强化对突出问题、重大隐患的跟踪督办、闭环整改。

4.巩固提升(2022年)。聚焦为“二十大”顺利召开营造良好的安全生产环境,全方位全领域纵深推进风险隐患排查整治。深入分析区域性行业性安全风险、共性问题和突出隐患,挖掘制约安全生产的深层次矛盾和问题,梳理法规标准、政策措施层面需要建立完善的具体制度,逐条逐项推动落实。深入总结全市安全生产专项整治经验,推广一批可复制可借鉴的制度成果,将治理实践提炼固化为长效机制,形成系统完备、成熟定型的安全生产制度体系。

(二)已开展的5个专项

危险化学品、消防、道路运输、交通运输、危险废物5个安全专项整治,在前期整治的基础上,时间延续至2022年12月,分三个阶段进行:

1.集中攻坚(2020年)。把抓好国务院督导组反馈问题隐患和移交“四张清单”的整改落实作为重中之重,推动风险化解、问题整改、任务落实和典型宣传推广。加快推进现场交办的问题隐患整改落实,对国务院督导组移交的典型问题整改落实进行“回头看”,确保一个不落整改到位。紧盯重点行业领域、重点单位场所和关键环节,深入推进安全风险隐患排查整治,建立本部门问题隐患和制度措施“两个清单”,明确整改责任单位、整改要求、整改时限,全面彻底抓好闭环整改。分层分级分行业领域建立问题隐患整改台账,完成“一年小灶”隐患整改任务。

2.持续整治(2021年)。动态更新“两个清单”,针对重点难点问题,进一步加大专项整治攻坚力度,坚决啃下一批安全生产“硬骨头”。采取突击检查、明察暗访、随机抽查、回头检查等多种方式,加强对重点地区、重点行业、重点企业的督导督查,特别是对突出问题和重大隐患的整改实施跟踪督办、闭环管理，推动问题隐患整改落实。

3.巩固提升(2022年)。依照新增2个专题和3个专项巩固提升阶段工作要求。

年度安全生产专项整治工作情况报告，于年底前报市安委会办公室汇总并上报市委、市政府；专项整治三年行动总结报告，于2022年11月底前报市安委会办公室汇总并上报市委、市政府。

四、保障措施

(一)强化组织领导。在市委、市政府领导下，将已成立的“市安全生产专项整治行动领导小组”调整为“市安全生产专项整治三年行动工作领导小组”。充分发挥安全生产重点行业领域安全专项整治工作组的作用，全面落实各牵头部门第一责任人的责任。市安委会建立主任办公例会制度，定期研究专项行动工作，协调解决重大问题。市专治办负责日常工作，实行工作专班集中办公，加强统筹协调，开展督导督查。各地、各有关部门和单位要成立领导机构和工作专班，协调推动本地、本行业领域专项整治工作。

(二)强化制度建设。完成扬中市安全生产治理体系和治理能力现代化建设课题研究，先行先试，形成一批可复制可推广的经验做法，为全市安全生产治理体系和治理能力现代化建设贡献扬中智慧和力量。推动制定完善安全生产规范性文件，推动建立安全生产公益诉讼制度，完善和落实安全生产行刑衔接工作机制。建立企业生产经营责任全过程追溯制度，落实事故结案一年内整改评估公开和责任追究制度，建立安全生产标准化达标升级评审管理制度，修订完善企业安全生产费用提取管理使用办法和审计监督机制。(市应急管理局牵头)

(三)强化保障能力。完善安全生产工作政策支撑体系，强化财政对安全生产的经费保障，优化支出结构，向重点行业领域风险防控、事故隐患消除工作倾斜。建立安全风险监测监控支撑机构，加快推进“互联网+安全监管”模式，完善安全事故隐患排查治理信息系统，推行应用执法手册App。扶持建设安全生产相关职业院校(含技工院校)和实习实训基地。加快推进安全生产社会化服务体系建设，培育发展一批诚信守法的安全技术服务机构，严格实施评价结果公开和第三方评估制度。在高危行业领域全面实施安责险制度，推动保险机构落实事故预防技术规范，切实发挥参与风险评估管控和事故预防功能。(市各相关部门按职责分工负责)

(四)强化监管执法。实施分级分类精准化执法、差异化管理，防止简单化、“一刀切”。强化监管执法和跟踪问效，深入开展“四不两直”明察暗访、异地交叉检查，对突出问题、重大隐患盯住不放、一抓到底，督促闭环整改。坚持执法寓服务之中，组织专家开展精准指导服务，实行远程“会诊”与上门服务相结合，帮助解决安全生产难题。督促企业自查自纠，对企业主动发现、自觉报告的问题隐患，重点实行跟踪指导服务。充分运用正反两方面的典型，积极开展以案释法，加强宣传教育，鼓励和引导广大群众特别是企业职工举报重大隐患和违法违规行为，形成全社会参与支持、群防群治的良好局面。(市各相关部门按职责分工负责)

(五)强化风险隐患防控整改。各地、各有关部门和单位将安全生产作为区域产业规划、行业领域管理的重要内容，调整高危行业产业结构布局，加强安全生产源头管控和安全准入，最大程度降低和减少系统性重大安全风险。加快推进问题隐患存量整改，对久拖不决、敷衍应付、弄虚作假等行为，发现一例、严查一例。对排查发现的问题隐患，坚持从严从快立查立改，确保整改责任、措施、资金、时限和预案“五到位”，存在重大隐患难以整改到位的坚决依法关停。同时，坚持举一反三抓整改，各地对照反思其他地区存在问题，各行业领域对共性问题进行专题研究，分类归纳，系统梳理，对普遍性问题从政策层面补短板，对个例问题从监管方法上补漏洞。(市各相关部门按职责分工负责)

(六)强化问效问责。全面落实《关于中央纪委国家监委纪检监察建议整改工作方案》，根据上级巡视、巡察机构的统一安排，适时组织开展安全生产专项巡察。加强专项整治三年行动的动态检查和过程监督，纳入市委市政府督查督办、市委市政府安全生产巡查、市安全生产督导和党政领导干部年度综合考核内容，推动取得实际成效。充分运用安全生产问题处置监管平台，完善与纪检监察部门安全生产违法违纪问题线索移交查办工作机制，推进对安全生产监督的再监督。市安委会办公室运用述职、通报、约谈、督办、警示、曝光等有效措施，加强对各地、各有关部门和单位专项整治落实情况的监督，并将落实情况纳入安全生产考核内容，推动取得实效。(市各相关部门按职责分工负责)

索 引

说 明

一、索引采用主题分析法编制,大部分选用关键词。
二、索引设有条目索引、表格索引、随文图片索引三个分目,按标引词首字的汉语拼音音序排列,首字相同按第二字音序排列,以此类推。
三、由类目、分目提取的索引用黑体字标明。标引词后的阿拉伯数字表示内容所在的页码,数字后面的 a、b 表示从左至右第一、二栏。标引词后第二个页码起,表示该索引参见内容所在位置。
四、为便于读者检索,扬中市的企业事业单位及扬中市发生的事件名称,除易产生歧义者外,省略“扬中市”或“扬中”。

条目索引

A

B

C

D

E

F

G

H

K

L

M

N

W

X

表格索引

B

C

D

F

图片索引